Mr. Scarboroughs Familie

Anthony Trollope

Writat

Diese Ausgabe erschien im Jahr 2024

ISBN: 9789359940069

Herausgegeben von
Writat
E-Mail: info@writat.com

Inhalt

TEIL I.

KAPITEL I.

HERR. SCARBOROUGH.

Für den Zweck meiner Geschichte wird es notwendig sein, dass ich mehr als einmal von dem Punkt zurückgehe, an dem sie beginnt, damit ich die Ereignisse, die dazu geführt haben, mit möglichst wenig Unbeholfenheit erklären kann Vorfälle, die ich gleich erzählen werde; und ich kann genauso gut sagen, dass diese ersten vier Kapitel des Buches – obwohl sie von denen, die ihr Interesse an einer Geschichte anhand von Ereignissen wecken, für die interessantesten von allen gehalten werden – in dieser Hinsicht nur vorläufiger Natur sind.

Die Welt hat die Intensität des Gefühls noch nicht vergessen, das herrschte, als der alte Mr. Scarborough erklärte, sein wohlbekannter ältester Sohn sei nicht ehelich. Mr. Scarborough selbst war in jungen Jahren nicht sehr bekannt gewesen. Er war der einzige Sohn eines Gutsbesitzers in Staffordshire gewesen, auf dessen Ländereien eine Stadt gebaut und eine Töpferei gegründet worden war. Auf diese Weise war der Wert eines Grundstücks, das ursprünglich nicht sehr groß gewesen war, erheblich gestiegen, und als Mr. Scarborough in den Besitz kam, war er ein reicher Mann. Anschließend sei er ins Ausland gegangen und habe dort eine Engländerin geheiratet. Nach einigen Jahren war er nach Tretton Park, wie sein Ort genannt wurde, zurückgekehrt und hatte dort seine Frau verloren. Er war mit zwei Söhnen, Mountjoy und Augustus, zurückgekehrt und hatte dort in Tretton gelebt, einen beträchtlichen Teil jedes Jahres jedoch in Gemächern in Albany verbracht. Er war ein Mann, der im Laufe der Jahre seinen eigenen Freundeskreis hatte, aber wie ich bereits sagte, war er auf der Welt nicht sehr bekannt. Er war luxuriös und selbstgefällig, und die Meinung seiner Mitmenschen war ihm völlig gleichgültig. Aber er war liebevoll zu seinen Kindern und achtete vor allem auf deren Wohlergehen, oder vielmehr auf ihr Glück. Es wurden einige wunderbare Geschichten über sein Einkommen erzählt, das hauptsächlich aus den Tretton-Delf-Werken und der Stadt Tretton stammte, die aufgrund der Beschaffenheit des Tons und der Qualität des Wassers hauptsächlich auf seinem Park errichtet worden war . Tatsächlich waren die ursprünglichen viertausend pro Jahr, die sein Vater zur Welt gebracht hatte, durch die durchgeführten Operationen auf zwanzigtausend angewachsen. Aber das Ganze, ob viertausend oder zwanzigtausend, war eine strenge Bedingung, und Mr. Scarborough war seit der Geburt seines zweiten Sohnes sehr darauf bedacht gewesen, auch für ihn etwas zu schaffen, das auf Opulenz hinauslaufen konnte. Aber diejenigen, die ihn am besten kannten, wussten, dass er von allen Dingen das Faksimile am meisten hasste.

Die Jungen erhielten beide ihre Ausbildung in Eton, und der Ältere ging zur Garde, nachdem ihm ein Zwischenjahr gestattet worden war, um auf dem Kontinent Sprachen zu lernen. Anschließend war er Kornett bei den Coldstreams geworden und hatte von da an ein Leben voller rücksichtsloser Ausgaben geführt. Sein Bruder Augustus war inzwischen nach Cambridge gegangen und dort Rechtsanwalt geworden. Er war erst vor zwei Jahren einberufen worden, als die Geschichte über die einzigartige Behauptung seines Vaters bekannt wurde. Da es für ihn von da an nicht mehr notwendig war, seinen Beruf auszuüben, hörte man nichts mehr von ihm als Anwalt. Aber diejenigen, die den jungen Mann in den Räumen dieser großen Koryphäe, Mr. Rugby, gekannt hatten, erklärten, dass ein sehr angesehener Anwalt nun durch eine Laune des Glücks verwöhnt sei.

Über seinen Bruder Mountjoy – oder Kapitän Scarborough, wie er in einer frühen Phase seines Lebens genannt wurde – waren die Geschichten, die in der ganzen Welt erzählt wurden, viel zu bemerkenswert, um völlig wahr zu sein. Aber es war nur allzu wahr, dass er so lebte, als ob der Reichtum, über den er verfügte, grenzenlos wäre. Einige Jahre lang trug sein Vater ihn geduldig, verdoppelte sein Taschengeld und bezahlte immer wieder seine Rechnungen für ihn. Er gelangte – mit großem Bedauern – zu dem Schluss, dass genug für seinen jüngeren Sohn getan worden sei, der aufgrund seines Intellekts sicherlich in der Lage sein würde, viel für sich selbst zu tun. Aber dann wurde es notwendig, auf die bereits angelegten Gelder zurückzugreifen, und schließlich kam der letzte Schlag, als er entdeckte, dass Kapitän Scarborough große Summen durch Nachrufe der Juden gesammelt hatte. Die Juden forderten einfach den Vater auf, das Geld oder einen Teil davon zu zahlen, was sie zufriedenstellen würde, wenn sie sofort bezahlt würden, und erklärten ihm, dass andernfalls der gesamte Besitz bei seinem Tod in ihre Hände fallen würde. Es braucht hier nicht erklärt zu werden, wie sich diese Verhandlungen über ein trauriges Jahr hinweg hinzogen; aber schließlich kam die Zeit, in der Mr. Scarborough, in seinen Gemächern im Albany-Gebäude sitzend, kühn sein Vorhaben verkündete. Er ließ seinen eigenen Anwalt, Mr. Grey, rufen und versetzte diesen in großes Erstaunen, indem er ihm erklärte, Kapitän Scarborough sei unehelich.

Zunächst weigerte sich Mr. Gray überhaupt, die ihm gegenüber gemachte Behauptung zu glauben. Er war mit den Angelegenheiten der Familie bestens vertraut und hatte sich sogar im Namen der betreffenden Dame um die Eheschließung gekümmert. Er kannte Mr. Scarborough gut – oder vielmehr hatte er ihn nicht gekannt, aber viel von ihm gehört – und hatte daher Verdacht auf ihn. Mr. Gray war ein durch und durch respektabler Mann, und Mr. Scarborough war, obwohl er in vielen Angelegenheiten aufrichtig und ehrenhaft war, nicht durch und durch respektabel gewesen. Wie die Leute sagen, hatte er ab und zu mit seiner Frau zusammengelebt. Obwohl er einen Großteil seines Geldes für den oben beschriebenen Zweck gespart hatte, hatte er einen Großteil davon auch auf eine Weise ausgegeben, die Mr. Grey nicht gefiel. Mr. Gray hatte den ältesten Sohn überhaupt nicht gemocht und tatsächlich Angst vor ihm gehabt. Der Kapitän hatte in den wenigen Gesprächen, die zwischen ihnen nötig gewesen waren, versucht, den Advokaten zu unterdrücken, bis es schließlich zu einem Streit kam, in dem, um die Wahrheit zu sagen, der Vater die Partei des Sohnes übernahm. Mr. Gray war schon seit einiger Zeit so beleidigt, dass er es für notwendig hielt, Mr. Scarborough zu bitten, einen anderen Anwalt zu engagieren. Er hatte dies jedoch nicht getan, und der Verstoß war nie absolut geworden. Unter diesen Umständen hatte Herr Scarborough Herrn Gray zu sich nach Albany geschickt und dort von seinem Bett aus erklärt, sein ältester Sohn sei unehelich. Herr Gray hatte sich zunächst geweigert, die Behauptung als etwas Wertvolles anzuerkennen, und hatte sich keineswegs auf höfliche Worte beschränkt, um seinen Glauben zum Ausdruck zu bringen. „Ich hätte viel lieber nichts damit zu tun“, hatte er gesagt, als Mr. Scarborough auf der Wahrheit seiner Aussage beharrte.

„Aber die Beweise liegen alle vor“, sagte Mr. Scarborough und legte seine Hand auf ein kleines Bündel Papiere. „Die Schwierigkeit und Gefahr hätte darin bestanden, Mountjoy an die Stelle seines Bruders zu setzen. Es besteht kein Zweifel daran, dass ich erst nach Mountjoys Geburt geheiratet habe.“

Mr. Greys Neugier war geweckt und er begann, Fragen zu stellen. Warum hatte sich Mr. Scarborough überhaupt so unehrlich verhalten? Warum hatte er seine Frau ursprünglich nicht geheiratet? Und warum hatte er sie dann geheiratet? Wenn, wie er sagte, die Beweise so einfach seien, wie hatte er es dann gewagt, so direkt im Widerspruch zu den Gesetzen seines Landes zu handeln? Warum war er in der Tat sein ganzes Leben lang ein so schlechter Mann gewesen – so schlecht gegenüber der Frau, die seinen Namen getragen hatte, so schlecht gegenüber dem Sohn, den er als unehelich bezeichnete, und so schlecht auch gegenüber dem anderen Sohn, den er hatte nun beabsichtigte, auf seine Position zurückzukehren, nur mit der Absicht, die Gläubiger des Kapitäns zu betrügen?

Als Antwort darauf hatte Mr. Scarborough, obwohl er zu dieser Zeit sehr litt – so sehr, dass man davon ausging, dass er dem Tode nahe war –, mit der vollkommensten guten Laune geantwortet.

Seiner Meinung nach hatte er es seiner Frau sehr gut erwiesen, die er geheiratet hatte, nachdem sie zugestimmt hatte, unter anderen Bedingungen mit ihm zusammenzuleben. Er hatte sich sehr gut um seinen älteren Sohn gekümmert, für den er das gesamte Anwesen bestimmt hatte. Es ging ihm gut mit seinem zweiten Sohn, für den er sein Geld gespart hatte. Es war nun seine erste Pflicht, das Anwesen zu retten. Er betrachtete sich aus seiner Sicht als völlig selbstlos und tugendhaft.

Als Mr. Gray über die Gesetze seines Landes gesprochen hatte, hatte er nur gelächelt, obwohl er am nächsten Tag mit einer schweren Operation rechnete. Was die Ehe anbelangt, hatte er keinen großen Respekt davor, außer als eine Möglichkeit, Männern und Frauen ein angenehmes Zusammenleben zu ermöglichen. Was die „empörten Gesetze seines Landes" betrifft, von denen Mr. Gray viel sprach, so scherten ihn solche Verbrechen überhaupt nicht – und auch nicht die geäußerte Meinung der Menschheit über sein Verhalten. Er stand kurz davor, die Welt zu verlassen und wollte für seinen Sohn Augustus sein Bestes tun. Für den anderen Sohn gab es keine Hoffnung mehr. Er war kaum wütend auf seinen ältesten Sohn, der ihm zweifellos Anlass zu gerechter Wut gegeben hatte. Seine offensichtlichen Motive, endlich die Wahrheit über ihn zu sagen, waren eher die, die Juden zu betrügen, die sich ihm gegenüber mit brutaler Kühnheit geäußert hatten, als die, den einen Sohn zu bestrafen oder dem anderen Gerechtigkeit widerfahren zu lassen; aber selbst über sie sprach er mit zynischer Gutmütigkeit und triumphierte mit seiner Idee, sie gründlich zu besiegen.

„Ich bin getröstet, Mr. Grey", sagte er, „wenn ich darüber nachdenke, wie wahrscheinlich alles nach meinem Tod hätte entdeckt werden können. Ich hätte sie alle vernichten sollen", und er legte seine Hände auf die Papiere, „aber sie sind immer noch da." könnte eine Entdeckung gewesen sein.

Mr. Gray musste daran denken, dass ihm in den letzten vierundzwanzig Jahren – der Zeit seit der Geburt des jüngeren Sohnes – keine Ahnung von einer solchen Wahrheit in den Sinn gekommen war.

Er stimmte schließlich zu, die Papiere in die Hand zu nehmen und sie sorgfältig durchzulesen. Er nahm sie mit diesem Versprechen mit und versicherte, dass er sie am übernächsten Tag zurückbringen würde – sollte Mr. Scarborough dann noch am Leben sein.

Mr. Scarborough, der in diesem Moment viel Leben in sich zu haben schien, bestand auf dieser Maßgabe: –

„Der Chirurg soll morgen hier sein, wissen Sie, und sein Kommen könnte eine große Bedeutung haben. Sie werden die Papiere haben, die ganz klar sind, und wissen, was zu tun ist. Ich werde Mountjoy heute Abend persönlich sehen. Ich Nehmen wir an, er wird die Gnade haben, zu kommen, da er nicht weiß, weshalb er kommt.

Dann lächelte der Vater wieder und der Anwalt ging.

Mr. Scarborough hatte, obwohl er ein sehr starkes Herz hatte, einige Bedenken, als die Zeit kam, in der er seinen Sohn sehen sollte. Die Kommunikation, die er durchführen musste, war sicherlich von entscheidender Bedeutung. Sein Sohn hatte ihn schon vor einiger Zeit dazu angestiftet, sich mit den „Familiengläubigern", wie der Kapitän sie dreist nannte, zu arrangieren.

„Angesichts der Tatsache, dass ich noch nie in meinem Leben einen Schilling schuldete, und auch nicht bei meinem Vater vor mir, ist es seltsam, dass ich Familiengläubiger habe", hatte der Vater geantwortet.

„Das Eigentum hat es also jedenfalls", hatte der Sohn mit finsterer Miene gesagt.

Aber das war nun schon zwölf Monate her, bevor die Menschheit und die Juden unter ihnen von Mr. Scarboroughs Krankheit hörten. Von einem vorteilhaften Umgang mit diesen Herren konnte nun keine Rede mehr sein. Mr. Scarborough war sich daher bewusst, dass die böse Sache, die er seinem Sohn sagen wollte, ihre äußerste Bitterkeit verloren hätte. Es kam ihm nicht in den Sinn, dass er durch eine solche Enthüllung über die Mutter seines Sohnes seinem Sohn großen Kummer bereiten würde. Illegitim zu sein wäre nichts, dachte er, es sei denn, die Illegitimität würde den Verlust von Eigentum mit sich bringen. Er legte kaum Wert auf das Gefühl, dass der älteste Sohn der älteste Sohn war, und zu wenig auf den Triumph, den er selbst empfand, als er das Anwesen für einen aus der Familie rettete. Augustus war nur der Bruder des Kapitäns, aber er war der Sohn des alten Gutsherrn. Die beiden Brüder hatten bis dahin recht gut zusammengelebt, denn der jüngere hatte dem älteren Geld leihen können, und der ältere hatte seinen Bruder weder streng noch anspruchsvoll gefunden. Wie es zwischen ihnen sein könnte, wenn sich ihre Beziehungen zueinander völlig ändern würden, machte sich Mr. Scarborough nicht die Mühe, nachzufragen. Der Kapitän hatte durch seine eigene rücksichtslose Torheit sein Geld verloren, hatte alles verloren, was ihm das Schicksal als ältester Sohn seines Vaters gegeben hätte. Nachdem er dies getan hatte, was konnte es für ihn schon von Bedeutung sein, ob er legitim oder unehelich war? Sein Bruder als Besitzer von Tretton Park könnte viel mehr für ihn tun, als man von einem Berufsmann erwarten konnte, der für sein Brot arbeitete.

Herr Scarborough hatte sich zwei Jahre lang intensiv mit der Angelegenheit befasst und sich im Laufe des letzten Jahres langsam für sein weiteres Vorgehen entschieden. Er hatte keine Skrupel gehabt, seinen ältesten Sohn als legitim auszugeben, und würde nun auch keine Skrupel mehr haben, der Welt die Wahrheit zu verkünden. Welche Skrupel musste er haben, da er die Welt so bald verlassen würde?

Über das, was bei dieser Unterredung zwischen dem Vater und dem Sohn geschah, wurde in den Clubs und in Gesellschaften, in denen Kapitän Mountjoy Scarborough gut bekannt war, viel geredet; aber es wurde nie etwas von der absoluten Wahrheit enthüllt. Es war bekannt, dass Kapitän Scarborough unter der gemeinsamen Autorität von Apothekern und Dienern den Raum verließ und dass der alte Mann aufgrund der Auswirkungen des Interviews ohnmächtig geworden war. Er hatte dem Sohn zweifellos die einfachen Tatsachen mitgeteilt, wie er sie Mr. Grey erklärt hatte, hielt es aber für unnötig, seine Aussage durch irgendwelche Beweise zu bestätigen. Tatsächlich befanden sich die Beweise, so wie sie waren – also die schriftliche Zeugenaussage – zu diesem Zeitpunkt in den Händen von Mr. Gray, und an Mr. Gray hatte der Vater den Sohn schließlich verwiesen. Aber der Sohn hatte sich einen Moment lang absolut geweigert, an die Geschichte zu glauben, und erklärt, sein Vater und Mr. Gray hätten sich verschworen, um ihn seines Erbes und seines guten Namens zu berauben. Das Interview war endlich zu Ende, und Mr. Scarborough, der in einem Moment ohnmächtig wurde und im nächsten unter äußersten Qualen litt, blieb mit seinen Gedanken allein.

Als Kapitän Scarborough die Gemächer seines Vaters verließ und vom Albany nach Piccadilly ging, war er ein wütender, aber gleichzeitig äußerst elender Mann. Er glaubte, dass eine Verschwörung ausgeheckt worden war, und war entschlossen, sein Bestes zu tun, um sie zu vereiteln, ganz gleich, welche Auswirkungen sie auf das Eigentum haben mochte; aber dennoch war in seiner Brust das starke Gefühl, dass der Betrug erfolgreich sein würde. Kein Mensch könnte schlimmere Umstände in Bezug auf seinen eigenen Zustand erleben. Er wusste nicht, wie viel Geld er mehreren Gläubigern schuldete; aber dann hatte er, was ihn noch mehr beunruhigte, Spielschulden, die er nur mit der Hilfe seines Bruders begleichen konnte. Und jetzt, als er darüber nachdachte, war er überzeugt, dass sein Bruder sich bei dieser Verschwörung seinem Vater und dem Anwalt anschließen musste. Er hatte auch das Gefühl, dass er weder Mr. Gray noch seinen Bruder treffen konnte, ohne sie persönlich anzugreifen. Die ganze Welt könnte untergehen, aber er würde sich mit seinem letzten Atemzug zum Kapitän Mountjoy Scarborough aus Tretton Park erklären; und obwohl er in diesem Augenblick wusste, dass er sterben musste – was das gesellschaftliche Leben unter seinen Kameraden anbelangte –, es sei denn, er konnte fünfhundert Pfund von seinem Bruder aufbringen, hatte er doch das Gefühl, dass er, wenn er seinen Bruder treffen würde, nicht anders konnte, als zu fliehen ihm an die Gurgel gehen und ihn der niederträchtigsten Schurkerei beschuldigen.

In diesem Moment traf er an der Ecke Bond Street tatsächlich seinen Bruder.

"Was ist das?" sagte er heftig.

"Was ist was?" sagte Augustus ohne jede Heftigkeit. „Was ist jetzt los?"

„Ich komme gerade von meinem Vater."

„Und wie geht es dem Gouverneur? Wenn ich er wäre, wäre ich in schrecklicher Panik. Ich könnte kaum an etwas anderes denken als an den Mann, der morgen mit seinen Messern kommen wird. Aber er hält das alles für cool." als Gurke."

Darin lag etwas, das den Glauben des Kapitäns sofort erschütterte, wenn auch nicht zerstörte, und er sagte etwas über das Eigentum. Dann kamen Fragen und Antworten, in denen der Kapitän die Geschichte, die ihm erzählt worden war, nicht preisgab, der Anwalt jedoch versicherte, dass er bisher nichts Wichtiges gehört hatte. Was Tretton betrifft, so glaubte der Kapitän eher dem Verhalten seines Bruders als seinen Worten. Tatsächlich hatte der Rechtsanwalt noch nichts darüber gehört, was in seinem Namen zu tun sei.

Das Interview endete damit, dass die beiden Männer in einen Club gingen und dort aßen, wo der Kapitän die ganze Geschichte der eingebildeten Ungerechtigkeit seines Vaters erzählte.

Augustus nahm die Geschichte fast schweigend auf. Als Antwort auf die maßgeblichen, herrschsüchtigen Reden seines Bruders sagte er nichts. Für ihn war alles neu, aber auch für ihn schien es sicherlich unwahr zu sein. Er traute sich überhaupt nicht, zu glauben, dass Mr. Gray an der Verschwörung beteiligt war, aber er hegte keine Skrupel, väterliche Rücksicht zu nehmen, um ihm das Gefühl zu geben, dass dieser Vater einen solchen Plan nicht aushecken würde, nur weil er sein Vater war. Es wäre eine Rettung der Beute vor den Amalekitern, und von dieser Idee gab er seinem Bruder kaum einen Hinweis.

„Bei George", sagte der Kapitän, „nichts dergleichen darf mit meiner Zustimmung geschehen."

„Nein", hatte der Anwalt geantwortet, „ich nehme an, dass weder Ihre noch meine Zustimmung gefragt werden darf; und es scheint, als wäre es eine Farce, die über dem Grab des armen Gouverneurs gespielt werden sollte. Er hat eine Romanze vorbereitet, hinsichtlich der Wahrheit oder Unwahrheit, deren Zeugen weder Sie noch ich sein können."

Für den Kapitän war klar, dass sein Bruder geglaubt hatte, der Vater habe die Verschwörung in Erwartung seines eigenen Todes vorbereitet. Dennoch wurde durch die Hilfe des jüngeren Bruders die dringend benötigte Geldsumme für die Befriedigung der unmittelbaren Bedürfnisse des älteren Bruders aufgebracht.

Der nächste Tag war der Tag des Schreckens, und weder damals noch in der folgenden Woche hörte man mehr von dem Plan des alten Herrn. Nach zwei

Tagen wurde davon ausgegangen, dass sein Tod stündlich zu erwarten war, aber am dritten Tag glaubte man, dass er „durchkommen" würde, wie sein jüngerer Sohn sich kindisch ausdrückte. Er war ständig bei seinem Vater, aber über den Besitz kam kein Wort über seine Lippen. Der ältere Sohn hielt sich düster zurück und war tatsächlich während eines Teils der nächsten Woche nicht in London. Augustus Scarborough besuchte Mr. Grey zwar, erfuhr aber von ihm nur, dass es auf jeden Fall wahr sei, dass die Geschichte von seinem Vater erzählt worden sei. Herr Gray weigerte sich, weitere Mitteilungen zu machen und erklärte lediglich, dass er noch keine Meinung dazu äußern werde.

„Für mich selbst", sagte Augustus, als er die Kanzlei des Anwalts verließ, „kann ich mich nur so sehr wundern, dass ich dazu keine Meinung habe. Ich schätze, ich muss einfach abwarten und sehen, was Fortune mit mir vorhat."

Nach vierzehn Tagen hatte Mr. Scarborough seine Kräfte so weit wiedererlangt, dass er nach Tretton gebracht werden konnte, und dorthin ging er. Es dauerte nicht viele Tage, bis „die Welt" zum ersten Mal darüber informiert wurde, dass Kapitän Scarborough nicht der Erbe seines Vaters war. „Die Welt" nahm die Information mit großer Überraschung und innerer Befriedigung auf – der Befriedigung darüber, dass die Geldverleiher um ihr Geld gebracht werden sollten; dass ein bekennender Spieler wie Kapitän Scarborough plötzlich zu einem unehelichen Niemand werden sollte; und was noch interessanter ist, dass ein sehr wohlhabender und wohlerzogener, wenn auch nicht wirklich respektabler Gutsherr sich als äußerst dreister Schlingel erwiesen hat. All dies waren Dinge, die der ganzen Welt außerordentliche Freude bereiteten. Zuerst kamen kleine Absätze ohne Namen, und dann, einige Stunden später, wurden die Namen den Quidnuncen bekannt, und in kurzer Zeit befanden sie sich im Besitz genau der Adligen, die auf diese einzigartige Weise betrogen wurden.

Es ist hier nicht notwendig, alle Umstände des ursprünglichen Betrugs noch einmal zusammenzufassen, da ein grober Betrug begangen wurde. Nachdem Mr. Scarborough selbst mit großem Einfallsreichtum die Unterlagen über die Begehung dieses Betrugs zusammengestellt und die Angelegenheit so arrangiert hatte, dass – ohne seine eigene Erklärung – sein ältester Sohn zweifellos das Anwesen geerbt hätte. Jetzt war der Lärm und der Aufruhr der Geldverleiher unerträglich. Mr. Greys Vorbüro wurde belagert, aber sein Angestellter erklärte lediglich, dass die Fakten über Mr. Scarboroughs Tod so klar bewiesen würden, wie es nur möglich sei. Die gegen den alten Gutsherrn ausgesprochenen Flüche waren bitter und tief, aber während dieser Zeit sollte er immer noch an der Schwelle des Todes liegen und rechnete in Wahrheit selbst nicht damit, noch viele Tage zu leben. Die Gläubiger glaubten natürlich, dass es sich bei der Geschichte um eine Fiktion handelte. Keinem von ihnen gelang es, Kapitän Scarborough zu sehen, der nach kurzer Zeit völlig von der Bildfläche verschwand. Aber alle waren davon überzeugt, dass die Angelegenheit zwischen ihm und seinem Vater vereinbart worden war.

Es gab jemanden, von dem man Besseres erwartete, als einem Spieler auf Post-Nachrufen Geld zu einem Satz vorzuschießen, bei dem ihm für alle vierzig Pfund einhundert Pfund zurückgezahlt werden sollten, wenn ein Gentleman starb, der es damals sein sollte sterben. Denn später stellte sich heraus, dass dieser Mr. Tyrrwhit die Dienerschaft des alten Squires genauestens über den Gesundheitszustand ihres Herrn erkundigt hatte. Er hatte vierzigtausend Pfund geliefert, für die er nach dem Tod des Squires einhunderttausend Pfund erhalten sollte, mit der Begründung, dass es für ihn schwierig sein würde, das Geld zurückzubekommen. Aber er hatte die so vorgeschossene Summe unter seinen Freunden zu besseren Konditionen eingesammelt und war in dieser Angelegenheit auffallend verhasst geworden.

Nach etwa einem Monat glaubte man allgemein, dass Mr. Scarborough die Dinge so gemeistert hatte, dass sein Plan erfolgreich sein würde. Es wurde darum gekämpft, die Angelegenheit sofort vor Gericht zu bringen, aber der Versuch scheiterte vorerst. Es hieß, der Gutsherr unten in Tretton sei zu krank, aber es werde ein Verfahren eingeleitet, sobald er es ertragen könne. Es gab Gerüchte, dass er in Gewahrsam genommen werden würde, und es wurde sogar behauptet, dass sich zwei Polizisten im Haus in Tretton aufhielten. Aber es stellte sich bald heraus, dass keine Polizisten da waren und dass der Squire frei war, zu gehen, wohin er wollte, oder besser gesagt, wohin er konnte. Obwohl der Wille vorhanden war, ihn zu bestrafen und sogar zu verhaften, hatte niemand die Macht, ihm Schaden zuzufügen.

Dann wurde erklärt, dass er in keiner Weise gegen das Gesetz verstoßen habe, dass keine böse Tat von ihm nachgewiesen werden könne und dass er, obwohl er gewollt habe, dass sein ältester Sohn das Eigentum zu Unrecht erben würde, dies nur gewollt habe; und dass er nun einfach seine Wünsche mit dem Gesetz in Einklang gebracht und das Übel, an das er bisher nur gedacht hatte, rückgängig gemacht hatte. Tatsächlich sympathisierte die ganze Welt eher mit dem Gutsbesitzer, als Mr. Tyrrwhits Geschäfte bekannt wurden, denn viele gingen davon aus, dass Mr. Tyrrwhit der alleinige Eigentümer von Tretton werden sollte.

Aber die Gläubiger waren immer noch laut und immer noch verärgert. Sie und ihre Abgesandten hielten sich in Tretton auf und wollten wissen, wo der Kapitän sei. Über den Aufenthaltsort des Kapitäns wusste sein Vater nichts, nicht einmal, ob er noch lebte; denn der Kapitän war tatsächlich von der Welt verschwunden, und seine Gläubiger konnten keine Nachricht über ihn erhalten. Zu dieser Zeit und noch lange danach glaubten sie, dass er und sein Vater miteinander verbündet waren, und waren entschlossen, die Frage nach der Legitimität seiner Geburt vor Gericht zu stellen, sobald der alte Gutsherr tot sein sollte. Aber der alte Gutsherr ist nicht gestorben. Obwohl sein Leben äußerst prekär sein sollte, lebte er weiter und wurde noch stärker. Aber er blieb in Tretton eingesperrt und weigerte sich völlig, den Abgesandten eines Gläubigers zu sehen. Um Herrn Tyrrwhit gerecht zu werden, muss man anerkennen, dass er persönlich keine Abgesandten geschickt hat, sondern sich damit zufrieden gegeben hat, das Geschäft in die Hände eines sehr scharfsinnigen Anwalts zu legen. Aber es gab auch Abgesandte anderer, die nach einer Weile ganz aus dem Park ausgeschlossen wurden.

Hier lebte Mr. Scarborough weiter, kam in seinem Sessel auf den Rasen, rauchte dort seine Zigarre und las in den heißen Julitagen seinen französischen Roman. Um die Wahrheit zu sagen, kümmerten ihn die Abgesandten kaum, außer insoweit, als es ihnen erlaubt war, sein persönliches Wohlergehen zu beeinträchtigen. In diesen Tagen hatte er zwei oder drei Freunde aus London bei sich, die gut genug waren, ihm einen Whist-Tisch auf dem Land zu verschaffen; Aber das Hauptinteresse seines Lebens galten den gelegentlichen Besuchen seines jüngeren Sohnes.

„Ich betrachte Mountjoy als völlig verschwunden“, sagte er.

„Aber er ist völlig verschwunden“, antwortete sein anderer Sohn.

„Das interessiert mich nicht. Ich glaube nicht, dass ein Mann ermordet werden kann, ohne eine Spur seines Mordes zu hinterlassen. Ein Mann kann sich nicht einmal über Bord werfen, ohne dass er vermisst wird. Ich weiß nichts über seinen Aufenthaltsort – überhaupt nichts. Aber Ich muss sagen, dass seine Abwesenheit für mich eine Erleichterung ist. Der einzige Trost, der mir auf dieser Welt bleibt, ist Ihre Gegenwart und die materiellen Güter, die ich noch genießen kann.

Diese Behauptung, er wisse nichts von seinem ältesten Sohn, wiederholte der Knappe immer wieder gegenüber seinem auserwählten Erben, da er meinte, es sei nur wahrscheinlich, dass Augustus an dem Glauben teilhaben würde, von dem er wusste, dass er nur allzu verbreitet war. Zweifellos herrschte die Vorstellung vor, dass der Squire und der Kapitän sich verbündet hätten, um die Gläubiger zu betrügen, und dass der Squire, dem in diesen Tagen viel unverdientes Lob für seine machiavellistische Klugheit zuteil wurde, mehr als jeder andere über seinen Ältesten wusste Angelegenheiten des Sohnes. Aber in Wahrheit wusste er zunächst nichts, und als er seinem jüngeren Sohn diese Beteuerungen machte, verschwendete er völlig den Atem, denn sein jüngerer Sohn wusste alles.

KAPITEL II.

FLORENCE MOUNTJOY.

Mr. Scarborough hatte eine Nichte, eine gewisse Florence Mountjoy, mit der Captain Scarborough verheiratet sein sollte. Als die Absicht zum ersten Mal ins Auge gefasst wurde, hatte es keine Rücksicht auf Geld gegeben, denn die Dame besaß nicht mehr als zehntausend Pfund, was für die Aussichten des Kapitäns nichts gewesen wäre, als die Idee zum ersten Mal erwogen wurde. Aber Mr. Scarborough liebte die Menschen, die ihm gehörten. Auf diese Weise war er seinem verstorbenen Schwager, General Mountjoy, sehr verbunden gewesen und hatte gespürt, dass seine Nichte schön und anmutig und in jeder Hinsicht begehrenswert war, als jemand, zu dem man teilweise dazugehören könnte sich selbst. Florence selbst war erst achtzehn Jahre alt, als ihre Mutter ihr die Idee einer Heirat zum ersten Mal vorschlug, und sie nahm sie eher mit Ehrfurcht als mit Freude oder Abscheu auf. Für sie war ihr Cousin Mountjoy immer eine überaus großartige Persönlichkeit gewesen. Er war nur sieben Jahre älter als sie, hatte sich aber schon früh die Manieren des reifen Alters angeeignet, ebenso wie er auch die Laster des reifen Alters an den Tag gelegt hatte, und ragte in den Augen des Mädchens als Mann von zweifellos Reichtum und Mode hervor. Zu diesem Zeitpunkt, drei Jahre vor der Erklärung seines Vaters, hatte er zweifellos hohe Schulden gehabt, aber seine Schulden waren nicht allgemein bekannt gewesen, und sein Vater hatte immer noch geglaubt, dass eine Heirat mit seinem Cousin dazu dienen könnte, ihn zu beruhigen – zu nutzen der Satz, der mit ihm selbst üblich war. Von diesem Tag bis zu diesem Tag hatte das Werben weitergedauert, und der Gutsherr hatte sich selbst beigebracht zu glauben, dass die beiden Cousins so gut wie miteinander verlobt waren. Er hatte darüber zumindest zwei Jahre lang nachgedacht, bis er im letzten letzten Jahr beschlossen hatte, den Kapitän über Bord zu werfen. Und selbst in diesem Jahr hatte es Phasen der Hoffnung gegeben, denn er hatte seinen Entschluss erst kurz vor der Umsetzung in die Tat endgültig gefasst. Zweifellos liebte er seine Nichte entsprechend seiner eigenen Fähigkeit zur Zuneigung. Er streichelte sie und streichelte ihr Haar und freute sich darüber, sie in seiner Nähe zu haben. Und sein Herz war durchaus fähig, ein solches Mädchen wahrhaft zu lieben. Er war ein gutmütiger, furchtloser, aber kein egoistischer Mann, dem das Schicksal dieses armen Mädchens wirklich am Herzen lag.

Und sein ältester Sohn, der keineswegs gutmütig war, hatte etwas Ähnliches. Er liebte wahrhaftig – nach seiner eigenen Art zu lieben. Er hätte seine Cousine jederzeit geheiratet, mit oder ohne ihre zehntausend Pfund – denn von allen Menschen war er der Rücksichtsloseste. Und doch war in seiner

Brust ein Gefühl der Ehre, von dem sein Vater nichts wusste. Als ihm erklärt wurde, dass der schöne Name seiner Mutter verunglimpft werden sollte – einer Mutter, an die er sich nur schwach erinnern konnte –, brachte die Drohung tatsächlich ihre eigene Qual mit sich. Aber davon spürte und wusste der Gutsherr nichts. Die Dame war schon lange tot und es konnte weder besser noch schlechter werden, was man über sie sagen konnte. Für den Kapitän war das nicht so, und es war ihm lieber, seinen Vater für unehrlich zu halten als seine Mutter. Auf jeden Fall war er in Wahrheit in seine Cousine Florence verliebt, und als man ihm die Geschichte erzählte, war einer ihrer ersten Auswirkungen die Bedeutung, die sie auf ihre Gedanken haben würde.

Es wurde gesagt, dass er innerhalb von zwei oder drei Tagen nach der Mitteilung London verlassen hatte. Er hatte dies getan, damit er sofort nach Cheltenham fahren und seinen Cousin besuchen konnte. Dort lebte Miss Mountjoy mit ihrer Mutter.

Damals war Florence Mountjoy stolz auf ihren Cousin gewesen, und um die Wahrheit über ihre Gefühle zu sagen: Obwohl sie ihn nie geliebt hatte, hätte sie es beinahe getan. Gerüchte hatten sich sogar bis zu ihrem Lebensumfeld durchgesetzt, und in ihrer Unschuld hatte man ihr nach und nach beigebracht, dass Captain Scarborough kein Mann sei, den sie sicher lieben könne. Und vielleicht war da noch jemand anderes aufgetaucht, dem gegenüber ihre Gefühle anders waren. Zweifellos hatte sie zunächst geglaubt, dass sie bereit wäre, die Frau ihrer Cousine zu werden, aber sie selbst hatte nie so viel gesagt. Und nun waren sowohl ihr Herz als auch ihr Verstand gegen ihn gerichtet.

Als Kapitän Scarborough nach Cheltenham ging, dachte er über die Angelegenheit nach und überlegte, wie er sein Vorhaben am besten durchführen könnte. Seine Absicht war es, von seiner Cousine die Zusicherung ihrer Liebe zu erhalten und das Versprechen, dass sie nicht durch irgendwelche Geschichten erschüttert werden sollte, die sein Vater über ihn erzählen würde. Zu diesem Zweck musste er ihr die Geschichte, die sein Vater ihm erzählt hatte, und seinen eigenen absoluten Unglauben daran mitteilen. Noch viel mehr muss ihr anvertraut werden. Er muss zum Teil seine eigenen Schulden anerkennen und erklären, dass sein Vater diesen Weg eingeschlagen hat, um die Gläubiger zu betrügen. Das alles wäre sehr schwierig; aber er muss auf ihre Unschuld und Großzügigkeit vertrauen. Er glaubte, dass die Lage seiner Angelegenheiten so dargestellt werden könnte, dass die Geschichte eher dazu tendieren würde, ihr Herz für ihn zu gewinnen, als es abzuwenden. Ihre Mutter war bisher immer zu seinen Gunsten gewesen, und tatsächlich war er im Haus in Cheltenham fast wie ein Apollo empfangen worden.

„Florence", sagte er, „ich muss dich ein paar Minuten allein sehen. Ich weiß, dass deine Mutter dir mein Vertrauen schenken wird." Dies wurde sofort nach seiner Ankunft gesagt, und Mrs. Mountjoy verließ sofort das Zimmer. Man hatte ihr beigebracht zu glauben, dass es die Pflicht ihrer Tochter sei, ihre Cousine zu heiraten; und obwohl sie wusste, dass der Kapitän viel getan hatte, um das Anwesen in Verlegenheit zu bringen, glaubte sie, dass dies der sicherste Weg wäre, ihn zu beruhigen. Der Erbe von Tretton Park war ihrer Meinung nach ein so großer Mann, dass er viel zu ertragen hatte.

Das Treffen zwischen den beiden Cousins dauerte sehr lange, und als Mrs. Mountjoy schließlich unangekündigt ins Zimmer zurückkehrte, fand sie ihre Tochter in Tränen aufgelöst vor.

„Oh, Florence, was ist los?" fragte ihre Mutter.

Das arme Mädchen sagte nichts, weinte aber weiter, während der Kapitän daneben stand und so schwarz wie eine Gewitterwolke aussah.

„Was ist los, Mountjoy?" sagte Mrs. Mountjoy und drehte sich zu ihm um.

„Ich habe Florence von einigen meiner Sorgen erzählt", sagte er, „und sie schienen ihre Meinung mir gegenüber geändert zu haben."

Darin lag etwas, das Florence verabscheuungswürdig war – eine Ungerechtigkeit, eine Unehrlichkeit, indem sie ihm den Mangel an Liebe, den sie schließlich durch seine Gelübde eingestehen musste, auf seine Mühen aufschob. Sie wusste, dass es nicht an seinen gegenwärtigen Problemen lag, die sie für schrecklich hielt, die sie aber in Wahrheit nicht begreifen konnte. Er hatte alles grob herausgeplatzt – die Geschichte, die sein Vater von der Schande seiner Mutter erzählt hatte, von seiner eigenen Bedeutungslosigkeit in der Welt, vom drohenden Verlust des Eigentums, von der Höhe seiner Schulden – und fügte seine Überzeugung hinzu sein Vater hatte alles erfunden und war in der Tat ein durch und durch Schlingel. Die ganze Geschichte seiner Schulden verschwieg er, nicht aus einer vorgefertigten Falschheit, sondern weil es für einen Mann so schwer ist, sich einzugestehen, dass er sich durch seine eigene Torheit völlig ruiniert hat. Es war nicht verwunderlich, dass das Mädchen die Geschichte, die man ihr damals erzählt hatte, nicht verstanden hatte. Warum verteidigte er seine Mutter? Warum beschuldigte er seinen Vater? Die Anschuldigungen gegen ihren Onkel, den sie kannte, bereiteten ihr mehr Angst als diese mysteriösen Anschuldigungen gegen ihre Tante, die sie nicht kannte und gegen die ihr Sohn sie verteidigte. Aber dann hatte er leidenschaftlich von seiner eigenen Liebe gesprochen, und sie hatte das verstanden. Er hatte sie gebeten, zu gestehen, dass sie ihn liebte, und dann war sie sofort stur geworden. Das Wort „gestehen" hatte etwas, das ihren Gefühlen widersprach. Es schien darauf hinzudeuten, dass er davon überzeugt war, dass sie ihn wirklich liebte. Sie hatte es ihm nie gesagt und war sich nun sicher, dass dem nicht so war. Als er sie bedrängte, konnte sie nur weinen. Aber in ihrem Weinen gab sie keinen Augenblick nach. Sie brachte nie ein einziges Wort zum Ausdruck, auf das er Hoffnung hätte gründen können. Dann wurde er immer schwärzer und immer schwärzer, grimmiger und immer grimmiger, immer ernsthafter in seinem Vorhaben, bis er sie schließlich fragte, wen sie liebte – da sie ihn nicht lieben konnte. Er wusste genau, wen er verdächtigte – und sie wusste es auch. Aber er hatte kein Recht, von ihr eine Stellungnahme zu diesem Punkt zu verlangen. Sie glaubte nicht, dass der Mann sie liebte; Sie wusste auch nicht, was sie sagen oder über ihre eigenen Gefühle denken sollte. Wenn er, der andere Mann, zu ihr käme, würde sie ihm nur sagen, er solle gehen; aber warum sie ihn so bitten sollte, hatte sie kaum gewusst. Aber jetzt bedrohte dieser dunkle, stirnrunzelnde Kapitän mit seinem großen Schnurrbart, seinem militärischen Aussehen und seinem allgemeinen Aussehen unbesiegbarer Macht den anderen Mann.

„Er kam als mein Freund nach Tretton“, sagte er, „und beim Himmel, wenn er sich mir in den Weg stellt, wenn er es wagt, zwischen dir und mir zu gehen, wird er es mit seinem Leben beantworten!“

Der Name war nicht erwähnt worden; Aber das war für Florence sehr schrecklich gewesen, und sie konnte nur weinen.

Er ging weg und weigerte sich, zum Abendessen zu bleiben, sagte aber, dass er am nächsten Nachmittag wiederkommen würde. Auf der Straße der Stadt traf er einen seiner Gläubiger, der seine Reise nach Cheltenham entdeckt hatte und ihm gefolgt war.

„Oh, Captain Mountjoy, worüber reden sie denn in London?“

„Wovon reden sie?“

„De Vererbung!“ sagte der Mann, der ein echter Jude war, und sah ihm besorgt ins Gesicht.

Der Mann erhielt seine Zusage für eine sehr hohe Geldsumme mit der Zusicherung, dass diese nach dem Tod seines Vaters bezahlt werden sollte, wofür er ihm etwa zweitausend Pfund in bar gegeben hatte.

„Du musst meinen Vater fragen.“

„Aber ist es wahr?“

„Du musst meinen Vater fragen. Auf mein Wort, ich kann dir nichts anderes sagen. Er hat eine Geschichte erfunden, von der ich kein Wort glaube. Ich habe nie von der Geschichte gehört, bis er sich neulich dazu herabließ, sie mir zu erzählen.“ . Ob es wahr oder falsch ist, Sie und ich, Herr Hart, sitzen im selben Boot.“

„Aber du hast das Geld gehabt."

„Und du hast die Rechnung. Du kannst nichts tun, wenn du hinter mir her bist. Mein Vater scheint sich einen sehr klugen Plan ausgedacht zu haben, mit dem er dich ausrauben kann; aber er wird mich gleichzeitig ausrauben. Du kannst mir glauben oder nicht, wie es Ihnen gefällt; aber Sie werden feststellen, dass es die Wahrheit ist."

Dann verließ Mr. Hart ihn, glaubte aber ganz sicher kein Wort, das der Kapitän zu ihm gesagt hatte.

Florence wollte ihrer Mutter lediglich ihre hartnäckige Absicht offenbaren, ihre Cousine nicht zu heiraten. Mrs. Mountjoy, auf deren Geist noch immer der Glanz des Prestiges des Kapitäns lastete, sagte viel zu seinen Gunsten. Jeder hatte die Heirat schon immer vorgehabt, und sie würde die Richtschnur für alles sein. Der Kapitän schuldete zweifellos eine große Summe Geld, aber das würde durch Florences Vermögen beglichen werden. So wenig wusste die arme Dame über den Zustand des Kapitäns. Als ihr gesagt wurde, dass zwischen dem Kapitän und seinem Vater ein großer Streit stattgefunden hatte, erklärte sie, dass die Heirat das klären würde.

„Aber, Mama, Kapitän Scarborough darf das Eigentum überhaupt nicht haben."

Dann hatte Mrs. Mountjoy, die fest an Fideikommisse glaubte, erklärt, dass der Himmel dies nicht verhindern könne.

„Aber das macht keinen Unterschied", sagte die Tochter; „Wenn ich – ich – ich ihn liebte, würde ich ihn umso mehr heiraten, wenn er nichts hätte."

Dann erklärte Frau Mountjoy, dass sie es überhaupt nicht verstehen könne.

Am nächsten Tag kam Kapitän Scarborough, wie er es versprochen hatte, aber nichts, was er sagen konnte, konnte Florence dazu bewegen, in seine Gegenwart zu kommen. Ihre Mutter erklärte, sie sei so krank, dass es böse wäre, sie zu stören.

KAPITEL III.

HARRY ANNESLEY.

Zusammen mit Augustus Scarborough war es in Cambridge ein gewisser Harry Annesley gewesen, und er war es, dem der Kapitän in seinem Zorn geschworen hatte, ihm ein Ende zu bereiten, falls er zwischen ihn und seine Geliebte geraten sollte. Harry Annesley war dem Kapitän von seinem Bruder vorgestellt worden, und zwischen ihnen war eine innige Freundschaft entstanden. Er hatte ihn nach Tretton Park gebracht, als Florence dort war, und Harry hatte sich seitdem auf eigene Faust auf den Weg nach Cheltenham gemacht und sich bemüht, seine eigene Sache auf seine eigene Weise zu vertreten. Dies hatte er nach dem guten alten englischen Plan getan, der zwar etwas rüpelhaft sein soll, aber nicht ohne Wirkung ist. Er hatte sie angeschaut und mit ihr getanzt und das Beste mit seinen Handschuhen und seiner Krawatte gemacht und sie an zwanzig untrüglichen Zeichen erkennen lassen, dass er, um vollkommen glücklich zu sein, in ihrer Nähe sein musste. Ihre Handschuhe, ihre Blumen und ihre anderen kleinen Eigenschaften waren für ihn süßer als alle Düfte und in seinen Augen wertvoller als Edelsteine. Aber er hatte sie bisher noch nie wirklich darum gebeten, ihn zu lieben. Aber sie war eine so schnelle Linguistin, dass sie bis zum letzten Buchstaben verstand, was all diese Zeichen bedeuteten. Ihr Cousin, Kapitän Scarborough, war für sie großartig, mächtig, aber gleichzeitig schrecklich. Sie hatte sich tausendmal gefragt, ob es ihr möglich sein würde, ihn zu lieben und seine Frau zu werden. Sie hatte sich selbst nie eine Antwort auf diese Frage gegeben, bis sie plötzlich dazu in der Lage war, weil er sie mit allzu viel Selbstvertrauen um ein Geständnis ihrer Liebe gebeten hatte. Sie hatte gegenüber Harry Annesley nie etwas eingestanden, nicht einmal sich selbst gegenüber. Sie hatte sich nie gesagt, dass es möglich wäre, dass er ihr eine solche Frage stellen würde. Sie hatte das wilde, verträumte, ängstliche Gefühl, dass es ihr zwar möglich wäre, ihren Cousin abzulehnen, es aber unmöglich wäre, einen anderen zu heiraten, solange er sie noch zu seiner Frau machen wollte. Und nun hatte Kapitän Scarborough Harry Annesley bedroht, zwar nicht namentlich, aber dennoch deutlich genug. Jeder eigene Traum in diese Richtung muss ein vergeblicher Traum sein.

Da Harry Annesley der Held dieser Geschichte sein wird, ist es notwendig, etwas über die Einzelheiten seines Lebens und seiner Existenz bis zu diesem Zeitraum zu sagen. Man wird feststellen, dass an ihm nichts besonders Heroisches ist. Er ist ein junger Mann, der der Torheit eines jungen Mannes mehr als gerecht wird; man kann auch von der Schwäche eines jungen Mannes sagen. Aber ich selbst neige dazu zu glauben, dass der Egoismus eines jungen Mannes kaum darin zu finden war, nichts von Falschheit oder Unehrlichkeit; und deshalb bin ich versucht, seine Geschichte zu erzählen.

Er war der Sohn eines Geistlichen und der Älteste einer großen Familie von Kindern. Da er jedoch der anerkannte Erbe des Bruders seiner Mutter war, der Gutsherr der Pfarrei war, deren Pfarrer sein Vater war, hielt man es nicht für notwendig, dass er irgendeinen Beruf ausübte. Dieser Onkel war der Squire von Buston und schließlich selbst kein reicher Mann. Sein gesamtes Vermögen überstieg nicht zweitausend im Jahr, ein Einkommen, das seit fünfzig Jahren für die gemäßigten Bedürfnisse eines gemäßigten Landedelmanns ausreichen sollte; aber obwohl Buston nicht weit vom Zentrum des Geschehens entfernt war, da er in Hertfordshire und nicht mehr als vierzig Meilen von London entfernt lag, lebte Mr. Prosper ein so zurückgezogenes Leben und war so weit von den Sitten der Menschen entfernt, dass er es offenbar tat Ich weiß nicht, aber dass sein Erbe genauso berechtigt war, ein müßiges Leben zu führen, als wäre er der Sohn eines Herzogs oder eines Brauers. Man darf sich jedoch nicht vorstellen, dass Herr Prosper besonders an seinem Neffen hing. Als der Junge die Kartause verließ, wo sein Onkel seine Schulrechnungen bezahlt hatte, wurde er mit einem Taschengeld von zweihundertfünfzig Pfund pro Jahr nach Cambridge geschickt, und dieses Taschengeld wurde ihm weiterhin gewährt, mit der Zusicherung, dass dies der Fall war unter keinen Umständen konnte es jemals erhöht werden. Am College war er erfolgreich und verließ Cambridge mit einem College-Stipendium. Er beließ es daher bei einem Zuschlag von einhundertfünfundsiebzig Pfund zu seinem Einkommen und wurde von allen im Pfarrhaus von Buston als reicher junger Mann angesehen.

Aber Harry stellte nicht fest, dass sein gesamtes Einkommen inmitten einer Welt des Müßiggangs einen Reichtum darstellte. In Buston wurde er von seinem Onkel ständig auf die Notwendigkeit der Sparsamkeit hingewiesen. Tatsächlich sprach Mr. Prosper, ein kränklicher kleiner Mann von etwa fünfzig Jahren, immer von sich selbst, als hätte er vor, noch ein halbes Jahrhundert zu leben. Er ging selten durch den Park zum Pfarrhaus und bewirtete einmal in der Woche sonntags die Pfarrhausfamilie. Ein trauriger Anlass war es im Allgemeinen für die älteren Kinder des Pfarrhauses, die daher dazu verdammt waren, die lauten Höflichkeiten ihres eigenen Zuhauses zugunsten der nüchternen Sonntagsfeierlichkeiten im Saal aufzugeben. Es war nicht so, dass der Squire von Buston ein besonders religiöser Mann war, oder dass der Pfarrer das Gegenteil verhielt: aber der Pfarrer war fröhlich, während der andere feierlich war. Der Squire, der nie in die Kirche ging, weil er angeblich krank war, glich den Mangel durch seine Andachtsneigung aus, wenn die Kinder in der Halle waren. Nach dem Abendessen las er eine Predigt durch, unverständlich und sogar unhörbar. Dabei war sein Schwager, der in seiner eigenen Kirche einen

Abendgottesdienst hielt, natürlich nie anwesend; aber Mrs. Annesley und die Mädchen waren da und die jüngeren Kinder. Aber Harry Annesley hatte entschieden abgelehnt; Als sein Onkel herausfand, dass er nie zum Gottesdienst ging, obwohl er die Halle immer mit seinem Vater verließ, gab es einen Grund für einen Streit. Schließlich begab es sich, dass Mr. Prosper, der eifersüchtig und gereizt war, kaum mit seinem Neffen sprechen wollte; aber die zweihundertfünfzig Pfund gingen weiter, und es kam zu vielen Auseinandersetzungen darüber zwischen dem Pfarrer und dem Gutsherrn. Als der Gutsherr einmal davon sprach, es nicht mehr zu tun, erinnerte Harrys Vater ihn daran, dass der junge Mann im Einklang mit dem Wunsch seines Onkels in völliger Müßiggang erzogen worden sei. Dies bestritt der Gutsherr in scharfer Sprache; aber Harry hatte sich bisher weder lautstark verschuldet, noch war er auf besonders unverschämte Weise über die Zügel getreten; und da er unbedingt der Erbe sein musste, wurde die Zuwendung weiterbewilligt.

Es gab eine Dame, die sich Harry Annesley allerlei Schlimmes ausgedacht hatte, weil sie, wie sie behauptete, an einem Beruf und einem festen Einkommen mangelte. Mrs. Mountjoy, Florences Mutter, war diese Dame. Florence selbst hatte jedes Wort in Harrys Sprache gelesen, obwohl sie zwar nicht wusste, dass sie etwas gelesen hatte, aber dennoch nie einen einzigen Buchstaben verpasst hatte. Auch Mrs. Mountjoy hatte viel gelesen, wenn auch nicht alles, und fürchtete sich vor dem Auftritt Harrys als erklärter Liebhaber. In ihren Augen war Kapitän Scarborough eine sehr gutaussehende, sehr mächtige und sehr großartige Persönlichkeit; Sie befürchtete jedoch, dass Florence durch die Einmischung ihres anderen sehr gleichgültigen Verehrers dazu gebracht werden könnte, diesem Herrscher die Treue zu verweigern. Was wären Buston und zweitausend pro Jahr im Vergleich zu all dem Ruhm und den grenzenlosen Einkünften des großen Tretton-Anwesens? Kapitän Scarborough war mit seinem Schnurrbart und seiner Pracht genau der Mann, der mit Sicherheit ein Peer werden würde. Sie hatte immer gehört, dass das Einkommen auf dreißigtausend pro Jahr festgesetzt wurde. Was würden ein paar Schulden bis zu 30.000 im Jahr bedeuten? Das waren ihre Gedanken bis zu Captain Scarboroughs letztem Besuch gewesen, als dieser nach Cheltenham gekommen war und seine Forderung nach der Hand von Florence etwas unhöflich erneuert hatte. Er hatte zweideutige, schreckliche Worte gesprochen und erklärt, dass zwischen ihm und seinem Vater ein mörderischer Streit stattgefunden habe; aber diese Worte waren von Frau Mountjoy, obwohl sie sehr schrecklich gewesen waren, völlig missverstanden worden. Sie wusste, dass es sich bei der Immobilie um eine Fideikommisse handelte, und sie wusste, dass, wenn eine Immobilie verpfändet wurde, der jetzige Eigentümer nichts mit deren zukünftiger Verfügung zu tun hatte. Kapitän Scarborough jedenfalls lag die Heirat sehr am Herzen, und Mrs. Mountjoy war geneigt, ihn, da er jetzt vom Zorn seines Vaters belastet war, dem armen Harry Annesley vorzuziehen.

Im Juni kam Harry nach London und erfuhr dort in seinem Club die einzigartige Geschichte über den alten Mr. Scarborough und seinen Sohn. Herr Scarborough hatte seinen Sohn für unehelich erklärt, und die ganze Welt wusste nun, dass er völlig mittellos und hoffnungslos verschuldet war. Dass es ihm sehr peinlich gewesen war, wusste Harry schon seit vielen Monaten, und dazu kam nun noch die weit verbreitete Tatsache, dass er nicht der Erbe von Tretton Park war und es auch nie gewesen war. Der ganze immer größer werdende Besitz um Tretton, auf den so viele Hoffnungen gestützt worden waren, würde seinem Bruder gehören. Als Harry die Geschichte hörte, brachte er sie sofort mit Florence in Verbindung. Er hatte natürlich gewusst, dass der Kapitän ein Bewerber um die Hand des Mädchens war, und es hatte eine Zeit gegeben, in der er dachte, dass seine eigenen Hoffnungen daher vergeblich seien. Allmählich dämmerte ihm die Überzeugung, dass Florence den großen Krieger nicht liebte, dass sie eher Angst vor ihm hatte und von Ehrfurcht erfüllt war. Es wäre schrecklich, wenn sie jetzt durch dieses Gefühl der Ehrfurcht dazu gebracht würde, ihn zu heiraten. Dann erfuhr er, dass der Krieger nach Cheltenham gegangen war, und in der Unruhe seines Geistes verfolgte er ihn. Als er Cheltenham erreichte, war der Krieger bereits gegangen.

„Das Eigentum ist sicherlich verbunden", sagte Frau Mountjoy. Er hatte sofort im Haus vorbeigeschaut und die Mutter gesehen, aber Florence wurde diskret in ihr eigenes Zimmer geschickt, als der gefährliche junge Mann eingeliefert wurde.

„Er ist überhaupt nicht Mr. Scarboroughs ältester Sohn", sagte Harry; „das heißt, im Auge des Gesetzes." Dann musste er die für einen jungen Mann sehr schwierige Aufgabe übernehmen, ihr alle Umstände des Falles zu erklären.

Aber es lag etwas darin, das für die Fantasie der Dame so schrecklich war, dass es ihm lange nicht gelang, es ihr verständlich zu machen. „Wollen Sie damit sagen, dass Mr. Scarborough nicht mit seiner eigenen Frau verheiratet war?"

„Zuerst nicht."

„Und dass er es wusste?"

„Kein Zweifel, er wusste es. Das gesteht er selbst."

„Was für ein sehr böser Mann er sein muss!" sagte Frau Mountjoy. Harry konnte nur mit der Schulter zucken. „Und er hatte die ganze Zeit vor, Augustus auszurauben?" Harry zuckte erneut mit der Schulter. „Ist es nicht viel wahrscheinlicher, dass er, wenn er so böse wäre, bereit wäre, seinen ältesten Sohn zu verleugnen, um die Schulden bezahlen zu können?"

Harry konnte nur erklären, dass die Tatsachen so waren, wie er sie erzählte, oder dass zumindest ganz London glaubte, dass sie so seien, dass Captain Mountjoy jedenfalls so rücksichtslos gespielt hatte, dass er sich für immer außerhalb der Reichweite eines Schillings befunden hatte das Anwesen, und dass es eindeutig die Pflicht von Mrs. Mountjoy als Florences Mutter war, ihn nicht als Verehrer zu akzeptieren.

Nur langsam kam das Gespräch zu diesem Punkt. Harry hatte weder der Mutter noch der Tochter seine eigene Liebe erklärt und trat nun lediglich als Erzähler dieser schrecklichen Geschichte auf. Doch zu diesem Zeitpunkt kam es ihm so vor, als müsse er sich in einer anderen Gestalt vorstellen.

„Tatsache ist, Mrs. Mountjoy", sagte er und sprang auf, „dass ich selbst in Ihre Tochter verliebt bin."

„Und deshalb sind Sie hierher gekommen, um Kapitän Scarborough zu verunglimpfen."

„Ich bin gekommen", sagte er, „zumindest um die Wahrheit zu sagen. Wenn es so ist, wie ich sage, können Sie es nicht für richtig halten, dass er Ihre Tochter heiratet. Ich sage nichts von mir selbst, aber dass, jedenfalls, kann nicht sein."

„Es geht Sie nichts an, Mr. Annesley."

„Abgesehen davon, dass ich gerne glauben würde, dass ihre Angelegenheit meine sein sollte."

Aber er konnte Mrs. Mountjoy weder an diesem noch am nächsten Tag dazu bewegen, ihm zu erlauben, Florence zu sehen, und musste schließlich Cheltenham verlassen, ohne dies getan zu haben.

KAPITEL IV.

DAS VERSCHWINDEN VON KAPITÄN SCARBOROUGH.

Einige Tage nach den in den letzten Kapiteln beschriebenen Besuchen in Cheltenham traf Harry Annesley, als er durch einen Gang neben dem Junior United Service Club in die Charles Street kam, plötzlich um zwei Uhr morgens Kapitän Scarborough. Wo Harry zu dieser Stunde gewesen war, muss jetzt nicht erklärt werden, aber es kann angenommen werden, dass er mit keiner seiner weiblichen Verwandten Tee getrunken hatte.

Kapitän Scarborough war gerade aus einem benachbarten Club gekommen, wo er sicherlich gespielt und allem Anschein nach auch getrunken hatte. Dass keine Polizisten auf der Straße gewesen sein sollten, war nicht bemerkenswert, aber es war auch niemand sonst anwesend, der berichten konnte, was während der fünf Minuten, in denen die beiden Männer zusammen blieben, geschehen war. Harry, der im Moment von der Begegnung überrascht war, wäre ohne Vorankündigung am Kapitän vorbeigegangen, wenn es ihm gestattet worden wäre; Aber der Kapitän bemerkte dies und hielt ihn plötzlich auf, indem er ihn grob am Kragen seines Mantels packte. Das ärgerte Harry natürlich, und bevor eine verständliche Erklärung abgegeben worden war, hatten sich die beiden jungen Männer gestritten.

Kapitän Scarborough hatte einen langen Brief von Mrs. Mountjoy erhalten, in dem er um eine Erklärung der Umstände betete, die nicht erklärt werden konnten, und immer wieder erklärte, dass alle ihre Informationen von Harry Annesley stammten.

Der Kapitän nannte ihn nun einen störenden, aufdringlichen Idioten und schüttelte ihn heftig, während er ihn festhielt. Dies war eine Sitte, die Harry nicht ertragen konnte, und schon bald kam es zu einem Handgemenge, bei dem es zu Schlägen zwischen ihnen kam. Der Kapitän hielt an seiner Beute fest und schüttelte sie immer wieder in seinem betrunkenen Zorn, bis Harry, der zu einer Leidenschaft erwacht war, die der seines Gegners fast gleichkam, ihn schließlich gegen die Ecke des Clubgeländers schleuderte und seinen Feind liegen ließ auf den Boden, nachdem er beim Fallen heftig mit dem Kopf auf den Boden geschlagen hatte. Harry ging zu seinem eigenen Bett weiter, dem Schicksal seines Gegners, wie es später hieß, gleichgültig. Das Ganze dauerte wahrscheinlich fünf Minuten, konnte aber von keinem menschlichen Auge gesehen werden.

Da der Vorfall in dieser Nacht später zum Anlass für schwere Anschuldigungen gegen Harry Annesley gemacht wurde, wurde er hier mit ausreichender Genauigkeit dargelegt, um zu zeigen, was zur Rechtfertigung oder Verurteilung seines Verhaltens gesagt werden könnte – um zu zeigen, was gesagt werden könnte, wenn … Die Wahrheit wurde gesprochen. Denn tatsächlich wurde in den Diskussionen, die zu diesem Thema stattfanden, viel gesagt, was nicht wahr war. Als er sich in dieser Nacht von der Rauferei zurückzog, hatte Harry sicherlich nicht davon geträumt, dass dem Mann , der ganz sicher die ganze Schuld an der Provokation des Streits getragen hatte, ernsthafter Schaden zugefügt worden war . Hatte er sein Temperament und seine Gefühle vollständig unter Kontrolle gehalten und Kapitän Scarborough nur zur Selbstverteidigung niedergeschlagen? Hätte er sich nicht durch eine Behandlung, die zwangsläufig Zorn in der Brust eines jungen Mannes hervorrufen ließ, zum Zorn erregt, hätte er sich zweifellos gebückt, um ihn aufzuheben, als sein Feind zu seinen Füßen lag, und hätte sich um ihn gekümmert Wunden. Aber das war weder Harrys Charakter noch der eines der jungen Männer, die ich kannte. Dies war jedoch offenbar das Verhalten, das viele von ihm erwarteten, als die Umstände dieser fünf Minuten ans Licht kamen. Hätte aber andererseits die Leidenschaft ihn nicht völlig überwältigt und hätte er den Angriff auf ihn nicht in diesem Moment als ein so grobes Fehlverhalten angesehen, dass er alle Notwendigkeit einer sanften Behandlung seinerseits überflüssig machte, würde er es tun Ich habe den Mann kaum so leben oder sterben lassen, wie es der Zufall wollte. Voller Leidenschaft ging er seines Weges und ließ den Mann tatsächlich auf dem Bürgersteig zurück, ohne sich groß darum zu scheren, oder besser gesagt, ohne viel darüber nachzudenken, ob sein Opfer leben oder sterben würde.

Am nächsten Tag verließ Harry Annesley London und ging nach Buston, nachdem er kein weiteres Wort über den Kapitän gehört hatte. Er machte sich erst am späten Nachmittag auf den Weg und gab sich tagsüber einige Mühe, in der Stadt auf sich aufmerksam zu machen. aber er hörte nichts von Kapitän Scarborough. Zweimal ging er die Charles Street entlang und blickte auf die Stelle, an der er in der Nacht zuvor in einem womöglich tödlichen Konflikt gestanden hatte. Dann sagte er sich, dass er nicht im Geringsten verwundet worden sei, dass der wilde, wahnsinnige Mann nur versucht habe, ihn zu schütteln, dass sein Mantel gelitten habe und nicht er selbst, und dass er im Gegenzug sicherlich den Kapitän mit allem getroffen habe seine Gewalt. Wahrscheinlich gab es einiges Bedauern, aber er sagte zu niemandem ein Wort zu diesem Thema und verließ London.

Drei oder vier Tage lang hörte man nichts von dem Kapitän, noch wurde etwas über ihn gesagt. Er hatte eine Unterkunft in der Stadt, in der er zweifellos vermisst wurde, aber er hatte auch ein Quartier in der Kaserne, in der er nicht oft schlief, zu der er sich aber vermutlich am nächsten Morgen begeben haben könnte. Noch vor dem Abend dieses Tages war er zweifellos vermisst worden, aber in der Welt wurde seine Abwesenheit für einige Zeit nicht besonders erwähnt. Dann wurden bei den Aufenthaltsorten, die er bekanntermaßen häufig aufsuchte, Fragen nach seinem Aufenthaltsort gestellt, die mit zweifelhaften Behauptungen beantwortet wurden, dass man in den letzten sechzig oder siebzig Stunden nichts von ihm gesehen oder gehört habe.

Es muss daran erinnert werden, dass Kapitän Scarborough zu dieser Zeit aufgrund der Geschichte über seine Geburt immer noch Gegenstand allgemeiner Aufmerksamkeit war. Sein Vater hatte ihn für unehelich erklärt und damit alle seine Gläubiger ausgeraubt. Kapitän Scarborough war ein Mann, der bemerkenswert genug war, um einer Geschichte wie dieser allgemeine Aufmerksamkeit zu verschaffen; aber jetzt kam zu seiner Illegitimität noch sein Verschwinden hinzu. Es gab zunächst keine Ahnung, dass er ermordet worden war. Es wurde schnell der ganzen Welt bekannt, dass er in der fraglichen Nacht in einem von ihm besuchten Whist-Club eine große Geldsumme verloren und das Geld, wie es in diesem Club üblich war, nicht zurückgezahlt hatte die Stelle.

Der verhängnisvolle Montag war gekommen und das Geld wurde zweifellos nicht ausgezahlt. Dann wurde er für zahlungsunfähig erklärt und im Laufe der Zeit wurde sein Name aus den Vereinsbüchern gestrichen, was die bis dahin erlittene Schande noch schlimmer machte.

In den letzten zwei Wochen war Kapitän Scarboroughs Name Gegenstand zahlreicher Bemerkungen und großer Schande geworden. Aber diese Nichtzahlung des verlorenen Geldes galt als Wendepunkt. Ein Mann könnte für unehelich erklärt werden und infolge dieses oder eines anderen Umstandes alle seine Gläubiger betrügen. Ein Mann könnte sich mit seinem Vater verschwören, um dies auf betrügerische Weise zu tun, wie die meisten seiner Bekannten zweifellos vermuteten, dass Kapitän Scarborough dies getan hatte. All dies könnte er tun und wäre nicht so erniedrigt, wenn seine Freunde nicht mit ihm redeten und mit ihm Karten spielten. Aber sich an einen Whist-Tisch gesetzt zu haben und den Einsatz nicht bezahlen zu können, galt als eine so abscheuliche Schande, dass sich niemand darüber wunderte, dass er hätte verschwinden sollen.

Dies war angeblich der Grund für das Verschwinden des Kapitäns unter seinen engen Freunden; aber nach und nach kamen mehr als seine vertrauten Freunde dazu, darüber zu reden. In kurzer Zeit stand sein Name in allen Zeitungen, und es gab keinen Polizisten in London, der sich nicht intensiv mit dieser Angelegenheit beschäftigt hätte. Ganz Scotland Yard und die Polizisten waren beschäftigt. Mr. Grey in Lincoln's Inn war über diese Angelegenheit sehr beunruhigt. Allmählich waren ihm die Fakten klar geworden, und ihm war bewusst geworden, dass der Kapitän vor der Heirat seines Klienten geboren worden war. Er war unaussprechlich schockiert über die Schurkerei des alten Gutsherrn in dieser Angelegenheit, erklärte aber allen, mit denen er offen über das Thema sprach, dass er nicht sehe, wie der Sünder bestraft werden könne. Er hätte nie gedacht, dass Vater und Sohn gemeinsam eine Verschwörung hatten. Er hatte auch nicht geglaubt, dass sie das Verschwinden des jungen Mannes veranlasst hatten, um die Gläubiger noch gründlicher zu betrügen. Auf keinen Fall konnten sie einem Mann Schaden zufügen, dessen Aufenthaltsort sie nicht kannten und der, soweit sie wussten, möglicherweise tot war. Doch dem Leser ist bereits bewusst, dass diese Vermutung seitens Herrn Gray unbegründet war.

Der Kapitän war seit drei Wochen abwesend, als Augustus Scarborough zum zweiten Mal nach Tretton Park ging, um die Angelegenheit mit seinem Vater zu besprechen.

Augustus hatte sich mit viel Gleichmut und einem festen, festen Vorsatz auf die Position des ältesten Sohnes eingestellt. Er tat so, als wäre er seinem Vater gegenüber nicht über die beabsichtigte Verletzung verärgert, sondern wollte lediglich, dass seine eigenen Rechte bestätigt würden. Dabei stellte er fest, dass ihm keine großen Schwierigkeiten im Weg standen. Die Gläubiger würden seine Rechte bestreiten, wenn sein Vater sterben sollte; aber auf einen solchen Kampf wäre er vorbereitet. Er zweifelte nicht an seiner eigenen Position, dachte aber, dass es sicherer und wahrscheinlich auch billiger wäre, die Zustimmung aller Kläger zu erkaufen, als die Kosten eines langwierigen Prozesses auf sich zu nehmen, was möglicherweise der Fall wäre mehr als eine Berufung sein würde und deren Ende letztlich zweifelhaft wäre.

Es wäre wahrscheinlich kein sehr großer Geldbetrag erforderlich. Jedenfalls würde keine sehr große Summe angeboten werden. Eine solche Vereinbarung wäre jedoch sicherlich einfacher, wenn sein Bruder nicht anwesend wäre, um mit den Männern konfrontiert zu werden, die er betrogen hatte.

Der Squire war in Tretton immer noch krank, aber nicht so krank, dass er nicht bei vollem Verstand war. Einige sagten, er sei überhaupt nicht krank, aber in der gegenwärtigen Lage sei ihm der Ruhestand recht gewesen. Aber die Art der Operation, der er sich unterzogen hatte, war vielen bekannt, die ihn in seinem gegenwärtigen Zustand nicht belästigen ließen. In Wahrheit brauchte er nur allen Besuchern den Zutritt zu verweigern und dafür zu sorgen, dass seine Befehle ausgeführt wurden, um unliebsame Eindringlinge zu vermeiden.

„Willst du damit sagen, dass ein Mann so etwas tun kann und dass ihn niemand dafür anrühren darf?" Dies war ein Ausruf, den Mr. Tyrrwhit seinem Anwalt gegenüber in einem Ton gekränkter Abscheu aussprach.

„Er hat nichts getan“, sagte der Anwalt. „Er dachte nur daran, etwas zu tun, und hat es seitdem bereut. Man kann einen Mann nicht verhaften, weil er mit dem Gedanken gespielt hat, Ihnen die Tasche zu stehlen, vor allem, wenn er gezeigt hat, dass er entschlossen ist, es nicht zu stehlen.“

„Soweit ich weiß, hat man bisher nichts von ihm gehört“, sagte der Sohn zum Vater.

„Diese Gliedmaßen gehörten nicht ihm, die in der Nähe der Blackfriars Bridge aus der Themse gepflückt wurden?“

„Sie gehörten einem armen Krüppel, der vor zwei Monaten ermordet wurde.“

„Und die Leiche, die unten in den Yorkshire Hills gefunden wurde?“

„Er war ein Hausierer. Es gibt keinen Grund zu der Annahme, dass Mountjoy sich umgebracht hat oder getötet wurde. Im ersteren Fall würde seine Leiche gefunden oder sein lebender Körper würde vermisst werden. Im zweiten Fall gibt es keinen vorstellbaren Grund für einen Verdacht.“ .“

„Wo zum Teufel ist er dann?“ sagte der besorgte Vater.

„Ah, das ist die Schwierigkeit. Aber ich kann mir keine Situation vorstellen, in der ein Mann mehr versucht wäre, sich zu verstecken. Er ist von allen Seiten in Ungnade gefallen und könnte sich in London nach dem Geld, das er verloren hat, kaum noch zeigen. Das würden Sie nicht tun seine Spielschulden bezahlt haben?“

„Sicherlich nicht“, sagte der Vater. „Alle Dinge müssen ein Ende haben.“

„Ich könnte es auch nicht. Im letzten Monat hat er mir jeden Schilling entzogen, den ich unmittelbar zur Verfügung hatte.“

„Warum hast du sie ihm gegeben?“

„Es wäre schwierig, alle Gründe zu erklären. Er war damals mein älterer Bruder, und es passte zu mir, ihn einigermaßen unter meiner Hand zu haben. Jedenfalls habe ich es getan und kann vorerst nicht mehr tun. Ich schaue mich um Ich sehe nicht ein, wo es für ihn möglich war, einen Souverän zu erheben, sobald bekannt wurde, dass er niemand war.

„Was wird aus ihm werden?“ sagte der Vater. „Mir gefällt die Vorstellung nicht, dass er verhungert. Er kann nicht ohne etwas zum Leben leben.“

„Gott mildert den Wind zum geschorenen Lamm“, sagte der Sohn. „Für Lämmer wie ihn scheint es immer Weideland der einen oder anderen Art zu geben.“

„Solchen Weiden möchte man sich nicht anvertrauen müssen“, sagte der Vater.

„Ich möchte auch nicht gehängt werden; aber ich müsste gehängt werden, wenn ich einen Mord begangen hätte. Denken Sie an die Chancen, die er hatte, und an die Art und Weise, wie er sie missbraucht hat. Obwohl er unehelich war, hätte er die Chancen haben sollen Sein ganzes Eigentum gehört ihm nicht, und er hat es nicht verloren, weil es ihm nicht gehörte, sondern er hat es einfach unter den Juden verspielt Als Jäger in den Rocky Mountains oder als Goldgräber in Australien? In diesem letzten Abenteuer scheint er schrecklich abgestürzt zu sein und über dreitausend Pfund verloren zu haben.

„Nicht wieder; – schon gar nicht wieder.“

„Was könnte er dann Besseres tun, als zu verschwinden? Ich nehme an, dass ich ihm irgendwann einmal ein Taschengeld zahlen muss, und wenn er überleben und sich im Dunkeln halten kann, werde ich das tun.“

Darin lag eine stille Anspielung auf den baldigen Tod seines Vaters, die schon schlimm genug war; aber der Vater ging daran vorbei, ohne seinen Unmut zum Ausdruck zu bringen. Er hatte seinem jüngeren Sohn sicherlich viel zu verdanken und war bereit, es durch Schweigen zu begleichen. Lasst sie beide nachlassen. Dies war die Sprache, die er für sich behielt, wenn er an seinen jüngeren Sohn dachte. Augustus benahm sich ihm gegenüber auf jeden Fall gut. Über den berüchtigten Plünderungsversuch, der unternommen worden war, war kein Wort des Vorwurfs über seine Lippen gekommen . Der alte Gutsherr war dankbar für das Verhalten seines jüngeren Sohnes, doch im Grunde seines Herzens zog er den älteren vor.

„Er hat mir jeden Penny entzogen“, sagte Augustus, „und ich muss Sie bitten, mir etwas von dem zurückzuerstatten, was verloren gegangen ist.“

„Er hat mich sehr entblößt gehalten. Ein Mann mit einer so großen Neigung, Geld loszuwerden, ich glaube, kein Vater zuvor musste das ertragen.“

„Du hast das letzte Mal davon.“

„Das weiß ich nicht. Wenn ich lebe und er mir seinen Aufenthaltsort mitteilt, kann ich ihn nicht mittellos zurücklassen. Ich habe das Gefühl, dass ihm großes Unrecht zugefügt wurde.“

„Ich sehe es nicht genau“, sagte Augustus.

„Weil du zu hartherzig bist, um dich in die Lage eines anderen Mannes zu versetzen. Er war mein ältester Sohn.“

„Er dachte, dass er es wäre.“

„Und hätte es auch bleiben sollen, wenn es eine Hoffnung für ihn gegeben hätte", sagte der Gutsbesitzer, der vorübergehend wütend war. Augustus zuckte nur mit den Schultern. „Aber es bringt nichts, darüber zu reden."

„Nicht das Geringste auf der Welt. Ich nehme an, Mr. Grey kennt endlich die Wahrheit. Ich muss drei- oder viertausend Pfund von Ihnen bekommen, oder auch ich muss auf die Juden zurückgreifen. Ich werde es auf jeden Fall tun Rate, unter besseren Umständen als mein Bruder.

Schließlich wurde eine Vereinbarung getroffen, die für den Sohn zufriedenstellend war und von der wir annehmen müssen, dass der Vater sie erträglich fand. Dann verabschiedete sich der Sohn und kehrte nach London zurück, mit der offensichtlichen Absicht, die Nachforschungen über die Existenz und den Aufenthaltsort seines Bruders voranzutreiben.

Das plötzliche und vollständige Verschwinden von Kapitän Scarborough erfüllte Mrs. Mountjoy mit größter Ehrfurcht. Zuerst konnte sie nicht glauben, dass Captain Mountjoy Scarborough, ein Offizier der Coldstreams und anerkannter Erbe des Tretton-Anwesens, verschwunden sei, wie es ein streunender Straßenkehrer oder die schlechteste Arbeiterin eines Hutmachers tun könnte. Aber schließlich gab es in allen Zeitungen Anzeigen und an allen Wänden Plakate, und Mrs. Mountjoy verstand, dass der Kapitän weg war. Sie konnte noch kaum glauben, dass er nicht länger der Erbe von Tretton war, und in den kurzen Diskussionen mit Florence, die zu diesem Thema notwendig waren, zog sie es vor, überhaupt keine Meinung zu seinem Verhalten zu äußern. Aber sie würde keineswegs nachgeben, wenn man sie dazu drängte, anzuerkennen, dass eine Heirat zwischen Florence und dem Kapitän nicht mehr für möglich gehalten werden könne. Während der Kapitän abwesend war, sollte die Angelegenheit in der Schwebe bleiben; aber das entsprach keineswegs den Ansichten der jungen Dame. Mrs. Mountjoy war keine zurückhaltende Frau und hatte ihren Freunden zweifellos zu freizügig etwas über die Lage ihrer Tochter zuflüstern können. Das hatte Florence übel genommen; aber es war trotzdem geschehen, und in Cheltenham galt sie im Allgemeinen als eine verlobte junge Dame. Vergeblich hatte sie dies bestritten. Das Wort ihrer Mutter zu einem solchen Thema sollte glaubwürdiger sein als ihr eigenes; Und nun war dieser Mann, mit dem sie angeblich eine so enge Verbindung hatte, unter den schändlichsten Umständen von der Welt verschwunden. Aber als sie ihrer Mutter die Schwierigkeit erklärte, befahl ihr ihre Mutter, vorerst den Mund zu halten, und schien zu hoffen, dass der Kapitän endlich wieder in seine alte Position zurückkehren würde.

„Lass sie ihn noch so sehr wiederherstellen, er würde mir nie etwas bedeuten, Mama." Dann schüttelte Mrs. Mountjoy nur den Kopf und schürzte die Lippen.

Am Abend des Tages nach dem Aufruhr auf der Straße ging Harry Annesley nach Buston und blieb dort die nächsten zwei oder drei Tage, ohne über das Abenteuer dieser Nacht Stillschweigen zu bewahren. In Buston gab es niemanden, dem er die Umstände wahrscheinlich mitgeteilt hätte. Aber ihm haftete ein gewisser Beigeschmack von unehrenhaftem Verhalten seinerseits an, der ihm die Lippen völlig verschloss. Je lauter und häufiger die Nachricht von der Abreise des Kapitäns zu seinen Ohren gelangte, desto stärker fühlte er, dass es seine Pflicht war, ihm zu sagen, was er über die Angelegenheit wusste. Viele Gedanken und viele Ängste umzingelten ihn. Zunächst ging man davon aus, dass er den Mann durch die Wucht seines Schlags getötet hatte oder dass sein Tod durch den Sturz verursacht worden war. Dann wurde ihm klar, dass es unmöglich war, dass Scarborough getötet worden war, und dass über den Fund der Leiche kein Bericht abgegeben werden sollte. Schließlich redete er sich ein, dass er den Mann nicht hätte töten können, versicherte ihm aber gleichzeitig, dass das Verschwinden in irgendeiner Weise durch das, was dann geschah, verursacht worden sein musste. Und es konnte nicht anders sein, als dass der Kapitän, wenn er noch lebte, sich der Natur des Kampfes bewusst sein würde, der stattgefunden hatte. Er hörte, hauptsächlich aus den Zeitungen, den vollständigen Bericht über die Unehelichkeit des Kapitäns; er hörte von seinem Zustand bei den Gläubigern; Er hörte von den Spielschulden, die der Club nicht beglichen hatte. Er sah, dass darin auch erklärt und wiederholt wurde, dass dies die Gründe für das Verschwinden des Mannes seien. Es war durchaus glaubhaft, dass der Mann unter einer solchen Wolke von Schwierigkeiten verschwinden sollte oder versuchen sollte, zu verschwinden. Es war nicht erforderlich, dass er und seine Gewalt als zusätzlicher Grund angeführt wurden. Hätte der Mann tatsächlich vor der Begegnung verschwinden wollen, wäre er aller Wahrscheinlichkeit nach durch die Umstände des Streits abgeschreckt worden. Es gab keinen weiteren Grund für sein Verschwinden und könnte in keiner Weise damit gerechnet werden, wenn er in Scotland Yard die ganze Geschichte erzählen würde. Er war bei dieser Gelegenheit grob misshandelt worden und konnte mit den einzigen Mitteln, die ihm zur Verfügung standen, einem solchen Missbrauch entkommen. Dennoch hatte er das Gefühl, dass, wenn er die Geschichte erzählt hätte, die Menschen auf der ganzen Welt seinen Namen mit der Abwesenheit des Mannes in Verbindung gebracht hätten und, noch schlimmer, dass auch Florences Name damit in Zusammenhang gebracht worden wäre. In den ersten ein oder zwei Tagen hatte er von Stunde zu Stunde darauf verzichtet, alles zu erzählen, was er wusste, und dann, als die ein oder zwei Tage vergingen und als eine Woche vergangen war – als vierzehn Tage vergehen durften –, tat er es Es war ihm unmöglich, nicht den Mund zu halten.

Er wurde in Buston nervös, unglücklich und gereizt, gegenüber seinem Vater, seiner Mutter und seiner Schwester, vor allem aber gegenüber seinem

Onkel. Zuvor hatte sich sein Onkel einige Monate lang geweigert, ihn zu sehen; Jetzt wurde er in die Halle geschickt und täglich zu diesem speziellen Thema verhört. Mr. Prosper war sich bewusst, dass sein Neffe mit Augustus Scarborough vertraut gewesen war und dass daher davon ausgegangen werden konnte, dass er viel über die Familie wusste. Mr. Prosper interessierte sich sehr für die Unehelichkeit, die Mittellosigkeit und das endgültige Verschwinden des Kapitäns und stellte bei seinen Kreuzverhören zweifellos fest, dass Harry nicht bereit war, seine Fragen zu beantworten. Er fand zum ersten Mal heraus, dass Harry den Kapitän kannte, und schaffte es auch, von ihm den Namen Miss Mountjoy zu erfahren. Aber er konnte nichts anderes lernen, außer dass Harry absolut nicht bereit war, über das Thema zu sprechen, was an sich schon viel war. Es muss klar sein, dass Harry in diesen Mitteilungen nicht besonders ehrfürchtig war. Tatsächlich gab er seinem Onkel zu verstehen, dass er seine Fragen für unverschämt halte, und erklärte schließlich seine Absicht, vorerst nicht mehr in den Saal zu kommen. Dann flüsterte Mr. Prosper seiner Schwester zu, dass er ganz sicher sei, dass Harry Annesley mehr über den Aufenthaltsort von Captain Scarborough wisse, als er sagen wollte.

„Mein lieber Peter", sagte Mrs. Annesley, „ich glaube wirklich, dass du dem armen Harry Unrecht tust."

Mrs. Annesley war stets auf der Hut, um so etwas wie einen liebevollen Verkehr zwischen ihrer eigenen Familie und dem Gutsherrn aufrechtzuerhalten.

„Meine liebe Anne, du siehst nicht so weit in einen Mühlstein wie ich. Das hast du nie getan."

„Aber, Peter, so etwas solltest du wirklich nicht über Harry sagen. Wenn alle Polizisten selbst versuchen, irgendetwas auf ihre Art zu erwischen, würden sie ihn sofort einholen, wenn sie das hören würden Der Landkreis hatte eine solche Meinung geäußert.

„Warum sagt er es mir nicht?" sagte Herr Prosper.

"Es gibt nichts zu erzählen."

„Ah, das ist Ihre Meinung – denn Sie können nicht in einen Mühlstein sehen. Ich sage Ihnen, dass Harry mehr über diesen Captain Scarborough weiß als jeder andere. Sie waren sehr intim miteinander."

„Harry kannte ihn gerade erst."

„Nun, Sie werden sehen. Ich sage Ihnen, dass Harrys Name mit dem von Captain Scarborough verwechselt wird, und ich hoffe, dass dies nicht in diskreditierender Weise geschehen wird. Ich hoffe es, das ist alles." In der Zwischenzeit war Harry nach London zurückgekehrt, um seinem Onkel zu entkommen und an Ort und Stelle zu sein, um alles zu erfahren, was sich ihm in den Weg stellen könnte, was das nun anerkannte Geheimnis um den Kapitän betrifft.

Dies war der Stand der Dinge zu Beginn der Zeit, auf die sich meine Geschichte bezieht.

KAPITEL V.

AUGUSTUS SCARBOROUGH.

Als Harry Annesley sich in London befand, konnte er das Gefühl nervöser Besorgnis über das Schicksal von Mountjoy Scarborough, das ihn erfasst hatte, nicht für einen Moment abschütteln. In jeder Zeitung, die er in die Hand nahm, suchte er zunächst nach dem Absatz über das Schicksal des Vermissten, den die Zeitung sicher in einer ihrer Spalten enthalten würde. Während dieser paar Tage war es seine Gewohnheit, in einem Club zu frühstücken, und er konnte es sich nicht verkneifen, mit seinen Nachbarn über den wunderbaren Vorfall in Scarborough zu sprechen. Jeder Mann war zu diesem Zeitpunkt bereit, zu diesem Thema zu sprechen, und Harrys Interesse schien vielleicht nicht besonders zu sein; Es wurde jedoch bekannt, dass er mit dem vermissten Mann vertraut war, und Harry sagte im Gespräch viel mehr, als es für ihn klug gewesen wäre, es zu tun, vorausgesetzt, er wollte mit der Geschichte nichts zu tun haben. Männer stellten ihm Fragen, als ob er es wahrscheinlich wüsste; und er würde ihnen antworten und behaupten, dass er nichts wisse, hinterließ aber dennoch den Eindruck, dass er mehr wusste, als er zugeben wollte. Zu dieser Zeit wurden bei Scotland Yard täglich viele Anfragen nach dem Kapitän gestellt. Diese kamen zweifellos hauptsächlich von den Gläubigern und ihren Verbündeten. Aber Harry Annesley wurde unter denen, die nach Informationen fragten, als Henry Annesley, Esq., verstorben vom St. John's College, Cambridge, bekannt; und sogar der Polizei wurde beigebracht, dass das Interesse, das er zeigte, etwas Auffälliges sei.

Am vierten Tag nach seiner Ankunft in London, genau zu der Jahreszeit, als jeder die Stadt verlassen sollte und als verblasste Parlamentsmitglieder, die sich zum Zweck endgültiger Spaltungen behalten ließen, ihr Schicksal verfluchten Inmitten der Augusthitze nahm Harry eine Einladung an, mit Augustus Scarborough in seinen Gemächern im Tempel zu speisen. Als er die Einladung annahm, wurde ihm klar, dass sonst niemand da sein sollte, und er musste sich darüber im Klaren sein, dass es die Absicht des Tretton-Erben war, mit ihm über den Respekt vor seinem Bruder zu sprechen. Er hatte Scarborough seit seinem Aufenthalt in der Stadt nicht mehr gesehen und hatte auch nicht den Wunsch verspürt, ihn zu sehen; Aber als die Einladung kam, hatte er sich gesagt, dass es besser wäre, sie anzunehmen und dass er seinem Gastgeber erlauben würde, zu diesem Thema zu sagen, was er wollte, wobei er selbst zurückhaltend blieb. Aber der arme Harry wusste kaum, wie schwierig es ist, zurückzuhalten, wenn das Herz voll ist. Als er nach London kam, hatte er sich sehr zurückhaltend verhalten wollen und hatte tatsächlich nichts weiter getan, als über den vermissten Mann zu reden, zu dem er erklärt hatte, er werde den Mund halten.

Der Leser muss sich hier mit Freude daran erinnern, dass Augustus Scarborough sich vollkommen darüber im Klaren war, was seinem Bruder widerfahren war, und daher unter anderem von dem Streit gewusst haben muss, der auf der Straße stattgefunden hatte. Er wusste daher, dass Harry sein Wissen verheimlichte, und konnte den Geisteszustand des armen Kerls gut einschätzen.

„Er wird vermuten", hatte er sich gesagt, „dass er ihn nicht tot auf dem Boden zurückgelassen hat, sonst wäre die Leiche dort, um die Geschichte zu erzählen. Aber er muss sich für die Rolle schämen, die er auf der Straße gespielt hat." - Kampf, und bemühen Sie sich, es zu verbergen. Zweifellos war Mountjoy der erste Täter, aber es war etwas passiert, das Annesley weder zu den Ohren seines Onkels noch zu den Ohren seines Vaters oder zu meinen oder zu denen des Knappen dringen lassen wollte. – oder zu denen von Florenz."

So dachte Augustus Scarborough, als er Harry Annesley einlud, mit ihm zu speisen.

Keiner seiner Freunde ging davon aus, dass Augustus Scarborough weiterhin in den gemäßigten Gemächern leben würde, die er jetzt im Tempel bewohnte; aber er hatte bisher noch nicht den Wunsch geäußert, sie zu verlassen. Sie waren zwei Treppen hoch und hatten keine besonders große Größe; aber sie waren komfortabel genug und sogar luxuriös als Junggesellenwohnung.

„Ich habe dich gebeten, alleine zu kommen", sagte Augustus, „weil es über den armen Mountjoy so viele Dinge zu besprechen gibt, die nicht gerade für das normale Ohr geeignet sind."

„Ja, in der Tat", sagte Harry, der jedoch nicht ganz verstand, warum es notwendig sein sollte, dass der Erbe mit ihm die Angelegenheiten seines unglücklichen Bruders besprach. Zweifellos hatte es ein gewisses Maß an Intimität zwischen ihnen gegeben, aber nichts, was es notwendig machte, dass der Kapitän über seine Schwierigkeiten informiert wurde. Die Sache, die ihn am meisten berührte, war die Liebe, die beide Männer zu Florence Mountjoy hegten; aber Harry erwartete nicht, dass bei dieser Gelegenheit irgendeine Anspielung auf Florenz gemacht werden würde.

„Haben Sie jemals von so einem teuflischen Durcheinander gehört?" sagte Augustus.

„Nein, in der Tat. Es ist nicht nur so, dass er verschwunden ist —"

„Das ist nichts, wenn man es mit all den anderen Begebenheiten dieser romantischen Geschichte vergleicht. Tatsächlich ist es das einzig Natürliche darin. Unter Berücksichtigung aller anderen Umstände hätte ich sein Verschwinden als ein Ereignis vorhersagen müssen, das mit Sicherheit eintreten würde. Warum sollte das nicht der Fall sein?" Kann so ein Mann nicht verschwinden, wenn er kann?"

„Aber wie hat er das gemacht?" antwortete Harry. „Wo ist er hin? Wo ist er in diesem Moment?"

„Ah, wenn Sie alle diese Fragen beantworten und Ihre Informationen bei Scotland Yard angeben, werden die Gläubiger Ihnen zweifellos eine stattliche Summe bescheren. Nicht, dass sie jemals einen Schilling von ihm bekommen würden, obwohl er es sein sollte Ich habe sie morgen auf der St. James's Street gesehen, aber sie sind ein zuversichtlicher Adeliger, und ich glaube wirklich, dass sie ihn mit der wärmsten Zuneigung umarmen würden, wenn sie ihn sehen könnten Abendessen, und wir werden über den armen Mountjoy reden, wenn wir den jungen Pitcher losgeworden sind. Der junge Pitcher ist der Sohn meiner Wäscherin, zu dessen Diensten ich befördert wurde, seit ich als Erbe von Tretton bekannt bin.

Dann setzten sie sich und aßen, und Augustus Scarborough machte sich angenehm. Das kleine Abendessen war in seiner Art ausgezeichnet und der Wein war so, wie er sein sollte. Während des Abendessens wurde weder über Mountjoy noch über die Angelegenheiten des Anwesens ein Wort gesagt. Augustus, der für sein Alter alt war und sich im Londoner Leben bereits viel geübt hatte, wusste gut, wie er sich angenehm machen konnte. Es gab viel zu sagen, während der junge Pitcher das Zimmer betrat und verließ, so dass keine unangenehmen Lücken in der Stille entstanden, während ein Gang den anderen ablöste. Das Wetter war sehr heiß, die Auerhühner waren sehr verlockend, alle waren sehr langweilig und die Parlamentsmitglieder dümmer als alle anderen; aber es kam eine gute Zeit. Würde Harry nach Tretton kommen und den alten Gouverneur besuchen? An Erholungsmöglichkeiten gab es für ihn nicht viel zu bieten, aber wenn der September kam, würden die Rebhühner in Hülle und Fülle wimmeln. Harry gab ein halbes Versprechen, dass er für eine Woche nach Tretton gehen würde, und Augustus Scarborough äußerte sich darüber sehr erfreut. Harry dachte im Moment an keinen Grund, warum er nicht nach Tretton gehen sollte, und verpflichtete sich daher zu seinem Versprechen; Aber später hatte er das Gefühl, dass Tretton ausgerechnet der letzte Ort war, den er jetzt besuchen sollte.

Schließlich waren Pitcher und der Käse verschwunden, und der junge Scarborough holte seine Zigarren hervor. „Ich möchte direkt nach dem Essen rauchen", sagte er. „Trinken geht mit Rauchen ebenso einher wie mit

Essen, also gibt es dafür keinen Grund. Nun sag mir, Annesley, was denkst du über Mountjoy?"

Es lag eine Abruptheit in der Frage, die Harry für einen Moment sprachlos machte. Wie sollte er sagen, was er über Mountjoy Scarborough dachte, auch wenn ihn kein Gefühl daran hindern sollte, die Wahrheit auszudrücken? Er wusste oder glaubte zu wissen, dass Mountjoy Scarborough ein gründlicher Schurke war; Einer, den kein Sinn für Ehrlichkeit davon abhielt, Geld auszugeben, und der nun daran beteiligt war, seine Gläubiger ohne die geringsten Gewissensbisse auszurauben – denn in Harrys Gedanken waren Mountjoy und sein Vater im Bunde, um das Eigentum zu retten, indem sie es retteten die Hände der Juden. Er hätte das Gleiche gedacht wie der alte Squire, nur dass der alte Squire ihn in Bezug auf Florence Mountjoy nicht gestört hatte.

Und dann kam ihm vor Augen, wie brutal er auf der Straße angegriffen worden war. Seiner Ansicht nach war Mountjoy Scarborough sicherlich ein Schurke; aber er fühlte sich nicht wirklich geneigt, das dem Bruder zu sagen, und er war sich auch nicht ganz sicher, ob sein Gastgeber ehrlich war. Es könnte sein, dass die drei Scarboroughs alle in einer Liga waren; und wenn ja, hatte er, wie er sich damals erinnerte, sehr falsch gehandelt, als er sagte, er würde nach Tretton gehen. Als ihm die Frage gestellt wurde, konnte er daher nur den Mund halten.

„Ich nehme an, dass du Skrupel hast, zu sprechen, weil er mein Bruder ist? Du kannst das ganz aufgeben."

„Ich denke, dass seine Karriere das war, was der Romanleser als romantisch bezeichnen würde; aber was ich, der ich nicht dazu gehöre, als unglücklich bezeichnen sollte."

„Nun ja, alles in allem war es bedauerlich. Ich bin kein weichherziger Kerl, aber ich fühle mich dazu getrieben, Mitleid mit ihm zu haben. Das Schlimmste daran ist, dass, wenn mein Vater nicht endlich dazu gebracht worden wäre, die Wahrheit zu sagen, Aus den meisten unehrlichen Gründen wäre es ihm nicht ein bisschen besser gegangen, als er ist. Ich bezweifle, dass er an dem Tag, an dem er gegangen wäre, noch ein paar Tausend hätte aufbringen können Wie viel auch immer man sich ausdenkt, es wäre bei ihm dasselbe gewesen.

"Das nehme ich an."

„Seine Gier am Glücksspiel war ein grenzenloser Treibsand, den kein möglicher Gewinn je hätte stillen können. Lass ihn seinen Club mit fünftausend Pfund bei seiner Bank betreten, und kein Unglück könnte ihn treffen. Er ist so, wie er ist, – oder, Leider kann ich, soweit wir wissen, die Flucht, die dem Anwesen widerfahren ist, nicht als besonders glücklich betrachten, obwohl einem nicht viel Unrecht zugefügt worden sein kann Mann, der unendlicher ist als der, den mein Vater für mich erfunden hat.

„Ich kann deinen Vater nicht verstehen", sagte Harry. Tatsächlich hatte Scarboroughs Art, über seinen Vater zu sprechen, etwas, das bei Harry beinahe Glauben hervorrief. Er begann zu zweifeln, ob Augustus an der Verschwörung beteiligt war.

„Nein, ich sollte nein sagen. Es ist schwer zu verstehen, dass ein englischer Gentleman den Mut haben sollte, eine solche Verschwörung zu ersinnen, und den Verstand, sie auszuführen. Wenn Mountjoy nur einigermaßen geradeaus oder nicht mehr als unanständig krumm gelaufen wäre, Ich hätte ein jüngerer Bruder sein sollen, der bis ans Ende meiner Tage als Anwalt tätig war. Die Geschichte von Esau und Jakob ist für ihn nicht der bemerkenswerteste Umstand , was den völligen Ausschluss von Mountjoys Gläubigern beinhaltet, ändert seinen Plan und freut sich, mir das zurückzugeben, was er beschlossen hatte, mir zu rauben, was mein Vater es wagen würde, dem Sohn ins Gesicht zu sehen, den er so beschlossen hatte Betrug? Mein Vater erzählt mir die Geschichte mit einem sanften Lachen und zeigt fast ebenso viel Gleichgültigkeit gegenüber Mountjoys Ruin wie gegenüber meinem wiedererlangten Wohlstand. Er errötet nicht, wenn er alles preisgibt Wie ich sehen kann, ist es ein Gedanke an die Weltmeinung. Zweifellos soll er sterben. Ich gehe davon aus, dass er in drei oder vier Monaten zu Ende sein wird. Mittlerweile nimmt er das alles so ruhig hin, als hätte er Mountjoy einfach einen Fünf-Pfund-Schein aus meiner Tasche geliehen.

„Bekommen Sie jedenfalls Ihr Eigentum?"

„Oh ja; und das ist zweifellos sein Argument, wenn er mich sieht. Er ist erfreut, mich unten in Tretton zu haben, und um die Wahrheit zu sagen, empfinde ich nicht die geringste Feindseligkeit ihm gegenüber. Aber so wie ich es sehe Ich halte ihn für den bemerkenswertesten alten Herrn, den die Welt je hervorgebracht hat. Er ist sich überhaupt nicht bewusst, dass ich irgendeinen Grund zur Beschwerde gegen ihn habe.

„Er hat wahrscheinlich gedacht, dass die Umstände der Geburt Ihres Bruders seine Aussichten nicht beeinträchtigen sollten."

„Aber das Gesetz, mein lieber Freund", sagte Scarborough, stand von seinem Stuhl auf und stand mit der Zigarre zwischen Finger und Daumen da, „das Gesetz denkt anders. Die Entscheidung, ob in dieser Welt alles richtig und falsch ist, hängt vom Gesetz ab." . Die halbe Krone in meiner Tasche gehört aufgrund des Gesetzes nur mir. Er hat sich entschieden, meine Mutter zu heiraten, bevor ich geboren wurde, aber er hat sich nicht entschieden, diese Zeremonie vor der Zeit meines Bruders zu durchlaufen. oder für mein moralisches Gefühl mag es eine Kleinigkeit sein; aber wegen dieser Kleinigkeit wird Tretton mein Eigentum sein, und sein Versuch, es mir zu stehlen, war genauso, als ob er in eine Bank einbrechen und stehlen sollte, was er dort fand Das weiß er genauso gut wie ich, aber er hat es aus eigenem Interesse getan.

Es war etwas in der Art, wie der junge Mann sowohl über seinen Vater als auch über seine Mutter sprach, was Harry eine Gänsehaut bereitete. Er musste an seinen eigenen Vater und seine eigene Mutter denken und an seine Gefühle ihnen gegenüber. Aber hier sprach dieser Mann mit völliger *Gelassenheit* über die Verfehlungen des einen und des anderen Elternteils . „Natürlich verstehe ich das alles", sagte Harry.

„Es gibt eine Art und Weise, Böses zu tun, die so einfach und gleichgültig ist, dass sie das allgemeine Gefühl dafür völlig unterdrückt. Ein Mann wird Ihnen sagen, dass er einen Mord begangen hat, und zwar in einem Ton, der so nachlässig ist, dass Sie das Gefühl haben, ein Mord sei nichts. I Ich glaube nicht, dass mein Vater für seinen Versuch bestraft werden kann, mir zwanzigtausend pro Jahr zu stehlen, und deshalb redet er mit mir darüber, als wäre es ein guter Witz, und er erwartet, dass ich ihn auch noch bekomme Im Großen und Ganzen bin ich ihm nicht im Geringsten böse und ihm eher dankbar, dass er mir erlaubt hat, sein ältester Sohn zu sein.

„Was müssen Mountjoys Gefühle sein!" sagte Harry.

„Genau; was müssen Mountjoys Gefühle sein! Es besteht kein Grund, an die meines Vaters zu denken, sondern an die des armen Mountjoy! Ich glaube nicht, dass er tot sein kann."

„Das sollte ich nicht glauben."

„Solange ein Mann lebt, kann er sich selbst wegtragen, aber wenn ein Mann tot ist, braucht es mindestens einen oder wahrscheinlich zwei, um ihn zu tragen. Männer wollen eine solche Arbeit nicht heimlich unternehmen, es sei denn, sie waren in den Mord verwickelt; und dann wird es ein Geräusch gegeben haben, das man gehört haben muss, oder Blut, das man gesehen haben muss, und der Körper wird endlich hervorkommen, oder ich glaube nicht, dass er tot ist.

„Das hoffe ich nicht", sagte Harry eher zahm und fühlte sich durch die Art und Weise, wie er seine Hoffnung zum Ausdruck brachte, einer Unwahrheit schuldig.

„Wann hast du ihn zuletzt gesehen?" Scarborough stellte die Frage mit einer Schroffheit, die vorhersehbar war, Harry aber nicht ganz überraschte.

„Seit ungefähr drei Monaten – in London", sagte Harry und erinnerte sich an das letzte Treffen, das stattgefunden hatte, bevor der Gutsherr sein Vorhaben erklärt hatte.

„Ah – Sie haben ihn also nicht gesehen, seit er wusste, dass er niemand war?" Dies fragte er in einem gleichgültigen Ton, da er bestrebt war, seine Absicht nicht zu entdecken, aber indem er dies tat, zollte er Harry große Anerkennung für seine Geistesbereitschaft.

„Ich habe ihn nicht mehr gesehen, seit er die Nachricht gehört hat, die ihn mehr als alle anderen in Erstaunen versetzt haben muss."

„Ich frage mich", sagte Augustus, „wie Florence Mountjoy das ertragen hat?"

„Ich habe sie auch nicht gesehen. Ich war in Cheltenham, durfte sie aber nicht sehen." Dies sagte er mit der Gewissheit, dass er, auch wenn er in einem Punkt gelogen hatte, in keinem anderen Fall lügen würde.

„Ich nehme an, dass das alles sie sehr erschüttert hat. Ich hätte fast Lust, mir zu erklären, dass sie immer noch eine Chance haben wird, die Geliebte von Tretton zu werden. Sie hatte immer Angst vor Mountjoy, aber das weiß ich nicht." Sie hatte sich so sehr an die Idee gewöhnt, ihn zu heiraten, dass sie sich selbst aus reinem Gehorsam aufgegeben hätte, und ich wäre mit Sicherheit ein besserer Ehemann als Mountjoy Erledigt."

„Miss Mountjoy wird mit Sicherheit eine gute Ehefrau für jeden sein, der das Glück hat, sie zu bekommen", sagte Harry mit einem gewissen großartigen Ton, den er im Moment als überfordert und lächerlich empfand.

„Oh ja, man muss sie natürlich kriegen, wie du es nennst. Du willst damit sagen, dass du im Rennen sein solltest. Das ist deine eigene Sorge. Das kann ich in meinem eigenen Namen nur behaupten." Es wurde immer als eine alte Familienvereinbarung angesehen, dass Florence Mountjoy den Erben von Tretton Park heiraten soll. Ich bin jetzt in dieser Position und verwerfe sie nur als Hinweis darauf, dass ich bereit bin, die Familienvereinbarung einzuhalten. Wenn noch andere Dinge dazwischenkommen, wird es natürlich ein Ende haben. Diese letzte Einladung erfolgte aufgrund eines Klopfens an der Tür. Die Tür wurde geöffnet und ein Polizist in Zivil namens Prodgers trat ein, der seinem Benehmen nach Augustus Scarborough gut zu kennen schien.

Die Polizei war seit einiger Zeit sehr damit beschäftigt, die Spur von Mountjoy Scarborough aufzuspüren, es war ihr jedoch bisher nicht gelungen, irgendwelche Informationen zu erhalten. Eine solche Aktivität, wie sie gezeigt wurde, kann nicht ohne Kosten bewerkstelligt werden, und es wurde in diesem Fall davon ausgegangen, dass der alte Mr. Scarborough sich geweigert hatte, die Mittel bereitzustellen. Etwas, das er zunächst geliefert hatte, sich aber später geweigert hatte, auch nur einen Fonds zu zeichnen. Er habe überhaupt nicht den Wunsch geäußert, dass sein Sohn wieder auf die Welt zurückgebracht werde, zumal er durch sein Verschwinden deutlich gemacht habe, dass er ihm unbedingt aus dem Weg gehen wolle. „Warum sollte ich die Kerle bezahlen? Das geht mich nichts an", hatte er zu seinem Sohn gesagt. Und von diesem Moment an hatte er sich geweigert, mehr zu tun, als das erste Abonnement, das ihm vorgeschlagen worden war, nachzuholen. Aber die Polizei war sehr beschäftigt, und es war bekannt, dass die Gelder hauptsächlich von Herrn Tyrrwhit bereitgestellt worden waren. Er war ein entschlossener und hartnäckiger Mann und war entschlossen, Mountjoy Scarborough, wie er es nannte, „herunterzurennen", wenn das Geld es ihm ermöglichen würde. Er war es, der den Squire um Hilfe bei diesem Vorhaben gebeten hatte, und ihm gegenüber hatte der Squire seine Meinung zum Ausdruck gebracht, dass er sich nicht in die Angelegenheit einmischen sollte, da sein Sohn offenbar kein Interesse daran hatte, zurückgebracht zu werden.

„Nun, Prodgers, welche Neuigkeiten haben Sie heute?" fragte Augustus.

„Da unten in Skye läuft ein Mann herum, nur hier und da, ohne etwas Besonderes über sich selbst zu sagen."

„Was ist das denn für ein Kerl?"

„Nun, er ist leichtgewichtig und kommt nicht an die Fähigkeiten eines Kapitäns heran; aber man weiß nicht, welche Verkleidungen ein Kerl anziehen wird. Ich glaube nicht, dass er die Beine eines Kapitäns hat, und ein Mann kann seine Beine nicht wechseln." "

„Captain Scarborough würde nicht länger in Skye herumlungern, wo ihn die Hälfte der Herbsttouristen kennen würde, die ihn sahen."

„Das ist genau das, was ich Wilkinson gesagt habe", sagte Prodgers. „Wilkinson scheint zu glauben, dass ein Mann jeder sein kann, solange niemand weiß, wer er ist. ‚Das ist nicht der Kapitän', sagte ich."

„Ich fürchte, er hat England verlassen", sagte der Bruder des Kapitäns.

„Es gibt keinen Ort, an dem er heruntergefahren werden kann wie New York, Paris oder Melbourne, und dorthin gehen sie meistens. Wir haben sie alle drei und ein Dutzend anderer Häfen dieser Art verdrahtet. Wir fangen sie." Meistens, wenn sie ins Ausland gehen; aber wenn sie zu Hause bleiben, sind sie ungewöhnlich lästig. Es gab einen Mann, der in der Grafschaft Donegal umherirrte, weil wir so viel mit ihrer Polizei zu tun haben, seit es die Land League gibt Aber dieser Kerl war nur ein Künstler, der seine Rechnung nicht bezahlen konnte. Was denken Sie darüber, Mr. Annesley? sagte der

Polizist, drehte sich kurz zu Harry um und richtete eine Frage an ihn. Warum sollte der Polizist überhaupt seinen Namen kennen?

„Wer? Ich? Ich denke überhaupt nicht darüber nach. Ich habe keine Möglichkeit, darüber nachzudenken."

„Weil Sie dort unten im Yard so beschäftigt waren, dachte ich, dass Sie vielleicht an der Angelegenheit interessiert wären, da Sie so viele Fragen gestellt haben."

„Mein Freund Mr. Annesley", sagte Augustus, „kannte Kapitän Scarborough, so wie er mich kennt."

„Trotzdem schien es, als wäre er mehr als sonst interessiert", sagte der Polizist.

„Ich bin mehr als sonst interessiert", antwortete Harry; „Aber ich weiß nicht, ob ich Ihnen meinen Grund nennen werde. Über seine gegenwärtige Existenz weiß ich absolut nichts."

„Ich wage es nicht zu sagen. Wenn Sie verlässliche Informationen hätten, würde ich sagen, dass sie bald verfügbar wären. Nun, Mr. Scarborough, Sie können sicher sein: Wenn wir ihm auf die Spur kommen, werden wir es tun, und ich denke, wir werden es tun. Es gibt keinen Hafen, der nicht zwei Tage nach seinem Verschwinden überwacht wird, und es gibt keinen Hafen, der nicht überwacht wird, sobald ein englischer Dampfer sie berührt. „Wir haben unsere Augen ausgestreckt, und wir wollen sie benutzen. Gute Nacht, Mr. Scarborough; gute Nacht, Mr. Annesley", und er nickte mit dem Kopf zu unserem Freund Harry. „Sie sagen, es gibt einen Grund, der unbekannt ist. Vielleicht wird er nicht immer unbekannt sein. Gute Nacht, meine Herren." Dann verließ Constable Prodgers den Raum.

Harry war durch die Bemerkungen des Polizisten beunruhigt gewesen und zeigte, dass dem so war, sobald er mit Augustus Scarborough allein war. „Ich fürchte, Sie denken, der Mann wollte unverschämt sein", sagte Augustus.

„Das hat er zweifellos getan, aber solche Männer dürfen unverschämt sein."

„Er sieht natürlich einen Feind in jedem, der vorgibt, mehr zu wissen, als er selbst weiß – oder tatsächlich in jedem, der es nicht weiß. Sie haben etwas davon gesagt, dass Sie einen eigenen Grund haben, und er hat sofort verstanden Sie mit Mountjoys Verschwinden sind notwendig, aber nach dem Wenigen, das ich von ihnen gesehen habe, glaube ich nicht, dass sie die besten Begleiter der Welt sind. Ich werde Mr. Prodgers seinem Arbeitgeber überlassen ihn, nämlich Herrn Tyrrwhit, und ich rate Ihnen, dasselbe zu tun."

Bald darauf verabschiedete sich Harry Annesley, doch er konnte sich nicht der Meinung entziehen, dass sowohl der Polizist als auch sein Gastgeber geglaubt hatten, er wisse etwas über den vermissten Mann. Augustus Scarborough hatte kein Wort in dieser Richtung gesagt, aber irgendetwas in seinem Verhalten hatte bei Harry Misstrauen geweckt. Und dann hatte Augustus seine Absicht erklärt, Florence Mountjoy seine Hand und sein Vermögen anzubieten. Er soll ein Verehrer für Florence sein – er, so bald nachdem Mountjoy von der Bildfläche verbannt worden war! Und warum hätte man ihm davon erzählen sollen? Er, von dessen Liebe zu dem Mädchen Augustus Scarborough sich seiner Liebe bewusst gewesen sein musste. Als er dann zu seiner Unterkunft zurückkehrte, beschloss er, in großer Verwirrung, am nächsten Tag nach Cheltenham zu fahren.

KAPITEL VI.

HARRY ANNESLEY ERZÄHLT SEIN GEHEIMNIS.

Harry eilte nach Cheltenham und wusste kaum, was er tun oder sagen würde, wenn er dort ankam. Er ging ins Hotel und aß alleine. „Was ist mit Captain Mountjoy los?" sagte ein Fremder, der zu ihm an seinem Tisch kam und ihm etwas zuflüsterte.

Der Fragesteller war fast ein Fremder, aber Harry kannte seinen Namen. Es war Mr. Baskerville, der Jäger. Herr Baskerville war weder reich noch besonders beliebt und hatte kein besonderes Vergnügen außer dem, im Winter auf zwei Nörglern auf den Straßen von Cheltenham in die Richtung zu reiten, in die die Hunde gingen. Es war noch Sommer, und die Nörgler, die ihre Arbeit in London erledigen mussten, sammelten im Müßiggang ein wenig Kraft oder kamen, wie Mr. Baskerville es nannte, in Form. In der Zwischenzeit vergnügte sich Herr Baskerville so gut er konnte, indem er im Bett lag und Rasentennis spielte. Manchmal speiste er im Hotel, damit der Club glauben konnte, er sei bei Freunden zu Gast; aber die beiden Orte waren für ihn fast gleich, da er an jedem von ihnen ein Abendessen und ein halbes Pint Wein für fünf oder sechs Schilling bekommen konnte. Eine leerere oder, wie man sagen würde, weniger angenehme Existenz könnte niemand passieren; Aber er hatte immer einen anständigen Mantel um sich, ein Lächeln im Gesicht und fünf Schilling in der Tasche, mit denen er sein Abendessen bezahlen konnte. Seine Frage, was in Scarborough los sei, zeigte jedenfalls, dass er in den Nachrichten der Welt sehr rückständig war.

„Ich glaube, er ist verschwunden", sagte Harry.

„Oh ja, natürlich ist er verschwunden. Jeder weiß das – er ist schon vor langer Zeit verschwunden; aber wo ist er?"

„Wenn Sie es ihnen in Scotland Yard sagen können, werden sie Ihnen dankbar sein."

„Ich nehme an, es ist wahr, dass die Polizei hinter ihm her ist? Meine Güte! Vierzigtausend pro Jahr! Das ist eine sehr seltsame Geschichte über das Anwesen, nicht wahr?"

„Ich kenne die Geschichte nicht genau und kann daher kaum sagen, ob sie queer ist oder nicht."

„Aber was den jüngeren Sohn angeht? Man sagt, der Vater habe dafür gesorgt, dass der jüngere Sohn das Geld bekommen soll. Was ich höre, ist, dass das ganze Vermögen aufgeteilt werden soll und dass der Kapitän die Hälfte bekommen soll, unter Bedingungen, die er einhält." aus dem Weg.

Aber ich bin sicher, dass Sie mehr darüber wissen. Ich habe Sie hier unten mit dem Kapitän gesehen. Und wieder flüsterte er Harry ins Ohr. Aber er hätte kein unangenehmeres Thema wählen können, und deshalb wies Harry Mr. Baskerville nicht auf die höflichste Weise zurück.

„Hör auf! Was für eine Art Allüren gibt sich dieser Kerl", sagte er zu einem anderen Freund mit der gleichen Niere. „Das ist der junge Annesley, der Sohn eines Zwei-Penny-Half-Penny-Pfarrs unten in Hertfordshire. Die Art, wie sich diese Kerle jetzt aufführen, ist unerträglich. Er hat kein Pferd zum Reiten, aber wenn man ihn reden hört, könnte man meinen, er wäre es." wurde drei Tage die Woche montiert.

„Er ist der Erbe des alten Prosper aus Buston Hall."

„Wie ist das? Aber ist er das? Das habe ich noch nie gehört. Was ist Buston Hall wert?" Dann beschloss Mr. Baskerville, Harry Annesley gegenüber doppelt höflich zu sein, wenn er ihn das nächste Mal sah.

Harry musste an diesem Abend darüber nachdenken, wie er sich bemühen würde, Florence Mountjoy am nächsten Tag zu sehen. Er war völlig unzufrieden mit sich selbst, als er durch die Straßen von Cheltenham ging. Er hatte nun nicht nur das Verschwinden von Scarborough vorübergehen lassen, ohne anzugeben, wann, wo und wie er ihn das letzte Mal gesehen hatte, sondern hatte auch direkt zu diesem Thema gelogen. Er hatte dem Bruder des Mannes gesagt, dass er ihn seit einigen Wochen nicht gesehen hatte, während es an sich schon als abscheulich galt, sein Wissen über ein solches Thema geheim gehalten zu haben. Er schämte sich vor sich selbst, und das umso mehr, als es niemanden gab, mit dem er offen über die Angelegenheit sprechen konnte. Und es kam ihm so vor, als ob alle, denen er begegnete, ihn über das Verschwinden des Mannes befragten, als ob sie ihn verdächtigten. Was bedeutete ihm der Mann, seine Schuld oder sein Vater, dass er unglücklich gemacht werden sollte? Der Angriff des Mannes auf ihn war seiner Natur nach grausam gewesen – so brutal, dass ihm, nachdem er den Klauen von Mountjoy Scarborough entkommen war, nichts anderes übrig blieb, als ihn auf der Straße liegen zu lassen, wo er in seiner Trunkenheit hingefallen war. Und als Folge davon war nun das Elend über ihn gekommen. Sogar dieser hohlköpfige Baskervilleer, ein Mann, dessen Armut Harry vollkommen verstand, hatte ihn über Mountjoy Scarborough befragt. Er hielt es für unmöglich, dass Baskerville irgendwelche Gründe zum Verdacht gehabt haben könnte, und doch blieb ihm der Klang der Untersuchung im Ohr.

Am nächsten Morgen, um elf Uhr, klopfte er bei Mrs. Mountjoys Haus am Mountpellier Place und fragte nach der älteren Dame. Mrs. Mountjoy war nicht da, und Harry erkundigte sich sofort nach Florence. Der Diener schien zunächst zu zögern, doch schließlich führte er Harry ins Esszimmer. Dort wartete er fünf Minuten, was ihm wie eine halbe Stunde vorkam, und dann kam Florence zu ihm. „Deine Mutter ist nicht zu Hause", sagte er und streckte seine Hand aus.

„Nein, Mr. Annesley, aber ich denke, sie wird bald zurück sein. Werden Sie auf sie warten?"

„Ich weiß nicht, ob ich nicht froh bin, dass sie draußen ist. Florence, ich muss dir etwas sagen."

„Etwas, das du mir sagen musst!"

Er hatte sie schon einmal Florence genannt, an einem glücklichen Nachmittag, an den er sich gut erinnerte, aber daran dachte er jetzt nicht mehr. Ihr Name, der ihm immer im Gedächtnis geblieben war, war ihm ganz natürlich in den Sinn gekommen, als hätte er angesichts der Wichtigkeit der Kommunikation, die er machen musste, keine Zeit, sich Namen auszusuchen. „Ja. Ich glaube nicht, dass du jemals wirklich mit deinem Cousin Mountjoy verlobt warst."

„Nein, das war ich nie", antwortete sie forsch. Harry Annesley war sicherlich ein gutaussehender Mann, aber kein junger Mann auf der Welt dachte jemals weniger an seine eigene Schönheit. Er hatte blondes, welliges Haar, das er, sehr zum unausgesprochenen Ekel der armen Florence, immer einem Friseur überließ; Denn in ihren Augen war die Trägerin umso schöner, je länger das Haar wuchs. Seine Stirn, seine Augen und seine Nase waren alle in ihrer Form perfekt –

> „Hyperions Locken; die Vorderseite von Jupiter selbst;
> Ein Auge wie der Mars, um zu drohen und zu befehlen."

In seinen Augen lag ein eigenartiger Glanz, der auf etwas absolut Großes in seinem Charakter hindeutete, wäre da nicht die schwankende Unentschlossenheit seines Mundes gewesen. Es war sozusagen ein Schwanken auf seinen Lippen, das die Männlichkeit seiner Physiognomie beeinträchtigte. Florence, die sein Gesicht fast göttlich ansah, war sich dennoch einer Schwäche an seinem Mund bewusst, die sie nicht deuten konnte. Doch ohne zu wissen, warum das so war, war sie es gewohnt, von ihm zweifelhafte Worte, halbausgesprochene Worte zu erwarten, die ihr seine vollkommenen Gedanken nicht verdeutlichen würden – wie sie es sich gewünscht hätte. Er war sechs Fuß groß, aber weder breit noch schmal, weder dick noch dünn, sondern in Florences Augen ein echter Apollo. Für die Ältesten, die ihn kannten, lag die Quintessenz seiner Schönheit in der Tatsache, dass er sich ihrer überhaupt nicht bewusst war. Er war ein Mann, der bei der Ausführung der Taten, die er am meisten erreichen wollte, nicht auf sein persönliches Aussehen zählte. Die einzige Errungenschaft, die für sein Glück jetzt unbedingt notwendig war, war der Besitz von Florence

Mountjoy; aber es kam ihm sicherlich nie in den Sinn, dass er dies eher erreichen würde, weil er 1,80 m groß war oder weil sein Haar höflich wehte.

„Das habe ich vermutet", antwortete er auf ihre letzte Behauptung.

„Du hättest es mit Sicherheit wissen müssen. Ich möchte damit sagen, dass ich, wenn ich jemals mit meinem Cousin verlobt gewesen wäre, in einem solchen Moment wie diesem unglücklich gewesen wäre. Ich hätte ihn wegen der groben Ungerechtigkeit, die ihm angetan wurde, niemals aufgeben sollen Aber sein Verschwinden auf diese schreckliche Weise hätte mich umgebracht, so wie es ist, kann ich mir nichts anderes vorstellen, weil er mein Cousin ist.

„Es ist sehr schrecklich", sagte Harry. „Haben Sie eine Ahnung, was mit ihm passiert sein könnte?"

„Nicht im Geringsten. Hast du?"

„Überhaupt keine, aber –"

"Aber was?"

„Ich war die letzte Person, die ihn gesehen hat."

„Du hast ihn zuletzt gesehen!"

„Zumindest kenne ich niemanden, der ihn nach mir gesehen hat."

„Hast du es ihnen gesagt?"

„Ich habe es niemandem außer dir erzählt. Ich bin mit der Absicht hierher nach Cheltenham gekommen, um es dir zu sagen."

"Warum ich?" sagte sie, als wäre sie angesichts einer solchen Behauptung von seiner Seite voller Angst.

„Ich muss es jemandem sagen, und ich weiß nicht, wem ich es sonst sagen soll. Sein Vater scheint sich überhaupt keine Sorgen um ihn zu machen. Seinem Bruder traue ich nicht ganz. Sollte ich zu diesen Männern gehen, die nur auf ihr Geld achten? „Ich sollte mit seinen Feinden kommunizieren. Wenn ich es der Polizei sagen würde, würde ich gezwungen werden, Ihren Namen zu erwähnen."

„Warum meins?"

„Ich muss die Geschichte von vorne beginnen. Eines Nachts kam ich sehr spät, gegen zwei Uhr, in London nach Hause, als ich plötzlich auf der Straße wen außer Mountjoy Scarborough treffen sollte. Später stellte sich heraus, dass er damals gespielt hatte Aber als er mir begegnete, war er plötzlich betrunken, schüttelte mich heftig und tat sein Bestes, um mich zu misshandeln, aber sein Verhalten mir gegenüber war wie das eines wilden

Tieres Ich kämpfte mit ihm auf der Straße wie ein Mann, der von einem wilden Hund angegriffen wird, obwohl ich mich natürlich daran erinnern kann, was in diesem Moment passiert ist verstört und unvollkommen; aber ich wusste in meinem Herzen, warum er sich mit mir gestritten hatte.

„Warum war es?" fragte Florence.

„Weil er dachte, ich hätte es gewagt, dich zu lieben."

„Nein, nein!" schrie Florence; „Das hätte er nicht denken können."

„Das hat er geglaubt, und er hatte recht. Wenn ich das noch nie zuvor gesagt habe, bin ich auf jeden Fall verpflichtet, es jetzt zu sagen." Er hielt einen Moment inne, aber sie gab ihm keine Antwort. „Im Kampf zwischen uns fiel er auf dem Bürgersteig gegen ein Geländer – und dann verließ ich ihn."

"Also?"

„Seitdem hat man nichts mehr von ihm gehört. Am folgenden Tag, am Nachmittag, verließ ich London nach Buston; aber man hatte damals nichts von seinem Verschwinden gehört. Ich wusste weder davon, noch ahnte ich es. Die Frage ist, wann andere es waren." Musste ich auf der Suche nach ihm zur Polizei gehen und erklären, was ich in dieser Nacht durch ihn erlitten hatte? Warum sollte ich sein Weggehen mit der Empörung in Verbindung bringen, die ich erlitten hatte?

„Aber warum nicht alles erzählen?"

„Man hätte mich fragen sollen, warum er sich mit mir gestritten hat. Hätte ich sagen sollen, dass ich es nicht wüsste? Hätte ich so tun sollen, als gäbe es keinen Grund? Ich wusste es, und es gab einen Grund. Der Grund war, dass er dachte." damit ich bei dir obsiege, jetzt, da er ein Bettler war, der von seinem eigenen Vater verstoßen wurde.

„Dafür hätte ich ihn nie aufgegeben", sagte Florence.

„Aber sehen Sie nicht, dass Ihr Name erwähnt worden wäre – dass ich von Ihnen hätte sprechen müssen, als ob ich es für möglich hielte, dass Sie mich liebten?" Dann hielt er inne und Florence saß schweigend da. Aber jetzt kam ihm ein anderer Gedanke. Ihm kam der Gedanke, dass er mit dem vorgebrachten Plädoyer scheinbar Schutz vor seinem Schweigen über ihren Namen suchen wollte. Er war sich bewusst, wie sehr er selbst darauf bedacht war, den Vorfall auf der Straße nicht zu erwähnen, und es schien, dass er unter dem Vorwand zu fliehen versuchte, aus Angst, dass ihr Name ins Spiel kommen würde. „Aber unabhängig davon tue ich es." Ich verstehe nicht, warum es mich verärgern sollte, zuzugeben, dass ich auf der Straße angegriffen wurde. Und die Zeit ist jetzt vergangen. Als er zum ersten Mal vermisst wurde, kam mir nicht in den Sinn so wichtig. Jetzt ist es zu spät.

„Ich nehme an, du hättest es seinem Vater sagen sollen."

„Ich denke, ich hätte es tun sollen. Aber auf jeden Fall bin ich gekommen, um Ihnen alles zu erklären. Es war notwendig, dass ich es jemandem erzähle. Es scheint keinen Grund zu der Annahme zu geben, dass der Mann getötet wurde. "

„Oh, das hoffe ich nicht; das hoffe ich nicht."

„Er wurde weggejagt – seinen Gläubigern aus dem Weg geräumt. Ich persönlich glaube, dass alles mit der Duldung seines Vaters geschehen ist. Ob sein Bruder im Geheimnis steckt oder nicht, kann ich nicht sagen, aber ich vermute, dass er es ist. Da." Es besteht kein Zweifel daran, dass Captain Scarborough selbst so hohe Schulden gemacht hat, dass die Bezahlung seiner Gläubiger durch alles andere als durch die sofortige Übergabe des gesamten Besitzes unmöglich geworden ist. Vor ein oder zwei Monaten dachten alle, der Gutsherr würde sterben. und dass es nichts anderes zu tun gäbe, als das Eigentum, das dann Mountjoy gehören würde, zu verkaufen und sich selbst zu bezahlen. Dagegen hat der sterbende Mann rebelliert und ist sozusagen aus dem Grab gekommen, um den Sohn zu enterben, der es bereits getan hat hat es geschafft, sich selbst zu enterben. Es ist alles ein Versuch, Tretton zu retten.

„Aber es ist unehrlich", sagte Florence.

„Kein Zweifel. Wenn man es so betrachtet, ist es unehrlich. Entweder muss das Erbe immer noch Mountjoy gehören, oder es hätte nicht ihm gehören können, als er dafür Geld leihen durfte."

„Ich kann es nicht verstehen. Ich dachte, es wäre eine Folge von ihm. Natürlich ist es nichts für mich. Es hätte nie etwas sein können."

„Aber jetzt erklären die Gläubiger, dass sie betrogen wurden, und behaupten, dass Mountjoy aus dem Weg geräumt wird, um dem alten Mr. Scarborough bei dem Betrug zu helfen. Ich kann nicht anders, als zu sagen, dass ich das für richtig halte. Aber warum hätte er angreifen sollen? Ich weiß nicht, ob er mich gerade in dem Moment getroffen hat, in dem er gegangen ist, oder warum er eigentlich sofort hätte gehen sollen, nachdem er mich angegriffen hat, aber ich hoffe, dass ich es immer tun werde Ich habe viel mit dir. Oh, Florence, du hast sicherlich gewusst, was in meinem Herzen war.

Auf diesen Appell antwortete sie nicht, sondern überlegte eine Weile, was sie zu Mountjoy Scarborough und seinen Angelegenheiten sagen würde.

„Soll ich das alles geheim halten?" fragte sie ihn schließlich.

„Sie müssen das selbst bedenken. Ich habe von Ihnen kein Schweigen in dieser Angelegenheit verlangt. Sie können es sagen, wem Sie wollen, und ich werde nicht davon ausgehen, dass ich irgendeinen Grund zur Beschwerde gegen Sie habe. Natürlich tue ich das in meinem eigenen Interesse Ich möchte nicht, dass es mir erzählt wird, und ich möchte nicht in diese Sache hineingezogen werden, was eine weitere Verletzung wäre. Ich vermute, dass Augustus Scarborough mehr weiß, als er vorgibt, und ich möchte nicht dazu gebracht werden Ob du es deiner Mutter verraten willst, musst du selbst beurteilen.

„Ich werde es niemandem erzählen, es sei denn, du befiehlst es mir." In diesem Moment wurde die Tür des Zimmers geöffnet und Mrs. Mountjoy trat mit einem Stirnrunzeln auf der Stirn ein. Sie hatte noch nicht alle Hoffnung aufgegeben, dass Mountjoy zurückkehren und die Angelegenheiten von Tretton sich regeln könnten.

„Mama, Mr. Annesley ist hier."

„Das verstehe ich, meine Liebe."

„Ich bin zu deiner Tochter gekommen, um ihr zu sagen, wie sehr ich sie liebe", sagte Harry kühn.

„Herr Annesley, Sie hätten zu mir kommen sollen, bevor Sie mit meiner Tochter gesprochen haben."

„Dann hätte ich sie überhaupt nicht sehen sollen."

„Das hätten Sie so belassen sollen. Es ist überhaupt nicht angemessen, dass ein junger Herr hinter dem Rücken ihres einzigen Elternteils kommt und eine junge Dame auf diese Weise anspricht."

„Ich habe nach dir gefragt und wusste nicht, dass du nicht zu Hause sein würdest."

„Du hättest sofort gehen sollen – sofort. Du weißt, wie schrecklich die Familie durch dieses große Unglück unseres Cousins Mountjoy zerrissen ist. Mountjoy Scarborough ist schon lange mit Florence verlobt."

„Nein, Mama; nein, niemals."

„Jedenfalls weiß Mr. Annesley alles darüber. Und dieses Wissen hätte ihn im gegenwärtigen Moment davon abhalten sollen. Ich muss ihn bitten, uns jetzt zu verlassen."

Dann nahm Harry seinen Hut und ging; aber es tröstete ihn sehr, dass Florence seine Liebe nicht abgelehnt hatte, was sie sicherlich getan hätte, wenn sie ihn nicht erwidert hätte. Sie hatte kein Wort der absoluten Ermutigung gesagt, aber in ihrem Verhalten lag viel mehr Ermutigung als Ablehnung.

Kapitel VII.

HARRY ANNESLEY GEHT NACH TRETTON.

Harry hatte versprochen, nach Tretton zu gehen, und als die Zeit gekommen war, erlaubte Augustus Scarborough ihm nicht, dem Besuch zu entkommen. Er erklärte ihm, dass es im Gesundheitszustand seines Vaters keine Gesellschaft gäbe, die ihn unterhalten könne; dass nur eine jungfräuliche Schwester seines Vaters im Haus wohnte und dass er beabsichtigte, einen gewissen Septimus Jones mit aufs Land zu nehmen, der mit ihm in London Zimmer auf derselben Etage bewohnte und von dem Annesley wusste, dass er jung war Scarboroughs engster Freund. „Es wird eine kleine Schießerei geben“, sagte er, „und ich habe zwei oder drei Pferde gekauft, die Sie und Jones reiten können. Cannock Chase ist einer der schönsten Teile Englands, und wenn Sie Wert auf die Landschaft legen, können Sie welche bekommen.“ Es wird eine Belustigung sein, meinen Vater zu sehen und zweifellos zu hören, was er zu sagen hat, wenn er über die Angelegenheiten meines Bruders spricht. Darin lag ein gutes Geschäft, das nicht angenehm war. Miss Scarborough war die Schwester von Mrs. Mountjoy und dem Squire und gehörte zu der Familie, die am meisten darauf bedacht war, die Heirat von Florence und dem Kapitän sicherzustellen. Der verstorbene General Mountjoy sollte auf seine Weise ein großer Mann gewesen sein, aber er war gestorben, bevor Tretton so wertvoll geworden war, wie es jetzt war. Daher war der älteste Sohn auf seinen Namen getauft worden, und ein Großteil des Mountjoy-Ansehens hing immer noch an der Familie. Aber Harry kümmerte sich nicht viel um die Familie, außer was Florence betraf. Und außerdem hatte er kein besonders freundschaftliches Verhältnis zu Septimus Jones gehabt, der Augustus gegenüber immer unterwürfig gewesen war; und da Augustus nun ein reicher Mann war und es sich leisten konnte, Pferde zu kaufen, war er wahrscheinlich unterwürfiger als je zuvor.

Anfang September ging er allein nach Tretton, und als er das Haus erreichte, stellte er fest, dass die beiden jungen Männer auf der Jagd waren. Er bat um ein eigenes Zimmer, wurde aber stattdessen sofort zum alten Gutsherrn geführt, den er auf einem Sofa in einem kleinen Ankleidezimmer liegend vorfand, während seine Schwester, die ihm vorgelesen hatte, an seiner Seite war. Nach der üblichen Begrüßung entschuldigte sich Harry verlegen für sein Eindringen am Bett des kranken Mannes. „Nun, ich habe ihnen befohlen, dich hierher zu bringen“, sagte der Gutsherr; „Das kann man wohl nicht als Einmischung bezeichnen. Ich habe keine Ahnung, dass ich von der Welt abgeschnitten werde, bevor sie mich in meinem Sarg festnageln.“

„Das wird zunächst einmal lange dauern, das hoffen wir alle", sagte seine Schwester.

„Mühe! Du hoffst es, aber ich weiß nicht, dass es irgendjemand anders tut; – ich jedenfalls nicht. Und wenn ich es täte, was nützt es dann zu hoffen? Ich habe ein paar Krankheiten, von denen jede ausreicht." ein Pferd töten. Dann erwähnte er seine besonderen Krankheiten auf eine Weise, die Harry zusammenschrecken ließ. „Worüber redet man gerade in London?" er hat gefragt.

„Nur die alten Themen", sagte Harry.

„Ich nehme an, sie haben mich und meine Sünden satt?" Harry konnte nur lächeln und den Kopf schütteln. „Romanzen sind so kompliziert, dass man davon ausgeht, dass die Geschichte etwas länger als die üblichen neun Tage dauert."

„Männer reden immer noch über Mountjoy."

„Und was sagen sie? Augustus erklärt, dass Sie sich besonders für das Thema interessieren."

„Ich weiß nicht, warum ich das sein sollte", sagte Harry.

„Ich auch nicht. Wenn ein Kerl weder einem Mann noch einer Frau noch einem Tier mehr nützt, weiß ich nicht, warum sich irgendjemand für ihn interessieren sollte. Ich nehme an, Sie haben ihm kein Geld geliehen?"

„Das würde ich wahrscheinlich nicht tun, Sir."

„Dann kann ich mir nicht vorstellen, wie es Sie interessieren könnte, ob er in London oder Kamtschatka ist. Es interessiert mich nicht im Geringsten auf der Welt. Wenn er hier auftauchen würde, wäre es ein Ärgernis; und dennoch erwarten sie, dass ich mich dem weitgehend anschließe einen Fonds, um ihn zu finden. Was könnte er mir nützen, wenn er gefunden würde?"

„Oh, John, er ist Ihr Sohn", sagte Miss Scarborough.

„Und wäre ein ebenso guter Sohn wie Augustus, nur dass er sich ungewöhnlich schlecht entwickelt hat. Ich habe nicht das geringste Gefühl in der Welt, was seine Geburt betrifft, und ich denke, ich habe es ziemlich deutlich gezeigt. Aber nichts konnte ihn davon abhalten sein Kurs, und deshalb habe ich die Wahrheit gesagt, das ist alles." Als Antwort darauf konnte Harry kaum ein Wort sagen, sondern ging so schnell wie möglich in sein Schlafzimmer und zog sich für das Abendessen an.

Während er noch damit beschäftigt war, kam Augustus, noch in seiner Schießkleidung gekleidet, ins Zimmer. „Du hast also meinen Vater gesehen", sagte er.

„Ja, ich habe ihn gesehen."

„Und was hat er dir über Mountjoy gesagt?"

„Wenig oder gar nichts Bedeutendes. Er scheint es für unvernünftig zu halten, dass von ihm Geld für seine Auffindung verlangt wird, da die Gläubiger erwarten, von seiner Anwesenheit zu profitieren, wenn er gefunden wird."

„Er ist ungefähr genau dort."

„Oh ja; aber er ist immer noch sein Vater. Es könnte sein, dass man erwarten würde, dass er sich dafür interessieren würde, ihn zu finden."

„Ganz ehrlich, ich stimme nicht mit Ihnen überein. Wenn tausend im Jahr gezahlt werden könnten, um Mountjoy aus dem Weg zu räumen, wäre das meiner Meinung nach gut angelegt."

„Aber Sie haben mit der Polizei zusammengearbeitet."

„Oh, die Polizei! Was weiß die Polizei darüber? Natürlich rede ich alles mit ihnen. Sie haben nicht die geringste Ahnung, wo der Mann ist, und wissen nicht, wie sie zur Arbeit gehen sollen, um ihn zu finden. Ich weiß nicht Ich sage nicht, dass mein Vater in seinem unverschämten Widerstand gegen alle Nachforschungen vernünftig ist – wie ich es jetzt tue, hat er erklärt, dass es keinen Sinn hätte völlig gleichgültig gegenüber dem Gesetz und hat sich der Welt widersetzt. Egal, alter Kerl, wir werden umso mehr zu Abend essen, nur ich muss mich darauf vorbereiten.

Beim Abendessen traf Harry nur Septimus Jones, Augustus Scarborough und seine Tante. Miss Scarborough sagte viel über ihren Bruder und erklärte, es gehe ihm viel besser. „Natürlich wissen Sie, Augustus, dass Sir William Brodrick zwei Tage hier unten war."

„Stellen Sie sich nur vor", antwortete er, „was man für zwei Tage Sir William Brodricks auf dem Land bezahlen muss!"

„Was kann das schon bedeuten?" sagte die großzügige Jungfer.

„Es kommt genau auf so viele hundert Pfund an; aber niemand wird es verübeln, wenn er Gutes im Wert von so vielen hundert Pfund tut."

„Es wird auf jeden Fall zeigen, dass wir bestens beraten wurden", sagte die Dame.

„Ja, das wird sich zeigen – das ist genau das, was die Leute interessiert. Was hat Sir William gesagt?" Während der ersten Hälfte des Abendessens wurde dann ausführlich auf Mr. Scarboroughs Krankheiten und Sir Williams Meinung dazu hingewiesen. Sir William hatte erklärt, dass Mr. Scarboroughs Verfassung das Wunderbarste sei, was ihm je begegnet sei. Trotz der Tatsache, dass Mr. Scarboroughs Körper aus einer Masse von Schnitten, Prellungen und fehlerhaften Stellen bestand und dass ihn nichts außer dem Tragen von Maschinen, die er nicht tragen wollte, am Laufen halten konnte, blieben ihm dennoch die Möglichkeiten für viel persönliches Vergnügen vorbehalten ihn, und Sir William erklärte, dass er die nächsten fünf Jahre überleben könnte, wenn er nur genau tun würde, was ihm gesagt wurde. „Aber jeder weiß, dass er nichts tun wird, was man ihm sagt", sagte Augustus in einem Tonfall, der keineswegs extreme Trauer zum Ausdruck brachte.

Von seinem Vater aus führte er das Gespräch zu den Rebhühnern und brachte seine Überzeugung zum Ausdruck, dass man mit ein wenig Mühe und einigen Kosten ein sehr gutes Stück Wild in Tretton auftreiben könne. „Ich nehme an, es würde nicht viel kosten?" sagte Jones, der außer zehn Schilling an einen Wildhüter nie Sixpence für die Schießerei bezahlte, die ihm in den Weg kam.

„Ich weiß nicht, was Sie als viel bezeichnen", sagte Augustus, „aber ich denke, dass es für drei- oder vierhundert im Jahr möglich ist. Ich möchte berechnen, wie viele tausend Rebhühner Sir William bei dieser Rate zurück in sein Haus aufgenommen hat." Tasche."

"Was macht es aus?" fragte Miss Scarborough.

„Nur als Spekulation. Natürlich hat mein Vater, solange er lebt, das Recht, sein gesamtes Einkommen den Ärzten zu geben, wenn es ihm gefällt; aber man fängt an, über ihn zu reden, als hätte er mit seinem Geld ein gutes Geschäft gemacht in dem er nicht gerechtfertigt war."

„Sprich nicht so, Augustus."

„Meine liebe Tante, ich neige überhaupt nicht dazu, offener zu sein als er. Denken Sie nur darüber nach, was er mit mir machen wollte und mit welch guter Laune ich es ertragen habe!"

„Ich denke, ich sollte darüber Stillschweigen bewahren", sagte Harry Annesley.

„Und ich denke, dass Sie an meiner Stelle so etwas nicht tun würden. Aufgrund Ihrer Natur wäre es fast unmöglich, den Mund zu halten. Ihr Gerechtigkeitssinn wäre so beleidigt, dass Sie sich gezwungen fühlen würden, mit Ihnen über die Ihnen zugefügte Verletzung zu sprechen." Alle deine intimen Freunde. Aber mit deinem Vater würde ich nichts daraus machen, und wenn er zu diesem Thema beharrlich den Mund hielt, sollte ich das auch tun.

„Aber weil er redet", sagte Harry, „warum solltest du das tun?"

„Warum sollte er nicht?" sagte Septimus Jones. „Bei meinem Wort sehe ich darin keine Gerechtigkeit."

„Ich spreche nicht von Gerechtigkeit, sondern von Gefühl."

„Auf mein Wort, ich wünschte, Sie würden den Mund halten; jedenfalls bis ich mich abwende", sagte die alte Dame.

Dann beendete Augustus das Gespräch. „Ich bin entschlossen, das alles so zu behandeln, als wäre es ein Witz, und als Witz sollte man leichtfertig darüber reden. Es war sicherlich eine starke Maßnahme, dieser Versuch, mir zwanzig- oder dreißigtausend Pfund pro Jahr zu stehlen." Aber es geschah zugunsten meines Bruders, und deshalb kann ich mir nicht vorstellen, was mein Vater mit seinem Geld gemacht hat. Er hat Mountjoy jedenfalls nicht mehr als die Hälfte seines Einkommens gegeben Er hat in den letzten fünf oder sechs Jahren sehr wenig Geld ausgegeben, und seine persönlichen Ausgaben sind sehr gering. Dennoch sagt er mir, dass es ihm am schwersten fällt, tausend Pfund aufzubringen, und dass er sich in seinen gegenwärtigen Schwierigkeiten entschieden weigert, mehr als fünfhundert Pfund pro Jahr zu meinen früheren hinzuzufügen Kein Vater, der seine Pflicht gegenüber seinem Sohn gründlich erfüllt hat , könnte entschlossener und strenger sprechen. Und doch weiß er, dass jeder Schilling mir gehören wird, sobald er geht. Der Diener, der sie bediente, war, während dies gesagt wurde, im Zimmer und wieder hinausgegangen und musste viel davon gehört haben. Aber das schien Augustus ziemlich gleichgültig zu sein. Und tatsächlich war die ganze Familiengeschichte jedem Diener im Haus bekannt. Es ist wahr, dass Herren und Damen, die Bedienstete haben, normalerweise nicht den Wunsch haben, vor dem ganzen Haushalt über ihre privaten Angelegenheiten zu sprechen, auch wenn die privaten Angelegenheiten bekannt sein mögen; aber dieser Haushalt war in dieser Hinsicht anders als alle anderen. Es gab kein Hausmädchen in den Zimmern und keinen Pferdeknecht in den Ställen, der nicht wusste, wie furchtbar verworfen sein Herr gewesen war.

„Wirst du deinen Vater sehen, bevor du zu Bett gehst?" sagte Miss Scarborough zu ihrem Neffen, als sie das Zimmer verließ.

„Sicherlich, wenn er uns schicken würde, um zu sagen, dass er es wünscht."

„Er wünscht es sich sehr sehnlichst."

„Ich glaube, das ist Ihre Einbildung. Auf jeden Fall werde ich kommen — sagen wir in einer Stunde. Er würde sich genauso freuen, Harry Annesley oder Mr. Grey oder den Polizeiinspektor zu sehen.“ . Jeder, den er durch die Besonderheit seiner Meinungen schockieren könnte oder zu schockieren vorgibt, würde es auch tun. Zu diesem Zeitpunkt hatte Miss Scarborough jedoch den Raum verlassen.

Dann saßen die drei Männer da und unterhielten sich und besprachen die Angelegenheiten der Familie im Allgemeinen. Es waren gerade neue Pachtverträge für die Erweiterung der Stadt Tretton um Manufakturen abgeschlossen worden, und was die äußeren Zeichen des Wohlstands anging, war alles wohlhabend. „Ich gehe davon aus, dass es bald eine Wassermühle auf dem Rasen geben wird“, sagte Augustus. „Diese Mechaniker haben es ganz auf ihre Art. Wenn sie kämen und mir sagen würden, dass sie morgen früh eine Windmühle in meinem Schlafzimmer aufstellen wollen, könnte ich nur meinen Hut vor ihnen ziehen. Wenn ein Mann anbietet Wenn Sie fünf Prozent haben, ist er sofort Ihr Herr und Herr. Das bedeutet nicht, wie vulgär er ist oder wie unverschämt er ist, oder wie anspruchsvoll er ist Aber die Schießerei, die nördlich und westlich von uns liegt, ist meiner Meinung nach vorerst sicher. Ich muss wohl nachsehen, was mein Vater will, sonst wird mir vorgeworfen, ich hätte meine Pflicht gegenüber meinen liebevollen Eltern vernachlässigt. "

„Großartiger Kerl, Augustus Scarborough“, sagte Jones, sobald ihr Gastgeber sie verlassen hatte.

„Ich war mit ihm in Cambridge und er war dort beliebt.“

„Er wird jetzt, da er der Erbe von Tretton ist, beliebter sein. Ich kenne keinen Kerl, mit dem ich besser auskommen kann als Scarborough. Ich glaube, du warst ein bisschen hart zu ihm, was seinen Vater angeht, weißt du.“

„In seiner Position sollte er den Mund halten.“

„Das ist das Seltsamste, was im Laufe meiner Erfahrung zutage getreten ist. Wissen Sie, wenn er nicht darüber gesprochen hätte, würden die Leute nicht ganz verstehen, was sein Vater getan hat. Es ist jetzt nur noch eine Frage des Berichts, Und die Gläubiger glauben zweifellos, dass sie, wenn der alte Scarborough ausrastet, hereinspazieren und Besitz ergreifen können. Er muss die Welt glauben lassen, dass er der Erbe ist, und das wird viel bewirken. Sie können sicher sein, dass er nicht so redet, ohne einen Grund dafür zu haben. Er ist der letzte Mann, den ich kenne, der etwas ohne Grund tut.

Der Abend verging sehr langsam, während Jones weiterhin alles erzählte, was er über den Charakter seines Freundes wusste. Aber Augustus Scarborough kehrte nicht zurück, und kurz nach zehn Uhr, als Harry Annesley keine Zigarren mehr rauchen konnte und erklärte, dass er nach seinem Wein keine Lust mehr habe, mit Brandy und Wasser zu beginnen, ging er zu Bett.

KAPITEL VIII.

HARRY ANNESLEY MACHT EINEN SPAZIERGANG.

„Gestern Abend, nachdem ich zu ihm gegangen war, musste der Teufel mit meinem Vater bezahlen", sagte Scarborough am nächsten Morgen zu Harry. „Ab und zu leidet er unter qualvollen Schmerzen, und es ist das Schwierigste auf der Welt, ihn wieder in Ordnung zu bringen. Aber so etwas wie seinen Mut habe ich noch nie erlebt."

„Wie geht es ihm heute Morgen?"

„Sehr schwach und unfähig, sich anzustrengen. Aber ich kann nicht sagen, dass es ihm sonst viel schlechter geht. Du wirst ihn heute Morgen nicht sehen, aber morgen wirst du ihn sehen, oder am nächsten Tag. Scheuen Sie sich nicht, dorthin zu gehen." Er möchte der Welt zeigen, dass er seine Leiden mit leichtem Herzen ertragen kann und bereit ist, morgen ohne Schmerz oder Bedauern zu sterben Siehst du, wie ein Christ sterben könnte? Ich kann mir vorstellen, dass mein Vater dasselbe tun würde, nur dass in der Botschaft nichts über das Christentum zu finden wäre dass Ihr Abendessen durch die Zeremonie gestört würde. Kommen Sie jetzt zum Frühstück, und dann gehen wir schießen.

Drei Tage lang blieb Harry in Tretton, aß und trank, schoss und ritt, immer in der Gesellschaft des jungen Scarborough. Während dieser Zeit sah er den alten Squire nicht und begriff aus der Abwesenheit von Miss Scarborough, dass er immer noch unter seinem jüngsten Anfall litt. Der Besuch sollte um einen weiteren Tag verlängert werden, und ihm wurde gesagt, dass der Gutsherr ihn an diesem Tag holen würde. „Ich habe diese ewigen Rebhühner satt", sagte Augustus. „Niemand sollte jemals zwei Tage hintereinander Rebhühner schießen. Jones kann alleine rausgehen. Er muss dem Wildhüter für einen weiteren Tag kein Trinkgeld mehr geben, und so wird es für ihn ein Gewinn sein. Du wirst sehen." Mein Vater am Nachmittag nach dem Mittagessen, und wir werden jetzt einen Spaziergang machen.

Harry machte sich auf den Weg und sein Begleiter machte sich sofort wieder auf den Weg über das Grundstück. „Ich fange an zu denken", sagte er, „dass fast alles am Gouverneur liegt. Diese Angriffe treffen ihn immer schlimmer und lassen ihn immer völlig erschöpft zurück. Dann wird er nichts tun, um sie zu verhindern. Um sich selbst zu beruhigen." Eine Woche lang wird er keine Stunde des Unbehagens ertragen. Das ist mutig, wissen Sie.

„Er ist in jeder Hinsicht der mutigste Mann, den ich je kannte."

„Er setzt Gott und den Menschen völligen Widerstand entgegen und tut dies immer mit der tiefsten Höflichkeit. Wenn er in die höllischen Regionen geht, wird er darauf bestehen, der Letzte der Gruppe zu sein, der die Tür betritt. Und er wird mit etwas Gutem vorbereitet sein." - sagte er humorvoll, sobald er hereingeführt wurde. Er war gestern sehr besorgt um dich."

„Was hat er über mich zu sagen?"

„Nicht im Geringsten unhöflich; aber er hat eine Idee im Kopf, die durch nichts auf der Welt aus der Fassung gebracht werden kann und der ich ohne Ihr eigenes Wort gerne zustimmen würde." Als Harry dies gesagt hatte, blieb er am Berghang stehen und blickte seinem Begleiter direkt ins Gesicht. Er hatte im Moment das Gefühl, dass die Idee einen Bezug zu Mountjoy Scarborough und seinem Verschwinden hatte. Sie befanden sich zusammen auf dem heidebedeckten, nicht eingezäunten Gelände von Cannock Chase und waren bereits etwa zehn oder zwölf Meilen gelaufen. „Er glaubt, dass Sie wissen, wo Mountjoy ist."

„Warum sollte ich das wissen?"

„Oder jedenfalls, dass Sie ihn gesehen haben, seitdem keiner von uns. Er gibt an, dass er sich weder um Mountjoy noch um seinen Aufenthaltsort kümmert, und erklärt, dass er denen gegenüber verpflichtet ist, die seine Abreise eingefädelt haben. Dennoch ist er neugierig."

„Was habe ich mit Mountjoy Scarborough zu tun?"

„Das ist nur die Frage. Was haben Sie mit ihm zu tun? Er deutet an, dass es zwischen Ihnen Gespräche über Florence gegeben hat, die zum Verschwinden von Mountjoy geführt haben. Ich behaupte nicht, darüber hinaus etwas zu erklären – und auch nicht Ich gebe zu, mit meinem Vater einer Meinung zu sein. Aber das Seltsame ist, dass Prodgers, der Polizist, das Gleiche im Kopf hat.

„Weil ich mir Sorgen um Ihren Bruder in Scotland Yard gemacht habe."

„Kein Zweifel; Prodgers sagt, dass Sie mehr Besorgnis gezeigt haben, als von einem bloßen Bekannten zu erwarten war. Ich gebe durchaus zu, dass Prodgers ein ebenso dickköpfiger Idiot ist, wie man ihn an einem Sommertag finden kann; aber das ist seine Meinung. Denn Ich selbst kenne dein Wort zu gut, um daran zu zweifeln. Harry ging schweigend weiter und dachte oder versuchte zu denken, was er spontan tun sollte. Er wollte die ganze Wahrheit sagen und sich selbst erklären, dass es ihm nichts ausmachte, was Augustus Scarborough sagen oder denken würde. Und er hatte das Gefühl, dass sein Begleiter ihn unfair behandelte und versuchte, ihm auf irgendeine Weise eine Falle zu stellen und ihn in Schwierigkeiten zu bringen. Aber er hatte sich sozusagen vorgenommen, nichts von Mountjoy Scarborough zu wissen und diese fünf Minuten auf der Straße so sein zu lassen, als hätte es sie nie gegeben. Er war brutal angegriffen worden und hatte es für das Beste gehalten, nichts zu diesem Thema zu sagen. Er würde nicht zulassen, dass sein Geheimnis, so wie es war, aus ihm herausgekrochen wurde. Scarborough versuchte, von ihm das zu erpressen, was er zu verbergen beschlossen hatte; und er beschloss schließlich, dass er nicht zu einer Marionette in seinen Händen werden würde. „Ich verstehe nicht, warum Sie sich überhaupt darum kümmern sollten", sagte Scarborough.

„Ich auch nicht."

„Auf jeden Fall wiederholen Sie Ihre Ablehnung. Es wäre gut, wenn ich meinen Vater wissen lassen würde, dass er sich irrt, und auch diesen Arsch Prodgers. Natürlich ist es bei meinem Vater reine Neugier. In der Tat, wenn er dachte, dass du dich irrst Wenn er Mountjoy unter Verschluss hält, würde er Ihre Geschicklichkeit, ihn auf diese Weise zu schützen, nur bewundern. Aber Prodgers hat die lauernde Idee, Sie zu verhaften.

"Wozu?"

„Einfach weil er denkt, dass Sie etwas wissen, was er nicht weiß. Da er ein Detektiv ist, reicht das seiner Meinung nach völlig aus, um jeden Mann zu verhaften. Ich kann ihm also genauso gut versichern, dass er sich irrt. "

„Warum sollte Ihre Zusicherung mehr wert sein als meine? Geben Sie ihm nichts dergleichen."

„Ich kann ihm auf jeden Fall versichern, dass ich Ihrem Wort glaube."

„Wenn du es glaubst, kannst du es tun."

„Aber Sie wiederholen Ihre Behauptung, dass Sie kurz vor seinem Verschwinden nichts von Mountjoy gesehen haben?"

„Das ist eine Menge Kreuzverhöre, die ich nicht gut annehme und denen ich mich nicht unterwerfen werde." Hier tat Scarborough, als würde er laut lachen. „Ich weiß nichts über Ihren Bruder und kümmere mich fast genauso wenig darum. Er hat erklärt, eine junge Dame zu bewundern, der ich nicht gleichgültig gegenüberstehe, und hat, glaube ich, den Wunsch geäußert, sie zu seiner Frau zu machen. Er ist auch ihr Cousin, und die betreffende Dame hat sich zweifellos sehr für ihn interessiert. Es ist natürlich, dass sie so ist.

„Ganz natürlich – wenn man bedenkt, dass sie seit zwölf Monaten mit ihm verlobt ist."

„Davon weiß ich nichts. Aber mein Interesse an deinem Bruder ist ihr zu verdanken. Du kannst dir das alles über deinen Bruder erklären, wenn du willst, oder es sein lassen. Aber ich selbst lehne es ab, weitere Fragen zu beantworten. Wenn Prodgers denkt, dass er mich verhaften kann, lassen Sie ihn kommen und es versuchen."

„Die Idee, dass Sie in Leidenschaft geraten, weil ich mich bemüht habe, Ihnen alles zu erklären! Auf jeden Fall habe ich Ihre absolute Ablehnung, und das wird es mir ermöglichen, sowohl mit meinem Vater als auch mit Prodgers klarzukommen." Darauf gab Harry keine Antwort und die beiden jungen Männer gingen ohne viele weitere Worte gemeinsam zurück nach Tretton.

Als Harry etwa eine halbe Stunde im Haus war und bereits etwas mürrisch zu Mittag gegessen hatte, erhielt er eine Nachricht von Miss Scarborough, in der er um seine Anwesenheit gebeten wurde. Er ging zu ihr und erfuhr von ihr, dass Mr. Scarborough ihn jetzt sehen würde. Er war sich bewusst, dass Mr. Scarborough Septimus Jones nie gesehen hatte und dass die Übermittlung dieser Nachricht an ihn etwas Besonderes war. Warum sollte der Mann, der nur noch wenige Wochen zu leben hatte, so darauf bedacht sein, jemanden zu sehen, der ihm vergleichsweise fremd war? „Ich bin so froh, dass Sie vor dem Abendessen angekommen sind, Mr. Annesley, denn mein Bruder kann es kaum erwarten, Sie zu sehen, und ich fürchte, Sie werden morgens zu früh gehen." Dann folgte er ihr und fand Mr. Scarborough erneut auf einer Couch in demselben Raum, in dem er zuerst vorgestellt worden war.

„Seit ich dich gesehen habe, hatte ich einen heftigen Anfall", sagte der Kranke.

„Das haben wir gehört, Sir."

„Man kann nicht sagen, wie viele oder besser gesagt, wie wenige Anfälle dieser Art nötig sind, um mich fertig zu machen. Aber ich denke, ich habe jetzt Anspruch auf eine kleine Ruhepause. Der Apotheker aus Tretton war heute Morgen hier, und ich glaube, er hat mich fertig gemacht." Genauso gut wie Sir William Brodrick. Seine Gebühr beträgt zehn Schilling, während Sir William dreihundert Pfund verlangte. Aber es wäre gemein, wenn niemand außer der Tretton-Apotheke sich darum kümmern würde.

„Ich nehme an, Sir Williams Wissen war von Nutzen."

„Seine Geschicklichkeit mit dem Messer war beeindruckender. Du und Augustus habt euch also wegen Mountjoy gestritten?"

"Nicht, dass ich davon Wüste."

„Er sagt es; und ich glaube seinem Wort zu einem solchen Thema eher als deinem. Du wirst wahrscheinlich streiten, ohne es zu wissen, und das ist er nicht. Er glaubt, dass du weißt, was aus Mountjoy geworden ist."

„Tatsächlich? Warum sollte er so denken, wenn ich ihm gesagt habe, dass ich nichts weiß? Ich sage dir, dass ich absolut nichts weiß. Ich weiß nicht, ob er tot oder lebendig ist."

„Er ist nicht tot", sagte der Vater.

„Ich vermute nicht; aber ich weiß nichts über ihn. Warum dein zweiter Sohn –"

„Du meinst meinen gesetzlich Ältesten – oder vielmehr meinen einzigen Sohn!"

„Warum Augustus Scarborough", fuhr Harry Annesley fort, „den Verdacht hegen sollte, dass ich etwas über seinen Bruder weiß, kann ich nicht sagen. Er hat eine verrückte Geschichte über einen Polizisten, von dem er vorgibt, dass er nichts von seinem Bruder weiß." Sein eigenes Geschäft, sagt er, möchte mich unbedingt verhaften.

„Um dich dazu zu bringen, vor einem Richter auszusagen", sagte sein Vater.

„Er hat sich nicht getraut, mir zu sagen, dass er mich selbst verdächtigt."

„Da – ich wusste, dass du gestritten hast."

„Das leugne ich ganz und gar. Ich habe mich nicht mit Augustus Scarborough gestritten. Er nimmt seine Verdächtigungen gerne an, wenn er sich dafür entscheidet, sie zu hegen. Ich hätte ihn lieber gemocht, wenn er mich nicht nach Tretton gebracht hätte, um mir alles zu entlocken." Er kann in Zukunft vorsichtiger sein, wenn es um Mountjoy Scarborough geht, aber ich versichere Ihnen ausdrücklich, dass ich nichts über ihn weiß. Eine ehrliche Empörung strahlte in seinen Augen, als er sprach; aber dennoch waren in seinem Mund die Anzeichen dieses Schwankens zu erkennen, die Florence zwar lesen, aber nicht deuten konnte.

„Ja", sagte der Gutsherr nach einer Pause, „ich glaube dir. Du hast nicht die Art von Einfallsreichtum, die es einem Mann ermöglicht, zu lügen und dabei zu bleiben. Das habe ich. Es ist ein sehr großes Geschenk, wenn ein Mann es ist." konnte seinen Appetit aufs Lügen zügeln. Harry konnte nur lächeln, als er das Geständnis des Knappen hörte. „Denken Sie nur daran, wie ich über Mountjoy gelogen habe; und wie erfolgreich meine Lügen gewesen wären, wenn nicht seine eigene Torheit gewesen wäre!"

„Die Leute beurteilen dich jetzt etwas hart", sagte Harry.

„Was ist das Seltsame? Ihr Urteil ist mir egal. Ich habe mich bemüht, meinem eigenen Kind Gerechtigkeit widerfahren zu lassen, und hätte es fast geschafft. Mir wäre es fast gelungen, die grobe Ungerechtigkeit der Welt wiedergutzumachen. Warum sollte eine kleine Verzögerung bei einer Zeremonie eintreten? Ich beschloss, dass er Tretton haben sollte, und ich beschloss, es wieder gut zu machen, indem ich mir selbst die Nutzung meines eigenen Reichtums verweigerte Ich konnte die verrückte Karriere, die Mountjoy gemacht hat, nicht verhindern. Aber glauben Sie, dass ich mich schäme, weil die Welt weiß, was ich getan habe? Nicht im Geringsten habe ich für meine beiden Söhne mein Bestes gegeben und mir dabei viele Vorteile versagt. Wie viele Menschen hätten ihr Geld für sich selbst ausgegeben, ohne an ihre Jungen zu denken, und wären dann zu ihnen gegangen Sein Grab mit der ganzen Würde eines treuen christlichen Vaters! Von den beiden Männern bevorzuge ich mich selbst; aber ich weiß, dass ich ein Lügner war.

Was sollte Harry Annesley auf eine solche Ansprache antworten? Da war der Mann, ausgestreckt auf seinem Bett vor ihm, ausgezehrt, unrasiert, blass und grauhaarig, mit einem Feuer in seinen Augen, aber Schwäche in seiner Stimme – kühn, trotzig, selbstzufrieden und doch nicht egoistisch. Er hatte sein ganzes Leben lang mit dem einzigen starken Entschluss gelebt, in Bezug auf die Verteilung seines Eigentums das Gesetz zu missachten; aber hauptsächlich, weil er das Gesetz für ungerecht gehalten hatte. Als ihn dann die Verschwendungssucht seines ältesten Sohnes traf, hatte er versucht, seinen zweiten Sohn zu retten, und ohne die geringste Reue an den Verlust gedacht, der den Gläubigern zufallen würde. Er hatte dies alles auf eine Weise getan, dass, soweit Harry wusste, das Gesetz ihn nicht berühren konnte, obwohl sich die ganze Welt seiner Missetat bewusst war. Und jetzt lag er da und prahlte mit dem, was er getan hatte. Es war notwendig, dass Harry etwas sagte, als er sich von seinem Platz erhob, und er äußerte lahm den Wunsch, dass Mr. Scarborough sich schnell erholen möge. „Nein, mein Lieber", sagte der Gutsbesitzer. „Menschen erholen sich nicht, wenn sie in eine solche Not geraten wie ich. Und ich wünsche es mir auch nicht. Würde ich leben, würde Augustus die zweite Ungerechtigkeit als völlig unerträglich empfinden. Sein Verstand ist in Erstaunen über das, was ich erwogen hatte, verloren." . Und er hat das Gefühl, dass die Sache zwischen ihm und dem Schicksal nur durch meinen sofortigen Tod geklärt werden kann. Wenn er begreifen würde, dass ich noch zehn Jahre länger leben würde, würde er meiner Meinung nach entweder einen Mord begehen oder den Verstand verlieren. "

„Aber es ist genug für euch beide", sagte Harry.

„In der Sprache gibt es kein Wort wie „genug". Ein Anwesen kann nur einen Eigentümer haben, und Augustus möchte hier unbedingt Eigentümer sein Er hat sich so bereit gezeigt, sein Leben zu opfern. Auf Wiedersehen, Annesley. Es tut mir leid, dass ich mit einem ehrlichen Kerl reden kann „Männer werden von mir sagen: Ich möchte, dass sie mich gut finden, obwohl ich mich entschieden habe, den Vorurteilen der Welt zu widersprechen."

Dann floh Harry aus dem Zimmer und verbrachte den restlichen Abend mit Augustus Scarborough und Septimus Jones. Das Gespräch war hauptsächlich den Rebhühnern und Pferden gewidmet; und wurde von Septimus mit Strenge gegenüber Harry und von Scarborough mit einer äußersten Höflichkeit geführt, die von beiden am ärgerlichsten war.

KAPITEL IX.

AUGUSTUS HAT SEINE EIGENEN ZWEIFEL.

„Das ist ein unverschämter junger Welpe", sagte Septimus Jones, sobald die Fliege, die Harry Annesley zum Bahnhof tragen sollte, am nächsten Morgen die Flurtür verlassen hatte. Man kann annehmen, dass Mr. Jones sich nicht so geäußert hätte, wenn sein Freund Augustus Scarborough nicht im Gespräch bestimmte Worte in Bezug auf Harry in die gleiche Richtung fallen gelassen hätte. Und es kann auch angenommen werden, dass Augustus solche Worte nicht fallengelassen hätte, ohne seinen Freund wissen zu lassen, dass Harry misshandelt werden sollte. Augustus Scarborough war bei genauer Betrachtung der Sache zu dem Schluss gekommen, dass man mehr erreichen konnte, wenn man Harry beschimpfte, als indem man ihn lobte.

„Der junge Mann hat auf jeden Fall eine gute Meinung von sich."

„Er hält sich für viel besser als alle anderen", fuhr Jones fort, „während ich das nicht sehe. Und er hat die Art, so zu tun, als wäre er seinen Gefährten völlig ebenbürtig, mögen sie sein, wer sie sind." Mai, was für mich abscheulich ist. Natürlich hat Ihr Vater einen äußerst betrügerischen Versuch unternommen, aber was zum Teufel ist das für ihn? Der andere junge Mann antwortete nicht, sondern lächelte nur. Die Meinung, die Mr. Jones über Harry Annesley äußerte, war nur ein Reflex dessen, was Augustus Scarborough empfand. Aber der Reflex war, wie immer, wenn der Spiegel wahr ist, richtig.

Scarborough kannte Harry Annesley schon seit langer Zeit, da man die Zeit in der frühen Jugend zählt, und hatte nach und nach gelernt, ihn gründlich zu hassen. Er war etwas älter und hatte zunächst daran gedacht, seinen Freund zu dominieren. Aber der Freund hatte sich gewehrt und mannhaft darum gekämpft, das zu erreichen, was er als Gleichheit in der Freundschaft ansah. „Nun, Scarborough, Sie können genauso gut ein für alle Mal davon ausgehen, dass man mich nicht herunterreden lässt. Wenn Sie jemanden herunterreden wollen, können Sie zu Walker, Brown oder Green gehen. Wenn Sie dann genug davon haben Beruf kannst du zu mir zurückkommen. So hatte Annesley seinen Freund immer so angesprochen. Aber sein Freund war bestrebt, diesen besonderen jungen Mann aus besonderen Gründen herabzuwürdigen, und war sich einer Charakterschwäche des anderen bewusst, die ihn seiner Meinung nach dazu berechtigte. Aber die Schwäche war nicht dieser Natur und er hatte versagt. Dann war die Rivalität zwischen Mountjoy und Harry gekommen, die Augustus als äußerste Unverschämtheit empfunden hatte. Von jeher hatte man ihm beigebracht, seinen Bruder

Mountjoy als den ersten jungen Mann zu betrachten – unter den Bürgern; der Erste hinsichtlich der Aussichten und der Erste im Rang; und ihm war Florence Mountjoy als Braut zugeteilt worden. Wie er selbst gelernt hatte, diese ihm zugeteilte Braut zunächst zu beneiden und dann zu begehren, muss hier nicht erzählt werden. Aber nach und nach hatte Augustus beschlossen, dass sein verschwenderischer Bruder in seine eigene Gewalt fallen sollte und dass die Braut der Lohn sein sollte. Wie kam es, dass zwei Brüder, so unterschiedlich im Charakter und doch so ähnlich in ihrem Egoismus, dasselbe Mädchen mit wahrer Intensität und Zielstrebigkeit lieben sollten, und dass Harry Annesley, dessen Charakter grundlegend unterschiedlich war und der dabei war Kein Grad an Egoismus, sie hätte sie auch lieben sollen, muss sich selbst erklären, wie sich der Charakter des Mädchens entwickeln soll. Doch seit vielen Monaten war Florence Mountjoy bei Augustus Scarborough der Grund für eine bittere Abneigung gegen den armen Harry. Er verstand viel klarer als sein Bruder, wen das Mädchen wirklich bevorzugte. Er war sich auch immer seiner eigenen Überlegenheit bewusst – fälschlicherweise bewusst – und hatte das Gefühl, dass, wenn Harrys Charakter wirklich bekannt wäre, kein Mädchen ihn in Wahrheit bevorzugen würde. Er konnte Harry nicht ganz mit Florences Augen sehen, noch konnte er sich selbst mit anderen Augen als seinen eigenen sehen.

Dann kam es zu dem Treffen zwischen Mountjoy und Harry Annesley auf der Straße, von dem er nur einen ebenso verstümmelten Bericht hatte, wie ihn Mountjoy selbst eine halbe Stunde später erzählt hatte. Aus dieser Geschichte, erzählt mit den Worten eines betrunkenen Mannes – eines betrunkenen, verletzten und blutigen Mannes, der offensichtlich nicht in einer Minute verstand, was er in der letzten gesprochen hatte –, erfuhr Augustus tatsächlich, dass es einen großen Streit gegeben hatte zwischen seinem Bruder und Harry Annesley. Dann war Mountjoy verschwunden – war, wie der Leser verstanden haben wird, mit der Mitarbeit seines Bruders verschwunden – und Harry hatte sich nicht gemeldet, als Nachforschungen angestellt wurden, um zu erklären, was er über die Ereignisse dieser Nacht wusste. Augustus hatte sein Verhalten genau beobachtet, zunächst um herauszufinden, in welchem Zustand sein Bruder auf der Straße zurückgelassen worden war, später aber um herauszufinden, warum Harry so zurückhaltend gewesen war. Dann hatte er Harry zu einer direkten Lüge verleitet und erkannte bald, dass er das Geheimnis später für seine eigenen Zwecke nutzen konnte.

„Ich denke, wir müssen sehen, was dieser junge Mann vorhat, wissen Sie", sagte er anschließend zu Septimus Jones.

„Ja, ja, sicherlich", sagte Septimus. Aber Septimus verstand nicht ganz, warum sie sehen mussten, was der junge Mann vorhatte.

„Unter uns gesagt, ich glaube, er will sich in mich einmischen, und ich habe nicht vor, seine Einmischung zu ertragen.“

„Das sollte ich nicht glauben.“

„Er muss nach Buston zurückkehren, zu den Bustonianern, sonst werden er und ich einen Stand-up-Kampf austragen. Ich mag eher einen Stand-up-Kampf.“

„Nur so. Wenn ein Kerl so aufgeblasen ist, sollte er geleckt werden.“

„Er hat über Mountjoy gelogen“, sagte Augustus. Dann wartete Jones darauf, dass ihm erzählt wurde, warum Harry gelogen hatte. Er war sich bewusst, dass es ein Geheimnis gab, das ihm unbekannt war, und wollte unbedingt darüber informiert werden. Wusste Harry von Mountjoys Versteck, und wenn ja, wie hatte er es erfahren? Warum sollte Harry mit dem vertraut sein, was darüber hinaus für die ganze Welt dunkel war? Jones war der Meinung, dass der Squire alles darüber wusste, und hielt es nicht für unwahrscheinlich, dass der Squire und Augustus das Geheimnis gemeinsam hüteten. Aber wenn ja, woher sollte Harry Annesley etwas davon wissen? „Er hat wie der Teufel gelogen“, fuhr Augustus nach einer Pause fort.

„Hat er das jetzt?“

„Und ich habe nicht vor, ihn zu verschonen.“

„Das sollte ich nicht glauben.“ Dann entstand eine Pause, an deren Ende Jones sich getrieben fühlte, eine Frage zu stellen: „Wie hat er gelogen?“ Augustus lächelte und schüttelte den Kopf, woraus der andere Mann schloss, dass er jetzt nicht über die Art der fraglichen Lüge informiert werden sollte. „Ein Kerl, der so lügt“, sagte Jones, „ist nicht zu ertragen.“

„Ich habe nicht vor, ihn zu ertragen. Sie haben von einer jungen Dame namens Miss Mountjoy gehört, einer Cousine von uns?“

„Mountjoys Miss Mountjoy?“ schlug Jones vor.

„Ja, Mountjoys Miss Mountjoy. Das ist natürlich vorbei. Mountjoy hat es so weit gebracht, dass er keinen Anspruch mehr darauf hat, eine Miss Mountjoy zu haben. Es scheint das Richtige zu sein, dass sie zusammen mit den anderen bestehen wird.“ das Familieneigentum an den wahren Erben.“

„Du heiratest sie!“

„Darüber brauchen wir im Moment nicht zu reden. Ich weiß nicht, ob ich mich dazu entschieden habe. Jedenfalls habe ich nicht vor, dass Harry Annesley sie bekommt.“

„Das sollte ich nicht glauben.“

„Er ist ein pestilenzialer Köter, der sich in die Familie eingeschlichen hat, und je früher wir von ihm loskommen, desto besser. Ich glaube, die junge Dame würde ihn kaum mögen, wenn sie weiß, dass er wie der Teufel gelogen hat Ziel war es, ihren ehemaligen Liebhaber aus dem Weg zu räumen.

„Bei Gott, nein, das sollte ich nicht glauben!“

„Und wenn die Welt begreift, dass Harry Annesley inmitten all dieser Nachforschungen alles über den armen Mountjoy weiß – er war der Letzte, der ihn in London gesehen hat – und sich nie zu Wort gemeldet hat, um ein Wort über ihn zu sagen Ich denke, die Welt wird dem makellosen Harry Annesley ein wenig hart gegenüberstehen. Sein eigener Onkel hat sich bereits mit ihm gestritten.

„Welcher Onkel?“

„Der Herr unten in Hertfordshire, auf dessen Grund Meister Harry müßig herumstolziert. Ich habe meine Augen offen und kann so gut sehen wie ein anderer. Wenn Harry mir Vorträge über meinen Vater hält und mein Vater über mich, würde man das tun Angenommen, sein eigener Mantel hat kein Loch, dann wird er feststellen, dass das Kleidungsstück nicht ganz wasserdicht ist. Als Augustus feststellte, dass er Septimus Jones so viel erzählt hatte, wie nötig war, verließ er seinen Freund und ging seinen eigenen Familienangelegenheiten nach.

Am nächsten Morgen machte sich Septimus Jones auf den Weg, und am folgenden Tag folgte ihm Augustus. „Du bist also weg?“ sagte sein Vater zu ihm, als er kam, um sich zu verabschieden.

„Nun ja, ich denke schon. Ein Mann muss sich um so viele Dinge kümmern, um die er sich hier unten nicht kümmern kann.“

„Ich weiß nicht, was sie sind, aber du verstehst alles. Ich werde dich nicht bitten zu bleiben. Ist dir jemals in den Sinn gekommen, dass du mich vielleicht nie wieder sehen wirst?“

"Was für eine Frage!"

„Auf jeden Fall ist es eine Frage, die einer Antwort bedarf.“

„Es kommt mir schon in den Sinn; aber es ist überhaupt nicht so wahrscheinlich.“

„Warum nicht wahrscheinlich?“

„Weil es eine Telegrafenleitung von Tretton nach London gibt und weil die Reise hierher sehr kurz ist. Aufgrund dessen, was Sir William Brodrick gesagt hat, kommt mir auch der Gedanke. Natürlich kann jeder Mensch plötzlich sterben.“

„Vor allem, wenn die Chirurgen bei ihm waren."

„Sie haben Ihre Schwester bei sich, Sir, und sie wird Ihnen mehr Trost spenden, als ich es sein kann. Ihr Zustand ist in mancher Hinsicht ein Vorteil für Sie. Diese Gläubiger von Mountjoy können sich Ihnen nicht aufdrängen."

„Da liegen Sie falsch."

„Das haben sie nicht getan."

„Sie sollten es auch nicht tun, obwohl ich so stark war wie du. Was sind Mountjoys Gläubiger für mich? Sie haben nicht einen Fetzen meiner Handschrift in ihrem Besitz. Es gibt niemanden, der sagen kann, dass er auch nur ein mündliches Versprechen von mir hat. Sie kam nie zu mir, als sie ihm Geld zu fünfzig Prozent leihen wollten. Haben sie mich jemals sagen hören, dass er mein Erbe sei?

"Vielleicht nicht."

„Niemand hat es jemals gehört. Ich habe nicht sie angelogen, sondern Sie und Grey. D—— die Gläubiger! Was kümmern sie mich, obwohl sie alle ruiniert sind?"

"Nicht im geringsten."

„Warum reden Sie mit mir über die Gläubiger? Sie kennen jedenfalls die Wahrheit." Dann verließ Augustus das Zimmer und ließ seinen Vater voller Leidenschaft zurück. Aber tatsächlich war er sich der Wahrheit keineswegs sicher. Er nahm an, dass er der Erbe war; Aber könnte es nicht möglich sein, dass sein Vater das alles nur erfunden hatte, um das Anwesen vor Mountjoy und diesem gierigen Rudel von Geldverleihern zu retten? Gray muss sicherlich die Wahrheit kennen. Aber warum sollte Gray nicht auch beim zweiten Ereignis getäuscht werden, ebenso wie beim ersten? Der Klugheit seines Vaters waren keine Grenzen gesetzt, dachte Augustus manchmal. Diese Idee war ihm in der letzten Woche gekommen, und sein Geist quälte sich damit, darüber nachzudenken, wie sein Zustand wohl noch aussehen würde. Aber eines war er sich sicher: Sein Vater und Mountjoy waren nicht im Bunde. Mountjoy jedenfalls glaubte, enterbt worden zu sein. Mountjoy war davon überzeugt, dass seine einzige Chance, an Geld zu kommen, von seinem Bruder ausgeht. Die Umstände von Mountjoys Abwesenheit waren seinem Vater jedenfalls unbekannt.

KAPITEL X.

SIR MAGNUS MOUNTJOY.

Es war die Besonderheit von Florence Mountjoy, dass sie nicht erwartete, dass andere Menschen so gut sein würden wie sie. Es war nicht so, dass sie sich selbst einen hohen Standard auferlegt hätte und sich dann gesagt hätte, dass sie kein Recht hätte, von anderen einen so hohen Standard zu verlangen. Sie hatte nichts errichtet. Sie wusste auch nicht, dass sie versuchte, nach großen Regeln zu leben. Sie hatte keine Ahnung, dass sie besser war als alle anderen; Aber als Ergebnis dessen, was zuvor geschehen war, war es für sie selbstverständlich, selbstlos, großzügig, vertrauensvoll und rein zu sein. Diese können als weibliche Tugenden angesehen werden und manchmal durch ebenso weibliche Fehler getrübt werden. Selbstlosigkeit kann zu Charakterlosigkeit führen; Großzügigkeit im Wesentlichen ungerecht; Das Selbstvertrauen kann schwach und die Reinheit fade sein. Hier zeigte sich die Stärke von Florence Mountjoy. Sie wusste genau, was ihr zusteht, auch wenn sie es nicht für sich beanspruchen würde. Sie konnte sich einem anderen anvertrauen, aber im Stillen war sie sich ihrer selbst ganz sicher. Obwohl sie selbst rein war, ließ sie sich selten von den Verhaltensweisen anderer schockieren. Und sie war so wahr, wie ein Mann vorgibt zu sein.

In Figur, Form und Gesicht verlangte sie nie eine sofortige Huldigung durch das plötzliche Aufblitzen ihrer Schönheit. Aber wenn ihr Zauber einmal auf den Geist eines Mannes gefallen war, kam es nicht oft vor, dass er ihm schnell entkommen konnte. Als sie sprach, erklang eine seltsame Melodie in den Ohren des Zuhörers. Ihre Stimme war sanft und tief und süß und jederzeit voller harmonischer Worte; aber wenn sie lachte, war es, als würden sanfte Winde zwischen unzähligen silbernen Glocken spielen. Ihre Berührung hatte etwas, das für Männer fast göttlich war. Sie war sich dessen überhaupt nicht bewusst, ging aber so vorsichtig mit ihren Fingern um, als ob es schien, als könnte sie ihre Göttlichkeit kaum verschonen.

Sie war zwar etwas größer als gewöhnlich, doch die Anmut ihrer Bewegungen zwang die Welt dazu, ihre Figur zu beobachten. Es gibt Frauen, deren Anmut so bemerkenswert ist, dass sie die Aufmerksamkeit aller erfordert. Aber dann weiß man von ihnen und sieht für einen Moment, dass ihre Anmut besonders ist. Sie haben ihre Gnaden studiert, und das Ergebnis ist nur allzu offensichtlich. Aber Florence schien nichts studiert zu haben. Der Betrachter hatte das Gefühl, dass sie beim Spielen mit ihrer Puppe im Kinderzimmer genauso anmutig gewesen sein musste. Und so war es auch mit ihrer Schönheit. Es gab keine Besonderheit gemeißelter Merkmale. Hätten Sie ihr Gesicht genommen und es anhand bestimmter Regeln gemessen, hätten Sie festgestellt, dass ihr Mund zu groß und ihre Nase unregelmäßig war. Von ihren Zähnen war nur wenig zu sehen, und in ihrem Teint gab es nichts von der durchsichtigen Klarheit, an der sich Männer normalerweise erfreuen. Aber ihre Augen strahlten mehr als gewöhnlich, und wenn sie lachte, schien eine himmlische Freude aus ihnen auszuströmen. Als sie lachte, war es, als wäre eine Quelle geöffnet worden, aus der für eine Weile ein Strom süßster Intimität floss. Für eine Weile würden Sie dann glauben, in das Innenleben dieses Mädchens eingelassen worden zu sein, und wären stolz auf sich, dass Ihnen so viel gewährt wurde. Du würdest das Gefühl haben, dass es auch in dir selbst etwas gibt, dass dies hätte zugelassen werden sollen. Ihr Haar und ihre Augenbrauen waren dunkelbraun, in der Farbe, die bei Männern und Frauen am häufigsten vorkommt, und hatten nichts Besonderes an sich; aber ihr Haar war weich und glatt und immer gut frisiert und roch nie nach eigenartigen Gerüchen. Es waren einfach Florence Mountjoys Haare, und das machte sie in den Augen ihrer männlichen Freunde im Allgemeinen perfekt.

„Sie ist doch keine so wundervolle Schönheit", sagte einmal ein Herr über sie, für den man annehmen kann, dass sie sich nicht die Mühe gemacht hatte, besonders attraktiv zu wirken. „Nein", sagte ein anderer, „nein. Aber bei George! Ich möchte nicht, dass sie verändert wird." So empfanden die Menschen im Allgemeinen Florence Mountjoy gegenüber. Als sie kamen, um sie abzurechnen, sahen sie nicht, wie eine Veränderung zum Besseren herbeigeführt werden sollte.

Für Florence wie für die meisten anderen Mädchen war die Frage nach ihrem zukünftigen Leben ein großes Problem gewesen. Wen sollte sie heiraten? Und wen sollte sie nicht heiraten? An ein Mädchen, wenn ihr plötzlich vorgeschlagen wird, alles im Leben zu ändern, ganz wegzugehen und sich unter die Obhut eines neuen Herrn zu begeben, um für sich ein neues Zuhause, neue Beschäftigungen, neue Bestrebungen und eine seltsame Gefährtin zu finden , die Veränderung muss so umfassend sein, dass sie sie durch ihre Schrecklichkeit fast erschreckt. Und doch muss es immer bedacht und generell getan werden.

Doch diese Veränderung war für Florenz auf eine Weise dargestellt worden, die überdurchschnittlich belastend war. Schon früh in ihrem Leben, als sie natürlicherweise noch nicht ernsthaft über eine Heirat nachgedacht hätte, hatte man ihr eher gesagt als gesagt, dass sie sich ihrer Cousine Mountjoy hingeben solle. Sie hatte einen zu starken Charakter, um sofort nachzugeben – um sich mit Leib und Seele der zärtlichen Gnade eines in Wahrheit Unbekannten zu überlassen. Aber sie war nicht in der Lage gewesen, irgendeinen stichhaltigen Grund vorzubringen, und hatte sich damit begnügt, Zeit zu verlangen. Seitdem hatte es Momente gegeben, in denen sie beinahe nachgegeben hätte. Mountjoy Scarborough war ihr so vorgestellt worden, dass sie es fast für eine Pflicht gehalten hatte, nachzugeben. Mehr als einmal war das Wort so gut wie gesprochen worden; aber das Wort war nie gesprochen worden. Sie war einem sozusagen grausamen Druck ausgesetzt gewesen. In der Saison und außerhalb der Saison hatte ihre Mutter die Heirat mit ihrer Cousine als Pflicht dargestellt. Warum sollte sie ihre Cousine nicht heiraten? Man muss verstehen, dass diese Fragen gestellt wurden, bevor ihr irgendwelche der schrecklichen Tatsachen aus Captain Scarboroughs Leben bekannt wurden. Weil sie ihn, so könnte man sagen, nicht liebte. Aber in diesen Tagen hatte sie keinen Mann geliebt und neigte dazu, so wenig von sich selbst zu halten, dass ihr Mangel an Liebe kein notwendiges Hindernis für die Erfüllung der Wünsche anderer darstellte. Nach und nach wurde sie in ihrem Bekanntenkreis als die versprochene Braut von Mountjoy Scarborough bezeichnet, und obwohl sie diese Anschuldigung jemals bestritt, überkam das Herz ihres Mädchens ein Gefühl – sehr traurig und sehr feierlich, aber immer noch fast akzeptiert – dass es so war es muss sein. Dann kreuzte Harry Annesley ihren Weg, und die Frage war endlich fast beantwortet und die Zweifel fast beseitigt. Sie wusste zunächst nicht genau, dass sie Harry Annesley liebte, war sich aber fast sicher, dass es für sie unmöglich war, die Frau von Mountjoy Scarborough zu werden.

Dann folgten fast zwölf Monate der schmerzlichsten Unsicherheit in ihrem Leben. Für ein junges Mädchen ist es sehr schwierig, ihrer Mutter gegenüber eine entschiedene Ablehnung eines Heiratsantrags durchzusetzen, wenn ihr alle Umstände der Verbindung als besonders verlockend empfohlen werden. Und es gab nichts an den persönlichen Manieren ihrer Cousine, was sie zu rechtfertigen schien, ihren Abscheu zum Ausdruck zu bringen. Er war ein dunkler, gutaussehender, militärisch aussehender Mann, dessen Hauptsünde in den Augen seiner Cousine darin bestand, dass er von ihr Zuneigung, Anbetung und Gehorsam zu fordern schien. Sie analysierte seinen Charakter nicht, aber sie fühlte ihn. Und als es geschah, dass sie endlich von seinen Schulden erfuhr, war sie froh über eine Ausrede, obwohl sie wusste, dass die Ausrede sich bei ihr nicht durchgesetzt hätte, wenn sie ihn gemocht hätte. Dann kamen seine Schulden und mit dem Wissen darüber schärfte sich seine Wahrnehmung seiner Herrschaft. Sie konnte zustimmen, die Frau des Mannes zu werden, der sein Eigentum verschwendet und sein Vermögen verschwendet hatte; aber nicht von jemandem, der vor seiner Heirat von ihr die Unterwerfung verlangte, die sie ihrer Meinung nach nach ihrer Heirat freiwillig geben sollte. Harry Annesley glitt auf eine ganz andere Weise in ihr Herz. Sie wusste, dass er sie verehrte, doch er beeilte sich nicht, es ihr zu sagen. Sie wusste, dass sie ihn liebte, aber sie bezweifelte, dass jemals die Zeit kommen würde, in der sie es gestehen könnte. Erst als er die Schwierigkeiten erkannt hatte, denen Mountjoy ihn ausgesetzt hatte, hatte er es jemals gewagt, offen über seine eigene Leidenschaft zu sprechen, und selbst dann hatte er nicht um eine Antwort gebeten. Sie war immer noch frei, als sie über all das nachdachte, aber schließlich sagte sie sich, dass sie ganz sicher niemals mit ihrem Cousin Mountjoy am Traualtar stehen würde, ganz gleich, was ihre Mutter sagen wollte.

Selbst jetzt, als erklärt wurde, dass der Kapitän nicht der Erbe seines Vaters sei und die ganze Welt wusste, dass er vom Erdboden verschwunden war, gab Mrs. Mountjoy ihn nicht ganz auf. Teilweise glaubte sie ihrem Bruder nicht, teilweise glaubte sie, dass die Umstände gar nicht so schlimm sein könnten, wie sie beschrieben wurden.

Für ihr weibliches Gemüt – für sie, die nicht in der Londoner Welt, sondern in der sehr gemäßigten Welt von Cheltenham lebte – schien es unmöglich, dass ein Fideikommiss auf diese Weise im Keim erstickt werden konnte. Warum wurde ein Fideikommat Fideikom genannt, es sei denn, es wäre unausrottbar – eine Entscheidung des Schicksals und nicht des Menschen und des Gesetzes? Und in ihren Augen war Mountjoy Scarborough so gebieterisch, dass endlich alles so gehen musste, wie er es wollte. Und um die Wahrheit zu sagen, hatte Mrs. Mountjoy kürzlich ein tröstendes Wort erhalten, das notwendig sein könnte, wenn die Welt aufgrund der bösen Taten ihres Bruders, der selbst in diesem Fall krumme Dinge tun könnte, völlig in Aufruhr geraten sollte glatt. Augustus, den sie aufgrund seines Talents, seines Aussehens und seiner Befehlsgewohnheit immer für einen echten Mountjoy gehalten hatte, hatte ihr ein Wort zugeflüstert. Warum sollte Florenz nicht mit dem restlichen Besitz übertragen werden? In Mrs. Mountjoys Gefühlen steckte schon beim ersten Erröten etwas in dieser Idee. Sie mochte es nicht, ihrem galanten Neffen untreu zu sein. Aber als sie darüber nachdachte, gab es bestimmte Umstände, die ihr die Änderung empfahlen – falls die Änderung notwendig sein sollte. Florence hatte sicherlich einen unverständlichen Einwand gegen den älteren Bruder geäußert. Warum sollten die Jüngeren nicht erfolgreicher sein? Mrs. Mountjoys Herz begann zu sinken, weil sie geglaubt hatte, ihr Mädchen würde sich gegenüber der Stimme des Charmeurs als taub erweisen. Ein anderer Charmeur war gekommen, was ihr am meisten zuwider war, aber zu ihm war, wie sie dachte, noch kein Wort der absoluten Ermutigung gesprochen worden. Augustus hatte sich unter seinen Freunden bereits den Charakter eines beredten jungen Anwalts erworben. Möge er kommen und seine Beredsamkeit an seinem Vetter auf die Probe stellen – nur möge er zunächst feststellen, dass die Schurkerei des Gutsbesitzers als gesicherte Tatsache und über die Möglichkeit aller Rückschritte hinaus gewiss war.

„Ich denke, meine Liebe", sagte sie eines Tages zu ihrer Tochter, „dass wir uns angesichts der unmittelbaren Umstände der Familie für eine Weile ins Privatleben zurückziehen sollten." Dies geschah genau an dem Tag, an dem Septimus Jones vage über die ungerechtfertigte Lüge von Harry Annesley informiert worden war.

„Meine Güte, Mama, ist unser Leben nicht immer privat?" Sie hatte alles verstanden – dass das Privatleben dazu gedacht war, Harry gänzlich auszuschließen, es aber den Manövern ihrer Cousine, wie sie auch sein mochten, zugänglich machen sollte.

„Nicht in dem Sinne, wie ich es meine. Dein armer Onkel liegt im Sterben."

„Wir hören, dass Sir William sagt, dass es ihm besser geht."

„Ich fürchte jedoch, dass er im Sterben liegt – auch wenn es vielleicht lange dauern wird. Und dann ist der arme Mountjoy verschwunden. Ich denke, wir sollten niemanden sehen, bis das Geheimnis um Mountjoy geklärt ist. Und dann." Die Geschichte ist so sehr diskreditierbar.

„Ich sehe nicht, dass das eine Angelegenheit von uns ist", sagte Florence, die in diesem Moment keine Lust hatte, zum Schweigen gebracht zu werden.

„Wir können nicht anders. Dass sein ältester Sohn – oh, etwas ganz anderes – dargestellt wird, ist zu schrecklich, als dass man es sich vorstellen kann. Mir wurde gesagt, dass niemand die Wahrheit kennt."

„Daran sind wir jedenfalls nicht beteiligt."

„Aber wir sind es. Er ist auf jeden Fall mein Bruder, und Mountjoy ist mein Neffe – oder war es jedenfalls. Der arme Augustus ist in schreckliche Schwierigkeiten geraten."

„Mir wurde gesagt, dass er sehr erfreut darüber ist, dass Tretton ihm gehört."

„Wer sagt dir das? Du hast kein Recht, von irgendjemandem etwas über solche nahen Verwandten zu glauben. Wer dir das gesagt hat, war sehr böse." Mrs. Mountjoy glaubte zweifellos, dass diese böse Mitteilung von Harry Annesley stammte. „Augustus hat sich immer als liebevoll und respektvoll gegenüber seinem älteren Bruder erwiesen, das heißt gegenüber seinem Bruder, der älter ist als er selbst", fügte Frau Mountjoy hinzu, die das Gefühl hatte, dass es schwierig sei, sich über den vermuteten Zustand auszudrücken der beiden Scarboroughs: „Natürlich wäre er lieber Eigentümer von Tretton, als es jemand anderem zu überlassen, wenn Sie das so meinen. Die Ehre der Familie liegt ihm sehr am Herzen."

„Ich weiß nicht, ob der Familie noch Ehre übrig bleiben kann", sagte Florence streng.

„Meine Liebe, Sie haben kein Recht, das zu sagen. Die Scarboroughs haben in Staffordshire immer ihr Haupt hoch erhoben, und das in letzter Zeit mehr denn je. Ich meine nicht ganz in letzter Zeit, aber seit Tretton so wichtig geworden ist. Jetzt sage ich Ihnen, was wir meiner Meinung nach besser tun sollten. Wir werden sechs Wochen bei Ihrem Onkel in Brüssel verbringen.

„Oh, Mama, er will uns nicht.“

„Wie kannst du das sagen? Woher weißt du das?“

„Ich bin mir sicher, dass Sir Magnus jetzt kein Interesse an unserem Kommen haben wird. Wie könnte das außerdem ein Rückzug ins Privatleben sein? Als Botschafter hat Sir Magnus sein Haus immer voller Gesellschaft.“

„Mein Lieber, er ist kein Botschafter. Er ist Bevollmächtigter des Ministers. Das ist nicht ganz dasselbe. Und dann ist er unser nächster Verwandter – zumindest unser nächster, da mein eigener Bruder natürlich diese große Trennung vorgenommen hat.“ Wir können nicht zu ihm gehen, um ihm selbst aus dem Weg zu gehen.

„Warum willst du irgendwohin gehen, Mama? Warum nicht zu Hause bleiben?“ Aber Florence flehte vergeblich, da ihre Mutter sich bereits entschieden hatte. Bevor dieser Tag vorüber war, gelang es ihr, ihrer Tochter klarzumachen, dass sie nach Brüssel gebracht werden sollte, sobald eine Antwort von Sir Magnus eintraf und die notwendigen Ergänzungen zu ihrer gemeinsamen Garderobe vorgenommen wurden.

Sir Magnus Mountjoy, der ältere Bruder des verstorbenen Generals, war in den letzten vier oder fünf Jahren englischer Minister in Brüssel gewesen. Er war schon sehr lange Zeit irgendwo Pfarrer gewesen, so dass die Erinnerung an die Menschheit kaum darüber hinaus reichte, und er soll sich eine große Popularität erworben haben. Bei den aufeinanderfolgenden Regierungen war es immer darum gegangen, dafür zu sorgen, dass der arme Sir Magnus etwas bekam, und Sir Magnus war nie völlig im Regen gelassen worden. Er war kein Mann, der schweigend in der Kälte gelassen worden wäre, und vielleicht war das Gefühl, dass dies der Fall war, ebenso wirksam für ihn gewesen wie seine wohl bezeugte Popularität. Auf jeden Fall war der arme Sir Magnus immer in einer guten Position gewesen und arbeitete nun die letzten ein oder zwei Jahre, bevor er den gesegneten Erfolg seines Strebens erreichen sollte. Sir Magnus hatte eine Frau, von der es zu Hause hieß, sie sei fast genauso beliebt wie ihr Mann; aber die Meinung der Welt in Brüssel zu diesem Thema war ziemlich geteilt. Manche meinten, Lady Mountjoy sei von allen Frauen die anmaßendste und unverschämteste. Aber es handelte sich im Allgemeinen um in Brüssel ansässige Engländer, die dorthin gekommen waren, weil die Bildung ihrer Kinder dort billiger war als zu Hause. Von diesen hatte Lady Mountjoy erklärt, sie sehe keinen Grund, warum von ihr, weil sie die Frau des Ministers sei, erwartet werden sollte, dass sie die gesamte Londoner Welt zweiter Klasse bewirte. Dies muss natürlich mit viel Nachsicht verstanden werden, da die englische Welt in Brüssel viel zu groß war, um einen solchen Empfang zu erwarten; Aber es gab bestimmte Damen, die am Rande der High Society lebten und meinten, sie hätten ein Recht auf Aufnahme, und die ihren Ausschluss zutiefst verärgerten. Man kann daher nicht sagen, dass Lady Mountjoy beliebt war; aber sie hatte eine große Figur, war gut bemalt und trug ihre Diamanten mit einer Miene, die ihre besonderen Lieblinge als majestätisch bezeichneten. Man konnte sie nicht in ihrer Kutsche über die Boulevards fahren sehen, ohne zu bemerken, dass eine besondere Persönlichkeit vorbeikam. Im Großen und Ganzen kann man sagen, dass sie ihre besondere Rolle im Leben gut erfüllt hat. Von Sir Magnus wurde angedeutet, dass er Angst vor seiner Frau hatte; aber in Wahrheit wollte er klarstellen, dass alle unangenehmen Dinge, die in der Botschaft begangen wurden, von Lady Mountjoy und nicht von ihm begangen wurden. Er verweigerte den Damen nicht die Erlaubnis, ihre Karten an seiner Flurtür abzugeben. Er konnte ein paar Männer an seinen Tisch bitten, ohne die Angelegenheit seiner Frau mitzuteilen; aber jeder würde verstehen, dass die Bitte der Damen auf einer anderen Grundlage beruhte.

Er wusste genau, dass es in der Regel unpassend war, einen verheirateten Mann ohne seine Frau zu fragen; Aber es gibt Gelegenheiten, bei denen man sich entschuldigen kann, und im Großen und Ganzen gefiel es den Männern. Es war ein kräftiger, großer, beleibter alter Herr, sechzig Jahre alt, der aber etwas älter aussah, und den man nur schwer auf dem Pferd unterbringen konnte, der aber, wenn er dort war, bemerkenswert gut aussah. Während seiner zweistündigen Übung kam er nur selten in Trab, was für die beiden Attachés, die wegen der Pflicht, ihn zu begleiten, entlassen wurden, der schwierigste Teil ihrer zugewiesenen Arbeit war. Aber andere Herren machten sich bereit, Sir Magnus zu treffen und mit ihm zu reiten, und auf diese Weise erlangte er jenen Charakter der Beliebtheit, der ihm im Leben eine größere Hilfe gewesen war als all sein diplomatisches Geschick, das er besaß.

"Was denken Sie?" sagte er und ging mit Mrs. Mountjoys Brief in das Zimmer seiner Frau.

„Ich denke nichts, meine Liebe.“

"Du tust es nie." Lady Mountjoy, die noch nicht bemalt worden war, wirkte verärgert und bösartig. „Auf jeden Fall haben Sarah und ihre Tochter vor, hierher zu kommen.“

„Meine Güte! Sofort?“

„Ja, sofort. Natürlich habe ich sie immer wieder gefragt, und es wurde etwas über diesen Herbst gesagt, als wir aus Pimperingen zurückgekommen waren.“

„Warum hast du es mir nicht gesagt?“

„Störung! Ich habe es dir ja gesagt. So etwas taucht schließlich immer auf. Sie ist eine sehr gute Frau, und die Tochter ist alles, was sie sein sollte.“

„Natürlich wird sie mit Anderson flirten." Anderson war einer der beiden berittenen Attachés.

„Anderson wird wissen, wie er auf sich selbst aufpassen muss", sagte Sir Magnus. „Auf jeden Fall müssen sie kommen. Sie haben uns noch nie zuvor gestört, und wir sollten uns einmal mit ihnen abfinden."

„Aber, meine Liebe, was ist das alles mit ihrem Bruder?"

„Sie wird ihren Bruder nicht mitbringen."

„Wie können Sie da sicher sein?" sagte die besorgte Dame.

„Er liegt im Sterben und kann nicht bewegt werden."

„Aber sein Sohn – Mountjoy. Es ist insgesamt eine äußerst beunruhigende Geschichte. Er stellt sich schließlich als niemand heraus, und jetzt ist er verschwunden, und einen ganzen Monat lang waren die Zeitungen voll von ihm. Was würden Sie tun, wenn er einer wäre?" hier aufzutauchen? Das Mädchen war mit ihm verlobt, wissen Sie, und hat ihn erst verstoßen, seit sein eigener Vater erklärt hat, dass er nicht legitim sei. Seit Beginn Londons gab es noch nie so viel Chaos.

Dann erklärte Sir Magnus, dass Mr. Scarboroughs Schwester in Brüssel empfangen werden müsse, auch wenn Mountjoy Scarborough und sein Vater sich noch so schlecht benommen hätten. Es gab ein kleines familiäres Problem. Sir Magnus hatte sich vom General dreitausend Pfund geliehen, die auf die Witwe des Generals ausgezahlt worden waren, und die Zinsen wurden nicht immer äußerst pünktlich gezahlt. Um Mrs. Mountjoy das Recht zu geben, muss man sagen, dass sie darüber nicht nachgedacht hatte, als sie ihrem Schwager geschrieben hatte; aber es war eine Belastung für Sir Magnus und hatte immer dazu geführt, dass er diese Einladungen wiederholte, die Mrs. Mountjoy als Ausdruck brüderlicher Liebe aufgefasst hatte. Ihr eigenes Einkommen reichte immer aus, um ihren Bedarf zu decken, und die hundertfünfzig Pfund, die Sir Magnus ihr spendete, hatten ihr keine großen Sorgen bereitet. „Nun, meine Liebe, wenn es sein muss, muss es sein; – nur was ich mit ihr machen soll, weiß ich nicht."

„Führen Sie sie in der Kutsche herum", sagte Sir Magnus, der über diese Störung ein wenig wütend wurde.

„Und die Tochter? Töchter machen doppelt so viel Ärger wie ihre Mütter."

„Geben Sie sie an Miss Abbott weiter. Und machen Sie sich um Himmels willen nicht so viele Sorgen um Dinge, die nicht lästig sein müssen." Dann verließ Sir Magnus seine Frau, um ihr Zimmermädchen zu rufen und mit dem Malen fortzufahren, während er selbst die ungewöhnliche Aufgabe übernahm, einen liebevollen Brief an seine Schwägerin zu schreiben. An dieser Stelle sollte erklärt werden, dass Sir Magnus keine eigenen Kinder hatte und dass Miss Abbott die Dame war, die für die bescheidene Vergütung von zweihundert pro Jahr und ihren Unterhalt bei jeder Gelegenheit zu Lady Mountjoy lächeln und nette Dinge sagen musste.

Der Brief, den Sir Magnus schrieb, lautete wie folgt:

> *MEINE LIEBE SARAH, – Lady Mountjoy bittet mich zu sagen, dass wir uns freuen werden, Sie und meine Nichte am 1. Oktober im britischen Ministerium zu empfangen, und hoffen, dass Sie bis zum Ende des Monats bei uns bleiben werden. – Glauben Sie mir, Mit freundlichen Grüßen,*
> *MAGNUS MOUNTJOY.*

„Ich habe einen äußerst freundlichen Brief von Sir Magnus", sagte Mrs. Mountjoy zu ihrer Tochter.

"Was sagt er?"

„Dass er sich freuen wird, uns am 1. Oktober zu empfangen. Ich habe gesagt, dass wir in etwa einer Woche startbereit sein sollten, weil ich weiß, dass er Mitte September aus seinen Herbstferien nach Hause kommt. Aber ich Zweifle nicht daran, dass sein Haus bis zu der von ihm genannten Zeit voll ist.

„Kennst du sie, Mama?" fragte Florence.

„Ich habe sie einmal gesehen; aber ich kann nicht sagen, dass ich sie kenne. Sie war früher eine sehr hübsche Frau und scheint ziemlich gutmütig zu sein; aber Sir Magnus hat immer im Ausland gelebt, außer wenn er wegen Ihres Besuchs nach Hause kam Nach dem Tod des armen Vaters habe ich sehr wenig von ihm gesehen.

„Ich habe ihn nur dieses eine Mal gesehen", sagte Florence.

Und so wurde beschlossen, dass sie und ihre Mutter einen Monat in Brüssel verbringen sollten.

KAPITEL XI.

MONTE CARLO.

Gegen Ende September, als das Wetter so heiß war, dass es nur sehr zielstrebige Reisende von Südfrankreich fernhielt, schlenderte ein englischer Herr, der äußerlich nicht besonders schön war, durch den großen Saal des Spielhauses in Monte Carlo, im Königreich oder Fürstentum Monaco, das einzige noch verbliebene Spielhaus in Europa, in dem müßige Spekulanten ihre Stunden noch mit etwas Aufregung verbringen können. Auch müßigen Damen bleibt das Vergnügen nicht verwehrt, wie zwei oder drei hochgekleidete *Stammgäste sehen konnten*, die in diesem Augenblick ihre Schals und Sonnenschirme bei den Trägern deponierten. Die Uhr schlug elf Uhr, als das Spielzimmer geöffnet war, und das Vergnügen war seiner Natur nach zu reichhaltig, als dass man auch nur ein paar Minuten hätte verlieren können. Aber dieser Herr war kein *Stammgast*, und niemand aus der kleinen Menge, die sich damals versammelt hatte, kannte ihn auch nur namentlich. Aber vielen von ihnen war bekannt, dass er am Vortag großes „Glück" gehabt hatte und mit vier- oder fünfhundert Pfund vom „Rouge-et-noir"-Tisch weggegangen war.

Das Wetter war immer noch so heiß, dass nur wenige Engländer da waren, und das Theater hatte noch nicht begonnen, seinen Höhepunkt zu erreichen. Es gab nur zwei oder drei – Männer, die ihre Hände nicht vor dem Untergang bewahren konnten, wenn ihnen der Untergang drohte. Für sie machen Hitze und Kälte, der Hundestern oder zwanzig Grad unter Null keinen Unterschied, solange der Croupier mit seinen Rouleaux vor ihm da ist und in der Lage ist, die Karte aufzudecken. Sie wissen, dass die Chance gegen sie gerichtet ist – sagen wir eins zu zwanzig – und dass auf lange Sicht eins zu zwanzig so gut wie zwei zu eins ausreicht, um ihren Untergang herbeizuführen. Einen Tag lang können sie gegen jeden Zwanzigsten bestehen, so wie dieser Mann es getan hatte. Möglicherweise tun sie dies zwei oder drei Tage lang, eine Woche lang; Aber sie wissen, dass das Schicksal endlich kommen muss – wie es unweigerlich kommt – und sie machen weiter. Aber unser Freund, der Engländer, der das Geld gewonnen hatte, war nicht so einer, jedenfalls nicht im Hinblick auf Monaco. Gestern war sein erster Auftritt gewesen, und er hatte dort mit großem Erfolg neue Maßstäbe gesetzt. Er war eine schlecht aussehende Person, schlecht gekleidet – was wir im allgemeinen Sprachgebrauch als zwielichtig bezeichnen würden. Er hatte kein Stück Bart im Gesicht, und obwohl sein Gesicht dunkel und dunkel war, hatte er helles Haar, das ihm in großen Mengen über den Rücken fiel. Er war von Kopf bis Fuß in einen Anzug aus hellem Tweed mit Querstäben gekleidet, dessen Mantel er eng über der Brust zugeknöpft trug, als wolle er einen Mangel an Leinen verbergen.

Der Herr war insgesamt eine unrühmlich aussehende Persönlichkeit, und diejenigen, die gesehen hatten, wie er sein Geld gewann – zum größten Teil Franzosen und Italiener –, hatten untereinander erklärt, dass sein Glück ein Wunder gewesen sei. Es wurde festgestellt, dass er einen Begleiter bei sich hatte, der sich dicht an seinen Ellenbogen hielt, und es wurde behauptet, dass dieser Begleiter ihn ständig dazu drängte, den Raum zu verlassen. Aber solange der Croupier am Tisch blieb, blieb er und spielte den ganzen Tag mit fast ausnahmslosem Glück weiter. Unter den dortigen Spielern wurde vermutet, dass er das Zimmer nicht mit mehr als zwanzig oder dreißig Münzen in der Tasche betreten hatte und dass er, als das Lokal geschlossen wurde, sechshundert Napoleons mitgenommen hatte. „Sehen Sie, er ist wieder gekommen, um Madame Blanc alles mit Zinsen zurückzugeben", sagte ein Franzose zu einem Italiener.

„Ja; und am Ende wird er sich innerhalb einer Woche das Gehirn rausblasen. Er ist genau der richtige Mann dafür."

„Diese Engländer stürzen sich immer wie verrückte Bullen auf ihr Schicksal", sagte der Franzose. „Sie bekommen für ihr Geld weniger Ablenkung als jeder andere."

„Che va Piano va sano", sagte der Italiener und klimperte mit den vier Napoleons in seiner Tasche, die gestern Morgen um sechs Uhr gewesen war. Dann schlenderten sie auf den Engländer zu und beide berührten ihn mit ihren Hüten. Der Engländer nahm das Kompliment einfach zur Kenntnis und ging mit seinem Begleiter, der ihm immer noch etwas ins Ohr flüsterte, davon.

„Es ist ein Gendarm, der bei ihm ist, glaube ich", sagte der Franzose, „nur der Mann geht nicht aufrecht."

Wer kennt nicht die Außenhalle des prächtigen Spielhauses in Monte Carlo mit all der goldenen Pracht seines Musikzimmers im Inneren? Wer kennt nicht das hohe Dach und die Loungesessel mit dem Luxus der livrierten Diener, der Fülle an Zeitungen und all dem teuren Komfort, den man dazu noch hinzufügen kann? Und die darin enthaltene Musik – wer wüsste nicht, dass es Klänge in einer größeren Perfektion der Orchestermelodie zu hören gibt, als sie durch Geld und Mühe in den großen Hauptstädten Europas erreicht werden können? Denken Sie an die Schwierigkeiten, die diese unglücklichen Familienväter ertragen müssen, die ihre Frauen und Töchter in der Philharmonie und in der St. James's Hall verwöhnen! Denken Sie an die Schrecken unserer Theater mit ihrem heißen Gas, den engen Gängen, dem schwierigen Zugang und der fast unmöglichen Fluchtmöglichkeit! Und für all das muss Geld gezahlt werden, hohe Preise, und der Tag muss lange im Voraus festgelegt werden, damit die Eintrittskarten gesichert werden können, und das tägliche Fest, das allzu oft Papas einsames Vergnügen ist, muss umgedreht werden in ein schmerzhaftes frühes Fasten. Und als die Sache endlich erledigt war und die Qual ausgehalten wurde, waren die gehörten Klänge nicht immer in ihrer Art gut, denn das Geld reichte nicht aus, um sich die Hilfe einer Schar der besten Musiker zu leisten. Aber in Monte Carlo kommen Sie mit Ihrer Frau in ihrem Morgenkostüm herein und setzen sich luxuriös in eine der weichen Sitzbänke, die dort für Sie vorbereitet sind, und Sie geben sich mit vollkommener Leichtigkeit dem absoluten Genuss hin. Zwei Stunden lang dauert das Konzert, und rundherum herrscht Perfektion und Vergoldung. Es gibt nichts, was den anspruchsvollsten Geschmack stören könnte. Sie haben sich nicht dadurch aufgeheizt, dass Sie sich den Weg über überfüllte Treppen erkämpft haben; Kein Förster hat dich um einen Schilling gebeten. Kein Link-Boy hat dich gemahnt, weil er einen Moment lang nutzlos an der Tür deines Wagens stand. Keine Panik hat dich gepackt und bedrückt dich noch immer, wegen der engen Räume, in denen du dich für die nächsten drei Stunden niederlassen musst. Es gibt keine zwanzig Minuten, in denen Sie dazu verdammt sind, in kläglicher Erwartung zu sitzen. Genau zur genannten Stunde beginnt die Musik, und zwei Stunden lang ist man selbst schuld, wenn man nicht glücklich ist. Ein Eisenbahnwaggon hat Sie zu den Stufen gebracht, die zum Garten führen, in dem diese fürstlichen Säle errichtet sind, und wenn die Musik zu Ende ist, bringt er Sie wieder nach Hause. Nichts kann perfekter sein als der Konzertsaal in Monte Carlo und nichts bezaubernder; und für all das gibt es überhaupt nichts zu bezahlen.

Aber von wem – aus wessen Tasche werden all diese guten Dinge bereitgestellt? Man erzählt Ihnen in Monte Carlo, dass man von Zeit zu Zeit Männer sieht, die in der Dunkelheit der Nacht oder in der Düsternis des Abends davongehen, oder, was das betrifft, im hellen Tageslicht, wenn es dringend nötig ist der Stunde erfordern, dass es mit einer Last unter ihnen an einem Ort deponiert wird, wo man es nicht mehr sehen oder hören kann. Sie tragen „alle sterblichen Überreste" eines der Herren weg, die für Ihre musikalische Unterhaltung bezahlt haben. Er hat für dieses Ziel alles gegeben und sich dann das Gehirn rausgeschossen. Es ist einer der unangenehmen Vorfälle, denen die ansonsten äußerst angenehmen Geschäfte des Establishments ausgesetzt sind. Solche Unfälle werden passieren. Ein Spielhaus, dessen Besitzer in der Lage ist, aus seinen Gewinnen die königlichen Kosten des benachbarten Hofes zu bestreiten und es auch denen offen zu halten, die sich nicht schämen, es anzunehmen, – kostenlos, alles aus Liebe, – ein Konzert – Ein Saal voller Gold, gefüllt mit den besten Künstlern, die die Welt bieten kann, und komfortabler als alle Opernhäuser, die den Menschen bekannt sind, muss einigen solchen Unglücken ausgesetzt sein. Wer schämt sich nicht zu akzeptieren, dass ich kürzlich dort war und es sehr genossen habe? Aber ich habe mir nicht die Mühe gemacht, mir die Kehle durchschneiden zu müssen, weshalb ich, als ich herauskam, das Gefühl hatte, etwas schäbig gewesen zu sein. Ich schämte mich, dass ich nicht ein paar Napoleons auf den Tisch gelegt hatte. Das Gewissen hatte mich daran gehindert und der Wunsch, mein Geld zu behalten. Aber hätte mich das Gewissen nicht von all dem Glück fernhalten sollen, für das ich nicht bezahlt hatte? Daran hatte ich vor meiner Reise nach Monte Carlo nicht gedacht, aber jetzt neige ich dazu, anderen zu raten, fernzubleiben oder zumindest einen halben Napoleon als Ticketpreis anzugeben. Der Ort ist nicht überfüllt, weil das Gewissen vieler schärfer ist als das meine.

Wir sollten dem erhabenen Herrscher von Monaco dankbar sein, dass er es einem unternehmungslustigen Menschen ermöglicht hat, das letzte öffentliche Spielhaus Europas auf so brillante Weise für uns offen zu halten. Das Fürstentum ist gerade groß genug, um den Hof des Souveräns zu beherbergen, der in der kleinen Stadt Monaco abgehalten wird, und die Niederlassung der letzten legitimen Spieler, die in Monte Carlo unterhalten wird. Wenn der Bericht der Welt den Prinzen nicht verunglimpft, lebt er wie der Spieler von der Beute, die er den Spielern abnimmt. Er ist in seiner königlichen Kutsche zu sehen, wie er mit seiner königlichen Gemahlin ausfährt – und er sieht sehr königlich aus! Seine kleine Teetasse eines Königreichs – oder besser gesagt ein Brötchen französisches Brot, denn es ist knusprig und malerisch – ist jetzt von Frankreich umgeben. Im Westen liegt Nizza und im Osten Mentone, und das gesamte Königreich liegt im Umkreis eines Spaziergangs. Mentone liegt in Frankreich jedenfalls nur fünf Meilen von der Residenz des Monarchen entfernt. Wie glücklich ist es, dass es auf der Erdoberfläche noch einen so gesegneten Ort der Ruhe gibt!

Aber bei dieser Gelegenheit war Monte Carlo wegen der Hitze nicht in seiner ganzen Pracht. Noch einen Monat später würden englische Lords, englische Parlamentsmitglieder und englische Rechtsanwälte dort sein – allesamt Männer zum Beispiel, die es sich leisten könnten, einen Monat lang gleichgültig gegenüber ihrem Charakter zu sein – und der Ort würde ziemlich belebt sein Musik, Karten und Würfel. Derzeit strömten nur Geschäftsleute in die Hallen, die begierig darauf bedacht waren, Geld zu verdienen, aber leider! fast alle sind dazu verdammt, es zu verlieren. Aber unser einziger Freund mit den langen, hellen Locken war ungeduldig auf den Kampf. Das Spielzimmer war nun geöffnet, und die Diener am Tisch, weniger ungeduldig als er, ordneten langsam ihr Geld und ihre Karten. Unser Freund hatte seinen Platz eingenommen und überlegte bereits, den Blick auf den Tisch gerichtet, wo er seinen ersten Sprung machen würde. In seiner rechten Hand befand sich ein Beutel voll Gold, und unter seiner linken Hand waren die zwölf Napoleons verborgen, mit denen er beginnen wollte. Gestern hatte er sein

Tageswerk um zwölf erledigt, obwohl er ein oder zwei Mal tief in die Tiefe gestürzt war. Für diesen Mann schien es, als ob sich ihm ein neuer Himmel geöffnet hätte, denn in letzter Zeit hatte er auf dieser Welt wenig Glück gesehen. Die Vermutungen, die er gemacht hatte, als er den Raum betrat, über den geringen Stand seiner Mittel hatten sich teilweise bewahrheitet; Aber es gab Zeiten, in denen er noch kostspieliger spielen konnte als hier und unter denen spielen konnte, die seine Gewinne und Verluste einfach als Selbstverständlichkeit hingenommen hatten.

Und nun hatte das Spiel begonnen und die zwölf Napoleons waren ordnungsgemäß deponiert. Erneut gewann er seinen Einsatz, ein Omen für diesen Tag, und jubelte. Ein zweiter Zwölf und ein dritter wurden niedergelegt, und jedes Mal gewann er. In der albernen Fantasie seines Herzens erklärte er sich, dass die Berechnung aller Chancen nichts gegen seine Glückssträhne sei. Hier war der Ort, an dem es ihm bestimmt war, all den Schaden wiedergutzumachen, den ihm das Schicksal zugefügt hatte. Und in Wahrheit war dieser Mann vom Schicksal missbraucht worden. Sein Begleiter flüsterte ihm etwas ins Ohr, aber er hörte kein Wort davon. Er erhöhte die Zahl von zwölf auf fünfzehn und gewann erneut. Als er sich umsah, schien ein Triumphschein sein Gesicht zu erhellen. Er hatte Chance an sein Wagenrad gekettet und würde durchhalten, jetzt, wo die gute Zeit gekommen war. Was kümmerte ihn die Kreatur an seinem Ellenbogen? Er dachte an all die guten Dinge, die er mit Geld wieder kaufen konnte, während er sorgfältig das Gold für den nächsten Einsatz befingerte. Er war reich gewesen, obwohl er jetzt arm war; Aber wie konnte ein Mann als arm gelten, der eine endlose Summe von sechshundert Napoleons in der Tasche hatte, eine Summe, die in Wahrheit endlos war, während sie auf diese Weise so schnell rekrutiert werden konnte? Auch den nächsten Einsatz gewann er, aber als er alle Stücke abkassierte, die ihm der Croupier zuschob, waren seine Gedanken auf eine andere Sphäre und auf andere Personen gerichtet. Möge er gewinnen, was er wollte, seine alten Schlupfwinkel waren ihm nun verschlossen. Was würde ihm Geld nützen, wenn er ein Leben führen würde, wie es ihm nun widerfahren ist? Während er darüber nachdachte, wurden ihm die fünfundzwanzig Napoleons auf dem Tisch weggenommen, fast ohne dass er es merkte.

In diesem Moment ertönte eine Stimme in seinem Ohr – nicht die Stimme seines anwesenden Freundes, sondern eine, deren lispelndes, teuflisches Geräusch er genau kannte: „Ah, Kapitän Scarborough, ich dachte, es wäre sehr möglich, dass Sie hier wären. Dis." Ich bin ein sehr schöner Ort. Unser Freund blickte sich um, funkelte den Mann an und hielt es für unmöglich, dass diese Beschäftigung unter seinen Augen fortgesetzt werden sollte. „Ja, das war wahrscheinlich. Wie gefällt dir Monte Carlo? Du hast viel Geld – viel!" Der Mann war klein und ölig und schwarzhaarig und hatte eine

Schnabelnase und ein ständiges Lächeln auf dem Gesicht, es sei denn, er fühlte sich bei besonderen Anlässen dazu bewegt, tiefe Wut auszudrücken. Von den modernen Hebräern das vollständigste Hebräisch; sondern ein zielstrebiger Mann, der nie halbe Sachen machte, der auf guten inneren Mut zählen konnte und der sich nie durch Missgeschicke vereiteln ließ. Er war einer, der mit dem Nichts begann und entschlossen war, als reicher Mann zu sterben, und der sein Ziel wahrscheinlich erreichen würde. Jetzt war auf seinem Gesicht kein Funke von Zorn zu sehen, sondern ein Ausdruck von unbesiegbarer Gutmütigkeit, die jedoch nicht ganz gute Laune war, wenn man sie näher betrachtete.

„Oh, das sind Sie, Mr. Hart?"

„Ja, ich bin es. Ich bin dir gefolgt. Oh, ich hatte eine ziemlich angenehme Tour, die dir folgte. Aber als ich meine Noshe einmal auf dem Schent hatte, war ich mir sicher, dass es Monte Carlo war. Und es ist Monte Carlo; eh, Kapitän Scarborough?"

„Ja, natürlich ist es Monte Carlo. Das heißt, Monte Carlo ist der Ort, an dem wir jetzt sind. Ich weiß nicht, was du meinst, wenn du so weitermachst." Dann zog er sich vom Tisch zurück, Mr. Hart folgte dicht hinter ihm und sein Diener in größerer Entfernung hinter ihm. Als er ging, fiel ihm ein, dass er die sechshundert Napoleons von gestern leicht aufgestockt hatte und dass das Geld immer noch in seinem eigenen Besitz war. Nicht alle Juden in London konnten das Geld anfassen, solange er es in seiner Tasche trug.

„Wer ist dieser Mann da?" fragte Herr Hart.

„Was kann das für dich sein?"

„Er scheint dir ziemlich genau zu folgen."

„Nicht so nah wie du, bei George; und vielleicht hat er etwas, womit du etwas anfangen kannst, was du nicht hast."

„Komm, komm, komm! Wenn er mehr zu holen hat als ich, muss er ziemlich tief sein. Da ist Mishter Tyrrwhit. Niemand hat mehr zu holen als ich, nur Mishter Tyrrwhit. Vy, Captain Scarborough, das kleine Spiel, das du spielst Da, was ein sehr hübsches kleines Spiel ist, ist das nichts für mein Spiel. Ich wünsche Ihnen, wenn Sie das Geld dort unten auf dem Tisch sehen, scheint es Brei zu sein, weil das Gold glänzt, aber es ist genauso bemerkenswert für mein kleines Spiel , wo das Gold nicht glänzt, weil es Feder und Tinte ist, schreibt man bald zehntausend Pfund. Aber wenn man zweihundert Pfund beim Roulette gewinnt, denkt man.

„Ich denke mir nichts dabei", sagte unser Freund Kapitän Scarborough.

„Und es geht in deine Tasche, um den Damen Champagner zu geben, anstatt deine Schulden bei den armen Kerlen zu bezahlen, die dich so lange mit allem Geld versorgt haben."

Dies alles geschah im Spielhaus in einiger Entfernung vom Tisch, aber in Hörweite des Dieners, der dem Spieler immer noch folgte. Diese Momente waren für den Kapitän Momente des Elends, trotz der Banknoten für sechshundert Napoleons, die sich noch in seiner Brusttasche befanden. Und sie wurden nicht dadurch erleichtert, dass alle Worte des Juden von dem Mann belauscht wurden, der in der Eigenschaft seines Dieners dort sein sollte. Aber der Mann hatte offenbar eine Mission zu erfüllen und war sowohl Herr als auch Diener des Kapitäns. „Mr. Hart", sagte Kapitän Scarborough und unterdrückte die Lautstärke seiner Worte so weit, wie es seine Wut zuließ, sprach aber dennoch so, dass er die Aufmerksamkeit einiger seiner Mitmenschen auf sich zog, „ich weiß nicht, was Sie Gutes vorschlagen." an dich selbst, indem du mir auf diese Weise folgst. Du hast meine Anleihen, die nicht einmal bis zum Tod meines Vaters zurückgezahlt werden müssen.

„Ah, da irren Sie sich gewaltig."

„Und sind dann nur aus dem Vermögen zu zahlen, dessen Erbe ich mich zum Zeitpunkt der Geldaufnahme geglaubt habe."

„Sie sind immer noch der Erbe – der Erbe von Tretton. Daran besteht nicht der Hauch eines Zweifels."

„Ich hoffe, wenn es soweit ist", sagte der Kapitän, „werden Sie Ihre Worte beweisen können."

„Natürlich werden wir das beweisen. Warum nicht? Ihr Vater und Ihr Bruder sind sehr kluge Shentlemen, denke ich, aber sie werden nicht klüger sein als Mishter Samuel Hart. Mr. Tyrrwhit ist auch ein kluger Mann. Vielleicht versteht er die Ihres Vaters Art, Geschäfte zu machen. Vielleicht ist es für Mr. Tyrrwhit in Ordnung. Ich schwöre es. Wann kommen Sie nach London zurück?

Dann kam es im Spielzimmer zu einem wütenden Streit, bei dem Mr. Hart sich keineswegs bemühte, seine Stimme zu unterdrücken. Kapitän Scarborough machte seine Rechte als freier Agent geltend und erklärte sich, soweit es das Gesetz betraf, für fähig, zu gehen, wohin er wollte, ohne Rücksprache mit Mr. Hart; und sagte diesem Herrn, dass jede Einmischung seinerseits als Unverschämtheit angesehen würde. „Aber mein Geld – mein Geld, das Sie in dieser Minute bezahlen müssen, wenn ich es bitte verlange."

„Sie haben mir nicht fünfundzwanzigtausend Pfund ohne Sicherheit geliehen."

„Es ist fünfundvierzig – jetzt, in diesem Moment."

„Nehmen Sie es, holen Sie es sich; gehen Sie und stecken Sie es in Ihre Tasche. Sie haben eine Menge Schriften; verwandeln Sie sie dann sofort in Bargeld. Bringen Sie sie zu irgendeinem anderen Juden in London und verkaufen Sie sie. Sehen Sie, ob Sie Ihren Fünf-und-Schein bekommen können." - Zwanzigtausend Pfund für sie – oder fünfundzwanzigtausend Schilling. Sie können hier sicherlich keine fünfundzwanzig Pence bekommen, obwohl Sie die gesamte Polizei dieses königlichen Königreichs hatten, die Sie unterstützte Du bist das Papier nicht wert, auf dem sie standen. Wenn er dich betrogen hat, hat er mich auch betrogen.

„Ich werde bei Ihnen bleiben wie Bienenvax", sagte Mr. Hart, während der Ausdruck der guten Laune für einen Moment aus seinem Gesicht verschwand. „Wie Bienenvax! Du sollst mir nicht noch einmal entkommen."

„Dann musst du mir nach Konstantinopel folgen."

„Ich werde dir bis zum Teufel folgen."

„Wahrscheinlich werden Sie dort vor mir sein. Aber vorerst fahre ich nach Konstantinopel, von wo aus ich eine ausgedehnte Reise zum Kaukasus und dann nach Thibet unternehmen möchte. Ich würde mich über Ihre Gesellschaft sehr freuen, kann sie aber nicht anbieten um die Rechnung zu bezahlen, wenn Sie und Ihre Begleiter es sich in Tretton bequem gemacht haben, werde ich Sie gerne dort besuchen. Sie müssen die Angelegenheit zunächst mit meinem jüngeren Bruder klären, wenn ich den Mut habe, das so zu nennen -geborener Herr, mein Bruder, ich wünsche Ihnen einen guten Morgen, Mr. Hart. Daraufhin ging er in die Halle und von dort die Stufen hinunter in den Garten vor dem Lokal, sein eigener Diener folgte ihm.

Herr Hart folgte ihm ebenfalls, versuchte aber nicht sofort, das Gespräch wieder aufzunehmen. Wenn er irgendein Zeichen dafür geben wollte, dass er seine Drohung wahr machte und wie Bienenwachs an dem Kapitän festhielt, musste er sofort seine Absicht zeigen. Der Kapitän ging eine Zeit lang um das kleine Gehege herum und unterhielt sich ernsthaft mit dem Wärter, und Mr. Hart stand auf der Treppe und beobachtete sie. Für den Kapitän war das Spiel jedenfalls für diesen Tag beendet.

„Nun, Captain Scarborough, glauben Sie nicht, dass Sie sehr voreilig waren?" sagte der Wärter.

„Ich glaube, ich habe sechshundertfünfzig Napoleons in der Tasche, anstatt darauf zu warten, dass ich sie in Tröpfchen von meinem Bruder bekomme."

„Aber wenn er wüsste, dass Sie hierher gekommen sind, würde er sie ganz zurückziehen. Natürlich wird er es jetzt wissen. Dieser Mann wird es ihm sicher sagen. Er wird es ganz London wissen lassen. Natürlich wäre es so, wenn Sie kämen zu einem so beliebten Urlaubsort wie Monte Carlo.

„Gemeinsamer Zufluchtsort! Glauben Sie, dass er hierher gekommen ist, um einen gewöhnlichen Zufluchtsort zu finden? Glauben Sie, dass er mich nicht aufgespürt hat und es auch nicht getan hätte, ob ich nach Melbourne, New York oder St. gegangen wäre? Petersburg? Aber das Wunder ist, dass er sein Geld für solch eine vergebliche Suche ausgeben sollte.“

„Ah, Kapitän, Sie wissen nicht, was eitel ist und was nicht. Es ist Ihrem Bruder ein Vergnügen, dass Sie eine Zeit lang im Dunkeln gelassen werden.“

„Hänge das Vergnügen meines Bruders auf! Warum soll ich dem Vergnügen meines Bruders folgen?“

„Weil er dir ein Einkommen ermöglichen wird. Er wird einen Mantel auf deinem Rücken und einen Hut auf deinem Kopf tragen und Fleisch und Wein für deinen Bedarf liefern.“ Hier klimperte Kapitän Scarborough mit den losen Napoleons in seiner Hosentasche. „Oh ja, das ist alles schön und gut, aber es wird nicht ewig dauern. Tatsächlich wird es keine Woche dauern, es sei denn, Sie verlassen Monte Carlo.“

„Ich werde es heute Nachmittag mit dem Zug nach Genua verlassen.“

„Und wohin sollst du dann gehen?“

„Sie haben gehört, wie ich Mr. Hart zum Teufel oder nach Konstantinopel und danach nach Thibet vorgeschlagen habe. Ich nehme an, ich werde mich immer noch an der Freude Ihrer Gesellschaft erfreuen?“

„Herr Augustus wünscht, dass ich bei Ihnen bleibe, und wie Sie selbst sagen, ist es vielleicht das Beste.“

KAPITEL XII.

HARRY ANNESLEYS ERFOLG.

Harry Annesley ging ein oder zwei Tage, nachdem er Tretton verlassen hatte, nach Cheltenham; denn er hatte dort eine Einladung zu einem Tanz erhalten und mit der Einladung die Andeutung, dass Florence Mountjoy beim Tanz anwesend sein sollte. Wenn ich erklären würde, dass der Tanz nur als Akt der Freundschaft zu Harry gegeben wurde und Florence darum gebeten wurde, würde man vielleicht annehmen, dass moderne Freundschaft selten so weitreichend ist. Aber es lag zweifellos daran, dass Mrs. Armitage, die den Tanz gab, eine große Freundin und Bewunderin von Harry war und dass Mr. Armitage ein besonderer Freund war. Lassen Sie jedoch keinen Leser vermuten, dass Florence im Geheimnis steckte. Mrs. Armitage hatte es für das Beste gehalten, sie über die Person, die sie treffen sollte, im Unklaren zu lassen. „Was meinen Weg zum Montpelier Place angeht", hatte Harry einmal zu Mrs. Armitage gesagt, „könnte ich genauso gut an eine Gefängnistür klopfen." Frau Mountjoy lebte in Montpelier Place.

„Ich denke, wir könnten das vielleicht für Sie erledigen", hatte Frau Armitage geantwortet, und sie hatte es geschafft.

"Kommt sie?" sagte Harry in einem besorgten Flüstern zu Mrs. Armitage, als er den Raum betrat.

„Sie ist seit einer halben Stunde hier – wenn Sie sich die Mühe gemacht hätten, Ihre Zigarren zurückzulassen und zu ihr zu kommen."

„Sie ist nicht gegangen?" sagte Harry, fast ehrfürchtig von der Idee.

„Nein, sie sitzt wie Patience auf einem Denkmal und lächelt über Trauer im Raum drinnen. Sie hat schreckliche Neuigkeiten zu erzählen."

„Oh, Himmel! Was gibt es Neues?"

„Ich nehme an, sie wird es Ihnen sagen, auch wenn sie mir gegenüber nichts von Ihrer königlichen Hoheit gesagt hat. Die Nachricht ist lediglich, dass ihre Mutter sie nach Brüssel mitnehmen wird und dass sie eine Zeit lang inmitten des Botschafterslebens leben soll." Pracht mit Sir Magnus und seiner Frau.

Als Mrs. Mountjoy sich aus der Welt zurückzog, hatte sie nicht vor, so kleine gesellschaftliche Entspannungen wie Mrs. Armitages Party mit einzubeziehen, denn als Harry sich umdrehte, begegnete sie ihr, als sie sich mit einer anderen Dame aus Cheltenham unterhielt. Er begrüßte sie mit seinem freundlichsten Lächeln, auf das Mrs. Mountjoy nicht ganz so freundlich reagierte. Sie hatte sich immer sehr vor Harry Annesley gefürchtet und heute eine Geschichte gehört, die ihrer Meinung nach sehr zu seinem Misskredit führte. „Ist Ihre Tochter hier?" fragte Harry mit wohlerzogener Heuchelei. Mrs. Mountjoy musste zugeben, dass Florence im Zimmer war, und dann ging Harry weiter, um seiner Beute nachzujagen.

„Oh, Mr. Annesley, wann sind Sie nach Cheltenham gekommen?"

„Als ich hörte, dass Mrs. Armitage eine Party veranstalten würde, begann ich darüber nachzudenken, sofort zu kommen." Dann schoss Florence zum ersten Mal eine Idee durch den Kopf – dass ihre Freundin, Mrs. Armitage, eine Frau war, die sich der Intrige widmete. „Welchen Tanz hast du aufgegeben? Ich muss dir heute Abend etwas sagen. Du willst nicht sagen, dass du mir keinen Tanz gibst?" Dies war lediglich der besorgte Zweifel eines Liebhabers, denn Florence hatte ihm nicht sofort geantwortet. „Mir wurde gesagt, dass Sie nach Brüssel reisen."

„Mama besucht ihren Schwager."

„Und du mit ihr?"

„Natürlich gehe ich mit Mama." All dies war beiseite gesagt worden, während ein blonder, gleichgültiger junger Herr dastand und Däumchen drehte und darauf wartete, mit Florence zu tanzen. Schließlich wurde das kleine Buch aus ihrer Taille hervorgeholt und Harrys Name ordnungsgemäß eingeschrieben. Der nächste Tanz war eine Quadrille, und er sah, dass der Platz danach ebenfalls leer war; Also schrieb er kühn seinen Namen für beide auf. Ich glaube fast, dass Florence vermutet haben muss, dass Harry Annesley an diesem Abend dort sein sollte, oder warum hätten die beiden Plätze frei bleiben sollen? „Und was hat es nun damit auf sich", begann er, „dass Sie nach Brüssel gehen?"

„Mamas Bruder ist dort Pfarrer, und wir machen gerade einen Besuch."

„Aber warum jetzt? Ich bin sicher, es gibt einen besonderen Grund." Florence wollte nicht sagen, dass es keinen besonderen Grund gab, also konnte sie nur ihre Behauptung wiederholen, dass sie auf jeden Fall nach Brüssel gehen würden. Sie selbst war sich durchaus bewusst, dass sie Harry aus dem Weg geräumt werden sollte und dass erwartet wurde, dass in diesem kurzen Monat ihrer Abwesenheit etwas passieren würde, was für ihn – und auch für sie – schädlich sein könnte. Aber das konnte sie nicht sagen, und sie wollte auch nicht sagen, dass die Bitte ihrer Mutter den allgemeinen Stand der Scarborough-Angelegenheiten betraf. Sie wollte diesem Liebhaber nicht erklären, dass dieser andere Liebhaber ihr nichts bedeutete. „Und wie lange wirst du wegbleiben?" fragte Harry.

„Wir werden einen Monat bei Sir Magnus bleiben; aber Mama spricht davon, danach zu den italienischen Seen weiterzufahren."

„Mein Gott! Du wirst vermutlich erst kurz nach Weihnachten zurückkommen?"

„Das kann ich nicht sagen. Es ist noch nichts geklärt. Ich weiß nicht, ob ich Ihnen etwas darüber sagen sollte." Harry blickte in diesem Moment auf und erhaschte den Blick von Mrs. Mountjoy, die in der Tür gegenüber stand. Mrs. Mountjoy machte den Eindruck, als ob Harry Annesley keine besondere Mitteilung über Florences künftige Schritte gemacht werden sollte.

Dann war er jedoch an der Reihe zu tanzen, und er hatte einen Moment Zeit, seine Gedanken zu sammeln. Durch nichts, was er tun oder sagen konnte, konnte er sie daran hindern, zu gehen, und er konnte den gegenwärtigen Augenblick nur so gut wie möglich nutzen. Da kam ihm in den Sinn, dass er noch nie ein Wort der Ermutigung von ihr erhalten hatte und dass ein solches Wort, wenn es jemals gesprochen werden sollte, noch in dieser Nacht erfolgen würde. Was könnte einem Mädchen nicht passieren, das die milden Weihnachtsmonate im süßen Schatten eines italienischen Sees verbrachte? Harrys Vorstellungen von einem italienischen See waren derzeit tatsächlich etwas vage. Aber die kommenden Monate waren seiner Meinung nach endlos; nur der gegenwärtige Moment gehörte ihm. Der Tanz war nun beendet. „Komm und geh spazieren", sagte Harry.

„Ich glaube, ich gehe zu Mama." Florence hatte gesehen, wie der Blick ihrer Mutter auf sie gerichtet war.

„Ach komm, das geht überhaupt nicht", sagte Harry, der bereits ihre Hand in seinen Arm gelegt hatte. „Ein Kerl hat immer Anspruch auf fünf Minuten, und dann bin ich für den nächsten Walzer dran."

"Ach nein!"

„Aber das tue ich, und du kommst jetzt nicht mehr raus. Oh, Florence, würdest du mir eine Frage beantworten – eine Frage? Ich habe sie dir schon einmal gestellt, und du hast mir keine Antwort gewährt."

„Du hast mir keine Frage gestellt", sagte Florence, die sich bis zur letzten Silbe an jedes Wort erinnerte, das ihr bei dieser Gelegenheit gesagt worden war.

„Habe ich das nicht getan? Ich bin sicher, Sie wussten, was ich fragen wollte." Florence kam nicht umhin zu denken, dass das etwas ganz anderes war. „Oh, Florence, kannst du mich lieben?" Hätte sie ihr Gehör geschenkt, hätte sie ihm damals nicht spontan die Wahrheit sagen können. Sie wusste, dass das Auge ihrer Mutter sie durch die Tür gegenüber vom anderen Zimmer beobachtete. Und doch, hätte ihre Mutter sie gefragt, hätte sie kühn geantwortet, dass sie Harry Annesley liebte und vorhatte, ihn für immer und ewig von ganzem Herzen zu lieben. Und im Kreuzverhör wäre sie noch weiter gegangen und hätte erklärt, dass sie ihn bereits als ihren Herrn und Herrn betrachte. Aber jetzt hatte sie kein Wort mehr zu ihm zu sagen. Sie wusste nur, dass er sich ihr nun verpflichtet hatte und dass sie beabsichtigte, ihn an sein Versprechen zu halten. „Darf ich nicht ein Wort haben", sagte er, „ein Wort?"

Was könnte er sich ein Wort mehr wünschen? dachte Florence. Ihr Schweigen war jetzt so gut wie jede Rede. Aber da er mehr wollte, würde sie ihm auf ihre Weise antworten. So verspürten diese süßen Finger das geringste Gefühl des Drucks auf seinem Arm, und Harry Annesley wurde plötzlich zwischen azurblauen Wolken in den fernsten Himmel des Glücks getragen. Nach einem Moment blieb er stehen, fuhr sich mit den Fingern durchs Haar und wedelte mit dem Kopf, wie es ein Gott tun würde. Sie hatte ihm nun ein feierliches Versprechen gegeben, als das keine Worte verbindlicher sein könnten. „Oh, Florence", rief er, „ich muss dich für einen Moment mit mir allein haben." Denn warum sollte er sie für einen Moment allein haben wollen? dachte Florence. Da war ihre Mutter, die sie immer noch ansah; aber um sie kümmerte sich Harry jetzt nicht im Geringsten. Er hasste diese hellen italienischen Seen auch nicht mit einem fast so starken Gefühl des Abscheus. „Florence, du gehörst jetzt ganz mir." Ein weiterer leichter Druck kam von diesen Fingern, leicht, aber so beredt.

„Ich hasse Tanzen. Wie soll ein Kerl jetzt tanzen? Ich werde gegen jeden antreten. Ich kann niemanden sehen. Ich sollte mich unbedingt lächerlich machen. Nein, ich möchte nicht einmal mit dir tanzen. Nein." , sicher nicht! – lass dich mit jemand anderem tanzen, und du hast dich mit mir verlobt! Nun, wenn ich muss, muss ich natürlich erklären, Florence, du hast kein einziges Wort mit mir gesprochen, obwohl es so viel gibt Du musst mir etwas sagen. Was für eine Frage hast du zu sagen? Oh, du weißt, was du mir zu sagen hast hören."

„Du wusstest alles, Harry", flüsterte sie.

„Aber ich will es hören. Oh, Florence, Florence, ich glaube nicht, dass du verstehen kannst, wie völlig ich vor Freude über mich selbst hinausgehe. Ich kann nicht wieder tanzen und werde es auch nicht tun. Oh, meine Frau, meine Frau!"

"Stille!" sagte Florence und hatte Angst, dass die Wände den Klang von Harrys Worten hören könnten.

„Was bedeutet es, obwohl die ganze Welt es wusste?"

"Oh ja."

„Dass ich so viel Glück hätte haben sollen! Das ist es, was ich nicht verstehen kann. Armer Mountjoy! Ich habe wirklich Mitleid mit ihm. Dass er mich so lange im Stich gelassen und nichts getan hat!"

„Nichts", flüsterte Florence.

„Und ich habe alles getan. Ich bin so stolz auf mich, dass ich denke, ich muss fast wie ein Held aussehen."

Sie waren nun am Ende des Zimmers in der Nähe eines offenen Fensters angelangt, und Florence stellte fest, dass sie ein Wort sagen konnte. "Sie sind mein Held." Der Klang machte ihn vor Freude fast wahnsinnig. Er vergaß alle seine Sorgen. Prodgers, der Polizist, Augustus Scarborough und dieser Kerl, den er so sehr hasste, Septimus Jones – was bedeuteten sie ihm jetzt alle? Er hatte sich auf etwas Wertvolles konzentriert, und er hatte es bekommen. Florence hatte versprochen, ihm zu gehören, und er war sich sicher, dass sie ihr Wort ihm gegenüber niemals brechen würde. Aber er hatte das Gefühl, dass er, um seinen Triumph in vollen Zügen genießen zu können, fünf Minuten lang irgendwo mit Florence allein sein musste. Er hatte sich nicht wirklich erklärt, warum, aber er wusste, dass er mit ihr allein sein wollte. Derzeit bestand keine Aussicht auf solche fünf Minuten, aber er musste etwas sagen, um sich auf die nächsten fünf Minuten vorzubereiten. Vielleicht könnte es morgen sein, obwohl er im Moment nicht sah, wie das möglich sein sollte, denn er wusste, dass Mrs. Mountjoy ihre Tür vor ihm verschließen würde. Und Mrs. Mountjoy lief bereits hinter ihrer Tochter durch das Zimmer. Harry sah sie, als er Florence zu einer gegenüberliegenden Tür brachte und dort für einen Moment mit ihr flüchtete. „Und jetzt", sagte er, „wie soll ich es schaffen, Sie zu sehen, bevor Sie nach Brüssel gehen?"

„Ich weiß nicht, dass du mich sehen kannst."

„Meinst du, dass du zum Schweigen gebracht werden sollst und dass ich mich dir nicht nähern darf?"

„Ich meine es ernst. Mama hängt natürlich an ihrem Neffen."

„Was, nach all dem, was vergangen ist?"

„Warum nicht? Trägt er die Schuld an dem, was sein Vater getan hat?" Harry hatte das Gefühl, dass er den Fall gegen Captain Scarborough nicht ohne einen Mangel an Großzügigkeit vorantreiben konnte. Und obwohl er Florence einmal von diesem schrecklichen Mitternachtstreffen erzählt hatte, konnte er zu diesem Thema nichts weiter sagen. „Natürlich hält Mama mich für dumm."

"Aber warum?" er hat gefragt.

„Weil sie nicht mit meinen Augen sieht, Harry. Wir brauchen jetzt nichts mehr darüber zu sagen. Es ist so; und deshalb soll ich nach Brüssel gehen. Du hast diese Gelegenheit für dich genutzt, bevor ich anfange. Vielleicht ich Es war dumm, mich aus der Fassung bringen zu lassen.

„Sag das nicht, Florence.“

„Das denke ich, es sei denn, du kannst diskret sein. Harry, du wirst warten müssen. Du wirst dich daran erinnern, dass wir warten müssen; aber ich werde mich nicht ändern.“

„Ich auch nicht – ich auch nicht.“

„Ich denke nicht, weil ich dir vertraue. Hier ist Mama, und jetzt muss ich dich verlassen. Aber ich werde Mama alles erzählen, bevor ich zu Bett gehe.“ Dann kam Mrs. Mountjoy und nahm Florence mit, mit ein paar äußerst verächtlichen Grußworten an Harry Annesley.

Als Florence weg war, hatte Harry das Gefühl, dass er, da die Sonne, der Mond und die Sterne untergegangen waren und in den Räumen absolute Dunkelheit herrschte, genauso gut auf die Straße flüchten konnte, wo niemand außer der Polizei auf ihn aufpasste. als er jubelnd seinen Hut in die Luft warf. Aber bevor er das tat, musste er noch an Mrs. Armitage vorbeigehen und ihr für all ihre Freundlichkeit danken; denn er war sich bewusst, wie viel sie in seinen gegenwärtigen Umständen für ihn getan hatte. „Oh, Mrs. Armitage, ich bin Ihnen so dankbar! Kein Mensch war jemals zuvor einem Freund so dankbar.“

„Wie ist es gelaufen? Denn Mrs. Mountjoy hat Florence nach Hause gebracht.“

„Oh ja, sie hat es mitgenommen. Aber sie hat die Stalltür nicht geschlossen, bis das Ross gestohlen wurde.“

„Oh, das Ross wurde gestohlen?“

„Ja, ich denke schon; ich denke schon.“

„Und der arme Mann, der verschwunden ist, ist nirgendwo.“

„Männer, die verschwinden, sind nie irgendwo. Aber ich schmeichele mir, dass das Ergebnis dasselbe gewesen wäre, wenn er sich behauptet und sein Eigentum behalten hätte.“

"Ich wage zu behaupten."

„Glauben Sie nicht, Frau Armitage, dass ich stolz auf mich bin. Warum um alles in der Welt Florence sich für einen Kerl wie mich interessieren sollte, kann ich mir nicht vorstellen.“

„Oh nein, überhaupt nicht.“

„Es ist schön und gut, wenn Sie lachen, Mrs. Armitage, aber als ich darüber nachdachte, war ich manchmal verzweifelt.“

„Aber jetzt bist du nicht verzweifelt.“

„Nein, in der Tat; gerade jetzt triumphiere ich. Ich habe so oft gedacht, dass ich dumm wäre, sie zu lieben, weil alles so sehr gegen mich war.“

„Ich habe mich gewundert, dass Sie weitergemacht haben. Mir kam es immer so vor, als gäbe es für Sie nicht den Hauch einer Chance. Mr. Armitage befahl mir, alles aufzugeben, weil er sicher war, dass Sie nie etwas Gutes bewirken würden.“

„Es ist mir egal, wie sehr Sie mich auslachen, Mrs. Armitage.“

„Lass diejenigen lachen, die gewinnen.“ Dann stürmte er hinaus in den Paragon und warf in seinem Triumph tatsächlich seinen Hut in die Luft.

KAPITEL XIII.

FRAU. MOUNTJOYS WUT.

Als Florence nach der Party, auf der Harry so offen mit ihr gesprochen hatte, mit ihrer Mutter im Handumdrehen nach Hause fuhr, empfand sie die kleine Reise nicht als besonders erfreulich. Mrs. Mountjoy war eine Frau mit einer starken Fähigkeit, eher zu wünschen als zu wollen, eher zu begehren als zu erfinden; aber sie war jemand, der sich sehr unangenehm machen konnte, wenn man ihr einen Strich durch die Rechnung machte. Ihre Tochter war nun endlich fest entschlossen, dass, wenn sie jemals jemanden heiraten sollte, dieser Harry Annesley sein sollte. Nachdem sie einmal seinen Arm zum Zeichen ihrer Zustimmung gedrückt hatte, hatte sie sich ihm sozusagen hingegeben, so dass keine Argumentation, keine Einwände, wie sie meinte, ihre Absicht ändern konnten; und sie hatte viel mehr Macht, ihren beabsichtigten Plan zu verwirklichen, als ihre Mutter. Aber ihre Mutter konnte hartnäckig und eigensinnig sein und würde sich vorübergehend unliebsam machen. Florence hatte ihrem Geliebten versichert, dass ihrer Mutter am Abend vor dem Zubettgehen alles gesagt werden sollte. Aber Mrs. Mountjoy wartete nicht darauf, dass es ihr einfach gesagt wurde. Kaum saßen sie zusammen im Vorzelt, als sie begann, Nachforschungen anzustellen. „Was hat dieser Mann zu Ihnen gesagt?" sie verlangte.

Florence fühlte sich sofort beleidigt, als sie hörte, wie über ihren Geliebten gesprochen wurde, und konnte nicht einfach die Geschichte von Harrys erfolgreichem Werben erzählen, wie sie es beabsichtigt hatte. „Mama", sagte sie, „warum sprichst du so von ihm?"

„Weil er ein Schlingel ist."

„Nein, er ist kein Schuft. Es ist sehr unfreundlich von Ihnen, in solchen Worten über jemanden zu sprechen, von dem Sie wissen, dass er mir sehr am Herzen liegt."

„Ich weiß es nicht. Er sollte dir überhaupt nicht lieb sein. Du bist seit Jahren für einen anderen Zweck bestimmt." Das war für Florence unerträglich – diese Vorstellung, sie hätte für die Zwecke anderer Menschen geeignet sein sollen! Und sofort fasste sie den Entschluss, ihre Mutter wissen zu lassen, dass solche Absichten vergeblich seien. Aber für den Moment saß sie still da. Eine Heimfahrt um zwölf Uhr nachts im Flieger war nicht der richtige Zeitpunkt für den Ausdruck ihres Vorsatzes. „Ich sage, er ist ein Schuft", sagte Mrs. Mountjoy. „Während all dieser Nachforschungen hat Ihr Cousin alles darüber gewusst."

„Er hat nicht alles darüber gewusst", sagte Florence.

Durchsuchung kein Wort darüber gesagt Und er sah ihn unter Umständen, die ihrer Natur nach so verdächtig waren, dass er die Polizei verhaftet hätte, wenn sie davon Kenntnis gehabt hätte. Er hatte Captain Scarborough in diesem Moment grob beleidigt.

„Nein, Mama; nein, das war nicht so.“

„Woher weißt du das? Wie kannst du das wissen?“

„Ich weiß es und ich kann es sagen. Die Misshandlung kam von der anderen Seite.“

„Dann haben auch Sie das Geheimnis gekannt und nichts darüber gesagt? Auch Sie waren sich der Gewalt bewusst, die bei diesem mitternächtlichen Treffen stattfand? Sie wussten, was Ihrem Cousin widerfuhr, dem Mann, dem wem gegenüberstand Sie waren so gut wie verlobt. Und Sie haben zweifellos auf Anraten von Mr. Henry Annesley den Mund gehalten. Oh, Florence, Sie werden sich auch in den Händen des Polizisten befinden!“ In diesem Moment tauchte die Fliege vor der Tür des Hauses am Montpelier Place auf, und die beiden Damen mussten aussteigen und die Stufen in die Halle hinaufgehen, wo ihnen die Zofe der Dame zu ihrer baldigen Rückkehr von der Party gratulierte .

„Mama, ich gehe zu Bett“, sagte Florence, sobald sie das Zimmer ihrer Mutter erreichte.

„Ich denke, es wäre besser für dich, meine Liebe, obwohl der Himmel weiß, welche Unruhen es in der Nacht geben kann.“ Damit wollte Mrs. Mountjoy andeuten, dass Prodgers, der Polizist, wahrscheinlich keinen Moment länger verlieren würde, bevor er Miss Mountjoy wegen der Schritte, die sie im Zusammenhang mit dem Verschwinden von Captain Scarborough unternommen hatte, verhaften würde.

Sie hatte von Harry Annesley gehört, dass er mitten in der Nacht in den Straßen Londons vom Kapitän brutal angegriffen worden war; und dafür sollte sie nach der Theorie ihrer Mutter von einem Polizisten aus dem Bett gezerrt werden, und das wahrscheinlich noch vor dem nächsten Morgen. Darin lag etwas so Lächerliches, wenn man die Wahrheit der Geschichte betrachtete, und doch so Grausames, weil es von ihrer Mutter kam, dass Florence kaum wusste, ob sie weinen oder lachen sollte, als sie ihren Kopf auf das Kissen legte.

Aber am Morgen, als sie dachte, dass die Tatsachen ihrer eigenen Position ihrer Mutter noch erklärt werden müssten, dass es notwendig sein würde, dass sie ihr Ziel und die Unmöglichkeit einer Änderung erklären würde, nachdem sie sich einmal verpflichtet hatte zu ihrer Geliebten – Mrs. Mountjoy kam ins Zimmer und stellte sich an ihr Bett, mit dem Ausdruck gespenstischen Missfallens, der immer einer wütenden alten Dame mit Nachtmütze eigen ist.

„Na, Mama?"

„Florence, es muss ein Verständnis zwischen uns bestehen."

„Das hoffe ich. Ich dachte, das wäre schon immer so gewesen. Ich bin sicher, Mama, du wusstest, dass ich Captain Scarborough nie so gemocht habe, dass ich seine Frau geworden bin, und ich glaube, du wusstest, dass ich Harry Annesley gemocht habe."

„Likes sind alles Fiddlesticks!"

„Nein, Mama; oder wenn du Einwände gegen das Wort hast, sage ich „Liebe". Du hast gewusst, dass ich meinen Cousin nicht geliebt habe und dass ich diesen anderen Mann geliebt habe. Das ist kein Unsinn; das ist auf jeden Fall ein strenge Realität, wenn es überhaupt etwas Reales auf der Welt gibt.

„Streng! Man kann es durchaus streng nennen."

„Ich meine unbeugsam, stark, sich nicht von äußeren Umständen überwältigen lassen. Wenn Mr. Annesley nicht wie letzte Nacht mit mir gesprochen hätte – er hätte nie so mit mir sprechen können –, wäre ich ein elendes Mädchen gewesen, aber mein Die Liebe zu ihm hätte genauso streng sein sollen und wäre mein ganzes Leben lang unglücklich gewesen jedenfalls für mich wichtig.

„Ich bin jetzt hier, um Ihnen zu sagen, dass es unmöglich ist."

„Sehr gut, Mama. Dann muss es weitergehen und wir müssen den richtigen Zeitpunkt abwarten."

„Es ist angemessen, dass ich Ihnen sage, dass er sich selbst blamiert hat."

„Niemals! Ich werde es nicht zugeben. Sie kennen die Umstände nicht", rief Florence aus.

„Es ist höchst unverschämt von dir, so zu tun, als ob du sie besser kennst als ich", sagte ihre Mutter empört.

„Die Geschichte wurde mir selbst erzählt."

„Ja; und deshalb unwahr gesagt."

„Es tut mir leid, dass du so von ihm denkst, Mama; aber ich kann nichts dagegen tun. Woher du deine Informationen hast, kann ich nicht sagen. Aber dass meine Informationen mir genau mitgeteilt wurden, bin ich mir sicher."

„Auf jeden Fall ist es meine Pflicht, für Sie zu sorgen und Sie vor Schaden zu bewahren. Ich kann meine Pflicht nur so gut wie möglich erfüllen. Mr. Annesley ist meiner Meinung nach ein äußerst anstößiger junger Mann, und das wird er auch tun Ich glaube, dass bald Beweise vorgelegt werden müssen, in denen Ihr Name leider erwähnt wird.

„Warum mein Name?"

„Es ist unwahrscheinlich, dass er im Kreuzverhör ein Geheimnis darüber verbirgt, dass er die Geschichte jemandem preisgegeben hat. Er wird erklären, dass er sie Ihnen erzählt hat. Wenn diese Zeit kommt, wird es gut sein, dass das so ist." Wir sollten an diesem Tag außer Landes sein.

„Onkel Magnus wird uns dann nicht haben können."

„Wir müssen unsere Zeit auf der Straße vertreiben. Ich halte es für äußerst wichtig, dass wir beide innerhalb von acht Tagen England verlassen."

„Aber wohin wirst du gehen?"

„Macht nichts. Ich weiß nicht, ob ich mich schon ganz entschieden habe. Aber Sie verstehen vielleicht, dass wir an diesem Tag in der Woche von Cheltenham aus aufbrechen werden. Baker wird mit uns gehen, und ich überlasse die Verantwortung den beiden anderen Dienern Ich kann Ihnen noch nichts weiter sagen, außer dass ich Ihrer Heirat mit Mr. Henry Annesley niemals zustimmen werde. Das sollten Sie besser wissen, dann wird es weniger Grund zur Unzufriedenheit zwischen uns geben. Mit diesen Worten stolzierte der wütende Geist mit der Nachtmütze aus dem Zimmer.

Es braucht kaum erklärt zu werden, dass Mrs. Mountjoys Informationen über die Szene in London von Augustus Scarborough zu ihr gekommen waren. Als er ihr erzählte, dass Annesley als letzte in London seinen Bruder Mountjoy gesehen hatte, und die Art der Szene zwischen ihnen geschildert hatte, hatte er zweifellos vergessen, dass er selbst seinen Bruder später gesehen hatte. In der Geschichte, wie er sie erzählt hatte, war es nicht nötig, sich selbst zu erwähnen – für eine solche Figur war es nicht nötig, die Tragödie dieser Nacht zu erzählen. Seiner Vorstellung nach waren die beiden zweifellos allein gewesen. Harry hatte den Schlag versetzt, durch den sein Bruder verletzt worden war, und ihn dann auf der Straße zurückgelassen. Mountjoy war daraufhin verschwunden und Harry hatte niemandem erzählt, dass eine solche Begegnung stattgefunden hatte. Dies hatte Augustus Scarborough gemeint, als er seiner Tante mitteilte, dass Harry der letzte gewesen sei, der Mountjoy vor seinem Verschwinden gesehen habe. Für Mrs. Mountjoy war diese Tatsache für Harrys Charakter äußerst schädlich gewesen. Harry hatte das Geheimnis absichtlich geheim gehalten, während die ganze Welt auf der Suche nach Mountjoy Scarborough war; und soweit Mrs. Mountjoy es verstehen konnte, könnte es durchaus sein, dass Harry den tödlichen Schlag versetzt hatte, der ihren Neffen auf seine lange Rechnung geschickt hatte. Alle Unmöglichkeiten des Falles waren ihr nicht bewusst geworden. Es war ihr nicht in den Sinn gekommen, dass Mountjoy nicht hätte getötet und seine Leiche weggeschafft werden können, ohne dass es zu einer großen Anstrengung gekommen wäre, bei deren Durchführung der „Schurke" kaum sein Leben oder seinen Charakter aufs Spiel gesetzt hätte. Aber der Schuft war ganz gewiss ein Schuft, auch wenn er vielleicht kein Mörder war, sonst hätte er das Geheimnis gelüftet. Tatsächlich glaubte Mrs. Mountjoy in dieser Angelegenheit genau das, was Augustus beabsichtigt hatte, und hatte in diesem Glauben beschlossen, dass ihre Tochter lieber ein Fegefeuer erleiden sollte, als Harrys Frau zu werden.

Doch ihre Tochter fasste ihre Vorsätze genau in die entgegengesetzte Richtung. Sie wusste tatsächlich, was in dieser Nacht getan worden war, während ihre Mutter keine Ahnung hatte. Sie verstand das Ausmaß der Unwissenheit ihrer Mutter, wusste aber überhaupt nicht, woher ihre Mutter diese Informationen hatte. Sie hatte das Gefühl, dass Harrys Geheimnis in anderen Händen lag, als er beabsichtigt hatte, und dass jemand über die Szene gesprochen haben musste. In diesem Moment kam Florence der Gedanke, dass dies von Mountjoy selbst stammen musste, von dem sie glaubte – und zu Recht glaubte –, dass er die einzige zweite Person gewesen sei, die bei diesem Anlass anwesend war. Und wenn er es jemandem erzählt hätte, dann müsste „irgendjemand" wissen, wo und wie er verschwunden war. Und die Informationen müssen ihrer Mutter ausschließlich mit der Absicht gegeben worden sein, Harrys Charakter zu schädigen und Harrys Heirat zu verhindern.

Als Florence über all das nachdachte, hatte sie das Gefühl, dass es sich um einen vorsätzlichen und üblen Versuch handelte – denn als sie darüber nachdachte, kam es ihr sehr übel vor –, Harry zu verletzen. Gegen ihn wurde eine falsche Anschuldigung erhoben, die auf einer falschen Darstellung der Wahrheit in einer Weise beruhte, dass sie völlig zu Harrys Verletzung führte. Es sollte keine Auswirkungen auf sie haben. Sie kam sofort zu diesem Entschluss und erklärte sich feierlich, dass sie ihm treu bleiben würde. Es wurde versucht, ihn in ihrer Wertschätzung zu untergraben; aber diejenigen, die es gemacht hatten, hatten ihren Charakter nicht gekannt. Sie war sich jetzt in ihrem eigenen Herzen sicher, dass sie auf eine besondere Art verpflichtet war, Harry Annesley mehr als gewöhnlich treu zu bleiben. In einer solchen Notlage sollte sie für Harry Annesley mehr tun, als ein Mädchen unter normalen Umständen für ihren Geliebten tun dürfte. Harry wurde verleumdet, misshandelt und verleumdet. Ihre Mutter hatte sich dazu verleiten lassen, ihn einen Schurken zu nennen und als Grund dafür einen Bericht über eine Transaktion anzugeben, der völlig falsch war, obwohl sie zweifellos geglaubt hatte, dass er wahr sei.

Während sie darüber nachdachte, beschloss sie, dass es ihre Pflicht sei, ihrem Geliebten zu schreiben und ihm die Geschichte so zu erzählen, wie sie sie gehört hatte. Es könnte äußerst notwendig sein, dass er die Wahrheit erfährt. Sie würde ihren Brief schreiben und ihn zur Post schicken – so dass er völlig außerhalb der Kontrolle ihrer Mutter lag – und dann ihrer Mutter sagen, dass sie ihn geschrieben hatte. Zuerst dachte sie, sie würde eine Kopie des Briefes behalten und sie ihrer Mutter zeigen. Aber als es niedergeschrieben war – die ersten Worte, die jemals von ihrer Feder für die Augen eines Liebhabers bestimmt waren –, stellte sie fest, dass sie diese Worte nicht dem harten Urteil ihrer Mutter unterwerfen konnte.

Ihr Brief lautete wie folgt:

„LIEBER HARRY, – Sie werden sehr überrascht sein, so kurz nach unserem Treffen gestern Abend einen Brief von mir zu erhalten. Aber ich warne Sie, dass Sie es nicht übel nehmen dürfen. Ich würde jetzt nicht schreiben, wenn es nicht so wäre, wie ich es glaube In Ihrem Interesse schreibe ich kein Wort über meine Liebe, ich glaube, Sie können davon überzeugt sein, dass ich Mama gestern Abend erzählt habe, was zwischen uns passiert ist, und sie war natürlich sehr Sie werden das verstehen, wenn Sie wissen, wie sehr sie sich um meinen Cousin Mountjoy gekümmert hat. Sie hat sich immer für ihn eingesetzt, und ich denke, dass es meiner Mutter eine große Ehre ist, ihn jetzt, wo er in Schwierigkeiten ist, nicht fallen zu lassen Ich hätte ihn in seinen Schwierigkeiten umgeworfen, hätte ich mich jemals so um ihn gekümmert, das sage ich Ihnen fair, Meister Harry.

„Aber Mama, als sie sich gegen Sie aussprach, was sie tun musste, um den armen Mountjoy zu unterstützen, erklärte, dass Sie die letzte Person waren, die meinen Cousin vor seinem Verschwinden gesehen hatte, und sie wusste, dass es einen heftigen Streit zwischen Ihnen gegeben hatte. Tatsächlich Sie wusste die ganze Wahrheit über diese Nacht, außer dass Mountjoy Sie angegriffen hatte. Sie drehte die Geschichte um und erklärte, dass Sie ihn angegriffen hätten – was, wie Sie sehen, einen völlig anderen Eindruck vermittelt Jemand hat ihr die ganze Sache erzählt – obwohl ich nicht erraten kann, wer es war –, aber jemand hat versucht, dir in dieser Angelegenheit so viel Unfug zu machen, wie er konnte, und hat Mama dazu gebracht, schlecht über dich zu denken Nachdem Sie ihn angegriffen und brutal misshandelt hatten, ließen Sie ihn auf der Straße zurück und bestritten anschließend jegliche Kenntnis, ihn gesehen zu haben. Sie werden erkennen, dass jemand daran gearbeitet hat, eine Geschichte zu erfinden, um Ihnen und mir Unheil zuzufügen Ich halte es für richtig, dass ich es dir sagen sollte.

„Aber Sie dürfen niemals glauben, dass ich etwas glauben werde, was Sie in Misskredit bringen könnte Weil ich weiß, dass ich dich geliebt habe und dich immer lieben werde. Lass Mama und andere sagen, was sie wollen. Du bist jetzt für mich die ganze Welt, wenn ich daran denke, wie ernst es ist für mich, und doch, wie froh bin ich über dich, und ich werde es tun, egal was sie wollen. Dessen wirst du dir nicht immer sicher sein.

„Aber Sie dürfen keine Zeile als Antwort schreiben, nicht einmal, um mir Ihre Zusicherung zu geben. Das muss kommen, wenn wir uns ausführlicher treffen, etwa nach einem Dutzend Jahren oder so. Ich werde Mama von diesem Brief erzählen, welche Umstände es scheinen Nachfrage und werde ihr versichern, dass du darauf keine Antwort schreiben wirst.

„Oh, Harry, du wirst alles verstehen, was ich über meine Gefühle dir gegenüber sagen könnte.

„Dein eigenes, FLORENCE."

Sie stellte fest, dass sie diesen Brief, nachdem sie ihn geschrieben und kopiert hatte und die Kopie in den nahegelegenen Briefkasten geworfen hatte, ihrer Mutter auf keinen Fall vollständig zeigen konnte. Trotz all ihrer Bemühungen war daraus ein Liebesbrief geworden. Und welchen echten Liebesbrief kann ein Mädchen selbst seiner Mutter zeigen? Aber sie erzählte ihr sofort, was sie getan hatte. „Mama, ich habe einen Brief an Harry Annesley geschrieben."

"Du hast?"

„Ja, Mama. Ich habe es für richtig gehalten, ihm zu erzählen, was du in dieser Nacht gehört hast."

„Und Sie haben dies ohne meine Erlaubnis getan – ohne mir überhaupt zu sagen, was Sie tun würden?"

„Wenn ich dich gefragt hätte, hättest du es mir gesagt."

„Natürlich hätte ich es Ihnen nicht sagen sollen. Meine Güte! Ist es dazu gekommen, dass Sie ohne meine Erlaubnis mit einem jungen Herrn korrespondieren, obwohl Sie wissen, dass ich sie nicht gegeben hätte?"

„Mama, in diesem Fall war es notwendig."

„Wer sollte das beurteilen?"

„Wenn er mein Ehemann sein soll –"

„Aber er soll nicht dein Ehemann sein. Du sollst nie wieder mit ihm sprechen. Du darfst ihn nie wieder treffen; du wirst ins Ausland gebracht, und dort sollst du bleiben, und er wird nichts von dir hören. Wenn er versucht, mit Ihnen zu korrespondieren –"

"Er wird nicht."

"Woher weißt du das?"

„Ich habe ihm gesagt, er solle nicht schreiben.“

„Habe es ihm tatsächlich gesagt! Es wird ihm sehr leid tun, so etwas zu erzählen! Ich werde deinem Onkel Magnus einen ausführlichen Bericht über alles geben und ihn um Rat fragen. Er ist ein Mann in einer hohen Position, und vielleicht hältst du es für angebracht, ihm zu gehorchen, obwohl du dich absolut weigerst, dich in irgendeiner Weise von deiner Mutter leiten zu lassen. Dann war das Gespräch für den Moment zu Ende. Doch als Florence ihre Mutter verließ, versicherte sie sich, dass sie Sir Magnus in solchen Angelegenheiten keinen strengen Gehorsam versprechen könne.

KAPITEL XIV.

SIE KOMMEN IN BRÜSSEL AN.

Einige Wochen nach der Party bei Mrs. Armitage und den anschließenden Erklärungen mit ihrer Mutter musste Florence viele Dinge erleiden. Zuerst kam die Woche vor Beginn, die vielleicht die schlimmste von allen war. Dies wurde besonders durch die Tatsache erbittert, dass Mrs. Mountjoy sich absolut weigerte, ihre Pläne, so wie sie gemacht wurden, preiszugeben. Es dauerten noch vierzehn Tage, bis sie in Brüssel empfangen werden konnte, und über diese vierzehn Tage wollte sie nichts sagen.

Ihre Menschenkenntnis ging wahrscheinlich so weit, sie zu lehren, dass sie ihre Tochter auf diese Weise am meisten quälen konnte. Es war nicht so, dass sie sie aus Rache quälen wollte. Sie war sich ganz sicher, dass sie alles aus Liebe tat. Sie war ihrer Tochter ergeben. Aber sie wurde vereitelt; und sagte sich deshalb, dass sie die Interessen des Mädchens am besten dadurch fördern könne, dass sie es quälte. Es handelte sich nicht um eine meditierte Rache, sondern um jene Rache, die ohne jegliches Nachdenken entsteht und deshalb oft die bitterste ist. „Ich muss ihre Nase an den Schleifstein bringen", so hätte sie ihre Gedanken wahrscheinlich vor sich hin ausgedrückt. Infolgedessen wurde Florences Nase zum Schleifstein gebracht, und die Operation machte sie unglücklich. Sie würde sich jedoch nicht beschweren, als sie herausfand, was ihre Mutter tat. Sie stellte Fragen, die ihr selbstverständlich erschienen, und ließ sich mit Antworten zufrieden, die absichtlich alle Informationen zurückhielten. „Mama, hast du noch nicht festgelegt, an welchem Tag wir anfangen sollen?" "Nein mein Schatz." „Mama, wohin gehen wir?" „Das kann ich Ihnen noch nicht sagen; ich bin mir selbst keineswegs sicher." „Ich würde mich freuen zu erfahren, Mama, was ich für die Reise einpacken soll." „Genau das Gleiche, was Sie auf jeder Reise tun würden." Dann hielt Florence den Mund und tröstete sich damit, an Harry Annesley zu denken.

Endlich kam der Tag und sie wusste, dass sie nach Boulogne gebracht werden sollte. Vor diesem Zeitpunkt hatte sie einen Brief von Harry erhalten, voller Liebe, voller Dankbarkeit – genau das, was ein Liebesbrief hätte sein sollen –, aber dennoch war sie dadurch beunruhigt. Es war ihr auf die übliche Weise übergeben worden, und sie hätte den Empfang möglicherweise vor ihrer Mutter geheim gehalten, da die Dienerschaft im Haus alle auf ihrer Seite war. Dies entspräche jedoch nicht dem Verhalten, das sie sich vorgenommen hatte, und teilte es ihrer Mutter mit. „Es ist nur eine Anerkennung von mir ihm gegenüber. Es war zu erwarten, aber ich bereue es."

„Ich verlange nicht, es zu sehen“, sagte Mrs. Mountjoy wütend.

„Ich konnte es dir nicht zeigen, Mama, obwohl ich es für richtig halte, dir davon zu erzählen.“

„Ich verlange nicht, es zu sehen, das sage ich dir. Ich möchte seinen Namen nie wieder aus deiner Zunge hören. Aber ich wusste, wie es sein würde – natürlich. Ich kann nicht zulassen, dass so etwas weitergeht. Es muss.“ verhindert sein."

„Es wird nicht weitergehen, Mama.“

„Aber es ist weitergegangen. Sie sagen mir, dass er bereits geschrieben hat. Halten Sie es für angemessen, dass Sie mit einem jungen Mann korrespondieren, den ich nicht gutheiße?“ Florence versuchte darüber nachzudenken, ob sie es wirklich für richtig hielt oder nicht. Sie hielt es für völlig angemessen, dass sie Harry Annesley von ganzem Herzen lieben sollte, war sich aber über die Korrespondenz nicht ganz sicher. „Auf jeden Fall müssen Sie verstehen“, fuhr Mrs. Mountjoy fort, „dass ich es nicht zulassen werde. Während wir im Ausland sind, müssen alle Briefe zu mir gebracht werden; und wenn welche von ihm kommen, werden sie an ihn zurückgeschickt.“ . Ich möchte seine Briefe nicht öffnen, aber wenn wir in Brüssel sind, werde ich Ihren Onkel zu diesem Thema befragen. Es tut mir sehr leid, dass es zwischen uns zu diesem Streit kommen sollte ; aber es ist dein Werk.“

„Oh, Mama, warum solltest du so hart sein?“

„Ich bin hart, weil ich nicht zulassen werde, dass Sie einen jungen Mann akzeptieren, der sich meiner Meinung nach sehr schlecht benommen hat und nichts Eigenes hat.“

„Er ist der Erbe seines Onkels.“

„Wir wissen, wozu das führen kann. Mountjoy war der Erbe seines Vaters; und nichts könnte strenger als Tretton sein. Wir wissen, was dazu geführt hat. Mr. Prosper wird einen Weg finden, dem zu entkommen. Fideikommisse haben keinen Sinn.“ Jetzt habe ich gehört, dass er so schlecht über seinen Neffen denkt, dass er sich schon mit ihm gestritten hat. Und er ist selbst ein ziemlich junger Mann, der du gesagt hast, dass du ihn verlierst Cousin weg, weil er nicht mehr den gesamten Besitz seines Vaters haben soll.

„Oh, Mama, das ist nicht wahr.“

„Sehr gut, meine Liebe.“

„Ich habe nie zugelassen, dass in meinem Namen gesagt wird, dass ich mit meinem Cousin Mountjoy verlobt bin.“

„Sehr gut, ich werde niemals zulassen, dass in meinem Namen gesagt wird, dass Sie mit meiner Zustimmung mit Mr. Henry Annesley verlobt sind."

Sechs oder sieben Tage später ließen sie sich in einem Hotel in Boulogne äußerst unbehaglich nieder. Mrs. Mountjoy war dorthin gegangen, weil es keinen anderen Rückzugsort gab, zu dem sie ihre Tochter mitnehmen konnte, und weil sie beschlossen hatte, sie aus der Umgebung von Harry Annesleys Gegenwart herauszuholen. Zuerst hatte sie an Ostende gedacht; Aber ihr war es so vorgekommen, als läge Ostende innerhalb des von Sir Magnus regierten Königreichs und es wäre unangemessen, von dort in die Hauptstadt zu ziehen, in der Sir Magnus regierte. Es war, als ob Sie drei Tage lang am Parktor verweilen müssten, bevor Sie im Herrenhaus bewirtet würden. Deshalb blieben sie in Boulogne, und Frau Mountjoy versuchte, trotz des kalten Wassers und der äquinoktialen Stürme zu baden, um den Anschein eines Grundes für ihren Aufenthalt in Boulogne zu erwecken. Und der Gesellschaft halber, in der Hoffnung, die Gemeinschaft mit ihrer Mutter aufrechtzuerhalten, badete auch Florence. „Mama, er hat nicht mehr geschrieben", sagte Florence, als sie eines Tages aus dem Zeugenstand kam.

„Ich nehme an, dass Sie ungeduldig sind."

„Warum sollte es einen Streit zwischen uns geben? Ich bin nicht ungeduldig. Wenn du mir nur glauben würdest, wäre es für uns beide viel glücklicher. Du hast mir immer geglaubt."

„Das war, bevor Sie Mr. Harry Annesley kannten."

Darin lag etwas sehr Erschwerendes, etwas, das speziell darauf abzielte, wütende Gefühle hervorzurufen. Aber Florence beschloss, es zu unterlassen. „Ich denke, du kannst mir glauben, Mama. Ich bin deine eigene Tochter, und ich werde dich nicht täuschen. Ich betrachte mich tatsächlich als mit Mr. Annesley verlobt."

„Das brauchst du mir nicht zu sagen."

„Aber solange ich bei dir lebe, werde ich versprechen, keine Briefe von ihm ohne deine Erlaubnis zu erhalten. Wenn einer kommt, werde ich ihn ungeöffnet zu dir bringen, damit du damit umgehen kannst, als ob er dir selbst zugestellt worden wäre. Mir ist es egal, was mein Onkel zu dieser Angelegenheit sagt, aber was Sie sagen, wird mich nicht befriedigen, wenn ich drei Monate lang nichts von Herrn Annesley höre Du?" Mrs. Mountjoy würde nicht sagen, dass es sie zufriedenstellte; aber sie milderte die Behandlung ihrer Tochter etwas, bis sie gemeinsam in Sir Magnus' Villa ankamen.

Drei Lakaien führten sie durch die große Halle in einen inneren Vorraum, wo sie dem großen Mann persönlich begegneten. Er bereitete sich gerade darauf vor, auf sein Pferd gesetzt zu werden, und Lady Mountjoy war bereits in ihrer Kutsche losgefahren, um täglich zu lüften, in der Tat mit dem Ziel, den Neuankömmlingen aus dem Weg zu gehen. „Meine liebe Sarah", sagte Sir Magnus, „ich hoffe, ich habe das Vergnügen, Sie und meine Nichte wiederzusehen. Lassen Sie mich sehen, Ihr Name ist –"

„Mein Name ist Florence", sagte die junge Dame, die so verhört wurde.

„Ah ja; natürlich. Ich werde meinen eigenen Namen bald vergessen. Wenn mich jemand Magnus ohne das ‚Sir' nennen würde, wüsste ich nicht, wen sie meinten." Dann schaute er seiner Nichte ins Gesicht und es kam ihm in den Sinn, dass Anderson vielleicht nicht unbedingt den Wunsch verspürte, mit ihr zu flirten. Anderson war der Reitattaché, der ihn immer zu Pferd begleitete und von dem Lady Mountjoy vorausgesagt hatte, dass er mit Sicherheit mit der Nichte des Ministers flirten würde. In diesem Moment kam Anderson selbst herein und es fand eine Vorstellungszeremonie statt. Anderson war ein blonder, gutaussehender junger Mann mit dem durch und durch selbstgefälligen und eingebildeten Ausdruck, den Attachés eher zur Schau zu stellen als zu verdienen pflegen. Denn die Arbeit eines Attachés in Brüssel ist nicht dazu geeignet, die höchste Stufe des Geistes hervorzubringen; Aber die Berufe sind so beschaffen, dass sie einem jungen Mann das Gefühl geben, nicht wie andere junge Männer zu sein.

„Es tut mir so leid, dass Lady Mountjoy gerade weggegangen ist. Sie hat Sie erst mit dem späteren Zug erwartet. Sie haben in Boulogne übernachtet. Was in aller Welt hat Sie dazu bewogen, in Boulogne zu bleiben?"

„Baden", sagte Mrs. Mountjoy mit leiser Stimme.

„Ah, ja; das nehme ich an. Warum bist du nicht nach Ostende gekommen? Dort kann man besser baden, und ich hätte etwas für dich tun können. Was! Die Pferde sind bereit, nicht wahr? Ich muss rausgehen und mich zeigen, oder sonst würden sie alle denken, ich sei tot. Wenn ich zu dieser Tageszeit nicht auf dem Boulevard wäre, würde ich in die Zeitungen aufgenommen werden? Dann wurden die beiden Gäste mit ihrem eigenen Bäcker der ministeriellen Haushälterin übergeben, und Sir Magnus machte sich auf den Weg.

„Sie ist ein hübsches Mädchen, meine Nichte", sagte Sir Magnus.

„Ungewöhnlich hübsch", sagte der Attaché.

„Aber ich glaube, dass sie mit jemandem verlobt ist. Ich weiß ganz nicht mehr mit wem; aber ich weiß, dass es einen Anwärter gibt. Deshalb solltest du besser deinen Zeh in deiner Pumpe lassen, junger Mann."

„Ich weiß nicht, ob ich meinen Zeh in meiner Pumpe behalten werde, weil es einen anderen Anwärter gibt", sagte Anderson. „Sie wecken eher meinen

Eifer, Sir, für neue Heldentaten. Unter solchen Umständen ist man geneigt zu glauben, dass der Aspirant auf sich selbst aufpassen muss. Nicht, dass ich mir auch nur einen Moment vorstellen könnte, dass Miss Mountjoy sich jemals um mich kümmern sollte."

Als Mrs. Mountjoy in den Salon kam, schien sich eine ganze „Gruppe" versammelt zu haben, um die Gastfreundschaft von Sir Magnus zu genießen, aber in Wahrheit waren nicht viel mehr als die übliche Anzahl an der Tafel. Da waren Lady Mountjoy, Miss Abbot und Mr. Anderson mit Mr. Montgomery Arbuthnot, den beiden Attachés. Herr Montgomery Arbuthnot war besonders stolz auf seinen Namen, aber ansonsten war er als Attaché eher ein bescheidener junger Mann, da er erst drei Monate bei Sir Magnus war und bestrebt war, sich unter der Anleitung von Herrn Anderson in den Manieren des Auswärtigen Amtes zu vervollkommnen . Mr. Blow, Sekretär der Gesandtschaft, war nicht da. Er war ein verheirateter Mann mit strengen Manieren, der, um die Wahrheit zu sagen, aus beträchtlicher Höhe, wie man es vom Auswärtigen Amt kennt, auf seinen Chef herabblickte.

Es war Herr Blow, der im Namen der belgischen Gesandtschaft die „Schleifarbeiten" durchführte und manchmal nicht zögerte, dies mitzuteilen. Weder er noch Mrs. Blow waren in der Botschaft beliebt; oder man kann vielleicht mit mehr Wahrheit sagen, dass die Botschaft bei Mr. und Mrs. Blow nicht beliebt war. Es kann auch festgestellt werden, dass es in der Einrichtung einen Angestellten gab, Herrn Bunderdown, der seit einigen Jahren dort war und von den englischen Einwohnern gutmütig als dritter Attaché angesehen wurde. Herr Montgomery Arbuthnot tat sein Bestes, um deutlich zu machen, dass dies ein Fehler war. In den kleinen Angelegenheiten der Gesandtschaft, die zweifellos nicht über die Gesandtschaft hinausgingen, stellte sich Herr Bunderdown im Allgemeinen auf die Seite von Herrn Blow. Mr. Montgomery Arbuthnot wurde als zweiter berittener Attaché anerkannt, obwohl seine Anwesenheit auf dem Boulevard nicht so konstant war wie die von Mr. Anderson, was wahrscheinlich darauf zurückzuführen war, dass er kein eigenes Pferd hatte. Aber es waren auch andere anwesend. Da waren Sir Thomas Tresham und seine Frau, die herübergeschickt worden waren, um Nachforschungen über den belgischen Eisenhandel anzustellen. Er war ein gelehrter Freihändler, der sich nicht mit den altbekannten Ansichten von Sir Magnus einverstanden erklären ließ, der meinte, je mehr Eisen in Belgien produziert werde, desto weniger würde England liefern. Aber Sir Thomas wusste es besser, und da Sir Magnus nicht in der Lage war, mit dem politischen Ökonomen mitzuhalten, gab er ihm viele Abendessen und verhielt sich höflich zu seiner Frau. Sir Thomas hatte zweifellos das Gefühl, dass Sir Magnus damit alles tat, was man von ihm erwarten konnte. Lady Tresham war eine ruhige kleine Frau, die es ohne Ärger ertragen konnte, von Lady Mountjoy bevormundet zu werden. Und da war Herr Grascour vom belgischen Außenministerium, der so viel besser Englisch sprach als die anderen anwesenden Herren, dass ein Fremder ihn für einen Schulmeister halten könnte, dessen Aufgabe es war, die englische Botschaft in ihrer eigenen Sprache zu unterrichten .

„Oh, Frau Mountjoy, ich schäme mich so sehr!" sagte Lady Mountjoy, als sie zwei Minuten nachdem sich die Gäste versammelt hatten, ins Zimmer watschelte. Sie hatte eine ganz eigene Art zu watscheln, und diejenigen, die sie am besten kannten, erklärten, sie habe sie anstelle anderer Manieren übernommen. Sie schnaufte auch ein wenig und schaffte es, besondere Aufmerksamkeit zu erregen. „Aber ich muss jeden Tag zur gleichen Zeit in meiner Kutsche sein. Ich weiß nicht, was man von uns halten würde, wenn wir abwesend wären." Dann wandte sie sich schnaufend und watschelnd an Miss Abbot. „Die liebe Lady Tresham war bei uns." Mrs. Mountjoy murmelte etwas, um ihre Zufriedenheit darüber zum Ausdruck zu bringen, dass sie die Kutschfahrt nicht verzögert hatte, und dachte darüber nach, wie genau die Entschuldigung von Sir Magnus selbst gewesen war. Dann stieß Lady Mountjoy noch einmal einen kleinen Zug aus und versicherte Florence, sie hoffe, dass sie Brüssel ausreichend fröhlich finden würde – „nicht, dass wir in irgendeiner Weise vorgeben, mit Paris gleichzuziehen."

„Wir leben in Cheltenham", sagte Florence, „und das ist überhaupt nicht wie Paris. Tatsächlich habe ich in meinem Leben nur zwei Nächte in Paris geschlafen."

„Dann werden wir in Brüssel sehr gut abschneiden." Danach watschelte sie wieder davon und wurde in ihrem Watscheln von Sir Magnus gestoppt, der sie eindringlich aufforderte, sich auf die erhabene Zeremonie des Abendessens vorzubereiten. Der einzige Zeitraum von wirklicher Bedeutung in der englischen Botschaft war zweifellos die tägliche Abendessenstunde.

Florence saß zwischen Mr. Anderson, der sie aufgenommen hatte, und M. Grascour, der die gleiche Zeremonie für Ihre Ladyschaft durchgeführt hatte. „Ich bin sicher, dass Ihnen diese kleine Hauptstadt sehr gefallen wird", sagte M. Grascour. „Es ist genauso viel schöner als Paris, da es kleiner und weniger protzig ist." Florence konnte nur zustimmen. „Sie werden bald etwas von uns erfahren können; aber in Paris müssen Sie dazu geboren sein, sonst wird ein halbes Leben nicht ausreichen."

„Wir werden Sie auf den neuesten Stand bringen", sagte Mr. Anderson, der sich, wie er später sagte, nicht dafür entschied, diesen Leckerbissen aus seinem Mund zu nehmen.

„Ich wage zu behaupten, dass alles, was ich mir wünschen werde, von selbst kommen wird, ohne dass ich dafür etwas aufbringen muss."

„Sie werden es nicht übel finden, ein wenig darüber zu wissen, was was ist. Sie haben hier kein Reitpferd?“

„Oh nein“, sagte Florence.

„Ich wollte gerade sagen, dass ich es schaffen kann, eines für Sie zu besorgen. Billibong hat ein ausgezeichnetes Pferd, das letztes Jahr die Prinzessin von Steiermark trug.“ Von Mr. Anderson wurde erwartet, dass er sich besonders gut mit Pferden auskennt.

„Aber ich habe keine Angewohnheit. Das ist eine viel ernstere Angelegenheit.“

„Nun ja. Billibong behält keine Gewohnheiten bei, das wünschte ich mir. Aber auch das schaffen wir. In Brüssel lebt ein Gewohnheitsmacher.“

„Damengewohnheiten werden sicherlich in Brüssel gemacht“, sagte M. Grascour. „Aber wenn Miss Mountjoy sich nicht dafür entscheidet, einem belgischen Schneider zu vertrauen, steht ihr die Eisenbahn offen. Eine englische Kutte kann geschickt werden.“

„Der lieben Lady Centaur wurde erst letztes Jahr eins geschickt, als sie hier war“, sagte Lady Mountjoy mit zwei kleinen Stößen zu ihrem Nachbarn.

„Ich werde die Gewohnheit überhaupt nicht wollen“, sagte Florence, „das Pferd nicht zu haben und überhaupt nie daran gewöhnt zu sein.“

„Sagen Sie mir, was Sie tun“, sagte Mr. Anderson mit einem angenehmen Flüstern, als er feststellte, dass M. Grascour mit Ihrer Ladyschaft ins Gespräch gekommen war. "Rasentennis?"

„Ich spiele Rasentennis, obwohl ich nicht damit verbunden bin.“

„Billard? Ich weiß, dass du Billard spielst.“

„Ich habe noch nie in meinem Leben einen Ball geschlagen.“

„Meine Güte, wie seltsam! Unterhalten Sie sich überhaupt nicht? Sind sie unten in Cheltenham so sehr andächtig?“

„Ich nehme an, wir sind dumm. Ich weiß nicht, dass ich mich jemals besonders amüsiere.“

„Wir müssen dich unterrichten – wir müssen dich wirklich unterrichten. Ich denke, ich kann mich rühmen, dass ich ein guter Lehrer auf diesem Gebiet bin. Versprichst du mir, dich in meine Hände zu begeben?“

„Sie werden feststellen, dass ich ein äußerst vielversprechender Schüler bin.“

„Nicht im Geringsten. Ich werde dafür sorgen, dass du, wenn du hier gehst, in allem *auf dem Laufenden bist* . Leap Frog ist nicht zu schwer für mich und

Spillikins nicht zu leicht. Ich bin allen gewachsen, vom Backgammon bis zum Cotillon, – nicht, aber was ich dem Cotillon für meinen eigenen Geschmack bevorzuge.

„Oder vielleicht ein Springfrosch“, schlug Florence vor.

„Na ja, Bockspringen war früher ein gutes Spiel an der Gother School, und ich verstehe nicht, warum wir es nicht wieder haben sollten. Damen müssen natürlich absichtlich ein Kostüm tragen. Aber ich mag es.“ von allem, was ein Kostüm erfordert. Magst du nicht alles, was ich mag? Florence versicherte ihm, dass ihre Geschmäcker völlig unterschiedlich seien, da ihr alles auf die übliche Weise gefiel. „Das nenne ich ein ungewöhnlich hübsches Mädchen“, sagte er anschließend zu M. Grascour, während Sir Magnus mit Sir Thomas sprach. „Was für ein Auge!“

„Ja, in der Tat; sie ist sehr hübsch.“

„Mein Wort, das dürfen Sie sagen! Und so eine Schulterzucken! Ich sage nicht, wer in der Regel am besten aussieht, Engländer oder Belgier, aber von beiden kommen nur sehr wenige auf sie zu.“ "

„Anderson, können Sie uns sagen, wie viele Tonnen Stahlschienen jede Woche in Lüttich hergestellt werden? Sir Thomas fragt mich, als wäre es die einfachste Frage der Welt.“

„Vierzig Millionen“, sagte Anderson, „mehr oder weniger.“

„Zwanzigtausend wären vielleicht näher dran“, sagte Herr Grascour; „Aber ich werde ihm morgen den genauen Betrag schicken.“

Kapitel XV.

HERR. ANDERSONS LIEBE.

Lady Mountjoy hatte sicherlich die Wahrheit prophezeit, als sie sagte, dass Mr. Anderson sich Florence widmen würde. Die erste Woche in Brüssel verlief recht ruhig. Ein junger Mann kann seine Leidenschaft kaum innerhalb einer Woche zum Ausdruck bringen, und Mr. Andersons Vorgehensweise in diesem Bereich war wohlbekannt. Gewöhnlich wurde ihm sowohl von Sir Magnus als auch von Lady Mountjoy eine gewisse Freiheit zugestanden, und wenn er durch die Schnelligkeit seiner Veränderungen auffiel, kam die einzige negative Kritik im Allgemeinen von Mr. Blow. „Ein weiterer unvergleichlicher Paradiesvogel", würde Mr. Blow sagen. „Wenn die Vögel weniger zahlreich wären, könnte Anderson vielleicht etwas unternehmen." Aber am Ende der Woche, bei dieser Gelegenheit, bemerkte sogar Sir Magnus, dass Anderson im Begriff war, sich eigenartig zu machen.

„Bei George!" Er sagte eines Morgens, als Sir Magnus gerade das Vorzimmer verlassen hatte, das er betreten hatte, um ihm Anweisungen für den Tagesritt zu geben: „Nehmen Sie sie ganz mit, ich habe noch nie ein Mädchen gesehen, das so fit ist wie Miss Mountjoy." In dieser Rede lag etwas sehr Bemerkenswertes, denn gemäß seiner üblichen Lebensgewohnheit hätte Anderson sie sicherlich Florence genannt, während seine jetzige Bezeichnung einen ungewöhnlichen Respekt zum Ausdruck brachte.

„Was meinst du, wenn du sagst, dass eine junge Dame fit ist?" sagte Mr. Blow.

„Ich meine, dass sie rundum recht hat, was viel mehr ist, als man von den meisten von ihnen sagen kann."

„Das göttliche Florenz –", begann Mr. Montgomery Arbuthnot und bemühte sich, etwas Lustiges zu sagen.

„Junger Mann, du solltest lieber den Mund halten und nicht in dieser Sprache über junge Damen reden."

„Ich glaube, dass er sich verlieben wird", sagte Mr. Blow.

„Ich sage, dass Miss Mountjoy das fitteste Mädchen ist, das ich seit vielen Tagen gesehen habe; und wenn ein junger Welpe sie die göttliche Florence nennt, weiß er nicht, was er meint."

„Warum haben Sie Mr. Blow nicht in die Luft gejagt, als er sie einen Paradiesvogel nannte?" sagte Montgomery Arbuthnot. „Göttliches Florenz ist nicht halb so respektlos gegenüber einer jungen Dame wie Bird of

Paradise. Göttliches Florenz bedeutet göttliches Florenz, aber Bird of Paradise ist Spreu."

„Mr. Blow, als verheirateter Mann", sagte Anderson, „wird ihm eine gewisse Freiheit gewährt. Wenn er sie geschmacklos nutzt, fällt das Böse auf seinen eigenen Kopf zurück. Wenn Sie bitte, werden wir das jetzt ändern." Gespräch." Daraus wird ersichtlich, dass Mr. Anderson sich wirklich in Miss Mountjoy verliebt hatte.

Aber obwohl die Woche für Sir Magnus und Lady Mountjoy harmlos verlaufen war – harmlos für sie, was ihre Nichte und ihren Attaché anbelangt –, hatte Florence selbst zweifellos ein gewisses Maß an Verärgerung empfunden. Obwohl Mr. Andersons Ausdruck der Bewunderung gedämpfter ausgefallen war als sonst, obwohl er sich bemüht hatte, seine Liebe eher zu flüstern als laut auszusprechen, war die Bewunderung dennoch sichtbar und hörbar gewesen, und zwar besonders für Florence selbst. Es war Sir Magnus egal, mit wem sein Attaché flirtete. Anderson war der jüngere Sohn eines Baronets, der einen kränklichen älteren Bruder und ein eigenes Vermögen hatte. Wenn er sich dafür entscheiden würde, das Mädchen zu heiraten, wäre das gut für sie; und wenn nicht, wäre es ganz gut, wenn die jungen Leute sich amüsieren würden. Er erwartete, dass Anderson ihm helfen würde, ihn auf sein Pferd zu setzen und zur vereinbarten Stunde mit ihm zu reiten. Im Gegenzug gab er Anderson sein Abendessen und so viel Wein, wie er trinken wollte. Sie waren beide zufrieden miteinander und Sir Magnus wollte sich nicht in die Vergnügungen des jungen Mannes einmischen. Doch Florence gefiel es nicht, Gegenstand der Liebe eines jungen Mannes zu sein, und sie beschwerte sich bei ihrer Mutter.

Nun stellte sich heraus, dass seit der Ankunft von Mutter und Tochter in Brüssel kein Wort über Harry Annesley verloren worden war. Frau Mountjoy hatte erklärt, dass sie in dieser Schwierigkeit ihren Schwager konsultieren würde, aber eine solche Konsultation hatte bisher noch nicht stattgefunden. Tatsächlich hätte Florence ihren Aufenthalt in Brüssel nicht als unangenehm empfunden, wenn nicht Mr. Andersons unangenehme kleine Flüstern gewesen wären. Sie hatte sie, solange sie dazu in der Lage war, als Witze aufgefasst, aber jetzt musste sie endlich erkennen, dass andere Leute das nicht tun würden. „Mama", sagte sie, „glauben Sie nicht, dass Mr. Anderson ein abscheulicher junger Mann ist?"

„Nein, meine Liebe, auf keinen Fall. Was ist an ihm abscheulich? Er ist sehr lebhaft; er ist der zweite Sohn von Sir Gregory Anderson und verfügt über sehr komfortable eigene Mittel."

„Oh, Mama, was bedeutet das?"

„Nun, meine Liebe, das bedeutet es. Erstens ist er ein Gentleman und zweitens hat er das Recht, sich gegenüber jeder jungen Dame in Ihrer Position aufmerksam zu machen. Mehr sage ich nicht. Das bin ich Ich bin nicht besonders mit Herrn Anderson verbunden und würde mich um Erlaubnis bitten, Sie anzusprechen sollte meine Sanktion nicht ablehnen."

Dann wurde das Thema für diesen Moment fallen gelassen, aber Florence war erstaunt, als sie feststellte, dass ihre Mutter darüber sprechen konnte, nicht nur ohne Bezug auf Harry Annesley, sondern auch ohne einen offensichtlichen Gedanken an Mountjoy Scarborough; und es war ihr peinlich, darüber nachzudenken, dass ihre Mutter so tun sollte, als ob sie, ihre eigene Tochter, die Freiheit hätte, die Vorschüsse eines anderen Verehrers anzunehmen. Während sie darüber nachdachte, kam ihr der Gedanke, dass Harry so abscheulich war, dass ihre Mutter bereit gewesen wäre, in ihrem Namen jeden Verehrer anzunehmen, der sich ihm stellte, auch wenn ihre Tochter sich bei der Annahme als herzlos erwiesen hätte. Für ihre Mutter wäre jede Alternative besser gewesen als die Entscheidung, der Florence ihr ganzes Leben gewidmet hatte.

„Mama", sagte sie und kam am nächsten Tag auf das Thema zurück, „wenn ich noch drei Wochen länger hier bleiben soll –"

„Ja, meine Liebe, du sollst noch drei Wochen hier bleiben."

„Dann muss jemand etwas zu Mr. Anderson sagen."

„Ich weiß nicht, wer das sagen kann außer Ihnen selbst. Soweit ich sehen kann, hat er sich nicht schlecht benommen."

„Ich wünschte, du würdest mit meinem Onkel sprechen."

„Was soll ich ihm sagen?"

„Dass ich verlobt bin."

„Er würde mich fragen, mit wem, und ich kann es ihm nicht sagen. Dann würde ich gezwungen sein, den ganzen Fall in seine Hände zu legen und ihn um Rat zu fragen. Sie gehen nicht davon aus, dass ich sagen werde, dass Sie verlobt sind Dieser abscheuliche junge Mann? Alle Welt weiß, wie schrecklich er sich Ihrem eigenen Cousin gegenüber benommen hat. Er hat ihn durch einen Schlag seiner eigenen Hand tot liegen lassen Der Polizei ist nichts darüber bekannt, was sein Schicksal gewesen sein könnte. Noch seltsamer ist, dass er möglicherweise unter der Behandlung, die er erlitten hat, umgekommen ist, und doch hat Mr. Annesley es nicht für richtig gehalten, ein Wort darüber zu sagen, was passiert ist Ich habe es nicht einmal gewagt, einem Polizeiinspektor die Ereignisse dieser Nacht zu erzählen. Und der junge Mann war Ihr eigener Cousin, dem Sie bekanntermaßen seit zwei Jahren versprochen waren.

„Nein, nein!" sagte Florence.

„Ich sage, dass es so war. Du wurdest deinem Cousin, Mountjoy Scarborough, versprochen."

„Nicht mit meiner eigenen Zustimmung."

„Alle deine Freunde – deine natürlichen Freunde – wussten, dass es so kommen würde. Und jetzt erwartest du von mir, dass ich diesen jungen Mann bei der Hand nehme, der beinahe sein Mörder gewesen wäre!"

„Nein, Mama, das ist nicht wahr. Du kennst die Umstände nicht und behauptest Dinge, die direkt im Widerspruch zur Wahrheit stehen."

„Von wem erhalten Sie Ihre Informationen? Von dem jungen Mann selbst. Ist das wahrscheinlich wahr? Was würde Sir Magnus dazu sagen, wenn ich es ihm sagen würde?"

„Ich weiß nicht, was er sagen würde, aber ich weiß, was die Wahrheit ist. Und können Sie es für möglich halten, dass ich jetzt bereit wäre, diesen törichten jungen Mann zu akzeptieren, um so meinen Peinlichkeiten ein Ende zu setzen?"

Dann verließ sie das Zimmer ihrer Mutter, zog sich in ihr eigenes Zimmer zurück und saß dort ein paar Stunden lang da und dachte teils wütend, teils traurig über die Schwierigkeiten ihrer Situation nach. Ihre Mutter hatte ihr nun tatsächlich Angst vor Harrys Position eingejagt. Sie begann zu erkennen, was Männer über ihn sagen würden und wie sie über sein Schweigen sprechen würden, obwohl sie entschlossen war, ihm in ihrem Glauben so treu zu bleiben wie eh und je. Eine gewisse Geistesanstrengung wäre in der Tat notwendig. Sie begann zu verstehen, wie die Außenwelt über Harry Annesley sprechen würde, über den Mann, dem sie sich und ihr ganzes Herz hingegeben hatte. Dann hatte ihre Mutter Recht. Und als sie darüber nachdachte, begann sie, ihre Mutter zu rechtfertigen. Es war selbstverständlich, dass ihre Mutter die ihr erzählte Geschichte glaubte, egal, woher sie kam. Sie hatte einen gewissen Verdacht hinsichtlich der Wahrheit. Sie erkannte eine große Feindseligkeit gegenüber ihrem Cousin Augustus an und betrachtete ihn als einen der Gründe für ihr Unglück. Aber sie wusste nichts über die wahren Fakten; Sie ahnte nicht einmal, dass Augustus seinen Bruder gesehen hatte, nachdem Harry sich um ihn gekümmert hatte, oder dass er für die Abwesenheit seines Bruders verantwortlich war. Aber sie wusste, dass sie ihn nicht mochte, und in gewisser Weise brachte sie seinen Namen mit Harrys Unglück in Verbindung.

Eines war ihr sicher: Mögen sie – die Mountjoys und Prospers und der Rest der Welt – über Harry denken und sagen, was sie wollten, sie würde ihm treu bleiben. Sie konnte verstehen, dass sein Charakter leiden könnte, aber ihrer

Meinung nach sollte er nicht leiden. Oder besser gesagt, lass es so leiden, dass ihre Liebe und ihre Wahrheit nicht beeinträchtigt werden. Das hat sie sich nicht gesagt. Wenn sie es selbst zu sich selbst sagen würde, hätte sie einen gewissen Verstoß gegen die Wahrheit begangen. Sie flüsterte es nicht einmal in ihr eigenes Herz. Aber in ihrem Herzen herrschte das Gefühl, dass Harry, egal ob er mit dem, was er getan hatte, Recht oder Unrecht hatte, sogar bewiesen wurde, zur Zufriedenheit der ganzen Welt eine schwere Sünde begangen hatte, als er den Mann fassungslos und blutend zurückgelassen hatte auf dem Bürgersteig – denn die Geschichte ihrer Mutter hatte sich auf solche Details beschränkt –, dennoch sollte er für sie mutiger, edler, männlicher und liebenswerter sein als jeder andere Mann. Sie erkannte die Schwierigkeiten, die ihr bevorstanden, und freute sich auf das Unglück, das Harry erleiden könnte, und erklärte sich, dass er zumindest einen Freund haben sollte, der ihm treu sein würde.

„Miss Mountjoy, ich bin mit einer Nachricht von Ihrer Tante zu Ihnen gekommen." Dies sagte Mr. Anderson drei oder vier Tage nach dem Gespräch zwischen Florence und ihrer Mutter, dem es gelungen war, der jungen Dame nach dem Mittagessen in einen kleinen Salon zu folgen. Es ist für uns nicht notwendig zu wissen, um welche Art es sich bei der Nachricht handelte. Wir können sicher sein, dass es von Herrn Anderson für diesen Anlass hergestellt wurde. Er hatte sich umgeschaut und etwas erspäht und herausgefunden, dass Miss Mountjoy allein in dem kleinen Zimmer war. Und wir halten ihn für vollkommen gerechtfertigt, wenn er diese Spionage betrieben hat. Sein Geschäft bestand im Moment darin, Liebe zu machen, ein Geschäft, das alle anderen Überlegungen außer Kraft setzen darf. Sogar die Anfertigung einer Bürokopie eines von Mr. Blow erstellten Berichts zur Unterschrift von Sir Magnus hätte unserer Lebensanschauung nach zu Recht für einen solchen Zweck beiseite gelegt werden können. Wenn ein junger Mann Lust darauf hat, mit einer jungen Dame zu schlafen, und es ihm ernst damit ist, sollte keine Pflicht, wie überragend sie auch sein mag, als Zurückhaltung angesehen werden. Das war im gegenwärtigen Augenblick Mr. Andersons Absicht; und deshalb denken wir, dass er berechtigt war, eine Botschaft von Lady Mountjoy zu erfinden. Das Geschäft des Liebesspiels rechtfertigt jede Erfindung, auf die der Liebende zurückgreifen mag. „Aber oh, Miss Mountjoy, ich bin so froh, einen Moment zu haben, in dem ich Sie allein finden kann!" Es muss klar sein, dass der verliebte junge Herr die junge Dame schon seit vierzehn Tagen nicht mehr kannte.

„Ich wollte gerade nach oben zu meiner Mutter gehen", sagte Florence und erhob sich, um das Zimmer zu verlassen.

„Oh, störe deine Mutter! Ich bitte sie und deine um Verzeihung; – ich habe es wirklich nicht so gemeint. In diesem Vorzimmer ist so viel Spreu im

Umlauf, dass einem der Kerl in die Quere kommt, egal, ob es ihm gefällt oder Nein."

„Meiner Mutter wird es überhaupt nichts ausmachen; aber ich muss wirklich gehen."

„Oh nein. Ich bin mir sicher, dass du fünf Minuten warten kannst. Ich möchte dich nicht länger als fünf Minuten aufhalten. Aber es ist so schwer für einen Kerl, die Gelegenheit zu bekommen, ein paar Worte zu sagen."

„Welche Worte möchten Sie mir sagen, Mr. Anderson?" Dies sagte sie mit einem Ausdruck großer Überraschung, als könne sie sich überhaupt nicht vorstellen, was folgen würde.

„Nun, ich habe gehofft, dass Sie vielleicht eine Vorstellung davon haben, was meine Gefühle sind."

"Nicht im geringsten."

„Hast du das nicht? Ich glaube, ich muss dir glauben, auch wenn ich bezweifle, dass ich das ganz glaube. Entschuldigen Sie bitte, dass ich das sage, aber es ist am besten, offen zu sein." Florence war der Meinung, dass er seine Zweifel an ihr verzeihen sollte, da sie sehr gut wusste, was auf sie zukam. „Ich – ich – komm, ich liebe dich! Wenn ich zwölf Monate lang weiter um den heißen Brei reden würde, könnte ich nur zu dem gleichen Schluss kommen."

„Vielleicht hätten Sie es sich dann besser überlegt."

„Nicht im Geringsten. Stellen Sie sich vor, über so etwas zwölf Monate lang nachzudenken, bevor Sie darüber sprechen! Ich konnte es nicht tun – zwölf Tage lang nicht."

„Das verstehe ich, Mr. Anderson."

„Nun, ist es nicht das Beste, die Wahrheit zu sagen, wenn man sich dessen ganz sicher ist? Wenn ich drei Monate lang dumm bleiben würde, woher soll ich das wissen, außer was jemand anders in den Weg kommen könnte?"

„Aber Sie können nicht erwarten, dass ich so plötzlich bin?"

„Das ist einfach so. Natürlich nicht. Und doch müssen Mädchen auch plötzlich sein."

"Haben sie?"

„Von ihnen wird erwartet, dass sie ihre Antwort bereithalten, sobald sie gefragt werden. Ich sage das nicht aus Unverschämtheit, sondern nur, um zu zeigen, dass ich eine gewisse Berechtigung habe. Natürlich, wenn Sie das sagen möchten Es muss eine Woche dauern, bis ich darüber nachdenke, darauf bin ich vorbereitet. Lassen Sie mich zuerst meine eigene Geschichte erzählen.

„Sie werden Ihre eigene Geschichte erzählen, Mr. Anderson; aber ich fürchte, dass sie keinen Zweck haben wird.“

„Sag das nicht – bete, sag das nicht – aber lass es mich sagen.“ Dann hielt er inne; aber da sie schwieg, nahm er nach einem Moment die Beredsamkeit seiner Bitte wieder auf. „Von George! Miss Mountjoy, ich bin so niedergeschlagen, dass ich nicht weiß, ob ich auf dem Kopf oder auf den Fersen stehe. Sie haben mich so völlig aus den Fugen gerissen, dass ich überhaupt nicht mehr wie dieselbe Person bin . Sir Magnus selbst sagt, dass er nie einen solchen Unterschied gesehen hat. Ich sage nur, dass ich es nicht ganz ernst meine ein Jahr neben meiner Stelle im Auswärtigen Amt. Und dann gibt es natürlich noch Chancen. Darin spielte er auf den sich verschlechternden Gesundheitszustand seines Bruders an, dessen Einzelheiten er Miss Mountjoy bei dieser Gelegenheit nicht erklären konnte. „Ich will nicht sagen, dass das großartig ist oder dass es die Hälfte von dem ist, was ich Ihnen zu Füßen legen möchte. Aber eine Kompetenz ist bequem.“

„Geld hat nichts damit zu tun, Mr. Anderson.“

„Was dann? Vielleicht liegt es daran, dass du einen Kerl nicht magst. Was Mädchen im Allgemeinen mögen, ist Hingabe, und, bei George, die hättest du. Der Boden, den du betrittst, ist für mich süß. Für Schönheit.“ ‚-Ich weiß nicht, wie es ist, aber für meinen Geschmack gibt es niemanden, den ich jemals so gesehen habe wie Sie – nun, als ob Sie für mich gemacht wären, weiß ich, dass ein anderer Kerl es sagen könnte Machen Sie es besser, aber niemand mehr, Miss Mountjoy, ich liebe Sie von ganzem Herzen, und ich möchte, dass Sie meine Frau sind!“

Er hatte seine Sache nicht schlecht vertreten, und das empfand auch Florence. Dass er sich hoffnungslos darauf berufen hatte, war eine Selbstverständlichkeit. Aber er hatte eher ein Gefühl der sanften Rücksichtnahme als des Zorns hervorgerufen. Er war ehrlich gewesen und hatte es geschafft, sie dazu zu bringen, ihm zu glauben. Er entsprach nicht ihrem Ideal, was ein Liebhaber sein sollte, aber er war ihm näher als Mountjoy Scarborough. Er hatte sie so sehr berührt, dass sie sich sofort entschloss, ihm die Wahrheit zu sagen, weil sie dachte, dass sie seiner Leidenschaft am besten auf diese Weise für immer ein Ende setzen könnte. „Mr. Anderson“, sagte sie, „obwohl ich wusste, dass es vergeblich war, hielt ich es für das Beste, Ihnen zuzuhören, weil Sie darum gebeten hatten.“

„Ich bin sicher, ich bin Ihnen zu großem Dank verpflichtet.“

„Und ich sollte Ihnen für das freundliche Gefühl danken, das Sie mir gegenüber zum Ausdruck gebracht haben. Tatsächlich danke ich Ihnen. Ich glaube jedes Wort, das Sie gesagt haben. Es ist besser, mein Vertrauen in Ihre Wahrheit zu zeigen, als die Demut des Denkens vorzutäuschen." Du bist unwahr.

„Es ist wahr; es ist wahr – jedes Wort davon."

„Aber ich bin verlobt." Dann war es traurig zu sehen, wie sich das Gesicht des jungen Mannes völlig verändert hatte. „Natürlich redet ein Mädchen mit Fremden nicht über ihre eigenen kleinen Affären, sonst hätte ich es Ihnen vorher mitgeteilt, um es zu verhindern. Aber in Wahrheit bin ich verlobt."

„Weiß es Sir Magnus oder Lady Mountjoy?"

„Das sollte ich nicht glauben."

"Tut deine Mutter?"

„Jetzt nutzen Sie mein Vertrauen aus und drängen Ihre Fragen zu sehr. Aber meine Mutter weiß davon Es kann sein, dass ich nie in der Lage sein werde, den Herrn zu heiraten, von dem ich spreche, aber ganz sicher werde ich keinen anderen heiraten. Ich habe Ihnen das gesagt, weil es für Ihr Wohlergehen notwendig erscheint, damit Sie dieses vorübergehende Gefühl überwinden können ."

„Das ist kein vorübergehendes Gefühl", sagte Anderson mit tragischer Erhabenheit.

„Jedenfalls haben Sie jetzt meine Geschichte und denken Sie daran, dass sie Ihnen als Gentleman anvertraut wird. Ich habe sie Ihnen aus einem bestimmten Grund erzählt." Dann verließ sie den Raum und ließ den armen jungen Mann vorübergehend in Verzweiflung zurück.

Kapitel XVI.

HERR. UND MISS GREY.

Es war jetzt Mitte Oktober, und man kann sagen, dass Mr. Grey, der Anwalt, von dem Zeitpunkt an, als der alte Mr. Scarborough seine Absicht erklärt hatte, nachzuweisen, dass der ältere seiner Söhne kein Recht auf das Eigentum hatte, dies getan hatte Er war so sehr mit den Scarborough-Angelegenheiten beschäftigt, dass er kaum Zeit für andere Überlegungen hatte.

Er hatte einen Partner, der in diesen vier Monaten das Geschäft tatsächlich weitergeführt hatte. Eine Schwierigkeit war aus der anderen gewachsen, bis Mr. Greys ganze Zeit in Anspruch genommen war; und alle seine Gedanken waren bei Mr. Scarborough gewesen, was für einen Mann eine viel größere Bedeutung hat als der Verlust seiner Zeit. Die Frage nach Mountjoy Scarboroughs Position war ihm erstmals im Juni vorgelegt worden. Mittlerweile war der Oktober erreicht, und Mr. Gray war erst seit vierzehn Tagen außer der Stadt, während dieser vierzehn Tage war er ausschließlich damit beschäftigt gewesen, das Geheimnis zu lüften. Er hatte sich zunächst überhaupt geweigert, etwas mit der Aufklärung zu tun zu haben, und sich die Beauftragung eines anderen Anwalts gewünscht. Aber nach und nach war es so weit gekommen, dass er sich mit Herz und Seele in den Fall engagierte und trotz vieler Verwünschungen seinerseits gegen Mr. Scarborough ein wirkliches Interesse an nichts anderem finden konnte. Er hatte seine Nachforschungen mit dem festen Wunsch begonnen herauszufinden, dass Mountjoy Scarborough in Wahrheit der Erbe war. Obwohl er den jungen Mann nie geliebt hatte und ihm im weiteren Verlauf seiner Nachforschungen bewusst wurde, dass das gesamte Vermögen an die Gläubiger gehen würde, wenn es ihm gelingen sollte, zu beweisen, dass Mountjoy der Erbe war, war er es der abstrakten Ehrlichkeit halber doch am meisten darauf bedacht, dass es so sein sollte. Und er konnte den Gedanken nicht ertragen, dass er und andere Anwälte auf die List eines Mannes wie des Squire of Tretton hereingefallen waren. Es ging ihm völlig gegen den Strich, anerkennen zu müssen, dass das Anwesen in den Besitz des Augustus übergehen würde. Aber es war so und er hat es auch anerkannt. Es wurde ihm bewiesen, dass der Squire seine Frau trotz aller Beweise, die er bisher in dieser Angelegenheit gesehen hatte, erst nach der Geburt seines ältesten Sohnes geheiratet hatte. Er hat es anerkannt und mutig gesagt, dass es so sein muss. Dann überfiel ihn eine Schar von Feinden in Gestalt verwirrter Gläubiger, die alle glaubten oder zu glauben vorgaben, dass er, Mr. Grey, mit dem Squire im Bunde war, um sie ihrer Rechte zu berauben.

Wenn nachgewiesen werden könnte, dass Mountjoy keinen Anspruch auf das Eigentum hatte, dann ginge es nominell an Augustus, der ihren Angaben zufolge ebenfalls zu den Konföderierten gehörte, und das Eigentum könne somit, so sagten sie, aufgeteilt werden. Sehr bald würde der Squire tot sein, und dann würden die Konföderierten alles bekommen, unter völligem Ausschluss des armen Mr. Tyrrwhit, des armen Mr. Samuel Hart und all der anderen armen Gläubiger, die auf diese Weise entblößt, betrogen und ausgeraubt würden durch den Trick eines Anwalts. In diesem Sinne wurde Mr. Gray von Mr. Tyrrwhit und den anderen angegriffen; und Mr. Gray konnte es nur sehr schwer ertragen.

Und dann gab es noch eine andere Angelegenheit, die ihm ebenfalls sehr schmerzte. Wenn es so wäre, wie er jetzt sagte, – wenn der Squire sich dieses Betrugs schuldig gemacht hätte – welcher Strafe würde er dann unterworfen werden? Mountjoy wurde für unschuldig erklärt. Als Herr Tyrrwhit den Fall seinen eigenen Anwälten vorlegte, lachte er bitterlich, als er diesen Vorschlag machte. Und Augustus war natürlich unschuldig. Dann gab es erneut Gelächter. Und Mr. Grey! Mr. Gray war natürlich unschuldig gewesen. Dann war das Gelächter sehr laut. Konnte man glauben, dass sich irgendjemand auf eine solche Geschichte einlassen könnte? Da war er, Mr. Tyrrwhit: Er war schon immer als scharfsinniger Kerl bekannt; und Mr. Samuel Hart, der jetzt auf Reisen war, und die anderen – sie waren alle scharfsinnige Kerle. War es zu glauben, dass eine solche Gruppe von Herren, die so sehr auf ihre eigenen Interessen bedacht sind, Opfer eines solchen Tricks werden sollte? Nicht, wenn sie es wüssten! Nicht, wenn Mr. Tyrrwhit es wüsste!

In dieser Form gelangte die Angelegenheit zu Mr. Greys Ohren; und dann wurde gefragt, welche Strafe denjenigen auferlegt würde, die Mr. Tyrrwhit um seinen berechtigten Anspruch betrogen hätten, wenn dem so wäre. Mr. Tyrrwhit, der sich einmal in Mr. Greys Gegenwart begab, wollte von Mr. Grey eine Antwort auf diese Frage bekommen. „Der Mann liegt im Sterben“, sagte Mr. Grey feierlich.

„Im Sterben! Nach allem, was ich gehört habe, ist die Wahrscheinlichkeit, dass er stirbt, nicht größer als bei dir.“ Zu diesem Zeitpunkt erreichten die Gläubiger in London Gerüchte über den verbesserten Gesundheitszustand von Herrn Scarborough. Herr Tyrrwhit begann zu glauben, dass der gefährliche Zustand von Herrn Scarborough Teil des Schwindels gewesen sei; dass es keine Chirurgenmesser, keine schrecklichen Operationen, keinen Moment des fast sicheren Todes gegeben hatte. „Ich glaube nicht, dass er überhaupt krank war“, sagte Herr Tyrrwhit.

„Ich kann Ihren Glauben nicht unterdrücken“, sagte Mr. Grey.

„Aber weil ein Mann nicht stirbt und wieder gesund wird, darf er dann ungestraft Menschen betrügen, so wie er mich betrogen hat?“

„Ich werde Mr. Scarborough nicht verteidigen; aber er hat Sie tatsächlich nicht betrogen."

„Wer hat das getan? Kommen Sie. Wollen Sie mir sagen, dass ich, wenn das so weitergeht, nicht um hunderttausend Pfund betrogen worden sein werde?"

„Haben Sie jemals Mr. Scarborough zu dieser Angelegenheit gesehen?"

„Nein, es war nicht nötig."

„Oder haben Sie irgendein Dokument von ihm? Haben Sie irgendetwas, das beweist, dass er wusste, was sein Sohn tat, als er sich von Ihnen Geld geliehen hat? Ist es nicht völlig klar, dass er nichts davon wusste?"

„Natürlich wusste er damals – damals – nichts davon. Danach begann sein Betrug. Als er feststellte, dass das Anwesen in Gefahr war, wurde die Lüge ausgeheckt."

„Ah, Mr. Tyrrwhit, ich kann nur sagen, dass ich mit Ihnen nicht einverstanden bin. Ich muss meine Meinung zum Ausdruck bringen, dass Sie geschlagen werden, wenn Sie versuchen, Ihr Geld auf diese Weise zurückzufordern. Wenn Sie Betrug dieser Art nachweisen können, Zweifellos können Sie diejenigen bestrafen, die sich dessen schuldig gemacht haben, darunter auch mich."

„Dazu sage ich nichts", sagte Herr Tyrrwhit.

„Aber wenn Sie durch den illegalen Versuch meines Mandanten, zu beweisen, dass ein unehelicher Sohn ehelich war und dann seine Meinung für bestimmte Zwecke geändert hat, in Ihre gegenwärtigen Schwierigkeiten geraten sind, dann verstehe ich nicht, wie Sie das tun sollen Bestrafe ihn. Die Tat wird versucht und nicht vollendet worden sein. Und es wird eine Tat gewesen sein, die seinen Sohn betrifft und nicht dich.

„Das betrifft mich nicht!" schrie Herr Tyrrwhit.

„Sicherlich nicht, juristisch gesehen. Sie sind nicht in der Lage zu beweisen, dass er wusste, dass sein Sohn sich von Ihnen Geld für den Nachlasskredit geliehen hat. Tatsächlich wusste er es sicherlich nicht."

„Das werden wir sehen", sagte Herr Tyrrwhit.

„Dann müssen Sie sich darum kümmern, aber nicht mit meiner Hilfe. Tatsächlich erzähle ich Ihnen alles, was ich darüber weiß. Wenn ich könnte, würde ich morgen beweisen, dass Mountjoy Scarborough der Erbe seines Vaters ist. Das bin ich tatsächlich auf Ihrer Seite in dieser Angelegenheit, wenn Sie es glauben würden. Hier lachte Mr. Tyrrwhit erneut. „Aber Sie werden es nicht glauben, und ich verlange es auch nicht von Ihnen. So wie es ist, müssen wir gegeneinander sein."

„Wo ist der junge Mann?" fragte Herr Tyrrwhit.

„Ah, das ist eine Frage, die ich nicht beantworten muss, selbst wenn ich es wüsste. Es ist eine Angelegenheit, zu der ich nichts sage. Sie haben ihm Geld geliehen, zu einem exorbitanten Zinssatz."

"Es ist nicht wahr."

„Jedenfalls scheint es mir so zu sein; und es kommt nicht in Frage, dass ich Ihnen dabei helfen sollte, es wiederzuerlangen. Sie haben es auf eigene Gefahr getan und nicht auf meinen Rat. Guten Morgen, Mr. Tyrrwhit." Dann machte sich Mr. Tyrrwhit auf den Weg, nicht ohne allerlei Drohungen gegenüber der gesamten Scarborough-Familie.

Es war sehr hart für Mr. Grey, denn er war sicherlich ein ehrlicher Mann und hatte die Angelegenheit nur in der Absicht in Angriff genommen, die Wahrheit zu erfahren. In den letzten ein oder zwei Tagen war ihm zugeflüstert worden, dass Mountjoy Scarborough kürzlich in Monte Carlo lebend gesehen worden sei, wie er mit rücksichtsloser Verschwendung spielte. Man hatte ihm nur gesagt, dass es wahrscheinlich wahr sei, aber er glaubte es auf jeden Fall. Aber er wusste nichts über die Einzelheiten seines Verschwindens und war auch nicht sonderlich überrascht gewesen, da er nie geglaubt hatte, dass der junge Mann ermordet worden war oder sich davongemacht hatte. Aber er hatte schon vorher von dem Straßenstreit zwischen ihm und Harry Annesley gehört; und die Geschichte war ihm so erzählt worden, dass sie Harry Annesley in großem Misskredit brachte.

Dieser Geschichte zufolge hatte Harry Annesley seinen Feind in der Nacht geschlagen und ihn tot auf dem Bürgersteig zurückgelassen. Dann war Mountjoy Scarborough verschwunden, und Harry Annesley hatte niemandem von dem Streit erzählt. Es handelte sich um ein Mädchen. So viel und nicht mehr hatte Mr. Gray gehört und war natürlich geneigt zu glauben, dass Harry Annesley sich sehr schlecht benommen haben musste. Aber über die Art und Weise, wie Mountjoy später entkommen sollte, hatte er nichts gehört.

Mr. Gray lebte zu dieser Zeit unten in Fulham in einem kleinen, altmodischen Haus mit Blick auf den Fluss, das Manor-House genannt wurde. Er hätte gesagt, dass es seine Gewohnheit sei, jeden Tag mit einem Omnibus nach Hause zu fahren, aber in Wirklichkeit blieb er fast immer so lange in seinem Büro, dass es notwendig war, dass er mit einem Taxi zurückkam. Er war ein ziemlich wohlhabender Mann auf der Welt, da er niemanden hatte, der von ihm abhängig war, außer einer Tochter – niemanden also, den er zu unterstützen verpflichtet war. Aber er hatte eine verheiratete Schwester mit einem Sündenbock-Ehemann und sechs Töchtern, die er tatsächlich unterstützte. Mrs. Carroll war mit den freundlichsten Absichten der Welt gekommen und hatte in seiner Nähe gelebt. Sie hatte ein vornehmes Haus in Bolsover Terrace gemietet – ein vornehmes neues Haus an der Fulham Road, etwa eine Viertelmeile von ihrem Bruder entfernt. Mr. Gray wohnte im alten Herrenhaus, einem kleinen, ungemütlichen Ort, der einen eigenen Winkel direkt am Wasser und einen hübschen kleinen Rasen hatte. Als Herrenhaus war es sicherlich äußerst ungemütlich, aber keine Gegenleistung konnte Mr. Gray dazu bewegen, es zu verkaufen. Es gab darin nur zwei Wohnzimmer, und eines war größtenteils unbewohnt. Der Salon im Obergeschoss war möbliert, aber wer auch nur ein halbes Auge hatte, konnte erkennen, dass er nie benutzt wurde. Ein „streunender" Anrufer konnte dort oben auftauchen, aber Anrufer dieser Art waren in Mr. Greys Lokal sehr ungewöhnlich.

Mit seinen eigenen häuslichen Regelungen wäre Mr. Gray ganz zufrieden gewesen, wenn nicht Mrs. Carroll gewesen wäre. Es war nun schon einige Jahre her, seit er erklärt hatte, dass Mr. Carroll – oder Captain Carroll, wie er damals genannt worden war – zwar ein unvorsichtiger, wertloser, betrunkener Ire sei, dass er seiner Schwester jedoch niemals etwas mangeln lassen würde. Die Folge war, dass Carroll mit seiner Frau und seinen sechs Töchtern gekommen war und ein Haus in seiner Nähe übernommen hatte. Es gibt solche „Auspeitschungen und Verachtungen" auf der Welt, denen ein Mensch so sehr ausgesetzt sein kann, dass sich dadurch sein ganzes Leben verändert. Der Held erträgt sie heldenhaft, ohne sich bei seinen Mitmenschen zu beschweren. Der gemeine Mann schreckt zurück und schreit und zuckt zusammen, so dass die Menschen um ihn herum ihn als einen besonders Verfolgten erkennen. In dieser Hinsicht war Mr. Gray ein großer Held. Als er mit seinen Freunden über Mrs. Carroll sprach, wurde seinen Freunden beigebracht, zu glauben, dass seine äußeren Vereinbarungen mit seiner Schwester vollkommen angenehm seien. Zweifellos schlich sich unter denjenigen, die mit ihm am vertrautesten waren, die Erkenntnis durch, dass Mr. Carroll – denn der Kapitän war in Wahrheit nie mehr als ein Leutnant gewesen und nun längst ausverkauft – mittellos war und eher ein Problem als etwas anderes. Aber ich bezweifle, dass es einen einzigen Bewohner der Nachbarschaft von Fulham gab, der wusste, dass Mrs. Carroll und die Miss Carrolls Mr. Gray durchschnittlich über sechshundert pro Jahr kosteten.

Es gab jemanden in Mr. Greys Familie, an den er so sehr hing, dass er, um ihr einen Gefallen zu tun, die ganze Carroll-Familie über Bord geworfen hätte; aber davon würde dieser eine Mensch nichts hören. Sie hasste die ganze Familie Carroll mit einem fast unheiligen Hass, den sie selbst täglich zu bereuen versuchte, aber vergebens. Sie konnte nichts anderes tun, als sie zu hassen, aber sie konnte nichts anderes tun, als ihrem Vater zu gestatten, ihm seinen Pflegeschutz zu entziehen; denn diese eine Person war Mr. Greys einzige Tochter und seine einzige enge Haushaltsgefährtin. Miss Dorothy Gray war in der ganzen Nachbarschaft gut bekannt und wurde sowohl gefürchtet als auch verehrt. Da wir beim Erzählen unserer Geschichte viel mit ihr zu tun haben werden, ist es vielleicht gut, sie deutlich vor den Augen des Lesers hervortreten zu lassen.

Erstens muss man verstehen, dass sie mutterlos, brüderlos und schwesterlos war. Sie war Mr. Greys einziges Kind gewesen, und ihre Mutter war seit fünfzehn oder sechzehn Jahren tot. Sie war jetzt etwa dreißig Jahre alt, wurde aber allgemein auf ein Alter zwischen vierzig und fünfzig geschätzt. „Wenn sie nicht näher als fünfzig ist, esse ich meine alten Schuhe", sagte eine Dame aus der Nachbarschaft zu einem Herrn. „Ich kenne sie seit zwanzig Jahren und sie hat sich nicht im Geringsten verändert." Da Dolly Gray vor zwanzig Jahren erst zehn Jahre alt gewesen war, musste sich die Dame geirrt haben. Aber es ist einzigartig, wie die Erinnerung einer Person an Dinge aus ihrer gegenwärtigen Erscheinung entstehen kann. Dorothy selbst hatte offenbar keine Lust, diese falsche Meinung, die die Nachbarschaft über sie hegte, zu korrigieren. Es schien ihr egal zu sein, ob sie dreißig, vierzig oder fünfzig sein sollte. Sie hegte eine tiefe Verachtung für die Jugend als Mittel, um Liebhaber zu gewinnen. Ihr wurde versichert, dass kein Liebhaber jemals kommen würde, und sie hätte überhaupt nicht gewusst, was sie mit einem anfangen sollte, wenn er gekommen wäre. Der einzige Mann, für den sie jemals die geringste Achtung empfunden hatte, war ihr Vater. Für einige Frauen in ihrer Umgebung empfand sie eine leidenschaftslose, gut kontrollierte Zuneigung, aber im Allgemeinen waren es die Armen, die Bedrängten oder die Alten. Es war jedoch immer notwendig, dass die so signalisierte Person unterwürfig war. Nun hatte Mrs. Carroll, Mr. Greys Schwester, längst gezeigt, dass sie nicht unterwürfig genug war, ebenso wenig wie die Mädchen, von denen das älteste ein keckes, hässliches, gut gewachsenes Luder war, jetzt etwa achtzehn Jahre alt. Die zweite Schwester, die siebzehn Jahre alt war, sollte eine Schönheit sein, doch welche der beiden in den Augen ihrer Cousine die abscheulichere war, lässt sich nicht sagen.

Miss Dorothy Gray war nur für ihren Vater Dolly. Hätte jemand anders es gewagt, sie anzurufen, wäre sie sofort aufgesprungen, die empörte Frau von fünfzig Jahren. Sogar ihre Tante, die ihr genug Ärger bereitete, war der Meinung, dass es nicht so sein könne. Ihr Onkel versuchte es einmal, und sie weigerte sich einen Monat lang, in seine Gegenwart zu kommen, mit der Begründung, sie sei beleidigt worden.

Und doch war sie meiner Meinung nach keineswegs eine ungünstige junge Frau. Es stimmt, dass sie eine Brille trug; und da sie immer den Wunsch hatte, ihre Augen bei sich zu haben, ließ sie sie nie aus dem Bett, wenn sie aufstand. Aber wie viele deutsche Mädchen tun das Gleiche und werden aus diesem

Grund nicht als schlicht angesehen? Sie war groß und gut gebaut, man könnte fast sagen robust. Sie konnte alle ihre Gliedmaßen voll nutzen und schämte sich nie, sie zu benutzen. Ich denke, dass sie sich geirrt hat, als man sie dabei gesehen hat, wie sie den Karren durch den Garten gefahren hat, und dass ihre Hände bei ihren Versuchen, die konventionellen Absurditäten der Welt zu ertragen, gelitten haben müssen. Zwar trug sie bei der Gartenarbeit Handschuhe, aber sie trug diese nur, weil sie der Bitte ihres Vaters nachgekommen war. Sie hatte helle, etwas weit auseinander liegende Augen und wohlgeformte, gesunde, regelmäßige Gesichtszüge. Ihre Nase war groß und ihr Mund war groß, aber sie waren außergewöhnlich intelligent und voller Humor, wenn sie Freude an Gesprächen hatte. Ihr Haar war ihr zu gleichgültig, als dass man hätte sagen können, es sei attraktiv; aber es wurde zweimal am Tag geglättet, war sehr reichlich und immer sehr sauber. Tatsächlich war sie ein Vorbild für Sauberkeit von Kopf bis Fuß. „Sie ist sehr sauber, aber das steht ihr in nichts nach", hatte eine sarkastische alte Dame gesagt, was andeuten wollte, dass Miss Dorothy Gray nicht regelmäßig in der Kirche war. Aber die sarkastische alte Dame hatte nichts davon gewusst. Dorothy Gray blieb der Morgenkirche nie fern, es sei denn, ihr Vater wünschte ihre Anwesenheit, und um dies zu tun, nahm sie ihren Vater ein- oder zweimal drei- oder viermal mit – gegen den Strich mit ihm, das muss man zugeben .

Aber das merkwürdigste Merkmal des Aussehens der Dame muss noch erwähnt werden. Sie trug immer einen Schlapphut, den sie aus Anstandsgründen „Haube" nannte, was ihr ein einzigartiges Aussehen verlieh, als ob er aufgesetzt worden wäre, um sie vollständig vor der Witterung zu schützen. Es bestand im Allgemeinen aus schwarzem Stroh, war rund, an allen Punkten des Kreises gleich und wurde mit breiten braunen Bändern befestigt. Es sollte in der Nachbarschaft völlig wetterfest sein.

Die einfallslose Natur von Fulham erlaubte es dem Fulham-Geist nicht, die Tatsache zu begreifen, dass sie gleichzeitig zwei oder drei solcher Hüte besitzen könnte. Aber sie waren zweifellos völlig ähnlich, und sie würde sie in London mit genau der gleichen Gleichgültigkeit tragen wie in der vergleichsweise ländlichen Gegend ihres eigenen Wohnsitzes. Tatsächlich würde sie im Omnibus auf und ab fahren, und zwar allein, ohne die geringste Rücksicht auf die Meinung eines ihrer Nachbarn. Die Carroll-Mädchen lachten sie hinter ihrem Rücken aus, aber man hatte noch nie gesehen, dass ein Carroll-Mädchen vor ihrem Gesicht lächelte, angestiftet durch die Launen ihrer Cousine.

Aber ich habe die Eigenschaft von Miss Grey, die vielleicht die wesentlichste an ihrem Charakter ist, noch nicht erwähnt. Es ist auf jeden Fall notwendig, dass diejenigen es wissen, die ihr Wesen verstehen wollen. Wenn ihr erst einmal klar geworden wäre, dass ihre Pflicht von ihr verlangte, dieses oder jenes zu tun oder dieses oder jenes Wort zu sagen, würde die Sache getan oder das Wort gesagt werden, möge das Ergebnis sein, was auch immer es sein mochte. Sogar zum Missfallen ihres Vaters wurde das Wort gesagt oder die Sache getan. Eine solche war Dolly Grey.

Kapitel XVII.

HERR. GREY ESST ZU HAUSE.

Mr. Gray kehrte am Tag von Mr. Tyrrwhits Besuch in einem Taxi nach Hause zurück, nicht in der besten Laune. Obwohl er Mr. Tyrrwhit in dem Gespräch am besten verstanden hatte, hatte ihn das Treffen, das sich in die Länge gezogen hatte, dennoch geärgert. Herr Tyrrwhit hatte gegen sich selbst Anschuldigungen erhoben, von denen er wusste, dass sie falsch waren, die er jedoch nicht widerlegen konnte, da sie vertuscht und nicht genau zum Ausdruck gebracht wurden. Ein Mann wird dir sagen, dass du ein Dieb und ein Schurke bist, und zwar auf eine Weise, die es dir unmöglich macht, ihn an der Gurgel zu packen. „Du bist natürlich kein Dieb und kein Schurke", wird er zu dir sagen, aber er wird es in einem Tonfall sagen, der dir klar macht, dass er dich für beides hält. Wir alle kennen die parlamentarische Methode, einen Gegner zu lügen, um es dem Parlamentspräsidenten unmöglich zu machen, einzugreifen.

Mr. Tyrrwhit hatte Mr. Gray auf die gleiche Weise behandelt; und da Mr. Gray gereizt, dünnhäutig und jähzornig war und über Dinge grübelte, von denen es völlig unnötig war, dass ein Anwalt Kenntnis davon nahm, kehrte er als unglücklicher Mann nach Hause zurück. Tatsächlich war ihm die ganze Scarborough-Affäre von Anfang bis Ende ein großes Ärgernis gewesen. Die Arbeit, die er jetzt ausführte, konnte seiner Meinung nach nicht in seine Rechnung aufgenommen werden. Das war ihm völlig gleichgültig; Aber sein jüngerer Partner hielt es für ein wenig schwierig, die ganze andere Arbeit der Firma in der Zeit, die natürlich seine Ferien gewesen wäre, auf seine Schultern zu werfen, und er machte Mr. Grey seine Gefühle verständlich. Herr Grey, der im Wesentlichen ein gerechter Mann war, sah, dass sein Partner Recht hatte, und machte ihm Angebote, aber er wollte dem einzigen Vorschlag seines Partners nicht zustimmen. „Lassen Sie ihn gehen und woanders nach einem Anwalt suchen", sagte sein Partner. Sie wussten beide, dass Mr. Scarborough völlig unehrlich gewesen war, aber er war ein alter Kunde gewesen. Sein Vater vor ihm war ein Kunde von Mr. Greys Vater gewesen. Es entsprach nicht Mr. Greys Theorie, den alten Mann auf diese Weise zu behandeln. Und er hatte sich intensiv für die Sache interessiert. Zunächst war er sich ziemlich sicher gewesen, dass Mountjoy Scarborough der Erbe war; und obwohl Mountjoy Scarborough überhaupt nicht nach seinem Geschmack war, war er bereit, für ihn zu kämpfen. Nach mühevoller Nachforschung hatte er sich nun überzeugt, dass Augustus Scarborough der Erbe sei; und obwohl er im Laufe der Geschäfte den vorsichtigen, geldgierigen Augustus doppelt so sehr gehasst hatte wie den Glücksspiel-

Verschwender Mountjoy, kämpfte er dennoch für Augustus im Namen der Ehrlichkeit, Wahrheit und Gerechtigkeit gegen die ganze Welt groß und gegen die Gläubigerbande, bis die Welt im Allgemeinen und die Gläubigerbande zu glauben begannen, dass er mit Augustus verbündet war – um einer von denen zu sein, die aus der Unregelmäßigkeit der Gläubiger große Geldsummen machen würden Affäre. Das ärgerte ihn und versetzte ihn in sehr schlechte Laune, als er nach Fulham zurückkehrte.

Eines muss über Mr. Gray gesagt werden, was ihn sehr in Misskredit brachte und, wenn es allgemein bekannt geworden wäre, bei seinen Klienten den Eindruck erweckt hätte, er sei ungeeignet, der Empfänger ihrer Familiengeheimnisse zu sein: Er erzählte alle Geheimnisse zu Dolly. Er war ein Mann, den man unmöglich dazu bewegen konnte, sein Geschäft in seinem Büro hinter sich zu lassen. Es war das Hauptgesprächsthema, wenn er zu Hause war. Er rief Dolly sogar spät abends in sein Schlafzimmer und holte sie zu diesem Anlass aus dem Bett, um mit ihr einen Punkt einer juristischen Strategie zu besprechen – einer rechtlichen, aber dennoch ehrlichen Strategie –, die ihm gerade eingefallen war. Vielleicht hatte er sich in Sachen Ehrlichkeit nicht ganz durchgesetzt und wollte Dollys Meinung zu diesem Thema hören. Dolly kam im Schlafrock herein, saß auf seinem Bett und besprach die Angelegenheit mit ihm als Anwältin gegen den Teufel. Manchmal war sie überzeugt; häufiger konnte sie sich behaupten. Aber die Punkte, die auf diese Weise besprochen wurden, und die Stärke der Argumentation, die auf beiden Seiten zum Einsatz kam, hätten die Mandanten, den Partner, die Gerichtsschreiber und den eloquenten Rechtsanwalt, der gelegentlich zur Unterstützung dieser oder jener Seite eingesetzt wurde, überrascht andere. Der eloquente Anwalt, oder vielleicht auch der Mandant selbst, war manchmal verblüfft über den Enthusiasmus, den Mr. Gray in seine Argumentation einbrachte, und ahnte kaum, dass genau diese Worte von der jungen Dame im Schlafrock stammten. Um die Wahrheit zu sagen, Miss Gray gefielen diese Diskussionen sehr, ob sie nun auf dem Rasen, in den Sesseln im Esszimmer oder in den stillen Stunden der Nacht stattfanden. Sie bildeten tatsächlich das Salz ihres Lebens. Sie fühlte sich als das Gewissen der Firma. Ihr Vater war der Grund. Und der Partner war, in ihrer eigenen Ausdrucksweise, der – Teufel. Denn man muss verstehen, dass Dolly Gray einen Hauch von Spaß an sich hatte, den ihr Vater voll ausnutzte. Sie hätte den Partner ihres Vaters vor keinem anderen Ohr als dem ihres Vaters „Teufel" genannt. Und das wusste ihr Vater, da er auch den Geist verstand, in dem der Beiname angewendet worden war. Er glaubte nicht, dass sein Partner schlechter war als ein anderer Mann, und er glaubte auch nicht, dass seine Tochter das dachte. Der Partner, dessen Name Barry war, war ein Mann von durchschnittlicher Ehrlichkeit, der sich gelegentlich über die gründliche Gerechtigkeit wunderte, mit der Mr. Gray eine Angelegenheit untersuchte, nachdem sie bereits ein oder zwei Tage im Büro besprochen worden war. Aber Mr. Barry hatte, obwohl er das Vergnügen hatte, Miss Grey kennenzulernen, keine Ahnung von der Art der Aufgaben, die sie in der Firma wahrnahm.

„Diese abscheuliche Angelegenheit bricht mir fast das Herz", sagte Mr. Grey, als er nach oben in seine Umkleidekabine ging. Die normale Zeit zum Abendessen war halb sechs. Diesmal war er um halb sieben angekommen und hatte dem Taxifahrer einen Schilling extra gezahlt, damit er ihn schnell fahren konnte. Der Mann, der ein lahmes Pferd hatte, war sehr langsam gekommen, was Mr. Gray vorübergehend noch mehr Unbehagen bereitete. Er hatte seinen zusätzlichen Schilling bekommen, und Mr. Gray hatte nur noch mehr Unbehagen. „Ich erkläre, dass ich denke, dass er der böseste alte Mann ist, den die Welt je hervorgebracht hat." Dies sagte er, als Dolly ihm nach oben folgte; Aber Dolly, weiser als ihr Vater, wollte vor den Ohren der Diener nichts über den bösen alten Mann sagen.

Nach fünf Minuten kam Mr. Gray „angezogen" herunter – mit diesem Wort wurde die Tatsache angedeutet, dass er sein Halstuch geschüttelt, seine Hände und sein Gesicht gewaschen und seine Hausschuhe angezogen hatte. Im Haushalt herrschte Einigkeit darüber, dass zwar halb sechs die geplante Zeit für das Abendessen war, halb sieben jedoch eine weitaus wahrscheinlichere Zeit. Mr. Gray weigerte sich hartnäckig, es ändern zu lassen.

„Stare super vias antiquas", hatte er entschieden gesagt, als ihm der Vorschlag gemacht worden war; Damit hatte er andeuten wollen, dass er, da er in den letzten zwanzig Jahren gezwungen war, um halb sieben statt um sechs zu Abend zu essen, nicht vorhatte, noch weiter in die gleiche Richtung getrieben zu werden. Folglich war sein Koch gezwungen, sein Abendessen so zuzubereiten, dass es zu der einen oder anderen Stunde gegessen werden konnte, wie es der Zufall wollte.

Das Abendessen verlief ohne große Unterhaltung, außer über Mr. Greys Wünsche und Annehmlichkeiten. Seine Tochter wusste, dass er seit acht Stunden im Büro war und wusste auch, dass er kein junger Mann war. Deshalb wurde ihm jede Art von kleiner Verhätschelung zuteil. Zum Abendessen gab es einen Fasan, und nach Dollys Meinung war es im Wesentlichen notwendig, dass er zuerst den Flügel ziemlich heiß und dann die Keule ebenfalls heiß hatte und dass die Brotsoße bei beiden Gelegenheiten ziemlich scharf sein sollte . Für sie selbst wäre es dasselbe gewesen, wenn sie eine alte Krähe zum Abendessen gehabt hätte. Tee und Brot und Butter waren ihr Luxus, und vor drei Stunden hatte sie Tee und Brot und Butter genossen. „Ich erkläre, dass ich denke, dass das Bein schließlich das bessere Gelenk von beiden ist."

„Warum hast du dann nicht die beiden Beine?"

„Das würde einen Hauch von Gier mit sich bringen, obwohl ich weiß, dass das Bein sinken wird – und ich sollte dann nicht in der Lage sein, den Vergleich anzustellen. Ich mag es, beides zu haben, und ich möchte es immer können." Behaupte meine Meinung, dass die Keule das bessere Gelenk ist. Wie wäre es nun mit dem Apfelpudding? Daraus ging hervor, dass Mr. Gray es nicht vorziehen konnte, das Abendessen in seiner Gegenwart am Frühstückstisch besprechen zu lassen. Der Apfelpudding kam und wurde offenbar genossen. Ein großer Teil davon wurde zwischen zwei Teller gelegt. „Das ist für Mrs. Grimes", schlug Mr. Grey vor. „Ich bin mir nicht ganz sicher, ob Mrs. Grimes es wert ist." „Wenn Sie wüssten, was es bedeutet, ohne einen Schilling des Lohns Ihres Mannes da zu sein, würden Sie sich für würdig halten." Als das Gespräch über den Pudding zu Ende war, aß Herr Gray seinen Käse und saß dann ganz still in seinem Sessel am Feuer, während die Sachen weggetragen wurden. „Ich erkläre, dass ich denke, dass er der böseste Mann ist, den die Welt je hervorgebracht hat", sagte Mr. Gray, sobald die Tür geschlossen war, und zeigte damit durch die Wiederholung der Worte, die er zuvor verwendet hatte, dass seine Gedanken auf Mr. gerichtet waren. Scarborough statt auf dem Fasan.

„Warum bist du nicht mit ihnen fertig?"

„Das ist alles schön und gut; aber du hättest nicht mit ihnen auskommen können, wenn du sie dein ganzes Leben lang gekannt hättest."

„Ich würde meine Zeit und Energie nicht damit verschwenden, einen Schurken reinzuwaschen", sagte Dolly energisch.

„Du weißt nicht, was du tun würdest. Und ein Mann darf nicht völlig im Stich gelassen werden, nur weil er ein Schurke ist. Würdest du einen Mörder hängen lassen, ohne dass jemand für ihn einsteht?"

„Ja, das würde ich", sagte Dolly gedankenlos.

„Und er war vielleicht doch kein Mörder; oder nicht rechtlich gesehen, was rechtlich gesehen dasselbe ist."

Aber diese besondere Frage war schon oft zwischen ihnen besprochen worden, und Mr. Gray und Dolly hatten bei dieser Gelegenheit nicht die Absicht, sich davon mitreißen zu lassen. „Ich weiß alles darüber", sagte sie; „Aber hier geht es nicht um Leben und Tod. Der alte Mann ist nur bestrebt, sein Eigentum zu retten, und er lädt Ihnen die ganze Last auf, dies zu tun. Er ist nie einer Meinung mit Ihnen, was das betrifft, was Sie sagen."

„Was die rechtlichen Aspekte angeht, tut er das."

„Aber er hält dich immer in Schwierigkeiten und bringt so viel Schurkerei vor, dass ich nichts weiter mit ihm zu tun haben möchte. Er war so listig, dass du jetzt kaum noch weißt, wer in Wahrheit der Erbe ist."

„Oh ja, das tue ich", sagte der Anwalt. „Ich weiß es sehr gut und es tut mir sehr leid, dass es so sein sollte. Und ich kann nicht anders, als Mitleid mit dem Schurken zu haben, weil die unehrliche Anstrengung im Namen seines eigenen Sohnes unternommen wurde."

„Warum war es notwendig?" sagte Dolly, während Funken aus ihren Augen flogen. „Von Anfang an war er schlecht. Warum war die Frau nicht seine Frau?"

„Ah! Warum, in der Tat. Aber wenn seine Sünde nur darin bestanden hätte, hätte ich nicht im Traum daran gedacht, meine Unterstützung als Familienanwalt zu verweigern. Dann wäre das alles umsonst gewesen."

„Wenn sich das Böse einschleicht", sagte Dolly sentimental, „kann man es im Nachhinein nicht wiedergutmachen."

„Kümmere dich nicht darum. Wir werden nie ans Ende kommen, wenn du zu Adam und Eva zurückkehrst."

„Die Leute kommen nicht oft genug zurück."

"Sich kümmern!" sagte Mr. Grey und trank sein zweites und letztes Glas Portwein aus. „Behalten Sie sich einigermaßen mit der Streitfrage auseinander. Wenn Sie einem heutigen Anwalt Ratschläge geben, wie er einen Mandanten behandeln soll, können Sie nichts nützen, wenn Sie zu Adam und Eva zurückkehren. Augustus ist der Erbe, und ich bin verpflichtet, das Eigentum für ihn vor diesen geldverleihenden Harpyien zu schützen. Sobald der Atem aus dem Körper des alten Mannes strömt, werden sie sich darauf niederlassen, wenn wir ihnen einen Zentimeter Boden zum Stehen lassen seine Ehe muss so klar wie möglich gemacht werden, und das muss trotz früherer falscher Aussagen geschehen."

„Soweit ich sehen kann, sind die geldverleihenden Harpyien die ehrlichsten Leute, die davon betroffen sind."

„Das Gesetz ist nicht auf ihrer Seite. Sie haben kein Recht. Das Anwesen wird in der Tat Augustus gehören, sobald sein Vater stirbt. Mr. Scarborough bemühte sich, für ihn zu tun, was er konnte, den er als seinen ältesten Sohn betrachtete." . Es war ein sehr schlimmes Verbrechen zum ersten. Er widersprach den Gesetzen seines Landes und warf mir Staub in die Augen das Eigentum für den Jungen. Und er bemühte sich, es für seinen zweiten Sohn wiedergutzumachen, indem er für ihn ein zweites Eigentum aufsparte.

„Aber Sie sagen, er sei der böseste Mann, den die Welt je hervorgebracht hat."

„Weil er damit prahlt und sich in keiner Weise zur Reue bewegen lässt. Er gibt mir meine Anweisungen, als wäre er von Anfang bis Ende ein höchst ehrenhafter Mann gewesen, und lacht mich nur aus, wenn ich Einwände habe. Und doch muss er es tun Wisse, dass er jeden Tag sterben könnte, damit er sterben könnte, wenn er nur einmal sagen würde, dass es ihm leid tut die Miene des feinen alten Familienoberhaupts, das denkt, dass er in Marmor gesteckt werden muss, sobald der Atem aus seinem Körper kommt, und dass er den Marmor, in den er gesteckt werden soll, reichlich verdient.

„Das ist eine Frage zwischen ihm und seinem Gott", sagte Dolly.

„Er hat keinen Gott. Er glaubt nur an seine eigene Vernunft – und gibt sich damit zufrieden, da er am Rande der Ewigkeit liegt. Er ist ganz zufrieden mit sich selbst, weil er denkt, dass er nicht egoistisch gewesen ist." Ihm ist es egal, dass er allen das Eigentum und die Gesetze, die es regeln, geraubt hat Es ist seine völlige Missachtung des Gesetzes und dessen, was das Gesetz beschlossen hat, was mich dazu bringt, ihn für den schlechtesten Menschen zu erklären, den die Welt je hervorgebracht hat.

„Es ist seine Missachtung der Wahrheit, die einen so denken lässt."

„Er kümmert sich nicht um die Wahrheit. Er verachtet sie und lacht darüber. Und doch erwartet er, dass sein Wort in Bezug auf die kleinen Dinge der Welt genauso sicher angenommen wird wie das eines anderen Gentleman."

„Ich würde es nicht nehmen."

„Ja, das würdest du, und du hättest auch Recht. Wenn er sagen würde, dass er mir morgen hundert oder tausend Pfund zahlen würde, hätte ich sein Wort so schnell wie die Bürgschaft eines anderen Mannes. Und doch hat er es absolut getan hat mich überwältigt und mich glauben lassen, dass eine Ehe stattgefunden hat, als es keine Ehe gab. Ich denke, ich werde eine Tasse Tee trinken.

„Du wirst nicht schlafen gehen, Papa?"

„Oh ja, das werde ich. Wenn ich so beunruhigt bin, muss ich unbedingt eine Tasse Tee trinken." Mr. Gray war oft beunruhigt, und als Folge davon wurde Dolly mitten in der Nacht zu Beratungsgesprächen einberufen.

Gegen ein Uhr ertönte das bekannte Klopfen an Dollys Tür und die übliche Einladung. Würde sie für ein paar Minuten in das Zimmer ihres Vaters kommen? Dann trottete ihr Vater zurück zu seinem Bett, und Dolly folgte ihm natürlich, sobald sie sich anständig gekleidet hatte.

„Warum hast du es mir nicht gesagt?"

„Ich dachte, ich hätte mich entschieden, nicht zu gehen; oder ich dachte eher, dass ich mich dazu entschließen könnte, nicht zu gehen. Aber es ist möglich, dass ich dort unten eine positive Wirkung haben könnte."

„Was will er von dir?“

„Es gibt eine lange Frage zur Geldbeschaffung, mit der Augustus das Schweigen der Gläubiger erkaufen will.“

„Könnte er das Geld bekommen?“ fragte Dolly.

„Ja, ich denke, das könnte er. Das Anwesen ist derzeit völlig in Verlegenheit. Um Mr. Scarborough das zu geben, was er verdient, hat er seinen Namen nie auf ein Stück Papier geschrieben, und er hatte auch nie Gelegenheit dazu. Die Tretton-Töpferleute wollen mehr Land, oder vielmehr mehr Wasser, und eine große Geldsumme werden zur Verfügung stehen. Aber er sieht nicht die Notwendigkeit, Mr. Tyrrwhit ein Pennystück zu geben, oder Mr. Hart würde sie heulend wegschicken Aus irgendeinem Grund, den ich nicht ganz verstehe, ist Augustus bestrebt, dies ohne Einmischung seines Vaters zu tun. Tatsächlich haben er und sein Vater diesbezüglich sehr unterschiedliche Vorstellungen Der Gutsherr betrachtet es als sein Eigentum, aber Augustus glaubt, dass es sich eines Tages zu eigen machen könnte. Tatsächlich stehen sie kurz vor einem Streit. Dann, nach einer langen Debatte, stimmte Dolly zu, dass ihr Vater nach Tretton gehen und, wenn möglich, die Rolle des Friedensstifters übernehmen sollte.

Kapitel XVIII.

DIE CARROLL-FAMILIE.

„Tante Carroll kommt heute zum Abendessen", sagte Dolly am nächsten Tag mit ernstem Gesicht.

„Das weiß ich. Ich wünsche ihr ein schönes Abendessen. Ich glaube nicht, dass sie zu Hause jemals ein schönes Abendessen hat."

„Und die drei ältesten Mädchen kommen."

"Drei!"

„Du hast sie am Sonntag selbst gefragt."

„Sehr gut. Sie sagten, ihr Papa wäre geschäftlich unterwegs." Es wurde davon ausgegangen, dass Mr. Carroll nie ins Herrenhaus eingeladen wurde.

„Geschäftlich! Es gibt einen Club, in dem er einmal im Monat isst und sich betrinkt. Das ist das Einzige, was er regelmäßig tut."

„Sie müssen auf jeden Fall zu Abend essen", sagte Mr. Grey. „Ich glaube nicht, dass sie leiden sollten, weil er trinkt." Dies war ein viel diskutiertes Thema zwischen ihnen gewesen, aber bei dieser Gelegenheit wollte Miss Gray es nicht wieder aufgreifen. Sie schickte ihren Vater in einem Taxi ab, das gemietet worden war, weil er eine Viertelstunde zu spät kommen sollte, und ging dann zur Arbeit, um ihr das Abendessen zu bestellen.

Es wurde gesagt, dass Miss Gray die Carrolls hasste; Aber sie hasste die Töchter mehr als die Mutter, und von allen Menschen auf der Welt, die sie hasste, hasste sie Amelia Carroll am schlimmsten. Amelia, die Älteste, hatte die Vorstellung, dass sie in den Augen der Welt eine größere Persönlichkeit sei als ihre Cousine, dass sie auf mehr Partys ging, was auf jeden Fall zutraf, wenn sie zu einer ging, und dass sie feinere Kleidung trug, was stimmte Auch wahr, und dass sie einen Liebhaber hatte, während Dolly Grey — wie sie ihre Cousine hinter ihrem Rücken nannte — keinen hatte. Dieser Liebhaber hatte etwas mit Pferden zu tun und man hatte von ihm nur im Herrenhaus gehört, ihn aber noch nie gesehen. Sophy war ebenfalls sehr verhasst, da sie ein aufgeschlossenes, kokettes und listiges Mädchen von siebzehn Jahren war, das gerade die Schule verlassen hatte, an der Onkel John ihre Ausbildung bezahlt hatte. Georgina, die Dritte, ging noch unter ähnlichen Umständen zur Schule, und ihr ungeheuerlicher Lärm und ihre Neigung zum Toben wurden ihr unter dem Vorwand der Jugend verziehen. Sie war sechzehn und besaß eine schreckliche Vitalität. „Ich bin mir sicher, dass sie ganz nach ihrem Vater denken", hatte Mr. Gray einmal gesagt, als die drei gemeinsam das

Herrenhaus verließen. Pünktlich um halb sieben kamen sie. Dolly hörte das laute Klappern von vier Leuten, die ihre Holzschuhe und Umhänge im Flur zurückließen, und wollte den ungenutzten Salon, in dem sie im Moment saß, nicht verlassen. Betsey musste unten den Esstisch vorbereiten und wäre zutiefst verunsichert gewesen, wenn sie dazu in Gegenwart von drei Carroll-Mädchen getrieben worden wäre. Denn man muss verstehen, dass Betsey vor den Carroll-Mädchen keinen größeren Respekt hatte als ihre Geliebte. „Nun, Tante Carroll, wie benutzt dich die Welt?"

„Sehr schlimm. Du warst seit zehn Tagen nicht mehr bei mir."

„Ich habe nicht gezählt; aber wenn ich komme, tue ich nicht oft etwas Gutes. Wie geht es Minna, Brenda und Potsey?"

„Die arme Potsey hat ein übles Geschwür unter dem Arm."

„Das liegt daran, dass man zu viel Toffee isst", sagte Georgina. „Ich habe es ihr gesagt."

„Wie schrecklich du bist!" sagte Miss Carroll. „Lassen Sie das Kind und seine Beschwerden in Ruhe!"

„Dem armen Papa geht es auch nicht sehr gut", sagte Sophy, die eigentlich das Haustier ihres Vaters sein sollte.

„Ich hoffe, sein Gesundheitszustand wird ihn nicht davon abhalten, heute Abend mit seinen Freunden zu speisen", sagte Miss Grey.

„Du hast immer etwas Bösartiges über Papa zu sagen", sagte Sophy.

„Nichts wird ihn jemals zurückhalten, wenn die Geselligkeit seine Anwesenheit erfordert." Dies kam von seiner betrübten Frau, die trotz all seines Unglücks immer mit einigem Respekt über die Beschäftigungen ihres Mannes sprach. „Er war überhaupt nicht in der Verfassung, heute Abend zu gehen, aber er hatte es versprochen, und das war genug."

Als sie eine Dreiviertelstunde gewartet hatten, begann Amelia sich zu beschweren – sicherlich nicht ohne Grund. „Ich frage mich, warum Onkel John uns immer auf diese Weise warten lässt?"

„Papa hat leider etwas mit seiner Zeit zu tun, die nicht ganz seine eigene ist." In diesen Worten steckte nicht viel, aber der Ton, in dem sie ausgesprochen wurden, hätte jeden, der empfänglicher war als Amelia Carroll, niedergeschlagen. Doch in diesem Moment kam das Taxi und Dolly ging hinunter, um ihren Vater zu treffen.

„Sind sie gekommen?" er hat gefragt.

„Komm", antwortete sie, nahm ihm die Handschuhe und die Decke ab und gab ihm dabei einen Kuss. „Das Mädchen oben ist fast verhungert."

„Ich werde keinen halben Moment bleiben", sagte der reuige Vater und eilte die Treppe hinauf, um seine übliche Kleidungsordnung zu erledigen.

„Ich würde mich nicht beeilen, sie zu holen", sagte Dolly; „Aber natürlich wirst du dich beeilen. Das tust du immer, nicht wahr, Papa?" Dann setzten sie sich zum Abendessen zusammen.

„Na, Mädels, was gibt es Neues?"

„Wir waren heute auf der Brompton Road unterwegs", sagte der Älteste, „und da kam Prinz Tschitakows Schleppe mit vier Rotschimmeln herauf."

„Prinz Tschitakow! Ich wusste nicht, dass es so einen Prinzen gibt."

„Oh mein Gott, ja; mit einem sehr steifen Schnurrbart, der an den Ecken hochgekrempelt ist, und rosa Wangen und einem sehr spitzen, edel aussehenden Hut, mit einem hellgrauen Mantel und leichten Handschuhen. Du musst den Prinzen kennen." ."

„Bei meinem Wort habe ich noch nie von ihm gehört, meine Liebe. Was hat der Prinz getan?"

„Er schneiderte seine eigene Tracht, und er hatte eine Dame auf der Kiste dabei. Ich habe nie etwas Leckereres gesehen als ihr Kleid – dunkelrote Seide, mit kleinen, flauschigen Fellornamenten überall. Ich frage mich, wer sie war?"

„Wahrscheinlich Frau Tschitakow", sagte der Anwalt.

„Ich glaube nicht, dass der Prinz verheiratet ist", sagte Sophy.

„Das sind sie größtenteils nie", sagte Amelia; „Und sie wäre nicht Frau Tschitakow, Onkel John."

„Würde sie das nicht? Was wäre sie? Kann mir einer von euch sagen, wie sich die Frau eines Fürsten von Tschitakow nennen würde?"

„Prinzessin von Tschitakow natürlich", sagte Sophy. „Es ist die Prinzessin von Wales."

„Aber es ist nicht die Prinzessin von Christian, noch die Prinzessin von Teck, noch die Prinzessin von England. Ich verstehe nicht, warum die Dame nicht Frau Tschitakow sein sollte, wenn es eine solche Dame gibt."

„Papa, mach ihr nichts vor", sagte seine Tochter.

„Aber", fuhr der Anwalt fort, „warum hätte die Dame nicht seine Frau sein sollen? Tragen verheiratete Damen nicht kleine flauschige Pelzornamente?"

„Ich wünschte, John, du würdest nicht mit den Mädchen in dieser Gegend reden", sagte ihre Mutter. „Es wird wirklich nicht gut."

„Um darauf hinzuweisen, dass die Dame die Frau des Herrn war?“

„Aber ich wollte sagen“, fuhr Amelia fort, „dass der Prinz, als er vorbeifuhr, seine Hand küsste – das tat er tatsächlich. Und Sophy und ich gingen so sittsam wie möglich weiter. Ich war noch nie so niedergeschlagen.“ mein ganzes Leben."

„Das hat er“, sagte Sophy. „Das ist das Unverschämteste, was ich je gehört habe. Wenn mein Vater es gesehen hätte, hätte er den Prinzen im Handumdrehen aus der Kutsche geholt.“

„Dann, mein Lieber“, sagte der Anwalt, „bin ich sehr froh, dass Ihr Vater es nicht gesehen hat.“ Die arme Dolly saß während dieses Gesprächs über den Prinzen wütend und schweigsam da und dachte verzweifelt darüber nach, an welchen Extremen der Vulgarität selbst eine Cousine ersten Grades schuld sein könnte. Dass sie mit einem Mädchen am Tisch sitzen sollte, das sich rühmen konnte, dass ein verkommener Ausländer ihr aus dem Bock einer modischen vierspännigen Kutsche die Hand geküsst hatte! Denn in diesem Licht betrachtete Miss Gray die Sache. „Und hattest du außer dieser denkwürdigen Begegnung mit dem Prinzen noch weitere Abenteuer?“

„Nichts annähernd so Interessantes“, sagte Sophy.

„Das war kaum zu erwarten“, sagte der Anwalt. „Jane, möchtest du ein Glas Portwein trinken? Mädels, ihr müsst unbedingt ein Glas Portwein trinken, um euch nach eurer Enttäuschung mit dem Prinzen zu stärken.“

„Wir wurden nicht im Geringsten enttäuscht“, sagte Amelia.

„Beten Sie, beten Sie, lassen Sie das Thema fallen“, sagte Dolly.

„Das liegt daran, dass der Prinz dir nicht die Hand geküsst hat“, sagte Sophy. Dann versank Miss Grey erneut in Schweigen, zermalmt von diesem letzten Schlag.

Am Abend, als das Essgeschirr weggenommen war, kam eine geschäftliche Angelegenheit zur Sprache und trat an die Stelle des Prinzen und seines Schnurrbärtes. Mrs. Carroll wollte unbedingt wissen, ob ihr Bruder ihr eine kleine Summe von zwanzig Pfund „leihen“ könnte. Im Gespräch stellte sich heraus, dass die kleine Summe benötigt wurde, um eine hohe Forderung eines Schneiders an Mr. Carroll zu erfüllen. „Er muss Kleidung haben, wissen Sie“, sagte die arme Frau und jammerte. „Er hat nicht viele, aber er muss welche haben.“ Es waren noch nicht lange her, dass zu demselben Thema weitere Berufungen eingelegt wurden, und um die Wahrheit zu sagen, Mr. Gray verlangte eine Auseinandersetzung mit dem Thema, aus Angst vor den späteren Bemerkungen, die ihm seine Tochter im Nachhinein machen würde, wenn dies der Fall wäre Er gab das Geld zu leichtfertig. Der Kredit musste in einem Konklave vereinbart werden, da es Mrs. Carroll andernfalls schwergefallen wäre, Zugang zum Ohr ihres Bruders zu erhalten. Aber der einzige Wirtschaftsprüfer, den sie fürchtete, war ihre Nichte. Bei dieser Gelegenheit nahm Miss Gray einfach ihr Buch zur Hand, um zu zeigen, dass das Thema für sie kein Interesse war; aber sie hörte sich zweifellos alles an, was zu diesem Thema gesagt wurde. „Über die Kleidung des armen Patrick wurde nie etwas geklärt", sagte Mrs. Carroll halb flüsternd. Es war ihr egal, wie viel ihre eigenen Kinder hörten, und sie wusste, wie vergeblich es war, sozusagen zu versuchen, Dolly nicht hören zu lassen.

„Ich wage zu behaupten, dass irgendwann etwas getan werden sollte", sagte Mr. Grey, der wusste, dass ihm am Ende des Abends gesagt werden würde, dass er diesem Mann sein ganzes Vermögen geben würde, wenn er darum gebeten würde.

„Papa hatte dieses Jahr keine neue Hose", sagte Sophy.

„Außer den grünen, die er bei den Rennen trug", sagte Georgina.

„Halten Sie den Mund, Fräulein!" sagte ihre Mutter. „Das war ein Paar, das ich für ihn gemacht und dem Mann zum Pressen geschickt habe."

„Als die hundert Dollar pro Jahr für alle unsere Kleider festgelegt wurden", sagte Amelia, „wurde kein Wort über Papa gesagt. Natürlich macht Papa Ärger."

„Ich sehe nicht, dass er größere Probleme bereitet als alle anderen", sagte Sophy. „Onkel John möchte keine Kleidung haben."

„Nein, das sollte ich nicht, meine Liebe."

„Und sein eigenes Einkommen wird vollständig für die Hausnutzung verwendet." Hier berührte Sophy unvorsichtigerweise ein heikles Thema. Sein „eigenes" Einkommen bestand aus dem, was aus dem Vermögen seiner Frau gespart worden war, und wurde daher als Gegensatz zu der größeren Summe bezeichnet, die Mr. Grey an Mrs. Carroll gezahlt hatte. Es gab einhundertfünfzig Pfund im Jahr, die aus besiedeltem Vermögen stammten, das durch die Fürsorge des Anwalts erhalten worden war und in der Familie als „Papas Eigentum" galt.

Für die Seriosität ist es gewiss wesentlich, dass für das Tragen von Kleidung etwas vom Einkommen eines Mannes abgesondert wird; und obwohl das Geld vielleicht zu Unrecht so bezeichnet war, hätte Dolly nichts dagegen gehabt, wenn sie nicht geglaubt hätte, dass es bereits zur Rennbahn geflossen wäre – zusammen mit den Grünhosen. Sie hatte ihre eigenen Möglichkeiten, Informationen über die Familie Carroll zu erhalten. Das war dringend notwendig, wenn die Familie überhaupt auf den Beinen gehalten werden wollte. „Ich glaube nicht, dass es etwas Gutes bringen kann, darüber zu diskutieren, was mein Onkel mit dem Geld macht." Dies war Dollys erste Rede. „Wenn er es haben soll, soll er es haben, aber so wenig wie möglich."

„Ich habe noch nie gehört, dass jemand so verärgert ist wie du immer gegenüber Papa", sagte Sophy.

„Ihre Cousine Dorothy hat großes Glück", sagte Mrs. Carroll. „Sie weiß nicht, was es heißt, sich etwas zu wünschen."

„Sie gibt nie etwas aus – für sich selbst", sagte ihr Vater. „Es ist Dollys einzige Schuld, dass sie es nicht tut."

„Weil sie alles für sich erledigt hat", sagte Amelia.

Dolly hatte sich wieder ihrem Buch zugewandt und wollte keine weitere Antwort mehr geben. Ihr Vater war der Meinung, dass schon genug darüber gesagt worden sei, und war bereit, die zwanzig Pfund zu geben, in der Annahme, dass man annehmen könnte, dass er sich zu diesem Thema heftig gestritten habe. „Er will sie unbedingt – aus Anstandsgründen", sagte die arme Frau und beendete damit ihre Bitte. Dann holte Mr. Gray sein Scheckbuch hervor und stellte den Scheck über zwanzig Pfund aus. Aber er machte es zahlbar, nicht an Mr., sondern an Mrs. Carroll.

„Ich nehme an, Papa, gegen Mr. Carroll kann man nichts unternehmen." Dies sagte Dolly, sobald sich die Familie zurückgezogen hatte.

„Inwiefern ‚fertig‘, meine Liebe?"

„Um eine weitere Summe für sich selbst zu begleichen."

„Er würde es nur ausgeben, meine Liebe."

„Das wäre beabsichtigt", sagte Dolly.

„Und dann würde er trotzdem zurückkommen."

„Aber in diesem Fall sollte er nichts mehr haben. Obwohl sie erklären sollten, dass er keine Hose hatte, in der er auf einer Rennbahn erscheinen würde, sollte er sie nicht haben."

„Meine Liebe", sagte Mr. Grey, „Sie können die Mücken dieser Welt nicht loswerden. Sie werden summen und stechen und ein Ärgernis sein. Die arme Jane leidet schlimmer unter dieser Mücke als Sie oder ich. Lassen Sie sich damit abfinden; und Verstche in deinem eigenen Kopf, dass er es haben muss, wenn er für weitere zwanzig Pfund kommt. Du brauchst es ihm nicht zu sagen, aber so muss es sein.

„Wenn es nach mir ginge", sagte Dolly nach zehn Minuten Schweigen, „würde ich ihn bestrafen. Er ist ein böses Ding und sollte dazu gebracht werden, die angemessene Belohnung zu ernten. Es ist nicht so, dass ich meinen Teil davon vermeiden möchte." Die Lasten der Welt, aber dieser Gerechtigkeit sollte Genüge getan werden, was ich am schlimmsten hasse: Onkel Carroll oder Mr. Scarborough.

Am nächsten Tag war Sonntag, und Dolly war vor dem Frühstück sehr darauf bedacht, ihren Vater dazu zu bewegen, zu sagen, dass er mit ihr in die Kirche gehen würde; aber er neigte dazu, hartnäckig zu sein, und griff auf seine übliche Ausrede zurück, indem er sagte, es gäbe Scarborough-Papiere, die er lesen müsse, bevor er am nächsten Tag nach Tretton aufbreche.

„Papa, ich glaube, es würde dir gut tun, wenn du kämst."

„Nun ja, ich nehme an, das wäre so. Das ist die Absicht; aber irgendwie scheitert es bei mir manchmal."

„Glaubst du, dass du Menschen genauso hasst, wenn du in die Kirche gehst, als wenn du nicht in die Kirche gehst?"

„Ich bin mir nicht sicher, ob ich jemanden wirklich hasse."

"Ich tue."

„Das scheint ein Argument dafür zu sein, dass Sie gehen."

„Aber wenn du sie nicht hasst, dann deshalb, weil du dir die Mühe nicht machst, und das wiederum ist nicht richtig. Wenn du zur Kirche kommen würdest, wärst du rundherum besser dran. Du würdest Onkel Carrolls Müßiggang hassen und …" abscheuliche Maßlosigkeit, schlimmer als du.

„Ich liebe ihn nicht, so wie er ist, mein Lieber."

„Und ich sollte ihn weniger hassen. Letzte Nacht hatte ich das Gefühl, ich könnte aus meinem Bett aufstehen und hingehen und ihn ermorden."

„Dann solltest du unbedingt in die Kirche gehen."

„Und du hast ihn wie eine Mücke ausgegeben, von der du so wenig Ärger wie möglich bekommen solltest, und dabei den Einfluss vergessen, den er auf diese sechs unglücklichen Kinder haben muss. Weißt du nicht, dass du ihr diese zwanzig Pfund gegeben hast? einfach um ein unangenehmes Thema loszuwerden?"

„Ich hätte es viel früher geben sollen, nur dass du mich angesehen hast."

„Ich weiß, dass du das tun würdest, du lieber, süßer, gutherziger, aber höchst unchristlicher Vater. Du musst zur Kirche kommen, damit eine Vorstellung davon, was das Christentum von dir verlangt, in dein Herz eindringen kann. Das ist es nicht das, was der Geistliche über Sie sagen mag, sondern dass Ihr Geist für zwei Stunden von diesem anderen Reptil und seinen Sorgen abgelenkt wird." Dann ließ sich Mr. Grey mit einem lauten, langen Seufzer seine Stiefel, seine Handschuhe, seinen Kirchenhut und seinen Kirchenschirm bringen. Es war tatsächlich seine Abneigung gegen diese Artikel, mit der Dolly konfrontiert werden musste.

Es kann bezweifelt werden, ob die Gottesdienste an diesem Tag Mr. Gray viel Gutes getan haben; aber sie schienen eine gewisse Wirkung auf seine Tochter gehabt zu haben, da sie am Nachmittag einen Brief mit freundlichen Worten an ihre Tante schrieb: „Papa geht nach Tretton, und ich werde am Dienstag zu dir kommen. Ich habe ein Kleid, das ich als Geschenk für Potsey mitbringe, und ich werde sie dazu bringen, die Knöpfe für sich selbst anzunähen. Ich werde ihr das Buch leihen, von dem ich über diese Stiefel gesprochen habe – ich werde mit Georgina zum Stiefel gehen -Hersteller." Aber was Amelia und Sophy betrifft, konnte sie sich nicht dazu durchringen, auch nur ein freundliches Wort zu sagen, so tief in ihrem Herzen saß die Sünde, die sie sich gegenüber Fürst Tschitakow zuschulden kommen ließen.

An diesem Abend führte sie eine lange Diskussion mit ihrem Vater über die Angelegenheiten der Familie Scarborough. Die Diskussion fand im Speisesaal statt und könnte daher wohl vorsätzlich stattgefunden haben. Die Abende in Mr. Greys eigenem Schlafzimmer waren im Allgemeinen das Ergebnis plötzlicher Gedanken. „Ich sollte ihm das Gesetz vorgeben –“, begann Dolly.

„Das Gesetz ist das Gesetz“, sagte ihr Vater.

„Ich meine das Gesetz nicht in diesem Sinne. Ich sollte ihm klar sagen, was ich geraten habe, und ihm dann klar machen, dass ich mich zurückziehen muss, wenn er meinen Rat nicht befolgt. Wenn sein Sohn bereit ist, diese Geldverleiher zu bezahlen." welche Summen sie tatsächlich vorgeschossen haben, und wenn das Geld durch irgendeine Anstrengung seinerseits aufgebracht werden kann, soll es getan werden. Es scheint einigermaßen gerechtfertigt zu sein, aus dem Eigentum zurückzuzahlen, was dem Anwesen damals von Mr. Scarborough geliehen wurde Die eigene Verwaltung des Eigentums sollte in die Hände des ältesten Sohnes fallen, auch wenn der älteste Sohn verschwenderisch und verschwenderisch ist Mein Sohn wird es nicht annehmen, dann geh weg und schüttel den Staub von deinen Füßen.

„Sie schlagen alles vor, als wäre es die einfachste Sache der Welt."

„Leicht oder schwer, Ich würde nichts besprechen, dessen Gerechtigkeit später bestritten werden könnte."

Was das Ergebnis der Beratung in Mr. Greys Gedanken war, verriet er nicht, aber er beschloss, in allem, was sie ihm sagte, den Rat seiner Tochter zu befolgen.

KAPITEL XIX.

HERR. GREY GEHT ZU TRETTON.

Mr. Gray ging mit einer großen Tüte Papiere nach Tretton. Tatsächlich hatte er sie nicht angeschaut, obwohl er seiner Tochter gesagt hatte, dass er sie alle untersuchen müsse, bevor er anfing, und sie zu diesem Zweck nach Fulham gebracht hatte. Und außerdem wurde die Tasche erst geöffnet, als er wieder nach Hause kam. Sie waren gelesen worden – jedenfalls, was nötig war. Er kannte sein Fach. Der alte Gutsherr wusste es gut.

Mr. Gray ging nach Tretton, nicht um Fakten zu übermitteln oder das Gesetz zu erklären, sondern um sich entweder auf die Seite des Vaters oder des Sohnes zu stellen. Herr Scarborough hatte den Anwalt kommen lassen, um seine Sicht auf den Fall zu untermauern; und der Sohn hatte zugestimmt, ihn zu treffen, damit er leichter über seinen Vater hinwegkommen könne.

Mr. Gray hatte in letzter Zeit etwas erfahren, was ihm vorher verborgen geblieben war – er hatte eine Phase dieses komplizierten Chaos der Unehrlichkeit gesehen, die ihm vorher nicht aufgefallen war. Augustus verdächtigte seinen Vater eines weiteren Verrats. Dass er wütend darüber sein sollte, dass ihm sein Erstgeburtsrecht so lange vorenthalten wurde – ihm die Kenntnis seines Erstgeburtsrechts verwehrt blieb –, war, dachte Mr. Gray, ganz natürlich. Zumindest war ein großes Unrecht beabsichtigt gewesen; und dass ein solcher Mann sich darüber ärgern würde, war zu erwarten. Aber in letzter Zeit hatte Mr. Gray herausgefunden, dass der Verstand des Sohnes nicht auf diese Weise funktionierte. Es war nicht Wut, sondern Misstrauen, das er zeigte; und er benutzte die frühere Behandlung seines Vaters als Rechtfertigung für die in seinen Gedanken enthaltene Verurteilung. Man weiß nicht, was ein alter Mann tun wird, der bereits so gehandelt hat wie er. So drückte er sich sowohl durch seine Worte als auch durch Taten aus und tat dies offen in der Gegenwart seines Vaters. Mr. Gray hatte sie nicht zusammen gesehen, wusste aber aus den Briefen beider, dass dies der Fall war. Der alte Mr. Scarborough verachtete den Verdacht seines Sohnes und ignorierte gänzlich jegliche Worte, die man über sein eigenes Verhalten in der Vergangenheit sagen könnte. Er war bereit oder halb bereit, dass Mountjoys Schulden nicht bezahlt, sondern beglichen werden sollten. Aber er war bereit, für einen solchen Schritt nichts zu tun, außer auf seine eigene Weise. Solange der Atem in seinem Körper war, gehörte das Eigentum ihm, und er entschied sich dafür, als sein einziger Herr behandelt zu werden. Wenn Augustus irgendetwas durch „Post-Obits" tun wollte, möge er sich auf seine Weise ruinieren. „Es ist nicht sehr wahrscheinlich, dass Augustus in der Lage ist, Geld durch Nachrufe auf dem Postweg zu sammeln, so wie die

Umstände des Anwesens auch sind", hatte er an Mr. Grey geschrieben und dabei ein spöttisches Grinsen und Lachen über den Erfolg seines eigenen Schurkentums zum Ausdruck gebracht. Es war, als hätte er erklärt, die Geldverleiher seien zu gut darüber informiert gewesen, welche Tricks Mr. Scarborough mit seinem Eigentum spielen könne, als dass er ein zweites Unternehmen riskiert hätte.

Augustus hatte tatsächlich mit großer Ungeduld auf den Tod seines Vaters gewartet. Es war unvernünftig, dass ein Mann am Leben bleiben sollte, der sich so verhalten hatte und der von den Ärzten so beleidigt worden war. Der Tod seines Vaters war ihm und der ganzen Welt in Wahrheit versprochen worden. Es war in allen Kreisen, die irgendetwas wussten, eine Selbstverständlichkeit, dass der alte Mr. Scarborough keinen weiteren Monat mehr leben konnte. Es war vor einiger Zeit verstanden worden und wurde jetzt verstanden; und doch lebte Mr. Scarborough weiter – zweifellos als Invalide im letzten Stadium der wahrscheinlichen Auflösung, aber immer noch mit der vollen Beherrschung seines Intellekts und seiner geistigen Kräfte, Unheil anzurichten. Augustus, der ihn so sehr verdächtigte, hatte begonnen zu befürchten, dass er zu lange leben könnte. Sein Bruder war verschwunden und er war der Erbe. Wenn sein Vater sterben würde – das war sein erster Gedanke gewesen –, könnte er sich sofort mit den Gläubigern begnügen, bevor irgendwelche Neuigkeiten von seinem Bruder zu hören wären. Aber die Nachricht war gekommen. Sein Bruder war von Mr. Hart in Monte Carlo gesehen worden; und obwohl Mr. Hart die Nachricht noch nicht an die anderen Gläubiger geschickt hatte, war sie von seinem eigenen bezahlten Diener an seinen Bruder sofort an Augustus Scarborough weitergeleitet worden. Von Mr. Harts „kleinem Spiel" kannte er die Einzelheiten noch nicht; aber er war zuversichtlich, dass es etwas Spiel gab.

Augustus zollte seiner Mutter keineswegs Anerkennung für das schändliche Verhalten, das ihr in der Geschichte vorgeworfen wurde, wie sie jetzt von ihrem überlebenden Ehemann erzählt wird. Es war nicht so, dass er an die Ehrlichkeit seiner Mutter glaubte, die er nie gekannt hatte und deren Andenken ihm wenig bedeutete, sondern dass er so fest an die Unehrlichkeit seines Vaters glaubte. Als sein Vater völlig begriffen hatte, dass Mountjoy das Anwesen mit Schulden behaftet hatte, so dass nach Bezahlung der Anleihen nichts als ein Skelett zurückbleiben würde, machte er sich an die Arbeit und beschloss durch den Einfallsreichtum seines Gehirns, es so weit wie möglich zurückzuzahlen was die Scarboroughs betraf, ihr Anwesen aus seiner unglücklichen Lage zu befreien.

So glaubte Augustus; Dies war die Theorie, die in seinem Kopf existierte. Dass sein Vater so klug und Mr. Gray so blind gewesen sein und sogar Mr. Hart und Mr. Tyrrwhit so leicht hinters Licht geführt haben konnten, war bemerkenswert. Aber so war es – oder könnte es wahrscheinlich sein. Er empfand keine Sicherheit, aber das Gefühl großer Gefahr war in ihm stets vorhanden. Aber der von seinem Vater arrangierte Zustand der Dinge könnte von ihm selbst festgestellt werden. Wenn er diese Gläubiger dazu bringen könnte, ihre Anleihen aufzugeben, während die Unwahrheiten seines Vaters noch geglaubt wurden, wäre das eine großartige Sache. Nach und nach hatte er erfahren, wie gering der Betrag des geforderten Geldes tatsächlich an Mountjoy geflossen war, und hatte beschlossen, sich darauf zu beschränken, diesen Betrag zu bezahlen. Das dürfte man nun wohl mit Dankbarkeit annehmen. Der steigende Wert des Anwesens könnte das verkraften, ohne dass es darunter leidet. Aber es sollte sofort geschehen, während Mountjoy noch abwesend war und bevor Mr. Tyrrwhit überhaupt wusste, dass Mountjoy nicht getötet worden war. Dann kam es zu dieser zufälligen Begegnung mit Mr. Hart in Monte Carlo. Dieser Idiot von seinem Verwalter war nicht in der Lage gewesen, Mountjoy von der Spielbank fernzuhalten . Aber Mr. Hart hatte noch nichts gesagt. Mr. Hart spielte sein eigenes Spiel, bei dem er mit Sicherheit vereitelt werden würde. Der starke Halt, den Augustus hatte, lag in der großen Krankheit seines Vaters und in der Blindheit von Mr. Grey, aber es würde geklärt werden. Es hätte gut sein sollen, dass die Sache bereits durch den Tod seines Vaters geklärt wäre. Augustus war der festen Überzeugung, dass der Gutsherr sein Werk durch den Tod vollenden sollte. Wäre die Geschichte, wie sie jetzt von ihm erzählt wird, wahr, müsste er auf jeden Fall sterben, um seine Bosheit schnell zu sühnen. Wäre es falsch, dann müsste er schnell vorgehen, damit die Lüge Wirkung entfalte. Jeder Tag, den er weiterlebte, würde die Entdeckung erheblich gefährden. Augustus meinte, er müsse das Eigentum sofort in seine eigenen Hände nehmen, um die Gläubiger zu kaufen und Sicherheit zu erhalten.

Mr. Grey, der nicht so blind war, wie Augustus dachte, sah viel davon. Augustus verdächtigte ihn ebenso wie den Knappen. Seine Gedanken gingen bei diesen Verdächtigungen hin und her. Es war wahrscheinlicher, dass der Squire dies alles mit der Hilfe des Anwalts hätte bewerkstelligen können, als ohne. Wenn die beiden es gemeinsam tun, könnten sie sehr mächtig sein. Aber dann würde sich Mr. Gray kaum trauen, es zu tun. Sein Vater wusste, dass er im Sterben lag; aber Mr. Gray hatte keine so einfache Möglichkeit, sofort zu entkommen, wenn er entdeckt wurde. Und sein Vater war mit einem ebenso besonderen wie großen Mut ausgestattet. Er glaubte nicht, dass Mr. Gray ein so mutiger Mann war wie sein Vater. Und dann konnte er die Zahlung einer großen Summe an Mr. Grey zurückverfolgen, die in einem solchen Fall als Bestechung notwendig gewesen wäre. Augustus verdächtigte Mr. Grey hin und wieder. Aber Mr. Gray war sich sicher, dass Augustus seinen eigenen Vater verdächtigte. Nun war sich Mr. Gray einer Sache sicher: Augustus war in Wahrheit der rechtmäßige Erbe. Dem Squire war es zunächst gelungen, ihn – ihn, Mr. Grey – zu blenden, teils durch seine eigene

Scharfsinnigkeit, teils durch die Nachlässigkeit von ihm selbst und denen in seinem Büro, teils durch die Unterwürfigkeit von Zeugen, die offenbar tatsächlich darauf vorbereitet waren so ein Ereignis. Eine nachträgliche Verblindung könne es aber nicht geben. Herr Gray genoss den wohlverdienten Ruf seiner professionellen Scharfsinnigkeit und Ehrlichkeit. Er wusste, dass ein solcher Verdacht, wie ihn der junge Mann jetzt hegte, nicht nötig war; aber er wusste auch, dass sie existierten, und er hasste den jungen Mann dafür, dass er sie bewirtete.

Als er in Tretton Park ankam, sah er zunächst Herrn Septimus Jones, den er nicht kannte. „Mr. Scarborough wird sofort hier sein. Er ist irgendwo in den Ställen unterwegs", sagte Mr. Jones in dem Tonfall, mit dem ein Gast im Haus – ein Vergnügungsgast – manchmal einen Gast ansprechen kann, der dort ist ein geschäftlicher Gast. In einem solchen Fall kann der Vergnügungsgast kein Gentleman sein und muss davon ausgehen, dass der Geschäftsgast auch keiner ist.

Mr. Grey dachte, dass der Mr. Scarborough, von dem die Rede war, nicht der Squire sein könne, und gab Mr. Jones Recht. „Es ist der ältere Mr. Scarborough, den ich sehen möchte . Es ist noch genug Zeit. Zweifellos wird Miss Scarborough bald unten sein."

„Sie sind Mr. Grey, glaube ich?"

"Das ist mein Name."

„Mein Freund, Augustus Scarborough, möchte Sie unbedingt sehen, bevor Sie zu seinem Vater gehen. Der alte Mann ist in einem sehr schlechten Gesundheitszustand, wissen Sie."

„Ich kenne Mr. Scarboroughs Gesundheitszustand gut", sagte Mr. Grey, „und überlasse es ihm selbst zu sagen, wann ich ihn sehen werde. Vielleicht ist es morgen am besten." Dann klingelte er; aber der Diener betrat im selben Moment das Zimmer und rief ihn in die Kammer des Gutsherrn. Mr. Scarborough wünschte auch, Mr. Gray vor seinem Sohn zu sehen, und war auf der Hut gewesen, um auf sein Kommen zu warten.

Auf dem Treppenabsatz traf er Miss Scarborough. „Er scheint bei Kräften zu bleiben", sagte die Dame. „Mr. Merton wohnt jetzt im Haus und beobachtet ihn sehr genau." Herr Merton war ein junger Assistenzarzt, den Sir William Brodrick herabgesandt hatte, um dafür zu sorgen, dass alle medizinischen Geräte zur Hand waren, die der kranke Mann möglicherweise benötigen würde. Dann wurde Mr. Gray hereingeführt und fand den Squire auf einem Sofa liegend, mit einem Vorrat an Büchern in seiner Reichweite und Lesegeräten aller Art und allen Geräten, die der Einfallsreichtum des Geschickten zur Linderung von Kranken vorbereiten kann und wohlhabend.

„Das ist sehr nett von Ihnen, Mr. Grey", sagte der Gutsbesitzer mit fröhlicher Stimme. „Ich wollte unbedingt, dass du kommst, aber ich hätte kaum gedacht, dass du dir die Mühe machen würdest. Augustus ist hier, weißt du?"

„Das habe ich von dem Herrn unten gehört."

„Mr. Jones? Ich hatte noch nie das Vergnügen, Mr. Jones zu sehen. Was für ein Gentleman ist Mr. Jones?"

„Ganz ähnlich wie andere Herren."

„Das wage ich zu sagen. Er hat mir die Ehre erwiesen, in letzter Zeit viel in meinem Haus zu übernachten. Augustus kommt nie ohne ihn. Er ist ‚Fidus Achates', nehme ich an, für Augustus. Augustus hat nie gefragt, ob er empfangen werden kann." . Natürlich spielt es keine Rolle, wenn ein Mann der älteste Sohn ist und sozusagen der einzige, der sich gegenüber dem Haus seines Vaters Freiheiten herausnimmt und ihn richtig aufnehmen, glaube ich. Er ist ein sehr geschätzter und bescheidener junger Mann. Da Mr. Gray nicht nach Tretton gekommen war, um Mr. Jones auszuspionieren oder ihn betreffende Fragen zu beantworten, hielt er den Mund. „Nun, Herr Grey, was denken Sie darüber? – eh?" Das war eine umfassende Frage, aber Mr. Gray verstand ihren Sinn sehr gut. Was hielt er, Mr. Grey, von dem Zustand, in den die Angelegenheiten von Tretton und die von Mr. Scarborough selbst und seinen beiden Söhnen gebracht worden waren? Was hielt er von Mountjoy, der verschwunden war und immer noch abwesend war? Was hielt er von Augustus, der seine Dankbarkeit für alles, was für ihn getan worden war, nicht auf die bestmögliche Weise zum Ausdruck brachte? Und was hielt er von dem Gutsherrn selbst, der es seit seinem Sterbebett so gut geschafft hatte, in allem seinen eigenen Willen durchzusetzen – alle möglichen illegalen Dinge zu tun, ohne die Strafen zu zahlen, mit denen Illegalität im Allgemeinen verbunden ist? Und nachdem er die Frage gestellt hatte, wartete er auf eine Antwort.

Mr. Gray hatte kein persönliches Gespräch mit dem Squire geführt, seit bekannt wurde, dass Mountjoy nicht der Erbe sei. Dann waren einige sehr strenge Worte gefallen. Herr Gray hatte zunächst geschworen, dass er kein Wort von dem glaubte, was ihm gesagt wurde, und sich geweigert, sich überhaupt mit der Angelegenheit zu befassen. Wenn es durchgeführt wird, muss Mr. Scarborough es zu einer anderen Anwaltskanzlei bringen. Seitdem hatte es eine Korrespondenz gegeben, für die Herr Scarborough sich gezwungen sah, einen Amanuensis einzusetzen. Allmählich hatte Mr. Gray zugestimmt, zunächst im Namen von Mountjoy und dann im Namen von Augustus. Aber er hatte dies in der Erwartung getan, dass er den Knappen auf dieser Welt nie wieder sehen würde. Auch ihm war versichert worden, dass der Mann sterben würde, und er hatte gespürt, dass es besser wäre, wenn die Verwaltung der Dinge dann in ehrlichen Händen, wie seinen eigenen, und in den Händen derer läge, die sie verstanden, als in solchen denen anvertraut, die sie nicht verstanden haben und die wahrscheinlich nicht ehrlich sind.

Aber der Knappe war nicht gestorben, und hier war er wieder als Gast des Knappen in Tretton. „Ich denke", sagte Mr. Grey, „je weniger über einen Großteil davon gesagt wird, desto besser."

„Das ist natürlich eine pauschale Verurteilung, die ich jedoch erwarte. Lassen Sie das alles so sein, als ob es zum Ausdruck gebracht worden wäre. Sie verstehen den inneren Menschen nicht, der mich regiert – wie er darum gekämpft hat, sich von Konventionalitäten zu befreien." . Ich verstehe auch nicht ganz, wie Ihr innerer Mensch ihnen nachgegeben und sie ermutigt hat.

„Ich habe den Gehorsam gegenüber den Gesetzen meines Landes gefördert. Männer finden es im Allgemeinen sicherer, dies zu tun."

„Genau, und Männer mögen es, in Sicherheit zu sein. Vielleicht hat ein Zustand der Gefahr seinen Reiz für mich gehabt. Es ist sehr dumm, aber vielleicht ist es so. Aber lassen Sie das. Das Seil war um meinen eigenen Hals und nicht um diesen Vielleicht habe ich in letzter Zeit gedacht, dass ich mit Hilfe des Chirurgen vor allem davonlaufen könnte, dass ein Mann auf diese Weise keine Chance mehr hat von Mountjoy und Augustus?"

„Ich denke, dass Mountjoy sehr schlecht ausgenutzt wurde."

„Aber ich habe versucht, mein Bestes für ihn zu tun."

„Und dieser Augustus wurde schlimmer benutzt."

„Aber er wurde jedenfalls noch rechtzeitig in Ordnung gebracht. Wäre er als ältester Sohn erzogen worden, hätte er vielleicht das Gleiche getan wie Mountjoy." Dann erschien ein kleiner Funke der Befriedigung auf dem Gesicht des Gutsbesitzers, als er spürte, dass seine Antwort ausreichend war. „Aber sie sind beide nicht erfreut."

„Man kann den Menschen nicht gefallen, indem man etwas falsch macht, nicht einmal in ihrem eigenen Namen."

„Darüber bin ich mir nicht so sicher. Würden Sie sagen, dass wir Menschen niemals gefallen können, indem wir in ihrem Namen das Richtige tun, lägen Sie vielleicht näher am Ziel. Wo glauben Sie, dass Mountjoy ist?" Mr. Gray hatte das Gerücht erreicht, Mountjoy sei in Monte Carlo gesehen worden, aber es war nur ein Gerücht gewesen. Dasselbe hatte Mr. Scarborough tatsächlich auch erfahren, aber er beschloss, sein Gerücht für sich zu behalten. Tatsächlich hatte ihn mehr als nur ein Gerücht erreicht.

„Ich denke, dass er sicher auftauchen wird", sagte der Anwalt. „Ich denke, wenn es sich lohnen würde, würde er sofort auftauchen."

„Ist es nicht besser, dass er weg ist?“ Mr. Grey zuckte mit den Schultern. „Welchen Sinn hat es, wenn er in ein Hornissennest zurückkommt? Ich habe immer gedacht, dass er gut daran getan hat, zu verschwinden. Wo soll er leben, wenn er zurückkommt? Sollte er hierher kommen?“

„Nicht, da seine Spielschulden beim Verein unbezahlt sind.“

„Das hätte geklärt werden können. Allerdings war sein Glücksspiel tatsächlich wie ein Bottich ohne Boden. Es blieb nichts anderes übrig, als ihn völlig umzuwerfen. Und doch war er von beiden umso besser ! Armer Mountjoy!“

„Armer Mountjoy!“

„Sehen Sie, wenn ich ihn nicht enterbt hätte, hätte ich so lange für ihn bezahlen müssen, bis das ganze Vermögen schon zu meinen Lebzeiten verschwendet worden wäre.“

„Du sprichst, als ob das Gesetz dir die Macht gegeben hätte, ihn zu enterben.“

„Das war es.“

„Aber nicht die Macht, ihm das Erbe zu geben.“

„Das habe ich auf mich genommen. Dort war ich stärker als das Gesetz. Jetzt bitte ich einfach und demütig das Gesetz, zu kommen und mir zu helfen. Und das Ergebnis ist, dass Augustus es auf sich nimmt, mich zu belehren und sich gekränkt zu fühlen. Er ist nicht wütend Ich streite mit mir, weil ich nicht sterbe, nur um ihm zu gefallen. Ich halte es für wichtig, dass ich gerade jetzt lebe.

„Aber werden Sie ihm das Geld geben, um diese Gläubiger zu bezahlen?“

„Darüber möchte ich sprechen. Wenn ich die Liste der zu zahlenden Beträge sehen kann und wenn Sie sich versichern können, dass ich durch die Zahlung alle Post-Obit-Anleihen zurückbekomme, die Mountjoy gegeben hat, und das.“ Das Geld kann sofort für eine gemeinsame Hypothek aufgebracht werden, die von mir und Augustus ausgeführt werden soll. Aber das erste, was ich tun muss, ist, den Betrag zu kennen, den ich ohne Ihre Zustimmung übernehmen werde Die Macht selbst. Das Einzige, was er wünscht, ist, dass ich gehen werde, solange ich bleibe, und dass ich dich und ihn morgen wiedersehen werde Iss dein Abendessen. Ich kann dir nicht sagen, wie sehr ich dir für dein Kommen dankbar bin. Und dann verließ Mr. Gray das Zimmer, ging in sein Zimmer und begab sich im Laufe der Zeit in den Salon.

KAPITEL XX.

HERR. GREYS MEINUNG ÜBER DIE FAMILIE SCARBOROUGH.

Wäre Augustus wirklich darauf bedacht gewesen, Mr. Gray zu sehen, bevor Mr. Gray zu seinem Vater ging, hätte er es wahrscheinlich geschafft. Er erzählte Mr. Jones nicht immer alles. „Also ist der Kerl sofort zum Gouverneur geeilt, als er das Haus betrat“, sagte er.

„Er ist jetzt bei ihm.“

„Natürlich ist er das. Macht nichts. Auf lange Sicht werde ich mit ihm einverstanden sein.“ Dann begrüßte er den Anwalt mit gespielter Höflichkeit, sobald er ihn sah. „Ich hoffe, Ihre Reise hat Ihnen keinen Schaden zugefügt, Mr. Grey.“

"Nicht im geringsten."

„Ich bin mir sicher, dass es sehr nett von Ihnen ist, sich mit so viel Interesse um unsere armen Anliegen zu kümmern. Jones, meinen Sie nicht, dass es an der Zeit ist, dass sie uns etwas zu Abend essen? Mr. Grey, da bin ich mir sicher, muss seines haben wollen.“ Abendessen."

„Alles zu seiner Zeit“, sagte der Anwalt.

„Sie werden zu Abend essen, Mr. Grey. Das ist das Mindeste, was wir für Sie tun können.“ Mr. Gray spürte, dass in jedem Ton seiner Stimme eine Beleidigung lag, und er achtete besonders auf jeden Ton und prägte sie sich alle in seinem Gedächtnis ein. Nach dem Abendessen stellte er eine unwichtige Frage in Bezug auf das Treffen, das am Morgen stattfinden sollte, und wurde sofort zurechtgewiesen. „Ich weiß nicht, dass wir unseren Freund hier mit unseren privaten Sorgen belästigen müssen“, sagte er.

„Nicht im Geringsten“, sagte Mr. Grey. „Sie haben bereits in meiner und seiner Anwesenheit darüber gesprochen. Es ist notwendig, dass ich eine Liste der Gläubiger habe, bevor ich Ihren Vater beraten kann.“

„Ich sehe es nicht, aber das müssen Sie beurteilen. Tatsächlich weiß ich nicht, zu welchen Punkten mein Vater Ihren Rat wünscht. Ein Anwalt erstellt im Allgemeinen eine solche Liste.“ Dann nahm Herr Gray ein Buch zur Hand und wurde bald von den jüngeren Männern allein gelassen.

Am Morgen ging er in den Park, um Zeit zum Nachdenken zu haben. Zwischen ihm und Augustus war kein einziges Wort mehr über ihre Angelegenheiten gesprochen worden. Beim Frühstück besprach Augustus mit seinem Freund den Stand der Dinge bezüglich einer Rasse und dann den

Charakter bestimmter Damen. Kein Thema hätte für Mr. Grey weniger interessant sein können, wie Augustus wusste. Sie frühstückten um zehn Uhr, und zwölf waren für das Treffen benannt. Mr. Gray hatte für seinen Spaziergang eine oder anderthalb Stunden Zeit, in denen er all diese Dinge, mit denen er schon seit vielen Tagen beschäftigt war, noch einmal in Gedanken durchgehen konnte.

Über zwei oder drei Tatsachen war er sich sicher. Augustus war der legitime Erbe seines Vaters. Dafür hatte er zahlreiche dokumentarische Beweise gesehen. Das Wort von Scarborough sollte für ihn nichts ausmachen – aber dieser Tatsache war er sicher. Ob der Squire etwas über Mountjoy wusste, war er sich nicht sicher, aber dass Augustus es wusste, war er ganz sicher. Wer während seiner Reise die Rechnungen für den Sündenbock bezahlte, konnte er nicht sagen, aber er hielt es für wahrscheinlich, dass Augustus das Geld fand. Er, Mountjoy, wurde ferngehalten, um den Gläubigern aus dem Weg zu gehen.

Er glaubte daher, dass Augustus dies tat, um die Schulden leichter aufkaufen zu können. Aber warum sollte Augustus die Kosten auf sich nehmen, die Schulden aufzukaufen, da das Geld doch letztlich aus seiner eigenen Tasche kommen musste? Denn – so dachte Mr. Gray – Augustus würde seinem eigenen Vater nicht trauen. Wenn es den Gläubigern gelänge, Mountjoy nach dem Tod seines Vaters zu bemächtigen und alle Anleihen fällig würden, könnten sie möglicherweise die Fakten so aufklären, dass klar wird, dass das Eigentum schließlich Mountjoys Eigentum war. Dies war nicht Mr. Greys Idee, sondern Mr. Greys Vorstellung von der Berechnung, die Augustus für seine eigene Regierung anstellte. Nach Mr. Greys Kenntnis aller Sachverhalte hegte Augustus in dieser Angelegenheit solche Vermutungen. Warum sollte er sonst darauf bedacht sein, einen Schritt zu unternehmen, der sich nur zum Vorteil der Gläubiger auswirken würde? Er war sich ziemlich sicher, dass Augustus jedenfalls kein Geld zahlen würde, nur um ihre Ansprüche ehrlich zu begleichen.

Aber es gab noch ein anderes Thema, das ihn übermäßig beschäftigte, als er durch den Park ging. Warum sollte er sich die Hände schmutzig machen oder zumindest sein Gewissen mit einer so unreinen, so verwirrenden und so beunruhigenden Angelegenheit belasten? Warum war er überhaupt in Tretton, um von einem jungen Schurken beleidigt zu werden, für den er Augustus Scarborough hielt? Er wusste, dass Augustus Scarborough ihn verdächtigte. Aber im Gegenzug verdächtigte er Augustus Scarborough. Die Gläubiger verdächtigten ihn. Mountjoy verdächtigte ihn. Der Gutsherr verdächtigte ihn nicht, aber er verdächtigte den Gutsherrn. Er konnte nie wieder das Gefühl haben, mit einem Mann, der in Bezug auf seine Ehe einen solchen Streich gespielt hatte, wie dieser Mann, in einer vertrauensvollen, legalen Freundschaft zu sein. Warum sollte er sich dann immer noch um eine

Angelegenheit kümmern, die ihm so zuwider war? Warum sollte er sich nicht die Hände abwischen und sich zurückziehen? Es gab keinen Parlamentsbeschluss, der ihn dazu zwang, sich in den Dreck einzumischen.

Das waren seine Gedanken. Aber dennoch wusste er, dass er gezwungen war. Er fühlte sich verpflichtet, die Interessen wahrzunehmen, die er nun seit vielen Jahren in die Hand nahm. Es war seine Pflicht – oder die Pflicht eines seiner Angehörigen –, die Täuschung aufzuklären, mit der versucht wurde, Augustus Scarborough seines Erbes zu berauben. Es war eine Zeit lang seine Pflicht gewesen, Mountjoy und die Gläubiger, die Mountjoy ihr Geld geliehen hatten, vor einem seiner Meinung nach böswilligen Versuch zu schützen. Sobald er dann das Gefühl hatte, dass der zweifelhafte Versuch schon früher zu Gunsten von Mountjoy unternommen worden war, wurde es seine Pflicht, Augustus zu beschützen, trotz der starken persönlichen Abneigung, die er von Anfang an gegen diesen jungen Mann hegte.

Und dann war er zweifellos von der Einzigartigkeit all dessen angezogen worden, was in dieser Angelegenheit getan worden war und was wahrscheinlich noch getan werden würde. Er hatte sich gesagt, dass die Sache klargestellt werden sollte und dass er es klarstellen würde. Deshalb beschloss er bei seinem Spaziergang im Park, dass er durchhalten müsse.

Um zwölf Uhr war er bereit, in das Krankenzimmer gebracht zu werden. Als er es unter der Obhut von Miss Scarborough betrat, stellte er fest, dass Augustus dort war. Der Knappe saß aufrecht, die Füße gestützt, und war offenbar guter Laune. „Nun, Mr. Grey", sagte er, „haben Sie diese Angelegenheit mit Augustus geklärt?"

„Ich habe nichts geregelt."

„Er hat überhaupt nicht mit mir darüber gesprochen", sagte Augustus.

„Ich habe ihm gesagt, dass ich eine Liste der Gläubiger haben möchte. Er sagte, es sei meine Pflicht, sie bereitzustellen. Das war der Umfang unseres Gesprächs."

„Was er für zweckmäßig hielt, in der Gegenwart meines Freundes, Mr. Jones. Mr. Jones ist in seiner Art sehr gut, aber er ist nicht mit allen meinen Angelegenheiten vertraut."

„Ihr Sohn, Mr. Scarborough, hat mir keinerlei Informationen übermittelt."

„Mr. Gray hat mich auch nicht um irgendwelche Informationen gebeten." Während dieses kleinen Dialogs wandte Mr. Scarborough lächelnd sein Gesicht von einem zum anderen, ohne ein Wort zu sagen.

„Wenn Mr. Gray Ihnen einen Ratschlag geben kann, lassen Sie ihn ihn vorschlagen", sagte Augustus.

„Jetzt, Mr. Grey", sagte der Gutsbesitzer mit demselben Lächeln.

„Bis ich weitere Informationen bekomme", sagte Mr. Grey, „kann ich mich nur darauf beschränken, den Rat zu geben, den ich Ihnen gestern gegeben habe."

„Vielleicht wiederholen Sie es, damit er es hört", sagte der Gutsherr.

„Wenn Sie eine Liste derjenigen erhalten, denen Ihr Sohn Mountjoy Geld schuldet, und die Versicherung, dass die in dieser Liste genannten Gelder ihm von Zeit zu Zeit geliehen wurden – den tatsächlichen Betrag, meine ich –, dann denke ich dass Sie, wenn Sie und Ihr Sohn Augustus sich gemeinsam für die Zahlung dieser Beträge entscheiden, die bestmögliche Wiedergutmachung für den Schaden leisten werden, den Sie zweifellos angerichtet haben, indem Sie dafür gesorgt haben, dass klargestellt wird, dass Mountjoy rechtmäßig war."

„Sie brauchen nicht darüber zu sprechen", sagte der Gutsbesitzer, „über die Verletzungen, die ich verursacht habe. Ich habe ohne Zweifel sehr viele davon verursacht."

„Aber", fuhr der Anwalt fort, „bevor eine solche Zahlung erfolgt, sollten genaue Untersuchungen über die tatsächlich geflossenen Geldbeträge eingeleitet werden."

„Wir sollten auf jeden Fall aufgenommen werden", sagte der Gutsbesitzer. „Ich habe große Bewunderung für Herrn Samuel Hart. Ich glaube, dass es unmöglich wäre, Herrn Samuel Hart die Wahrheit zu entlocken. Wenn Herr Samuel Hart mit dem armen Mountjoy noch kein Geld verdient, wäre ich überrascht."

„Die Wahrheit kann ermittelt werden", sagte Mr. Grey. „Sie sollten einen Buchhalter beauftragen, die Schecks zu prüfen."

„Wenn ich mich daran erinnere, wie einfach es war, einige wirklich kluge Männer über die Beweise meiner Ehe zu täuschen –", begann Mr. Scarborough. Also begann der Knappe, hielt dann aber mit einem Schulterzucken inne. Unter den wirklich klugen Männern, die sich leicht täuschen ließen, war Mr. Gray, wenn auch nicht wirklich der wichtigste, so doch der erste, dem Namen nach.

„Die Wahrheit lässt sich vielleicht feststellen", wiederholte Mr. Gray, fast mit einem wütenden Gesichtsausdruck auf der Stirn.

„Nun ja, ich denke schon. Im Gegensatz zu Mr. Samuel Hart wird es schwierig werden."

„Sie müssen sich auf jeden Fall selbst zufriedenstellen. Diese Männer werden wissen, dass sie keine andere Hoffnung haben, einen Schilling zu bekommen."

„Es ist ein wenig schwierig, ihnen irgendetwas Glauben zu vermitteln", sagte der Gutsherr. „Sie denken, wissen Sie, dass, wenn sie Mountjoy in ihre Hände bekommen könnten, um ihn in ihren Händen zu halten, wenn der Atem aus meinem Körper ist und die Fesseln wirklich fällig sind, dann könnte das geschehen." er ist wirklich der Erbe.

„Wir wissen, dass dem nicht so ist", sagte Herr Grey. Daraufhin lächelte Augustus mild.

„Wir wissen es. Aber es ist das, was wir Herrn Samuel Hart mitteilen können. In Wahrheit erlaubt sich Herr Samuel Hart nie, etwas zu wissen – außer dem Geldbetrag, den er möglicherweise bei seiner Bank hat. Und es wird schwierig sein." um Herrn Tyrrwhit zu überzeugen, dass wir alle – Sie und ich, Mountjoy und Augustus – an einer Verschwörung beteiligt sind, um ihn und die anderen zu betrügen."

„Das wundert mich nicht", sagte Mr. Grey.

„Vielleicht nicht", fuhr der Gutsbesitzer fort; „Die Umstände sind zweifellos verdächtig. Aber er wird seinen Fehler herausfinden müssen. Augustus ist sehr daran interessiert, diesen armen Männern ihr Geld zu zahlen. Es ist ein edles Gefühl seitens Augustus; das müssen Sie zugeben, Herr. Grau." Die Ironie, mit der dies gesagt wurde, war im Gesicht und in der Stimme des Gutsbesitzers deutlich zu erkennen. Augustus lachte nur leise. Der Anwalt saß so fest wie der Tod. Er würde einer solchen Aussage nicht widersprechen oder über einen solchen Witz lachen. „Ich schätze, es werden über hunderttausend Pfund sein."

„Achtzigtausend, schätze ich", sagte Augustus. „Die Anleihen belaufen sich auf viel mehr – das Doppelte."

„Es ist seine Sache, zu beurteilen", sagte der Gutsherr, „ob er aufgrund seiner Ehre verpflichtet ist, eine so große Summe an Männer zu zahlen, die er meiner Meinung nach nicht sehr liebt."

„Das Anwesen kann es ertragen", sagte Augustus.

„Ja, das verträgt der Nachlass", sagte der Anwalt. „Sie sollten dafür bezahlt werden, was sie ausgegeben haben. Das ist meine Idee. Ihr Sohn glaubt, dass ihr Schweigen das Geld wert sein wird."

"Was bringt dich dazu das zu sagen?" forderte Augustus.

„Nur meine eigene Meinung."

„Ich betrachte es als Beleidigung."

„Wären Sie so freundlich, uns zu erklären, aus welchem Grund Sie dies tun möchten?" fragte Mr. Grey.

„Nein, Sir; ich weigere mich, irgendeinen Grund zu nennen. Aber diejenigen, die Sie mir zuschreiben, sind beleidigend."

„Wirst du sie leugnen?"

„Ich werde nichts zustimmen – was von Ihnen kommt – und ich werde auch nichts leugnen. Es steht Ihnen als Anwalt überhaupt nicht zu, Ihren Mandanten Motive zuzuschreiben. Können Sie das Geld aufbringen, damit es zur Verfügung steht?" einmal? Das ist hier die Frage."

„Mit der Vollmacht Ihres Vaters, unterstützt durch Ihre Unterschrift, kann ich mir vorstellen, dass ich das tun kann. Aber ich werde nicht mit Gewissheit antworten. Das Beste wäre, einen Teil des Grundstücks zu verkaufen. Wenn Sie und Ihr Vater beitreten, und Mountjoy auch mit dir, es kann geschehen.

„Was hat Mountjoy damit zu tun?" fragte der Vater.

„Sie sollten besser auch Mountjoy haben. Es mag einige Zweifel am Titel geben. Die Leute werden so denken, nachdem die Streiche gespielt wurden." Dies wurde vom Anwalt gesagt; aber der Knappe lachte nur. Er zeigte immer eine gewisse Freude an dem Spaß, der sich aus den Auswirkungen seiner eigenen Pläne ergab. Die Rechtswelt mit ihren Fideikommisse hatte versucht, über sein Eigentum zu verfügen, aber er hatte der Rechtswelt gezeigt, dass es keine leichte Aufgabe war, über alles zu verfügen, worum es ihm ging.

„Wie werden Sie Mountjoy erreichen?" fragte Augustus. Dann sahen sich die beiden älteren Männer nur noch an. Beide glaubten, dass Augustus mehr über seinen Bruder wusste als jeder andere. „Ich denke, Sie sollten besser zu Mr. Annesley schicken und ihn fragen."

„Was weiß Annesley über ihn?" fragte der Knappe.

„Er war jedenfalls der Letzte, der ihn in London gesehen hat."

"Bist Du Dir sicher?" sagte Mr. Grey.

„Ich glaube, das kann ich sagen. Ich glaube jedenfalls, dass ich weiß, dass es zwischen ihnen auf der Straße einen heftigen Streit gab – einen Streit, bei dem die beiden Männer zu Schlägereien übergingen – und dass Annesley ihn geschlagen hat so, dass er tot auf dem Bürgersteig zurückblieb. Dann ging der junge Mann weg, und man hat seitdem nichts mehr davon gehört oder zumindest nicht gesehen, dass ein Mann einen solchen Schlag versetzt hätte. und dann, in Gedanken an seine eigene Sicherheit, seinen Gegner hätte verlassen sollen, kann ich verstehen, dass ich selbst nicht einer solchen

Behandlung beschuldigt werden möchte, aber ich kann es nicht verstehen, dass der Mann hätte überhaupt fehlen sollen, und dann hätte er den Mund halten sollen.

„Woher weißt du das alles?" fragte der Anwalt.

„Es genügt, dass ich es weiß."

„Ich glaube kein Wort davon", sagte der Gutsbesitzer.

„Wenn ich von Ihnen spreche, muss ich natürlich jeden Widerspruch ertragen", sagte Augustus. „Ich würde es niemand anderem vorenthalten", und er sah den Anwalt an.

„Man hat das Recht, deine Autorität einzuholen", sagte sein Vater.

„Ich kann es nicht geben. Es handelt sich um eine Dame, deren Namen ich nicht nennen werde. Aber es ist von geringerer Bedeutung, da seine eigenen Freunde mit der Art seines Verhaltens vertraut sind. Es kommt mir in der Tat seltsam vor, Sie zwei so unwissende Herren zu sehen zu der Angelegenheit, die in den meisten Kreisen Gegenstand allgemeiner Diskussionen ist. Sein Onkel beabsichtigt, ihn vom Eigentum auszuschließen.

„Kann auch er mit Fideikommisse umgehen?" sagte der Knappe.

„Er ist noch im mittleren Lebensalter und kann heiraten. Das hatte er vor, so sehr ist er von seinem Neffen angewidert. Er hat dem jungen Mann bereits das Taschengeld gestrichen und schwört, dass er keinen einzigen Schilling von ihm bekommen wird." Geld, wenn er es verhindern kann. Die Polizei hatte lange Zeit große Zweifel, ob sie ihn nicht verhaften würde.

„Sie sind überhaupt nicht gerechtfertigt", sagte der Vater.

„Ich kann nur meine Meinung äußern und freue mich, sagen zu können, dass die Welt meiner Meinung ist."

„Es ist widerlich, absolut widerlich", sagte der Gutsbesitzer und wandte sich an den Anwalt. „Du würdest es jetzt nicht glauben –"

Aber er hielt sich zurück. „Was würde Mr. Gray nicht glauben?" fragte der Sohn.

„Niemand weiß besser als Sie, dass Mountjoy nach dem Streit auf der Straße – als Mountjoy, glaube ich, der Angreifer war – erneut von einer anderen Person gesehen wurde. Ich hasse solche Täuschung und Intrigen." Hier lächelte Augustus. „Worüber kicherst du da, du Dummkopf?"

„Ihr Hass, Sir, auf Täuschung und Intrigen. Die Wahrheit ist, dass ein Mann, der ein Spiel gut spielt, nicht gern feststellen möchte, dass er seinesgleichen hat. Der Himmel bewahre, dass ich sagen sollte, dass es hier Rivalität gibt. Sie, Sir.", sind so überragend die Ersten, dass dir niemand etwas anhaben kann." Dann lachte er lange – ein leises, bitteres, unhörbares Lachen – währenddessen saß Mr. Gray schweigend da.

„Das kommt gut von dir!" sagte der Vater.

„Nun, Sir, Sie würden es mit mir versuchen. Ich habe alles übergangen, was Sie für mich getan haben. Aber wenn Sie mich beschimpfen, kann ich Ihre Worte nicht ganz so gelassen hinnehmen, als hätte es – nein, wird es gegeben." Ich sage: Sollen wir es jetzt bezahlen?"

„Das Geld ist mir völlig egal. Was geht es mir an? Ich schulde diesen Gläubigern nichts."

„Ich auch nicht."

„Dann lassen Sie sie sich ausruhen und das Schlimmste tun, was sie können. Aber im Großen und Ganzen, Mr. Grey", fügte er nach einer Pause hinzu, „denke ich, dass wir sie besser bezahlen sollten. Sie haben sich bemüht, mir gegenüber unverschämt zu sein, und." Deshalb habe ich ihre Forderung ignoriert. Ich habe ihnen gesagt, sie sollen ihr Schlimmstes tun, wenn mein Sohn Ihnen bei der Beschaffung des Geldes zustimmt, und wenn Mountjoy dies auch tun wird, werde ich es auch tun Tun Sie, was von mir verlangt wird, und es sollte keine Schwierigkeiten geben. Sie können sich erkundigen, wie hoch der tatsächliche Betrag sein würde. das ist alles."

„Sehr gut, Mr. Scarborough. Dann werde ich wissen, wie ich vorgehen soll. Soweit ich weiß, ist Mr. Scarborough junior eine zustimmende Partei?" Mr. Scarborough, Junior, bekundete sein Einverständnis durch Kopfnicken.

„Das reicht dann, denn ich glaube, ich bin ein wenig erschöpft." Dann drehte er sich auf seinem Sofa um, als wollte er schlafen. Mr. Gray verließ den Raum und Augustus folgte ihm, aber zwischen ihnen wurde kein Wort gesprochen. Mr. Gray aß früh zu Abend und fuhr mit dem Abendzug nach London. Was aus Augustus geworden war, erkundigte er sich nicht, sondern bat lediglich um sein Abendessen und um eine Beförderung zum Zug. Diese trafen ein und er kehrte noch in der Nacht nach Fulham zurück.

"Also?" sagte Dolly, sobald sie ihm seine Hausschuhe besorgt und ihm seinen Tee gemacht hatte.

„Ich wünschte von ganzem Herzen, ich hätte nie jemanden mit dem Namen Scarborough gesehen!"

„Das ist natürlich; – aber was hast du getan?"

„Der Vater war ein großer Schurke. Er hat die Gesetze seines Landes missachtet und sollte aufs Härteste bestraft werden. Und Mountjoy

Scarborough hat sich als unfähig erwiesen, Geld in seinen Händen zu halten. Ein so rücksichtsloser Mann ist klein." Besser als ein Wahnsinniger. Aber im Vergleich zu Augustus sind sie beide achtbare, liebenswürdige Männer, und Mountjoy ist einfach verrückt. Dann erklärte er ausführlich alles, was er gelernt hatte, und alles, was er geraten hatte, und ging schließlich zu Bett, um Dollys Idee zu bekämpfen, dass die Scarboroughs jetzt ganz über Bord geworfen werden sollten.

KAPITEL XXI.

HERR. SCARBOROUGHS GEDANKEN ÜBER SICH.

Als Mr. Scarborough allein gelassen wurde, schlief er nicht ein, wie er vorgetäuscht hatte, sondern lag eine Stunde lang da, dachte über seine Lage nach und schwelgte in vollen Zügen in den Gefühlen des Zorns, die er jetzt gegenüber seinem zweiten Sohn hegte. In Wahrheit hatte er Augustus nie geliebt. Augustus ähnelte seinem Vater sehr in seiner Fähigkeit, Täuschungen zu organisieren, Intrigen zu schmieden und so zu erreichen, dass sein eigener Wille im Widerspruch zum Willen aller Menschen um ihn herum stand. Aber sie unterschieden sich völlig von dem Ziel, das sie erreichen wollten. Herr Scarborough war kein egoistischer Mann. Augustus war egoistisch und sonst nichts. Mr. Scarborough hasste das Gesetz, weil es das Gesetz war, und er versuchte, ihn und andere in Schranken zu halten. Augustus mochte das Gesetz – es sei denn, es beeinträchtigte in bestimmten Punkten seine eigenen Handlungen. Herr Scarborough dachte, dass er es besser machen könnte als das Gesetz. Augustus wollte es noch schlimmer machen. Mr. Scarborough errötete nie über das, was er selbst versuchte, es sei denn, er scheiterte, was nicht oft der Fall war. Aber er wurde ständig dazu getrieben, für seinen Sohn zu erröten. Augustus errötete für nichts und für niemanden. Als Mr. Scarborough dem Anwalt erklärt hatte, dass Augustus für die Erhabenheit des Opfers, das er brachte, gerechtes Lob gebühre, hatte Augustus seinen Vater genau verstanden und war entschlossen, sich zu rächen, nicht wegen der Äußerung der Gedanken seines Vaters, sondern weil so habe er sich vor dem Anwalt geäußert. Auch Mr. Scarborough war der Meinung, dass ihm Rache zustehe.

Als er eine Stunde allein gelassen worden war, läutete er die Glocke, die dicht neben ihm stand, und rief nach Mr. Merton. „Wo ist Mr. Grey?“

„Ich glaube, er hat den Wagon befohlen, ihn zum Bahnhof zu bringen.“

„Und wo ist Augustus?“

"Ich weiß es nicht."

„Und Mr. Jones? Ich nehme an, sie sind nicht zum Revier gegangen. Fühlen Sie einfach meinen Puls, Merton. Ich fürchte, ich bin sehr schwach.“ Mr. Merton fühlte seinen Puls und schüttelte den Kopf. „Es gibt sozusagen keinen Puls.“

„Oh ja; aber es ist unregelmäßig. Wenn du dich so heftig anstrengst –“

„Das ist alles schön und gut; aber ein Mann muss sich manchmal anstrengen, mag die Strafe sein, was auch immer sie sein mag. Wann, glauben Sie, muss

Sir William wiederkommen?" Wenn Sir William kam, kam er mit seinem Messer, und sein Erscheinen war immer zu fürchten.

„Es hängt sehr von Ihnen selbst ab, Mr. Scarborough. Ich glaube nicht, dass er sehr oft kommen kann, aber Sie können die Entfernungen lang oder kurz machen. Sie sollten sich um keine Geschäfte kümmern."

„Das ist absoluter Quatsch."

„Trotzdem ist es meine Pflicht, das zu sagen. Welche Vorkehrungen auch immer erforderlich sein mögen, sie sollten von anderen getroffen werden. Wenn Sie das tun, was Sie heute Morgen getan haben, kann ich Ihnen natürlich eine kleine Erleichterung vorschlagen. Ich kann Ihnen Stärkungsmittel geben und Erhöhe den Betrag; aber ich kann dem Übel, das du selbst anrichtest, nicht widerstehen.

„Ich verstehe alles."

„Du wirst dich umbringen, wenn du weitermachst."

„Ich habe nicht vor, noch weiter zu machen – nicht so, wie ich es heute getan habe; aber das Geschäft aufzugeben, das ist Unsinn. Ich muss mein Eigentum verwalten, und ich habe vor, es so lange selbst zu verwalten." Wie ich lebe, gab es leider manchmal Unfälle, die das Management etwas hart machten, aber ich gebe Ihnen mein Wort dafür „Sprich mit mir darüber, mein Geschäft aufzugeben. Jetzt nehme ich deine Stärkungsmittel, und hättest du dann die Freundlichkeit, meine Schwester zu bitten, zu mir zu kommen?"

Miss Scarborough, die immer auf ihren Bruder wartete, war sofort im Zimmer. „Martha", sagte er, „wo ist Augustus?"

„Ich glaube, er ist ausgegangen."

„Und wo ist Mr. Septimus Jones?"

„Er ist bei ihm, John. Die beiden sind immer zusammen."

„Es würde Ihnen nichts ausmachen, Mr. Jones meine Komplimente auszusprechen und ihm zu sagen, dass sein Schlafzimmer gesucht wird?"

„Sein Schlafzimmer gesucht! Es gibt viele Schlafzimmer und niemand, der sie bewohnt."

„Das ist ein Hinweis darauf, dass ich möchte, dass er geht. Er würde das verstehen."

„Wäre es nicht besser, es Augustus zu sagen?" fragte die Dame und zweifelte sehr an ihrer Fähigkeit, die ihr gegebenen Anweisungen auszuführen.

„Er würde es Augustus erzählen. Es ist, wie Sie sehen, kein Einwand, den ich gegen Mr. Jones habe Einen liebenswürdigen jungen Mann zu unterhalten, ohne ein Wort zu diesem Thema zu sagen, denkt Augustus nicht einmal, dass es sich lohnt, mit mir über ihn zu sprechen, wenn ich in einem Monat oder so weg bin, vielleicht in einer Woche oder so Zweitens: Er kann tun und lassen, was er will.

„Nicht, John!"

„Aber es ist so. Solange ich lebe, bin ich zumindest Herr dieses Hauses. Ich kann Mr. Jones nicht sehen, und ich möchte keinen weiteren Streit mit Augustus haben. Mr. Merton sagt, dass es jedes Mal, wenn ich wütend werde, Sir gibt William, noch eine Chance mit dem Messer. Ich dachte, dass du es vielleicht schaffst. Dann versprach Miss Scarborough, dass sie es tun würde, und da ihr die Gesundheit ihres Bruders sehr am Herzen lag, tat sie es auch. Augustus stand lächelnd da, während ihm die Nachricht tatsächlich überbracht wurde, aber er gab keine Antwort. Als die Dame fertig war, nickte er mit dem Kopf, um zu zeigen, dass er den Empfang bestätigte, und die Dame zog sich zurück.

„Ich habe meine Gehpapiere", sagte er zehn Minuten später zu Septimus Jones.

„Ich weiß nicht, was du meinst."

„Nicht wahr? Dann müssen Sie sehr dickköpfig sein. Mein Vater hat mir mitgeteilt, dass Sie ausgewiesen werden sollen. Natürlich meint er das für mich. Er möchte mir nicht die Macht geben, das zu sagen hat mich aus dem Haus geschickt – mich, den er so lange auszurauben versucht hat – mich, dem er so viel zu verdanken hat, weil er keine Schritte unternommen hat, um seinen Betrug zu bestrafen. Und er weiß, dass ich keine Schritte unternehmen kann, weil er dran ist sein Sterbebett.

„Aber du könntest es doch nicht, wenn er irgendwo anders wäre?"

„Könnte ich nicht? Das ist alles, was Sie darüber wissen. Aber seien Sie sich darüber im Klaren, dass ich morgen früh anfangen werde, und wenn Sie nicht hier bleiben und ihn besuchen möchten, sollten Sie besser mit mir gehen." Mr. Jones gab zu verstehen, dass er dem Hinweis Folge leistete, und so hatte Miss Scarborough ihre Arbeit erledigt.

Als Mr. Scarborough so allein gelassen wurde, verbrachte er seine Zeit hauptsächlich damit, über den Zustand seiner Söhne nachzudenken. Sein ältester Sohn Mountjoy, der immer sein Favorit gewesen war und den er als kleiner Junge mit allen Mitteln verwöhnt hatte, war ein ruinierter Mann. Seine Schulden waren alle beglichen, bis auf das Geld, das er den Geldverleihern schuldete. Aber er war trotzdem ein ruinierter Mann. Wo er sich in diesem

Moment befand, wusste sein Vater nicht. Die ganze Welt kannte die Ungerechtigkeit, die er im Namen seines Jungen begangen hatte, und die ganze Welt wusste, dass das Unterfangen gescheitert war. Und nun hatte er große und erfolgreiche Anstrengungen unternommen, um seinem rechtmäßigen Erben das gesamte Eigentum zurückzugeben. Doch im Gegenzug wünschte der zweite Sohn nur seinen Tod und hätte es ihm beinahe ins Gesicht gesagt. Als Junge war er stolz auf Augustus gewesen, aber er hatte ihn nie so geliebt wie Mountjoy. Jetzt wusste er, dass er und Augustus fortan Feinde sein mussten. Er dachte keinen Augenblick daran, die Herrschaft über das Anwesen aufzugeben, solange das Anwesen noch ihm gehörte. Obwohl es nur für einen Monat dauern sollte, obwohl es nur für eine Woche dauern sollte, würde er sich behaupten. Das war die Natur des Mannes, und als er Mr. Mertons Stärkungsmittel schluckte, tat er dies eher mit der Absicht, das Eigentum aus den Händen seines Sohnes herauszuhalten, als mit der Absicht, sein eigenes Leben zu retten. Seiner Ansicht nach hatte er sehr viel für Augustus getan, und das war die Belohnung, die er erhielt!

Und tatsächlich hatte er viel für Augustus getan. Seit Jahren war es sein Ziel, seinem zweiten Sohn so viel zu hinterlassen, wie er seinem ersten zukommen ließ. Er hatte weiterhin Geld für sich gespart, anstatt sein Einkommen für sich selbst auszugeben.

Davon hatte Mr. Gray viel gewusst, aber nichts gesagt, als er diese strengen Worte sprach, die Mr. Scarborough immer mit Gelächter aufgenommen hatte. Aber er hatte ihre Ungerechtigkeit gespürt, obwohl er selbst die Idee des Gesetzes lächerlich gemacht hatte. Da waren die beiden Söhne, beide von derselben Mutter geboren, und er hatte gewollt, dass sie beide reiche Männer sein sollten, die unter den Besten ihrer Mitmenschen lebten, und die Umstände des Besitzes hätten ihm geholfen. Die Einnahmen stiegen von Jahr zu Jahr.

Die Wassermühlen von Tretton und die Stadt Tretton waren innerhalb seines Herrschaftsbereichs gewachsen und erweitert worden, und die Verwaltung des Verkaufs in Mr. Greys Händen war umsichtig gewesen. Die Einnahmen waren jetzt doppelt so hoch wie damals, als Mr. Scarborough es zum ersten Mal erbte. Es war zweifellos alles zwangsläufig, aber zwanzig Jahre lang hatte er die Macht genossen, für seinen zweiten Sohn eine Geldsumme anzuhäufen – oder hätte es genossen, wenn ihm die Anhäufung nicht genommen worden wäre, um Mountjoys Schulden zu begleichen. Vergeblich versuchte er, Mountjoy für das Geld verantwortlich zu machen. Mountjoys Schulden, Unregelmäßigkeiten und Glücksspiele gingen weiter, bis Mr. Scarborough sich gezwungen sah, den unehelichen Sohn zu entthronen und den legitimen Sohn in die ihm gebührende Stellung zu versetzen.

Bei der Tat hatte er nicht viel gelitten, obwohl die Umstände, die zu dieser Tat geführt hatten, voller Schmerz gewesen waren. Es war ihm ein wahres Vergnügen gewesen, sich auf diese Weise den Konventionalitäten der Welt überlegen zu zeigen. Augustus war immer noch bereit, die Position einzunehmen, in die er eigentlich hineingeboren worden war. Und in dem Moment, als Mountjoy gegangen war, wusste er nicht wohin. Es hatte Spielschulden gegeben, deren Begleichung er, wie viele andere auch, abgelehnt hatte. Er selbst lag im Moment im Sterben, wie er dachte. Es wäre besser für ihn, sich mit Augustus zu befassen. Mountjoy muss er seinem Schicksal überlassen. Für einen solchen Sohn, so rücksichtslos, so unheilbar, so hoffnungslos, war es unmöglich, dass noch etwas anderes getan werden konnte. Zumindest würde er die Macht genießen, diese unglücklichen Gläubiger ohne ihr Geld zurückzulassen. Darin würde ein gewisser Triumph, ein gewisser Trost liegen. Das hatte er getan, und nun wandte sich sein Erbe gegen ihn!

Es war sehr bitter für ihn, als er darüber nachdachte. Er war ein Mann, der von Natur aus und von Herzen dazu fähig war, große Opfer für die zu bringen, die er liebte. Er hatte eine äußerste Verachtung für den Charakter eines ehrlichen Mannes. Er glaubte nicht an Ehrlichkeit, sondern nur an gespielte Ehrlichkeit. Und doch würde er mit Bewunderung von einem ehrlichen Mann sprechen, was etwas völlig anderes meinte als die Ehrlichkeit, von der die Menschen normalerweise sprachen. Die übliche Ehrlichkeit der Welt war für ihn nur ein Vorwand, oder, wenn nicht, wurde sie um des Charakters willen angenommen, den sie erreichen wollte. Mr. Gray wusste, dass er ehrlich sein musste; Er wusste, dass Mr. Greys Wort wahr war; aber er bildete sich ein, dass Mr. Gray diese absurde Lebensweise übernommen hatte, um seine Nachbarn zu betrügen, indem er den Eindruck erweckte, er sei besser als andere. Alle Tugend und alles Laster fasste er in den Worten „Gutmütigkeit" und „Bösartigkeit" zusammen. Alle Neigungen zum Kirchenbesuch – und diese Neigungen reichten seiner Meinung nach sehr weit – verachtete er aus tiefstem Herzen. Dass ein Satz von Worten in Bezug auf das Fluchen als böser angesehen wurde als ein anderer, war für ihn entweder ein Zeichen von Heuchelei, von Götzendienst oder von weiblicher Schwäche des Intellekts. Den Frauen gewährte er das Privileg, gedanklich nur etwas Besseres als Hunde zu sein. Wenn seine Schwester Martha bei irgendeinem Ausruf aus seinem Mund schauderte, sagte er sich einfach, dass sie eine Frau sei, keine Idiotin oder Heuchlerin. Er hatte Frauen, alte und junge, sehr gern gehabt und war ihnen gegenüber sehr zärtlich gewesen; Aber wenn eine Frau eine Denkweise annahm, die seiner ähnelte, war sie für ihn keine Frau mehr. Gegen solch einen empörte sich sein Geschmack. Sie sank auf das Niveau eines von Unterröcken verunreinigten Mannes herab. Und das Gesetz war für ihn kaum weniger absurd als die Religion. Es bestand aus einem wirren Wirrwarr von Regeln, die zusammengestellt wurden, damit die Wenigen auf Kosten der Vielen bequem leben konnten.

Raub war, wenn man der Sache auf den Grund gehen könnte, ebenso schlimm wie jede Gewalt; Aber Besteuerung war Raub, Miete war Raub, Preise, die nach dem Wunsch des Verkäufers und nicht im Gehorsam gegenüber der Gerechtigkeit festgesetzt wurden, waren Raub. „Dann bist du der größte Räuber", sagten seine Freunde zu ihm. Er würde es zugeben und zugeben, dass er in einem solchen Zustand der Gesellschaft nicht bereit wäre, nackt auf der Straße zu leben, wenn er es verhindern könnte. Aber es gefiel ihm, das Gesetz zu überwinden, und er triumphierte über seine eigene Missetat, wie sein Verhalten gegenüber seinen Söhnen zeigt.

Auf diese Weise lebte er und war zu vielen Menschen freundlich und hatte eine großzügige und offene Hand. Aber er war ein Mann, der mit bitterem Hass hassen konnte, und er hasste die meisten, die er eines gemeinen oder schmutzigen Verhaltens verdächtigte. Mr. Grey, der ihm ständig ins Gesicht sagte, dass er ein Schlingel sei, hasste er überhaupt nicht. Da er Mr. Gray in mancher Hinsicht für einen Idioten hielt, respektierte er ihn und liebte ihn fast. Er glaubte Mr. Grey voll und ganz und hielt ihn für einen Idioten, weil er unnötigerweise so viel Wahrheit sagte. Und er hatte seinen Sohn Mountjoy trotz all seiner Sünden geliebt und ihn großgezogen, bis es unmöglich war, ihn länger zu versorgen. Dann hatte er sich bemüht, Augustus zu lieben, und liebte ihn nicht im Geringsten, weil sein Sohn ihm oft von den bösen Dingen erzählte, die er getan hatte. Er hatte nichts dagegen, wenn ihm nicht einmal sein Sohn von seiner Bosheit erzählte. Aber Augustus verdächtigte ihn anderer Dinge als die, die er ihm vorwarf, und versuchte, scharf mit ihm umzugehen und ihn in seinem eigenen Spiel zu besiegen. Und sein Sohn lachte über ihn und verachtete ihn und betrachtete ihn als einen, der nur eine Zeit lang lästig war und dem man nicht viel Aufmerksamkeit schenken musste, weil er nur eine Zeit lang da war. Deshalb hasste er Augustus. Aber Augustus war sein Erbe und er wusste, dass er bald sterben würde.

Aber wie lange könnte er leben? Und was konnte er noch tun, bevor er starb? Ein mutigerer Mann als Mr. Scarborough hat nie gelebt – das heißt einer, der den Tod weniger fürchtete. Ob das wahrer Mut ist, mag eine Frage sein, aber es war sein Mut, in Verbindung mit Mut einer anderen Art. Er hatte keine Angst vor dem Sterben, noch hatte er Angst vor dem Leben. Aber was er fürchtete, war, vor seinem Tod zu scheitern. Nicht in der Überzeugung hinauszugehen, dass er inmitten der Herrlichkeit des Erfolgs untergehen würde, bedeutete für ihn, in seinem letzten Moment elend zu sein, und in seinem letzten Moment elend zu sein oder zu erwarten, dass er es sein würde, bedeutete für ihn, – selbst so kurz vor seinen letzten Stunden – der Höhepunkt des Elends. Wie viel vom Leben blieb ihm noch übrig, damit er etwas von seinem Erfolg zurückgewinnen konnte? Oder blieb ihm noch ein Moment übrig?

Er konnte nicht schlafen, also klingelte er und ließ erneut Mr. Merton rufen. „Ich habe angenommen, was du mir gesagt hast."

„Also am besten", sagte Mr. Merton. Denn er hatte nicht immer die Gewissheit, dass dieser seltsame Patient das verordnete nehmen würde.

„Und ich habe versucht zu schlafen."

„Das wird nach einer Weile kommen. Du würdest natürlich nicht direkt nach dem Tonic schlafen."

„Und ich habe darüber nachgedacht, was Sie über das Geschäft gesagt haben. Eines muss ich tun, und dann kann ich vierzehn Tage lang ruhig bleiben, es sei denn, ich muss meine Ruhe stören, indem ich sterbe."

„Das hoffen wir nicht."

„Das mag gehen, wie es will", sagte der Kranke. „Ich möchte, dass Sie jetzt einen Brief für mich an Mr. Grey schreiben." Mr. Merton hatte es sich zur Aufgabe gemacht, sowohl die Pflichten des Sekretärs als auch die des Arztes wahrzunehmen, und hatte auf diese Weise gedacht, zum Wohle des Patienten eine gewisse Autorität über seinen Patienten zu erlangen; aber er hatte bereits festgestellt, dass ihm keine Autorität zuteil geworden war. Er setzte sich nun an den Tisch neben dem Bett und bereitete sich darauf vor, gemäß Mr. Scarboroughs Diktat zu schreiben. „Ich denke, dass Grey – der Anwalt, wissen Sie – ein guter Mann ist."

„Die Welt sagt, soweit ich das höre, dass er ehrlich ist."

„Es ist mir völlig egal, was die Welt sagt. Die Welt sagt, dass ich unehrlich bin, aber das bin ich nicht." Merton konnte nur mit den Schultern zucken. „Ich sage das nicht, weil ich möchte, dass du deine Meinung änderst. Es ist mir egal, was du denkst. Aber ich sage dir eine Tatsache. Ich bezweifle, dass Gray so absolut ehrlich ist wie ich, aber wie die Dinge liegen, er ist ein guter Mann."

"Sicherlich."

„Aber die Welt sagt wohl, dass mein Sohn Augustus ehrlich ist?"

„Nun ja, das sollte ich annehmen."

„Wenn Sie ihn untersucht und das Gegenteil gesehen haben, respektiere ich Ihre Intelligenz."

„Ich habe nichts Besonderes gemeint."

„Ich wage es nicht zu sagen, und wenn ja, dann meine ich nichts Besonderes, was Ihre Intelligenz betrifft. Er ist jedenfalls ein Schurke. Mountjoy – kennen Sie Mountjoy?"

„Ich habe ihn noch nie in meinem Leben gesehen."

„Ich glaube nicht, dass er ein Schurke ist – nicht ganz und gar. Er hat gespielt, als er kein Geld zum Bezahlen hatte. Das ist schlecht. Und er hat versprochen, als er Geld wollte, und sein Wort gebrochen, sobald er es hatte." Ich habe es verstanden, was auch schlecht ist. Und er hat sich für einen guten Kerl gehalten, weil er mit Herren und Herzögen vertraut war, was sehr schlecht ist. Es hat ihn nie interessiert, ob er seinen Schneider bezahlt hat Er hat sich lediglich verschuldet, und ein junger Mann wie er hat sich nicht darum gekümmert, ob seine Hosen ihm oder einem anderen Mann gehörten. Obwohl er Frauen leidenschaftlich liebte, war es nur für ihn. nicht für die Frauen, was sehr schlecht ist. Es muss noch viel geändert werden, bevor er in den Himmel kommen kann.

„Ich hoffe, dass der Wandel kommt, bevor es zu spät ist", sagte Merton.

„Diese Veränderungen kommen nicht sehr plötzlich, wissen Sie. Aber es gibt eine Chance für Mountjoy. Ich glaube nicht, dass es eine für Augustus gibt." Hier machte er eine Pause, aber Merton fühlte sich nicht geneigt, eine Bemerkung zu machen. „Sie kennen nicht zufällig einen jungen Mann namens Annesley – Harry Annesley?"

„Ich habe seinen Namen von deinem Sohn gehört."

„Von Augustus? Dann hast du sicher nichts Gutes von ihm gehört. Du hast den ganzen Streit über das Verschwinden des armen Mountjoy gehört?"

„Ich habe gehört, dass er verschwunden ist."

„Nach einem Streit mit dieser Annesley?"

„Nach einigem Streit. Der Name fiel mir damals nicht auf."

„Harry Annesley war der Name. Nun sagt Augustus, dass Harry Annesley die letzte Person war, die Mountjoy vor seinem Verschwinden sah – die letzte, die ihn kannte. Er impliziert damit, dass Annesley die bewusste oder unbewusste Ursache seines Verschwindens war."

"Nun ja."

„Sicherlich ist es so. Und da die Polizei und andere Narren geglaubt haben, dass Mountjoy ermordet wurde – dass sein Verschwinden durch seinen Tod, sei es durch Mord oder Selbstmord, verursacht wurde, folgt daraus, dass Annesley etwas gehabt haben muss." damit zu tun haben. Das ist die Schlussfolgerung, nicht wahr?"

„Das sollte ich annehmen", sagte Merton.

„Das ist offensichtlich die Schlussfolgerung, die Augustus zieht. Wenn man ihn mit mir darüber sprechen hört, könnte man annehmen, dass er Annesley verdächtigt, Mountjoy getötet zu haben."

„Das hoffe ich nicht."

„Etwas in der Art. Er wollte den Eindruck erwecken, dass Annesley zu seinen eigenen Zwecken dafür gesorgt hat, dass Mountjoy umgebracht wurde. Er hat sich bemüht, die Polizei mit dieser Idee zu überzeugen. Ein Polizist ist im Allgemeinen der größte Dummkopf." dass London oder England oder die Welt aus diesem Grund ausgewählt wurde, hat die Polizei einen wunderbar mysteriösen, aber völlig unwissenden Verdacht, dass dies das Werk von Augustus ist. Lassen Sie mich Ihnen sagen, dass Augustus Mountjoy gesehen hat, nachdem Annesley ihn gesehen hatte, dass er wusste, dass dies der Fall war, und dass es Augustus war, der Mountjoys Verschwinden herbeigeführt hat. Was denken Sie nun über Augustus?" Das war eine Frage, deren Beantwortung Merton nicht ganz leicht fiel. Aber Mr. Scarborough wartete auf eine Antwort. „Äh?" er rief aus.

„Ich möchte zu einem so angesprochenen Punkt lieber keine Stellungnahme abgeben."

„Das darfst du. Natürlich verstehst du, dass ich behaupten möchte, dass Augustus der größte Schurke ist, den du je gekannt hast. Wenn du etwas zu seinen Gunsten zu sagen hast, kannst du es sagen."

„Nur, dass du dich irren könntest. Wenn du hier unten lebst, kennst du vielleicht nicht die Wahrheit."

„Nur das. Aber ich kenne die Wahrheit. Augustus ist sehr schlau; aber es gibt andere, die genauso schlau sind wie er. Er kann bezahlen, aber ich kann das auch. Dass er Mountjoy aus dem Weg räumen wollte, ist verständlich." Mountjoy ist in Verruf geraten und sollte lieber aus dem Weg gehen. Aber warum sollte er sich beharrlich darum bemühen, die Schuld auf die junge Annesley zu schieben? hat den jungen Annesley ruiniert, und das scheint sehr schrecklich zu sein, aber warum will er diesen Gläubigern achtzigtausend Pfund auszahlen – aus einem Vermögen, das in sehr kurzer Zeit ihm gehören muss? – wäre verständlich, dass ich eine gewisse Zuneigung zu Mountjoy hege und schließlich nicht dazu aufgerufen bin, das Geld aus eigener Tasche zu bezahlen.

„Nicht im Geringsten", sagte Merton, dem es tatsächlich egal war.

„Das tue ich auch nicht – nur dies, wenn er diese Männer bezahlen und sie aller Macht berauben könnte, eine weitere Bezahlung zu erhalten, egal, wer das Eigentum haben würde, würden sie auf jeden Fall ruhig sein. Augustus ist jetzt mein ältester Sohn. Vielleicht Er glaubt, dass er es nicht bleiben würde, wenn ich aus dem Weg wäre und diese Gläubiger bezahlt würden. Er glaubt, dass der arme Mountjoy keine Chance hätte, diese achtzigtausend Pfund zu bezahlen ist; aber Augustus soll die Strafe bezahlen.

Dann warf er sich wieder auf das Bett, und Mr. Merton bat ihn, sich die Mühe des Briefes vorerst zu ersparen. Aber nach ein paar Minuten war er wieder auf dem Ellbogen und nahm weitere Medikamente ein. „Ich bin ein toller Kerl", sagte er, „um Augustus bei seinem Spiel zu helfen. Wenn ich sofort gehen würde, wäre er der glücklichste Kerl, der noch am Leben ist. Aber komm, lasst uns anfangen." Dann diktierte er den Brief wie folgt:

„LIEBER MR. GREY, ich habe viel darüber nachgedacht, was neulich zwischen uns passiert ist. Augustus scheint es sehr eilig zu haben, die Gläubiger zu bezahlen, und ich sehe nicht ein, warum er sich nicht über das Geld freuen sollte Ich gehe davon aus, dass die Verkäufe, die noch vor Weihnachten abgeschlossen sein werden, es uns fast ermöglichen werden, den Mund zu halten. Ich kann verstehen, dass Mountjoy dazu bewegt werden sollte, sich mir und Augustus anzuschließen, um so viel zu verkaufen Ich glaube, Sie können Mountjoys Adresse herausfinden, indem Sie sich an Augustus wenden ist in solchen Dingen immer klug.

„Aber Sie müssen sicher sein, dass Sie alle Bürgschaften erhalten. Wenn Sie Tyrrwhit dazu bringen können, Ihnen zu helfen, werden Sie sicher sein können, dass dies der Fall ist. Die Angelegenheit ist für ihn von entscheidender Bedeutung, da seine Summe so hoch ist." der Größte. Natürlich wird er den Mund weit öffnen; aber wenn er herausfindet, dass er seinen Auftraggeber und nichts weiter bekommen kann, fürchte ich, dass ich Sie bitten muss, mit Augustus in Kontakt zu treten Dass er ein unverschämter Schurke ist, gebe ich zu; aber ich vermute, dass er jetzt das Gefühl hat, dass es sein Interesse ist, alles zu erledigen, bevor ich sterbe, da die Männer lautstark mit ihnen streiten werden Bindungen, sobald der Atem aus meinem Körper ist.—

„Mit freundlichen Grüßen, JOHN SCARBOROUGH."

„Das reicht", sagte er, als der Brief fertig war. Doch als Mr. Merton sich umdrehte, um das Zimmer zu verlassen, hielt Mr. Scarborough ihn zurück. „Im Großen und Ganzen bin ich mit meinem Leben nicht unzufrieden", sagte er.

„Ich weiß nicht, dass Sie dazu Anlass haben", entgegnete Mr. Merton. Darin hat er absolut gelogen, denn seiner Meinung nach gab es in Mr. Scarboroughs Leben vieles, was Bedauern hätte hervorrufen müssen. Er kannte die ganze Geschichte von der Geburt des älteren Sohnes, von der anschließenden Heirat, von Mr. Scarboroughs betrügerischer Täuschung, die so viele Jahre gedauert hatte, und von seiner späteren Rückkehr zur Wahrheit, um das Eigentum zu retten und zu verschenken zurück zum jüngeren Sohn, den er, sein Vater, so viele Jahre lang versucht hatte, ihn auszurauben.

Ganz London hatte über die Angelegenheit gesprochen, und ganz London hatte erklärt, dass ein so böser und unehrlicher alter Herr noch nie gelebt hatte. Und nun war er zur Wahrheit zurückgekehrt, nur um die Gläubiger zu betrügen und das Vermögen in der Familie zu behalten. Er war offensichtlich ein alter Herr, der vor allem mit seinem eigenen Leben unzufrieden sein sollte; Aber als Mr. Merton ihm die Behauptung vorbrachte, wusste er nicht, was er sonst antworten sollte.

„Das glaube ich wirklich nicht, und ich kenne auch niemanden, dem der Himmel mit all seiner Glückseligkeit leichter zuteil werden würde. Was habe ich für mich getan?"

„Ich weiß nicht ganz, was du dein ganzes Leben lang getan hast."

„Ich wurde als reicher Mann geboren und habe dann geheiratet – nicht so reich wie jetzt, aber mit reichlich Mitteln zum Heiraten."

„Nach Mr. Mountjoys Geburt", sagte Merton, der nicht so tun konnte, als wüsste er nichts von den Umständen.

„Nun ja. Ich habe meine eigenen Vorstellungen von der Ehe und dergleichen, die vielleicht im Widerspruch zu Ihren stehen." Daraufhin verbeugte sich Merton. „Ich hatte die beste Frau der Welt, die in allem, was ich tat, völlig mit mir übereinstimmte. Ich lebte vollständig im Ausland und machte allen landwirtschaftlichen Pächtern großzügigste Zuwendungen. Ich baute alle Hütten wieder auf – gehen Sie und schauen Sie sie sich an. Ich ließ jeden Mann sein eigenes Wild schießen, bis Mountjoy auf die Welt kam und das Schießen selbst in die Hand nahm. Als die Leute in der Töpferei mit dem Bau begannen, bot ich ihnen an, eine Schule zu unterhalten auf eigene Kosten, einzig und allein unter der Voraussetzung, dass es den sogenannten Dissidenten erlaubt sein sollte, dorthin zu kommen. Der Pfarrer verbreitete das Gerücht, ich sei Atheist, und die Schule sei daher nur für die Dissidenten bestimmt Ich habe das in Ordnung gebracht, obwohl der Pfarrer sein Gerücht fortsetzt. Wenn er mich so gut verstehen würde wie ich, wüsste er, dass er ein größerer Atheist ist als ich mehr als das Doppelte, was Männer mit doppelten Mitteln leisten. Mein Geschmack war allesamt einfach und nicht besonders bösartig. Ich weiß nicht, dass ich jemals jemanden unglücklich gemacht habe. Dann wurde das Anwesen reicher, aber Mountjoy wurde immer teurer. Ich merkte allmählich, dass das Anwesen bei all meinen Sparmaßnahmen nicht mit ihm Schritt halten konnte, so dass ich nichts für Augustus aufbringen konnte. Dann musste ich darüber nachdenken, was ich tun musste, um das Anwesen vor diesen Schurken zu retten.

„Du hast seltsame Schritte unternommen.“

„Ich bin ein Mann, der seltsame Schritte unternimmt. Ein anderer hätte in meinem Gesundheitszustand sein Gesicht zur Wand gedreht und zwei schmutzigen Juden wie Tyrrwhit und Samuel Hart erlaubt, sich am Reichtum von Tretton zu erfreuen. Das bin ich nicht.“ Ich werde ihnen erlauben, mich zu genießen, und Hart wird ihre Hände nicht für sich behalten können, bis der Atem aus meinem Körper verschwunden ist. und der Nachlass bleibt weiterhin in Familienbesitz.“

„Für Herrn Augustus Scarborough?“

„Ja, leider, ja! Aber das ist nicht meine Schuld. Ich weiß nicht, dass ich Grund habe, mit mir selbst unzufrieden zu sein, aber ich kann nicht anders, als zuzugeben, dass ich unglücklich bin. Aber ich wollte, dass du das verstehst, auch wenn ein Mann zerbrechen kann.“ Deshalb muss er nicht als schlecht betrachtet werden, und auch wenn er in religiösen Angelegenheiten eigene Ansichten hat, muss er kein Atheist sein. Ich habe mich für andere eingesetzt, wobei ich keine äußeren Umstände zugelassen habe Kontrolliere mich. Jetzt glaube ich, dass ich mich schläfrig fühle.

KAPITEL XXII.

HARRY ANNESLEY WIRD NACH HAUSE gerufen.

„Gerade jetzt triumphiere ich", hatte Harry Annesley zu seiner Gastgeberin gesagt, als er Mrs. Armitages Haus im Paragon in Cheltenham verließ. Er war absolut triumphierend und warf seinen Hut in die Luft, weil er seine Freude aufgab. Denn er war kein Mann, der seine eigenen Rollen so gut eingeschätzt hätte, dass er sich eingebildet hätte, das Mädchen müsse ganz sicher ihm gehören.

Heutzutage gibt es viele junge Männer, die denken, dass es nur wenige Mädchen gibt, die es wert sind, gewonnen zu werden, sondern dass man jedes Mädchen nicht dadurch gewinnen kann, dass man sie fragt – was mühsam wäre –, sondern dass man sie einfach nur ansieht. Man kann das Gefühl in ihren Gesichtern sehen. Meistens handelt es sich um kleine, gut gebaute Männchen, die sich bewusst sind, dass sie etwas haben, auf das sie stolz sein können. Sie tragen dicht gepackte, glänzende Hütchen, durch die sie ihre Statur um mehr als eine Elle zu vergrößern scheinen. Männer, die mit bestimmten Gaben persönlicher Würde ausgestattet sind, würde ich es vielleicht nennen, obwohl das Wort etwas zu hoch greift. Sie sehen aus, als könnten sie etwas Kluges sagen; aber ihre gesprochenen Gedanken überschreiten selten eine kleine, beißende Schärfe. Sie respektieren niemanden; vor allem nicht ihre Älteren. Für einen solchen steht sein Pferd an erster Stelle, wenn er ein Pferd hat; dann ein Hund; und dann ein Stock; und danach die Herrin seiner Zuneigung. Aber ihre Schuld ist nicht ganz ihre eigene Schuld. Es sind die Mädchen selbst, die sie verwöhnen und ihre Dummheit ertragen, mit dem vermeintlichen Überlegenheitsausdruck, der in den Augen der Außenwelt ein wenig beleidigend wirken würde, wenn er nicht ein wenig dumm wäre. Aber sie heiraten nicht oft. Ob es nun daran liegt, dass die Mädchen es endlich besser wissen, oder dass sie selbst ihre zukünftigen Abendessen nicht klar genug vor Augen haben, wer kann das sagen? Sie sind größtenteils jüngere Brüder und haben vielleicht den besten Weg gefunden, aus der Welt herauszukommen, was auch immer die Welt ihnen leisten kann. Harry Annesleys Fehler waren ganz anderer Art. Dieser jungen Frau gegenüber, der Florence, die er geliebt hatte, war er zu bescheiden gewesen. Jetzt war sein Gefühl des Ruhms völlig überflüssig. Nachdem ihm Florence gesagt hatte, dass sie ihm ergeben sei, ging er mit dem Kopf in den Himmel. Der erste Instinkt bei einem so jungen Mann wie denen, von denen ich gesprochen habe, lehrt ihn, sobald er sich verpflichtet hat, darüber nachzudenken, wie er aus der misslichen Lage herauskommen kann. Das ist kein großes Problem, denn wenn ein älterer Mann hier vorbeikommt, ein Mann, der kurz vor der Glatze steht und über ein gutes Berufseinkommen verfügt, ist unser kleiner Freund vergessen und geht wortlos an ihm vorbei. Aber Harry war jetzt – an diesem einen besonderen Abend – davon überzeugt, dass er niemals vergessen werden und niemals vergessen würde. Er war sofort von einem ungewohnten Stolz erfüllt. Die ganze Welt lag ihm nun zu Füßen und alle Sterne standen ihm offen. Er hatte begonnen, eine Ahnung davon zu bekommen, was Augustus Scarborough vorhatte; aber die Absichten von Augustus Scarborough waren für ihn jetzt ohne Bedeutung. Er war in eine Rüstung gekleidet, die allen Waffen standhalten würde. Jedenfalls blieb dieses Gefühl in dieser Nacht und am nächsten Tag bei ihm dasselbe.

Dann erhielt er eine Vorladung von seiner Mutter nach Buston. Seine Mutter drängte ihn, sofort ins Pfarrhaus zu kommen. „Dein Onkel war bei deinem Vater und hat schreckliche Dinge über dich gesagt. Wie du weißt, ist mein Bruder nicht sehr willensstark, und ich würde mich nicht so sehr für das interessieren, was er sagt, wenn nicht so viel in seinem steckt Ich kann nicht verstehen, worum es geht, aber Ihr Vater sagt, er redet davon, die Fideikommisse beiseite zu legen, aber seit dem, was der alte Mr. Scarborough getan hat Niemand scheint sie jetzt zu beachten. Aber selbst wenn das Fideikommiß bestehen bleibt, was sollst du mit dem Einkommen tun? Dein Vater meint, du solltest besser vorbeikommen und ein wenig über die Sache reden.

Dies war der erste Schlag seit seiner Erhöhung. Harry wusste sehr gut, dass die Fideikommisse festgelegt waren und von Herrn Prosper nicht beiseite gelegt werden konnten, obwohl Mr. Scarborough mit seiner Fideikommisse möglicherweise Erfolg gehabt hätte; Dennoch war er sich bewusst, dass sein derzeitiges Einkommen hauptsächlich vom Wohlwollen seines Onkels abhing. Es wäre sehr schrecklich, von seiner Gemeinschaft leben zu müssen. Und dieses Einkommen, so wie es war, hing vollständig von seinem Zölibat ab. Und auch er hatte sich, wie er sehr wohl wusste, in den letzten zwei Jahren die Gewohnheit des Müßiggangs angeeignet. Der Geist eines jungen Mannes mit solchen Umständen wendet sich immer zuerst der Anwaltschaft und dann der Literatur zu. An der Anwaltskammer glaubte er nicht, dass es für ihn eine freie Stelle geben könnte. Erstens war es spät, damit anzufangen; und dann war er demütig genug, von sich selbst zu glauben, dass er keine der besonderen Begabungen besaß, die für einen Richter oder Anwalt erforderlich sind. Vielleicht war das Wissen, dass sechs oder sieben Jahre Vorarbeit nötig sein würden, etwas abschreckend.

Die Vorteile der Literatur könnten sofort erreicht werden. Das war seine Idee. Aber er hatte eine andere – vielleicht ebenso irrige – Vorstellung, dass dieser Beruf nicht zu einem Gentleman werden würde, der die Absicht hatte, Squire von Buston zu werden. Er hatte zwei oder drei Männer gesehen, die in ihrer Lebensweise ausgesprochen böhmisch waren und mit denen er sich nicht assimilieren wollte. Da war Quaverdale, den er in St. John's gut gekannt hatte und der für die Presse arbeitete. Quaverdale hatte sich heftig mit seinem Vater gestritten, der ebenfalls Geistlicher war, und da er ganz auf sich allein gestellt war, hatte er sich als Autor für „*The Coming Hour*" geoutet . Er verdiente seine fünf- oder sechshundert Dollar im Jahr auf eine rasselnde, lockere und unsichere Art und Weise und war – so dachte Harry Annesley – der schmutzigste Mann, den er kannte. Er glaubte nicht an die sechshundert im Jahr, sonst hätte Quaverdale sicherlich häufiger sein Hemd gewechselt und manchmal eine neue Hose gehabt. Er war sehr amüsant, sehr glücklich, sehr gedankenlos und in der Regel völlig mittellos. Annesley hatte ihn nie ohne die Möglichkeit erlebt, ein gutes Abendessen zu bekommen, aber diese Mittel reichten nicht aus, um einen neuen Hut zu kaufen. Annesley führte Quaverdale als Beispiel an und konnte sich nicht dazu durchringen, Literatur als Beruf zu wählen. Als er an all das dachte, als er den Brief seiner Mutter erhielt, versicherte er sich, dass Florence keine Fachliteratur mögen würde.

Er schrieb mir, dass er in fünf Tagen in Buston sein würde. Es gebührt einem Sohn, der ein College-Student und Erbe eines Besitzes ist, nicht, dass er seinen Eltern zu schnell gehorcht. Aber er verbrachte die Zwischentage damit, über den Zustand nachzudenken, der ihn an seinen Onkel band, und seine Aussichten mit Quaverdale zu besprechen, der wie gewöhnlich in der Stadt blieb und die Arbeit als Redakteur für *The Coming Hour erledigte* . „Wenn er mich störte, sollte ich ihm sagen, er solle ins Bett gehen", sagte Quaverdale. Die Anspielung bezog sich natürlich auf Mr. Prosper.

„Solche Beziehungen habe ich mit ihm nicht."

„Ich sollte meine eigenen Bedingungen festlegen und ihn dann sein Schlimmstes tun lassen. Was kann er tun? Wenn er seine bettelarmen zweihundertfünfzig Pfund abheben will, wird er es natürlich tun."

„Ich schätze, ich bin ihm etwas schuldig, nämlich Respekt."

„Nicht, wenn er Ihnen in Bezug auf Geld droht. Worauf kommt es hinaus? Dass Sie sich ihm auf den Fersen für eine armselige Zulage beugen müssen, die er Ihnen ohne Ihre Bitte gern gewährt hat. „Gut, mein lieber Freund, „Ich sollte zu ihm sagen: „Du kannst damit aufhören, wann immer du willst." Damit dein Erbe auf eine bestimmte Art und Weise in der Welt leben kann, hast du es mir geschenkt „Wenn Sie es mit Ihrem Gewissen vereinbaren können, damit aufzuhören, dann tun Sie es." Man würde feststellen, dass er es sich zweimal überlegen müsste.

„Er wird es stoppen, und was soll ich dann tun? Kann ich eine Stelle für eines dieser Papiere bekommen?" Quaverdale pfiff – eine Art, die Ouvertüre zu empfangen, die Annesley nicht gefiel. „Ich glaube nicht, dass irgendetwas so sehr Übermenschliches in puncto Intelligenz erforderlich ist." Annesley hatte ein Stipendium bekommen, während Quaverdale an der Universität nichts gemacht hatte.

„Könnten Sie nicht ein Paar Schuhe herstellen? Schuhmacher bekommen doch einen guten Lohn."

„Was meinst du? Ein Kerl kann dich nie dazu bringen, zwei Minuten lang ernst zu sein."

„Ich war noch nie in meinem Leben ernster."

„Dass ich Schuhe machen soll?"

„Nein, das glaube ich nicht ganz. Ich glaube nicht, dass du sie herstellen kannst. Du müsstest zuerst das Handwerk erlernen und zeigen, dass du ein Experte bist."

„Und ich muss zeigen, dass ich ein Experte bin, bevor ich für *The Coming Hour schreiben kann* ." Darin lag ein sarkastischer Ton, der Quaverdale nicht entgangen war.

„Das müssen Sie auf jeden Fall; und dass Sie ein besserer Experte sind als ich, der den Platz bekommen hat, oder ein anderer Unglücklicher, der aus seiner Koje geworfen werden muss. *Die kommende Stunde* erfordert nur eine bestimmte Anzahl. Natürlich gibt es viele Zeitungen in London, und es gibt viele Zeitschriften und viele literarische Arbeiten. Du bekommst vielleicht deinen Anteil davon, aber du musst damit beginnen, einen inkompetenten Kerl rauszudrängen. Und um anfangen zu können, musst du das Handwerk erlernen.

„Wie hast du angefangen?"

„Nur so. Während Sie wie ein feiner Gentleman durch London streiften, verdiente ich zunächst vierundzwanzig Schilling die Woche."

„Kann ich vierundzwanzig Schilling pro Woche verdienen?"

„Das wirst du nicht, weil du dein Stipendium bereits bekommen hast. Du hattest ein Händchen für das Schreiben griechischer Jamben und hast deshalb ein Stipendium bekommen. Gleichzeitig habe ich gelernt, wie man Englisch aneinanderreiht. Ich habe auch bald gelernt, wie man sein muss." Ich bin jetzt nicht sehr hungrig, aber ich habe es durchgemacht. Ich glaube, dass du mit meinem Redakteur nicht zurechtkommst.

„Das ist Ihre Vorstellung von Unabhängigkeit."

„Sicherlich ist es das. Ich erledige seine Arbeit, nehme seinen Lohn und gehorche seinen Befehlen. Wenn Sie glauben, dass Sie dasselbe tun können, kommen Sie und versuchen Sie es. Hier ist kein Platz, aber es gibt zweifellos anderswo Platz. Da ist der Der Beruf muss wie jeder andere Beruf erlernt werden, aber ich glaube, dass man ihn auch dann nicht ausüben kann. Wir wollen keine griechischen Jamben.

Harry wandte sich angewidert ab. Quaverdale war wie der Rest der Welt und glaubte, dass für sein eigenes Geschäft ein besonderes Talent und ein besonderes Fingerspitzengefühl erforderlich seien. Harry glaubte, dass er zumindest ebenso gut in der Lage sei, einen Leitartikel zu schreiben wie Quaverdale, und dass ihm die griechischen Jamben nicht im Weg stehen würden. Aber er hielt es für wahrscheinlich, dass seine Sauberkeitsgewohnheiten dies bewirken könnten, und gab den Gedanken vorerst auf. Er meinte, sein Freund hätte ihn mit offenen Armen in die Welt der Literatur aufnehmen sollen; und vielleicht legte Quaverdale zu viel Wert auf die Fähigkeit, jederzeit lesbare Absätze zu jedem Thema zu erstellen.

Aber was sollte er unten in Buston tun? Es gab dort drei Personen, mit denen er zu kämpfen hatte: seinen Vater, seine Mutter und seinen Onkel. Mit seinem Vater hatte er immer ein gutes Verhältnis gehabt, war aber dennoch einem gewissen Maß an sanftem Sarkasmus ausgesetzt . Er hatte sein Stipendium und sein Taschengeld erhalten und war so über die Autorität seines Vaters hinausgehoben worden. Sein Vater verachtete seinen Schwager zutiefst und betrachtete ihn als einen absoluten Arsch. Aber er war zurückhaltend und ließ nur hier und da ein Wort fallen, vielleicht aus Respekt vor seiner Frau und aus dem Gefühl heraus, dass es seinem Sohn an kluger Höflichkeit mangeln könnte, wenn er dazu ermutigt würde, über seinen Wohltäter zu lachen. Er hatte ein oder zwei Worte über einen Beruf gesagt, als Harry Cambridge verließ, aber das oder zwei Worte hatten zu nichts geführt. Damals hatte der Onkel die Idee völlig lächerlich gemacht, und die Mutter, die ihren Sohn, den Kerl und den Erben liebte, hatte sich entschieden dagegen ausgesprochen. Der Pfarrer selbst war ein müßiger, gutaussehender, selbstgefälliger Mann – ein Mann, der ein wenig las und verstand, was er las, und der ein wenig nachdachte und verstand, was er dachte, der sich aber um nichts kümmerte. Mit einer ziemlich großen Familie und einem eher kleinen Einkommen bequem durch die Welt zu kommen, war das Ausmaß seines Ehrgeizes. Im Hinblick auf seinen ältesten Sohn hatte er einen guten Anfang gemacht. Harry hatte eine freie Ausbildung erhalten und ein Stipendium erhalten. Er hatte seinen Vater nie einen Schilling gekostet. Und nun war die älteste von zwei erwachsenen Töchtern verlobt und sollte mit dem Sohn eines Brauers verheiratet werden, der in der kleinen Stadt Buntingford lebte. Auch dies war ein Glücksfall, den der Rektor mit dankbarem Herzen entgegennahm. Da war noch ein weiteres erwachsenes Mädchen, ebenfalls hübsch, und dann ein drittes, noch nicht erwachsenes Mädchen und die beiden Jungen, die derzeit in Royston zur Schule gingen. Unter dieser Last ging Rev. Mr. Annesley mit so beherzten Schritten wie möglich durch die

Welt, wobei er nur wenig aus seinen Sorgen machte, aber bestrebt war, so viel wie möglich aus seinen Vorteilen zu machen. Von diesen war die Position von Harry die hellste, wenn Harry nur sorgfältig darauf achten würde, sie zu bewachen. Es war völlig ausgeschlossen, dass er für Harry ein Einkommen finden würde, wenn der Squire die zweihundertfünfzig Pfund pro Jahr einstellte, die er ihm derzeit gewährte.

Dann war da noch Harrys Mutter, die die guten Dinge, die Harry zuteil werden sollten, bereits sehr häufig außer Acht gelassen hatte. Sie war eine liebe, gute, mütterliche Frau, deren Gänse sicherlich alle zu Schwänen zählten. Und von allen Schwänen war Harry der weißeste; wohingegen Mary, die älteste Tochter, die die Zuneigung des jungen Brauers aus Buntingford gewonnen hatte, in ihrem reinen Gefieder die nächste war. Dass Harrys Zuschuss gestrichen würde, wäre fast ein ebenso großes Unglück, als ob Mr. Thoroughbung sich bei der Jagd mit den Puckeridge-Hunden das Genick brechen würde – ein Vergnügen, dem er nach der Art von Bierbrauern gern nachging. Mrs. Annesley hatte ihr ganzes Leben in Buston gelebt, da sie in der Hall geboren wurde. Sie war eine ausgezeichnete Familienmutter und die Frau eines guten Geistlichen und war in beiden Hinsichten sorgfältiger und eifriger als ihr Ehemann. Aber sie hatte durchaus Respekt vor ihrem Bruder, obwohl sie in ihrem tiefsten Inneren wusste, dass er ein Narr war. Aber als Squire of Buston geboren zu sein, war etwas, und das Alter von fünfzig Jahren unverheiratet erreicht zu haben, um die Position des Erben ihrem eigenen Sohn zu überlassen, war mehr. Einem solchen war viel zu verdanken; aber von diesem Geschäft war Harry kaum geneigt, irgendeinen Teil zu bezahlen. Man muss mit ihm reden, und zwar sehr ernsthaft, und wenn möglich, muss man ihn vor der Sünde bewahren, seinen leicht beleidigten Onkel zu beleidigen. Ihr Mann hatte ihr kürzlich eine schreckliche Idee vorgeschlagen. Das Fideikommiß könnte durch die Heirat ihres Bruders völlig außer Kraft gesetzt werden. Es war eine beängstigende Vorstellung, die aber, wenn sie ihrem Bruder in den Sinn kam, möglicherweise in die Tat umgesetzt werden könnte. Noch nie hatte jemand von etwas geträumt, das für die Interessen von Annesley so gefährlich wäre, und Mrs. Annesley hatte nun das Gefühl, dass dies durch gebührende Unterwerfung seitens des Erben vermieden werden könnte.

Aber der Gutsherr selbst war der Feind, den Harry am meisten fürchtete. Er verstand durchaus, dass von ihm Unterwürfigkeit verlangt würde, und selbst wenn er dazu bereit wäre, wusste er nicht, wie er diese Rolle spielen sollte. Es gab jetzt viel, was er um Florenz willen ertragen würde. Wenn Herr Prosper verlangte, dass er nach dem Abendessen eine Predigt hören sollte, würde er sich hinsetzen und sich die Predigt anhören. Es wäre langweilig, könnte aber im Interesse des Mädchens, das er liebte, ertragen werden. Aber er fürchtete sehr, dass der Grund für den Unmut seines Onkels tiefer lag.

Ihm war das Gerücht zu Ohren gekommen, dass sein Onkel sein Verhalten gegenüber Mountjoy Scarborough für abscheulich erklärt hatte. Von seinem Onkel hatte er keine Worte gehört, aber Drohungen hatten ihn durch seine Mutter und auch durch den Geschäftsmann seines Onkels erreicht. Er würde auf jeden Fall nach Buston gehen und sich seinem Onkel mit allen möglichen äußerlichen Zeichen des Respekts nähern. Aber wenn sein Onkel ihn beschuldigte, konnte er nicht umhin, ihm zu sagen, dass er nichts von der Sache wisse, worüber er sprach. Nicht umsonst konnte Buston zugeben, dass er etwas Gemeines oder Unedles getan hatte. Florence, davon war er ganz sicher, würde es nicht wollen. Florenz wäre nicht Florenz, wenn sie es sich wünschen würde. Er glaubte, die Hände – oder vielmehr die Zungen – zurückverfolgen zu können, durch die die Verleumdung bis in die Halle gelangt war. Er würde sofort in die Halle gehen und seinem Onkel alle Fakten erzählen. Er würde die grobe Misshandlung beschreiben, der er ausgesetzt gewesen sei. Zweifellos hatte er den Mann auf dem Bürgersteig liegen lassen, aber es gab keine Anzeichen dafür, dass der Mann gefährlich verletzt worden war; und als der Mann zwei Tage später verschwunden war, war klar, dass er nicht ohne Beine hätte verschwinden können. War er – was wahrscheinlich war – davongekommen, warum sollte sich Harry dann über sein Verschwinden den Kopf zerbrechen? Wenn jemand anderes ihm bei der Flucht geholfen hatte – was ebenfalls wahrscheinlich war –, warum war dann nicht jemand gekommen und hatte ihm die Umstände mitgeteilt, als alle Nachforschungen angestellt wurden? Warum hätte man von ihm erwarten sollen, über die Umstände einer solchen Begegnung zu sprechen, die nur zu Captain Scarboroughs unendlicher Schande hätte mitgeteilt werden können? Und er hätte nichts davon erzählen können, ohne Florence Mountjoy beim Namen zu nennen.

Als sein Onkel die Wahrheit hörte, musste er zugeben, dass er sich nicht schlecht benommen hatte. Und doch war Harry, während er darüber nachdachte, unruhig über sein eigenes Verhalten. Er konnte sich nicht ganz damit begnügen, dass er angesichts der gestellten Nachforschungen alle Tatsachen dieser Mitternachtsbegegnung geheim gehalten und Augustus Scarborough fälschlicherweise seiner Unwissenheit versichert hatte. Und doch wusste er, dass er unter keinen Umständen zugeben würde, dass er sich geirrt hatte.

KAPITEL XXIII.

DIE GERÜCHTE ÜBER MR. GEDEIHEN.

Es war noch Oktober, als Harry Annesley nach Buston fuhr, und die Mountjoys hatten gerade Brüssel erreicht. Mr. Gray hatte Tretton besucht und war nach London zurückgekehrt. Harry ging nach Hause mit der Vereinbarung – zumindest seitens seiner Mutter –, dass er bis Weihnachten dort bleiben sollte. Aber er empfand eine große Abneigung gegen einen so langen Aufenthalt. Wenn ihm die Halle und der Park offen stünden, würde er es vielleicht ertragen. Er würde zwei oder drei schwierige Bücher zur Hand nehmen, die er sicherlich nie lesen würde, und ein paar Fasane schießen und möglicherweise mit den Hunden auf einem der Pferde seines zukünftigen Schwagers reiten. Aber er befürchtete, dass es zu einem Streit kommen würde, der ihn von der Halle und dem Park fernhalten würde; und er wusste auch, dass es für ihn nicht gut wäre, zu schießen und zu jagen, wenn sein Einkommen hätte gestrichen werden sollen. Es wäre notwendig, dass sofort ein großer Schritt unternommen würde; aber dann wäre es auch notwendig, dass Florenz diesem Schritt zustimmen würde. Er hatte eine bescheidene Unterkunft in London, aber bevor er anfing, bereitete er sich durch die Kündigung auf das vor, was passieren musste. „Ich sage noch nicht, dass ich sie aufgeben werde; aber ich könnte Sie genauso gut wissen lassen, dass es möglich ist." Dies sagte er zu Frau Brown, die die Unterkunft verwaltete und diese Andeutung entgegennahm, wie es eine Frau Brown mit Sicherheit tun wird. Aber wohin sollte er sich begeben, wenn sein Zuhause bei Mrs. Brown verloren gegangen war? Er dachte, es wäre für ihn völlig unmöglich, im Pfarrhaus in absolutem Müßiggang zu leben. Dann fuhr er in einer unglücklichen Stimmung mit dem Zug nach Stevenage und wurde dort von der Ponykutsche des Pfarrhauses abgeholt.

Er sah alles in den Augen seiner Mutter, als sie ihn umarmte. Es herrschte ein furchtbares Unglück im Wind, und was konnte es anderes als sein Onkel sein? „Na, Mutter, was ist denn?"

„Oh, Harry, da oben in der Halle ist so eine traurige Angelegenheit!"

„Ist mein Onkel tot?"

„Tot! Nein!"

„Warum siehst du dann so traurig aus?—

>„„Selbst solch ein Mann, so schwach, so geistlos,
>so langweilig, so tot im Aussehen, so jämmerlich, zog
>mitten in der Nacht den Vorhang des Priamos zu.""

„Oh Harry, lache nicht. Dein Onkel sagt so schreckliche Dinge!"

„Mir ist egal, was er sagt. Die Frage ist: Was will er tun?"

„Er erklärt, dass er dich komplett abschneiden wird."

„Das ist eher gesagt als getan."

„Das ist alles schön und gut, Harry; aber er kann es. Oh, Harry! Aber komm und setz dich und rede mit mir. Ich habe deinem Vater gesagt, er solle draußen sein, damit ich dich in Ruhe habe; und die lieben Mädchen sind es." nach Buntingford gegangen.

„Ah, ich mag sie! Thoroughbung wird genug davon haben."

„Er ist jetzt unser einziges Glück."

„Armer Thoroughbung! Es tut mir leid, wenn er das ganze Haus glücklich machen muss."

„Joshua ist ein ausgezeichneter junger Mann. Wo wir ohne ihn sein sollten, weiß ich nicht." Der aufstrebende junge Brauer hieß Joshua und war Harry seit einigen Jahren bekannt, allerdings noch nie als Schwager bekannt.

„Das bin ich sicher, vor allem, weil er Molly zu seiner Frau gewählt hat. Er ist genau der junge Mann, der eine Frau haben sollte."

„Natürlich sollte er das."

„Weil er eine Familie ernähren kann. Aber jetzt zu meinem Onkel. Er soll diese Zeremonie durchführen, um mich abzuschneiden. Wird sich herausstellen, dass er in früheren Zeiten eine Frau und eine Familie hatte? Ich habe keinen Zweifel daran, dass der alte Scarborough es geschafft hat, aber ich gebe meinem Onkel nicht die Ehre, so viel Klugheit zu haben.

„Aber in zukünftigen Zeitaltern –" sagte die unglückliche Mutter, schüttelte den Kopf und rieb sich die Augen.

„Du meinst, dass er eine Familie gründen wird?"

„Es liegt alles in den Händen der Vorsehung", sagte die Frau des Pfarrers.

„Ja, das stimmt. Er ist noch nicht zu alt, um ein zweiter Priamos zu sein und seine Vorhänge in die andere Richtung zu ziehen. Das ist sein kleines Spiel, oder?"

„Es gibt eine Art Gerücht, dass es möglich ist."

„Und wer ist die Dame?"

„Sie können sicher sein, dass es an einer Dame nicht mangeln wird, wenn er sich darauf einlässt. Ich habe es mir im Kopf noch einmal durch den Kopf gehen lassen und dabei an Matilda Thoroughbung gedacht."

„Joshuas Tante!"

„Nun, sie ist zweifellos Joshuas Tante. Ich habe Joshua gerade die Idee zugeflüstert, und er sagt, dass sie zu allem dumm genug ist. Sie hat selbst fünfundzwanzigtausend Pfund, aber sie lebt ganz allein."

„Ich weiß, wo sie wohnt – gerade außerhalb von Buntingford, wenn Sie nach Royston fahren. Aber sie ist nicht allein. Soll Onkel Prosper auch Miss Tickle heiraten?" Miss Tickle war eine geschätzte Dame, die als Begleiterin von Miss Thoroughbung lebte.

„Ich weiß nicht, wie sie es schaffen sollen; aber es muss bedacht werden, Harry. Wir wissen nur, dass dein Onkel zweimal in Buntingford war."

„Die Dame ist jedenfalls fünfzig."

„Die Dame ist kaum vierzig. Sie gibt an, dass sie sechsunddreißig ist. Und er könnte ihr eine Schuldverschreibung auferlegen, die dazu führen würde, dass sich das Anwesen nicht mehr lohnt."

"Was kann ich machen?"

„Ja, in der Tat, mein Lieber; was kannst du tun?"

„Warum wird er alle Arrangements meines Lebens und seines Lebens auf solche Weise durcheinander bringen?"

„Genau das sagt dein Vater."

„Ich nehme an, er kann es. Das Gesetz wird es ihm erlauben. Aber die Ungerechtigkeit wäre ungeheuerlich. Ich habe ihn nicht gebeten, mich bei der Hand zu nehmen, als ich ein Junge war, und mich in diesen besonderen Lebensbereich zu führen. Das war so." sein eigenes Tun. Wie wird er mir ins Gesicht sehen und mir sagen, dass er eine Frau heiraten wird?

„Aber ist das geklärt?"

„Ja, Mutter, es ist geklärt. Wünsch mir Freude, dass ich die schönste Dame gewonnen habe, die je auf der Erde gelebt hat." Seine Mutter segnete ihn, sagte aber nichts über die schönste Dame, die sie in diesem Moment für die zukünftige Braut von Herrn Joshua Thoroughbung hielt. „Und wenn ich meinem Onkel sage, dass es so ist, was wird er dann zu mir sagen? Wird er dann das Gesicht haben, mir zu sagen, dass ich aus Buston herausgeschnitten werden soll? Ich bezweifle, dass er den Mut haben wird."

„Darüber hat er nachgedacht, Harry."

„Wie hast du es dir vorgestellt, Mutter?“

„Er hat befohlen, Sie nicht zu sehen.“

„Mich nicht zu sehen!“

„Das erklärt er. Er hat einen langen Brief an Ihren Vater geschrieben, in dem er sagt, dass ihm die Qual eines Interviews erspart bleiben würde.“

„Was! Ist dann alles erledigt?“

„Dein Vater hat den Brief gestern bekommen. Mein armer Bruder muss eine Woche gebraucht haben, um ihn zu schreiben.“

„Und er erzählt den ganzen Plan – Matilda Thoroughbung und die zukünftige Familie?“

„Nein, er sagt nichts über Miss Thoroughbung. Er sagt, dass er andere Vorkehrungen bezüglich des Grundstücks treffen muss.“

„Er kann keine anderen Vorkehrungen treffen; das heißt nicht, bis der Junge geboren ist. Es kann zunächst einmal lange dauern, wissen Sie.“

„Aber die Verbindung?“

„Was sagt Molly dazu?“

„Molly ist wütend darüber, und Joshua auch. Joshua redet darüber, als wäre er einer von uns, und er sagt, dass die alten Leute in Buntingford nichts davon hören würden.“ Die alten Leute, von denen gesprochen wurde, waren der Vater und die Mutter von Joshua und der Halbbruder von Miss Matilda Thoroughbung. „Aber was können sie tun?“

„Sie können nichts tun. Wenn Miss Matilda Onkel Prosper mag –“

„Gefällt mir, meine Liebe! Wie jung du bist! Natürlich würde sie gerne ein Landhaus zum Leben haben, und den Park und die Kreisgesellschaft. Und sie hätte gerne jemanden, mit dem sie außer Miss Tickle zusammenleben kann.“

„Mein Onkel zum Beispiel.“

„Ja, dein Onkel.“

„Wenn ich die Wahl hätte, Mutter, würde ich Miss Tickle vorziehen.“

„Weil du ein dummer Junge bist. Aber was sollst du jetzt tun?“

„Gibt er in diesem langen Brief, den er an meinen Vater geschrieben hat, keinen Grund an?“

„Dein Vater wird dir den Brief zeigen. Natürlich nennt er Gründe. Er sagt, dass du etwas getan hast, was du nicht hättest tun sollen – gegenüber diesem elenden Mountjoy Scarborough.“

„Was weiß er davon? – der Idiot!“

„Oh, Harry!“

„Nun, Mutter, was kann ich Besseres über ihn sagen? Er hat mich als Kind angenommen und mein Leben für mich gestaltet; er hat gesagt, dass dieses Eigentum mir gehören sollte, und hat mir ein Einkommen in die Hand gegeben, als ob ich ein Ältester wäre.“ Als seine Stimme mächtiger war als meine, hat er sich wiederholt an mich gebunden und der ganzen Welt gesagt, dass ich sein Erbe bin. Und jetzt verstößt er mich, weil er einiges gehört hat Eine Lügengeschichte , von deren Wahrheit er nichts Besseres sagen kann, als ihn einen Idioten zu nennen. Und er sagt, dass er nicht die Absicht hat, mich zu sehen ,-ich, in dessen Leben er sich einmischen konnte, um es zu vernichten, wenn nicht um es zu segnen, und der beabsichtigt, mich in die Irre zu führen, wie er es mit einem Hund tun würde, der nicht zu ihm passt, und weil er weiß, dass er es nicht kann! Antworte mir, er erklärt, dass er mich nicht sehen wird.

„Es ist sehr schwer, Harry.“

„Deshalb nenne ich ihn lieber einen Idioten als einen Schurken. Aber ich werde nicht auf diese Weise aus dem Rennen ausgeschlossen, nur aus Rücksicht auf seinen Willen. Ich werde ihn sehen. Es sei denn, sie sperren ihn in seinem Gefängnis ein.“ Schlafzimmer werde ich ihn zwingen, mich zu sehen.

„Was würde das nützen, Harry? Das würde ihn nur noch mehr gegen dich aufbringen.“

„Du kennst seine Schwäche nicht.“

„Oh ja, das tue ich; er ist sehr schwach.“

„Er wird mich nicht sehen, denn er wird nachgeben müssen, wenn er hört, was ich für mich selbst zu sagen habe. Er weiß das und würde sich deshalb gern von mir fernhalten. Warum sollte er zu dieser Feindseligkeit gegen mich angeregt werden?“

„Warum eigentlich?“

„Weil da jemand ist, der mich stärker verletzen will, als er ist, und der ihn erwischt hat. Jemand hat hinter meinem Rücken gelogen.“

„Wer hat das getan?“

„Ah, das ist die Frage. Aber ich weiß, wer es getan hat, obwohl ich ihn jetzt nicht beim Namen nennen werde. Dieser meine Feind, der weiß, dass er schwach ist, der weiß, dass er ein Idiot ist, hat ihn ergriffen und überredete ihn, die Geschichte zu glauben, die ihm erzählt wurde, und war dann glücklich, einen Incubus abzuschütteln er ist bereit, es zu verübeln; aber er hat Angst, mir gegenüberzutreten und mir zu sagen, dass es so ist, Molly, du blühende junge Braut, ich wünsche dir viel Freude mit deinem Brauer.

„In dieser Hinsicht geht es ihm nicht schlechter, Meister Harry“, sagte die älteste Schwester.

„Umso besser, umso besser. Wo wärst du, wenn er kein Brauer wäre? Aber ich gratuliere dir von ganzem Herzen, altes Mädchen. Ich kenne ihn schon so lange, und er ist einer der besten Kerle Ich weiß."

„Danke, Harry“, und sie küsste ihn.

„Ich wünschte, Fanny und Kate könnten es überhaupt so gut machen.“

„Alles zu seiner Zeit“, sagte Fanny.

„Ich möchte einen Bankier haben – ganz für mich allein“, sagte Kate.

„Ich wünschte, du hättest einen halb so guten Mann als Ehemann“, sagte Harry.

„Und ich muss dir sagen“, fuhr Molly fort, die jetzt gut gelaunt war, „dass es immer eines seiner Pferde für dich zum Reiten geben wird, solange du zu Hause bleibst. Es ist nicht jeder Bruder.“ -Law, das genau das für Sie tun würde.

„Noch nicht jeder Onkel“, sagte Kate kopfschüttelnd, woran Harry erkennen konnte, dass dieser Streit mit seinem Onkel im Familienkreis frei diskutiert worden war.

„Onkel sind sehr unterschiedlich“, sagte die Mutter; „Von Onkeln kann man nicht erwarten, dass sie alles tun, als ob sie verliebt wären.“

„Schick, Onkel Peter ist verliebt!“ sagte Kate. Mr. Prosper wurde von den Mädchen Onkel Peter genannt, allerdings immer aus Spaß. Dann schüttelten die anderen beiden Mädchen sehr ernst den Kopf, woraus Harry erfuhr, dass die Frage bezüglich der Wahl von Miss Matilda Thoroughbung als Geliebte für die Halle auch vor ihnen besprochen worden war.

„Ich werde nicht die ganze Familie heiraten“, sagte Molly.

„Nicht Miss Matilda zum Beispiel“, sagte ihr Bruder lachend.

„Nein, vor allem nicht Matilda. Joshua ist genauso wütend auf seine Tante wie jeder andere hier. Du wirst feststellen, dass er eher ein Annesley als ein Thoroughbung ist.“

„Meine Liebe“, sagte die Mutter, „dein Mann wird selbstverständlich am meisten an seine eigene Familie denken. Und das solltest du auch an seine Familie tun, die dir gehören wird. Eine verheiratete Frau sollte immer am meisten an sie denken.“ die Familie ihres Mannes.“ Auf diese Weise teilte die Mutter ihrer Tochter ihre künftigen Pflichten mit; Aber hinter dem Rücken der Mutter verzog Kate zugunsten ihrer Schwester Fanny eine Grimasse und zeigte damit ihre Überzeugung, dass ein Thoroughbung in einer Blutsache – was sie als Gentleman bezeichnete – einer Annesley nicht nahe kommen könne.

„Mama weiß es noch nicht“, sagte Molly hinterher vertraulich zu ihrem Bruder, „aber Sie können davon ausgehen, dass Onkel Peter in Buntingford war und Tante Matilda ein Angebot gemacht hat. Ich konnte es sofort sagen: weil sie mich heute so scharf angeschaut hat, und Joshua sagt, dass er es sicher ist, nach den Allüren, die sie gibt.

„Glaubst du, sie wird ihn haben?“

„Haben Sie ihn! Natürlich wird sie ihn haben. Warum sollte sie nicht? Eine elende alte Jungfer, die mit einer solchen Gefährtin zusammenlebt, würde jeden haben.“

„Sie hat viel Geld.“

„Sie wird auf ihr Geld aufpassen, ganz zu schweigen von ihr.

„Und sie wird sein Haus haben, in dem sie wohnen kann. Und es wird eine Wohngemeinschaft geben. Natürlich, wenn es Kinder gäbe –“

„Oh, Ärger!“

„Na ja, vielleicht wird es das nicht. Aber es wird genauso schlimm sein. Wir haben nicht einmal vor, sie zu besuchen; wir finden es so schrecklich. Und wir werden ihnen etwas von unserer Meinung sagen, sobald die Sache vorbei ist.“ öffentlich erklärt.“

KAPITEL XXIV.

HARRY ANNESLEYS ELEND.

Das Gespräch, das an diesem Abend zwischen Harry und seinem Vater stattfand, war in seiner Sprache ernster, in seinem Zweck jedoch nicht wichtiger. „Das sind schlechte Nachrichten, Harry", sagte der Rektor.

„Ja, in der Tat, Sir.""

„Dein Onkel kann zweifellos tun und lassen, was er will."

„Du meinst, was das Einkommen betrifft, das er mir gewährt hat?"

„Was das Einkommen betrifft! Was das Eigentum selbst betrifft. Es ist schlimm, auf die Schuhe toter Männer zu warten."

„Und doch ist es das, was jeder auf dieser Welt tut. Niemand kann behaupten, dass ich es überhaupt eilig hatte, in die Fußstapfen meines Onkels zu treten Da er mir anvertraut worden war, verpflichtete er sich, mich als seinen Sohn zu erziehen.

„Das hat er getan."

„Kein Zweifel, Sir. Aber ich hatte nichts dazu zu sagen. Soweit ich weiß, hat er mir seit einem Dutzend Jahren zweihundertfünfzig Pfund pro Jahr gewährt."

„Seit du in der Kartause warst."

„Damals konnte man von mir nicht erwarten, dass ich ein Wort dazu sagen würde. Und seitdem geht es so weiter."

„Ja, seitdem geht es so."

„Und als ich Cambridge verließ, forderte er, dass ich keinen Beruf ergreifen sollte."

„Nicht ganz das, Harry."

„Es war so, dass ich es verstanden habe. Er wollte nicht, dass sein Erbe mit einem Beruf belastet würde. Das hat er mir selbst gesagt."

„Ja, gerade als er in seinem Stolz war, weil du deine Gemeinschaft erhalten hattest. Aber es gab einen Vertrag, der verstanden, wenn nicht sogar geschlossen wurde."

„Welcher Vertrag?" fragte Harry überrascht.

„Dass du für ihn wie ein Sohn sein solltest."

„Ich habe es nie unternommen. Ich hätte es nicht um den Preis getan – oder um jeden Preis. Ich habe für ihn nie den Respekt oder die Liebe empfunden, die einem Vater gebührt. Ich habe beides in vollem Umfang gespürt.", für meinen eigenen Vater. Sie sind etwas, das wir nicht übertragen können.

„Sie dürfen geteilt werden, Harry", sagte der Pfarrer, der sich geschmeichelt fühlte.

„Nein, Sir; in diesem Fall war das nicht möglich."

„Vielleicht hast du daneben gesessen, während er seiner Schwester und seinen Nichten eine Predigt vorgelesen hat. Du hast seine Eitelkeit verstanden und sie verletzt, weil du wusstest, was du getan hast. Ich möchte dir keine Vorwürfe machen, aber es war ein Unglück. Jetzt sind wir dran Du musst ihm ins Auge sehen und sehen, was zu tun ist. Du wirst sehen, dass er mir einen Brief geschrieben hat. Dann reichte er Harry einen auf einem großen Blatt Papier geschriebenen Brief, dessen Lesen so lange dauern würde, dass Harry sich für die Operation hinsetzte.

Der Brief muss hier nicht ausführlich wiederholt werden. Es war mit komplizierten Sätzen geschrieben, aber in einer sehr entschiedenen Sprache. Darin stand nichts von Harrys mangelnder Pflichterfüllung, seiner Nichtbeachtung der Predigten oder anderen Mängeln ähnlicher Art, sondern begründete seinen Entschluss, das Einkommen einzustellen, auf dem Fehlverhalten seines Neffen – wie es ihm schien – in a bestimmten Einzelfall. Und leider – obwohl Harry bereit war zu leugnen, dass sein Verhalten bei dieser Gelegenheit Anlass zur Kritik gegeben hatte – konnte er keinem der Tatsachen widersprechen, auf denen Mr. Prosper seine Meinung begründet hatte. Die Geschichte wurde in Anlehnung an Mountjoy Scarborough erzählt, aber nicht die ganze Geschichte. „Ich verstehe, dass es spät in der Nacht einen Streit auf den Straßen gab, an dessen Ende der junge Mr. Scarborough tot unter dem Geländer zurückblieb." „Zum Sterben zurückgelassen!" rief Harry aus. „Wer sagt, dass er zum Sterben zurückgelassen wurde? Ich habe nicht gedacht, dass er tot ist."

„Du solltest es besser bis zum Ende lesen", sagte sein Vater und Harry las es. In dem Brief wurde weiter beschrieben, wie Mountjoy Scarborough von seinen üblichen Aufenthaltsorten vermisst wurde, wie die Polizei die Suche durchführte, wie die Zeitungen mit dem seltsamen Vorfall gefüllt waren und wie Harry nichts über den Vorfall erzählt hatte. „Aber darüber hinaus", heißt es in dem Brief weiter, „leugnete er im Gespräch mit dem Bruder des Herrn entschieden, dass er in der fraglichen Nacht irgendetwas mit dem Herrn zu tun hatte. Wenn dem so ist, hat er absolut gelogen." A Mann, der bei einer solchen Gelegenheit lügen würde, wohl wissend, dass er sich schuldig gemacht hatte, den Mann auf eine Weise geschlagen zu haben, die wahrscheinlich zu seinem Tod geführt hatte – denn er hatte ihn unter dem

Geländer einer Londoner Straße und in der Stadt zum Sterben zurückgelassen Mitternachtsstunde – und würde dem Bruder des Herrn mit Bestimmtheit versichern, dass er den Herrn in der fraglichen Nacht nicht gesehen hatte, als er allen Grund zu der Annahme hatte, dass er ihn getötet hatte – eine Tat, die Mord sein konnte oder auch nicht – ist nicht geeignet, als mein Erbe anerkannt zu werden.“

Es gab andere Sätze, die ebenso lang und ebenso kompliziert waren, in denen Herr Prosper sich alle bemühte, die Geschichte mit tragischer Wirkung zu erzählen, die sich aber alle auf denselben Vorgang bezogen. Er sagte nichts über den endgültigen Bestimmungsort des Anwesens und auch nicht über seinen eigenen Heiratsantrag. Sollte er einen Sohn haben, würde dieser Sohn natürlich das Eigentum haben. Sollte es keinen Sohn geben, musste Harry ihn haben, auch wenn sein Verhalten noch so abscheulich gewesen wäre. Um dieses Verbrechen an der Gesellschaft zu verhindern, wäre seine Heirat – mit ihren gewöhnlichen Folgen – der einzige Schritt. Davon braucht er nichts zu sagen. Aber die zweihundertfünfzig Pfund würden nach dem Weihnachtsquartal nicht ausgezahlt werden, und er muss für die Zukunft auf die Ehre verzichten, Mr. Henry Annesley in der Halle zu empfangen.

Als Harry alles gelesen hatte, begann er vor Wut zu stürmen. Der Mann hatte ihn, wie er tatsächlich bemerkte, grob beleidigt. Herr Prosper hatte ihn einen Lügner genannt und angedeutet, dass er ein Mörder sei. „Du kannst ihm nichts tun“, sagte sein Vater. „Er ist dein Onkel, und du hast sein Brot gegessen.“

„Ich kann ihn nicht herausfordern und gegen ihn kämpfen.“

„Du musst es in Ruhe lassen.“

„Ich kann ins Haus gehen und ihn sehen.“

„Ich glaube nicht, dass du das schaffst. Es wird dir schwer fallen, über die Haustür hinauszukommen, und ich würde dir raten, alle derartigen Ideen aufzugeben. Was kannst du ihm sagen?“

"Ist es falsch!"

„Was ist falsch? Obwohl es im Wesentlichen falsch ist, ist es in Worten wahr. Sie haben bestritten, ihn gesehen zu haben.“

„Ich habe vergessen, was passiert ist. Augustus Scarborough hat versucht, mich über seinen Bruder aufzuklären, und ich wollte mich nicht aufklären lassen. Soweit ich jetzt feststellen kann, ist er der Lügner. Er hat seinen Bruder nach der Affäre mit mir gesehen.“ ."

„Hat er es bestritten?“

„Er bestreitet es praktisch, indem er mir die Frage stellt. Er fragte mich mit dem angeblichen Ziel, herauszufinden, was aus seinem Bruder geworden war, obwohl er selbst wusste, was aus ihm geworden war."

„Aber Sie können es nicht beweisen. Er sagt mit Bestimmtheit, dass Sie bestritten haben, ihn in der fraglichen Nacht gesehen zu haben. Ich spreche nicht von Augustus Scarborough, sondern von Ihrem Onkel. Was er sagt, ist wahr, und Sie sollten ihn besser verlassen allein andere Schritte unternehmen, um die wahre Wahrheit in sein Gehirn zu bringen.

„Welche Schritte kann man bei so einem Narren unternehmen?"

„Schreiben Sie Ihren eigenen Bericht über die Transaktion, damit er ihn lesen kann. Geben Sie ihn Ihrer Mutter. Ich nehme an, er wird Ihre Mutter sehen."

„Und so bitte ihn um seine Gunst."

„Du brauchst um nichts betteln. Oder wenn die Ehe scheitert –"

„Haben Sie von der Heirat gehört, Sir?"

„Ja, ich habe von der Heirat gehört. Ich glaube, dass er darüber nachdenkt. Legen Sie Ihre Aussage darüber, was geschehen ist, und über Ihre Beweggründe in die Hände der Freunde der Dame. Er wird sie sicher lesen."

„Was soll das bringen?"

„Es nützt nichts, außer ihn dazu zu bringen, sich seiner selbst zu schämen. Man muss die Welt etwas gründlicher lesen, als man es bisher getan hat. Er denkt, dass er sich mit Ihnen über die Affäre in London streitet, aber das ist in Wahrheit so Sie haben sich geweigert, ihn die Predigten lesen zu hören, nachdem Sie sein Geld genommen hatten.

„Dann ist er der Lügner und nicht ich."

„Ich, der ich ein gemäßigter Mann bin, würde sagen, dass keiner von beiden ein Lügner ist. Du hast dich nicht dafür entschieden, aufgepumpt zu werden, wie du es nennst, und hast deshalb so gesprochen, wie du es getan hast. Nach den Sitten der Welt war das fair genug. Er, der ist verärgert über den geringen Respekt, den Sie ihm erwiesen haben, und ist im Herzen verärgert. Dieser junge Scarborough ergreift ihn irgendwie und bringt ihn dazu, diesen Mist zu akzeptieren Glaubst du, er hätte es damals geglaubt, wenn du all die Sonntagabende pünktlich da gesessen hättest?

„Und ich muss so eine Strafe bezahlen?" Der Rektor konnte nur mit den Schultern zucken. Er war nicht geneigt, seinen Sohn zu schelten. Es war im Haus nicht üblich, dass Harry gescholten wurde. Er war ein Mitglied seines Colleges und der Erbe von Buston und galt daher als nicht scheltbar. Aber der Pfarrer hatte das Gefühl, dass sein Sohn sein Bett gemacht hatte und nun darauf liegen musste, und Harry war sich bewusst, dass dies das Gefühl seines Vaters war.

Zwei oder drei Tage lang wanderte er tief im Mund durch das Land. Der natürliche Zustand des Applauses, in dem sich die Mädchen befanden, war für ihn an sich schon eine Verletzung. Wie konnte er, der so viel gelitten hatte, in ihre Ovationen einstimmen? Es schien herzlos, dass sie lächelten und sich freuten, als er – das Oberhaupt der Familie, wie er sich selbst zu nennen gelehrt hatte – so grausam misshandelt wurde. Ein oder zwei Tage lang hasste er Thoroughbung, obwohl Thoroughbung das Einzige war, was freundlich zu ihm war. Er gratulierte ihm mit kalten Glückwünschen und ging ihm anschließend aus dem Weg. „Denk daran, Harry, dass du bis Weihnachten immer einen von den Nörglern haben kannst. Da gibt es Belladonna und Orangenschale. Ich glaube, du findest die Stute etwas schneller, obwohl das Pferd vielleicht der größere Springer ist." "Oh danke!" sagte Harry und ging weiter. Nun liebte Thoroughbung seine Pferde und ließ gern über sie reden, und er wusste, dass Harry Annesley ihn schlecht behandelte. Aber er war ein gut gelaunter Kerl, und er ertrug es ohne Klage. Er sagte nicht einmal ein Kreuzworträtsel zu Molly. Molly war jedoch nicht so geduldig. „Vielleicht bist du etwas gnädiger, wenn er sein Bestes für dich gibt. Es ist nicht jeder, der dir ein Pferd zum Jagen für zwei Monate leiht." Harry schüttelte den Kopf und wanderte elend durch die Felder und wollte in diesen Tagen nicht einmal seinen Fuß auf den Boden des Parks setzen. „Er wollte sich nicht weiter einmischen", sagte er zum Rektor. „Du kannst auf jeden Fall in die Kirche kommen", sagte sein Vater, „denn er wird bestimmt nicht dort sein, während du im Pfarrhaus bist." Oh ja, Harry würde in die Kirche gehen. „Ich habe noch nicht verstanden, dass Herr Prosper der Eigentümer der Kirche ist und der Weg vom Pfarrhaus dorthin auf jeden Fall für die Öffentlichkeit zugänglich ist." denn in Buston steht die Kirche an einer Ecke des Parks.

Dies dauerte zwei oder drei Tage, in denen die Familie nichts weiter über Harrys Leiden sagte. Ein Brief wurde an Mrs. Brown geschickt, in dem ihr mitgeteilt wurde, dass die Unterkunft nicht länger benötigt würde, und in Harry drängten sich besorgte Gedanken über seinen zukünftigen Wohnsitz auf. Er dachte, er müsse nach Cambridge zurückkehren, seine Zimmer in St. John's beziehen und sich nach einer Arbeit am College umsehen. Zwei verhängnisvolle Jahre, Jahre des Müßiggangs und der Fröhlichkeit, waren vergangen, aber er glaubte immer noch, dass es möglich sein könnte. Was stand ihm sonst noch offen? Und als er dann durch die Felder streifte, wanderten seine Gedanken ganz natürlich zu dem Mädchen, das er liebte. Wie würde er es wagen, Florence noch einmal ins Gesicht zu sehen? Es waren nicht nur die zweihundertfünfzig Pfund pro Jahr, die weg waren: Das wäre ein kleines Einkommen gewesen, mit dem man heiraten konnte. Und er hatte nie das eigene Geld des Mädchens berücksichtigt. Er hatte es lieber vorgezogen, sich auf die Position als Knappe von Buston zu freuen und davon auszugehen, dass es nicht mehr lange dauern würde, bis er die Stelle besetzen würde. Über Geld hatte er zu Florence kein Wort gesagt, aber er hatte die Sache so betrachtet. Nun wollte der jetzige Gutsherr heiraten, und die Sache konnte nicht länger so betrachtet werden. Er sah ein halbes Dutzend kleiner Prospers, die ein halbes Dutzend kleiner Wiegen besetzten, und eine ganze Reihe von Kindergärten, die in der Halle eingerichtet waren. Der Name Prosper würde auf Buston fixiert sein und damit völlig außerhalb seiner Reichweite bleiben.

Wäre es unter solchen Umständen nicht vernünftig, dass Florence von ihm erwarten würde, dass er ihr die Erlaubnis erteilt, ihre Verlobung aufzulösen? Was war er jetzt anderes als der mittellose Sohn eines armen Geistlichen, der nichts anderes hatte als ein jämmerliches Gehalt, das aufhören musste, wenn er heiraten würde? Er wusste, dass er ihr ihren Treu zurückgeben sollte; und doch war er, als er darüber nachdachte, empört über sie. Kam die Liebe dazu? War ihre Wertschätzung für ihn als nichts zu werten? Welches Recht hatte er zu erwarten, dass sie sich von jedem anderen Mädchen unterscheiden würde?

Dann fühlte er sich unglücklicher denn je, als er sich sagte, dass ihr Verhalten zweifellos so sein würde. Als er über die Felder ging, schwer vom Schlamm eines nassen Oktobertages, kam ein Regensturm nieder, der ihn durchnässte. Wer kennt nicht das Gefühl, das einen Mann überkommt, wenn er spürt, dass sich sogar die Elemente gegen ihn gewandt haben, wie er seinen Mantel zuknöpft und den Wolken befiehlt, sich an seiner ergebenen Brust zu öffnen?

> „Blas, Winde, und platze in deinen Wangen! Wut, Schlag,
> ihr Katarakte und Hurrikane!"

Daher ist es so, dass ein Mensch, wenn er in einer solchen Gemütsverfassung durchnässt wird, dazu neigt, sich an die sanften Regenfälle des Himmels zu wenden; und bei dieser Gelegenheit verglich Harry sich mit Leer. Für ihn war es, als würden die Türme durchnässt und die Hähne ertrinken, wenn er sich völlig durchnässt fühlte. In diesem Zustand kehrte er in das Haus zurück, und das Unglück der Welt war für ihn so bitter, dass er sich kaum dazu herabließ, darüber zu sprechen, während er es ertragen musste. Doch als er das Wohnzimmer betrat, begrüßte ihn seine Mutter mit einem Brief. Es war mit der Tagespost angekommen, und seine Mutter sah ihm mitleiderregend ins Gesicht, als sie es ihm gab. Der Brief kam aus Brüssel und sie konnte sich vorstellen, von wem er gekommen war. Es könnte ein süßer, sanfter Liebesbrief sein; aber dann könnte es weder süß noch weich sein, in dem Zustand, in dem sich Harry jetzt befand. Er nahm es und betrachtete es, wagte aber nicht, es spontan zu öffnen. Wortlos ging er in sein Zimmer und riss es dann in Stücke. Zweifellos, sagte er sich, würde das auf sein miserables Gehalt und seinen mittellosen Zustand anspielen. Der Brief lautete wie folgt:

„Liebster HARRY, ich halte es für richtig, dir zu schreiben, auch wenn Mama damit nicht einverstanden ist. Ich habe ihr jedoch gesagt, dass ich unter den gegenwärtigen Umständen dazu verpflichtet bin und dass ich dich anflehen sollte, nicht zu antworten . Obwohl ich schreiben muss, darf es zwischen uns keine Gerüchte gegeben haben, die Ihrem Charakter sehr schaden würden. Harry knirschte mit den Zähnen, als er das las. „Es werden Geschichten über Ihr Treffen mit Captain Scarborough in London erzählt, von denen ich weiß, dass sie nur zum Teil wahr sind. Mama sagt, dass ich deswegen meine Verlobung aufgeben sollte, und mein Onkel, Sir Magnus, hat es sich zur Aufgabe gemacht, einen Rat zu geben Ich habe ihnen beiden gesagt, dass das, was über Sie gesagt wird, teilweise unwahr ist. Aber ob es wahr ist oder ob es falsch ist, ich werde meine Verpflichtung niemals aufgeben, es sei denn, Sie sagen es mir Was Ihre finanziellen Aussichten betrifft, sage ich Ihnen, dass Sie nicht ruiniert werden können, solange Sie mein Einkommen haben, aber ich denke, es wird ausreichen.

„Und jetzt können Sie tun, was Sie wollen. Sie können ganz sicher sein, dass ich Ihnen treu bleiben werde, trotz schlechtem und gutem Bericht. Nichts, was Mama zu mir sagen kann, wird mich ändern, und schon gar nichts von Sir Magnus.

„Und jetzt braucht es kein Wort von dir zu geben, wenn du mir treu bleiben willst. Tatsächlich habe ich versprochen, dass es kein Wort geben wird, und ich erwarte, dass du mein Versprechen für mich hältst. Wenn du frei sein willst von mir, dann musst du es schreiben und sagen.

„Aber du wirst es nicht wünschen, und deshalb gehöre ich dir, immer, immer, immer dein Eigentum.“

„FLORENZ.“

Harry las den Brief, während er mitten im Zimmer stand, und nach einer halben Minute hatte er seinen nassen Mantel ausgezogen und einen seiner nassen Stiefel in die hintere Ecke des Zimmers geworfen. Dann klopfte es an der Tür und seine Mutter kam herein: „Sag mir, Harry, was sie sagt.“

Er stürzte auf seine Mutter zu, völlig durchnässt und halbbeschuht, wie er war, und nahm sie in die Arme. „Oh, Mutter, Mutter!“

"Was ist los, Liebes?"

„Lesen Sie das und sagen Sie mir, ob es jemals einen schöneren Menschen gegeben hat!“ Mrs. Annesley las es und fand, dass ihre eigene Tochter Molly ein ebenso gutes Geschöpf sei. Florence tat einfach das, was jedes Mädchen mit Geist tun würde. Aber sie sah, dass ihr Sohn jetzt genauso jubelte, wie er niedergeschlagen gewesen war, und sie war durchaus bereit, an seinem Trost teilzuhaben. „Schreib ihr kein Wort! Ha, ha! Ich glaube, ich sehe mich dabei!"

„Aber es scheint ihr ernst zu sein."

„Im Ernst! Und ich bin es auch im Ernst. Wäre es möglich, dass jemand seine Hand hält und nicht schreibt? Ja, mein Mädchen; ich denke, dass ich eine Zeile schreiben muss. Ich frage mich, was sie sagen würde, wenn ich es nicht wäre schreiben?"

„Ich denke, sie meint, dass du schweigen sollst."

„Sie hat eine sehr merkwürdige Art angenommen, es anzunehmen. Ich soll ihr Versprechen für sie halten – mein Liebling, mein Engel, mein Leben! Aber das eine kann ich nicht tun. Oh, Mutter, Mutter, wenn du wüsstest, wie glücklich Ich bin es! Was zum Teufel bedeutet das alles – Onkel Prosper, Miss Thoroughbung und der Rest – mit so einem Mädchen?"

KAPITEL XXV.

HARRY UND SEIN ONKEL.

Harry wurde von den Mädchen rundum geküsst und herzlich zu der himmlischen Exzellenz seiner Herrin beglückwünscht. Sie könnten es sich leisten, großzügig zu sein, wenn er gutmütig wäre. „Natürlich musst du ihr schreiben", sagte Molly, als er mit trockenen Kleidern die Treppe herunterkam.

„Das sollte ich denken, Mutter."

„Nur sie scheint es so ernst zu meinen", sagte Mrs. Annesley.

„Ich denke, sie würde lieber nur eine Zeile bekommen, um zu sagen, dass er es auch ernst meint", sagte Fanny.

„Warum sollte ihr ein Liebesbrief nicht so gut gefallen wie allen anderen?" sagte Kate, die ihre eigenen Ideen hatte. „Natürlich muss sie ihm von ihrer Mama erzählen, aber was kümmert ihn das? Natürlich denkt Mama, dass Joshua nicht an Molly schreiben muss, aber Molly wird nichts dagegen haben."

„Ich denke nichts dergleichen, Miss."

„Und außerdem wohnt Joshua in der nächsten Gemeinde", sagte Fanny, „und hat ein Pferd, auf dem er reiten kann, falls er etwas zu sagen hat."

„Auf jeden Fall werde ich schreiben", sagte Harry, „auch auf die Gefahr hin, sie wütend zu machen." Und er schrieb wie folgt:

„BUSTON, *Oktober* 188—.

„MEIN LIEBES MÄDCHEN, – es ist unmöglich, dass ich nicht auch nur eine Zeile als Antwort schicke. Versetzen Sie sich in meine Lage und konsultieren Sie Ihre eigenen Gefühle. Denken Sie, dass Sie einen Brief haben, der so voller Liebe, so edel, so wahr ist Ich werde Sie sicherlich mit Freude erfüllen und dann sagen, ob Sie es ohne ein Wort der Anerkennung zulassen würden. Es wäre absolut unmöglich, dass ich Sie bitten würde, Ihre Verlobung zu lösen, was inmitten meiner Schwierigkeiten der Fall ist ist der einzige Trost, den ich habe. Aber wenn ein Mann so einen Stein hat, auf dem er stehen kann, will er nichts anderes, solange er die eine Person hat, die für sein Glück notwendig ist und die er ertragen kann die schlechte Meinung aller anderen. Du bist für mich so wichtig, dass du die ganze Welt überwiegst.

„Ich habe mich nicht dafür entschieden, dass Augustus Scarborough mein Geheimnis aus mir herauspumpt. Ich kann Ihnen jetzt die ganze Wahrheit sagen. Mountjoy Scarborough hatte mir gesagt, dass er Sie als mit ihm Verlobte betrachtete, und verlangte von mir, dass ich – fallenlassen würde Sie wissen jetzt, wie wahrscheinlich das war. Er war absichtlich betrunken, um alle Skrupel zu überwinden, und griff mich dann mit seinem Stock an, der ihn verärgerte . Ein nüchterner Mann hat immer das Beste." Ich fürchte, dass Harry dieses kleine Wort „nüchtern" aus einem bestimmten Grund eingefügt hat. Die Gelegenheit, zu erklären, dass er nüchtern sei, war zu gut, um sie zu verpassen. „Ich ging weg und ließ ihn zurück, sicherlich nicht tot, und offenbar auch nicht schwer verletzt. Aber wenn ich das alles Augustus Scarborough erzählt hätte, müsste Ihr Name herausgekommen sein. Jetzt hätte es mir nichts ausgemacht. Jetzt könnte ich die Wahrheit über Sie sagen – mit großem Stolz, wenn es die Gelegenheit erforderte. Was hätte die Welt zu zwei Männern sagen sollen, die sich auf der Straße stritten, obwohl keiner von ihnen das Recht hatte, sich um sie zu streiten? warum ich die Unwahrheit erzählte – weil ich nicht in die Falle tappen wollte, die Augustus Scarborough mir gestellt hatte.

„Wenn deine Mutter alles versteht, glaube ich nicht, dass sie in dieser Hinsicht Einwände gegen mich erheben wird. Wenn sie sich tatsächlich mit mir streitet, wird sie nur das Scarborough-Spiel bestreiten, bei dem ich ihr zwangsläufig Widerstand leisten muss. Ich fürchte Tatsache ist, dass sie das Scarborough-Spiel vorzieht – nicht wegen meiner Sünden, sondern aus alter Zeit.

„Aber Augustus hat sich meinen Onkel Prosper geschnappt und mir einen schrecklichen Schaden zugefügt. Mein Onkel ist ein schwacher Mann und aus anderen Umständen gegen mich veranlagt. Er glaubt, dass ich ihn vernachlässigt habe, und ist bereit, alles zu glauben." Er hat mein Einkommen eingestellt – zweihundertfünfzig Pfund pro Jahr – und will sich an mir rächen, indem er eine Frau heiratet. Das ist zu absurd, und die vorgeschlagene Frau ist die Tante des Mannes, der meine Schwester ist Ich werde heiraten. Natürlich wäre es für mich schon zu spät, wenn ich mich für einen Beruf entscheiden würde die Bar. Ich muss dich sehen und alles besprechen.

„Du hast mir geboten, nicht zu schreiben, und jetzt ist da ein langer Brief! Es ist genauso gut, für ein Schaf gehängt zu werden wie für ein Lamm. Aber wenn der Charakter eines Mannes auf dem Spiel steht, hat er das Gefühl, dass er darum bitten muss. Du hast gewonnen." „Sei mir nicht böse, weil ich nicht alles getan habe, was du mir gesagt hast? Es war absolut notwendig, dass ich dir sagen wollte, dass ich dich nicht bitten wollte, deine Verlobung zu lösen, und ein Wort hat zu allen anderen geführt soll nur ein anderer sein, was mehr bedeutet als alles andere: – dass ich von ganzem Herzen dein Liebster bin,

„So“, sagte er zu sich selbst, als er den Brief in den Umschlag steckte, „sie hält es vielleicht für zu lang, aber ich bin sicher, sie wäre nicht erfreut gewesen, wenn ich überhaupt nicht geschrieben hätte.“

An diesem Nachmittag war Joshua im Pfarrhaus, nachdem er gerade nach den Geschäftszeiten in der Brauerei vorbeigetrottet war, weil er Molly ein besonderes Wort zuflüstern musste, und Harry stellte sich ihm in den Weg, als er hinausging, um im Stall auf sein Pferd zu steigen -Hof. „Joshua“, sagte er, „ich weiß, dass ich dir eine Entschuldigung schulde.“

"Wozu?"

„Sie waren furchtbar gut zu mir, was die Pferde angeht, und ich war sehr unfreundlich.“

"Gar nicht."

„Aber das habe ich. Die Wahrheit ist, dass mir die Umstände völlig elend gemacht wurden, und wenn das passiert, kann ein Mann sich nicht auf einmal wieder erholen. Es ist nicht mein Onkel, der mich elend gemacht hat. Das ist eine Art Was ein Mann ertragen muss, und ich denke, dass ich es genauso gut ertragen kann wie ein anderer. Aber es wurde ein Angriff auf mich verübt, der mich verletzt hat.

„Ich weiß alles darüber.“

„Es macht mir nichts aus, es dir zu sagen, da du und Molly euch beide gut verstehen werden. Es gibt ein Mädchen, das ich liebe, und sie haben versucht, ihr in die Quere zu kommen.“

„Ihnen ist es nicht gelungen?“

„Nein, bei George! Und jetzt habe ich Recht wie ein Untersetzer. Als mir der Gedanke kam, dass sie hätte nachgeben können, wissen Sie, war es, als wäre alles vorbei. Ich hätte es nicht ahnen sollen ihr."

„Aber es geht ihr gut?“

„In der Tat ist sie das. Ich glaube, du wirst sie mögen, wenn du sie eines Tages siehst. Wenn nicht, hast du den außergewöhnlichsten Geschmack, den ich je bei einem Mann kannte. Wie wäre es mit dem Pferd?“

„Ich habe vier, wissen Sie.“

„Was für eine großartige Sache es ist, Brauer zu sein!“

„Und zwei davon werden dich tragen. Die anderen beiden sind deinem Gewicht nicht ganz gewachsen.“

„Du warst noch nicht draußen?"

„Nun, nein – nicht ganz klar. Der Gouverneur ist der beste Kerl der Welt, aber er zieht die Grenze bei der Jungtierjagd. Er sagt, das Geschäft solle bis November laufen. Auf mein Wort, ich glaube, er hat recht. "

„Und wie viele Tage pro Woche danach?"

„Na ja, drei reguläre. Ich habe manchmal einen seltsamen Tag mit der Essex, und der Gouverneur zwinkert."

„Der Gouverneur jagt sich selbst genauso oft wie Sie."

„Oh je, nein, drei pro Woche reichen für den Gouverneur, und er fängt an, frostiges Wetter zu mögen und mit Freude zu hören, dass eines der alten Pferde nicht mehr so fit ist, wie es sein sollte. Man nennt ihn das Training." Auf Wiedersehen, alter Kerl. Bitte kommen Sie am 7. November heraus.

Aber obwohl Harry durch den Brief aus Florenz glücklich geworden war, hatte er immer noch viele Sorgen im Kopf. Sein erstes Problem war, dass er etwas in Bezug auf seinen Onkel tun musste. Es erschien ihm nicht angemessen, die Entscheidung seines Onkels hinsichtlich seines Einkommens zu akzeptieren, ohne zumindest den Versuch zu unternehmen, Mr. Prosper zu sehen. Es wäre, als ob er das, was getan wurde, als selbstverständlich hingenommen hätte – als ob sein Onkel die Einnahmen stoppen könnte, ohne ihm irgendeinen Grund zur Beschwerde zu lassen. Über die beabsichtigte Heirat – wenn sie beabsichtigt wäre – würde er nichts sagen. Sein Onkel hatte ihm noch nie in so vielen Worten versprochen, nicht zu heiraten, und es würde, so dachte er, etwas Unedles sein, wenn er seinen Onkel bitten würde, nicht das zu tun, was er selbst tun wollte, ohne ihn überhaupt darüber zu befragen. Während er darüber nachdachte, begann er sich zu fragen, warum sein Onkel gebeten werden sollte, etwas für ihn zu tun, obwohl er noch nie etwas für seinen Onkel getan hatte. Ihm war gesagt worden, dass er der Erbe nicht des Onkels, sondern von Buston sei, und man hatte ihm nach und nach beigebracht, Buston als sein Recht zu betrachten – als ob er ein bestimmtes verpfändbares Eigentum an den Hektar hätte. Jetzt begann er zu begreifen, dass es so etwas nicht gab. In seinem Namen sei ein stillschweigender Vertrag geschlossen worden, und er habe es abgelehnt, seinen Anteil am Vertrag anzunehmen. Durch die versprochene Zulage seines Onkels war es ihm jedoch untersagt worden, irgendeinen Beruf auszuüben. Er glaubte nicht, dass er sich bei seinem Onkel über die geplante Heirat beschweren könnte; aber er glaubte, dass er ein oder zwei Fragen zum Einkommen stellen könnte.

Ohne irgendjemandem aus seiner eigenen Familie ein Wort zu sagen, ging er durch den Park und stellte sich an der Haustür von Buston Hall ein. Dabei würde er nicht auf das Gras gehen. Er hatte seinem Vater gesagt, dass er den

Park nicht betreten würde und blieb daher auf der Straße. Und er hatte sich mit ein wenig Sorgfalt gekleidet, wie es ein Mann tut, der das Gefühl hat, dass er sich auf eine wichtige Mission begibt. Hätte er vorgehabt, den alten Mr. Thoroughbung aufzusuchen, hätte er sich nicht darum gekümmert. Und er klingelte an der Vordertür, anstatt das Haus durch einen der zahlreichen Seiteneingänge zu betreten, die er gut kannte. Der Butler verstand das Klingeln und zog seinen Firmenmantel an, als er auf das Klingeln antwortete.

„Ist mein Onkel zu Hause, Matthew?" er sagte.

„Mr. Prosper, Mr. Harry? Nun ja, nein; ich kann nicht sagen, dass er es einfach ist;" und der alte Mann stöhnte und keuchte und sah unglücklich aus.

„Er ist derzeit nicht oft draußen." Matthew stöhnte erneut, keuchte noch tiefer und sah unglücklicher aus. „Ich nehme an, Sie wollen damit sagen, dass er angeordnet hat, dass ich nicht eingelassen werden soll?" Darauf gab der Butler keine Antwort, sondern sah dem jungen Mann nur traurig ins Gesicht. „Was hat das alles zu bedeuten, Matthew?"

„Oh, Mr. Harry, Sie sollten mich nicht fragen, da ich nur ein Diener bin."

Harry spürte, dass diese Zurechtweisung wahr war, würde sich das aber nicht gefallen lassen.

„Das ist alles mein Auge, Matthew; du weißt so gut wie jeder andere darüber Bescheid. Es ist so. Er will mich nicht sehen."

„Das glaube ich nicht, Mr. Harry."

„Und warum nicht? Du kennst die ganze Geschichte meiner Familie so gut wie mein Vater oder mein Onkel. Warum verschließt er seine Türen vor mir und lässt mir sagen, dass er mich nicht sehen will?"

„Nun, Herr Harry, ich kann nicht nur sagen, warum er das tut – und Sie sind der Erbe. Aber wenn ich gefragt würde, sollte ich antworten, dass es aus diesen Predigten entstanden ist." Dann sah Matthew sehr ernst aus und badete seinen Kopf.

"Das nehme ich an."

„Das war es, Mr. Harry. Wir, keiner von uns, mochten die Predigten besonders."

„Das wage ich zu sagen."

„Wir in der Küche. Aber wir mussten sie haben, sonst hätten wir unseren Platz verloren."

„Und jetzt muss ich meinen Platz verlieren." Der Butler sagte nichts, aber sein Gesicht stimmte zu. „Ein bisschen schwer, nicht wahr, Matthew? Aber ich möchte ein paar Worte an meinen Onkel richten – nicht um mein Bedauern über die Predigten auszudrücken, sondern um zu fragen, was er vorhat." Hier schüttelte Matthew ganz langsam den Kopf. „Er hat ausdrücklich angeordnet, dass ich nicht zugelassen werde?"

„Es muss über meiner Leiche liegen, Mr. Harry", und er stellte sich mit der Tür in der Hand in den Weg, als wollte er sich opfern, sollte er durch die Natur der Umstände dazu aufgefordert werden. Harry stellte ihn jedoch nicht auf die Probe; aber nachdem er sich von ihm mit einem kleinen Scherz über seine Treue verabschiedet hatte, machte er sich auf den Weg zurück zum Pfarrhaus.

In dieser Nacht, bevor er zu Bett ging, schrieb er einen Brief an seinen Onkel, über den er weder seinem Vater noch seiner Mutter noch seinen Schwestern ein Wort sagte. Er hielt den Brief für einen guten Brief und wäre stolz gewesen, ihn zu zeigen; aber er befürchtete, dass entweder sein Vater oder seine Mutter ihm raten würden, es nicht zu schicken, und er schämte sich, es Molly vorzulesen. Deshalb schickte er den Brief am nächsten Morgen mit dem Gärtner quer durch den Park.

Der Brief lautete wie folgt:

„MEIN LIEBER ONKEL, mein Vater hat mir Ihren Brief an ihn gezeigt, und natürlich halte ich es für meine Pflicht, etwas davon zur Kenntnis zu nehmen. Ich wollte Sie nicht mit einem Brief belästigen, ich habe heute Morgen angerufen, aber ich habe es getan Matthew hat mir gesagt, dass Sie mich nicht sehen würden, da Sie sich gegenüber meinem Vater sehr streng über mein Verhalten geäußert haben. Ich bin mir sicher, dass Sie mir zustimmen werden, dass ich die Angelegenheit nicht unbemerkt verstreichen lassen sollte.

„Sie sagen, dass es auf den Straßen einen Streit zwischen Mountjoy Scarborough und mir gab, bei dem er ‚zum Sterben zurückgelassen' wurde." Als ich ihn verließ, glaubte ich nicht, dass er sehr verletzt gewesen wäre, und ich hatte auch keinen Grund, das zu glauben, seitdem er mich angegriffen hatte, und ich hatte mich einfach verteidigt, und als ich gezittert hatte Als ich ihn verschwand, ging ich weg. Wäre er getötet oder schwer verletzt worden, hätte die Welt einfach gehört, dass er verschwunden war, was kaum der Fall gewesen sein konnte Falls er sehr verletzt worden wäre.

„Dann sagen Sie, dass ich im Gespräch mit Augustus Scarborough bestritten habe, dass ich seinen Bruder in der fraglichen Nacht gesehen habe Er half seinem Bruder beim Verschwinden, wollte von mir erfahren, was ich getan hatte, und wollte verbergen, was er getan hatte. Er wollte mir die Schande über die Abreise seines Bruders aufbürden, und ich wollte nicht in seine Falle tappen Als er mich fragte, wusste er, dass sein Bruder in Sicherheit war. Ich denke, dass das Wort „Lüge", wie Sie es verwenden, für einen solchen Vorfall sehr streng ist An die erste Person, die ihn fragen wird, zum Beispiel an meinen Vater, wird man Ihnen sagen, dass ein solches Verhalten nicht fehlerhaft war.

„Aber es ist auf jeden Fall notwendig, dass ich Sie frage, was Sie in Bezug auf mein zukünftiges Leben vorhaben. Mir wurde gesagt, dass Sie beabsichtigen, das Einkommen, das ich bisher erhalten habe, einzustellen. Wird dies von Ihrer Seite rücksichtsvoll sein?" (In seiner ersten Kopie des Briefes hatte Harry gefragt, ob es „fair" sei, und hatte dann das Wort durch ein milderes geändert.) „Als ich meinen Abschluss machte, sagten Sie selbst, dass es nicht notwendig sei, dass ich es tun würde." Ich wollte keinen Beruf ergreifen, weil du mir ein Einkommen gönnen und dann für mich sorgen würdest. Ich befolgte deinen Rat im Gegensatz zu dem mcines Vaters, weil es mir damals so vorkam, als wäre ich eher auf dich als auf ihn angewiesen. Das kannst du nicht leugnen Ich wäre schlecht behandelt worden, wenn ich jetzt auf die Welt losgelassen würde.

„Wenn Sie es wünschen, komme ich gerne zu Ihnen, um Ihnen die Mühe zu ersparen, mir zu schreiben.

„Dein liebevoller Neffe,

„HENRY ANNESLEY."

Harry hätte sicher sein können, dass sein Onkel ihn nicht sehen würde — wahrscheinlich war er sich sicher, als er den letzten Absatz hinzufügte. Herr Prosper genoss zwei Dinge sehr: die Mystik, unsichtbar zu sein, und die Gelegenheit, einen Brief zu schreiben. Herr Prosper hatte keine große Korrespondenz, aber sie war mühsam und, wie er dachte, effektiv. Er glaubte, dass er wusste, wie man einen Brief schreibt, und er tat dies mit einem Willen. Es war unwahrscheinlich, dass er sich durch das Treffen mit seinem Neffen bei einer solchen Gelegenheit gemein machen würde, oder dass er die Gelegenheit auslassen würde, einen ganzen Morgen mit Feder und Tinte zu verbringen. Das Ergebnis war sehr kurz, aber seiner Meinung nach war es zufriedenstellend.

„SIR", begann er. Er dachte sehr gründlich über diese Angelegenheit nach; aber da es dabei um die gesamte Zukunft seines eigenen Lebens ging, hatte er das Gefühl, dass es ihm gebührte, sowohl ernst als auch streng zu sein.

„Ich habe Ihren Brief erhalten und ihn mit Aufmerksamkeit gelesen. Ich stelle fest, dass Sie zugeben, dass Sie Herrn Augustus Scarborough absichtlich die Unwahrheit gesagt haben , was immer die Sprache ist, die ich selbst bevorzuge, nennt es eine Lüge — EINE LÜGE! Ich wähle nicht, dass dieses bescheidene Eigentum bei meinem Tod in die Hände EINES LÜGNERS fällt oder möglicherweise nicht erfolgreich sein.

„Da solche Schritte unternommen werden sollen, was auch immer ihr
Ergebnis sein mag, werden die Einkünfte, die Sie auf eine andere Alternative
vorbereiten sollen, die jetzt möglicherweise nicht verfügbar ist, natürlich
nicht mehr gewährt. – Das bin ich , Sir, Ihr gehorsamer Diener, PETER
PROSPER.“

Die erste Wirkung des Briefes bestand darin, im Pfarrhaus Gelächter
hervorzurufen. Harry konnte nicht anders, als es seinem Vater zu zeigen, und
nach ein oder zwei Stunden wurde es seiner Mutter und seiner Schwester
und, unter einem Eid der Geheimhaltung, auch Joshua Thoroughbung
bekannt. Es konnte kein Grund zum Lachen sein, wenn man die zukünftigen
Hoffnungen von Miss Matilda Thoroughbung in Betracht zog. „Ich erkläre,
ich weiß nicht, worüber Sie alle lachen“, sagte Kate, „außer dass Onkel Peter
solch komische Ausdrücke verwendet.“ Aber Mrs. Annesley, obwohl sie die
gutherzigste Frau der Welt war, war fast wütend. „Ich weiß nicht, worüber
ihr alle darin lachen seht. Peter hat die Macht in seinen Händen, Harrys
Zukunft zu gestalten oder zu zerstören.“

„Aber das hat er nicht“, sagte Harry.

„Oder vielleicht auch nicht“, sagte der Rektor.

„Es liegt alles in den Händen des Allmächtigen“, sagte Frau Annesley, die
sich verpflichtet fühlte, das Zimmer zu verlassen und ihre Tochter
mitzunehmen.

Doch als sie allein waren, waren sowohl der Vater als auch sein Sohn sehr
wütend. „Ich habe für immer mit ihm Schluss gemacht“, sagte Harry. „Was
auch kommen mag, ich werde ihn nie wieder sehen oder mit ihm sprechen.
Eine ‚Lüge‘ und ‚Lügner!‘ Er hat diese Worte auf diese Weise geschrieben,
um sein eigenes Gewissen für die Ungerechtigkeit, die er tut, zu beruhigen.
Er weiß, dass ich kein Lügner bin. Er kann nicht verstehen, was ein Lügner
bedeutet, sonst würde er wissen, dass er selbst einer ist.

„So ein Wissen hat ein Mann selten.“

„Ist es nicht so, wenn er mich auf diese Weise nur als Vorwand für sich selbst
stigmatisiert? Er will mich loswerden – wahrscheinlich, weil ich nicht
dagesessen und zugehört habe, wie er die Predigten vorgelesen hat. Lass das
durchgehen. Vielleicht habe ich mich geirrt.“ darin, und er mag gerechtfertigt
sein; aber deshalb kann er nicht wirklich glauben, dass ich ein Lügner
gewesen bin – ein Lügner in einer so entschiedenen Weise, dass ich
ungeeignet wäre, sein Erbe zu sein.“

„Er ist ein Idiot, Harry! Das ist das Schlimmste an ihm.“

„Ich glaube nicht, dass es das Schlimmste ist.“

„Schlimmeres kann man nicht haben. Es ist furchtbar, sich auf einen Narren verlassen zu müssen – einem Mann vertrauen zu müssen, der nicht unterscheiden kann, was falsch und richtig ist. Dein Onkel will ein guter Mann sein. Wenn ihm klar gemacht würde, dass er Er würde nicht stehlen, wenn er etwas Unrechtes tun würde, und im Übrigen ist er ein Narr, und er weiß nicht, wann er diese Dinge tut. "

„Ich werde meine Hände von ihm waschen.“

„Ja; und er wird seine Hände von dir waschen. Du kennst ihn nicht so gut wie ich. Er hat sich in seinen dummen Kopf eingebildet, dass du der Hauptsünder bist, weil du diesem Mann gesagt hast, was nicht wahr war, was wirklich zu sein scheint.“ der Sünder zu sein, und nichts wird die Idee ausrotten. Er wird gehen und diese Frau heiraten, weil er glaubt, dass er auf diese Weise sein Ziel am besten erreichen kann, und dann wird er in aller Ruhe Buße tun Hören Sie sich die Predigten an.

„Und jetzt muss ich dafür bezahlen!“

„Nun, mein Junge, es hat keinen Zweck, wegen verschütteter Milch zu weinen. Wie ich gerade sagte, gibt es nichts Schlimmeres als einen Narren.“

KAPITEL XXVI.

MARMADUKE LODGE.

Am 7. des nächsten Monats ereigneten sich zwei Dinge, die jeweils von großer Bedeutung waren. Die Jagd begann im Puckeridge-Land, und Harry war mit der berühmten Stute Belladonna dort. Und Squire Prosper wurde in seiner Kutsche nach Buntingford gefahren und machte Miss Thoroughbung sein Angebot mit aller gebotenen Förmlichkeit. Das ganze Haus, einschließlich Matthäus, der Koch, der Kutscher, der Junge und die beiden Hausmädchen, wussten, was er tun würde. Es wäre schwer zu sagen, woher sie das wussten, denn er war ein Mann, der nie etwas erzählte. Er war der letzte Mann in England, der in einer solchen Angelegenheit seinen Butler zum Vertrauten gemacht hätte. Er sprach nie mit einem Diener über Dinge, die nichts mit seinem Dienst zu tun hatten. Er war der Ansicht, dass dies völlig gegen seine Würde verstoßen würde. Als er jedoch seine Kutsche anordnete, was er zu dieser Jahreszeit, da die Pferde auf der Farm benötigt wurden, nicht sehr oft tat, und er allen Beteiligten vierundzwanzig Stunden im Voraus Bescheid gab, und Als er am frühen Morgen anordnete, dass sein Sonntagsanzug zum Tragen vorbereitet werden sollte, und als sein Gesichtsausdruck immer ernster wurde, je näher die Stunde rückte, war allen klar, dass er das Angebot an diesem Tag machen würde.

Er war sowohl stolz als auch ängstlich angesichts der Sache, die getan werden musste – stolz darauf, dass er, der Squire von Buston, zu einem so wichtigen Schritt aufgefordert werden sollte; stolz in der Vorfreude auf seine Gefühle, als würde er als fröhlicher, blühender Freier nach Hause zurückkehren – und doch ein wenig voller Angst, es könnte ihm nicht gelingen. Sollte er scheitern, wäre das Scheitern für ihn schrecklich. Er wusste, dass jeder Mann und jede Frau an diesem Ort alles darüber wissen würde. Zu den Geheimnissen der Familie gehörte eine nie erwähnte Geschichte, wonach er dasselbe schon einmal getan hatte. Er war damals ein junger Mann, etwa fünfundzwanzig, und er war hergekommen, um sich und Buston der Tochter eines Baronets zu Füßen zu legen, die etwa fünfundzwanzig Meilen entfernt wohnte. Sie war sehr schön und soll eine angemessene Mitgift bekommen haben, aber er war zurückgekommen und hatte sich danach eine Woche lang im Haus eingeschlossen. Seitdem hatte er für kein menschliches Ohr mehr von seinem Interview mit Miss Courteney gesprochen. Die Ereignisse dieses Tages waren in undurchdringliche Dunkelheit gehüllt. Aber ganz Buston und die umliegenden Gemeinden wussten, dass Miss Courteney ihn abgelehnt hatte. Seit diesem Tag war er nie wieder zu einer solchen Mission aufgebrochen.

Manche sagten über ihn, seine Liebe sei so tief und dauerhaft gewesen, dass er sie nie überwunden habe. Miss Courteney war mit einem viel größeren Liebhaber verheiratet und in glanzvolle Kreise entführt worden. Aber er hatte ihren Namen nie erwähnt. Diese Geschichte seiner ewigen Liebe wurde von seiner Schwester voll und ganz geglaubt, die sie zu seiner Ehre immer wieder von ihm erzählte, wenn der Pfarrer ihn im Pfarrhaus für einen Narren erklärte. Aber der Pfarrer pflegte zu sagen, dass er vor Stolz stumm sei oder dass er es nicht ertragen könne, wenn man erfährt, dass er in irgendetwas versagt hat. Jedenfalls hatte er nie wieder Liebesversuche unternommen und seiner Schwester offiziell erklärt, dass Harry als sein Sohn betrachtet werden sollte, da er nicht die Absicht hatte zu heiraten. Dann kam endlich das Stipendium, und er war stolz auf seinen Erben und dachte, er hätte das Stipendium irgendwie selbst gewonnen, indem er die Rechnungen bezahlt hatte. Aber nun war alles anders, und er sollte wieder mit seiner Werbung fortfahren.

Es hatte im Land das Gerücht gegeben, dass er bereits aufgenommen wurde; aber das war nicht der Fall. Er war in Buntingford herumgeflattert und hatte darüber nachgedacht, aber er hatte die Frage nie gestellt. Seiner Meinung nach wäre es nicht angemessen gewesen, dies ohne eine gewisse Zeremonie zu tun. Buston ließ sich weder während einer Quadrille noch im Rahmen eines gewöhnlichen Gesprächs aus der Fassung bringen. Es war unwahrscheinlich, ja, es war unmöglich, dass er das Thema irgendjemandem gegenüber erwähnen würde; aber dennoch musste er sich sichtlich darauf vorbereiten, und ich denke, dass ihm bewusst war, dass die Welt um ihn herum wusste, worum es bei ihm ging.

Und die Thoroughbungs wussten es, und Miss Matilda Thoroughbung wusste es gut. Alles, was Buntingford wusste. In jenen alten Tagen, als er die Hand der Tochter des Baronets gesucht hatte, hatten die Tochter des Baronets, die Frau des Baronets und der Baron selbst gewusst, was kommen würde, obwohl Mr. Prosper glaubte, dass das Geheimnis allein in seiner eigenen Brust schlummerte . Er träumte auch nicht davon, dass Harry und Harrys Vater sowie Harrys Mutter und Schwestern alle über die auffällige Ernsthaftigkeit seiner Drohung gelacht hatten. Es war die allgemeine Stimmung zu diesem Thema, die das Gerücht verbreitete, dass die Tat begangen worden sei. Aber als er mit einem neuen grauen Glacéhandschuh die Treppe hinunterkam und den anderen in der Hand baumelte, war nichts geschehen.

„Fahren Sie nach Buntingford", sagte der Gutsbesitzer.

„Ja, Sir", sagte Matthew, die Kutschentür in seiner Hand.

„Zur Marmaduke Lodge."

"Jawohl." Dann erzählte Matthäus es dem Kutscher, der die Anweisungen sehr deutlich gehört hatte und sie kannte, bevor er sie gehört hatte. Der Gutsherr warf sich wieder in die Kutsche und überlegte, wie er die Tat vollbringen sollte. In Wahrheit hatte er die Worte kaum studiert, aber schließlich nicht die Art und Weise, wie er sie vorbrachte. Mit der bloßen Hand vor den Augen, damit er den Handschuh in der anderen sauber halten konnte, widmete er seinen Verstand der Aufgabe; Er zog seine Hand auch nicht zurück, bis die Kutsche am Tor einbog. Die Fahrt bis zur Tür der Marmaduke Lodge war sehr kurz und er hatte kaum Zeit, seine Weste und seinen Schnurrbart zu ordnen, als die Kutsche stehen blieb. Bald wurde ihm gesagt, dass Fräulein Thoroughbung zu Hause sei, und schon nach einem Augenblick stand er in ihrer Gegenwart auf dem Teppich.

Report war Miss Thoroughbung in Anbetracht ihres Alters unfreundlich behandelt worden. Report geht immer unfreundlich mit unverheirateten jungen Frauen um, die aufgehört haben, Mädchen zu sein. Es besteht die Vorstellung, dass sie sich jünger darstellen wollen, als sie sind, und dass Berichte sie daher immer älter machen. Man nannte sie fünfundvierzig und sogar fünfzig. Ihr genaues Alter betrug zu diesem Zeitpunkt zweiundvierzig, und da Mr. Prosper erst fünfzig war, gab es in der Ehe keine Unstimmigkeiten. Er hätte für sein Alter jung ausgesehen, wenn ihm nicht ein Hauch von uraltem Dandytum angewachsen wäre. Er war auch etwas trocken und dünn, mit hohen Wangenknochen und großen, stumpfen Augen. Aber er war sauber, ernst und ordentlich – ein Mann, der einer Dame, die auf der Suche nach einem Ehemann war, Gutes versprach. Miss Thoroughbung war fett, blond und auf den Punkt gebracht, und sie hatte ein gewisses Maß an gutem Aussehen, dessen sie sich nicht unbewusst war. Aber sie war sich besonders der fünfundzwanzigtausend Pfund bewusst, deren Besitz ihr bisher bei der Suche nach einem Ehemann im Wege gestanden hatte. Man sagte allgemein über Buntingford, dass sie zu hoch aussehe, da sie doch nur ein Vollblutjunge war und nicht mehr als 25.000 Pfund wog.

Aber Miss Tickle war im Zimmer und man hätte sagen können, sie sei im Weg, wenn Mr. Prosper nicht eine kleine vorübergehende Erleichterung als Trost empfunden hätte. Miss Tickle war jedenfalls zwanzig Jahre älter als Miss Thoroughbung und von allen Sklaven zugleich die bescheidenste und nervigste. Sie verlangte nie etwas, sondern malte immer das Bild, was sie verdiente. „Ich hoffe, ich habe das Vergnügen, Fräulein Tickle ganz gut zu sehen", sagte der Gutsherr, sobald er der Dame seiner Geliebten die ersten Komplimente gemacht hatte.

„Vielen Dank, Mr. Prosper, sehr gut. Meine Sorge gilt nur Matilda." Matilda war für sie Matilda, seit sie ein kleines Mädchen gewesen war, und Fräulein Tickle würde den Vorteil, den ihr die alte Intimität verschaffte, jetzt nicht aufgeben.

„Ich gehe davon aus, dass es keinen Grund dafür gibt."

„Nun, ich bin mir nicht so sicher. Sie hat letzte Nacht ein wenig gehustet und wollte ihr Abendessen nicht essen. Wir haben immer ein kleines Abendessen falsch."

„Unsinn! Was für ein Aufhebens machen Sie. Nun, Mr. Prosper, haben Sie Ihren Neffen schon gesehen?"

„Nein, Miss Thoroughbung; ich habe auch nicht vor, ihn zu sehen. Der junge Mann hat sich blamiert."

„Lieber, Schatz; wie traurig!"

„Junge Männer beschämen sich sehr oft, fürchte ich", sagte Miss Tickle.

„Wir werden bitte nicht darüber reden, weil es eine Familienangelegenheit ist."

„Oh nein", sagte Miss Thoroughbung.

„Zumindest noch nicht. Das mag sein – aber egal, ich möchte in nichts voreilig sein."

„Das sage ich Matilda immer. Sie ist so impulsiv. Aber da Sie möglicherweise geschäftliche Angelegenheiten haben, über die Sie mit Miss Thoroughbung sprechen müssen, Mr. Prosper, werde ich mich zurückziehen."

„Das ist sehr rücksichtsvoll von Ihrer Seite, Miss Tickle."

Dann zog sich Miss Tickle zurück; Daraus lässt sich schließen, dass die wahrscheinlichen Umstände des Interviews bereits zwischen den Damen besprochen wurden. Herr Prosper holte tief Luft und seufzte hörbar, sobald er mit dem Gegenstand seiner Zuneigung allein war. Er fragte sich, ob Männer unter solchen Umständen jemals klug und fröhlich waren. Er seufzte erneut und begann dann: „Miss Thoroughbung!"

„Herr Prosper!"

Alle vorbereiteten Worte waren aus seinem Gedächtnis geflogen. Er konnte sich nicht einmal daran erinnern, wie er anfangen sollte. Und leider hängt so viel von der Art und Weise ab! Aber das Eigentum war nicht in Verlegenheit gebracht, und Fräulein Thoroughbung hielt es für wahrscheinlich, dass man ihr erlauben würde, mit ihrem eigenen Geld zu tun, was sie wollte. Sie hatte alles nach rechts und links gewendet und war bereit, ihn aufzunehmen. Mit dieser Ansicht hatte sie Fräulein Tickle angewiesen, das Zimmer zu verlassen, und sie fühlte sich nun verpflichtet, dem Herrn jede Hilfe zu leisten, die in ihrer Macht stand. „Oh, Fräulein Thoroughbung!" er sagte.

„Herr Prosper, Sie und ich sind so gute Freunde, dass – das – das –"

„Ja, in der Tat. Sie können keinen treueren Freund haben als mich – nicht einmal Miss Tickle.“

„Oh, stören Sie Miss Tickle! Miss Tickle geht es sehr gut.“

„Genau. Miss Tickle geht es sehr gut; eine äußerst achtbare Person.“

„Wir lassen sie vorerst in Ruhe.“

„Ja, sicherlich. Wir sollten sie in unserem jetzigen Gespräch besser in Ruhe lassen. Nicht, aber ich habe große Achtung vor ihr.“ Mr. Prosper hatte sicherlich nicht daran gedacht, dass er mit einer solchen Behauptung Miss Tickle eine Chance auf eine zukünftige Karriere bieten könnte.

„Ich übrigens auch, aber wir lassen sie gleich fallen.“ Dann hielt sie inne, aber auch er hielt inne. „Sie sind heute wahrscheinlich nach Buntingford gekommen, um ihnen in der Brauerei zur Hochzeit mit einem Ihrer Familienmitglieder zu gratulieren.“ Dann runzelte Mr. Prosper die Stirn, aber sein Stirnrunzeln war ihr egal. „Für die junge Dame wird es kein schlechtes Spiel sein, da Joshua ziemlich stabil ist und die Brauerei Geld wert ist.“

„Ich hätte ihm einen besseren Schwager wünschen können“, sagte der Liebhaber, der durch die Anspielung auf die Annesleys aus der Betrachtung seiner Liebe abgelenkt wurde. An all das hatte er gedacht, und in Ermangelung passender Objekte der Zuneigung hatte er beschlossen, den Nachteil der Verbindung zu ertragen. Aber es hatte ihn eine Zeit lang sehr belastet, und wenn die fünfundzwanzigtausend Pfund zwanzigtausend Pfund gewesen wären, hätte er sich vielleicht zu Miss Puffle begeben, die in der Nähe von Saffron Walden lebte und der Snickham Manor gehören würde, wenn ihr Vater starb . Angeblich ging es um das Anwesen, und Miss Puffle war mit Sicherheit achtundvierzig Jahre alt. Da die Erbin ein großer Wunsch war, hatte er beschlossen, dass Matilda Thoroughbung die Dame sein sollte, trotz der Übel, die mit der neuen Verbindung einhergingen. Er hatte das Gefühl, dass er, wenn er Harry über Bord werfen würde, alle Annesleys im Stich lassen und eine Grenze zwischen sich und Miss Thoroughbung und der gesamten Familie der Thoroughbungs im Allgemeinen ziehen müsste.

„Sie dürfen nicht zu verbittert gegen die arme Molly sein“, sagte Miss Thoroughbung.

Mr. Prosper mochte es nicht, als verbittert bezeichnet zu werden, und trotz der Wichtigkeit des Anlasses konnte er nicht umhin zu zeigen, dass es ihm nicht gefiel. „Ich glaube nicht, dass wir darüber reden müssen.“

„Oh je, nein. Über Kate und Miss Tickle muss nicht gesprochen werden.“ Mr. Prosper mochte jede Vertrautheit nicht, besonders wenn er ausgelacht wurde, aber Miss Thoroughbung lachte. Also richtete er sich auf und ließ seinen Handschuh langsamer als zuvor baumeln. „Dann wollten Sie ihnen dann doch nicht in der Brauerei gratulieren?“

"Sicherlich nicht."

"Ich wusste es nicht."

„Mein Ziel führt mich nicht weiter als bis zur Marmaduke Lodge. Ich habe heute keine Lust, irgendjemanden außer Miss Thoroughbung zu sehen.“

„Das ist ein Kompliment.“

Dann erinnerte er sich plötzlich an einen seiner zusammengesetzten Sätze. „Wenn ich Miss Thoroughbung sehe, sehe ich sie, von der ich hoffe, dass ich mich für das zukünftige Glück meines Lebens darauf verlassen kann.“ Er hatte das Gefühl, dass es am richtigen Ort war. Es war beabsichtigt, es sofort zu sagen, nachdem sie ihn angenommen hatte. Aber dort, wo es war, hat es sich sehr gut geschlagen. Es drückte, wie er sich selbst versicherte, die Gefühle seines Herzens aus und musste ihr eine Erklärung entlocken.

„Meine Güte, Mr. Prosper!“

Diese Art von Schüchternheit war zu erwarten gewesen, und deshalb fuhr er mit einem weiteren Teil seiner vorbereiteten Worte fort, die ihm jetzt ziemlich leichthin kamen. Aber es war ein früherer Teil. Fräulein Thoroughbung war es egal, da es deutlich die Absicht des Herrn zum Ausdruck brachte. „Wenn ich Sie dazu bewegen kann, mir wohlwollend zuzuhören, werde ich von mir selbst sagen, dass ich der glücklichste Gentleman in Hertfordshire bin.“

„Oh, Herr Prosper!“

„Mein Ziel ist es, dir meine Hand, mein Herz und das Land von Buston zu Füßen zu legen.“ Hier machte er wieder einen Rückschritt, aber es spielte jetzt keine große Rolle mehr, in welcher Reihenfolge die Worte gesagt wurden. Das Angebot wurde vollständig ausgefüllt und umfassend verstanden.

„Eine Dame, Mr. Prosper, muss über diese Dinge nachdenken“, sagte Miss Thoroughbung.

„Natürlich möchte ich Sie nicht vorschnell zu einer Zuneigungsbekundung drängen.“

„Aber es gibt noch andere Überlegungen, Mr. Prosper. Wissen Sie von meinem Eigentum?“

„Nichts Besonderes. Es war für mich keine Frage der Überlegung.“ Dies sagte er mit einer leicht beleidigenden Miene. Er war ein Gentleman, während Miss Thoroughbung kaum eine Dame war. Ihr Geld war natürlich eine Frage der Überlegung gewesen. Wie sollte er es nicht in Betracht ziehen? Aber er war sich darüber im Klaren, dass er sich bei diesem Thema nicht überstürzen, sondern es der Vereinbarung der Anwälte überlassen sollte und seine eigenen Ansichten durch ihren eigenen Anwalt zum Ausdruck bringen sollte. Für sie war es das Wichtigste, und sie hatte keine Gefühle, die sie dazu veranlassen könnten, über eine ihr so nahe liegende Angelegenheit zu schweigen. Sie beeilte sich.

„Aber es muss bedacht werden, Mr. Prosper. Es ist alles mein Eigentum und beläuft sich auf fast tausend pro Jahr. Ich glaube, es sind neunhundertzweiundsiebzig Pfund, sechs Schilling und acht Pence. Natürlich, wenn es welche gibt." so viel Geld, dass es irgendwie gebunden werden müsste." Mr. Prosper war zweifellos angewidert, und wenn er in diesem Moment hätte zurücktreten können, hätte er seine Zuneigung auf Miss Puffle übertragen. „Natürlich verstehst du das."

Sie hatte ihn noch nicht akzeptiert und auch kein Wort ihrer Wertschätzung für ihn gesagt. Alles, was passierte, schien völlig bedeutungslos zu sein. Er hatte die letzten paar Minuten gestanden, und jetzt blieb er stehen und sah sie an. Sie schwiegen beide, so dass er gezwungen war zu sprechen. „Ich verstehe , dass es zwischen einer Dame und einem Herrn, die sich in so einer Situation befinden, eine Einigung geben sollte."

"Einfach so."

„Ich habe auch etwas Eigentum", sagte Mr. Prosper mit einem Anflug von Stolz in seinem Ton.

„Natürlich hast du das. Meine Güte! Warum sonst solltest du kommen? Du hast Buston, wo ich schätze, dass es zweitausend pro Jahr kostet. Auf jeden Fall trägt es diesen Namen. Aber es ist nicht dein eigener."

„Nicht mein eigenes?"

„Naja, nein. Du könntest es nicht deiner Witwe hinterlassen, damit sie es jemandem geben kann, den sie will, wenn du weg bist." Hier runzelte der Herr ganz düster die Stirn und dachte, dass Miss Puffle doch die Frau für ihn sein würde. „All das muss berücksichtigt werden, und es macht Buston nicht gerade zu Ihrem Eigentum. Wenn ich eine Tochter hätte, würde sie sie nicht bekommen."

„Nein, keine Tochter", sagte Mr. Prosper und wunderte sich immer noch über die gründliche Kenntnis des Geschäftes, das die Dame an den Tag legte.

„Oh, wenn es ein Sohn wäre, wäre das in Ordnung, und dann würde mein Geld an die jüngeren Kinder gehen, zu gleichen Teilen zwischen Jungen und Mädchen aufgeteilt." Mr. Prosper schüttelte den Kopf, als er plötzlich eine so große und blühende Familie hatte. „Ich nehme an, dass dies die Art der

Regelung wäre, zusammen mit einem bestimmten Einkommen aus Buston, das für mich reserviert wird. Es sollte in Betracht gezogen werden, dass ich ein Haus zum Wohnen bereitstellen müsste. Das gehört meinem Bruder.", und ich zahle ihm vierzig Pfund im Jahr dafür. Es sollte etwas Besseres sein.

„Meine liebe Miss Thoroughbung, das alles würde der Anwalt tun." Ihm kam der Gedanke, dass sie mit ihrer geschäftlichen Begabung keine schlechte Gehilfin sein würde.

„Die Anwälte sind sehr gut, aber bei einem Geschäft dieser Art geht nichts über das gegenseitige Verständnis der Auftraggeber. Junge Frauen werden immer ausgeraubt, wenn ihr Geld ganz den Herren überlassen wird."

"Beraubt!"

„Glauben Sie nicht, dass ich Sie meine, Mr. Prosper; und der Raub, den ich meine, wird überhaupt nicht als schändlich angesehen. Die Herren, die ich meine, sind die Väter und die Brüder und die Onkel und die Anwälte. Und sie haben die Absicht, es gleich danach zu tun." der Brauch ihrer Väter und Onkel. Aber die Rechte der Frau kommen auf.

„Ich hasse die Rechte der Frau."

„Trotzdem kommen sie zur Sprache. Eine junge Frau lässt sich nicht mehr so hereinlegen wie früher. Ich meine das nicht als Beleidigung, wissen Sie." Dies war eine Antwort auf Mr. Prospers wiederholtes Stirnrunzeln. „Seit die Rechte der Frau gelten, ist eine junge Frau besser in der Lage, ihren eigenen Kampf zu führen."

Mr. Prosper war bereit zuzugeben, dass Miss Thoroughbung hübsch war, aber sie war auch fett und mindestens vierzig. Es war kaum nötig, dass sie so oft auf ihre eigene ungeschützte Jugend Bezug nahm. „Ich möchte, dass mein eigenes Einkommen ausgegeben wird, Herr Prosper; – das ist eine Tatsache."

„Oh, tatsächlich!"

„Ja, das sollte ich. Es wäre mir egal, zu meinem Mann gehen zu müssen, wenn ich ein Paar Strümpfe kaufen wollte."

„Eine Aufwandsentschädigung, würde ich sagen."

„Und das sollte mein eigenes Einkommen sein."

„Nichts zum Mitnehmen ins Haus?"

„Oh ja. Es könnte sein, dass es bestimmte Dinge gibt, für die ich vielleicht bereit bin, sie zu bezahlen. Ein Paar Ponys, die ich gerne hätte."

„Ich habe immer eine Kutsche und ein Paar Pferde."

„Aber ich würde auf die Ponys aufpassen. Es würde mir nichts ausmachen, mein eigenes Dienstmädchen zu bezahlen, und den Champagner und natürlich meine Kleidung und die Rechnung des Fischhändlers. Da wäre auch Miss Tickle. Du hast es ja versprochen wie Miss Tickle. Das würde meiner Meinung nach ausreichen.

Mr. Prosper war zutiefst angewidert; aber als er Marmaduke Lodge verließ, hatte er kein Wort darüber gesagt, dass er von seinem Angebot zurücktreten würde. Sie erklärte, dass sie ihre Bedingungen schriftlich festhalten und sie ihrem Anwalt übergeben werde, der mit Herrn Grey kommunizieren würde.

Mr. Prosper stellte überrascht fest, dass sie den Namen seines Anwalts kannte, der in Wahrheit unser alter Freund war. Und dann, während er noch zögerte, erstaunte, ja schockierte sie ihn über die Art und Weise, wie sie die Konferenz beendete. Sie stand auf, warf ihre Arme um seinen Hals und küsste ihn innigst. Danach gab es für Herrn Prosper keinen Rückzug mehr — jedenfalls keine unmittelbare Rückzugsmöglichkeit. Er konnte nur das Zimmer verlassen, in seine Kutsche steigen und so schnell wie möglich nach Hause getragen werden.

KAPITEL XXVII.

DER ANTRAG.

Das war ihm noch nie passiert. Der erste Gedanke, der Herrn Prosper kam, als er in seinen Wagen stieg, war, dass ihm das noch nie zuvor in den Sinn gekommen war. Er dachte nicht darüber nach, dass er sich dem nicht in den Weg gestellt hatte: Aber jetzt überwältigte ihn die Fremdartigkeit des Gefühls. Er erkundigte sich, ob es angenehm sei, musste die Frage jedoch verneinen. Es hätte von ihm kommen sollen, aber noch nicht; Noch nicht, wahrscheinlich erst in einigen Wochen. Aber es war geschehen, und dadurch hatte sie ihn ganz und gar als ihr Eigentum versiegelt. Jetzt gab es kein Entkommen mehr. Er hatte das Gefühl, dass er nach dem, was geschehen war, nicht versuchen sollte, daraus herauszukommen. Er war sich nicht sicher, ob die Dame alles zu diesem Zweck geplant hatte; aber er war sich sicher, dass eine solide Grundlage für einen Fall eines Versprechensbruchs gelegt worden wäre, wenn er einen Fluchtversuch unternehmen würde. Was könnte eine Jury nicht gegen ihn tun, indem sie Schadensersatz aus den Hektar von Buston Hall gewährt? Und dann würde Miss Thoroughbung zu den anderen Thoroughbungs und den Annesleys übergehen, und sein Zustand würde unerträglich werden. In einigen Momenten, als er nach Hause gefahren wurde, war er sich nicht sicher, ob die Annesleys alles gegen ihn geplant hatten.

Als er aus seiner Kutsche stieg, wusste Matthew, dass es seinem Herrn schlecht ergangen war; aber er konnte nicht vermuten, auf welche Weise. Die Angelegenheit war in der Küche ausführlich besprochen worden, und dort war beschlossen worden, dass Miss Thoroughbung auf jeden Fall als zukünftige Geliebte von Buston nach Hause gebracht werden sollte. Der Schritt ihres Herrn war in der Buston-Küche nicht beliebt. Dort war darüber nachgedacht worden, dass Meister Harry der zukünftige Meister sein sollte, und durch eine Verdrehung des Intellekts hatten sie alle geglaubt, dass dies bald geschehen würde. Matthew war viel älter als der Squire, den man kaum als kränklichen Mann bezeichnen konnte, und doch hatte Matthew beschlossen, dass Mr. Harry als Squire von Buston über ihn herrschen sollte. Als daher die Nachricht kam, dass Fräulein Thoroughbung als Geliebte nach Buston geholt werden sollte, gab es einige leichte Anzeichen einer Rebellion. „Sie wollten dort keine ‚Tilda Thoroughbung‘ haben.“ Sie hatten ihre eigene Vorstellung von einer Dame und einem Herrn, die, wie in allen solchen Fällen, völlig richtig war. Sie wussten, dass der Gutsherr ein Narr war, aber sie hielten ihn für einen Gentleman. Sie hörten, dass Fräulein Thoroughbung eine kluge Frau sei, glaubten aber nicht, dass sie eine Dame sei. Matthew hatte dem Koch ein paar Worte über ein Wirtshaus in Stevenage gesagt. Sie hatte ihm gesagt, er solle kein alter Narr sein und er würde sein Geld verlieren, aber sie hatte an das Wirtshaus gedacht. Es herrschte eine rebellische Stimmung. Matthew half seinem Herrn aus der Kutsche, und dann überkam ihn ein Abscheu. Dieser „schaumige Bierfass", wie Matthew es gewagt hatte, sie zu nennen, hatte seinen Herrn kategorisch abgelehnt.

Herr Prosper ging sehr nachdenklich und im Herzen traurig ins Haus. Es war für ihn fast bedauerlich, dass es nicht so gekommen war, wie Matthew vermutet hatte. Aber er wurde gefangen und gefesselt und musste das Beste daraus machen. Er dachte über alle Einzelheiten ihrer geplanten Lebensweise nach und rekapitulierte sie für sich. Ein Paar Ponys, ihr eigenes Dienstmädchen, Champagner, die Rechnung des Fischhändlers und Miss Tickle. Miss Puffle hätte solch teuren Luxus sicherlich nicht benötigt. Champagner und Fisch würden für ihren Endverzehr Gesellschaft benötigen.

Die Ponys schlugen einen Ton an, der ganz im Gegensatz zu dem stand, was er in Betracht gezogen hatte. Er fragte sich, ob er Miss Tickle als ewige Insassin haben wollte. Er hatte in reiner Höflichkeit seine Sympathie für Miss Tickle zum Ausdruck gebracht, aber wozu brauchte eine verheiratete Frau eine Miss Tickle? Und dann dachte er an die Erziehung der fünf oder sechs Kinder, die sie ihm fast versprochen hätte! Er hatte sich einfach einen Erben vorgeschlagen – nur einen Erben –, damit der schändliche Harry ausgelöscht werden konnte. Er sah bereits, dass er durch das Einkommen der Dame nicht um einen Schilling bereichert werden würde. Dann wäre da noch der ganze Ärger und die Schande eines separaten Geldbeutels. Er hielt es für eine Schande, wenn seine Frau den Fisch und den Champagner, die er in seinem eigenen Haus verzehrte, ohne Rücksprache mit ihm bezahlen ließe. Was wäre, wenn die Dame eine Vorliebe für Champagner hätte? Er wusste nichts davon und würde nichts darüber wissen, es sei denn, er sah es in ihrer verstärkten Farbe. Krabben zum Abendessen verschickt! Er ging immer um zehn zu Bett und ließ sich ein Glas Gerstenwasser bringen – ein Glas Gerstenwasser mit nur einem Spritzer Zitronensaft.

Er sah den Ruin vor sich. Zweifellos war sie eine gute Managerin, aber sie würde für sich selbst eine gute Managerin sein. Wäre es nicht besser für ihn, der Klage wegen Versprechensbruchs standzuhalten und sich zu Miss Puffle zu begeben? Aber Miss Puffle war fünfzig, und es konnte keinen Zweifel daran geben, dass die Dame jünger sein sollte als der Herr. Er war im Geiste sehr bekümmert. Wenn er mit Fräulein Thoroughbung Schluss machte, sollte er das sofort tun, bevor sie Zeit hatte, die Angelegenheit in die Hände des Anwalts zu legen? Und aus welchem Grund sollte er es tun? Bevor er an diesem Abend zu Bett ging, entnahm er einen Teil eines Briefes, der jedoch nie abgeschickt wurde:

„MEINE LIEBE MISS THOROUGHBUNG, – in den Ansichten, die wir beide heute Morgen geäußert haben, befürchte ich, dass es ein grundlegendes Missverständnis über die Lebensweise gab, die uns beiden in den Sinn gekommen war. Sie, wie es in Ihrem Alter so natürlich war, und mit Ihr Charme hat nicht gezögert, eine kommende Zeit ungezügelter Freuden vorwegzunehmen. Ihre Anspielung auf eine Ponykutsche und andere beiläufige Anspielungen – er hielt es nicht für gut, insbesondere den Fisch und den Champagner zu erwähnen – Ich habe mir die Art von zukünftigem Leben, die Sie sich vorgestellt haben, deutlich gemacht. Der Himmel bewahre, dass ich etwas so Angenehmes und Unschuldiges bemängeln sollte. Aber meine Lebensaussichten sind anders und ich suche die Ehre eines Bündnisses mit Du, ich war auf der Suche nach einem ruhigen Begleiter in meinen letzten Jahren, und vielleicht auch nach einer Mutter für einen möglichen zukünftigen Sohn. Als du mich bei meinem Abgang mit einem unverkennbaren Zeichen deiner Zuneigung ehrtest, war ich gerade dabei, alles zu erklären Das müssen Sie mir entschuldigen, wenn mein Mund damals durch die gegenseitige Begeisterung unserer Gefühle verstopft war. Ich wollte gerade sagen: „Aber es fiel ihm schwer zu erklären, was er sagen wollte, und am nächsten Morgen, als die Zeit zum Schreiben gekommen war, hörte er Neuigkeiten, die ihn für den Tag aufhielten, und dann … Die Gelegenheit war vertan.

Als Matthew am nächsten Morgen um neun Uhr mit seiner Tasse Tee an seinem Bett erschien, wurde ihm die Nachricht überbracht. Er las die Buntingford *Gazette* , die zweimal pro Woche erschien, und als Matthew sie geöffnet und ungelesen an ihren gewohnten Platz legte, gab er die Informationen weiter, die er zweifellos der Zeitung entnommen hatte. „Sie haben es wohl noch nicht gehört, Sir?“

„Was gehört?“

„Über Miss Puffle.“

„Was ist mit Miss Puffle? Ich habe kein Wort gehört. Was ist mit Miss Puffle?“ Er hatte in diesem Moment an Miss Puffle gedacht – daran, wie sie Miss Thoroughbung in vielerlei Hinsicht überlegen sein würde –, sodass er sich in seinem Bett aufsetzte und den ungekosteten Tee in der Hand hielt.

„Sie ist mit dem jungen Farmer Tazlehurst ausgezogen.“

„Miss Puffle ist weggegangen, und zwar mit dem Sohn des Mieters ihres Vaters!“

„Ja, in der Tat, Sir. Sie und ihr Vater haben sich die letzten zehn Jahre gestritten, und jetzt ist sie weg. Sie ist immer mit ihren Hunden und Männern durch das Land geritten und tobte; und jetzt ist sie weg.“

„Oh Himmel!" rief der Gutsbesitzer aus und dachte an seine eigene Flucht.

„Ja, in der Tat, Sir. Man weiß nicht, was einer von ihnen vorhat. Wenn sie nicht heiraten, bevor sie dreißig sind, oder höchstens fünfunddreißig, werden sie mit Sicherheit solche Ideen in ihren Kopf bekommen wie Nein." man kann es größtenteils gutheißen." Dies war von Matthäus als Warnung an seinen Meister gedacht, hatte aber tatsächlich den gegenteiligen Effekt. Er beschloss in diesem Moment, dass Letzteres nicht von Miss Thoroughbung gesagt werden sollte.

Und er schickte Matthew mit einem Floh im Ohr aus dem Zimmer. „Wie können Sie es wagen, so über Ihre Vorgesetzten zu sprechen? Mr. Puffle, der Vater der Dame, ist seit vielen Jahren mein Freund. Ich sage nichts über die Dame und sage auch nicht, dass sie es richtig gemacht hat. Natürlich, unten-Auf der Treppe, im Dienstbotensaal können Sie sagen, was Sie wollen; aber hier oben, in meiner Gegenwart, sollten Sie nicht in einer solchen Sprache von einer Dame sprechen, hinter deren Stuhl Sie möglicherweise warten müssen.

„Sehr gut, Sir, ich werde nicht mehr", sagte Matthew und zog sich mit gespielter Demut zurück. Aber er hatte seinen Bolzen abgefeuert, und er vermutete erfolgreich. Er wusste nicht, was zwischen seinem Herrn und Miss Thoroughbung vorgefallen war; aber er glaubte, dass seine Rede dazu beitragen könnte, eine Wiederholung des Angebots zu verhindern.

Miss Puffle ist mit dem Sohn des Mieters weggegangen! Die Nachricht machte die Ehe für ihn doppelt gefährlich und beraubte ihn dennoch des Hauptgrundes, der ihn hätte treiben sollen, ihr einen Brief zu schicken. Er konnte jetzt jedenfalls nicht auf Miss Puffle zurückgreifen. Und er dachte, nichts hätte Miss Thoroughbung dazu bewegen können, mit einem der Fuhrleute aus der Brauerei loszuziehen. Welche Fehler sie auch haben mochte, sie lagen nicht in dieser Richtung. Champagner und Ponys waren als Fehler weniger schädlich.

Miss Puffle ist mit dem jungen Tazlehurst weggegangen – einer Dame von fünfzig Jahren, mit einem jungen Mann von fünfundzwanzig Jahren! und sie ist die angebliche Erbin von Snickham Manor! Es war ein Trost für ihn, als er sich daran erinnerte, dass Snickham Manor erst vor Kurzem vom Vater des jetzigen Besitzers gekauft worden war. Die Prospers waren schon seit der Zeit Georgs des Ersten in Buston. Aus dem Ohr einer Sau kann man keine Seidenhandtasche machen. Er hatte sich dieser Tatsache stets versichert, und das war jetzt mehr denn je der Fall. Und fünfzig Jahre alt! Es war ziemlich schockierend. Mit einem stabilen Mann mittleren Alters wie ihm und mit der Zustimmung ihrer Familie hätte man vielleicht an eine Heirat gedacht. Aber dieser Harum-Scarum-Jungpächtersohn, der in keiner Hinsicht ein Gentleman war und dessen einziger Gedanke darin bestand, über Hecken und Gräben zu galoppieren, dieser Gedanke zeigte einen Geisteszustand, der ihn – nun ja, absolut abscheulich machte. Da Herr Prosper selbst alt geworden war, konnte er den Gedanken nicht ertragen, dass andere in seinem Alter noch einen Hauch ihrer Jugend behalten sollten. Außer Miss Puffle gibt es Damen, die gerne mit einem jungen Mann vor ihnen oder vielleicht hinter ihnen durch das Land reiten und nie viel über ihre fünfzig Jahre nachdenken.

Aber die Nachricht löste bei ihm sicherlich eine große Stimmungsänderung aus, so dass der Brief, dem er den Nachmittag zuvor gewidmet hatte, wieder in den Briefkasten gesteckt und nie zu Ende gelesen wurde. Und seine Gedanken kehrten sofort zu Miss Thoroughbung zurück, und er dachte, dass der Einwand, den er empfand, vielleicht zum Teil leichtfertig war. Auf jeden Fall war sie eine bessere Frau als Miss Puffle. Sie würde sicherlich keinem Bauernsohn hinterherlaufen. Obwohl sie Champagner mochte, dachte er, war er hauptsächlich für andere Leute gedacht. Obwohl sie gegenüber Ponys ehrgeizig war, könnte dieser Ehrgeiz gebremst werden. Auf jeden Fall konnte sie für ihre Ponys selbst aufkommen, während Mr. Puffle ein sehr gesunder alter Mann von siebzig Jahren war. Puffle, sagte er sich, hatte jung geheiratet und würde vielleicht die nächsten zehn oder zwanzig Jahre leben. Für Mr. Prosper, dessen Fantasie nicht allzu weit flog, bot die Welt derzeit nur zwei Damen. Es handelte sich um Miss Puffle und Miss Thoroughbung, und da Miss Puffle aus dem Rennen ausgeschieden war, schien es für Miss Thoroughbung einen Ausweichmanöver zu geben.

Während der zwei oder drei Tage, die ohne einen weiteren Schritt seinerseits vergingen, dachte er tatsächlich darüber nach, wie es wohl wäre, wenn er unverheiratet bliebe. Was sein eigenes Wohlbefinden anbelangte, geriet er in große Versuchung. Das Leben würde ihm so leicht bleiben! Aber dann verlangte die Pflicht von ihm, dass er heiraten sollte, und er war ein Mann, der in ehrlichen, nüchternen Worten viel von seiner Pflicht hielt. Er war absurd leichtgläubig und so eigensinnig wie ein Maultier. Aber er wollte tun, was richtig war. Er war davon überzeugt gewesen, dass Harry Annesley ein falscher Schurke war, und musste einen Eid schwören, dass Harry nicht sein Erbe sein sollte. Harry war in die schwärzesten Farben gehüllt, und zu jedem schwarzen Fleck war durch die Erinnerung seines Onkels an diese vernachlässigten Predigten etwas Dunkleres hinzugefügt worden. Es war nun seine erste Pflicht im Leben, einen Erben zu zeugen, und zu diesem Zweck musste eine Frau gefunden werden.

Er legte die Ponys und den Champagner beiseite – und die verschickte Krabbe, deren Geräusch, als ob er aus Fräulein Tickles Mund kam, hässlicher war als die anderen Geräusche –, er glaubte immer noch, dass Fräulein Thoroughbung seinen Zweck erfüllen würde. Von ihrer Seite her wäre es nicht möglich, eine Seidentasche anzufertigen; aber dann wäre „der Junge" sowohl sein Junge als auch ihrer und würde wahrscheinlich mehr nach dem Vater haben. Er verbrachte einen Großteil dieser Tage mit dem „Peerage" in der Hand und überzeugte sich davon, dass das beste Blut häufig durch zweitklassige Ehen erhalten worden war. Gesundheit war eine tolle Sache. Die Gesundheit der Mutter war alles. Wer könnte gesünder sein als Miss Thoroughbung? Dann dachte er an diese herzliche Umarmung. Vielleicht war es doch richtig, dass sie ihn umarmte, nachdem er ihr gesagt hatte.

Es waren erst drei Tage vergangen und er dachte immer noch darüber nach, was sein nächster Schritt sein sollte, als ihn ein Brief von den Herren Soames & Simpson, Anwälten in Buntingford, erreichte. Er hatte von den Herren Soames & Simpson gehört, war mit ihren Namen seit zwanzig Jahren vertraut, hätte sich aber nie träumen lassen, dass seine eigenen privaten Angelegenheiten zu einer Beratungssache in ihrem Büro werden würden. Seine Anwälte waren die Herren Gray und Barry aus Lincoln's Inn, die durchaus Gentlemen waren. Er wusste nichts gegen die Herren Soames & Simpson, war aber der Meinung, dass ihre Arbeit im Allgemeinen darin bestand, lokale Schulden einzutreiben. Die Herren Soames & Simpson schrieben ihm nun ausführliche Informationen zu seinem weiteren Leben. Ihre Mandantin, Miss Thoroughbung, hatte ihnen sein Heiratsangebot mitgeteilt. Sie kannten alle Umstände der Dame und sie hatte sie um Rat gefragt. Sie hatten ihr vorgeschlagen, die Verwendung ihres eigenen Einkommens durch eine Urkunde ihr selbst zu überlassen. Ein Teil davon sollte in das Haus fließen und könnte Gegenstand einer Vereinbarung sein. Sie schlugen vor , ihrer Klientin eine Rente von tausend Pfund pro Jahr in Form einer Mitgift zu sichern für den Fall, dass sie Mr. Prosper überlebt. Selbstverständlich soll der Nachlass dem ältesten Kind zufallen. Das Vermögen der Mutter soll zu gleichen Teilen unter den anderen Kindern aufgeteilt werden. Buston Hall sollte der Wohnsitz der Witwe sein, bis der älteste Sohn vierundzwanzig Jahre alt war. Danach würde Mr. Prosper zweifellos das Gefühl haben, dass ihre Klientin sich selbst ein Zuhause bieten müsste. Die Herren Soames & Simpson glaubten nicht, dass es hier etwas gab, wogegen Herr Prosper Einwände erheben würde, und wenn dem so wäre, würden sie sofort den Vergleich vorbereiten. „Diese Frau hat schließlich nichts dagegen gesagt", sagte sich Matthew, als er seinem Herrn den Brief der Anwälte übergab.

Der Brief machte Herrn Prosper sehr wütend. Es enthielt tatsächlich nichts weiter als eine Wiederholung genau der Begriffe, die die Dame selbst vorgeschlagen hatte; aber über diese Anwälte vor Ort zu ihm zu kommen, war doppelt geschmacklos. Was sollte er tun? Er hielt es für ausgeschlossen, sofort zuzustimmen. Tatsächlich hatte er große Abneigung dagegen, mit den Anwälten von Buntingford in Kontakt zu treten. Wäre die Sache anders gewesen, hätte er den Rektor um Rat gefragt. Der Rektor hat ihn grundsätzlich beraten.

Aber das kam jetzt nicht mehr in Frage. Er hatte seine Schwester seit seinem Besuch in Buntingford einmal gesehen, ihr aber nichts davon erzählt. Tatsächlich war er alles andere als kommunikativ gewesen, so dass Mrs. Annesley gezwungen war, ihn mit einem fast beleidigten Gefühl zu verlassen. In dieser Gegend gab es keine Hilfe, und er konnte nur an Mr. Grey schreiben und diesen Herrn bitten, ihm bei seinen Schwierigkeiten beizustehen.

Er schrieb an Mr. Grey und bat ihn um sofortige Aufmerksamkeit. „Da ist dieser Narr Prosper, der unten in Buntingford die Tochter eines Brauers heiraten wird", sagte Mr. Gray zu seiner Tochter.

„Er ist sechzig Jahre alt."

„Nein, meine Liebe. Er sieht so aus, aber er ist erst fünfzig. Ein Mann mit fünfzig soll jung genug sein, um zu heiraten. Es gibt einen Neffen, der als sein Erbe erzogen wurde; das ist das Schwierige daran. Und der Neffe ist in irgendeiner Weise mit den Scarboroughs verwechselt.

„Ist er es, der diese junge Dame heiraten soll?"

„Ich denke, das ist es. Und jetzt ist da ein teuflisches Spiel im Gange. Ich habe nichts damit zu tun."

„Aber das wirst du haben."

„Keine Wendung. Mr. Prosper kann heiraten, wenn es ihm gefällt. Sie haben ihm die abscheulichsten Vorschläge gemacht, was das Geld der Dame betrifft; und was ihre Ehe betrifft, muss ich damit aufhören, wenn ich kann, obwohl ich annehme, dass er nicht so ein Typ ist Dummkopf, nachzugeben.

„Ist er weich?"

„Nun, nicht ganz. Er mag sein eigenes Geld. Aber er ist ein Gentleman und will nichts anderes als das, was sein eigenes ist oder sein sollte."

„So etwas gibt es mittlerweile nur noch wenige."

„Das trifft auf ihn zu. Aber dann weiß er nicht, was sein Eigentum ist oder was sein sollte. Er ist fast der größte Dummkopf, den ich je gekannt habe, und wird diesem Jungen einfach aus Unwissenheit Unrecht tun." Dann verfasste er seinen Brief an Mr. Prosper und gab ihn Dolly zum Lesen. „Das ist es, was ich vorschlagen werde. Der Angestellte kann es in die richtige Sprache bringen. Er muss weniger anbieten, als er zu geben vorhat."

„Ist das ehrlich, Vater?"

„Es ist ehrlich von meiner Seite, da ich die Menschen kenne, mit denen ich zu tun habe. Wenn ich das strikte Minimum festlegen würde, das er gewähren sollte, würde er andere Dinge hinzufügen, die dazu führen würden, dass er nicht gemäß meinem Rat handelt. I Ich muss seiner Torheit Rechnung tragen – einer Art Seitenhieb, der nicht unehrlich ist. Hätte er ihre Anwälte an mich verwiesen, hätte ich so hart und ehrlich sein können, wie Sie möchten." All das entsprach nicht ganz Dollys strengen Vorstellungen von Integrität.

Die vorgeschlagenen Bedingungen sahen jedoch vor, dass die Mittel der Dame so aufgeteilt werden sollten, dass die eine Hälfte ihr selbst für ihre persönlichen Ausgaben und die andere Hälfte ihrem Ehemann für die Nutzung des Hauses zugute kommen sollte; dass die Dame sich mit einer Erbschaft von zweihundertfünfzig Pfund abfinden sollte, die zusammen mit ihrem eigenen Besitz ausreichen sollte, und dass die Einigung unter den Kindern so erfolgen sollte, wie es von den Herren Soames & Simpson empfohlen wurde.

„Und wenn es keine Kinder gibt, Papa?"

„Dann erhält jeder sein eigenes Eigentum."

„Weil es so sein kann."

„Sicherlich, meine Liebe; sehr wahrscheinlich."

KAPITEL XXVIII.

HERR. HARKAWAY.

Als der erste Montag im November kam, lebte Harry noch im Pfarrhaus. In welchem anderen Zuhause hätte er tatsächlich leben können? Außer seinem Onkel waren auch andere Freunde ihm gegenüber schüchtern geworden. Er war es gewohnt, viele Einladungen zu erhalten. Junge Männer, die Erben von Besitztümern sind und von denen man annimmt, dass sie reich sind, weil sie untätig sind, werden hier und da befragt und denken deshalb sehr viel an sich selbst. „Da ist der junge Jones. Er sieht ziemlich gut aus, hat aber kein Wort für sich selbst zu sagen. Er würde sich gerne mit Miss Smith zusammentun, die redet für ein Dutzend. Er kann keinen Heuhaufen schlagen." Aber es geht ihm nicht schlechter. Wir haben nicht allzu viele Fasane. Er wird sicher kommen, wenn Sie ihn fragen – und er wird sicher gehen.

So wird Jones gefragt, und er hält sich für den beliebtesten Mann Londons. Ich werde nicht sagen, dass Harrys Einladungen genau dieser Art entsprachen; aber auch er hatte sich für beliebt gehalten und spürte nun sehr, wie ihm solche Zeichen der Freundschaft entzogen wurden. Er hatte einen „Aufschub" erhalten – von den Ingoldsbys aus Kent. Anfang Juni hatte er versprochen, im November dort zu sein. Die jüngste Miss Ingoldsby war sehr hübsch, und er war zweifellos zuvorkommend gewesen. Sie wusste, dass er nichts bedeutet hatte, nichts bedeuten konnte. Aber es könnte sein, dass er etwas bedeutete, und das war die dringendste Frage gewesen. Im September erhielt er einen Brief, in dem stand, dass das für ihn bestimmte Zimmer in Ingoldsby niedergebrannt sei. Frau Ingoldsby tat es so unendlich leid, und die „Mädchen" auch! Harry konnte alles nachvollziehen. Die Ingoldsbys kannten die Greens, und Mrs. Green war die Schwester von Septimus Jones, der absolut der Sklave – der Sklave, wie Harry sagte und das Wort mit Nachdruck für sich selbst wiederholte – von Augustus Scarborough war. Er war sehr unglücklich, nicht, dass er sich im geringsten um Miss Ingoldsby kümmerte, aber er begann sich bewusst zu werden, dass er fallen gelassen werden würde.

Er sollte hingegen von Joshua Thoroughbung übernommen werden. Ach! Ach! Obwohl er lächelte und beschloss, seinen Schwager mit gutem Herzen zu akzeptieren, heilte dies die Wunde nicht im Geringsten. Sein eigener Landkreis bedeutete ihm weniger als andere Landkreise und seine eigene Nachbarschaft weniger als andere Nachbarschaften. Buntingford war voller Thoroughbungs, der besten Leute der Welt, aber nicht ganz auf der Höhe, was er für sein Ziel hielt. Mr. Prosper selbst war der dümmste Arsch! In Welwyn roch es nach der Stadt. In Stevenage begann das Pfarrkonzert.

Baldock war ein *Caput mortuum* der Langeweile. Royston lebte nur an Markttagen. Vom Haus seines eigenen Vaters und sogar von seiner Mutter und seinen Schwestern hegte er Vorstellungen, die ein wenig nach Abwertung schmeckten. Aber um ihn von diesem Fehler zu befreien – einem Fehler, der zum völligen Verfall seines Charakters geführt hätte, wenn er nicht behoben und schließlich geheilt worden wäre –, war er sich seiner eigenen Eitelkeit und Schwäche bewusst. „Mein Vater ist ein Dutzend davon wert, und meine Mutter und meine Schwestern zwei Dutzend", sagte er über die Ingoldsbys, wenn er in dem Zimmer zu Bett ging, das zur Vorbereitung seiner Verbannung niedergebrannt werden sollte. Und er glaubte es. Sie waren ehrlich; sie waren selbstlos; sie waren unprätentiös. Seine Schwester Molly war sich nicht zu schade, zuzugeben, dass ihr junger Brauer ihr alles bedeutete; ein feines, ehrliches, lebhaftes Mädchen, das seine Gebete mit Bedeutung sprach, dem Herrn dafür dankte, dass er ihr Josua geschenkt hatte, und so laut lachte, dass man sie aus dem Garten des Pfarrhauses auf der anderen Seite des Parks hören konnte. Harry wusste, dass sie gut waren – wusste in seinem Herzen, dass dort, wo die Pfarrer beginnen, wahrscheinlich auch die guten Dinge beginnen würden.

Er befand sich in diesem Geisteszustand, die Hand des Guten zog in die eine Richtung und der Stolz des Teufels in die andere, als der junge Thoroughbung ihn eines Morgens rief, um ihn nach Cumberlow Green zu tragen. Cumberlow Green war ein beliebter Treffpunkt in dieser Grafschaft, wo es außer der guten Laune derer, die an der Jagd teilnehmen, nicht viel gibt, was sie beliebt macht. Es ist weder angenehm noch leicht zu reiten in dieser Gegend, und ein Puckeridge-Fuchs ist sicherlich der unhöflichste aller Füchse. Aber die Puckeridge-Männer sind Fremden gegenüber gnädig, und das gilt auch untereinander. Das ist mehr, als man von Leicestershire sagen kann, wo Sportler in prächtigen Stiefeln und Hosen reiten, aber ihre Nasen auf übernatürliche Weise in die Luft strecken. „Komm mit; wir haben vier Meilen vor uns und dafür zwanzig Minuten. Hallo, Molly, wie geht es dir? Komm auf die Stufe und gib uns einen Kuss."

"Geh weg!" sagte Molly und eilte zurück ins Haus. „Haben Sie jemals so etwas wie seine Unverschämtheit gehört?"

„Warum solltest du nicht?" sagte Kate. „Die ganze Welt weiß es." Dann wurde der Gig mit den beiden Sportlern weitergefahren. „Findest du nicht, dass er in seinem rosa Mantel hübsch aussieht?" flüsterte Molly danach ihrer älteren Schwester zu. „Denken Sie nur: Ich habe ihn nie wieder in einem roten Mantel gesehen, seit er mir gehörte. Letzten April, als die Jagd zu Ende war, hatte er sich nicht zu Wort gemeldet; und dies ist der erste Tag, an dem er dieses Jahr Rosa trägt."

Als Harry den Treffpunkt erreichte, schaute er sich um, um zu beobachten, wie er empfangen wurde. Es gibt kaum schmerzhaftere Dinge im Leben, als wenn ein ehrlicher, tapferer junger Mann sich in einer solchen Stimmung umsehen muss. Es wäre vielleicht noch schlimmer gewesen, wenn er es verdient hätte, fallen gelassen zu werden, wird jemand sagen. Gar nicht. Dann liegt ein anderer Geisteszustand vor, und es wird darum gekämpft, das Urteil der Menschen zu überwinden, was an sich nicht schmerzhaft ist. Es ist Teil des natürlichen Kampfes des Lebens, der einem überhaupt nicht schadet – es sei denn, der Mensch hasst sich selbst für das, was den Hass anderer über ihn gebracht hat. Reue ist immer eine Qual – und das sollte auch so sein. Ohne die Qual kann es keine Reue geben. Aber selbst dann ist es kaum so scharf wie das Gefühl der Ungerechtigkeit, das den bedeutungslosen Blick, die stummen Gesichter und die vorgetäuschte Gleichgültigkeit derjenigen begleitet, die verurteilt haben.

Als Harry von der Gig herunterkam, befand er sich in der Nähe des alten Mr. Harkaway, dem Meister der Hunde. Herr Harkaway war ein Gentleman, der seit mehr als vierzig Jahren der Herr dieser Hunde war und der Grafschaft so viel Genugtuung gegeben hatte, wie nur möglich war. Seine Hunde, die sein Hobby waren, waren perfekt. Seine Pferde waren gut genug für die Gassen und Hecken von Hertfordshire. Sein Ziel war es nicht so sehr, einen Fuchs zu jagen, sondern ihn im Gehorsam gegenüber bestimmten Spielregeln zu töten. Es wurden so viele Hindernisse geschaffen, um das Töten eines Fuchses zu verhindern – zum Beispiel, dass man ihm nicht mit einem Ziegelschläger auf den Kopf schlagen sollte –, die alle für Mr. Harkaway die Kraft einer Religion hatten. Die Gesetze der Jagd sind so zahlreich, dass die meisten Jäger sie nicht alle kennen können. Aber noch nie war ein Gesetz geschrieben worden oder durch die Kraft der Tradition, die er nicht kannte, zum Gesetz geworden.

Sie zu brechen war für ihn Verrat. Als ein junger Mann sie brach, hatte er Mitleid mit der Unwissenheit des jungen Mannes und versuchte, ihn auf grobe Weise zu unterweisen. Wenn ein alter Mann sie brach, betrachtete er ihn als einen Narren, der zu Hause bleiben sollte, oder als einen Verräter, der als solcher behandelt werden sollte. Und mit solchen Männern konnte er nur sehr schwer umgehen. Vierzig Jahre seiner Herrschaft hatten ihn gelehrt, sich für allmächtig zu halten, und das war er auch bei seiner eigenen Jagd. Er war ein Mann, der soziale Gewohnheiten nie groß beeinflusst hatte. Die Gesellschaft eines oder zweier Sportlerbrüder, die mit ihm ein Glas Portwein tranken und dann früh zu Bett gingen, war das Größte. Er verfügte über eine kleine Bibliothek, aber nie kam ein Buch aus dem Regal, es sei denn, es bezog sich auf Hufschmiede oder die *Res venatica* . Er war unverheiratet. Die Zeit, die andere Männer ihren Frauen und Familien widmeten, schenkte er seinen Hunden. Er ging nie in seine Ställe, da er ein Pferd als notwendige Ergänzung zur Jagd ansah – teuer, unangenehm und leicht in Gefahr zu bringen. Wenn ihm jemand wegen seines Pferdes schmeichelte, grunzte er nur und drehte den Kopf zur Seite. In den letzten Jahren hatte ihn niemand über einen Zaun springen sehen. Dennoch war er immer bei seinen Hunden, und wenn jemand ein freundliches Wort über ihre Taten sagte, empfand er das als Kompliment. Sie waren da, um die Arbeit des Tages zu erledigen, die Pferde und Menschen nur ansehen konnten. Er war ein aufrichtiger, ehrlicher, schweigsamer und vor allem liebevoller Mann, der gelegentlich sehr wütend auf diejenigen sein konnte, die ihn beleidigten. Er wusste genau, was er tun konnte, und versuchte nie etwas, das außerhalb seiner Kräfte lag. „Wie geht es Ihnen, Herr Harkaway?" sagte Harry.

„Wie geht es Ihnen, Mr. Annesley? Wie geht es Ihnen?" sagte der Meister mit aller Anmut, deren er fähig war. Aber Harry bemerkte einen Tonfall in seiner Stimme, der seiner Meinung nach Missfallen andeutete. Und Mr. Harkaway hatte tatsächlich die Geschichte gehört – wie Harry in Buston abgesetzt worden war, weil er den Mann nachts auf der Straße niedergeschlagen hatte und dann weggegangen war. Danach trottete Mr. Harkaway davon, und Harry saß da und runzelte mit verbittertem Herzen die Stirn.

„Na, Malz-und-Hopfen, und wie geht es dir?" Dies kam von einem schnellen jungen Bankier, der in der Nachbarschaft wohnte und damit seine Vertrautheit mit dem Brauer zeigen wollte; aber als er Annesley sah, drehte er sich um und ritt davon. „Dieser Kerl hat neulich einen schuppigen Streich gespielt. Er hat einen Kerl niedergeschlagen, und als er dachte, er sei tot, hat er wie alte Stiefel darüber gelogen." All das wurde Harry verständlich. Er sagte sich, dass er diesen Bankier immer gehasst hatte.

„Warum lässt du zu, dass so ein Kerl dich Malz-und-Hopfen nennt?" sagte er zu Josua.

„Was, der junge Florin? Er ist ein sehr guter Kerl und bedeutet nichts."

„Ein vulgärer Kerl, würde ich sagen."

Dann ritt er schweigend weiter, bis er von einem alten Herrn aus der Grafschaft angesprochen wurde, der seinen Vater seit dreißig Jahren kannte. Der alte Herr hatte nichts an sich gehabt, was ihn Harrys Hass oder Liebe nahebringen könnte, bis er sprach; und danach hasste Harry ihn. „Wie geht es Ihnen, Mr. Annesley?" sagte der alte Herr und ritt dann weiter. Harry wusste, dass der alte Mann ihn genauso verurteilt hatte wie die anderen, sonst hätte er ihn nie Mr. Annesley genannt. Er hatte das Gefühl, dass er sowohl in seiner eigenen Grafschaft als auch von den Ingoldsbys unten in Kent „überwältigt" wurde.

Sie hatten nur einen mäßigen Tagessport und legten eine beträchtliche Strecke zurück, um danach zu suchen, bis sich ein Vorfall ereignete, der dem Feld im Allgemeinen großes Interesse verschaffte und Joshua Thoroughbung beinahe in Schwierigkeiten brachte. Sie zeichneten gerade ein Versteck, das zweifellos Eigentum ihrer eigenen Jagd war, oder wollten es vielmehr zeichnen, als ihnen plötzlich bewusst wurde, dass jeder Hund im Rudel auf der Jagd war. Mr. Harkaway erwachte sofort von seiner gewohnten kalten, apathischen Art zu voller Tatendrang. Aber diejenigen, die ihn gut kannten, konnten erkennen, dass es nicht die Aufregung der Freude war. Er war in einem Moment voller Leben, aber es war nicht das Leben eines erfolgreichen Unternehmens. Er war beunruhigt und unglücklich, und sein Jäger Dillon – ein stiller, gerissener, nicht sehr beliebter Mann, der seinem Herrn in allem gehorchen würde – begann schnell umherzuwandern und war mit seiner Weisheit am Ende. Die jüngeren Männer bereiteten sich auf einen Lauf vor – einen dieser plötzlichen, kurzen, entscheidenden Sprünge, die aus der Eingebung des Augenblicks kommen und zu denen ein Mann, wenn er den Anforderungen des Augenblicks nicht ganz bewusst ist, sehr gut fähig ist zurückgelassen werden. Aber die alten Hasen hatten Mr. Harkaway im Auge und wussten, dass etwas nicht stimmte.

Dann erschien ein weiteres Feld von Jägern, zuerst ein Mann, der sie anführte, dann andere, die folgten, und nach ihnen der erste Trupp und dann die Menge. Für alle, die etwas wussten, war klar, dass sich zwei Rudel zusammengeschlossen hatten. Das waren die Hitchiners, wie die rivalisierenden Sportler sie nennen würden, und das war die Hitchin-Jagd mit Mr. Fairlawn, ihrem Meister. Mr. Fairlawn war ebenfalls ein alter Mann, zweifellos beliebt in seinem eigenen Land, aber keineswegs beliebt bei Mr. Harkaway. Mr. Harkaway pflegte zu erklären, dass Fairlawn sich vor etwa dreißig Jahren, als die Angelegenheit an einen Ausschuss von Herren verwiesen werden musste, gegenüber bestimmten gewöhnlichen Verstecken sehr schlecht verhalten habe. Heutzutage wusste niemand etwas von dem Streit oder kümmerte sich darum. Die Männer der beiden Jagden waren sehr gute Freunde, es sei denn, sie trafen sich unter den gemeinsamen Augen der beiden Herren, und dann mussten sie sich zwangsläufig hassen. Nun waren die beiden Rudel zusammengemischt und es war nur noch ein Fuchs zwischen ihnen.

Der Fuchs störte sie nicht lange. Er hätte sich kaum vor einem Rudel retten können, entkam aber sehr bald den Fängen der beiden. Jeder Hund wusste, dass sein Nachbarhund ein Fremder war, und als er die Einzigartigkeit des Ereignisses untersuchte, verlor er jegliche Jagdkraft. In zehn Minuten rannten fast vierzig Hundepaare hin und her, zwei Jäger und vier Peitschenhiebe beschimpften sie mit seltsamen Stimmen, und zwei alte Herren gaben gegeneinander Befehle. Dann wurden alle Rudel fast auf dem gleichen Boden zusammengebracht, und es war notwendig, dass etwas getan wurde. Herr Harkaway wartete ab, ob Herr Fairlawn schnell in sein eigenes Land reiten würde. Er hätte nicht mit Mr. Fairlawn gesprochen, wenn er es hätte verhindern können. Herr Fairlawn war einige Meilen von seinem Land entfernt. Er hätte den Tag wohl als verloren aufgegeben, wenn er einfach weggegangen wäre. Aber eine Meile entfernt gab es noch einen weiteren Versteck, und er glaubte, dass einer seiner Hunde „eine Linie gezeigt" hatte – oder sagte, dass er das glaubte.

Es ist bekannt, dass Sie einem gejagten Fuchs durch jedes Land folgen können, in das er Sie mitnimmt, wenn Ihre Hunde ihn nur ununterbrochen jagen. Und ein Hund für diesen Zweck kostet bis zu dreißig, und wenn ein Hund nur „eine Linie zeigen" kann, gilt er als Jagdhund. Mr. Fairlawn war sich ziemlich sicher, dass einer seiner Hunde eine Linie gezeigt hatte und von einem von Mr. Harkaways Männern davongerissen worden war. Der Mann schwor, dass er nur seine eigenen Hunde gesammelt hatte. Auf diese Bitte hin verlangte Mr. Fairlawn, sein gesamtes Rudel nach Greasegate Wood mitzunehmen – genau in das Versteck, das Mr. Harkaway hatte ziehen wollen. „Ich bin tot, wenn du das tust!" sagte Mr. Harkaway und stand mit der Peitsche in der Hand mitten auf der Straße, um zu verhindern, dass der feindliche Jäger mit seinen Hunden vorbeikam. Später wurde erklärt, dass man Herrn Harkaway in den letzten fünfzehn Jahren nicht mehr fluchen und fluchen hörte. „Ich bin tot, wenn ich es nicht tue!" sagte Mr. Fairlawn und ritt auf ihn zu. Mr. Harkaway war zehn Jahre älter als er und sah aus, als hätte er viel weniger Kampfkraft. Aber niemand sah ihn zittern oder nachgeben. Diejenigen, die sein Gesicht betrachteten, erklärten, dass seine Lippen weiß vor Wut waren und vor Leidenschaft zitterten.

Um die Worte zu erzählen, die danach zwischen ihnen wechselten, wären Homers Pathos und Homers Vorstellungskraft erforderlich. Die beiden alten Männer runzelten die Stirn und schimpften einander, und wenn Mr. Fairlawn versucht hätte vorbeizukommen, hätte Mr. Harkaway ihn mit Sicherheit mit der Peitsche geschlagen. Und hinter ihrem Herrn versammelte sich eine Schar der Puckeridge-Männer, allen voran Joshua Thoroughbung. „Bringen Sie sie zum Versteck an der Winnipeg Lane", sagte Mr. Fairlawn zu seinem Jäger. Der Mann bereitete sich darauf vor, seinen Rucksack über die Winnipeg Lane zu führen, was die Entfernung um eine Meile verlängert hätte. Aber als der Jäger ein wenig nach links gewandert war, sah man ihn bald über das Land in Richtung des Verstecks huschen, mit einem Dutzend anderer auf den Fersen und den Hunden, die ihm folgten. Aber der alte Mr. Harkaway hatte es auch gesehen, und da er die Straße im Besitz hatte, galoppierte er so schnell darauf, dass niemand an ihm vorbeikommen konnte.

Das ganze Feld erklärte, sie hätten es für unmöglich gehalten, dass ihr Herr so schnell vorgehe. Und Dillon und die Peitschen und Thoroughbung und Harry Annesley hielten mit einem halben Dutzend anderer Schritt mit ihm. Sie würden nicht dasitzen und zusehen, wie ihr Herr durch mangelnde Bereitschaft ihrerseits ausmanövriert wird. Sie erreichten als Erste das Versteck und waren dort mit gezückten Peitschen bereit, die zweite Meute in Empfang zu nehmen. Dann ging ein Hund ohne Befehl hinein; aber ihre eigenen Hunde waren ihnen egal. Sie könnten einen Fuchs finden und ihn verfolgen, aber niemand würde ihnen folgen. Das Geschäft hier auf der verdeckten Seite war wichtiger und attraktiver.

Dann geriet Herr Thoroughbung beinahe in Gefahr. Was die anderen Hunde betrifft: Herr. Fairlawns Hunde – im Versteck Schaden anzurichten oder sich selbst oder ihren Besitzern etwas Gutes zu tun, das kam nicht in Frage. Das rivalisierende Rudel war bereits da, hatte die Nase in die Luft gereckt und dachte an alles andere als an einen Fuchs; und dieses andere Rudel – die Hitchiners – waren genauso wild. Aber es war das Ziel von Mr. Fairlawns Leibwächter, zu sagen, dass sie die Tarnung in die Zähne von Mr. Harkaway gezogen hatten, und um dies zu erreichen, glaubte einer der Peitschenhiebe, dass er durch die Puckeridge-Männer reiten und ein paar von ihnen erbeuten könnte Hunde mit ihm. Das würde zum Triumph reichen.

Aber um einen solchen Triumph des Feindes zu verhindern, war Joshua Thoroughbung bereit, sich selbst zu opfern. Er ritt mit erhobener Peitsche direkt vor der Peitsche und wäre zweifellos über ihn geritten, wenn die Peitsche nicht versucht hätte, sein Pferd scharf herumzudrehen, gestolpert und im Kampf gestürzt wäre, und wäre nicht Thoroughbung mit seinem Pferd umgefallen ihn.

Es wird der Fall sein, dass eine geringfügige Gefahr oder Verletzung in einer Richtung häufig eine Vorgehensweise zunichte macht, die darauf abzielt, größere Gefahren und schlimmere Verletzungen zu verursachen. So war es in diesem Fall. Als Dick, die Hitchin-Peitsche, zu Boden ging und Thoroughbung mit seinem Pferd über ihm war – zwei Männer und zwei Pferde kämpften gemeinsam auf dem Boden –, war jeder Wunsch, den Kampf fortzusetzen, verflogen.

Der Jäger kam und schließlich auch Mr. Fairlawn und betrachteten es als ihre Pflicht, Dick hochzuheben, dem das Gewicht von Joshua Thoroughbung den Atem raubte, und die Puckeridge-Seite hielt es für notwendig, nachzugeben ihre Hilfe für den tapferen Brauer. Es gab dann keinen Versuch mehr, das Versteck zu zeichnen. Jeder General zog in düsterem Schweigen seine Streitkräfte ab, und jeder glaubte danach, dass der Sieg ihm gehörte. Als Dick zu sich selbst kam, schwor er, dass einer seiner Hunde hineingegangen sei, während Squire Arkaway „die schrecklichsten Eide geschworen hatte, dass kein Itchiner-Kunde jemals so weit kommen sollte, dass er seine Nase hineinstecken würde. Anzeige, und Squire 'Arkaway müsste ...“ Nun, Dick erklärte, dass er nicht sagen würde, was mit Mr. Harkaway passieren würde.

KAPITEL XXIX.

Nach Hause fahren.

Die beiden alten Herren ritten in düsterem Schweigen davon, jeder in seine Richtung. Keiner von ihnen sagte ein Wort, nicht einmal zu einem seiner eigenen Anhänger. Bis zu Mr. Harkaways Haus waren es fast zwanzig Meilen, und die gesamten zwanzig Meilen ritt er schweigend. „Er ist in einer schrecklichen Leidenschaft", sagte Thoroughbung; „Er kann vor Wut nicht sprechen." Aber um die Wahrheit zu sagen, Mr. Harkaway schämte sich. Es war ein alter Herr zwischen siebzig und achtzig Jahren, der zu seinem Vergnügen ausgehen sollte und der sich in höchst unziemliche Ausdrücke hatte verraten lassen. Was wäre, wenn der Hund keine „Linie gezeigt" hätte? War es notwendig, dass er in seinem Leben auf der Straße für die Aufrechterhaltung eines unbedeutenden Rechts auf Sport kämpfte? Dennoch überkam ihn von Zeit zu Zeit ein Gefühl der tiefen Verletzung, die ihm zugefügt wurde. Dieser Fairlawn, dieser Schurke, dieses Geschöpf von allen anderen, das am weitesten von einem Gentleman entfernt war, hatte erklärt, dass er in seine, Mr. Harkaways Zähne, sein, Mr. Harkaways Versteck ziehen würde! Dann trieb er sein altes Pferd an und knirschte mit den Zähnen; und dann würde er sich wieder schämen. „Tantaene animis coelestibus irae?"

Aber Thoroughbung ritt gut gelaunt, sehr stolz und im Bewusstsein, gute Arbeit geleistet zu haben, nach Hause. Er war immer darauf bedacht, bei der Jagd im Allgemeinen gut zu bestehen, und war sich bewusst, dass er sich jetzt hervorgetan hatte. Harry Annesley war auf der einen Seite von ihm und auf der anderen ritt Mr. Florin, der Bankier. „Er ist ein abscheulicher Lügner!" sagte Thoroughbung, „ein böser, elender Lügner!" Er spielte auf die Peitsche des Hitchiners an, den er in seinem Zorn beinahe in eine andere Welt geschickt hätte. „Er sagt, dass einer seiner Hunde in das Versteck geraten ist, aber ich war dort und habe alles gesehen. Keine Nase war über dem kleinen Ufer, das zwischen dem Feld und dem Versteck verläuft."

„Sie müssen einen Hund gesehen haben, wenn er dort gewesen wäre", sagte der Bankier.

„Ich war so cool wie eine Gurke und konnte die Hunde zählen, die er bei sich hatte. Es waren drei. An der Spitze stand eine große schwarzgefleckte Hündin, auf die ich fast gestürzt wäre. Als der Mann zu Boden ging, blieb der Hund stehen , ohne zu wissen, was von ihm erwartet wurde, aber, bei George, ich habe es geschafft, ihn aufzuhalten.

„Was wolltest du mit ihm machen, als du so wütend auf ihn losgeritten bist?"
fragte Harry.

„Lassen Sie ihn nicht da rein. Das war mein fester Vorsatz. Ich schätze, ich
hätte ihn mit meiner Peitsche vom Pferd stoßen sollen."

„Aber angenommen, er hätte dich vom Pferd gestoßen?" schlug der Bankier
vor.

„Ich weiß nicht, wie das hätte sein können. Ich habe diese Chancen nie
berechnet. Wenn ein Mann so etwas tun will, tut er es im Allgemeinen."

„Und du hast es geschafft?" sagte Harry.

„Ja, ich glaube, das habe ich. Ich wage zu behaupten, dass seine Knochen
wund sind. Ich weiß, dass es meine sind In vielen langen Jahren wird niemand
mehr sagen können, dass die Hitchiners in diesen Versteck geraten sind.
Thoroughbung würde mit der echten Bescheidenheit eines Engländers nicht
sagen, dass er aus eigener Kraft all diesen Ruhm für die Puckeridge-Jagd
erlangt hatte, aber er spürte es bis zum Ende seiner Nägel.

Wäre er nicht dort gewesen, wäre die Peitsche in den Wald geraten, und in
den kommenden Jahren hätte sich eine ganz andere Geschichte erzählt, zu
der sein Geist mit glücklichen Gedanken davonlief. Er hatte die Angreifer
niedergeritten; er hatte den ersten aufdringlichen Hund gestoppt. Aber
obwohl er weiterhin über das Thema sprach, prahlte er nicht mit so vielen
Worten, dass er es getan hatte. Sein „veni, vidi, vici" war auf seinen eigenen
Busen beschränkt.

Als sie gemeinsam nach Hause ritten, versammelte sich eine kleine
Menschenmenge um Thoroughbung und lobte ihn, wie es ihm gebührte.
Aber einer nach dem anderen fielen sie von Annesleys Straßenseite ab. Bald
hatte er das Gefühl, dass niemand ein Wort an ihn richtete. Wahrscheinlich
neigte er zu sehr dazu, sie darin zu ermutigen. Er war es, der abfiel, die
Einsamkeit lobte und sie dann in seinem Herzen beschuldigte. An seinen
Anschuldigungen war zweifellos etwas Wahres; aber ein anderer, weniger
sensibler Mann hätte es vielleicht ausgelebt. Er begegnete ihrer Kälte mehr
als auf halbem Weg und beklagte sich dann über die Bitterkeit der Welt. „Sie
sind wie die Tiere des Feldes", sagte er, „die, wenn ein anderes Tier
verwundet wird, sich gegen es wenden und es in den Tod reißen." Sein
zukünftiger Schwager, der gutmütigste Kerl, der je geboren wurde, ritt
gedankenlos weiter und ließ Harry drei oder vier Meilen allein, während er
den angenehmen Beifall seiner Gefährten entgegennahm. In Joshuas Herzen
brannte die Geschichte über das Unbehagen der Peitsche. Er sah nicht so
schnell, dass Mollys Bruder allein war, wie er es ohne seinen eigenen Ruhm
getan hätte. „Er ist derselbe wie die anderen", sagte Harry zu sich selbst.
„Weil dieser Mann eine Lüge über mich erzählt hat und klug genug war, es

mit Umständen zu verbinden, denkt er, dass es ihm gebührt, wegzureiten und mich zu schneiden." Dann stellte er sich einige dumme Fragen über sich selbst und über Joshua Thoroughbung, die er nicht so beantwortete, wie er es hätte tun sollen, wenn er sich daran erinnert hätte, dass er damals auf Thoroughbungs Pferd ritt und dass seine Schwester Thoroughbungs Frau werden sollte.

Nach einer halben Stunde triumphaler Ovationen erinnerte sich Joshua an seinen Schwager und zog sich zurück, um ihn hochzuheben. „Was ist los, Harry? Warum kommst du nicht zu uns?"

„Ich habe es satt, von diesem höllischen Streit zu hören."

„Nun, was einen Streit angeht, hat Mr. Harkaway sich völlig richtig verhalten. Wenn eine Jagd aufrechterhalten werden soll, muss das Recht, Verstecke zu betreten, für die Jagd, zu der sie gehören, gewahrt bleiben. Es wurde keine Linie gezeigt. Das müssen Sie sich dort merken Daran besteht kein Zweifel. Die Hunde waren alle vom Weg abgekommen, als wir uns ihnen anschlossen. Es ist eine große Frage, ob sie ihren Fuchs in dieses erste Versteck gebracht haben. Es gibt diejenigen, die denken, dass Bodkin nur auf der Suche nach einem war Fuchs." Bodkin war Mr. Fairlawns Jäger. „Wenn Sie so etwas zugeben, wo werden Sie dann sein? Als Jagdland einfach nirgendwo. Wo sind Sie dann als Sportler? Es ist notwendig, solch einen groben Betrug einzudämmen. Mein eigener Eindruck ist, dass Mr. Fairlawn das tun sollte." Ich gestehe, dass es mir sehr am Herzen liegt, aber ich habe schon immer gern gejagt.

„Genau so", sagte Harry mürrisch, der sich nicht im geringsten für die Angelegenheit interessierte, in der Joshua so eloquent war.

Dann ritt Mr. Proctor vorbei, der Herr, der Harry zu Beginn des Tages abekelte, indem er ihn „Mister" nannte. „Nun, Mr. Proctor", fuhr Joshua fort, „ich appelliere an Sie, ob Mr. Harkaway nicht ganz recht hatte? Wenn Sie sich nicht für Ihre Rechte in einem Jagdbezirk einsetzen —" Aber Mr. Proctor ritt weiter und wünschte ihnen etwas Gute Nacht, ich lehnte es sehr unhöflich ab, die restlichen Argumente des Brauers anzuhören. „Er hat es eilig, nehme ich an", sagte Joshua.

„Du solltest ihm besser folgen. Du wirst feststellen, dass er dir dann zuhören wird."

„Ich möchte nicht, dass er mir besonders zuhört."

„Das dachte ich." Dann ritten die beiden Männer eine halbe Stunde lang schweigend weiter.

„Was ist los mit dir, Harry?" sagte Joshua. „Ich sehe, da ist etwas los, das Sie verärgert. Ich weiß, dass Sie ein Student an Ihrer Hochschule sind und an andere Dinge denken müssen als an die Launen eines Fuchses."

„Der Kerl von einem College!" sagte Harry, der, wenn er gut gelaunt gewesen wäre, viel mehr daran gedacht hätte, mit vielen Fuchsjägern zusammen zu sein, als an irgendwelche College-Ehren.

„Nun ja; ich denke, es ist eine tolle Sache, ein Student an einem College zu sein. Ich hätte nie einer werden können, wenn ich für immer überfallen hätte."

„Es wird mir nicht viel nützen, wenn ich ein Student bin. Haben Sie gerade den alten Proctor vorbeigehen sehen?"

„Oh ja, er mag es nie, nach einer bestimmten Stunde draußen zu sein."

„Und haben Sie Florin und Mr. Harkaway und viele andere gesehen? Sie selbst sind die letzte Stunde weitergegangen, ohne mit mir zu sprechen."

„Wie meinst du das, ohne mit dir zu sprechen?" sagte Joshua und drehte sich scharf um.

Dann dachte Harry Annesley darüber nach, dass er seinem zukünftigen Schwager Unrecht tat.

„Vielleicht habe ich dir Unrecht getan", sagte er.

"Du hast."

„Ich bitte um Verzeihung. Ich glaube, Sie sind ein ebenso ehrlicher und wahrhaftiger Mensch wie in Hertfordshire, aber was die anderen betrifft –"

„Sie denken also, es geht um Mountjoy Scarborough?" fragte Joshua.

„Das tue ich. Dieser höllische Narr, Peter Prosper, hat beschlossen, der Welt zu verkünden, dass er mich wegen etwas, von dem er von diesem Vorfall gehört hat, fallen gelassen hat. Mountjoy Scarboroughs Bruder und ich haben mit Absicht eine erbärmliche Lüge erzählt." Onkel hat es sich in den Kopf gesetzt, es zu glauben. Die Wahrheit ist, dass ich ihm gegenüber nicht so respektvoll war, wie er meint, und jetzt ärgert er sich über meine Vernachlässigung auf diese Weise. Er wird deine Tante heiraten Er hat vielleicht viele Kinder und hat mich rausgeschmissen, um sich zu rechtfertigen. Er hat diese Lügen über mich erzählt, und Sie sehen die Konsequenz: Kein Mann in der Gegend ist bereit, mit mir zu sprechen.

„Ich finde wirklich, dass vieles davon schick ist."

„Gehen Sie und fragen Sie Mr. Harkaway. Er ist ehrlich und wird es Ihnen sagen. Fragen Sie Ihren neuen Cousin, Mr. Prosper."

„Ich weiß schließlich nicht, ob sie es schaffen werden."

„Fragen Sie meinen eigenen Vater. Denken Sie nur daran, dass so ein blöder, kotzender Idiot, der nur eine Freak ist, in der Lage sein sollte, einem Mann so viel Unfug anzutun! Er kann mir mein Einkommen rauben, das er selbst mitgebracht hat Ich erwarte, dass er mit einem Federstrich drohen kann, Söhne wie Priamos zu haben. Aber um sich vor der ganzen Welt zu rechtfertigen Ein Mann wie Augustus Scarborough, und sofort wird kein Mann in der Grafschaft mit mir sprechen, ich sage, dass das ausreicht, um einem Mann das Herz zu brechen – nicht die Verletzung, die ein Mann ertragen sollte, sondern die Ungerechtigkeit, die er getan hat Er will mit seinem eigenen Geld machen, was er will. Aber dass er so eine Lüge über die Grafschaft erzählt, ist mehr, als ein Mann ertragen kann.

„Was ist passiert?" fragte Joshua.

„Der Mann traf mich auf der Straße, als er betrunken war, und er schlug auf mich ein und war unverschämt. Natürlich habe ich ihn niedergeschlagen. Wer hätte nicht dasselbe getan? Dann hat ihn sein Bruder irgendwo gefunden oder erwischt." , und schickte ihn aus dem Land und sagte, ich hätte den Mund gehalten, als ich ihn auf der Straße zurückließ. Was bedeutete Mountjoy für mich? Ich habe gelogen, weil ich nicht beschlossen habe, ihm alles zu erzählen.

Hier hatten sie das Pfarrhaus erreicht, und nachdem Harry dafür gesorgt hatte, dass die Pferde ausreichend mit Brei versorgt waren, ging er mit seiner schlechten Laune die Treppe hinauf in sein eigenes Zimmer. Aber Joshua hatte einem der Insassen des Pfarrhauses ein oder zwei Worte zu sagen.

Er hielt es für unangemessen, mit seinem Pferd nach Hause zu reiten, ohne dem Tier Zeit zu geben, seinen Brei zu trinken, und machte sich deshalb auf den Weg in das kleine Frühstückszimmer, wo Molly eine Tasse Tee und Buttertoast für ihn bereithielt. Er erzählte ihr natürlich zuerst von dem großartigen Ereignis des Tages – wie die beiden Hundemeuten sich vermischt hatten, wie heftig die beiden Herren zerstritten waren und sich beinahe gegenseitig ausgepeitscht hätten, wie Mr. Harkaway schrecklich geschworen hatte – von dem man noch nie zuvor einen Fluch gehört hatte – wie ein letzter Versuch unternommen worden war, einen zweiten Versteckten zu beschlagnahmen, und wie es schließlich dazu gekommen war, dass er sich hervorgetan hatte. „Willst du damit sagen, dass du den unglücklichen Mann absolut überrannt hast?" fragte Molly.

„Das habe ich. Nicht, dass der Mann das Schlimmste erwischt hätte – oder gar das Schlimmste. Da lagen wir beide am Boden und die beiden Pferde, alle zusammen auf einem Haufen."

„Oh, Joshua, angenommen, du wärst getreten worden!"

„In diesem Fall hätte ich – getreten werden sollen."

„Aber ein Tritt von einem wütenden Pferd!"

„Es gab nicht viel Wut an ihm. Der Mann hatte das alles aus dem Biest geritten."

„Du wirst mich sicher auslachen, Joshua, denn ich denke, was für schreckliche Dinge dir widerfahren sein könnten. Warum gehst du so sehr in jede Gefahr, jetzt, wo du jemand anderen hast, auf den du dich verlassen und um den du dich kümmern kannst?" Du? Es ist sehr, sehr falsch.

„Jemand musste es tun, Molly. Im Interesse der Jagd im Allgemeinen war es äußerst wichtig, dass diese Hunde nicht in dieses Versteck eindringen durften. Ich glaube nicht, dass Außenstehende jemals verstehen, wie wichtig es ist, es aufrechtzuerhalten Ihre Rechte. Es ist nicht so, dass der ganze Landkreis darauf angewiesen wäre.

„Warum sollte es nicht ein Mann sein, der keine junge Frau hat, um die er sich kümmern muss?" sagte Molly halb lachend und halb weinend.

„Es ist der Mann, der zuerst dort ankommt, der es tun sollte", sagte Joshua. „Ein Mann kann nicht aufhören, sich daran zu erinnern, ob er eine junge Frau hat oder nicht."

„Ich glaube nicht, dass du dich jemals daran erinnern willst." Dann wurde dieser kleine Streit mit den üblichen Schmeicheleien zu seinem üblichen Ende gebracht, und Joshua fuhr fort, mit ihr über die andere Ursache des Ärgers zu sprechen, den Sturz ihres Bruders. „Harry ist furchtbar erschöpft", sagte der Brauer.

„Du meinst diese Affären mit seinem Onkel?"

„Ja. Es geht ihm nicht nur um das Geld oder den Besitz, sondern die Leute sehen ihn schief an. Ihr solltet alle sehr freundlich zu ihm sein."

„Ich bin sicher, das sind wir."

„Da ist etwas drin, das ihn ärgert. Dieser dumme alte Idiot, dein Onkel – ich bitte um Verzeihung, weißt du, dass du so über ihn gesprochen hast –"

„Er ist ein dummer alter Idiot."

„Benimmt sich sehr schlecht. Ich weiß nicht, ob er nicht so behandelt werden sollte, wie ich es mit dem Kerl oben im Versteck getan habe."

„Über ihn reiten?"

„So etwas in der Art. Natürlich ist Harry darüber verärgert, und wenn ein Mann verärgert ist, ärgert er sich über so etwas mehr, als er tun sollte. Was meine Tante in Buntingford betrifft, da scheint da irgendein Problem zu sein

Ich hätte sagen sollen, dass sie den alten Herrn geheiratet hätte, wenn er sie darum gebeten hätte.

„Sprich nicht so, Joshua.“

„Aber da ist noch eine Schraube locker. Simpson hat gestern meinen Vater darauf angesprochen, und der Gouverneur hat die Katze aus dem Sack gelassen, um mir klarzumachen, dass die Sache nicht so gut läuft, wie sie es sich wünscht.“

„Er hat also angeboten?“

„Ich bin sicher, er hat sie gefragt.“

„Und deine Tante wird ihn akzeptieren?“ fragte Molly.

„Wahrscheinlich gibt es hinsichtlich des Geldes eine gewisse Meinungsverschiedenheit. Alles geschieht mit der Absicht, den armen Harry zu verletzen. Wenn er mein eigener Bruder wäre, könnte ich nicht unglücklicher über ihn sein. Und was Tante Matilda betrifft, sie ist ein Narr. Da sind zwei Narren zusammen.“ Wenn sie sich für eine Heirat entscheiden, können wir sie nicht daran hindern, aber da ist noch eine Schraube locker, und wenn die beiden jungen Liebenden nicht wissen, was sie wollen, wird vielleicht endlich alles in Ordnung kommen. Dann ging der wohlhabende Brauer mit einigen weiteren Schmeicheleien davon.

KAPITEL XXX.

VERFOLGUNG.

In der Zwischenzeit verbrachte Florence Mountjoy ihre Zeit in Brüssel nicht gerade angenehm. Verschiedene Probleme begleiteten sie dort. Alle ihre Freunde um sie herum waren gegen ihre Heirat mit Harry Annesley. „Harry Annesley" war für Sir Magnus und die britische Botschaft im Allgemeinen zu einem sehr unappetitlichen Wort geworden. Mrs. Mountjoy teilte ihrem Schwager ihren Kummer mit, der sich voll und ganz für sie einsetzte, ebenso wie Lady Mountjoy sehr nachdrücklich. Es wurde allgemein verstanden, dass Harry ein *Malvais-Subjekt war*. Dies war der Name, der mit ihm verbunden war, und der so vermittelte Glaube wurde von allen voll und ganz angenommen. Sir Magnus hatte an Freunde in London geschrieben, und die Freunde in London bestätigten die so übermittelten Berichte. Die Geschichte des Mitternachtsstreits wurde auf eine Weise erzählt, die für den armen Harry sehr nachteilig war, und sowohl Sir Magnus als auch seine Frau sahen die Notwendigkeit, ihre Nichte vor etwas so Bösem wie einer solchen Ehe zu bewahren. Aber Florence war sehr standhaft und galt als sehr eigensinnig. Gegenüber ihrer Mutter war sie eigensinnig, aber liebevoll. Gegenüber Sir Magnus war sie eigensinnig und in gewissem Maße respektvoll. Aber gegenüber Lady Mountjoy war sie weder liebevoll noch respektvoll. Sie empfand eine große Abneigung gegen Lady Mountjoy, die danach strebte, herrschsüchtig zu sein; und der mit Hilfe der beiden anderen tatsächlich tyrannisch war. Ihrer Meinung nach sollte das Mädchen gezwungen werden, den Mann zu verlassen, und Mrs. Mountjoy sah sich gezwungen, diesem Rat zu folgen. Sie liebte ihre Tochter, die ihr einziges Kind war. Das Hauptinteresse ihres Lebens galt ihrer Tochter. Ihr einziger verbleibender Ehrgeiz beruhte auf der Heirat ihrer Tochter. Sie hatte schon lange davon geträumt, die Schwiegermutter des Besitzers von Tretton Park zu werden. Sie war sehr stolz auf die Schönheit ihrer Tochter.

Dann kam der erste Schlag, als Harry Annesley am Montpelier Place ankam und von Florence begrüßt wurde. Mrs. Mountjoy hatte das alles gesehen, lange bevor Florence es bemerkte. Und Harrys erstes Erscheinen hatte lange vor der absoluten Schande von Kapitän Scarborough stattgefunden — jedenfalls bevor die Nachricht von dieser Schande Cheltenham erreicht hatte. Mrs. Mountjoy hatte immer noch von Tretton Park träumen können, nachdem die Juden es in ihre Finger bekommen hatten — selbst nachdem die Juden gezwungen worden waren, ihre Herrschaft aufzugeben. Es kann kaum gesagt werden, dass Mrs. Mountjoy bis zu diesem Zeitpunkt jede Hoffnung auf ihren Neffen verloren hatte, da sie dachte, dass ein Teil davon letztendlich ihm gehören müsse, da das Eigentum gepfändet worden war. Sie hatte gehört, dass Augustus es bekommen sollte, und ihre Wünsche schwankten zwischen den beiden. Dann hatte Harry sich entschieden erklärt, und Augustus hatte ihr zu verstehen gegeben, wie erbärmlich, wie gemein, wie böse Harrys Verhalten gewesen war. Und er erklärte ihr ausführlich, dass Harry mittellos sein würde. Sie war sich tatsächlich darüber im Klaren gewesen, dass Buston – im Vergleich zu Tretton eine ziemliche Kleinigkeit – ihm gehören sollte. Aber Fideikommisse waren heutzutage nichts mehr. Es war Teil der radikalen Abscheulichkeit, der England ausgesetzt war. Nicht einmal Buston sollte jetzt Harry Annesley gehören. Das kleine Einkommen, das er von seinem Onkel erhalten hatte, wurde eingestellt. Er war gezwungen, von seiner Gemeinschaft zu leben, die auch dann aufhören würde, wenn er heiratete. Sie verachtete ihn sogar, weil er Student auf einer Hochschule war – sie hatte für ihre Tochter einen Ehemann gesucht, der so weit höher lag, als jede Hochschule hervorbringen konnte. Sie war nicht aus Mangel an mütterlicher Liebe gegen Florence, und auch nicht aus angeborener Grausamkeit überließ sie ihre Tochter der zärtlichen Gnade von Lady Mountjoy.

Und seit sie in Brüssel war, waren weitere Hoffnungen entstanden. Es hatte sich eine andere Möglichkeit gezeigt, Harry Annesley zu entkommen, der von allen Katastrophen am meisten gefürchtet und gehasst wurde. Mr. Anderson, der zweite Gesandtschaftssekretär, dessen Aufgabe es war, mit Sir Magnus über den Boulevard zu schlendern, hatte sich nun in Form gebracht. „Ich habe noch nie einen so verärgerten Kerl gesehen“, hatte Sir Magnus erklärt und wollte damit zum Ausdruck bringen, dass Mr. Anderson nun wirklich verliebt war. „Ich habe ihn ein Dutzend Mal beim Löffeln gesehen“, hatte Sir Magnus vertraulich zu seiner Schwägerin gesagt, „aber so weit ist er noch nie gegangen. Er hat viele Mädchen gebeten, ihn zu haben, aber er war immer vor Ablauf der Woche wieder außer Kontrolle. Er hat jetzt an seine Mutter geschrieben.

Und Mr. Anderson zeigte seine Liebe durch sehr deutliche Zeichen. Auch Sir Magnus und Lady Mountjoy standen offenbar auf derselben Seite wie Mr. Anderson. Sir Magnus meinte, es habe keinen Sinn mehr, auf seinen Neffen, den Kapitän, zu warten, und von diesem anderen Neffen, Augustus, hegte er keine allzu große Vorstellung. Sir Magnus hatte in letzter Zeit mit Augustus korrespondiert und war sicherlich nicht auf seiner Seite. Aber er schilderte Mr. Andersons Lebensaussichten so sehr, wie es auch Lady Mountjoy tat, um den Anschein zu erwecken, dass Florence, wenn sie den jungen Anderson ertragen könnte, sehr gut zurechtkommen würde.

„Wissen Sie, er wird mit Sicherheit eines Tages ein Baronet sein“, sagte Sir Magnus.

„Ich glaube nicht, dass das bei Florence sehr weit gehen würde“, sagte ihre Mutter.

„Aber das sollte es. Schauen Sie sich in der Welt um und Sie werden sehen, dass es viel bringt. Er wäre der fünfte Baronet.“

„Aber sein älterer Bruder lebt.“

„Der merkwürdigste Kerl, den du je in deinen Geburtsjahren gesehen hast, und sein Leben ist es nicht wert, ein Jahr lang zu kaufen. Er hat eine höllische Krankheit – Nostalgie, oder wie nennt man das? –, die ihm keinen Moment der Ruhe lässt, und dann trinkt er bestimmt nichts als Milch.

„Ich möchte nicht, dass Florence damit rechnet.“

„Und dann geht es Hugh Anderson, dem Kerl hier, so wie es ist, sehr gut. Er hat hier vierhundert Pfund und weitere fünfhundert Pfund. Florence hat selbst vierhundert Pfund oder wird sie haben. Das sollte ich tun Ich würde sie tatsächlich als Anfänger bezeichnen, sie könnte ihr Ponypaar hier haben, und was will sie mehr?“

Diese Argumente gingen bei Mrs. Mountjoy sehr weit, umso weiter, weil Sir Magnus ihrer Meinung nach ein großartiger Mann war. Er war jedenfalls der größte Engländer in Brüssel, und wo sollte sie sich um Rat wenden, wenn nicht bei einem Engländer? Und sie wusste nicht, dass es Sir Magnus gelungen war, sich von seinem zweiten Gesandtschaftssekretär eine beträchtliche Geldsumme zu leihen.

„Überlassen Sie sie mir für eine Weile – überlassen Sie sie mir einfach“, sagte Lady Mountjoy.

„Ich würde ihr nichts Hartes sagen“, sagte die Mutter und flehte für ihr ungezogenes Kind.

„Nicht allzu hart, aber man muss ihr das klarmachen. Wie Sie sehen, hat es Unglücke gegeben. Was Mountjoy Scarborough angeht, hat er nicht mehr darauf gehofft.“

"Das denkst du?"

„Im Großen und Ganzen. Wenn ein Mann verschwunden ist, ist auch ein Ende mit ihm gekommen. Lord Baltiboys jüngerer Sohn ist verschwunden, und es stellte sich heraus, dass er ein Zouaven-Unteroffizier in einem französischen Regiment war. Sie haben ihn natürlich rausgeholt, aber dann ging er zu predigen In Amerika kann man davon ausgehen, dass ein Mann, der vollständig aus den Clubs verschwunden ist, nie wieder ein guter Heiratspartner sein wird.

„Aber da ist sein Bruder, der angeblich das Eigentum haben soll.“

„Ein sehr kaltblütiger junger Mann, dem seine eigene Familie völlig egal ist." Er hatte die Angebote von Sir Magnus für einen Kredit sehr streng aufgenommen. „Und er hat sich, soweit ich weiß, nie zu Florences Gunsten ausgesprochen. Auf Augustus Scarborough kann man nicht zählen."

„Verlassen Sie sich nicht nur auf ihn."

„Dagegen ist der junge Anderson, der der Gentleman-artigeste junge Mann ist, den ich kenne, bereit. Es wird so ein Glücksfall gewesen sein, dass Sie hierher gekommen sind und ihn eingeholt haben."

„Ich weiß nicht, ob man das als Glücksfall bezeichnen kann. Florence hat selbst ein sehr schönes Vermögen –"

„Und sie möchte es diesem mittellosen Verbrecher geben. Es ist nur einer dieser Fälle, in denen man mit einem Mädchen vorsichtig umgehen muss. Sie muss Angst haben, und das ist auch schon die Wahrheit."

Danach gelang es Lady Mountjoy, Florence allein in ihr Morgenzimmer zu bringen. Als ihre Mutter ihr sagte, dass ihre Tante sie sehen wolle, antwortete sie zunächst, dass sie keinen besonderen Wunsch habe, ihre Tante zu sehen. Ihre Mutter erklärte, dass sie unbedingt in das Haus ihrer Tante gehen müsse, als ihre Tante sie holen ließ. Dem widersprach Florence. Sie war, so dachte sie, der Gast ihrer Tante, stand ihr aber keineswegs zur Verfügung. Aber schließlich gehorchte sie ihrer Mutter. Sie hatte beschlossen, ihrer Mutter in allen Dingen bis auf eine zu gehorchen, und ging deshalb eines Morgens in das Zimmer ihrer Tante.

Aber als sie ging, wurde sie zunächst von ihrem Onkel gefangen und von ihm in ein kleines privates Refugium hinter seinem Amtszimmer gebracht. „Meine Liebe", sagte er, „komm einfach für zwei Minuten hier rein."

„Ich bin auf dem Weg zu meiner Tante."

„Ich weiß es, meine Liebe. Lady Mountjoy hat alles mit mir besprochen. Auf mein Wort können Sie nichts Besseres tun, als den jungen Anderson mitzunehmen."

„Das kann ich nicht, Onkel Magnus."

„Warum nicht? Da ist der arme Mountjoy Scarborough, er ist vom Weg abgekommen."

„Von meinem Cousin ist keine Rede."

„Und Augustus ist nicht besser."

„Von Augustus ist auch keine Rede."

„Was diesen anderen Kerl betrifft, er ist nicht gut – das ist er in der Tat nicht."

„Sie meinen Mr. Annesley?"

„Ja, Harry Annesley, wie du ihn nennst. Er hat keinen einzigen Schilling, mit dem er sich segnen könnte, und würde es auch nicht haben, wenn er dich heiraten würde."

„Aber ich habe etwas."

„Für euch beide nicht genug, fürchte ich. Sein Onkel hat ihn enterbt."

„Sein Onkel kann ihn nicht enterben."

„Er ist noch recht jung genug, um zu heiraten und eine Familie zu gründen, und dann wird Annesley enterbt. Er hat sowieso sein Taschengeld gestrichen, und Sie dürfen nicht an ihn denken. Er hat neulich etwas ungewöhnlich Unschönes getan, ich aber nicht Ich weiß ganz genau, was.

„Er hat nichts Unschönes getan, Onkel Magnus."

„Natürlich wird eine junge Dame für ihren Geliebten eintreten, aber Sie müssen ihn wirklich fallen lassen. Ich bin kein harter Mann, aber das war etwas, das die Welt nicht ertragen würde. Als er dachte, der Mann wäre es gewesen." Als er ermordet wurde, sagte er nichts darüber, aus Angst, dass sie ihn damit belasten würden. Und dann schwor er, dass er ihn noch nie gesehen hatte.

„Er hatte nie Angst, dass ihn jemand verdächtigen würde."

„Und jetzt hat der junge Anderson einen Antrag gemacht. Ich hätte nicht anders reden sollen, aber es ist meine Pflicht, Ihnen von dem jungen Anderson zu erzählen. Er ist rundum ein Gentleman."

„Das gilt auch für Mr. Annesley."

„Und Anderson ist überhaupt nicht in Schwierigkeiten geraten. Er erfüllt seine Pflicht hier ungewöhnlich gut. Ich hatte nie weniger Probleme mit einem jungen Burschen als mit ihm. Ich habe ihn nicht in Form gebracht – oder so gut wie gar nicht – und er Sie haben ein sehr schönes Privateinkommen und könnten hier leben, bis Sie sich für eine Wohnung entschieden haben. Ein Paar Ponys wäre genau das Richtige für Sie, um herumzufahren und die britischen Interessen zu unterstützen Liebes, und du wirst feststellen, dass ich Recht habe. Dann verließ Florence das Zimmer und ging hinauf, um die viel strengere Belehrung entgegenzunehmen, die ihr von ihrer Tante erwartet wurde.

„Kommen Sie herein, meine Liebe", sagte Lady Mountjoy mit ihrer strengsten Stimme. Sie hatte eine Stimme, die Sparmaßnahmen annehmen konnte, wenn sie wusste, dass ihre Macht im Aufwind war. Als Florence das Zimmer betrat, verließ Miss Abbott es durch eine Tür auf der anderen Seite. „Nehmen Sie diesen Stuhl, Florence. Ich möchte ein paar Minuten mit Ihnen reden." Dann setzte sich Florence. „Wenn eine junge Dame über eine Heirat nachdenkt, müssen viele Dinge berücksichtigt werden." Dies schien so sehr eine Tatsache zu sein, dass Florence es nicht für nötig hielt, eine Antwort zu geben. „Natürlich weiß ich, dass du darüber nachdenkst zu heiraten."

„Oh ja", sagte Florence.

„Aber zu wem?"

„An Harry Annesley", sagte Florence und wollte damit andeuten, dass die ganze Welt das wusste.

„Das hoffe ich nicht. Ich hoffe nicht. Tatsächlich kann ich sagen, dass das völlig ausgeschlossen ist. Erstens ist er ein Bettler."

„Er hat von niemandem gebettelt", sagte Florence.

„Er ist das, was die Welt einen Bettler nennt, wenn ein junger Mann ohne Pfennig daran denkt, zu heiraten."

„Ich bin kein Bettler, und was ich habe, wird ihm gehören."

„Meine Liebe, du sprichst von etwas, das du nicht verstehst. Eine junge Dame kann ihr Geld nicht auf diese Weise verschenken; das wird nicht erlaubt sein. Weder deine Mutter noch Sir Magnus, noch ich werde es zulassen." Hier hielt Florence sich zurück, richtete sich aber in ihrem Stuhl auf, als sei sie bereit, ihre Meinung zu äußern, falls sie getrieben werden sollte. Lady Mountjoy würde es nicht zulassen! Sie glaubte, Lady Mountjoy durchaus sagen zu können, dass sie in dieser Angelegenheit weder Macht noch Einfluss hatte, beschloss aber, noch ein wenig zu schweigen. „Erstens versucht ein Gentleman, der ein Gentleman ist, niemals, eine Dame wegen ihres Geldes zu heiraten."

„Aber wenn eine Dame das Geld hat, kann sie sich viel klarer ausdrücken, als sie es sonst könnte."

„Ich verstehe nicht ganz, was du damit meinst, meine Liebe."

„Als Mr. Annesley mir einen Heiratsantrag machte, war er der anerkannte Erbe des Besitzes seines Onkels."

„Im besten Fall eine Trumpfaffäre."

„Mir hätte es gereicht. Dann habe ich ihn angenommen."

„Das gilt nicht für eine Dame. Natürlich hing Ihre Annahme von den Umständen ab."

„Es war so; – aus Rücksicht auf mich. Nachdem ich ihn angenommen habe und meine Hochachtung noch immer genauso herzlich ist wie eh und je, werde ich auf keinen Fall zurückgehen, weil sein Onkel irgendetwas tun könnte. Ich sage das nur, um zu erklären, dass er völlig berechtigt war." in seinem Angebot. Es war nicht mein kleines Vermögen, dass er zu mir kam.

„Da bin ich mir nicht so sicher."

„Aber wenn mein Geld ihm von Nutzen sein kann, ist er herzlich willkommen. Sir Magnus hat mit mir über ein Paar Ponys gesprochen. Ich hätte ihn lieber als ein Paar Ponys."

„Dazu komme ich gerade. Hier ist Mr. Anderson."

„Oh ja; er ist hier."

In dem Ton, in dem dies geäußert wurde, lag sicherlich ein Anflug von Ungeduld. Es war, als hätte sie gesagt, dass Mr. Anderson es so weit gebracht hatte, dass sie keinerlei Zweifel an seiner anhaltenden Anwesenheit haben konnte. Mr. Anderson hatte sich so auffällig gemacht, dass er für sie ständig sichtbar war. Lady Mountjoy, die derzeit vorhatte, Herrn Anderson zu lobpreisen, empfand dies als unverschämt.

„Ich weiß nicht, was Sie damit meinen. Mr. Anderson hat sich ganz wie ein Gentleman benommen, und Sie sollten sehr stolz auf jedes Zeichen sein, das Sie für seine Achtung und Zuneigung erhalten."

„Aber ich bin nicht verpflichtet, dorthin zurückzukehren."

„Sie müssen daran denken, wenn diejenigen, die für Ihre Taten verantwortlich sind, Sie dazu auffordern."

„Mama, meinst du?"

„Ich meine Ihren Onkel, Sir Magnus Mountjoy." Sie wagte nicht ganz zu sagen, dass sie sich selbst gemeint hatte. „Ich nehme an, Sie werden zugeben, dass Sir Magnus ein kompetenter Kenner der Charaktere junger Männer ist?"

„Er könnte ein Richter von Mr. Anderson sein, weil Mr. Anderson sein Gerichtsschreiber ist."

In dem Wort „Angestellter" lag eine gewisse Abwertungsabsicht. Florence hatte weder viel von Mr. Andersons Wert gehalten, noch, soweit sie sie gesehen hatte, von den Aufgaben, die allgemein in der britischen Botschaft ausgeübt wurden. Sie wusste nichts von den eigentümlichen kleinen Feinheiten und Feinheiten, die den Aufenthalt eines Gentlemans mit dem ganzen Taktgefühl, das Sir Magnus besaß, in Brüssel erforderten. Sie wusste nicht, dass die bloße internationale Arbeit des Büros zwar getrost Mr. Blow und Mr. Bunderdown anvertraut werden konnte, all diese kleinen Feinheiten, dieses Lächeln und dieses Stirnrunzeln, dieses Abnehmen von Hüten und das nur halbe Abnehmen, das Freundliche, lockere Art und dieser steife Hochmut bildeten den besonderen Zweig von Sir Magnus selbst – und, unter Sir Magnus, von Mr. Anderson. Sie verstand nicht, dass selbst dem ihr versprochenen Ponypaar bestimmte wichtige Funktionen zugewiesen werden sollten, die sie als Stellvertreterin des Stellvertreters des großen Mannes innehaben sollte. Und nun hatte sie den Stellvertreter des großen Mannes einen Angestellten genannt!

„Mr. Anderson ist nicht so etwas", sagte Lady Mountjoy.

„Sein junger Mann also – oder Privatsekretär – das ist nur jemand anderes."

„Sie sind sehr unverschämt und sehr undankbar. Mr. Anderson ist zweiter Gesandtschaftssekretär. Es gibt keinen wichtigeren Beamten in unserer Einrichtung. Ich glaube, Sie sagen das mit Absicht, um mich zu verärgern. Und dann vergleichen Sie diesen Herrn mit Mr. Annesley, ein Mann, mit dem niemand reden will.

„Ich werde mit ihm sprechen." Hätte Harry sie das sagen hören, hätte er trotz seiner Schwierigkeiten ein glücklicher Mann sein sollen.

„Du! Was kannst du ihm Gutes tun?" Florence nickte fast unmerklich, aber es gab immer noch ein Nicken, das mehr bedeutete, als sie jemals sagen konnte. Sie glaubte, dass sie ihm sehr viel Gutes tun könnte, wenn sie in seiner Nähe wäre, und auch etwas Gutes, obwohl sie weit weg war. Wenn sie bei ihm wäre, könnte sie sich an seinem Arm festhalten – oder vielleicht irgendwann einmal an seinem Hals – und ihm sagen, dass sie ihm treu bleiben würde, auch wenn sich alle anderen abwenden würden. Und sie konnte genauso wahr sein, wo sie war, obwohl sie ihn nicht trösten konnte, indem sie es ihm mit ihren eigenen Worten sagte. Dann beschloss sie, diesen Brief zu schreiben. Er sollte bereits den kleinen Trost haben, den sie ihm in seiner Abwesenheit spenden könnte. „Jetzt hör mir zu, Florence. Er ist ein absoluter Verwerfer."

„Ich werde ihn nicht so nennen hören. Er ist kein Verdammter."

„Er hat sich so verhalten, dass ganz England wegen ihm aufschreit. Er hat etwas getan, das es keinem Gentleman mehr erlauben wird, mit ihm zu sprechen."

„Dann wird es mehr nötig sein, dass eine Dame das tut. Aber das ist nicht wahr."

„Sie vergleichen Ihre Charakterkenntnis mit der von Sir Magnus."

„Sir Magnus kennt den Herrn nicht; ich kenne ihn. Was hat es für einen Sinn, darüber zu reden, Tante? Harry Annesley hat mein Wort, und nichts auf der

Welt wird mich dazu bewegen, davon abzuweichen. Selbst wenn er das wäre, was Sie sagen, wäre ich." ihm treu bleiben."

"Du würdest?"

„Auf jeden Fall würde ich das tun. Ich konnte nicht freiwillig anfangen, einen Mann zu lieben, von dem ich wusste, dass er niederträchtig ist; aber nachdem ich ihn geliebt hatte, wollte ich mich wegen seiner Niedertracht nicht abwenden – ich konnte es nicht tun. ein schreckliches Unglück, aber es müsste ertragen werden. Aber hier – ich kenne die ganze Geschichte, auf die Sie anspielen.

„Ich weiß es auch."

„Ich bin mir ziemlich sicher, dass die Niedrigkeit nicht auf seiner Seite lag. Zur Verteidigung meines Namens hat er geschwiegen. Er hätte sich vielleicht zu Wort gemeldet, wenn er damals die ganze Wahrheit gewusst hätte. Damals gehörte ich genauso ihm wie ich." Eines Tages werde ich es wohl noch mehr sein.

„Du willst ihn also heiraten?"

„Mit Sicherheit tue ich das, sonst werde ich nie verheiratet sein. Und da er jetzt arm ist und ich mit vierundzwanzig mein eigenes Geld haben muss, muss ich wohl bis dahin warten."

„Wird das Wort deiner Mutter für dich nichts wert sein?"

„Arme Mama! Ich glaube wirklich, dass Mama sehr unglücklich ist, weil sie mich unglücklich macht. Was zwischen mir und Mama passieren wird, bin ich, glaube ich, nicht verpflichtet, es dir zu sagen. Wir werden bald weg sein, und ich werde zurückgelassen." allein für Mama.

Und Mama würde mit ihrer Tochter allein gelassen werden, dachte Lady Mountjoy. Der Besuch muss verlängert werden, damit Mr. Anderson sich endlich durchsetzen kann.

Der Besuch war ursprünglich für einen Monat geplant, wurde nun aber auf unbestimmte Zeit verlängert. Nach diesem Gespräch zwischen Lady Mountjoy und ihrer Nichte passierten zwei oder drei Dinge, die alle Einfluss auf unsere Geschichte hatten. Florence schrieb sofort ihren Brief. Wenn die Dinge in England mit Harry Annesley schlecht liefen, sollte Harry auf jeden Fall den Trost haben, zu wissen, was ihre Gefühle waren – wenn das für ihn ein Trost sein könnte. „Vielleicht hat er doch nichts dagegen, was ich sage", dachte sie bei sich; Aber sie tat nur so, als ob sie es glaubte, und widersprach sofort ihrem eigenen „Vielleicht". Dann forderte sie ihn mit Nachdruck auf, nicht zu antworten. Es war sehr wichtig, dass sie schrieb. Er sollte ihren Brief erhalten, und damit musste ein Ende sein. Sie war sich ziemlich sicher, dass er sie verstehen würde. Er würde ihr nicht die Mühe machen, ihren eigenen Leuten sagen zu müssen, dass sie einen Briefwechsel führe, denn das würde darauf hinauslaufen. Doch als die Zeit für die Antwort gekommen war, hatte sie es auf die Stunde genau gezählt. Und als Sir Magnus nach ihr rief und ihr den Brief überreichte – nachdem sie diese Frage mit ihrer Mutter besprochen hatte –, erwartete sie es voll und ganz und war ihrem Onkel gegenüber wirklich dankbar. Sie wollte auch ein wenig Trost, und als sie den Brief gelesen hatte, wusste sie, dass sie ihn erhalten hatte.

Nach dem Interview zwischen Florence und Lady Mountjoy waren zwischen den beiden älteren Damen einige Worte gesprochen worden. „Sie ist eine äußerst eigenwillige junge Frau“, sagte Lady Mountjoy.

„Natürlich liebt sie ihren Geliebten“, sagte Mrs. Mountjoy, die ihrer eigenen Tochter eine Entschuldigung geben wollte. Das Mädchen war sehr lästig, nicht aber ihre Tochter. „Ich kenne keinen von denen, der nichts wert wäre.“

„Wenn du es in diesem Licht betrachtest, Sarah, wird sie die Oberhand über dich gewinnen. Wenn sie ihn heiratet, wird sie verloren sein; so musst du es sehen. Es ist ihr zukünftiges Glück, an das du denken musst.“ – und Seriosität. Sie ist eine eigenwillige junge Frau und muss entsprechend behandelt werden.

"Was würden Sie tun?"

„Ich würde sehr streng sein.“

„Aber was soll ich tun? Ich kann sie nicht schlagen, ich kann sie nicht in ihrem Zimmer einsperren.“

„Dann willst du es also aufgeben?“

„Nein, das tue ich nicht. Du solltest mir nicht so böse sein“, sagte die arme Frau Mountjoy. Als es soweit war, waren die beiden Damen intim geworden. „Ich habe nicht vor, es überhaupt aufzugeben; aber was soll ich tun?“

„Bleiben Sie den nächsten Monat hier und – und beunruhigen Sie sie; lassen Sie Mr. Anderson seine Chance bei ihr haben. Wenn sie feststellt, dass ihr alles gut geht, wenn sie ihn akzeptiert, und dass ihr Leben ihr zur Last gemacht wird, wenn …“ Sie hält immer noch an ihrem Harry Annesley fest, wenn sie wie andere Mädchen ist. Natürlich kann man ein Mädchen nicht dazu bringen, einen Mann zu heiraten, aber es gibt Mittel und Wege. Damit meinte Lady Mountjoy, dass die größtmögliche Grausamkeit angewendet werden sollte, die mit einem guten Frühstück, Abendessen und einem guten Schlafzimmer vereinbar wäre. Nun wusste Mrs. Mountjoy, dass sie dazu nicht in der Lage war, und wusste auch oder glaubte zu wissen, dass es nicht wirksam sein würde.

„Du bleibst hier – bis Weihnachten, wenn es dir gefällt", sagte Sir Magnus zu seiner Schwägerin. „Sie kann nicht anders, als Anderson jeden Tag zu sehen, und das ist schon ein langer Weg. Sie gibt sich natürlich so resolut, wie sie kann. Sie alle wissen, wie man das macht. Seien Sie auch resolut Deuce ist dabei, wenn wir mit ihr nicht klarkommen, dass man sie in Ketten legt. Es gibt verschiedene Arten, eine Katze aus England zu töten über die junge Annesley, und ich werde das Gleiche tun, natürlich die Wahrheit.

„Nichts kann schlimmer sein als die Wahrheit", sagte Mrs. Mountjoy und schüttelte traurig den Kopf.

„Genau so", sagte Sir Magnus, der überhaupt nicht traurig war, einen so schlechten Bericht über den bevorzugten Bewerber zu hören. „Dann werden wir ihr die Briefe vorlesen. Sie kann nicht anders, als sie zu hören. Nur die wahren Fakten, wissen Sie. Das ist fair; niemand kann das grausam nennen. Und dann, wenn sie zusammenbricht und zu unserem Anruf kommt, werden wir' Für sie wird alles so weich sein wie Muttermilch. Ich werde sie noch mit zwei Ponys über die Boulevards ziehen sehen. Mrs. Mountjoy hatte das Gefühl, dass Sir Magnus ihre Tochter nicht kannte, als er davon sprach, dass Florence zu seinem Besuch kam. Aber sie hatte nichts Besseres zu tun, als Sir Magnus zu gehorchen. Deshalb beschloss sie, noch einmal sechs Wochen in Brüssel zu bleiben, und teilte Florenz mit, dass sie dies beschlossen habe. Im Moment wären Brüssel und Cheltenham für Florenz gleichgültig.

„Es wird schrecklich langweilig sein, sie so lange zu haben", sagte die arme Lady Mountjoy mitleiderregend zu ihrem Mann. Denn in der Gegenwart von Sir Magnus war sie keineswegs die tapfere Frau, die sie bei einigen ihrer Freunde war.

„Du findest alles langweilig. Was ist das Problem?"

„Was soll ich mit ihnen machen?"

„Führe sie in der Kutsche herum. Gott segne meine Seele! Wofür hast du eine Kutsche?"

„Dann ist bei Miss Abbott nie Platz für jemand anderen."

„Dann lassen Sie Miss Abbott zu Hause. Was nützt es, mit mir über Miss Abbott zu reden? Ich nehme an, es ist Ihnen egal, wen die Tochter meines Bruders heiratet?" Lady Mountjoy glaubte nicht, dass es eine große Rolle spielte; aber sie erklärte, dass sie bereits die zärtlichste Fürsorge gezeigt habe. „Dann bleiben Sie dabei. Das Mädchen will nicht jeden Tag ausgehen. Lassen Sie sie in Ruhe, damit Anderson sie erreichen kann."

„Er ist immer mit dir unterwegs."

„Nein, ist er nicht; nicht immer. Und lassen Sie Miss Abbott zu Hause. Dann ist Platz für zwei andere. Machen Sie keine Schwierigkeiten. Anderson wird natürlich erwarten, dass ich etwas für ihn tue."

„Wegen des Geldes", flüsterte Lady Mountjoy.

„Und ich muss auch etwas für sie tun." Nun, Sir Magnus hatte etwas Ehrlichkeit an sich. Da er diese Beträge nicht sofort zurückzahlen konnte, wusste er, dass er sie zwangsläufig auf andere Weise ausgleichen musste. Die Schulden würden gleich bleiben. Aber das würde bei der Vorsehung bleiben.

Dann kam Harrys Brief und es gab eine ausführliche Beratung. Durch den Poststempel von Buntingford war bekannt, dass es von Harry stammte. Mrs. Mountjoy schlug vor, Lady Mountjoy zu konsultieren; aber damit war Sir Magnus nicht einverstanden. „Sie würde sich, wenn sie könnte, die Haut abziehen, jetzt, wo sie wütend ist", sagte der Ehemann der Dame, der die Dame zweifellos gut kannte. „Natürlich wird sie erfahren, dass der Brief geschrieben wurde, und dann wird sie ihn uns in die Zähne werfen. Sie würde nicht glauben, dass er auf dem Weg hierher in die Irre gegangen ist. Wir sollten ihr eine Art Peitschenhand geben." über uns." Daher wurde beschlossen, dass Florence ihren Brief erhalten sollte.

KAPITEL XXXI.

FLORENZ' ANFRAGE.

So wurde vereinbart, dass Florence Mr. Anderson im Weg stehen sollte. Mr. Anderson war, wie Sir Magnus gesagt hatte, nicht immer unterwegs. Es gab Momente, in denen sogar er dienstfrei hatte. Und Sir Magnus schaffte es, etwas früher als gewöhnlich abzufahren, damit er zurückkam, während die Kutsche noch unterwegs war. Lady Mountjoy tat sicherlich ihre Pflicht und nahm täglich Mrs. Mountjoy und im Allgemeinen Miss Abbott mit, so dass Florence gewissermaßen der Gnade von Mr. Anderson ausgeliefert war. Sie könnte sich natürlich in ihrem Schlafzimmer einschließen, aber so schlimm war es noch nicht. Mr. Anderson hatte sich ihr gegenüber nicht schrecklich gemacht. In Wahrheit hatte sie überhaupt keine Angst vor Mr. Anderson, der höflich war in seinem Benehmen und höflich in seiner Sprache, und sie kam zu diesem Zeitpunkt zu dem Schluss, dass sie es ihm sagen würde, wenn Mr. Anderson ihre Verfolgung fortsetzte genaue Wahrheit des Falles. Als Gentleman und als junger Mann glaubte sie, dass er mit ihr sympathisieren würde. Der einzige Feind, den sie wirklich fürchtete, war Lady Mountjoy. Auch sie hatte gespürt, dass ihre Tante ihr „die Haut abziehen" könnte, wie Sir Magnus gesagt hatte. Sie hatte die Worte nicht gehört, aber sie wusste, dass es so war, und ihre Abneigung gegenüber Lady Mountjoy war entsprechend groß. Man kann nicht sagen, dass sie Angst hatte. Sie hatte nicht vor, ihre Haut den Händen ihrer Tante zu überlassen. Für jeden Zentimeter Haut, die ihr abgenommen wurde, beschloss sie, einen Zentimeter im Gegenzug zu bekommen. Sie war mit der Ausdrucksweise der Sprache, die Sir Magnus angenommen hatte, nicht vertraut, aber sie war auf alle derartigen Angriffe vorbereitet. Für Sir Magnus selbst empfand sie eine gewisse Rücksichtnahme, da er ihr den Brief übergeben hatte.

Hinter dem Haus des britischen Ministers, das zwar keinen solchen Namen trug, aber allgemein „Botschaft" genannt wurde, befand sich ein großer Garten, der zwar von Sir Magnus oder Lady Mountjoy nicht oft genutzt wurde, aber als wertvolle Ergänzung des Anwesens angesehen wurde. Hierher begab sich Florence zum Sport, und hier fand Mr. Anderson sie eines Nachmittags, nachdem er die schlammigen Spuren seines Reitens beseitigt hatte. Es muss verstanden werden, dass kein junger Mann es jemals ernster meinte als Mr. Anderson. Auch er, als er durch das Glas blickte, das Sir Magnus für ihn vorbereitet hatte, glaubte, in nicht allzu ferner Zukunft eine Mrs. Hugh Anderson zu sehen, die ein Paar grauer Ponys über den Boulevard fuhr, und er war sehr zufrieden damit Sicht. Es erreichte den Gipfel seines Ehrgeizes. Florence war in seinen Augen wirklich die Art von

Mädchen, die ein Mann in seiner Position heiraten sollte. Ein Gesandtschaftssekretär in einer kleinen ausländischen Hauptstadt kann mit einer zwielichtigen Frau nichts anfangen, wie es zum Beispiel ein Angestellter im Auswärtigen Amt kann. Ein Gesandtschaftssekretär – der zweite Sekretär, sagte er sich – musste, wenn er überhaupt heiratete, eine hübsche und *vornehme* Frau haben. Er wusste alles über die Feinheiten, die auf seltsame Weise in seine eigene Hand gefallen waren. Mr. Blow hätte einen Bewohner der Südseeinsel heiraten können, und es wäre ihm, was seine offiziellen Pflichten anbelangt, nicht schlechter ergangen. Herr Blow wollte nicht die Dienste einer Frau in Anspruch nehmen, um alle Geheimnisse des belgischen Eisenhandels aufzudecken und zu melden. Darin lag keine Kompliziertheit, keine Feinheit. Es gab viel von dem, was Mr. Anderson in seinen leichteren Momenten „Schweiß" nannte. Er gab nicht vor, für solche Aufgaben besonders fähig zu sein; aber in seinem eigentümlichen Gang hielt er sich für großartig. Aber es war sehr ermüdend und er war sich sicher, dass er eine Frau brauchte. Es gab kleine Feinheiten, die nur eine Frau ausführen konnte. Er hatte große Wertschätzung für Sir Magnus. Sir Magnus genoss beim gesamten Hof und beim Außenminister in Brüssel ein hohes Ansehen. Aber Lady Mountjoy war wirklich nutzlos. Der Anfang und das Ende von allem mit ihr war, sich in einer Kutsche zu zeigen. Es oblag ihm, Anderson, zu heiraten.

Er war liebevoll genug und sehr empfänglich. Er war zu anfällig, und er kannte seine eigene Schuld, und er war immer auf der Hut davor – wie es sich für einen jungen Mann mit solchen Pflichten wie ihm gehörte. Er verliebte sich ständig und nutzte dann sein diplomatisches Geschick, um die Konsequenzen zu vermeiden. Er hatte herausgefunden, dass ein Mädchen zwar im Wachslicht so gut aussah, den Strapazen des Tages jedoch nicht standhielt. Eine andere konnte nicht immer anmutig sein, oder obwohl sie während eines Walzers gut genug reden konnte, hatte sie um drei Uhr morgens nichts zu sagen. Und er musste rechnen, dass es falsch wäre, ein Mädchen ohne einen Schilling zu heiraten. „So etwas kann sich ein Mann nicht leisten, wenn er sich seiner Position nicht sicher ist", hatte er bei einer solchen Gelegenheit zu Montgomery Arbuthnot gesagt und dabei insbesondere auf den Gesundheitszustand seines Bruders angespielt. Wenn Herr Anderson davon sprach, dass er sich seiner Position nicht sicher sei, meinte man immer, er beziehe sich auf den Gesundheitszustand seines Bruders. Auf diese Weise hätte er sein kleines Boot mehr als einmal beinahe auf die Felsen gebracht und Sir Magnus einige Schwierigkeiten bereitet. Aber jetzt war er sich ganz sicher. „Es ist rundherum alles da", hatte er mehr als einmal zu Arbuthnot gesagt. Arbuthnot sagte, dass es da sei – „rundherum, rundherum". Wachslicht und Tageslicht machten für sie keinen Unterschied. Sie war immer anmutig. „Niemand, der ein Auge im Kopf hat, kann daran zweifeln", sagte Anderson. „Das glaube ich nicht, bei Jupiter!" antwortete

Arbuthnot. „Und weil du geredet hast, erwischst du sie nie, niemals.“ „Das habe ich sicherlich nie getan“, sagte Arbuthnot, der als dritter Sekretär gehorsam und gutherzig war. „Und dann schauen Sie sich ihr Geld an. Natürlich möchte ein Kerl etwas, das ihm hilft. Meine Lage ist so unsicher, dass ich nicht darauf verzichten kann.“ "Natürlich nicht." „Bei manchen Mädchen ist es so verdammt schwer, das herauszufinden. Man hört, dass ein Mädchen Geld hat, aber wenn die Zeit gekommen ist, hängt es vom Leben eines Vaters ab, der nicht ans Sterben denkt – verdammt, das tut er nicht.“ Denk daran."

„Diese Kerle tun das nie“, sagte Arbuthnot. „Aber sehen Sie, ich weiß alles darüber. Wenn sie vierundzwanzig ist – erst vierundzwanzig –, wird sie selbst zehntausend Pfund haben. Ich hasse einen Söldner.“ „Oh ja, das ist abscheulich.“ „Niemand kann das von mir sagen. So wie ich mich befinde, möchte ich etwas, das dabei hilft, den Topf am Kochen zu halten. Sie hat es – ganz so sehr, wie ich es mir wünsche – ganz, und ich weiß alles darüber, ohne den geringsten Zweifel.“ in der Welt." Für den kleinen Kredit von fünfzehnhundert Pfund zahlte Sir Magnus den vollen Wert der Zinsen und die fehlende Sicherheit. „Sir Magnus sagt mir, wenn ich ihr nur treu bleibe, werde ich mit Sicherheit gewinnen. Da ist jemand in England, der gerade ihr Herz berührt hat – es gerade berührt hat, wissen Sie.“ „Ich verstehe“, sagte Arbuthnot und sah sehr weise aus. „Er ist kein besonders angesehener Kerl“, sagte Anderson; „einer dieser gutaussehenden Kerle ohne Verhalten und ohne Mut.“ „Ich kenne viele von ihnen“, sagte Arbuthnot. „Sein Name ist Annesley“, sagte Anderson. „Ich habe ihn noch nie in meinem Leben gesehen, aber das ist es, was Sir Magnus sagt. Er hat etwas furchtbar Verrufenes getan. Ich verstehe nicht ganz, was es ist, aber es ist etwas, das ihn ungeeignet machen sollte, ihr Ehemann zu sein. Niemand weiß das.“ Welt besser als Sir Magnus, und er sagt, dass es so ist. „Niemand kennt die Welt besser als Sir Magnus“, sagte Arbuthnot. Und so wurde das Gespräch beendet.

Eines Tages kurz darauf erwischte er sie beim Spaziergang im Garten. Ihre Mutter und Miss Abbot waren immer noch mit Lady Mountjoy in der Kutsche unterwegs, und Sir Magnus hatte sich nach der Ermüdung der Fahrt zurückgezogen, um vor dem Abendessen eine halbe Stunde lang zu schlafen. „Ganz allein, Miss Mountjoy?“ er sagte.

„Ja, allein, Mr. Anderson. Ich bin nie in besserer Gesellschaft.“

„Das denke ich. Aber wenn ich hier wäre, wärst du nicht ganz allein, oder?“

„Nicht, wenn du bei mir wärst.“

„Das ist es, was ich meine. Aber doch können zwei Menschen allein sein, wenn es um die Welt als Ganzes geht. Nicht wahr?“

„Ich verstehe die Feinheiten der Sprache nicht gut genug, um es sagen zu können. Als wir Kinder waren, fragten wir uns immer, ob ein wildes Tier in einer leeren Höhle heulen könne. Das ist das Gleiche."

„Warum sollte er nicht?"

„Weil die Höhle nicht leer wäre, wenn das wilde Tier darin wäre. Hast du jemals ein Mädchen gesehen, das in einem Strumpf ein Ei gegen die Wand schlägt und dann furchtbar überrascht aussah, weil es es zerschmettert hatte?"

„Ich verstehe den Witz nicht."

„Man hatte ihr gesagt, sie dürfe kein Ei in einem leeren Strumpf zerschlagen. Dann musste sie hineinschauen, und da war das zerbrochene Ei für ihre Schmerzen. Ich weiß nicht, warum ich Ihnen diese Geschichte erzählt habe."

„Es ist eine sehr gute Geschichte. Ich werde Miss Abbott heute Abend damit beauftragen, sie zu erzählen. Sie glaubt alles."

„Und alle? Dann ist sie eine glückliche Frau."

„Ich wünschte, du würdest jedem glauben."

„Das tue ich – fast jeder. Es gibt einige eingefleischte Lügner, denen niemand glauben kann."

„Ich hoffe, ich werde nicht als einer angesehen."

„Du? sicherlich nicht. Wenn jemand hinter deinem Rücken von dir als solchem sprechen würde, würde niemand deine Rolle loyaler übernehmen als ich. Aber niemand würde es tun."

„Das ist jedenfalls etwas. Dann glaubst du wirklich, dass ich dich liebe?"

„Ich glaube, dass du das denkst."

„Und dass ich mein eigenes Herz nicht kenne?"

„Das kommt sehr häufig vor, Mr. Anderson. Vor zwölf Monaten war ich mir meines eigenen Herzens nicht ganz sicher, aber jetzt weiß ich es." Er hatte das Gefühl, dass seine Hoffnungen sehr nachließen, als dies gesagt wurde. Sie hatte noch nie zuvor mit ihm über seinen Rivalen gesprochen, und er auch nicht mit ihr. Er wusste oder glaubte zu wissen, dass „ihr Herz berührt worden war", wie er zu Arbuthnot gesagt hatte. Aber die „Berührung" muss sehr tief gewesen sein, wenn sie sich gezwungen gefühlt hätte, mit ihm über das Thema zu sprechen. Es war sein Wunsch gewesen, Mr. Annesley zu übergehen und den zwischen ihnen erwähnten Namen nie zu hören. „Du hast aus deinem eigenen Herzen gesprochen."

„Nun, das war ich zweifellos. Es ist eine alberne Sache, darüber zu reden, wage ich zu behaupten."

„Ich werde Ihnen von meinem Herzen erzählen und hoffe, dass Sie es nicht für albern halten. Ich tue es, weil ich glaube, dass Sie ein Gentleman und ein Ehrenmann sind." Er errötete bei den Worten und dem Ton, in dem sie gesprochen wurden, aber sein Herz sank noch tiefer. „Herr Anderson, ich bin verlobt." Hier hielt sie einen Moment inne, aber er hatte nichts zu sagen. „Ich habe mich verlobt, einen Herrn zu heiraten, den ich von ganzem Herzen, mit ganzer Kraft und mit ganzem Körper liebe. Ich liebe ihn, so dass mich nichts jemals von ihm trennen kann, oder zumindest von den Gedanken an ihn." Was alle Interessen des Lebens angeht, fühle ich mich, als wäre ich bereits seine Frau, wenn ich jemals einen Mann heirate, schwöre ich Ihnen, dass er es sein wird. Dann hatte Herr Anderson das Gefühl, dass alle Hoffnung völlig von ihm gewichen war. Sie hatte gesagt, dass sie glaubte, er sei ein Mann der Wahrheit. Er glaubte sicherlich, dass sie eine wahrhaft sprechende Frau war. Er fragte sich, und er fand es völlig unmöglich, an ihrem Wort zu diesem Thema zu zweifeln. „Jetzt werde ich fortfahren und Ihnen meine Sorgen erzählen. Meine Mutter missbilligt den Mann. Sir Magnus hat es sich zur Aufgabe gemacht, ihn zu missbilligen, und Lady Mountjoy missbilligt sie ganz besonders. Mir sind Sir Magnus und Lady Mountjoy völlig egal Lady Mountjoy, es ist einfach eine Unverschämtheit ihrerseits, mich einzumischen. Als sie das sagte, war etwas in ihrem Gesicht, das Mr. Anderson das Gefühl gab, dass er ein stolzerer Mann wäre als der Botschafter in Paris, wenn es ihm nur gelänge, sie und die beiden Ponys zu bekommen. Aber er wusste, dass es hoffnungslos war. „Was meine Mutter betrifft, das ist in der Tat ein Kummer. Sie war für mich die liebste Mutter und setzte ihre einzige Hoffnung auf Glück in mich. Keine Mutter war jemals einem Kind ergebener, und von allen Kindern sollte ich das undankbarste sein." Sollte ich mich gegen sie wenden? Aber seit meiner Kindheit wollte sie, dass ich einen Mann heirate, den ich nicht lieben konnte. Haben Sie von Captain Scarborough gehört?

„Der Mann, der verschwunden ist?"

„Er war und ist mein Cousin ersten Grades."

„Er ist in irgendeiner Weise mit Sir Magnus verbunden."

„Durch Mama. Mama ist die Tante von Kapitän Scarborough, und sie hat den Bruder von Sir Magnus geheiratet. Nun, er ist verschwunden und enterbt. Ich kann nicht alles erklären, weil ich es nicht verstehe; aber er ist großartig geworden." Es war nicht aus diesem Grund, dass ich ihn nicht geheiratet habe, und zum Teil wegen Harry Annesley, weil ich möchte, dass du meine Geschichte erfährst mochte Herrn Annesley nicht, weil sie glaubte, er hätte sich in meinen Cousin eingemischt.

„Ich verstehe das alles.“

„Und ihr wurde beigebracht zu denken, dass Mr. Annesley sich sehr schlecht benommen hat. Ich kann es nicht ganz erklären, weil es einen Bruder von Captain Scarborough gibt, der sich eingemischt hat. Ich habe Captain Scarborough nie geliebt, aber diesen Mann, den ich hasse. Er hat sich verbreitet.“ Diese Geschichten sind verschwunden, aber bevor er ging, hielt er es für gut, sich an Mr. Annesley zu rächen. Er griff ihn spät in der Nacht auf der Straße an und versuchte, ihn zu schlagen.

"Aber warum?"

„Warum in der Tat. Dass eine so lächerliche Sache wie die Liebe eines Mädchens bei einem solchen Mann funktionieren sollte!“

„Ich kann es verstehen; oh ja, – ich kann es verstehen.“

„Ich glaube, er war beschwipst, und er hatte gespielt und sein ganzes Geld verloren – mehr als sein ganzes Geld. Er war ein ruinierter Mann und rücksichtslos und elend. Ich kann ihm vergeben, und Harry auch. Aber im Harry hatte das Beste daraus gemacht und ihn auf der Straße zurückgelassen, außer dass Captain Scarborough einen Stock hatte. Es gab keinen Grund anzunehmen, dass er verletzt war, und er hatte sich auch nicht sehr schlecht benommen , und Harry hätte ihn verlassen, wenn er sich für einen Polizisten entschieden hätte. Der Mann blieb unverletzt und schien weggegangen zu sein.

„Die Zeitungen waren voll davon.“

„Ja, die Papiere waren voll davon, weil er vermisst wurde. Ich weiß noch nicht, was aus ihm geworden ist, aber ich habe meinen Verdacht.“

„Sie sagen, dass er in Monaco gesehen wurde.“

„Sehr wahrscheinlich. Aber ich habe damit nichts zu tun. Obwohl er mein Cousin war, bin ich an einer anderen Stelle näher berührt. Der junge Mr. Scarborough, der, wie ich vermute, alles über seinen Bruder weiß, nahm es sich zur Aufgabe, ein Kreuzverhör zu stellen Mr. Annesley. Mr. Annesley wollte nichts von diesem Kampf auf der Straße erzählen und bestritt, dass er tatsächlich nicht erwähnt wurde, dass mein Name erwähnt wurde Er war es, der die Frage gestellt hatte, aber jetzt ist er der Erbe von Tretton und auf seine Weise ein großer Mann, und um Harry Annesley zu verletzen, hat er die Geschichte, die sie alle erzählen, verbreitet Hier."

"Aber warum?"

„Er tut es – das ist alles, was ich weiß. Aber ich werde kein Heuchler sein. Er hat sich gewünscht, dass ich Harry Annesley nicht heiraten sollte. Mehr kann ich Ihnen nicht sagen. Aber er hat Mama überzeugt und es jedem erzählt.". Er wird mich niemals überzeugen."

„Jeder scheint ihm zu glauben", sagte Mr. Anderson, nicht in der Absicht zu sagen, dass er ihm jetzt glaubte, sondern dass er es getan hatte.

„Natürlich tun sie das. Er hat Harry einfach ruiniert Aber sie würden mich niemals überzeugen, wenn sie es täten. Es ist etwas Großartiges für ein Mädchen, so viel Vertrauen in den Mann zu haben, den es heiraten muss Ich kenne meinen Mann und werde genauso schnell nicht an den Himmel glauben wie an ihn. Aber wenn er das wäre, was sie sagen, wäre er immer noch mein Ehemann, aber ich wäre trotzdem treu Aber Gott sei Dank – Gott sei Dank – hat er nichts getan und wird auch nichts tun, was mich für ihn beschämen könnte.

„Ja; jetzt weiß ich es." Die Tränen kamen dem armen Mann ganz nahe, als er antwortete.

„Und was wirst du für mich tun?"

"Was soll ich tun?"

„Ja, was werden Sie tun? Ich habe Ihnen meine ganze Geschichte erzählt und bin davon überzeugt, dass Sie ein gutmütiger Gentleman sind. Sie haben eine Fantasie gehegt, die von Sir Magnus gefördert wurde. Versprechen Sie mir, nicht mit mir darüber zu sprechen? wieder? Wirst du mir so viel von meinem Ärger ersparen? Als er sich dann abwandte, folgte sie ihm und legte beide Hände auf seinen Arm. „Wirst du diese kleine Sache für mich tun?"

„Eine Kleinigkeit!"

„Ist es nicht eine Kleinigkeit, wenn ich so an diesen anderen Mann gebunden bin, dass mich nichts bewegen kann? Ob es wenig oder viel ist, wirst du es nicht tun?" Sie hielt ihn immer noch am Arm, aber sein Gesicht war von ihr abgewandt, so dass sie es nicht sehen konnte. Die Tränen, echte Tränen, liefen ihm über die Wangen. Was hatte er als Mann zu tun? Sollte er jetzt ihren Gelübden glauben und ihrer Bitte nachkommen, und sollte sie sich dann einer dritten Person hingeben und Harry Annesley ganz vergessen? Wie würde es dann mit ihm sein? Ein schwaches Herz hat nie eine schöne Dame gewonnen. In der Liebe und im Krieg ist alles erlaubt. Mit offenem Mund kann man keine Kirschen fangen. Eine solche Weisheit kam ihm ganz spontan in den Sinn. Aber da war ihre Hand auf seinem Arm und er konnte sich ihrer Bitte nicht entziehen. „Wirst du es nicht für mich tun?" sie fragte noch einmal.

„Das werde ich", sagte er und hielt sein Gesicht immer noch abgewandt.

„Ich wusste es; – ich wusste, dass du es tun würdest. Du bist hochmütig und ehrlich und kannst einem armen Mädchen gegenüber nicht grausam sein. Und wenn wir uns in Zukunft, wenn ich Harry Annesleys Frau bin, zufällig treffen werden, – wie wir wollen, – er wird dir danken."

„Das werde ich nicht wollen. Was wird sein Dank für mich bewirken? Glaubst du nicht, dass ich schweigen werde, um ihm zu gehorchen?" Dann verließ er den Garten, und sie hatte seine Tränen nie gesehen. Aber sie wusste genau, dass er weinte, und sie hatte Mitleid mit ihm.

KAPITEL XXXII.

HERR. ANDERSON IST KRANK.

Als sie an diesem Tag zum Abendessen gingen, wurde bekannt, dass Mr. Anderson nicht die Absicht hatte, mit ihnen zu speisen. „Er hat Kopfschmerzen", sagte Sir Magnus. „Er sagt, er hätte Kopfschmerzen. So etwas habe ich noch nie in meinem Leben erlebt." Es war ganz klar, dass Sir Magnus nicht der Meinung war, dass sein Leutnant solche Kopfschmerzen haben sollte, die ihn davon abhalten würden, zum Abendessen zu kommen, und dass er nicht ganz an die Kopfschmerzen glaubte. Es stand ein Abendessen bereit, ein sehr gutes Abendessen, für das er sorgen musste. Er hat es immer bereitgestellt und sich viel Mühe gegeben, um sicherzustellen, dass es gut ist. „In ganz Brüssel gibt es keinen so gepflegten Tisch", prahlte er immer. Aber als er seinen Teil getan hatte, erwartete er, dass Anderson und Arbuthnot ihren Beitrag leisten würden, insbesondere Anderson. Manchmal gab es ein paar Worte – nicht gerade einen Streit, aber fast schon – über das Thema Essen gehen. Sir Magnus speiste nur mit Königen, Kabinettsministern und anderen Diplomaten. Selbst dann bekam er selten ein gutes Abendessen – was er ein gutes Abendessen nannte. Er nahm Anderson oft mit. Er war der *Doyen* unter den Diplomaten in Brüssel, und ihm wurde ein wenig Nachsicht entgegengebracht. Deshalb dachte er, dass Anderson ihm genauso treu sein sollte wie er Anderson gegenüber. Es geschah tatsächlich nicht um Andersons willen, der die Knechtschaft als lästig empfand; – und Sir Magnus wusste, dass sein Untergebener manchmal im Geiste stöhnte. Aber ein gutes Abendessen ist ein gutes Abendessen – insbesondere das beste Abendessen in Brüssel – und Sir Magnus war der Meinung, dass man dafür etwas zurückgeben sollte. Er hatte nicht den vollkommenen Glauben an die Menschheit, der der sicherste Beweis für einen einfachen Geist ist. Ideen drängten sich auf ihn. Hatte Anderson eine gemütliche kleine Dinnerparty mit nur zwei oder drei Freunden in seinem eigenen Zimmer? Sir Magnus wäre nicht sehr wütend gewesen – er war selten sehr wütend –, aber er würde gerne seine Klugheit zeigen, indem er es herausfand. Während Anderson unterwegs war, ging es ihm ganz gut, und er konnte sich nicht erinnern, jemals zuvor Kopfschmerzen gehabt zu haben. „Ist er sehr schlecht, Arbuthnot?"

„Ich habe ihn nicht gesehen, Sir, seit er geritten ist."

„Wer hat ihn gesehen?"

„Er war mit mir im Garten", sagte Florence kühn.

„Ich nehme an, das hat ihm keine Kopfschmerzen bereitet."

„Nicht, dass ich es bemerkt hätte."

„Es ist sehr seltsam, dass er gerade dann Kopfschmerzen hat, wenn das Abendessen fertig ist", fuhr Sir Magnus fort.

„Sie sollten den jungen Mann besser in Ruhe lassen", sagte Lady Mountjoy.

Und wer die Lebensgewohnheiten in der britischen Botschaft kannte, würde sicher sein, dass Sir Magnus den jungen Mann danach nicht mehr alleine lassen würde. Seine Natur war nicht einfach. Wieder kam es ihm so vor, als gäbe es eine kleine Dinnerparty, und Lady Mountjoy wüsste alles darüber. „Richard", sagte er zum Butler, „geh in Mr. Andersons Zimmer und schau, ob es ihm sehr schlecht geht." Richard kam zurück und flüsterte dem großen Mann zu, dass Anderson nicht in seinem Zimmer sei. „Das ist sehr bemerkenswert. Starke Kopfschmerzen, und das nicht in seinem Zimmer! Wo ist er? Ich bestehe darauf zu wissen, wo Mr. Anderson ist!"

„Sie sollten ihn besser in Ruhe lassen", sagte Lady Mountjoy.

„Lassen Sie einen Mann in Ruhe, weil er krank ist! Er könnte sterben."

„Soll ich hingehen und nachsehen?" sagte Arbuthnot.

„Ich wünschte, du würdest es tun und ihn hierher bringen, wenn es ihm gut genug geht, um es zu zeigen. Ich bin nicht damit einverstanden, dass ein junger Mann auf sein Abendessen verzichtet. Es gibt nichts Schlimmes."

„Er wird sicher etwas bekommen, Sir Magnus", sagte Lady Mountjoy. Aber Sir Magnus bestand darauf, dass Mr. Arbuthnot sich um seinen Freund kümmern sollte.

Es war jetzt November und um acht Uhr war es schon ziemlich dunkel, aber das Wetter war schön und etwas von der Milde des Herbstes blieb erhalten. Arbuthnot brauchte nicht lange, um zu entdecken, dass Mr. Anderson wieder im Garten spazieren ging. Er hatte Florence dort verlassen und war zu dem Haus gegangen, hatte sich aber völlig trostlos und elend gefühlt. Sie hatte von ihm ein Versprechen verlangt, das mit keinem Glück, auf das er sich jetzt freuen konnte, vereinbar war. Erstens wusste ganz Brüssel, dass er in Florence Mountjoy verliebt gewesen war. Er dachte, dass ganz Brüssel es wüsste. Und sie wussten, dass es ihm mit dieser Liebe ernst gemeint war. Er glaubte, dass ihm ganz Brüssel so viel zugetraut hatte. Und jetzt würden sie wissen, dass er plötzlich aufgehört hatte, sich zu lieben. Es könnte sein, dass dies seiner Tapferkeit zugeschrieben werden sollte – dass man davon ausgehen sollte, dass die Dame verlassen worden war. Aber er war sich bewusst, dass er kein so guter Heuchler war, dass er nicht zeigte, dass sein Herz gebrochen war. Er war sich ziemlich sicher, dass man sehen würde, dass er das Schlimmste davongetragen hatte. Aber als er sich Fragen zu seinem eigenen Zustand stellte, sagte er sich, dass ihm noch schwerere

Leiden bevorstanden als diese. Es konnte keine Ponys geben, wenn Florence sie lenkte und ein Junge in seiner eigenen Livree dahinter auf den Boulevards zu sehen war. Diese Vision war verschwunden, und zwar für immer. Und dann kam ihm der Gedanke, dass die Abwesenheit des Mädchens in anderen Teilen seines Lebens ihn noch mehr berühren könnte. Er empfand so etwas wie echte Liebe. Und je mehr sie ihm von ihrer Hingabe an Harry Annesley erzählt hatte, desto stärker hatte er den Wert dieser Hingabe gespürt. Warum sollte dieser Mann es haben und er nicht? Er war nicht enterbt worden. Er war nicht bei einem Straßenstreit umgestoßen worden. Er hatte sich nicht dazu drängen lassen, zu lügen, dass er einen Mann nicht gesehen hatte, als er ihn in Wahrheit niedergeschlagen hatte. Er hatte Florence vollkommen zugestimmt, dass Harry mit der Lüge berechtigt war; aber es war nichts darin, was das Mädchen dazu veranlassen könnte, ihn dadurch noch mehr zu lieben.

Und dann, als er nach vorn blickte, konnte er die Möglichkeit eines Ereignisses erkennen, das, wenn es eintreten sollte, ihn in Verwirrung und Schande hüllen würde. Wenn Florence schließlich nicht Harry Annesley, sondern jemand anderen nehmen würde? Wie töricht, wie leichtgläubig, wie eitel wäre er damals gewesen, das Versprechen gegeben zu haben! Mädchen taten solche Dinge jeden Tag. Er hatte es versprochen, und er dachte, dass er sein Versprechen halten musste; aber sie wäre an kein Versprechen gebunden! Als er darüber nachdachte, kam ihm der Gedanke, dass er vielleicht sogar noch ein solches Versprechen von ihr einfordern würde.

Aber als es Zeit für das Abendessen war, war er wirklich krank vor Liebe – oder krank vor Enttäuschung. Er hatte das Gefühl, dass er sein Abendessen unter dem ganzen Scherz von Sir Magnus nicht zu sich nehmen konnte, und deshalb hatte er den Dienern gesagt, dass er im Laufe des Abends etwas zu essen in seinem eigenen Zimmer haben würde. Und dann ging er hinaus, um in der Dämmerung unter den Bäumen im Garten umherzuwandern. Hier begegnete ihm Mr. Arbuthnot mit seinen eleganten Stiefeln und der weißen Krawatte. „Was zum Teufel machst du hier, alter Kerl?"

„Mir geht es nicht sehr gut. Ich habe schreckliche Gallenkopfschmerzen."

„Sir Magnus gerät in Aufruhr, weil Sie nicht da sind."

„Sir Magnus, verdammt! Wie soll ich dort sein, wenn ich Gallenkopfschmerzen habe? Ich bin nicht angezogen. Ich hätte mich nicht für eine Fünf-Pfund-Note anziehen können."

„Könnten Sie das nicht jetzt? Soll ich zurückgehen und ihm das sagen? Aber Sie müssen etwas zu essen haben. Ich weiß nicht, was los ist, aber Sir Magnus ist in Aufruhr."

„Er ist immer in Verlegenheit. Ich denke manchmal, dass er der größte Dummkopf ist.“

„Und da ist der Platz neben Miss Mountjoy, der frei blieb. Grascour wollte dort sitzen, aber Ihre Ladyschaft ließ ihn nicht. Und ich saß neben Miss Abbott, weil ich Ihnen nicht im Weg stehen wollte.“

„Sag Grascour, er soll hingehen und sich hinsetzen, oder du tust es. Für mich bedeutet das alles nichts.“ Dies sagte er in der Bitterkeit seines Herzens, obwohl er keineswegs vorhatte, sein Geheimnis preiszugeben, aber nicht in der Lage war, es für sich zu behalten.

„Was ist los, Anderson?“ fragte der andere mitleiderregend.

„Ich bin völlig untröstlich. Es macht mir nichts aus, es dir zu sagen. Ich weiß, dass du ein guter Kerl bist, und ich werde dir alles erzählen. Es ist alles vorbei.“

„Überall – bei Miss Mountjoy?“ Dann begann Anderson die ganze Geschichte zu erzählen; Doch bevor er die Hälfte oder ein Viertel geschafft hatte, kam eine weitere Nachricht von Sir Magnus. „Sir Magnus wird wirklich sehr wütend“, flüsterte der Butler. „Er sagt, dass Mr. Arbuthnot zurückgehen soll.“

„Ich gehe besser, sonst fange ich es.“

„Was ist mit ihm los, Richard?“ fragte Anderson.

„Nun, wenn Sie mich fragen, Mr. Anderson, ich glaube, er hat – einen Verdacht.“

„Was vermutet er?“

„Ich glaube, er denkt, dass du vielleicht eine Menge Spaß dabei hast.“ Richard kannte seinen Meister seit vielen Jahren und konnte fast seine innersten Gedanken lesen. „Das sage ich nicht, aber das ist es, was ich denke.“

„Du sagst ihm, dass das nicht der Fall ist. Du sagst ihm, dass ich starke Gallenkopfschmerzen habe und dass die Luft im Garten gut tut. Du sagst ihm, dass ich vorhabe, oben etwas zu essen, wenn es mir wieder besser geht.“ ; und haben Sie etwas dagegen und lassen Sie es mich haben, und eine Flasche Rotwein.

Damit ging der Butler zurück, und Arbuthnot auch, nachdem er eine weitere Frage gestellt hatte: „Es tut mir so leid, dass bei Miss Mountjoy nicht alles ruhig ist?“

„Dann ist es nicht so. Mach dir jetzt nichts aus, aber es ist nicht ruhig. Sag kein Wort über sie; aber sie hat mich fertig gemacht. Ich denke, ich werde beurlaubt und werde für zwei Monate weggehen.“ Du musst das ganze

Reiten übernehmen, alter Kerl, aber ich weiß nicht, wohin ich gehen soll. Du kommst jetzt zu ihnen zurück und sagst ihnen, dass ich so heftige Kopfschmerzen habe, dass ich es nicht weiß In welche Richtung soll ich mich wenden?

Arbuthnot ging zurück und fand Sir Magnus im heftigen Streit mit dem Butler vor. „Ich glaube nicht, dass er etwas tut, was er nicht tun sollte", flüsterte der Butler, nachdem er in die Gedanken seines Herrn geblickt hatte.

"Was meinst du damit?"

„Lassen Sie die Sache doch lieber ruhen", sagte Lady Mountjoy, die ebenfalls in die Gedanken ihres Mannes geblickt hatte und außerdem sah, dass der Butler dies getan hatte. „Das Abendessen eines jungen Mannes ist die ganze Mühe nicht wert."

„Ich werde die Sache nicht auf sich beruhen lassen. Was meint er, wenn er sagt, dass er nichts tut, was er nicht tun sollte? Ich habe nie etwas darüber gesagt, was er getan hat."

„Er ist nicht angezogen, Sir Magnus. Ihm geht es jetzt etwas besser, und er will oben etwas haben." Dann herrschte eine schreckliche Stille, während der das Abendessen eingenommen wurde. Sir Magnus wusste nichts von der Wahrheit und vermutete lediglich, dass die Kopfschmerzen ein Mythos waren. Lady Mountjoy glaubte mit der Schnelligkeit einer Frau, dass es zwischen Florence und ihrem verstorbenen Liebhaber einige Worte gegeben hatte, und da sie Florence nicht mochte, war sie geneigt, die ganze Schuld auf sie zu schieben. Zu Mrs. Mountjoy war ein Wort gesagt worden: „Ich glaube nicht, dass er mich noch mehr belästigen wird, Mama", was Mrs. Mountjoy nicht ganz verstand, das sie aber mit der Abwesenheit des jungen Mannes in Verbindung brachte. Aber Florence verstand alles und mochte Mr. Anderson umso mehr. Konnte es wirklich sein, dass er aus Liebe zu ihr sein Abendessen verlieren würde? Könnte es sein, dass ihn der Verlust des Herzens eines Mädchens so tief getroffen hat? Da war er und ging halb verhungert durch die Dunkelheit und Kälte hinaus, und das alles nur, weil sie Harry Annesley so sehr liebte, dass es für ihn keine Chance geben konnte! Mädchen glauben so wenig an die Wahrheit der Männerliebe, dass jedes Zeichen ihrer Realität sie bis ins Mark berührt. Armer Hugh Anderson! Eine Träne trat ihr in die Augen, als sie dachte, dass er dort im Dunkeln umherwanderte, und das alles aus Liebe zu ihr. Der Rest des Abendessens verlief schweigend, und Sir Magnus wurde kaum freundlich und kommunikativ mit Herrn Grascour, selbst unter dem Einfluss seines Weins.

Am nächsten Morgen, kurz vor dem Mittagessen, wurde Florence von Mr. Anderson überfallen, als sie durch einen der Gänge im hinteren Teil des

Hauses ging. „Miss Mountjoy", sagte er, „ich möchte Ihre große Güte um die Erlaubnis einiger weniger Worte bitten."

"Sicherlich."

„Könnten Sie in den Garten kommen?"

„Wenn Sie mir Zeit geben, meine Stiefel zu wechseln und einen Schal zu holen. Wir Damen sind nicht immer bereit, auszugehen, so wie Sie, meine Herren."

„Überall geht es. Kommen Sie hier rein", und er ging voran in einen kleinen Salon, der nicht oft genutzt wurde.

„Es tat mir so leid, gestern Abend zu hören, dass es Ihnen nicht gut ging, Mr. Anderson."

„Nach dem, was ich vor dem Abendessen gehört hatte, ging es mir sicherlich nicht sehr gut." Er sagte ihr nicht, dass er sich soweit erholt habe, dass er in seinem Schlafzimmer eine Flasche Rotwein trinken und ein paar Zigarren rauchen könne. „Natürlich erinnerst du dich daran, was gestern passiert ist."

„Denken Sie daran! Oh ja. Ich werde es nicht so schnell vergessen."

„Ich habe dir ein Versprechen gegeben –"

„Das haben Sie getan – sehr freundlich."

„Und ich habe vor, es zu behalten."

„Das bin ich sicher, denn Sie sind ein Gentleman."

„Ich glaube nicht, dass ich es hätte schaffen sollen."

„Oh, Herr Anderson!"

„Ich glaube nicht, dass ich das sollte. Sehen Sie, was ich aufgebe."

„Nichts, außer dem Privileg, mich zu beunruhigen."

„Aber wenn es etwas anderes sein sollte? Sei mir nicht böse, aber da ich dich so liebe, bin ich natürlich voll davon. Ich habe es versprochen und muss dumm sein."

„Und mir wird großer Ärger erspart bleiben."

„Aber angenommen, ich würde hören, dass Sie in sechs Monaten jemand anderen geheiratet haben?"

„Mr. Annesley, meinen Sie. Nicht in sechs Monaten."

„Jemand anderes. Nicht Mr. Annesley."

„Es gibt niemanden sonst."

„Aber es könnte sein.“

„Es ist unmöglich. Nach allem, was ich dir gesagt habe, verstehst du das nicht?“

„Aber wenn es welche gäbe?“ Der arme Mann sah, als er diesen Vorschlag machte, sehr mitleiderregend aus. „Wenn es so wäre, denke ich, dass du mir versprechen solltest, dass ich jemand anderes sein werde. Das wäre nicht mehr als fair.“

Sie hielt einen Moment inne und runzelte dabei die Stirn. "Sicherlich nicht."

"Sicherlich nicht?"

„Ein solches Versprechen kann ich nicht geben, und Sie sollten es auch nicht verlangen. Ich muss versprechen, dass ich unter bestimmten Umständen Ihre Frau werden würde, obwohl ich weiß, dass ich dies unter keinen Umständen tun würde.“

"Auf keinen Fall?"

„Unter keinem. Was würden Sie von mir sagen, Mr. Anderson? Angenommen, Sie wären verlobt, ein Mädchen zu heiraten –“

„Ich wünschte, ich wäre – für dich.“

„An ein Mädchen, das dich geliebt hat und das du geliebt hast?“

„Es besteht kein Zweifel daran, dass ich sie liebe.“

„Sie können meiner Meinung folgen, und ich wünschte, Sie würden es tun. Was würden Sie denken, wenn Sie hören würden, dass sie versprochen hat, jemand anderen zu heiraten, für den Fall, dass Sie sie verlassen? Das kommt nicht in Frage. Ich Ich meine, die Frau von Harry Annesley zu sein, und du wirst mich einfach zerstören – dass ich ihn oder niemanden heiraten werde, nicht wegen deines Versprechens Dafür war es notwendig, aber um mir bis dahin Ärger zu ersparen. Und ich bin dankbar, sehr dankbar. Dann ließ sie ihn mit weiteren Kopfschmerzen zurück.

„Wurde gestern etwas zwischen Ihnen und Mr. Anderson gesagt?“ fragte ihre Tante an diesem Nachmittag.

"Warum fragst du?"

„Weil es notwendig ist, dass ich es weiß.“

„Ich sehe keine Notwendigkeit. Mr. Anderson hat auf jeden Fall Ihre Erlaubnis, mir gegenüber zu sagen, was er will, aber aus diesem Grund bin ich nicht verpflichtet, Ihnen alles zu sagen, was er sagt. Aber ich werde es Ihnen sagen.“ Er hat versprochen, mich nicht weiter zu belästigen. Ich habe ihm gesagt, dass ich mit Mr. Annesley verlobt bin, und er hat mir wie ein Gentleman versichert, dass er davon absehen wird.

„Nur weil du ihn gefragt hast?"

„Ja, Tante; nur weil ich ihn gefragt habe."

„An ein solches Versprechen wird er keinen Augenblick gebunden sein. Davon darf man nichts hören. Wenn so etwas weitergehen soll, hat jede junge Dame das Recht, jeden jungen Herrn zu bitten, kein Wort zu sagen." der Ehe, nur auf ihren Wunsch hin."

„Manche der jungen Damen würden das vielleicht nicht mögen."

„Sei nicht unverschämt."

„Das sollte ich zum Beispiel nicht tun, Tante; nur, dass ich bereits verlobt bin."

„Und natürlich wären die jungen Damen dazu verpflichtet, solche Anträge zu stellen, die völlig umsonst wären. Ich habe noch nie von so etwas Ungeheuerlichem gehört. Es soll Ihnen nicht nur die Freiheit gegeben sein, abzulehnen, sondern es ist Ihnen auch gestattet, einen zu binden Herr, nicht zu fragen!"

„Er hat es versprochen."

„Pshaw! Das bedeutet nichts."

„Es ist zwischen ihm und mir. Ich habe ihn gefragt, weil ich mir selbst Ärger ersparen wollte."

„Was diesen anderen Mann betrifft, mein Lieber, das kommt überhaupt nicht in Frage. Nach allem, was ich höre, ist es möglich, dass er verhaftet und ins Gefängnis gesteckt wird. Ich bin mir ziemlich sicher, dass er es auf jeden Fall verdient." Die Briefe, die Sir Magnus über ihn erhält, sind furchterregend – nun, eine lebenslange Haftstrafe wäre die richtige Strafe für ihn Und du kommst jetzt und sagst uns, dass du seine Frau werden willst!"

„Das tue ich", sagte Florence und nickte mit dem Kopf.

„Und was dein Onkel zu dir sagt, hat keine Wirkung?"

„Nicht im Geringsten auf der Welt; auch nicht, was meine Tante sagt. Ich glaube, dass weder der eine noch der andere weiß, wovon sie reden. Sie haben einen Gentleman von höchstem Charakter diffamiert, einen Fellow eines Colleges, einen feinen-" herzensguter, edler, übermütiger Mann, einfach weil – weil – weil –" Dann brach sie in Tränen aus und stürzte aus dem Zimmer; aber sie brach nicht zusammen, bevor sie ihre Tante angesehen hatte, und sprach zu ihr mit einer heftigen Empörung, die ganz und gar dazu beigetragen hatte, Lady Mountjoy für einen Moment zum Schweigen zu bringen.

TEIL II.

KAPITEL XXXIII.

HERR. BARRY.

„Auf Wiedersehen, Herr. Sie sollten mir nicht böse sein. Ich bin sicher, dass es für uns beide besser sein wird, so zu bleiben, wie wir sind." Dies sagte Miss Dorothy Grey, als ein Herr sie verließ und durch die Vordertür des Fulham Manor-House hinausging. Miss Gray hatte ein Heiratsangebot erhalten und es abgelehnt. Das Angebot war von einem würdigen Mann gemacht worden, bei dem es sich um niemand anderen als den Partner ihres Vaters, Mr. Barry, handelte.

Man kann sich daran erinnern, dass Dolly Gray, als sie die Angelegenheiten der Firma mit ihrem Vater besprach, diesen Partner immer „den Teufel" nannte. Es war nicht so, dass sie diesen Partner für besonders teuflisch gehalten hätte, und das war er auch nicht. Es war schon immer Miss Greys Ziel gewesen, die Angelegenheiten der Kanzlei mit einer Integrität zu verwalten, die man unter Anwälten als Quixotic bezeichnen könnte. Ihren Vater nannte sie „Vernunft" und sich selbst „Gewissen". Aber indem sie Mr. Barry „den Teufel" nannte, wollte sie keineswegs einen Verstoß gegen die Ehrlichkeit zum Ausdruck bringen, der in Anwaltskanzleien üblicher ist. Tatsächlich mochte sie Mr. Barry. Gelegentlich kam er heraus und speiste mit ihrem Vater. Er war höflich und respektvoll und erfüllte seine Aufgaben mit Sorgfalt. Er gab niemandes Geld außer seinem eigenen aus, und nicht alles davon; Er betrachtete die Welt auch nicht als einen Ort, an den Menschen geschickt wurden, um dort zu spielen. Er war fast vierzig Jahre alt, sauber, ein wenig kahl und in jeder Hinsicht gesund. Es war nichts Teufelszeuges an ihm, außer dass sein Gewissen nicht besonders auf abstrakte Ehrlichkeit und abstrakte Tugend achtete. Seiner Meinung nach muss es in der Welt immer ein kleines „Geben und Nehmen" geben; aber in der Ausübung seines Berufes gab er viel mehr, als er nahm. Er hielt sich für einen ehrlichen Praktiker, und doch war Mr. Barry in allen häuslichen beruflichen Besprechungen mit ihrem Vater immer Miss Greys „Teufel" gewesen.

Die Möglichkeit einer solchen Anfrage, wie sie jetzt gestellt wurde, war bereits zwischen Dolly und ihrem Vater besprochen worden. Dolly hatte gesagt, dass die Idee absurd sei. Mr. Gray hatte die Absurdität nicht erkannt. Nichts sei üblicher gewesen, hatte er gesagt, als dass ein junger Partner die Tochter eines alten Partners heiraten sollte. „Steht es nicht in der Partnerschaftsurkunde?" Dolly war wieder beigetreten. Aber Dolly hatte nie geglaubt, dass die Zeit kommen würde. Jetzt war es soweit.

Herr Barry besaß bisher nicht mehr als ein Viertel des Geschäfts. Er war ohne Kapital eingestiegen und hatte sich mit einem vierten begnügt. Er schlug Dolly nun vor, bei ihrer Heirat das Geschäft zu gleichen Teilen aufzuteilen. Und er hatte dem Haus, in dem sie wohnen würden, einen Namen gegeben. Auf der anderen Seite des Wassers, in Putney, gab es ein angenehmes, vornehmes Anwesen. Miss Gray hatte vorgeschlagen, das Geschäft auf eine Weise aufzuteilen, die für Mr. Barry weniger belastend wäre. Was das Haus betraf, konnte sie ihren Vater nicht verlassen. Im Großen und Ganzen hatte sie gedacht, dass es für beide besser wäre, wenn sie so blieben, wie sie waren. Damit wollte Miss Gray nicht zum Ausdruck bringen, dass Mr. Barry ledig bleiben sollte, sondern dass er dies in Bezug auf Miss Grey tun musste.

Als er weg war, verbrachte Dolly Gray den Rest des Nachmittags damit, darüber nachzudenken, wie es ihr ergangen wäre, wenn sie zugestimmt hätte, ihr Los mit dem von Mr. Barry zu teilen, und kam zu dem Schluss, dass es einfach unerträglich gewesen wäre. In ihrem Wesen lag nichts Romantisches; Aber als sie die Ehe mit all ihren Segnungen betrachtete – und Mr. Barry darunter –, sagte sie sich, dass der Tod vorzuziehen wäre. „Ich kenne mich selbst“, sagte sie. „Ich würde ihn mit einem erbärmlichen Hass hassen. Und dann würde ich mich selbst dafür hassen, dass ich ihm so große Übel angetan habe.“ Und während sie weiter nachdachte, versicherte sie sich, dass es nur einen Mann gab, mit dem sie zusammenleben konnte, und dass das ihr Vater war. Und dann stellten sich ihr weitere Fragen, die nicht so leicht zu beantworten waren. Was würde aus ihr werden, wenn er gehen sollte? Er war jetzt sechsundsechzig und sie erst zweiunddreißig. Er war für sein Alter gesund, beklagte sich aber über seine Arbeit. Sie wusste, dass er natürlich zuerst gehen musste. Er könnte zehn Jahre leben, während sie wahrscheinlich noch dreißig weitere Jahre durchhalten müsste. „Ich werde es ganz alleine machen müssen“, sagte sie; „ganz allein; ohne Gefährtin, ohne eine einzige Seele, der ich meine eigene öffnen könnte. Aber wenn ich Mr. Barry heiraten würde“, fuhr sie fort, „würde ich sofort mit einer Seele belastet sein, der ich meine eigene nicht öffnen könnte.“ Ich denke, ich werde es ebenso wie andere überleben können. Dann begann sie, sich auf die Ankunft ihres Vaters vorzubereiten. Solange er bei ihr blieb, würde sie das Beste aus ihm machen.

„Papa“, sagte sie, als sie ihn bei der Hand nahm, als er das Haus betrat, und ihn ins Esszimmer führte, „wer, glauben Sie, war hier?“

„Mr. Barry.“

„Dann hat er es dir erzählt?“

„Kein Wort, nicht einmal, dass er kommen würde. Aber ich sah ihn, als er die Gemächer verließ, und er trug einen hellen Hut und einen neuen Mantel.“

„Und er dachte, dass mich das bewegen könnte."

„Ich wusste nicht, dass er dich bewegen wollte. Du hast mich gebeten zu raten, und ich habe richtig geraten, wie es scheint."

„Ja, du hast richtig geraten."

„Und warum ist er gekommen?"

„Nur um mich zu bitten, seine Frau zu sein."

„Und was hast du zu ihm gesagt, Dolly?"

„Was habe ich dem Teufel gesagt?" Sie hielt ihn immer noch an der Hand und lachte nun leicht, als sie ihm ins Gesicht sah. „Können Sie nicht erraten, was ich zu ihm gesagt habe?"

„Es tut mir leid; – das ist alles."

„Tut mir leid? Oh, Papa, sag nicht, dass es dir leidtut. Willst du mich verlieren?"

„Ich möchte nicht glauben, dass ich dich für meine eigenen egoistischen Zwecke behalten habe. Also hat er dich gefragt?"

„Ja, er hat mich gefragt."

„Und Sie haben ihm positiv geantwortet?"

„Am positivsten."

„Und mir zuliebe?"

„Nein, Papa, das habe ich nicht gesagt. Ich habe nur Witze gemacht, als ich gefragt habe, ob du mich verlieren willst. Natürlich willst du mich nicht verlieren." Dann schlang sie ihren Arm um ihn und hob ihr Gesicht zum Küssen. „Aber jetzt komm und zieh dich an, wie du es nennst. Das Abendessen ist spät. Wir werden nach dem Abendessen noch einmal darüber reden."

Aber gleich nach dem Abendessen ging das Gespräch auf Mr. Scarborough und die Scarborough-Angelegenheiten über. „Ich soll Augustus sehen, und er soll mir etwas über Mountjoy und seine Angelegenheiten erzählen. Sie sagen, dass Mountjoy jetzt in Paris ist. Das Geld kann ihnen jetzt gegeben werden, wenn er zustimmt und die Urkunde zur Freigabe des Eigentums unterschreibt . Aber die Männer haben noch nicht alle zugestimmt, die einfachen Beträge anzunehmen, die sie vorschlugen. Dieser Kerl fällt auf und sagt, dass er lieber alles verlieren würde.

„Dann wird er alles verlieren", sagte Dolly.

„Aber der Gutsherr willigt ein, nichts zu zahlen, wenn nicht alle einverstanden sind. Augustus spricht von seiner übermäßigen Großzügigkeit."

„Das ist großzügig von seiner Seite", sagte Dolly.

„Er sieht seinen eigenen Vorteil, obwohl ich nicht ganz verstehen kann, woher. Er sagt Tyrrwhit, dass er bereit sei, im Interesse des guten Namens der Familie alles zu bezahlen, da das Vermögen so stark zugenommen habe Die Wahrheit ist vorgerückt; aber er ist sehr daran interessiert, es jetzt zu tun, während sein Vater noch am Leben ist, und ich bezweifle, dass er seinem Vater danken wird.

„Aber warum sollte sein Vater um seinetwillen lügen, wenn sie doch so schlecht miteinander auskommen?"

„Weil sein Vater mit Mountjoy in einem schlechteren Verhältnis stand, als er die Lüge erzählte. Das ist es, was Augustus meiner Meinung nach denkt. Aber sein Vater hat damals nicht gelogen und kann jetzt nicht zur Unwahrheit zurückkehren. Ich glaube, wenn er zuversichtlich wäre Das ist die Tatsache, dass er keinen Schilling hergeben würde, um diesen Männern ihr Geld auszuzahlen. Er könnte einen Rechtsstreit stoppen, obwohl sie ihn nur verlieren könnten. Und wenn sich herausstellen sollte, dass Mountjoy der Erbe ist, ist das unmöglich , wird er sich umdrehen und sagen können, dass er durch seine Bemühungen so viel vom Eigentum gerettet hat."

„Mein Kopf ist so verwirrt", sagte Dolly, „dass ich es noch kaum verstehen kann."

„Ich glaube, ich verstehe es; aber ich kann seinen Verstand nur vermuten. Aber er hat Tyrrwhit dazu gebracht, vierzigtausend Pfund anzunehmen, das ist die Summe, die er in Wahrheit vorgeschossen hat. Der Einsatz ist zu groß, als dass der Mann ihn ohne verlieren könnte Er kann es jetzt zurückbekommen und sich selbst retten. Aber Hart war der entschlossenere Schurke. Er hat zusammen mit zwei anderen einen Anspruch auf fünfunddreißigtausend Pfund, für die er nur zehntausend Pfund in bar gegeben hat. und er denkt, dass er aus Tyrrwhits Geld einen Gewinn ziehen könnte, und hält durch."

"Für wie viel?"

„Für die gesamte Schuld, sagt er mir; aber ich weiß, dass er versucht, mit Tyrrwhit zu verhandeln. Tyrrwhit würde ihm fünftausend zahlen, glaube ich, um die sofortige Zahlung seines eigenen Geldes sicherzustellen. Dann gibt es eine Menge Andere geben sich damit zufrieden, das zu nehmen, was sie vorgestreckt haben, sind aber nicht damit zufrieden, wenn Hart noch mehr Geld bekommen würde. Es gibt andere Männer im Hintergrund, die das ganze Schlingeltum Londons auf mich losgelassen haben wer sein Haupt am höchsten hält.

„Aber wenn sie keine Bedingungen akzeptieren, werden sie nichts bekommen", sagte Dolly. „Wenn sie einmal versuchen, vor Gericht zu gehen, ist alles verloren."

„Es gibt Räder in Rädern. Wenn der alte Mann stirbt, wird Mountjoy wahrscheinlich selbst Anspruch auf das gesamte Anwesen erheben und einen Anwalt beauftragen, den Fall für ihn zu übernehmen."

"Du würdest nicht?"

„Sicherlich nicht, denn ich weiß, dass Augustus der älteste legitime Sohn ist. Soweit ich es beurteilen kann, überlässt Augustus Mountjoy derzeit das Geld, von dem er lebt. Sein Vater tut dies nicht. Aber der alte Mann muss wissen, dass Augustus tut es, obwohl er vorgibt, unwissend zu sein.

„Aber warum soll Hart Geld aus Tyrrwhit herausholen?"

„Um die Zahlung des Restbetrags sicherzustellen. Mr. Tyrrwhit würde sich sehr freuen, seine vierzigtausend Pfund zurückzubekommen; er würde fünftausend Pfund zahlen, um die vierzig zurückzubekommen. Aber es wird nichts gezahlt, es sei denn, alle stimmen zu, sich an der Freigabe des Eigentums zu beteiligen." . Deshalb sticht Hart, der der schärfste Schlingel von allen ist, für einen Teil seiner geplanten Plünderung hervor."

„Und Sie müssen sich einer solchen Vereinbarung anschließen?"

„Überhaupt nicht. Ich kann nicht anders, als zu spekulieren, was zu tun ist. Wenn es um die Mittel des Eigentums geht, gehe ich zu den Männern und sage ihnen so viel, und so viel, und so viel, was Sie tatsächlich verloren haben. Stimmen Sie zu Ihr wollt das akzeptieren, und es soll euch bezahlt werden. Das ist ehrlich?"

"Ich weiß es nicht."

„Aber das tue ich. Jeden Schilling, den der Sohn meines Mandanten von ihnen bekommen hat, ist mein Mandant bereit zu zahlen. Es gibt einige Probleme zwischen ihnen, und ich mache meine Vermutungen. Aber ich habe nichts mit ihnen zu tun. Es liegt an ihnen." Komm jetzt zu mir." Dolly schüttelte nur den Kopf. „Man kann das Pech nicht berühren, ohne befleckt zu werden." Das war es, was Dolly sagte, aber sie sagte es sich selbst. Und dann fuhr sie fort und erklärte sich noch weiter, dass Mr. Barry der Hammer sei. Sie wusste, dass Mr. Barry Hart und Tyrrwhit gesehen und mit ihnen verhandelt hatte. Sie entschuldigte ihren Vater, weil er ihr Vater sei; aber ihrer Meinung nach hätte es mit solchen Männern keinen Umgang geben dürfen, außer mit der Spitze einer Zange.

„Und jetzt, Dolly", sagte ihr Vater nach einer langen Pause, „erzähl mir von Mr. Barry."

„Es gibt nichts mehr zu erzählen."

„Nicht wegen dem, was Sie ihm gesagt haben, sondern wegen der Gründe, die Sie so entschlossen gemacht haben. Wäre es nicht besser für Sie, verheiratet zu sein?"

„Wenn ich mir meinen Mann aussuchen könnte."

„Wen würdest du wählen?"

"Du."

„Das ist Unsinn. Ich bin dein Vater."

„Du weißt, was ich meine. Es gibt niemanden in meinem Bekanntenkreis, mit dem ich gerne zusammenleben würde. Es gibt niemanden, mit dem ich mehr tun möchte, als zu sterben. Wenn ich alles rundherum betrachte, scheint es so Es wäre absolut unmöglich, dass ich mit jemandem wie Mr. Barry plötzlich die engste Vertrautheit pflegen sollte! Was wäre unser Frühstück und was wäre unser Abendessen? All die kleinen Sorgen, all die unentgeltlichen Beschimpfungen, all die Gewissheit einer Zuneigung, die über so viele Jahre hinweg gewachsen ist Gewissheit seitens eines jeden, dass der eine wirklich die innere Seele des anderen kennt.

„Es würde kommen."

„Mit Mr. Barry? Das ist Ihre Vorstellung von meiner Seele, mit der Sie seit so vielen Jahren in Verbindung stehen? Erstens denken Sie, dass ich jemand bin, der sich wahrscheinlich plötzlich auf den ersten Mann übertragen kann." kommt mir in den Weg?"

„Nach und nach können Sie dies tun – auf jeden Fall, um das Leben zu ermöglichen. Sie werden ganz allein sein. Denken Sie darüber nach, wie es sein wird, ganz allein leben zu müssen."

„Ich habe nachgedacht. Ich weiß, dass es gut wäre, wenn du mich mitnehmen könntest."

"Aber ich kann nicht."

„Nein. Da ist die Not. Du musst mich verlassen, und ich muss allein sein. Das ist es, was wir erwarten müssen. Aber um ihretwillen und um meinetwillen können wir zurückgelassen werden, während wir zurückgelassen werden können. Was würdest du sein? ohne mich? Denken Sie daran.

„Ich sollte es ertragen."

„Das konntest du nicht. Du würdest dir das Herz brechen und sterben. Und wenn du dir vorstellen kannst, dass ich dort lebe und Mr. Barrys Tee für ihn einschenke, musst du dir auch vorstellen, was ich mir über dich sagen müsste." Er wird natürlich sterben, aber dann ist er in einem Alter angekommen, in dem es keine große Bedeutung mehr hat. Dann sollte ich mit Mr. Barrys Tee fortfahren. Er kam, um mich zu küssen, als er wegging, und ich – sollte ein Messer in ihn stechen.

„Dolly!"

„Oder in mich selbst, was wahrscheinlicher wäre. Stellen Sie sich vor, dieser Mann nennt mich Dolly." Dann stand sie auf, stellte sich hinter seinen Stuhl und legte ihren Arm um seinen Hals. „Möchtest du ihn küssen? – oder überhaupt einen anderen Mann? Es gibt niemanden sonst, zu dem ich Lust habe, aber ich denke, ich sollte sie alle ermorden – oder Selbstmord begehen. Erstens: Ich möchte, dass mein Mann ein Gentleman ist. Es gibt nicht viele Gentlemen.

„Du bist anspruchsvoll."

„Kommen Sie jetzt – seien Sie ehrlich; ist unser Mr. Barry ein Gentleman?" Dann entstand eine Pause, in der sie auf eine Antwort wartete. „Ich werde eine Antwort haben. Ich habe das Recht, eine Antwort auf diese Frage zu verlangen, da Sie mir den Mann als Ehemann vorgeschlagen haben."

„Nein, ich habe ihn nicht vorgeschlagen."

„Sie haben Ihr Bedauern darüber zum Ausdruck gebracht, dass ich ihn nicht angenommen habe. Ist er ein Gentleman?"

„Nun ja, ich glaube, das ist er."

„Bedenken Sie, wir haben geschworen, und Sie sind verpflichtet, die Wahrheit zu sagen. Welches Recht hat er, ein Gentleman zu sein? Das haben Sie auch getan. Aber gab es in seinen Lehren jemanden, der ihm zuflüsterte, dass er in diesem Beruf wie in allen anderen von einem Gefühl hoher Ehre geleitet werden sollte? von der Liste gestrichen zu werden; aber ist es bei ihm nicht das, was sein Klient will, und nicht das, was die Ehre verlangt? Und würde er im täglichen Verkehr das befriedigen, was Sie meine Sorgfalt nennen?"

„Nichts auf der Welt wird das jemals tun."

„Das tust du. Ich stimme dir zu, dass nichts anderes auf der Welt das jemals tun wird. Der Mann, der es könnte, wird nicht kommen. Nicht, dass ich mir einen solchen Mann vorstellen könnte, weil ich weiß, dass ich verwöhnt bin. Natürlich gibt es aber auch Herren nicht sehr viele. Aber er darf nicht hässlich sein und er darf nicht gut aussehen. Er darf nicht alt wirken, und schon gar nicht, dass er jung ist alte Kleidung, aber er darf keine neuen tragen. Er muss belesen sein, aber er muss es niemals zeigen. Er muss hart arbeiten, aber er muss zur richtigen Zeit nach Hause kommen. Hier lachte sie und schüttelte sanft den Kopf. „Er darf nachts nie über sein Geschäft reden. Aber, lieber, lieber alter Vater, er wird das tun, wenn er so reden will wie du. Und dann, was das Schwierigste von allem ist, muss ich ihn seit jeher gut gekannt haben." Rate: zehn Jahre. Was Mr. Barry betrifft, ich sollte ihn nie näher kennen lernen, obwohl ich zehn Jahre lang mit ihm verheiratet war.

„Und das alles war meine Schuld?"

„Nur so. Du hast das Bett gemacht und musst darauf liegen. Es war kein schlechtes Bett."

„Nicht für mich. Der Himmel weiß, dass es für mich nicht schlecht war."

„Für mich auch nicht, wie die Dinge liegen; nur dass es eine Erregung geben wird, bevor wir bereit sein werden, gemeinsam aufzustehen. Deine Zeit wird wahrscheinlich die erste sein. Ich kann es mir besser leisten, dich zu verlieren, als dass du mich verlierst."

„Gott möge es tun!"

„Es liegt in der Natur", sagte sie. „Es ist zu erwarten und wird deshalb umso weniger schlimm sein, weil es erwartet wurde. Ich werde mich diesen Carroll-Kindern widmen müssen. Manchmal denke ich, dass die Arbeit der Welt für uns nicht angenehm gemacht werden sollte." Welchen Nutzen wird es für mich haben, meine Pflicht dir gegenüber erfüllt zu haben? Ich denke, es wird einen gewissen Nutzen bringen, wenn ich gut zu meinen Cousins bin."

„Jedenfalls wollen Sie Mr. Barry nicht haben?" sagte der Vater.

„Nicht, wenn ich es weiß", sagte die Tochter; „Und Sie, ich denke, sind ein böser alter Mann, der das vorschlägt." Dann wünschte sie ihm eine gute Nacht und ging zu Bett, denn sie hatten jetzt bis gegen zwölf geredet.

Aber als Mr. Barry nach Hause gegangen war, sagte er sich, dass er in seinem Liebesanzug ganz so weit gekommen war, wie er es bei der ersten Gelegenheit erwartet hatte. Er ging über die Brücke, betrachtete das vornehme Haus und beschloss, einige kleine Änderungen vorzunehmen. So sollte ein Raum hier aussehen, und das Kinderzimmer sollte dort aussehen. Der Fußweg zum Bahnhof würde nur fünf Minuten dauern, und von der Temple Station in London wären es noch einmal fünf Minuten. Er dachte, es würde dem häuslichen Glück sehr gut tun. Und was ein Vermögen betrifft, wäre die Hälfte des Geschäfts nicht schlecht. Und dann würde die ganze Sache folgen, und er wiederum hätte die Möglichkeit, einen jungen Burschen hereinzulassen, der den größeren Teil der Arbeit erledigen und den kleineren Teil des Lohns erhalten sollte, so wie es bei ihm selbst der Fall war.

Aber es war ihm nicht in den Sinn gekommen, dass die junge Dame es ernst gemeint hatte, als sie ihn ablehnte. Bei jungen Damen war das üblich. Natürlich hatte er keinen Enthusiasmus der Liebe erwartet und auch nicht gewollt. Er würde drei Wochen warten und dann wieder nach Fulham gehen.

KAPITEL XXXIV.

HERR. WACHOLDER.

Wenn Dolly ihrem Vater von ihren Heiratsaussichten erzählte und sagte, sie würde „ein Messer in Mr. Barry stecken", so lag zwar ein Anflug von Schimpferei, fast Albernheit um sich, doch da war doch eine gewisse Ernsthaftigkeit darin Alles, was sie sagte, war mehr als ernst. Sie war erbärmlich und melancholisch. Sie wusste, dass ihr nichts anderes übrig blieb, als bei ihrem Vater zu bleiben und sich dann ihren Cousins zu widmen, vor denen sie, wie sie wusste, fast vor Hass zurückschreckte. Und sie wusste, dass es eine gute Sache wäre, verheiratet zu sein – wenn nur der richtige Mann käme. Der richtige Mann müsste ihren Vater ertragen und bis zum Ende mit ihm im selben Haus leben. Der richtige Mann muss ein *preux chevalier sans peur et sans reproche sein* . Der richtige Mann muss willensstark und meisterhaft sein und einen eigenen Willen haben; aber er muss für immer einen starken Willen haben. Und wo sollte sie einen solchen Mann finden? sie, die nur die Tochter eines Anwalts war – ebenfalls schlicht und mit vielen Exzentrizitäten. Sie hatte nicht die Absicht zu heiraten, und daher war der einzige Mann, der ihr in den Weg kam, der Partner ihres Vaters, für den sie im Hinblick auf eine Geschäftsbeteiligung wünschenswert sein könnte.

Die Hingabe an die Carroll-Cousins war offensichtlich ihre Pflicht. Die beiden ältesten Mädchen, die sie absolut hasste, und ihr Vater. Den Vater zu hassen, weil er unheilbar bösartig war, könnte sehr gut sein; Aber sie konnte die Mädchen nicht hassen, ohne sich bewusst zu sein, dass sie einer schweren Sünde schuldig war. Jeder Geschmack, den sie besaßen, war ihr feindlich. Ihre Vergnügungen, ihre Literatur, ihre Kleidung, ihre Manieren – besonders gegenüber Männern –, ihre Gesten und ihre Hautfarbe waren ihr zuwider. „Sie verbergen ihren Schmutz hinter einer dünnen Schicht billigen Putzes", sagte Dolly zu ihrem Vater. Er hatte ihr geantwortet, dass sie böse sei. „Nein; aber leider kann ich nicht umhin, Gemeinheit zu sehen." Dolly selbst war äußerst wählerisch. Zieh ihr grobes Kleid aus, und da begann die gut gekleidete Dame. „Sehen Sie sich die Absätze von Sophies Stiefeln an! Stoßen Sie sie an, und sie würde von ihren Nadeln fallen, als wären sie Stelzen. Sie verlangen immer, dass die Rechnung eines Schuhmachers bezahlt wird, und trotzdem tragen sie keine festen Stiefel." " „Ich werde den Mann bezahlen", sagte sie eines Tages zu Amelia, „wenn du versprichst, das zu tragen, was ich dir für die nächsten sechs Monate kaufe." Aber Amelia hatte nur die Nase gerümpft. Dies waren die Verwandten, denen es ihre Pflicht sein würde, ihr Leben zu widmen!

Am nächsten Morgen machte sie sich auf den Weg nach Bolsover Terrace, nicht mit der Absicht, ihre Pflicht zu erfüllen, sondern sich darum zu bemühen, sie angemessen zu erfüllen. Sie nahm ein Kleidungsstück mit, das für eines der jüngeren Kinder bestimmt war, das Kind aber selbst vervollständigen sollte. Aber als sie den Salon betrat, war sie erstaunt, als sie feststellte, dass Mr. Carroll dort war. Es war fast zwölf Uhr, und zu dieser Zeit war Mr. Carroll nie da. Entweder lag er im Bett oder bei Tattersall, oder – Dolly war es egal, wo. Sie war schon lange zu dem Schluss gekommen, dass es einen Dauerstreit zwischen ihr und ihrem Onkel geben musste, und ihr Wunsch wurde allgemein respektiert. Jetzt war er leider anwesend, und mit ihm waren seine Frau und zwei ältere Töchter. Sich einer solchen Familie wie dieser zu widmen, dachte Dolly, – und ohne dass jemand sonst auf der Welt für ihn sorgen muss! Sie gab ihrer Tante einen Kuss, berührte die Hände der Mädchen und verneigte sich ganz entfernt vor Mr. Carroll. Dann fing sie an, sich um das Paket in ihren Händen zu kümmern, und nachdem sie ihre Anweisungen gegeben hatte, bereitete sie sich auf die Abreise vor.

Aber ihre Tante hielt sie davon ab. „Ich denke, du solltest es wissen, Dorothea.“

„Sicherlich“, sagte Mr. Carroll. „Es ist völlig richtig, dass Ihr Cousin es weiß.“

„Wenn Sie es für richtig halten, kann ich sicher nichts dagegen haben“, sagte Amelia.

„Sie wird das sicher nicht gutheißen“, sagte Sophie.

„Ihr junger Mann ist vorgetreten und hat gesprochen“, sagte Herr Carroll.

„Und ganz im richtigen Sinne“, sagte Amelia.

„Natürlich“, sagte Mrs. Carroll, „dürfen wir nicht zu viel erwarten. Obwohl wir von Geburt an respektabel sind und das alles, sind wir arm. Mr. Carroll hat ihr nichts zu geben.“

„Ich war der unglücklichste Mann der Welt“, sagte Herr Carroll.

„Darüber reden wir jetzt nicht“, fuhr Frau Carroll fort. „Hier stehen wir ohne alles.“

„Du hast anständiges Blut“, sagte Dolly; „zumindest auf der einen Seite“ – denn sie glaubte nicht an die Carrolls.

„Auf beides – auf beides“, sagte Mr. Carroll, erhob sich und legte seine Hand auf sein Herz. „Ich kann mich des königlichen Blutes meiner Vorfahren rühmen.“

„Aber hier sind wir ohne irgendetwas“, sagte Frau Carroll erneut. „Mr. Juniper ist ein äußerst respektabler Mann.“

„Er war mit einigen der führenden Rennsporteinrichtungen im Königreich verbunden“, sagte Herr Carroll. Dolly hatte von Mr. Juniper als Trainer gehört, obwohl sie nicht genau wusste, was ein Trainer bedeutete.

„Er ist übrigens ein fast ebenso großartiger Mann wie der Besitzer“, sagte Amelia und trat für ihren Geliebten ein.

„Er soll nicht jung sein, vielleicht vierzig“, sagte Mrs. Carroll, „und er hat selbst ein sehr anständiges Haus in Newmarket.“ Dolly begann sofort darüber nachzudenken, ob dies zum Guten oder zum Schlechten sein könnte. Newmarket war weit weg, und das Mädchen würde weggebracht werden; und es könnte eine gute Sache sein, eine dieser Töchter loszuwerden, sogar Herrn Juniper. Natürlich wäre da noch die unangenehme Natur der Verbindung. Aber wie Dolly einmal zu ihrem Vater gesagt hatte, mussten sie ihren Anteil an den Lasten der Welt tragen, und dies war eine davon. Ihre Cousine ersten Grades muss den Trainer heiraten. Sie, die so enthusiastisch über Herren gesprochen hatte, musste sich damit abfinden. Sie wusste, dass Mr. Juniper nur ein kleiner Mann in seiner Familie war, aber sie würde ihn niemals mündlich verleugnen. Er sollte ihr Cousin Juniper sein. Aber sie hoffte, dass sie ihn nicht häufig sehen würde. Schließlich könnte er viel respektabler sein als Mr. Carroll.

„Ich bin froh, dass er ein eigenes Haus hat“, sagte Dolly.

„Es ist ein viel besseres Haus als Fulham Manor“, sagte Amelia.

Dolly war verärgert, nicht über den Vergleich zwischen den Häusern, sondern über die Undankbarkeit und Unverschämtheit des Mädchens. „Sehr gut“, sagte sie und wandte sich an ihre Tante; „Wenn ihre Eltern zufrieden sind, liegt es natürlich nicht an mir oder Papa, unzufrieden zu sein. Man muss an die Ehrlichkeit des Mannes und seinen Fleiß denken – nicht an die Qualität des Hauses.“

„Aber du schienst zu glauben, dass wir in einem Schweinestall leben würden“, sagte Amelia.

„Mr. Juniper steht ganz oben auf dem Rasen“, sagte Mr. Carroll. „Mr. Leadabits Pferde sind immer gerade gelaufen, und Mousetrap gewann im vergangenen Frühjahr die Trial Stakes für zweijährige Pferde und gab Box-and-Cox zwei Pfund ab. Ein gutaussehender, großer Kerl. Sie erinnern sich, ihn letzten Sommer einmal hier gesehen zu haben .“ Dies war an Miss Grey gerichtet; aber Miss Gray hatte sich vorgenommen, niemals ein Wort mit Mr. Carroll zu wechseln.

„Wann soll es sein, meine Liebe?“ sagte Miss Grey und wandte sich an die Damen, wollte sich aber an Amelia wenden. Sie hatte sich bereits vorgenommen, dem Mädchen ihre Unverschämtheit gegenüber dem Haus zu verzeihen. Wenn das Mädchen weggebracht werden sollte, gab es umso mehr Gründe, ihr dies und andere Dinge zu verzeihen.

„Oh! Ich dachte, dass du überhaupt nicht mit mir sprechen wolltest", sagte Amelia. „Ich nahm an, dass der Anteil von Papa auf mich ausgedehnt werden sollte."

„Amelia, wie kannst du so albern sein?" sagte die Mutter.

„Wenn Sie denken, dass ich so etwas ertragen werde, irren Sie sich", sagte Amelia. Sie hatte nicht nur einen Liebhaber, sondern auch einen Ehemann in Aussicht und war ihrer Cousine weit überlegen, die, soweit sie wusste, weder das eine noch das andere hatte. „Mr. Juniper, mit einem ausgezeichneten Haus und einem reichlichen Einkommen, ist für mich ganz gut genug, obwohl er keine königlichen Vorfahren hat." Sie hatte nicht vor, über ihren Vater zu lachen, war sich aber bewusst, dass ihre Cousine etwas über Vorfahren gesagt hatte. „Ein Gentleman, der Pferde verwaltet, ist fast dasselbe wie der Besitz von Pferden."

„Aber wann soll es sein?" fragte Dolly noch einmal.

„Das hängt ein wenig von meinem Bruder ab", sagte Mrs. Carroll mit einer Stimme, die kaum über ein Flüstern hinausging. „Mr. Juniper hat von einem Tag gesprochen."

„Dann wird es wohl hauptsächlich auf ihn und die junge Dame ankommen?"

„Nun, Dorothea, es gibt Geldschwierigkeiten. Das lässt sich nicht leugnen."

„Ich wünschte, ich könnte ihr Gold in den Schoß überschütten", sagte Mr. Carroll, „nur für die verfluchten Konventionalitäten der Welt."

„Mach dir Sorgen, Papa!" sagte Sophia.

„Für mich wird es das Letzte sein", sagte Amelia.

„Herr Juniper hat etwas über ein paar hundert Pfund gesagt", sagte Frau Carroll. „Es ist nicht viel, was er will."

Dann sprach Miss Grey in strengem Ton. „Du musst mit meinem Vater darüber reden."

„Ich glaube nicht, dass ich dein gutes Wort habe", sagte Amelia. Menschliches Fleisch und Blut konnten nicht umhin, sich an alles zu erinnern, was getan worden war, und das immer mit ihrer Zustimmung. „Fünfhundert Pfund sind kein großer Betrag, um ein Mädchen abzuteilen, wenn das das letzte sein soll, was sie jemals haben wird." Eine von sechs Nichten, deren Vater und Mutter unterhalten wurden, und das ohne den geringsten Anspruch! So argumentierte Dorothy; aber ihre Argumente blieben ihr verborgen. „Aber ich muss meinem lieben Onkel vertrauen. Ich sehe, dass ich kein Wort von dir hören darf.“

Die Sache wurde nun ernst. Hier war das älteste Mädchen, eine von sechs Töchtern, die ihren Anspruch auf eine Portion von fünfhundert Pfund geltend machte. Das würde sich auf insgesamt dreitausend Pfund belaufen, und im weiteren Verlauf der Heirat müssten sie alle in ihrem jetzigen Zustand gehalten werden. Zusammen mit den Schulkosten und der Kleidung beliefen sich die notwendigen Mittel für die Familie Carroll auf sechshundert Pfund pro Jahr. Das war das reguläre Taschengeld, und wann immer Mr. Carroll eine Hose wollte, gab es noch mehr. Und Dollys Verbitterung wurde dadurch geweckt, dass sie glaubte, dass das Geld, das man für Hosen verlangte, ihn im Allgemeinen auf Rennstrecken brachte. Und nun wurden fünfhundert Pfund dreist verlangt, um einen Bräutigam zu bewegen, eines der Mädchen zu seiner Frau zu machen! Sie bereute fast, dass sie in früheren Jahren versprochen hatte, ihrem Vater dabei zu helfen, sich mit den Carroll-Verwandten anzufreunden. „Vielleicht, Dorothea, hast du nichts dagegen, mit mir in mein Schlafzimmer zu gehen, nur für einen Moment.“ Dies wurde von Mrs. Carroll gesagt, und Dolly folgte ihrer Tante widerwillig die Treppe hinauf.

„Natürlich weiß ich alles, was Sie zu sagen haben“, begann Mrs. Carroll.

„Warum bringst du mich dann hierher, Tante?“

„Weil ich die Dinge ein wenig erklären möchte. Sei nicht böse, Dorothea.“

„Das werde ich nicht, wenn ich es verhindern kann.“

„Ich kenne deine Natur, wie gut sie ist.“ Hier schüttelte Dorothy den Kopf. „Denken Sie nur an mich und an meine Leiden! Ich bin nicht so weit gekommen, ohne zu leiden.“ Dann begann die arme Frau zu weinen.

„Ich habe bei all dem Mitleid mit dir – das tue ich“, sagte Dolly.

„Dieser arme Mann! Ich muss immer bei ihm sein und immer mein Bestes geben, um ihn davon abzuhalten, Unfug zu treiben!“

„Ein Mann, der nichts anderes tut, muss Schaden anrichten.“

„Natürlich muss er. Aber was kann er jetzt tun? Und die Kinder! Ich sehe es – natürlich weiß ich, dass sie nicht alles sind, was sie sein sollten. Aber wie kann ich mit sechs von ihnen und niemandem außer mir?“ alles tun? Und sie sind sowohl seine Kinder als auch meine.“ Dollys Herz war voller Mitleid, als sie das hörte, von dem sie wusste, dass es so wahr war! „Wenn sie dir antworten, haben sie eine hochmütige, schlechte Art. Sie unterwerfen sich nicht gerne jemandem, der so alt ist wie sie.“

„Kein Wort, das aus dem Mund eines von ihnen an mich gerichtet ist, hat ihnen jemals bei meinem Vater geschadet. Das ist es, was du meinst?"

„Nein, – aber mit dir selbst."

„Ich nehme die Wut – gegen sie – nicht mit aus dem Raum."

„Nun zu Mr. Juniper."

„Die Frage ist viel zu groß für mich. Soll ich es meinem Vater erzählen?"

„Das habe ich mir gedacht – wenn du das tun würdest!"

„Ich kann ihm nicht sagen, dass er fünfhundert Pfund für Mr. Juniper auftreiben sollte."

„Vielleicht würden vier reichen."

„Ich kann ihn auch nicht bitten, ein Schnäppchen zu machen."

„Wie viel würde er ihr geben – um zu heiraten?"

„Warum sollte er ihr etwas geben? Er füttert sie und gibt ihr Kleider Da Sophie, Georgina, Minna und Brenda auftauchen, werden die gleichen Bitten gestellt.

„Armer Potsey!" sagte die Mutter. Denn Potsey war ein einfaches Mädchen.

„Wenn dies für Amelia getan wird, muss es dann nicht für alle getan werden? Papa ist kein reicher Mann, aber er war sehr großzügig. Ist es fair, ihn um fünfhundert Pfund zu bitten, um sie – Mr. Juniper zu geben?" "

„Ein Gentleman mag es heutzutage nicht, etwas nicht zu bekommen."

„Dann muss ein Gentleman dorthin gehen, wo etwas zu bekommen ist. Die Wahrheit muss gesagt werden, Tante Carroll. Mein Vater ist bereit, für Sie und die Mädchen zu tun, was er kann, aber ich glaube nicht, dass er fünfhundert geben wird." Pfund an Mr. Juniper.

„Es ist ein für alle Mal. Vierhundert Pfund würden vielleicht genügen."

„Ich glaube nicht, dass er einen Handel abschließen kann, noch dass er Mr. Juniper irgendeinen Betrag zahlen wird."

„Einen von ihnen loszuwerden, wäre so viel! Was soll aus ihnen werden? Einen zu heiraten wäre der Weg für andere. Oh, Dorothy, wenn du nur an meinen Zustand denken würdest! Ich weiß, dass dein Papa was tun wird du sagst es ihm."

Dolly hatte das Gefühl, dass ihr Vater es eher tun würde, wenn sie sich überhaupt nicht einmischen würde; aber das konnte sie nicht sagen. Sie empfand die Bitte als völlig unvernünftig. Sie kämpfte darum, jedes Gefühl der Abneigung gegen das Mädchen aus ihrem Kopf zu verbannen und es so zu sehen, wie sie es vielleicht getan hätte, wenn Amelia ihre besondere Freundin gewesen wäre.

„Tante Carroll", sagte sie, „du solltest besser nach London gehen und meinen Vater dort sehen – in seinen Gemächern. Du wirst ihn fangen, wenn du sofort gehst."

"Allein?"

„Ja, allein. Erzählen Sie ihm von der Heirat des Mädchens und lassen Sie ihn beurteilen, was er tun soll."

„Könntest du nicht mit mir kommen?"

„Nein. Du verstehst es nicht. Ich muss an sein Geld denken. Er kann sagen, was er mit seinem eigenen machen wird."

„Er wird es niemals geben, ohne zu dir zu kommen."

„Er wird es nie tun, wenn er zu mir kommt. Sie können ihn überzeugen. Ein Mann kann sein eigenes Geld nach Belieben wegwerfen. Ich kann ihm nicht sagen, dass er es tun sollte. Sie können sagen, dass Sie es mir gesagt haben, und dass ich dich zu ihm geschickt habe, und sag ihm, er solle tun, was er will, dass ich keine Schuld an ihm finden werde. Wenn du mich und ihn verstehen kannst, wirst du wissen, dass ich darüber hinaus nichts für dich tun kann. Dann verabschiedete sich Dolly und ging nach Hause.

Als die Mutter noch einmal darüber nachdachte, verstand sie tatsächlich etwas von ihrer Nichte und machte sich auf den Weg nach London, so schnell der Omnibus sie bringen konnte. Dort sah sie ihren Bruder, und er kam daher etwas früher als gewöhnlich zum Abendessen zurück.

„Warum hast du meine Schwester zu mir geschickt?" waren die ersten Worte, die er zu Dolly sagte.

„Weil es deine Sache war und nicht meine."

„Wie kannst du es wagen, mein Geschäft von deinem zu trennen? Was glaubst du, was ich getan habe?"

„Angesichts der Tatsache, dass die junge Dame fünfhundert Pfund auf dem Nagel hat."

"Schlimmer als das."

"Schlechter?"

„Viel schlimmer. Aber warum hast du meine Schwester in meine Gemächer geschickt?"

„Aber was hast du getan, Papa? Du meinst nicht, dass du dem Hai mehr gegeben hast, als er verlangt?“

„Ich weiß nicht, ob er ein Hai ist. Warum sollte der Mann nicht fünfhundert Pfund mit seiner Frau wollen? Mr. Barry würde mit Ihnen viel mehr wollen und hätte das Recht, viel mehr zu verlangen.“

"Du bist mein Vater."

„Ja; aber diesen armen Mädchen wurde beigebracht, mich fast wie ihren Vater zu betrachten.“

„Aber was hast du getan?“

„Ich habe ihnen an ihrem Hochzeitstag jeweils dreihundertfünfzig Pfund versprochen – dreihundert Pfund für ihre Ehemänner und fünfzig Pfund für die Hochzeitskosten – unter der Bedingung, dass sie mit meiner Zustimmung heiraten. Ich werde es mir nicht so schwer machen bitte für sie wie für dich.

„Und Sie haben Herrn Juniper gutgeheißen?“

„Ich habe unten in Newmarket bereits Nachforschungen angestellt und eine Ausnahme zu Gunsten von Mr. Juniper gemacht. Er soll vierhundertfünfzig Pfund bekommen. Jane verlangte zunächst nur vierhundert Pfund. Sie werden nicht zu finden sein.“ Schuld an mir."

„Nein, das ist Teil der Abmachung. Ich frage mich, ob meine Tante wusste, was für eine durch und durch gutmütige Tat ich getan habe. Wir dürfen jetzt keinen Pudding mehr haben, und Sie müssen mit dem Omnibus herunterkommen.“

„Ganz so schlimm ist es nicht, Dolly.“

„Wenn man sein Geld verschwenderisch verschenkt hat, sollte man die Zwicke spüren lassen. Aber lieber, lieber, geliebter alter Mann! Warum solltest du dein Geld nicht nach Belieben verschenken? Ich will es nicht.“ Ich habe nicht die geringste Angst, aber wenn das Mädchen so leichtfertig von ihren fünfhundert Pfund spricht, als hätte sie das Recht, es zu erwarten, und wenn sie mit so viel innerlichem Stolz von diesem Jockey spricht —"

„Ein Mädchen sollte stolz auf ihren Mann sein.“

„Deine Nichte sollte nicht stolz darauf sein, einen Bräutigam geheiratet zu haben. Aber sie hat mich verärgert, und meine Tante auch – obwohl ich Mitleid mit ihr hatte. Dann dachte ich, dass sie in meinem Zorn nichts von mir bekommen konnten – nicht einmal ein Versprechen davon.“ ein gutes Wort. Also habe ich sie zu dir geschickt. Es war jedenfalls das Beste, was ich für sie tun konnte. Mr. Gray glaubte, dass es so sei.

KAPITEL XXXV.

HERR. BARRY UND MR. WACHOLDER.

Die Freude in Bolsover Terrace war groß, als Mrs. Carroll nach Hause zurückkehrte. „Wir sollen alle dreihundertfünfzig Pfund Vermögen haben, wenn wir Ehemänner bekommen!" sagte Georgina und freute sich sofort auf die Freuden der Ehe.

„Ich soll vierhundertfünfzig haben", sagte Amelia. „Ich glaube schon, dass er fünfhundert Pfund verdient hat. Hätte ich es zu verschenken, würde ich dem gespaltenen Fuß nie die letzten fünfzig Pfund zeigen!"

„Aber er soll nur vierhundert Pfund wiegen", sagte Sophia. „Mit den anderen fünfzig Pfund sind deine Sachen zu kaufen."

„Für fünfzig Pfund schaffe ich das nie", sagte Amelia. „Ich hatte nicht erwartet, dass ich aus meinem eigenen Vermögen meine eigene Aussteuer finden würde."

„Mädchen, wie kann man so undankbar sein?" sagte ihre Mutter.

„Ich bin nicht undankbar, Mama", sagte Potsey. „Ich werde sehr dankbar sein, wenn ich meine dreihundertfünfzig Pfund bekomme. Wie lange wird es dauern?"

„Zuerst musst du den jungen Mann finden, Potsey. Ich glaube nicht, dass du das jemals schaffen wirst", sagte Georgina, die ziemlich stolz auf ihr gutes Aussehen war.

Dies geschah am Abend des Tages, an dem Mrs. Carroll nach London gereist war, wo Mr. Carroll dabei war, einige seiner geselligen Pflichten zu erfüllen, bei deren Erfüllung er so unermüdlich war. Am nächsten Morgen um zwölf Uhr lag er noch im Bett. Es war in der Familie eine wohlbekannte Tatsache, dass er bei einer solchen Gelegenheit im Bett lag und dass er vor zwölf Uhr mindestens zwei Flaschen Sodawasser und zwei Flaschen aus den kleinen Hinterlassenschaften seiner Frau herausgeholt hätte Gläser mit einer alkoholischen Mischung, die allgemein Brandy genannt wurde. „Ich nehme einen Gin and-Potash, Sophie", hatte er bei dieser Gelegenheit mit Bezug auf die zweite Dosis gesagt, „und beeil dich. Ich wünschte, du würdest selbst gehen, denn das Mädchen trinkt immer etwas davon." die Sperren.

„Was! in den Gin-Shop gehen?"

„Es ist ein höchst angesehener Wirt – gleich um die Ecke."

„In der Tat werde ich nichts dergleichen tun. Du hast überhaupt keine Gefühle für deine Töchter!" Aber Sophie ging ihrem Auftrag nach, und um die kleinen „Sperrits" ihres Vaters zu schützen, schlüpfte sie in ihren Umhang und ging hinaus, um das Mädchen beobachten zu können. Dennoch glaube ich, dass das Mädchen es geschafft hat, einen Schluck zu trinken, als sie die Bar verließ. Der Vater grübelte inzwischen, den Kopf zwischen den Händen, über die „übermütige Art der Mädchen, die sich nicht für ihren Vater einsetzen können".

Aber mit dem Gin und Pottasche und mit Sophie erschien Mr. Juniper. Er war ein gut gebauter, großer Mann, aber er sah aus wie der Stall und roch danach. Seine Kleidung war zweifellos anständig, aber sie wurde von einem Schneider angefertigt, der sicherlich für Pferdemänner arbeiten musste und nicht für andere. Es gibt eine Klasse von Männern, die sich immer dafür entscheiden, durch ihr äußeres Erscheinungsbild zu zeigen, dass sie zu Pferden gehören, und das gelingt ihnen auch. Mr. Juniper war einer von ihnen. Obwohl er gut aussah, war er alles andere als jung, sein Aussehen grenzte an die Fünfzig.

„Also hat er es wieder getan, Miss Sophie", sagte Juniper. Sophie, die es nicht mochte, bei der Erfüllung ihrer kindlichen Pflichten entdeckt zu werden, ging schweigend voran ins Haus und verschwand mit dem Gin-and-Potasche nach oben. Mr. Juniper ging in den Salon, wo Mrs. Carroll mit den anderen Mädchen war. Sie war immer noch wütend, so wütend sie nur sein konnte, auf ihren Mann, der, als er am Morgen darüber informiert wurde, was seine Frau getan hatte, ihren Bruder „einen scheußlichen, geizigen alten Freund" genannt hatte, weil er Amelia vierhundert Dollar abgezogen hatte und fünfhundert statt fünfhundert Pfund. Mr. Carroll wusste wahrscheinlich, dass Mr. Juniper seine Tochter nicht ohne den gesamten vereinbarten Betrag mitnehmen würde und nicht zulassen würde, dass kein Teil davon für Hochzeitskleider ausgegeben würde.

„Oh, Dick, bist du das?" sagte Amelia. „Ich nehme an, Sie sind wegen Ihrer Neuigkeiten gekommen." (Herr Junipers Vorname war Richard.) Bei dieser Gelegenheit zeigte er kein liebevolles Verlangen, seine Verlobte zu umarmen.

„Ja, ich bin es", sagte er und reichte dann seine Hand rundherum, zuerst Mrs. Carroll und dann den Mädchen.

„Ich habe Mr. Grey gesehen", sagte Mrs. Carroll. Aber Dick Juniper hielt den Mund, setzte sich und drehte seinen Hut.

„Woher kommst du?" fragte Georgina.

„Von der Brompton Road. Ich komme mit einem Bus."

„Du kommst von Tattersall's, junger Mann!" sagte Amelia.

„Dann habe ich es einfach nicht getan!" Aber um die Wahrheit zu sagen, er kam von Tattersall, und es könnte schwierig sein, die Funktionsweise seines Geistes zu verfolgen und herauszufinden, warum er die Lüge erzählt hatte. Natürlich war bekannt, dass er in London einen Großteil seiner Geschäfte bei Tattersall's erledigte. Aber der Pferdemann ist im Allgemeinen auf der Hut und achtet darauf, dass ihm kein Geheimnis seines Handwerks unvorbereitet entgeht. Und es kann sein, dass er auf diese Weise auf eine unnötige Lüge vorbereitet war.

„Onkel ist viel weiter gegangen, als ich je erwartet hätte", sagte Amelia.

„Er war allen Mädchen gegenüber äußerst großzügig", sagte Mrs. Carroll und war fast zu Tränen gerührt.

Mr. Juniper kümmerte sich nicht besonders um „alle Mädchen", da er meinte, dass die Zuneigung des Onkels im gegenwärtigen Moment dem einzigen Mädchen entgegengebracht werden sollte, das einen Ehemann gefunden hatte, und dachte auch, dass, wenn der Ehemann gesichert werden sollte, das Der richtige Weg, dies zu tun, wäre für ihn die Liberalität. Amelia hatte gesagt, dass ihr Onkel weiter gegangen sei, als sie erwartet hatte. Daraus kam Herr Juniper zu dem Schluss, dass er nicht so weit gegangen war, wie von ihm verlangt worden war, und entschloss sich spontan, seiner Forderung nachzukommen. „Fünfhundert Pfund sind nicht viel", sagte er.

„Dick, mach kein Biest aus dir!" sagte Amelia. Daraufhin lächelte Dick nur.

Er drehte drei oder vier Minuten lang ununterbrochen mit seinem Hut herum und richtete sich dann auf. „Ich nehme an", sagte er, „ich gehe besser nach oben und rede mit dem alten Mann. Ich stelle mir vor, dass Fräulein Sophie mit einem Pick-up zu ihm fährt, also nehme ich an, dass er reden kann."

„Warum sollte er nicht reden?" sagte Frau Carroll. Aber sie verstand durchaus, was Mr. Junipers Worte bedeuten sollten.

„Es folgt nicht immer", sagte Juniper, als er den Raum verließ.

„Jetzt wird es einen Streit im Haus geben – sehen Sie, ob es keinen gibt!" sagte Amelia. Aber Mrs. Carroll äußerte ihre Meinung, dass der Mann das undankbarste aller Geschöpfe sein müsse, wenn er bei diesem Anlass für Aufruhr gesorgt habe. „Darüber weiß ich nicht so viel, Mama", sagte Amelia.

Mr. Juniper ging mit schweren, langsamen Schritten die Treppe hinauf und klopfte an die Tür des Ehegemachs. Es gibt Männer, die können nicht die Treppe hinaufgehen, als wäre dies eine Angelegenheit des gewöhnlichen Lebens. Sie führen die Aufgabe so aus, als würden sie alle drei Jahre einmal die Treppe hinaufgehen. Es ist anzunehmen, dass solche Männer immer im Erdgeschoss schlafen, obwohl es schwer zu sagen ist, wo sie ihre

Schlafzimmer finden. Mr. Juniper wurde von Sophie eingelassen, die ausstieg, als er eintrat. „Nun, alter Kerl! B. – und – S., und davon jede Menge. Das ist das Ticket, nicht wahr?"

„Ich hatte heute Morgen tatsächlich ein wenig Kopfschmerzen. Ich glaube, es waren die Zigarren."

„Sehr ähnlich – und das Zeug hat sie runtergespült. Du hast nichts mehr davon, oder?"

„Es tut mir ungemein leid", sagte der Kranke und stützte sich auf seinen Ellenbogen, „aber ich fürchte, das ist nicht der Fall. Um die Wahrheit zu sagen, ich hatte die größte Mühe, das von der alten Frau zu bekommen."

„Das spielt keine Rolle", sagte der teilnahmslose Mr. Juniper, „nur ich war unten zwischen den Orks auf dem Hof, bis meine Kehle voller Staub war. Ihre Dame war also dort und hat ihren Bruder gesehen?"

„Ja, das hat sie getan."

"Also?"

„Er ist nicht ganz so schlecht – das ist nicht der alte Grey. Natürlich ist er Anwalt."

„Ich halte nie viel von ihnen, Jungs."

„Es gibt Gutes und Schlechtes, Juniper. Zweifellos hat mein Schwager ein wenig Geld verdient."

„Eine Kanne davon – wenn alles wahr ist, was sie sagen."

„Aber alles, was sie sagen, ist nicht wahr. Alles, was sie sagen, ist niemals wahr."

„Ich nehme an, er hat etwas?"

„Ja, er hat etwas."

„Und wie soll es sein?"

„Er hat dem Mädchen vierhundert Pfund auf den Nagel gegeben", – Mr. Juniper rümpfte daraufhin die Nase – „und fünfzig Pfund für ihre Hochzeitskleidung."

„Das sollte er mir besser überlassen."

„Mädchen denken so viel darüber nach" – Mr. Juniper schüttelte nur den Kopf: „Und, auf mein Wort, es ist mehr, als sie mit Recht erwarten durfte."

„Es ist nicht das, was sie zu Recht erwartet hätte; aber ich", hier schüttelte Mr. Carroll den Kopf, „ich habe fünfhundert Pfund gesagt, und ich habe vor, dabei zu bleiben. Das ist es auch schon. Wenn er will." um das Mädchen zu heiraten, warum – er muss seine Tasche öffnen. Ich verlange nicht so viel, dass ich sie ohne nehmen würde, wenn ich es nicht wollte ein Schilling.

„Aber Sie sind der Typ, der es immer will."

„Ich will es jetzt. Es ist besser, sich zu äußern, nicht wahr? Ich muss die fünfhundert Pfund haben, bevor ich meinen Hals in die Schlinge stecke, und es darf kein Abschneiden für Unterröcke und Röcke geben."

„Und Mr. Gray sagt, dass er Nachforschungen über den Charakter anstellen muss", sagte Carroll.

"In was?"

„In die Rolle. Er wird sein Geld nicht hergeben, ohne etwas über den Mann zu wissen."

„Bei Newmarket bin ich ganz klar. Ich werde keine Nachforschungen über mich ertragen, wissen Sie. Ich kann Nachforschungen besser ertragen als manche Leute. Er hat einen Partner namens Barry, nicht wahr?"

„Das ist so ein Gentleman. Ich weiß nicht viel über die Geschäftspraktiken meines geschätzten Schwagers. Mr. Barry ist meiner Meinung nach ein guter Mann."

„Er ist es, der für Captain Scarborough fungiert."

„Ist es das jetzt? Soweit ich weiß, könnte es so sein."

Dann kam es zu einem langen Gespräch, in dem Herr Juniper einige Einzelheiten aus seinem früheren Leben erzählte und sich über bestimmte Punkte sehr frei äußerte. Es stellte sich heraus, dass Mr. Juniper einer von denen gewesen wäre, die, wie erwartet, im Laufe des Frühsommers gestorben wären und Captain Scarborough das Anwesen in der gewohnten Weise erhalten hätte einen kleinen Anspruch auf den Nachlass geltend machen. Er habe, wie er sagte, eine gewisse Geldsumme geliehen, um dem Kapitän aus seiner misslichen Lage zu helfen, und erwarte, sie wieder zurückzubekommen. Nun waren Herrn Juniper in letzter Zeit sehr unangenehme Anfragen gestellt worden; aber Mr. Juniper, der sah, wie das Land lag, – um seinen eigenen Ausdruck zu gebrauchen –, stimmte nur zu, so viel zu akzeptieren, wie er vorangekommen war. „Für mich macht es keinen großen Unterschied", hatte er gesagt. „Geben Sie mir die dreihundertfünfzig Pfund, die der Kapitän in barem Geld bekommen hat." Dann wurden die Nachforschungen von Mr. Barry angestellt – dem gleichen Mr. Barry, dem spätere Nachforschungen anvertraut wurden – und Mr. Barry konnte sich nicht mit den dreihundertfünfzig Pfund zufrieden geben, die der Kapitän angeblich hart erbeutet hatte Geld. Es waren Worte gefallen, die es

Herrn Juniper sehr unzweckmäßig – und wir könnten sagen sehr unfair – erscheinen ließen, dass diese weiteren Untersuchungen über seinen Charakter als Ehemann derselben Person anvertraut werden sollten. Er betrachtete Herrn Barry als einen Feind der Menschheit, von dem in der allgemeinen Verwirrung der Dinge keine Beute zu erpressen war. Herr Barry hatte um den Scheck gebeten, mit dem die dreihundertfünfzig Pfund in bar an Kapitän Scarborough gezahlt worden waren. Es habe keinen Scheck gegeben, hatte Mr. Juniper gesagt. Eine so kleine Summe war in Newmarket in Banknoten bezahlt worden. Er sagte, er könne oder wolle keine Beweise für das Geld vorlegen. Mr. Barry hatte angedeutet, dass selbst eine so kleine Summe wie dreihundertfünfzig Pfund nicht hätte kommen und gehen können, ohne Spuren zu hinterlassen. Mr. Juniper hatte sehr empört auf eine Empfangsbestätigung auf einem Wechselstempel über sechshundert Pfund verwiesen, die er ausgefüllt und die der Kapitän zweifellos unterzeichnet hatte. „Es ist das Papier nicht wert, auf dem es geschrieben steht", hatte Herr Barry gesagt.

„Das werden wir sehen", sagte Herr Juniper. „Sobald der Körper des alten Gutsherrn außer Atem ist, werden wir sehen, ob sein Sohn seine Schulden auf diese Weise zurückweisen soll. Ist das nicht die Unterschrift des Kapitäns?" und er schlug mit der Hand auf den Geldschein.

Bei der alten Zeremonie wurde erklärt, dass der Kapitän keinen Anspruch auf einen Schilling des Grundstücks habe. Es war mittlerweile eine alte Zeremonie geworden. „Herr Augustus Scarborough wird aus gutem Willen nur die Vorschussbeträge zahlen, für die er unbestreitbare Beweise hat."

„Ist er nicht mein Zeugnis davon?" sagte Herr Juniper.

„Dieser Schein ist über sechshundert Pfund."

„Natürlich ist es so."

„Warum sagen Sie nicht, dass Sie ihm fünfhundertfünfzig Pfund vorgeschossen haben statt dreihundertfünfzig Pfund?"

„Weil ich es nicht getan habe."

„Warum sagen Sie dreihundertfünfzig Pfund statt einhundertfünfzig Pfund?"

„Weil ich es getan habe."

„Dann haben wir nur Ihr bloßes Wort. Wir werden niemandem einen Schilling für eine solche Aussage zahlen." Dann hatte Mr. Juniper einen schrecklichen Eid geschworen, dass er jeden Mann hängen lassen würde, der den Namen Scarborough trägt. Aber Mr. Barrys Kanzlei kümmerte sich nicht besonders um etwaige Gerichtsverfahren, die Mr. Juniper allein anstrengen könnte. Es würde kein Gerichtsverfahren eingeleitet. Die zurückzuerhaltende Summe wäre es für keinen Anwalt wert, die hoffnungslosen Kosten eines solchen Kampfes abzusichern. Vor Gericht würde Mr. Barry zeigen, dass der derzeitige Eigentümer des Anwesens aus seiner Großzügigkeit alle Geldbeträge zurückgezahlt hatte, für die es Beweise dafür gab, dass sie dem unglücklichen unehelichen Kapitän überwiesen worden waren. Sie würden mit sauberen Händen erscheinen; aber der arme Mr. Juniper würde die Sympathie von niemandem erhalten. Dies wurde Mr. Juniper nach und nach bewusst, und er betrachtete seinen Anspruch auf das Scarborough-Grundstück bereits als verloren. Und jetzt, da es um diese andere kleine Affäre von ihm ging, um dieses eheliche Unterfangen, war es sehr schwierig, Anfragen nach seinem Charakter an denselben Mr. Barry zu richten.

„Ich bin d-— wenn ich es aushalte!" sagte er und schlug mit der Faust auf Mr. Carrolls Bett, auf dem er saß.

„Das liegt nicht an mir. Ich bin bei dir auf dem richtigen Weg."

„Darüber weiß ich nicht so viel."

„Was habe ich getan? Habe ich sie nicht zum Onkel des Mädchens geschickt und hat sie von ihm nicht ein sehr großzügiges Versprechen bekommen?"

„Versprechen! Warum hat er das Nashorn nicht hochgestampft? Was nützen Versprechungen? Mit lächerlichen fünfhundert Pfund kann man so viel machen, als wären es fünfzigtausend Pfund. Nachforschungen anstellen!" Natürlich wusste er sehr gut, was das bedeutete. „Es ist eine äußerst unstlemanische Sache, wenn ein Herr sich über einen anderen erkundigt. Er ist nicht der Vater des Mädchens. Welches Recht hat er, Nachforschungen anzustellen?"

„Ich habe es ihm nicht in den Kopf gesetzt", sagte Carroll und schluchzte fast.

„Er muss ein minderwertiger, kleinlicher Anwalt sein."

„Er ist Anwalt", sagte Carroll, in dessen Gedächtnis die Erinnerung an die große Wohltat, die er erhalten hatte, einen gewissen Eindruck hinterlassen hatte. „Das habe ich zugegeben."

"Pah!"

„Aber ich glaube nicht, dass er kleinkariert, nicht Mr. Grey. Vierhundert Pfund abgenommen, fünfzig Pfund für die Kleidung, und das Gleiche, oder fast das Gleiche, für alle Mädchen, ist kein Kleinkariert. Falls Sie jemals zu sich kommen habe eine Familie, Juniper –"

„Ich bin nicht im Weg."

„Aber wenn Sie es sind, und es sind sechs von ihnen, werden Sie keinen Onkel finden, der kleinlich redet wie Mr. Grey."

Das Gespräch wurde noch einige Zeit fortgesetzt, und dann verließ Mr. Juniper das Haus, ohne die Damen noch einmal zu besuchen. Sein letztes Wort war, dass sie alle nach – Bath gehen könnten, wenn Nachforschungen über ihn angestellt würden! Wenn das Geld käme, wüssten sie, wo sie ihn finden könnten; aber es muss 500 Pfund im Quadrat wiegen und darf keine Ausschnitte für Unterröcke und Röcke enthalten. Mit diesen letzten Worten stapfte Mr. Juniper die Treppe hinunter und aus dem Haus.

„Er ist schließlich ein Rohling!" sagte Sophie.

„Nein, das ist er nicht. Was wissen Sie über Rohlinge? Natürlich muss ein Gentleman für sein Geld so gut wie möglich kämpfen." Das war es, was Amelia in diesem Moment sagte; aber in der Abgeschiedenheit ihres eigenen Zimmers weinte sie bitterlich. „Warum ist er nicht zu mir gekommen und hat mir nur ein Wort gesagt? Ich hatte nichts falsch gemacht. Es war nicht meine Schuld, wenn Onkel John geizig ist."

„Und so geizig ist er schließlich auch nicht", sagte Sophie.

„Natürlich hat Papa nichts und würde auch nichts haben, obwohl du ihm goldene Ströme in den Schoß gießen würdest."

„Es gibt Schlimmeres als Papa", sagte Sophie.

„Aber er weiß das alles und dass unser Onkel nicht mehr als ein Onkel ist. Und warum sollte er so wählerisch sein, wenn es nur um hundert Pfund geht? Ich glaube wirklich, dass Herren die gemeinsten Geschöpfe sind, wenn es ihnen um Geld geht! Meine Damen, ja Es ist nicht halb so schlimm, dass er nicht mit fünfhundert Pfund rechnen muss.

Das war sehr traurig, und das Haus blieb vier oder fünf Tage lang in einem Zustand stiller Trauer, bis das Ergebnis der Nachforschungen eintraf. Dann gab es Weinen und Zähneknirschen. Mr. Barry kam nach Bolsover Terrace, um das Ergebnis der Untersuchung mitzuteilen, und wurde eine halbe Stunde lang mit der armen Mrs. Carroll eingesperrt. Er befürchtete, dass er das Spiel nicht empfehlen könne. „Oh, das tut mir leid, – sehr leid!" sagte Frau Carroll. „Die junge Dame wird – enttäuscht sein." Und ihr Taschentuch reichte bis zu ihren Augen. Dann herrschte eine Weile Stille, bis sie fragte, warum eine so stark verurteilende Meinung geäußert worden sei.

„Der Gentleman, Ma'am, ist nicht das, was ein Gentleman sein sollte. Sie können sich auf mein Wort verlassen. Ich muss Sie bitten, nicht zu wiederholen, was ich ihm sage."

„Oh je, nein."

„Aber vielleicht hilft das Wenigste, was man sagt, am schnellsten. Er ist nicht das, was ein Gentleman sein sollte.“

„Sie meinen einen – feinen Herrn.“

„Er ist nicht das, was ein Mann sein sollte. Mehr kann ich nicht sagen. Es wäre nicht für das Glück der jungen Dame, wenn sie einen solchen Partner für ihr Leben wählen würde.“

„Sie hängt sehr an ihm.“

„Es tut mir leid, dass es so sein sollte. Aber es wäre besser, wenn sie es tun würde. Auf jeden Fall bin ich verpflichtet, Ihnen Mr. Greys Entscheidung mitzuteilen. Allerdings hat er keineswegs die Absicht, sein Kopfgeld zurückzuhalten Im Hinblick auf einen anderen Heiratsantrag kann er sich nicht dazu durchringen, Herrn Juniper Geld zu zahlen.“

"Gar nichts?" fragte Frau Carroll.

„Er wird keine Zahlung leisten, die in die Tasche von Herrn Juniper fließt.“

Dann ging Mr. Barry, und im Haus in Bolsover Terrace herrschte Weinen und Wehklagen. Von einem so grausamen Onkel wie Mr. Gray hatte man noch nie in der Geschichte oder auch nur in der Liebesgeschichte gehört. „Ich weiß, dass es diese alte Katze ist, Dolly“, sagte Amelia. „Weil sie es nicht geschafft hat, einen Ehemann zu bekommen, möchte sie nicht, dass jemand anderes einen bekommt.“

„Mein armes Kind“, sagte Mr. Carroll in einem rührseligen Zustand, „ich bemitleide dich aus tiefstem Herzen!“

„Ich wünschte, Mr. Barry könnte dazu gebracht werden, eine abscheuliche alte Jungfer zu heiraten, die älter als vierzig ist“, sagte Georgina.

„Es wäre mir egal, was sie sagen, aber ich würde ihn sofort mitnehmen“, sagte Sophie.

Daraufhin schüttelte Mrs. Carroll den Kopf. „Ich glaube nicht, dass er ganz das ist, was er sein sollte.“

„Wer ist das, möchte ich wissen?“ sagte Amelia.

„Aber mein Bruder muss sein Geld nach seinem Ermessen abgeben.“ Als sie dies sagte, dachte die arme Frau an die anderen fünf, die im Laufe der Zeit Anspruchsberechtigte werden könnten. Aber hier griff die ganze Familie sie an und brachte sie fast dazu, zu gestehen, dass ihr Bruder ein geiziger alter Geizhals war.

KAPITEL XXXVI.

GURNEY & MALCOLMSON'S.

Am Red Lion Square, im ersten Stock eines Hauses, das an der allgemeinen Düsterkeit des Viertels teilhat, gibt es zwei Räume, an deren Außentür die wohlklingenden Namen Gurney und Malcolmson stehen; und an der Eingangstür zur Straße stehen die Namen von Gurney & Malcolmson, was zeigt, dass das von den Herren Gurney & Malcolmson abgewickelte Geschäft wichtiger ist als alle anderen, die im selben Haus getätigt wurden. Im ersten Zimmer, das das kleinere der beiden Zimmer ist, sitzt gewöhnlich ein Junge, der die meiste Zeit damit verbringt, Rundschreiben zu verfassen und zu leiten, damit ein Fremder vermuten kann, dass es sich bei Gurney & Malcolmson um ein Geschäft handelte eine erweiterte Natur.

Aber bei dem Anlass, auf den wir jetzt anspielen, war die Tür des Gebäudes geschlossen, und der Junge war in Alarmbereitschaft, indem er die Rundschreiben, die ständig herausgegeben wurden, aufgab oder vielleicht überbrachte. Dies war der Geschäftssitz von Mr. Tyrrwhit oder zumindest einem von ihnen. Wer Gurney und Malcolmson waren, muss unsere Chronik nicht erzählen. Damals war weder Gurney noch Malcolmson zu sehen; und obwohl ein Teil des Geschäfts der Firma, an der Gurney & Malcolmson vermutlich beteiligt waren, ausführlich diskutiert wurde, wurde ihr Name bei dieser Gelegenheit nie erwähnt.

Es war ein Treffen einberufen worden, bei dem Mr. Tyrrwhit der geniale Vorsitzende war. Man könnte fast glauben, dass Mr. Tyrrwhit aufgrund der Art und Weise, wie er sich wie zu Hause fühlte, Gurney & Malcolmson war. Aber es gab noch einen anderen, der sich fast genauso zu Hause zu fühlen schien wie Mr. Tyrrwhit, und das war Mr. Samuel Hart, den wir zuletzt sahen, als er sich unerwartet seinem Freund, dem Kapitän in Monaco, gemeldet hatte. Er hatte viel für sich selbst zu sagen; und da er während des Treffens mit Hut auf dem Kopf saß, kann man davon ausgehen, dass er keine Ehrfurcht vor seinen Gefährten hatte. Herr Juniper war auch da. Er nahm an einer Ecke des Tisches Platz und sagte nicht viel. Es gab auch einen Mann, der sich, wenn er über sich selbst und seine eigenen Angelegenheiten sprach, immer Evans & Crooke nannte. Und es gab einen Spicer, der die meiste Zeit still da saß und sehr grimmig aussah. In allen Belangen schien er jedoch Herrn Tyrrwhit zuzustimmen. Er wird besonders genannt, da sein Interesse an der besprochenen Angelegenheit groß war. Es gab drei oder vier andere, deren Angelegenheiten von geringerer Bedeutung waren, obwohl sie für sie von großem Interesse waren. Bei diesen versammelten Herren handelte es sich um diejenigen, die Kapitän Scarborough Geld vorgestreckt hatten, und dies war die Versammlung der Gläubiger des Kapitäns, bei der sie entscheiden sollten, ob sie ihre Anleihen nach Zahlung der tatsächlich vorgestreckten Beträge aufgeben sollten oder ob sie dies tun würden würde bis zum Tod des alten Gutsherrn ausharren und dann mit dem Gutsbesitzer vor Gericht gehen.

In dem Moment, in dem wir vermutlich vorgestellt wurden, hatte Herr Tyrrwhit die Angelegenheit nervös und zögernd, aber dennoch in hinreichend klaren Worten erklärt. „Jetzt gibt es das Geld, wenn Sie es nehmen möchten, und ich bin dafür." Mit diesen Worten beendete Herr Tyrrwhit seine Ansprache.

„Die Umstände sind anders", sagte der Mann mit dem Hut.

„Ich weiß nicht viel darüber, Mr. Hart", sagte Tyrrwhit.

„Die Umstände sind anders. Ich kann nicht helfen, ob Sie es wissen oder nicht."

"Wie unterschiedlich?"

„Sie sind anders, und das ist alles. Es wird Ihnen und den anderen Shentlemen vielleicht schaden, eine Pershentage zu machen."

„Es wird Evans & Crooke nicht passen", sagte der Mann, der diese Firma vertrat.

„Aber vielleicht sind die Herren Evans & Crooke bereit, so viel von ihrem Eigentum zu retten", sagte Herr Tyrrwhit.

„Sie möchten gerne das haben, was ihnen zusteht."

„Das sollte uns allen gefallen", sagte Spicer, knirschte mit den Zähnen und schüttelte den Kopf.

„Aber wir können nicht alles bekommen", sagte Tyrrwhit.

„Sprechen Sie für sich selbst, Mr. Tyrrwhit", sagte Hart. „Ich denke, ich kann meinen bekommen. Das ist der allmächtigste verlassene Schwindel, den ich in meinem ganzen Leben je erlebt habe." Die gesamte Versammlung, mit Ausnahme von Herrn Tyrrwhit, nahm diese Behauptung mit lautstarkem Applaus auf. „So einen schändlichen, schmutzigen und diebischen Job gab es zu meiner Zeit noch nie. Ich weiß nicht, wie ich darüber in einer Sprache reden soll, für die sich ein Mann nicht schämt. Es ist ein echter Raub."

„Das sage ich auch", sagten Evans & Crooke.

„Bei George!" fuhr Herr Hart fort: „Wir treten vor, um einem Hirten in seiner Not zu helfen und auf unser Geld zu warten, bis der Vater tot ist, und wenn er dann unser Geld hat, dreht sich der Vater um und sagt, dass es sein eigener Sohn ist." a – Oh, es ist zu schockierend! Ich habe nicht geschlafen, seit ich es gehört habe – keine regelmäßige Nachtruhe. Ich glaube, der Kapitän ist nicht dabei.

Hier kratzte sich Mr. Juniper am Kopf und sah zweifelnd aus, und ein oder zwei der anderen schweigenden Herren kratzten sich am Kopf. Die Herren Evans und Crooke kratzten sich am Kopf. „Es ist eine Angelegenheit, zu der ich auf die eine oder andere Weise keine Meinung äußern möchte", sagte Tyrrwhit.

„Mehr würde ich nicht tun", sagte Spicer.

„Lass jeden Mann sprechen, was er findet", fuhr Hart fort. „Das ist meine Überzeugung. Es macht mir nichts aus, einen kleinen Teil meines Anspruchs aufzugeben, nur etwa tausend oder so, für bares Geld. Der alte Sünder sollte tot sein und kann nicht lange überleben. Mein Glaube ist, wenn er weg ist." Ich bin so in der Lage, das Ganze zu bekommen, egal ob oder nicht, ich habe versucht, dem Kapitän mit all meinen Ersparnissen zu helfen, und ich habe vor, dabei zu bleiben.

„Und alles verlieren", sagte Tyrrwhit.

„Warum gehen wir nicht hin und schleppen den alten Sünder ins Gefängnis?" sagte Evans & Crooke.

„Das ist auf jeden Fall das Spiel", sagte Juniper und es gab einen weiteren lauten Applaus aus dem gesamten Saal.

„Meine Herren, Sie wissen nicht, wovon Sie reden, das wissen Sie wirklich nicht", sagte Tyrrwhit.

„Ich glaube nicht so wie wir", sagte Spicer.

„Sie können den alten Herrn nicht anfassen. Er schuldet Ihnen nichts, und Sie haben auch keinen Kratzer von seiner Feder. Wie soll man einen alten Herrn ins Gefängnis schleppen, wenn er dort liegt und von den Ärzten fast bis aufs Nichts zerschnitten ist? Ich weiß nicht, dass ihn irgendjemand anfassen kann, und der jüngere Sohn, wenn die andere wahr ist. Und dann müssten sie es beweisen ihn."

„Er ist im Schwimmen genauso schlecht wie alle anderen", sagten Evans & Crooke.

„Natürlich ist er das", sagte Hart. „Aber lassen Sie jeden für sich selbst sprechen. Ich habe ehrlich gesagt versucht, einen hohen Einsatz zu verdienen."

„Das ist in Ordnung", sagten Evans & Crooke.

„Und ich will es haben oder nichts. Nun, Mr. Tyrrwhit, Sie kennen einen Teil meiner Gedanken. Es ist eine Menge Geld."

„Wir kennen Ihren Anspruch."

„Aber niemand weiß, was der Kapitän hat, und ich möchte nicht, dass sie es wissen."

„Ungefähr fünfzehntausend", flüsterte jemand im Raum.

„Das ist eine Lüge", sagte Herr Hart; „Da gibt es also kein Entrinnen. Wenn es dem Shentleman etwas ausmacht, dann kümmere ich mich um meine eigenen. Niemand weiß es – außer dem Kapitän, und der hat es wie genug vergessen – und niemand wird es erfahren. Was darauf geschrieben steht."
„acht Zettel, die jeder kennt", und er zog aus einem großen Etui oder einer Handtasche, die er in seiner Brusttasche trug, ein dickes Bündel Geldscheine. „Auf jedem von ihnen steht „Fünf Tausend", und für „Fünf Tausend" auf jedem von ihnen möchte ich hervorstechen. „Es oder Miss. Wenn irgendein Shentleman beschließt, mit mir über Bargeld zu reden, nehme ich zwei Tausend." Ich mag bereites Geld genauso wie ein anderes.

„Wir können alle dasselbe sagen, Mr. Hart", sagte Tyrrwhit.

„Kein Zweifel. Und wenn du glaubst, dass du es bekommen kannst, rate ich dir, dabei zu bleiben. Wenn du glaubst, du könntest es bekommen, würdest du dasselbe sagen. Aber ich würde den Kopf dieses alten Mannes gerne zwischen meine Fäuste bekommen. Würde." Ich schlage es! „Oder alter Mann! Ich spreche jetzt nicht, denn ich werde es bekommen – ich glaube, ich werde es bekommen." es; – es ist für die Menschheit im Allgemeinen. So etwas zerstört die besten Gefühle.

„'Ohr, 'Ohr, 'Ohr!' sagte einer der schweigenden Herren.

„Das sind die Ansichten von Evans & Crooke", sagte der Vertreter dieser Firma.

„Das sind natürlich alles unsere Gefühle", sagte Spicer; „Aber was nützt es?"

„Kein Glück", sagte Mr. Tyrrwhit.

„Ich bitte um Verzeihung, Herr Tyrrwhit", sagte Herr Hart, „aber da dies eine Versammlung von Gläubigern ist, die mit einer großen Menge Geld zu kämpfen haben, denke ich nicht, dass sie sich trennen sollten, ohne ihre Meinung zu äußern." im Sinne des britischen Handels wäre es zu gut für ihn, ihn zu kreuzigen.

„Man kann ihn nicht kriegen, um ihn zu kreuzigen."

„Davon weiß man nichts", sagte Herr Hart.

„Und jetzt“, sagte Mr. Tyrrwhit und zückte seine Uhr, „erwarte ich, dass Mr. Augustus Scarborough uns besucht.“

„Sie können *ihn kreuzigen* “, sagten Evans & Crooke.

„Es ist der alte Mann und keiner der Söhne, der es getan hat“, sagte Hart.

„Mr. Scarborough“, fuhr Tyrrwhit fort, „wird hier sein und erwarten zu erfahren, ob wir sein Angebot angenommen haben. Er wird von Mr. Barry begleitet. Wenn einer ablehnt, lehnen alle ab.“

„Überhaupt nicht“, sagte Hart.

„Er wird nicht bereit sein, etwas zu zahlen, es sei denn, er kann es sauber machen. Er ist dabei, eine sehr große Geldsumme zu opfern.“

"Opfern!" sagte Juniper.

„Ja, opfern Sie eine sehr große Geldsumme. Sein Vater kann sie nicht ohne seine Zustimmung bezahlen. Der Vater kann jeden Tag sterben, und dann gehört das Geld ganz dem Sohn. Sie haben, keiner von Ihnen, irgendeinen Anspruch auf ihn. Es ist wahrscheinlich, dass er denkt, dass Sie einen Anspruch auf das Anwesen haben, weil er seinem eigenen Vater nicht traut.“

„Ich würde ihm nicht trauen, nicht einmal soweit ich ihn sehen konnte, obwohl er zweimal mein Vater war.“ Dies kam wiederum von Herrn Hart.

„Ich möchte diesen Herren erklären, wie die Sache steht.“

„Sie verstehen“, sagte Hart.

„Ich bin dafür, mein eigenes Geld zu sichern. Es ist sehr schwer – nach all dem Risiko. Ich stimme Mr. Hart vollkommen zu, was er über den Gutsherrn sagt. Solch eine vorsätzliche Unehrlichkeit, Herren ihres Eigentums zu berauben, habe ich noch nie erlebt gehört. Es ist schrecklich.“

„‚Orrid, alter Mann!‘“ sagte Herr Hart.

„Genau so. Aber ein halber Laib ist besser als kein Brot. Hier ist eine Liste, erstellt in Mr. Greys Gemächern.“

„‚E‘ ist ein anderer, fast so ‚orrid‘.“

„Auf dieser Liste sind wir alle unten, mit den Beträgen, von denen er sagt, dass wir sie vorgeschossen haben. Sollen wir sie nehmen? Wenn ja, müssen wir unsere Namen unterschreiben, jeder auf seine eigene Zahl.“ Dann reichte er die Liste über den Tisch.

Die Männer dort versammelten sich dicht gedrängt, um sich die Liste anzusehen, darunter auch Herr Juniper. Er zeigte seine Besorgnis durch die eifrige Art, mit der er die Herren Evans und Crooke beinahe vernichtete, indem er sich über ihn beugte, während er sich abmühte, die Zeitung zu lesen. „Ihr Name ist überhaupt nicht bekannt", sagten Evans & Crooke. Dann kam ein gewaltiger Eid, sehr bitter und sehr böse, aus dem Mund von Mr. Juniper, der einem jungen Mann, der eine junge Dame heiraten wollte, höchst unwürdig war. „Ich sage Ihnen, es ist nicht hier", sagte Evans & Crooke und versuchte sich zu befreien.

„Ich werde wissen, wie ich mich wieder aufrichten kann", sagte Juniper mit einem weiteren Eid. Und dann verließ er den Raum.

„Als der Kapitän eines Abends betrunken war, bekam er ein paar Ponys von ihm Ich war am nächsten Tag tot, und Juniper hätte eine gute Sache gehabt.

„Ich habe sie so gegessen", sagte Mr. Hart. „Ich habe nie mit einem Shentleman zu tun, wenn er sozusagen betrunken ist. Natürlich kommt es mir in die Quere, aber das tue ich nie."

Jetzt war das Geräusch von Schritten auf der Treppe zu hören, und Mr. Tyrrwhit erhob sich von seinem Stuhl, um den erwarteten Herren gegenüber seine Pflicht als Zeremonienmeister zu erfüllen. Augustus Scarborough betrat den Raum, gefolgt von Mr. Barry. Sie wurden mit großem Respekt empfangen und saßen auf zwei Stühlen zur Rechten von Herrn Tyrrwhit. „Meine Herren, die meisten von Ihnen kennen diese beiden Herren. Es sind Mr. Augustus Scarborough und Mr. Barry, Juniorpartner der Firma Messrs. Gray & Barry."

„Wir kennen sie", sagte Hart.

„Mein Mandant hat Ihnen einen Vorschlag gemacht", sagte Herr Barry. „Wenn du deine Bindungen gegen seinen Bruder aufgibst, die das Papier nicht wert sind, auf dem sie geschrieben sind –"

"Schinken!" sagte Herr Hart.

„Ich werde Schecks unterschreiben, mit denen ich Ihnen die auf dieser Liste aufgeführten Geldbeträge auszahle. Aber Sie müssen alle damit einverstanden sein, diese Beträge in voller Höhe in Liquidation zu akzeptieren. Wie ich sehe, haben Sie das Papier noch nicht unterschrieben. Es darf keine Zeit verloren werden. Tatsächlich." , Sie müssen es jetzt unterschreiben, sonst zieht sich mein Mandant von seinem Angebot zurück."

„Zurückziehen, ja?" sagte Hart. „Angenommen, wir ziehen uns zurück? Oh, glaubt Ihr Klient, dass er der ehrlichste Mann in dieser Gegend ist?"

Diese Frage schien Herrn Barry etwas beschämt zu sein. „Es ist nicht nötig, darauf einzugehen, Mr. Hart", sagte er.

Mr. Hart lachte lange und laut, und alle Herren lachten. Es hatte etwas äußerst Witziges an ihnen, sozusagen die andere Seite der Frage zu besetzen und als ehrliche, verletzte Partei aufzutreten. Sie haben es sehr genossen und Herr Hart war bereit, das Beste daraus zu machen. „Nein, es ist doch nicht notwendig, oder? In dieser Angelegenheit ist Ehrlichkeit nicht von Belang. Wir verstehen das durchaus."

Dann stand er auf und sprach Augustus Scarborough. Er erhob sich, und die bloße Tatsache, dass er es tat, ließ die überschwängliche Fröhlichkeit der Party für eine Weile verstummen. „Meine Herren, Mr. Hart spricht zu Ihnen von Ehrlichkeit. Ich werde nicht mit meiner eigenen prahlen. Ich bin hier, um der Ausgabe einer sehr großen Geldsumme zuzustimmen, für die ich nichts bekommen soll, und die, wenn Wenn ich dir nichts auszahle, wird alles in meine eigene Tasche gehen – es sei denn, du glaubst, dass du nicht hier sein würdest, um mich zu treffen."

„Wir glauben nichts", sagte Hart.

„Herr Hart, Sie sollten Herrn Scarborough sprechen lassen", sagte Tyrrwhit.

„Na gut, lass mich reden. Wie hoch sind die Chancen?"

„Ich möchte weder Sie noch mich selbst aufhalten", fuhr Augustus fort. „Ich kann und werde sofort gehen. Aber ich werde nicht zurückkommen. Es hat keinen Sinn, diese Angelegenheit noch länger zu besprechen."

„Oh nein, nicht im Geringsten. Wir mögen keine Diskussionen, nicht wahr, Kapitän?" sagte Herr Hart. „Aber Sie sind nicht der Kapitän, oder?"

„Da offenbar keine Absicht besteht, dieses Dokument zu unterzeichnen, werde ich gehen", sagte Augustus. Dann nahm Herr Tyrrwhit das Papier und unterschrieb es in der ersten Zeile in voller Länge mit seinem eigenen Namen. Er schrieb seinen Namen auf einen sehr hohen Geldbetrag, aber es war weniger als die Hälfte dessen, was er und andere bei der Verleihung des Betrags erwartet hatten. Hätte man das erkannt, wären die Formalitäten von Gurney und Malcolmson nicht mehr nötig gewesen, und dieser junge Bursche hätte andere Aufgaben gefunden haben müssen als das Versenden von Rundschreiben. Die ganze Angelegenheit war jedoch gründlich überlegt worden, und er unterzeichnete das Dokument. Als nächstes kam Mr. Harts Name, aber er gab ihn weiter. „Ich habe mich noch nicht entschieden. Vielleicht muss ich Mr. Barry anrufen. Ich habe nicht nur meinen Partner konsultiert." Dann ging das Dokument zu Mr. Spicer, der es mit einem schrecklichen Grinsen unterzeichnete; ebenso wie Evans & Crooke und alle anderen. Sie glaubten, dass dies der einzige Weg sei, das von ihnen vorgeschossene Geld zurückzubekommen. Es war ein großes Unglück, ein schwerer Schlag. Aber auf diese Weise kam es nicht zum Ruin. Sie wussten, dass Scarborough im Begriff war, das Geld zu zahlen, um einer Klage zu entgehen, die gegen ihn ausgehen könnte; Andererseits wollten sie aber auch die Notwendigkeit einer Klageerhebung vermeiden. Wenn wir die Sache insgesamt betrachten, können wir sagen, dass die Anwälte die Personen waren, die am meisten über das Geschehen an diesem Morgen gelitten haben. Sie alle unterschrieben es, während sie dort saßen – außer Mr. Hart, der es weitergab und immer noch seinen Hut trug.

„Sind Sie nicht einverstanden, Mr. Hart?" sagte Tyrrwhit.

„Noch nicht", sagte Hart. „Ich habe es nicht durchdacht. Ich sitze nicht im selben Boot wie die anderen. Ich habe keine Angst um mein Geld. Ich werde das schon hinkriegen."

„Dann kann ich genauso gut gehen", sagte Augustus.

„Beeilen Sie sich nicht, Mr. Scarborough", sagte Tyrrwhit. „Solche Dinge können nicht in einem Moment erledigt werden." Aber Augustus erklärte, dass sie, wenn sie überhaupt erledigt werden sollten, in wenigen Augenblicken erledigt sein müssten. Es war nicht seine Absicht, im Büro von Gurney & Malcolmson zu sitzen und die Angelegenheit mit Mr. Hart zu besprechen. Man hatte ihm seine Absicht mitgeteilt, und sie könnten sein Geld nehmen oder es zurücklassen.

„Genau so, Kapitän", sagte Mr. Hart. „Ich glaube nur, dass Sie nicht der Kapitän sind. Wo ist der Kapitän jetzt? Ich habe ihn zuletzt in Monte Carlo gesehen, und er hatte einen Haufen Geld gewonnen. Nach seinem kleinen Unfall auf der Straße mit der jungen Annesley sah er ungewöhnlich aus."

Mr. Tyrrwhit schaffte es, alle anderen aus dem Zimmer zu holen, er blieb dort bei Hart und Augustus Scarborough und Mr. Barry. Und dann unterzeichnete Hart das Dokument mit geänderten Zahlen: Nur dass der Betrag, den er zu akzeptieren bereit war, um einen bestimmten Betrag erhöht und ein ähnlicher Betrag von dem Betrag abgezogen wurde, auf dem Mr. Tyrrwhits Name unterzeichnet war. Dies geschah jedoch nicht ohne erneute Einwände des letztgenannten Herrn. Es sei sehr schwer, sagte er, dass alle Opfer von ihm gebracht werden müssten. Er wäre durch die Transaktion ruiniert, völlig ruiniert. Aber er hat für den geänderten Betrag unterschrieben, und Herr Hart hat das Papier ebenfalls unterschrieben. „Nun, Mr. Barry, da die Angelegenheit abgeschlossen ist, werde ich mich wohl zurückziehen", sagte Augustus.

„Es sind fünftausend Pfund rein aus meiner Tasche", sagte Hart, „und ich war dessen so sicher wie nie zuvor in meinem Leben. Es gab kein besseres Geld als das des Kapitäns. Na ja, na ja! Diese Welt ist ein seltsamer Ort ." Mit diesen Worten folgte er Augustus und Mr. Barry aus dem Zimmer und ließ Mr. Tyrrwhit in seinem Elend allein.

KAPITEL XXXVII.

VICTORIA STRASSE.

Kapitän Mountjoy Scarborough saß in einem Sessel in einem kleinen, aber luxuriös eingerichteten Raum in der Victoria Street, und ihm gegenüber saß er, was das Äußere anbelangte, ebenso bequem, aber ohne den faulen Blick, den der Kapitän aufgab sein Bruder. Es war fast acht Uhr, und durch die offenen Türen des Nebenzimmers war das Geräusch der Teller zu hören. Es war offensichtlich oder zumindest eine Tatsache, dass Augustus die Anwesenheit seines Bruders langweilig fand, und ebenso offensichtlich, dass der Kapitän beabsichtigte, die Unzufriedenheit des Besitzers der Gemächer zu ignorieren. „Mach doch die Tür zu, Mountjoy", sagte der Jüngere. „Ich glaube nicht, dass wir wollen, dass der Diener alles hört, was wir sagen."

„Er ist mir willkommen", sagte Mountjoy, ohne sich zu bewegen. Dann stand Augustus auf und schlug die Tür zu. „Sei nicht böse, denn ich vergesse manchmal, dass ich nicht mehr als dein älterer Bruder angesehen werde", sagte Mountjoy.

„Mach dir Sorgen um die älteren Brüder! Ich nehme an, du kannst eine Tür schließen?"

„Ein Mann wird manchmal durch die Umstände dazu gezwungen, darüber nachzudenken, ob er es kann oder nicht. Ich hätte dir neulich ohne weiteres die Tür zugemacht. Ich weiß nicht, ob ich es jetzt kann. Werden wir nicht welche haben?" Abendessen? Es ist acht Uhr.

„Ich nehme an, sie werden das Abendessen für Sie besorgen; – ich werde hier nicht essen." Die beiden Männer waren beide angezogen und schwiegen danach die nächsten fünf Minuten. Dann kam der Diener herein und sagte, dass das Abendessen fertig sei.

Das alles geschah im Dezember. Es muss erklärt werden, dass der Kapitän auf Veranlassung seines Bruders nach London gekommen war und sich dort auf dessen Einladung in seinen Räumen aufhielt. Tatsächlich können wir sagen, dass er auf Befehl seines Bruders gekommen war. Augustus hatte es in den letzten Monaten auf sich genommen, die Bewegungen des Kapitäns zu leiten; und obwohl man ihm nicht immer gehorcht hatte, waren seine Absichten im Großen und Ganzen doch so gut ausgeführt worden, wie er es erwarten konnte. Er hatte angeboten, das nötige Geld für die Reise des Kapitäns bereitzustellen, und hatte unbedingt einen Diener geschickt, um den Reisenden zu begleiten. Als der Reisende in Monaco Geld gewonnen hatte, war er widerspenstig gewesen, aber das war nicht sehr oft vorgekommen. Als wir ihn das letzte Mal sahen, hatte er Herrn Hart gegenüber seine Absicht geäußert, eine Rückreise in die kaukasischen Provinzen anzutreten. Aber er kam auf seinem Weg in den Kaukasus nicht weiter als bis Genua, und als er dann feststellte, dass Mr. Hart nicht hinter ihm war, drehte er sich um und ging zurück nach Monte Carlo. Monte Carlo, ausgerechnet auf der Erdoberfläche, hatte jetzt einen Reiz für ihn.

Weder in London noch in Paris stand ihm ein Club mehr zur Verfügung, in dem er hundert Pfund gewinnen oder verlieren konnte. In Monte Carlo konnte er dies immer noch problemlos tun; und um dies zu tun, muss man nicht in eine besonders tiefe gesellschaftliche Zusammenkunft versinken. In Monte Carlo wurde die *Langeweile* des Tages beseitigt. In Monte Carlo konnte er bis elf im Bett liegen und dann bis zum Abendessen spielen. In Monte Carlo gab es immer jemanden, der mit ihm ein Glas Wein trank, ohne sich allzu genau nach seinen Vorfahren zu erkundigen. Er hatte damit begonnen, eine große Geldsumme zu gewinnen. Er hatte einige Summen von seinem Bruder bekommen, und als er schließlich nach Hause gerufen wurde, war er mittellos. Wäre seine Tasche noch voller Geld gewesen, könnte man bezweifeln, ob er gekommen wäre, obwohl er die Bedeutung der Angelegenheit, wegen der er zurückgerufen worden war, vollkommen verstand.

Man hatte ihn holen lassen, damit er von Herrn Gray eine klare Erklärung darüber erhalten könne, was in Bezug auf die Zahlung des Geldes an die Gläubiger beabsichtigt sei. Herr Gray hatte zunächst versucht, ihm zu versichern, dass seine Mitarbeit keineswegs aufgrund der wahren Umstände des Falles erforderlich sei, sondern um die Zweifel bestimmter Personen zu befriedigen. Das zu zahlende Geld war das gemeinsame Eigentum seines Vaters und seines Bruders – seines Vaters, soweit es die Verwendung für sein Leben betraf, und seines Bruders, was seinen fortgesetzten und ewigen Genuss betraf. Sie waren bereit, so viel für die Rückzahlung der von ihm, dem Kapitän, gegebenen Anleihen zu zahlen. Was diese Bindungen betraf, wäre der Kapitän somit ein freier Mann. Es konnte kein Zweifel daran bestehen, dass ihm nichts als Nutzen zugedacht war – als ob er selbst der Erbe wäre. „Obwohl ich nicht zögern kann, Ihnen zu sagen, dass Sie nach dem Tod Ihres Vaters keinen Anspruch auf einen Schilling des Vermögens haben werden." Der Kapitän hatte erklärt, dass er durchaus bereit sei, und die Urkunde unterschrieben. Er sei froh, dass diese Anleihen so günstig zurückgewonnen werden könnten. Aber was das Eigentum angeht – und hier sprach er mit viel Elan zu Mr. Grey –, so war es seine Absicht, nach dem Tod seines Vaters zu versuchen, seine Position wiederzugewinnen. Er würde nie glauben, sagte er, dass seine Mutter ... Dann wandte er sich ab, und trotz allem, was gekommen und gegangen war, respektierte Mr. Gray ihn.

Aber er hatte die Urkunde unterschrieben, und die Notwendigkeit seiner Anwesenheit war vorbei. Was sollte sein Bruder jetzt mit ihm machen? Er konnte ihn nicht in seinen Gemächern verstecken – oder nicht verstecken. Aber es muss etwas getan werden. Für ihn muss eine Lebensweise erfunden werden. Im Ausland! Augustus sagte zu sich selbst – und zu Septimus Jones, der sein vertraulicher Freund war –, dass Mountjoy „im Ausland" leben müsse.

„Oh ja, er muss ins Ausland. Daran besteht kein Zweifel. Es ist der einzige Ort für ihn." So sprach Septimus Jones, der zwar ein vertraulicher Freund war, aber nicht zum Posten eines vertraulichen Beraters zugelassen wurde. Augustus wünschte sich gern einen Verwahrer für seine Vorsätze, ließ aber keinen Rat zu. Und Septimus Jones war ihm so sehr zum Geschöpf geworden, dass er ihm in allen Dingen gehorchen musste.

Wir neigen dazu zu glauben, dass ein Mann dadurch entledigt werden kann, dass er ins Ausland geht; oder, wenn er absolut mittellos und nutzlos ist, indem er in die Kolonien geschickt wird, damit er Hirte wird und sich aus der Welt trinkt. In beiden Fällen ist es vielleicht das Hauptziel, den Mann zu töten, damit er kein Ärgernis mehr ist. Aber es war nicht einfach, den Kapitän dazu zu bewegen, ins Ausland zu gehen, es sei denn, er wurde tatsächlich nach Monte Carlo zurückgeschickt. Etwas Monte Carlo, etwa ein Club mit praktisch unbegrenzten Einsätzen, war der erste Wunsch seines Herzens. Aber dahinter, oder damit einhergehend, verbarg sich die sehnsüchtige Sehnsucht, in der Nähe von Tretton zu bleiben und „es zu Ende zu bringen", wie er es nannte, wenn sein Vater sterben sollte. Sein Vater muss sehr bald sterben, und er würde es gerne „ertragen", wie er Mr. Grey sagte; und mit diesem Wunsch ging auch eine Sehnsucht nach der Gesellschaft von Florence Mountjoy einher.

In diesen Momenten trauriger Gedanken – ernster und trauriger Gedanken, die selbst einem Spieler in den Sinn kommen – sagte er sich immer, dass er, wenn er Tretton und Florence Mountjoy hätte, nie wieder eine Karte berühren würde. Und er hatte die Gewissheit, dass seine Tante, Mrs. Mountjoy, immer noch auf seiner Seite sein würde. Wenn er mit Mrs. Mountjoy über seine Umstände sprechen könnte, glaubte er, dass er dadurch ermutigt werden könnte, seine Position als englischer Gentleman wiederzugewinnen. Seine Schulden beim Verein waren bereits beglichen und er hatte heimlich einen ehemaligen Freund kennengelernt, der ihm Hoffnung auf eine Wiederaufnahme gegeben hatte. Aber im gegenwärtigen Moment wandten sich seine Gedanken Brüssel zu. Er hatte erfahren, dass Florence und ihre Mutter dort in der Botschaft waren, und obwohl er zögerte, wollte er dennoch gehen. Aber das war nicht das „Ausland", das Augustus im Sinn hatte. Augustus fand es nicht gut, dass der uneheliche Sohn seines Vaters, der aus einem Londoner Club ausgeschlossen worden war, weil er seine Kartenschulden nicht beglichen hatte, und dann auf mysteriöse Weise sechs Monate lang verschwunden war, sich in der britischen Botschaft zeigen sollte, und zwar dort Anspruch auf Zulassung und Beziehung. Es lag ihm auch nicht daran, dass sein Bruder Florence Mountjoy sehen würde. Er hatte eine längere Tour durch Südamerika vorgeschlagen, das er als das interessanteste Land der Welt bezeichnet hatte. „Ich glaube, ich gehe lieber nach Brüssel", hatte Mountjoy galant geantwortet, während er im Sessel saß und dabei in den Zähnen stocherte. Dies geschah am Abend vor dem, an dem wir sie gerade fanden. Am Morgen dieses Tages hatte Mountjoy sein Interview mit Mr. Grey geführt.

Augustus hatte erklärt, dass er vorhabe, auswärts zu essen. Dies hatte er voller Abscheu über das Verhalten seines Bruders gesagt. Zweifellos konnte er sein Abendessen innerhalb von zehn Minuten bekommen. Er war nicht aus seinem Verein ausgeschlossen worden. Aber er hatte das Abendessen an diesem Tag bestellt, um es selbst zu essen, und tatsächlich führte er sein Ziel aus. Der Kapitän stand auf und wollte allein gehen, als das Abendessen angekündigt wurde, zeigte sich aber erfreut, als sein Bruder sagte, dass er „seine Meinung geändert hatte". „Du hast dich so dumm gemacht, weil du die Tür geschlossen hast, dass ich beschlossen habe, dich dir selbst zu überlassen. Aber komm mit." Und er begleitete den Kapitän in das andere Zimmer.

Es wurde ein sehr hübsches kleines Abendessen vorbereitet – ganz so, wie ein liebevoller Freund einem anderen geben könnte, wenn die Mittel dazu ausreichen – ein Abendessen, wie es der Erbe von Tretton seinem jüngeren Bruder hätte geben können. Der Champagner war ausgezeichnet und die Flasche Leoville. Mountjoy nahm mit großem Eifer an all den guten Dingen teil und dachte die ganze Zeit, dass er das Abendessen seinem jüngeren Bruder hätte geben sollen. Als das Gespräch über eine Reise nach Brüssel oder Südamerika aufkam, hatte Mountjoy einen Kredit vorgeschlagen. „Ich bezahle Ihren Fahrpreis nach Rio und erteile Ihnen einen Auftrag für einen Bankier dort." Mountjoy hatte geantwortet, dass das überhaupt nicht zu seinen Absichten passen würde. Damals hatte Augustus das Gefühl gehabt, dass es fast besser wäre, seinen Bruder sogar nach Brüssel zu schicken, als ihn in London versteckt zu halten. Er war jetzt seit drei oder vier Tagen dort und war, selbst was seinen Unterhalt anbelangte, zu einer Belastung geworden. Die hübschen kleinen Abendessen mussten jeden Tag gefunden werden und wurden vom Kapitän allein gegessen, wenn er allein gelassen wurde, ohne den Versuch einer Entschuldigung seinerseits. Augustus hatte mit der Absicht begonnen, seine Lebensweise zur Schau zu stellen. Er würde seinen Bruder wissen lassen, was es bedeutete, der Erbe von Tretton zu sein. Zweifellos übernahm er den ganzen äußeren Glanz seiner Position und erwartete, das Herz seines Bruders mit Neid zu erfüllen. Aber Mountjoy hatte alles gesehen und verstanden; und als er sich an die Tage erinnerte, die noch nicht lange her waren, als er der Erbe gewesen war, kam ihm in den Sinn, dass er vor seinem Bruder nie geprahlt hatte. Und er war entschlossen, keinerlei Dankbarkeit oder Dankbarkeit auszudrücken. Er aß die kleinen Abendessen genauso weiter, als hätte er sie selbst zubereitet. Es war auf jeden Fall langweilig. Für ihn gab es keine Beschäftigung, und was das Taschengeld anging, war er beklagenswert schlecht versorgt. Doch allmählich gewöhnte er sich wieder an den Blick auf die Straße und hatte bereits die Geschäfte einiger seiner alten Handwerker betreten. Er führte ein recht vertrauliches Gespräch mit seinem Stiefelmacher und hatte drei oder vier neue Paar Stiefel bestellt.

Niemand konnte sagen, wie die Frage des Eigentums entschieden werden würde, bis sein Vater gestorben wäre. Sein Vater hatte ihn äußerst grausam behandelt und er würde nur auf seinen Tod warten. Er könnte dem Schuhmacher versichern, dass er, wenn es soweit ist, nach seinen Rechten suchen sollte. Er wusste, dass im Ausland der Verdacht bestand, dass er mit seinem Vater und seinem Bruder eine Verschwörung hatte, um seine Gläubiger zu betrügen. Keine solche Sache. Er selbst wurde betrogen. Er gelobte dem Schuhmacher, dass sein Vater ihn nach bestem Wissen und Gewissen berauben würde und dass er zweifellos sein Recht auf das Tretton-Anwesen geltend machen würde, sobald der Atem aus dem Körper seines Vaters strömen würde. Die Wahrheit dessen, was er dem Stiefelmacher erzählte, glaubte er mit Sicherheit. Seiner Erzählung wurden einige kleine Beilagen hinzugefügt, die unter den gegebenen Umständen vielleicht zu verzeihen waren. Der Schlag sei so plötzlich über ihn gekommen, sagte er, dass er nicht einmal in der Lage gewesen sei, sein Kartenkonto zu bezahlen, und die Stadt voller Bestürzung über die Mine verlassen habe, die unter seinen Füßen explodiert sei. Der Schuhmacher glaubte ihm so weit, dass er sich verpflichtete, seine Aufträge zu liefern.

Als das Abendessen gegessen war, zündeten die beiden Brüder ihre Zigarren an und traten ans Feuer. „Das muss leider ein Ende haben, wissen Sie", sagte Augustus.

„Ich kann es sicherlich nicht mehr lange aushalten", sagte Mountjoy.

„Du hattest jedenfalls das Beste davon. Ich habe mich bemüht, mein kleines Kinderbett für dich bequem zu machen."

„Das Essen ist gut und der Wein. Daran besteht kein Zweifel. Irgendwo sagt jemand, dass niemand von Brot allein leben kann. Dazu gehört wohl auch die gesamte *Speisekarte* ."

„Was schlagen Sie vor, mit sich selbst zu tun?"

„Du hast gesagt, geh ins Ausland."

„Das habe ich getan – nach Rio."

„Rio ist weit weg – irgendwo jenseits des Äquators, nicht wahr?"

„Das glaube ich."

„Ich denke, wir sollten die Sache besser klar unter uns klären, Augustus. Es würde mir nicht passen, in Rio Janeiro zu sein, wenn unser Vater stirbt."

„Welchen Unterschied wird sein Tod für Sie machen?"

„Der Tod eines Vaters macht im Allgemeinen einen Unterschied für seinen ältesten Sohn, insbesondere wenn es um Eigentum geht."

„Sie wollen damit sagen, dass Sie beabsichtigen, die Umstände Ihrer Geburt anzufechten?"

„Bestreite sie! Glaubst du, dass ich zulassen werde, dass so etwas über meine Mutter gesagt wird, ohne es zu bestreiten? Glaubst du, dass ich meinen Anspruch auf eines der schönsten Anwesen in England aufgeben werde, ohne es zu bestreiten?"

„Dann sollte ich die Zahlung dieses Geldes besser einstellen und den Herren mitteilen, dass Sie beabsichtigen, die Frage in ihrem Namen zu stellen."

„Das ist deine Sache. Die Vereinbarung ist für mich sehr gut; aber du hast es geschafft."

„Sie wissen ganz genau, dass Ihre derzeitige Drohung nichts bedeutet. Fragen Sie Mr. Grey. Sie können ihm vertrauen."

„Aber ich kann ihm nicht vertrauen. Nachdem ich von meinem eigenen Vater so bösartig getäuscht wurde, kann ich niemandem vertrauen. Warum hat Mr. Gray es nicht schon früher herausgefunden, wenn es wahr ist? Ich gebe dir mein Wort, Augustus, Die Anwälte müssen dagegen ankämpfen, bevor Ihnen die Besitznahme gestattet wird.

„Und doch hast du keine Skrupel, hierher zu kommen und auf meine Kosten zu leben."

„Nicht im Geringsten. Auf wessen Kosten kann ich mit weniger Skrupeln leben als auf deine? Du hast jedenfalls unserer Mutter nicht ihren guten Namen geraubt, wie mein Vater es getan hat. Der Einzige in der Familie, mit dem ich zusammen bin „Konnte nicht bleiben, ist der Gouverneur. Ich konnte nicht mit einem Mann am Tisch sitzen, der sich so blamiert hat."

„Auf mein Wort, ich bin Ihnen sehr dankbar für die Ehre, die Sie mir erweisen."

„Das ist mein Gefühl. Die Chance des Spiels und seine Schurkerei haben dir für den Moment den Besitz aller guten Dinge beschert. Sie gehören alle von Rechts wegen mir."

„Karten hatten damit nichts zu tun.“

„Ja, das haben sie. Aber sie hatten nichts damit zu tun, dass ich der älteste legitime Sohn meines Vaters war. Die Karten waren gegen mich, aber sie hatten keine Auswirkungen auf meine Mutter. Dann kam der Schlag vom Gouverneur, und wo Sollte ich mein Brot anders als bei Ihnen suchen? Ich nehme an, wenn Sie die Wahrheit wissen, bekommen Sie das Geld vom Gouverneur.

„Natürlich tue ich das. Aber nicht für deinen Unterhalt.“

„Wovon, vermutet er, lebe ich seit letztem Juni? Es steht vielleicht nicht in der Kaution, aber ich nehme an, er hat für meinen Unterhalt Abhilfe geschaffen. Wollen Sie damit sagen, dass ich kein Brot und … haben soll?“ Käse aus Tretton?“

„Wenn ich dich aus diesen Räumen verweisen würde, würdest du es sehr schwierig finden, es zu bekommen.“

„Ich glaube nicht, dass du das tun wirst.“

"Ich bin mir nicht sicher."

„Du meditierst darüber, oder? Ich sollte jetzt nicht gehen, weil ich keinen Souverän auf der Welt habe. Ich wollte mit dir über Geld reden. Du musst mir etwas geben.“

„Auf mein Wort, ich mag deine Unverschämtheit!“

„Was zum Teufel soll ich tun? Der Gouverneur hat mich gebeten, nach Tretton zu gehen, und ich kann nicht ohne einen Fünf-Pfund-Schein in der Tasche gehen.“

„Der Gouverneur hat Sie nach Tretton gebeten?“

„Warum nicht? Ich habe heute Morgen einen Brief von ihm bekommen.“ Dann verlangte Augustus, den Brief zu sehen, aber Mountjoy weigerte sich, ihn zu zeigen. Daraus entstanden wütende Worte, und Augustus sagte seinem Bruder, dass er ihm nicht glaubte. „Glaub mir nicht? Du glaubst mir! Du weißt, dass das, was ich sage, die Wahrheit ist. Er hat mich mit all seiner üblichen Schmierseife gefragt. Aber ich habe mich geweigert zu gehen. Ich habe ihm gesagt, dass ich nicht in das Haus von gehen könne Einer, der meine Mutter so schwer verletzt hatte.

Alles, was Mountjoy über den geplanten Besuch in Tretton sagte, war wahr. Der Squire hatte ihm geschrieben, ohne den Namen Augustus zu erwähnen, und ihm gesagt, dass Tretton vorerst das beste Zuhause für ihn sei. „Ich werde tun, was ich kann, um dich glücklich zu machen, aber du wirst keine Karte sehen“, hatte der Gutsherr gesagt. Es war nicht der Mangel an Karten, der Mountjoy daran hinderte, sondern sein Gefühl, dass es in Zukunft nur noch Krieg zwischen ihm und seinem Vater geben könnte. Es stand außer Frage, dass er die Gastfreundschaft seines Vaters annehmen sollte, ohne ihm seine Absicht mitzuteilen, und er kannte seinen Vater nicht gut genug, um das Gefühl zu haben, dass eine solche Erklärung ihn überhaupt nicht berühren würde. Er hatte daher abgelehnt.

Dann wurde Harry Annesleys Name erwähnt. „Ich glaube, ich habe für diesen Kerl getan", sagte Augustus.

"Was haben Sie getan?"

„Ich habe seine Gans gekocht. Erstens hat sein Onkel sein Taschengeld gestrichen, und zweitens wird der alte Kerl eine Frau heiraten. Auf jeden Fall hat er sich mit Meister Harry gestritten, *Meister* Harry Ist in das elterliche Pfarrhaus zurückgekehrt und isst dort das Brot des Elends und trinkt das Wasser der Armut? Ein Mädchen kann jetzt einen Mann heiraten, ohne Erlaubnis von irgendjemandem Cousin wird nichts zu essen haben.

„Und du hast das getan?"

„„Alleine habe ich es geschafft, Junge.""

„Dann ist es eine höllische Schande. Welchen Schaden hat er dir jemals zugefügt? Für mich hatte ich einen Grund zum Streit mit ihm, aber für dich gab es keinen."

„Ich habe auch meinen eigenen Streit mit ihm."

„Ich habe mit ihm gestritten – aus einem Grund. Es ist mir egal, ob ich noch einmal mit ihm streite. Er wird Florence Mountjoy nie heiraten, wenn ich es verhindern kann. Aber einem Kerl sein Eigentum zu rauben, halte ich für eine sehr schäbige Sache." Dann stand Augustus auf und ging aus den Gemächern auf die Straße, und Mountjoy folgte ihm bald.

„Ich muss ihm klar machen, dass er das hier sofort verlassen muss", sagte Augustus zu sich selbst, „und wenn nötig muss ich anordnen, dass die Lieferungen eingestellt werden."

KAPITEL XXXVIII.

DIE SCARBOROUGH-KORRESPONDENZ.

Es war, wie Mountjoy gesagt hatte. Der Squire hatte ihm einen Brief geschrieben, in dem er ihn nach Tretton einlud und ihm mitteilte, dass dies das beste Zuhause für ihn sei, bis der Tod Tretton in andere Hände gegeben hätte. Mountjoy hatte die Sache überlegt, während er im Sessel im Zimmer seines Bruders saß, und schließlich die Einladung abgelehnt. Da sein Brief ein Sinnbild für diesen Mann war, könnte es sinnvoll sein, ihn dem Leser zu geben:

„Mein lieber Vater, ich glaube nicht, dass es mir jetzt passt, nach Tretton zu gehen. Die Karten machen mir nichts aus, und ich bezweifle nicht, dass du es besser machen würdest als diesen Ort. Aber, um Ehrlich gesagt, ich glaube kein Wort von dem, was Sie der Welt über meine Mutter erzählt haben, und ich habe nicht vor, eines Tages still daneben zu sitzen und zuzusehen, wie Tretton aus meinem Leben gerissen wird Mund. Deshalb denke ich, dass ich besser nicht nach Tretton gehen sollte.

"Mit freundlichen Grüßen,

„MOUNTJOY SCARBOROUGH.“

Das hatte den Vater überhaupt nicht überrascht und ihn nicht im Geringsten verärgert. Er mochte es sehr, dass sein Sohn sich für seine Mutter einsetzte, und war keineswegs beleidigt über den Ausdruck der Ungläubigkeit seines Sohnes. Aber was war an der Aussicht auf eine zukünftige Klage dran, um zu verhindern, dass sein Sohn nach Tretton kommt? Über die Immobilie muss kein Wort gesprochen werden. In Tretton wäre es wesentlich komfortabler als in den Zimmern in der Victoria Street, und er war sich bewusst, dass die Gastfreundschaft in der Victoria Street nicht ohne Widerwillen gewährt werden würde. „Es würde mir nicht gefallen“, sagte sich der alte Gutsbesitzer, während er ruhig auf seinem Sofa lag. „Ich möchte überhaupt nicht der bescheidene Gast von Augustus sein. Augustus würde sicherlich das ein oder andere böse Wort sagen.“

Der alte Mann kannte seinen jüngeren Sohn gut, und er kannte auch den Charakter seines älteren Sohnes; Aber er hatte nicht genug mit der Veränderung gerechnet, die eine solche Offenbarung, die er, sein Vater, ihm gegenüber gemacht hatte, mit sich gebracht haben musste. Mountjoy hatte gespürt, dass die ganze Welt gegen ihn war und dass er, so gut er konnte, die ganze Welt ausnutzen würde, außer seinem Vater, der von der ganzen Welt der falschste und grausamste war. Was seinen Bruder betrifft, so würde er ihn ohne Gewissensbisse bis zum letzten Tropfen ausbluten lassen. Jede

Flasche Champagner, die ins Haus kam, war für Mountjoy seine eigene, mit seinem Geld gekaufte Flasche und daher geeignet, von ihm genossen zu werden. Aber was seinen Vater betrifft, so bezweifelte er, dass er bei ihm bleiben konnte, ohne ihn an die Kehle zu werfen.

Der alte Mann bevorzugte eindeutig seinen älteren Sohn. Er hatte festgestellt, dass Augustus den Erfolg nicht ertragen konnte, und hatte ihn zunächst nicht gemocht und dann gehasst. Was hatte er nicht für Augustus getan? Und mit was für einer Rendite! Zweifellos hatte sich Augustus bis zum Frühjahr dieses Jahres im Hintergrund gehalten; aber dadurch war ihm kein Schaden zugefügt worden. Sein Vater hatte aus gutem Willen, mit unendlicher Arbeit und erfolgreichem Einfallsreichtum darum gekämpft, ihn wieder an den Platz zu bringen, der ihm genommen worden war. Augustus hätte sich, nicht unnatürlich, vielleicht wütend ausgedrückt. Er hatte es zwar nicht getan, sich aber immer wieder unliebsam gemacht und weiterhin gezeigt, dass er ungeduldig auf den Tod seines Vaters wartete. Es hatte sich ergeben, dass er bei ihrem letzten Treffen kaum Bedenken gehabt hatte, seinem Vater zu sagen, dass die Welt für ihn keine Welt sein würde, bis sein Vater sie verlassen hätte. Dies war die Belohnung, die der alte Mann dafür erhielt, dass er sich Mühe gegeben hatte, seinen Sohn ansehnlich und luxuriös zu versorgen! Er gewährte seinem Sohn immer noch eine ausreichende Zuwendung, die dem Erben eines Mannes mit großem Vermögen gebührte, hatte sich aber vorgenommen, ihn nie wieder zu sehen. Es stimmte, dass er ihn fast hasste und zutiefst verachtete.

Aber seit der Abreise und dem mysteriösen Verschwinden seines ältesten Sohnes war seine Achtung vor dem Sünder zurückgekehrt. Er war offenbar zu einem hoffnungslosen Spieler geworden. Seine Schulden waren beglichen und zurückgezahlt. Endlich hatte der Squire erfahren, dass Mountjoy so viele Post-Obits hatte, dass es unmöglich war, sie weiter zu begleichen. Es gab keine Möglichkeit, ihn zu retten. Um das Eigentum zu retten, muss er die Taten seiner frühen Jugend rückgängig machen und beweisen, dass der ältere Sohn unehelich war. Er hatte die Korrekturabzüge noch aufbewahrt und tat es.

Zum großen Entsetzen von Mr. Grey, zum Entsetzen der Gläubiger, zur ungläubigen Verwunderung von Augustus und fast bis zur Vernichtung von Mountjoy selbst hatte er es getan. Aber es gab nichts an Mountjoys Verhalten, das ihn wirklich verletzt hätte. Mountjoys Laster waren gefährlich, destruktiv und absurd dumm gewesen, aber für seinen Vater keine Schande. Er verspottete das Glücksspiel als Quelle der Aufregung. Ohne unehrliche Praktiken könnte kein Mensch viel gewinnen, und Betrug beim Kartenspielen würde mit Sicherheit aufgedeckt werden. Aber aus diesem Grund hasste er Karten nicht. Es gab keinen Grund, warum Mountjoy für die wenigen Tage, die ihm noch blieben, nicht ein ebenso angenehmer

Begleiter wie eh und je werden sollte, wenn er nur käme. Doch als er gefragt wurde, weigerte er sich zu kommen. Als der Squire den oben genannten Brief erhielt, war er nicht im Geringsten wütend auf seinen Sohn, sondern beschloss lediglich, ihn nach Möglichkeit nach Tretton zu bringen. Mountjoys Schulden würden nun beglichen und, wenn möglich, sollte etwas für ihn getan werden. Er war so wütend auf Augustus, dass er, wenn möglich, seine letzte Entscheidung widerrufen würde; – aber das, leider! wäre unmöglich.

Sir William Brodrick hatte, als er ihn das letzte Mal sah, eine gewisse Hoffnung zum Ausdruck gebracht – nicht auf seine Genesung, die von allen als unmöglich eingestanden wurde, sondern auf seinen Verbleib im Land der Lebenden für weitere drei Monate oder vielleicht sechs. wie Sir William schließlich vorgeschlagen hatte, was, wie er selbst zu denken schien, eine unbestimmte Hoffnung eröffnete. „Die wunderbarste Verfassung, Mr. Scarborough, die ich je in meinem Leben gesehen habe. Ich habe noch nie einen Hund erlebt, der auch nur so wütend war und es dennoch ertragen konnte." Mr. Scarborough verneigte sich, lächelte und nahm das Kompliment an. Er hätte den Hut vom Kopf genommen, wenn er in seinem Wohnzimmer einen Hut getragen hätte. Mr. Merton war noch weiter gegangen. Natürlich wolle er, sagte er, seine Meinung nicht gegen die von Sir William stellen; aber wenn Mr. Scarborough sich streng an seine Regeln hielt, sah Mr. Merton nicht ein, warum entweder drei Monate oder sechs das Ende sein sollten. Mr. Scarborough hatte geantwortet, dass er es sich nicht leisten könne, genau nach Regeln zu leben, und Mr. Merton hatte den Kopf geschüttelt. Aber von diesem Zeitpunkt an bemühte sich Herr Scarborough, den ihm erteilten Anordnungen Folge zu leisten. Er hatte in den sechs Monaten, die ihm nun angeboten wurden, etwas zu tun, das sich lohnte.

Er hatte in letzter Zeit viel von der Geschichte von Harry Annesley gehört und große Wut über die Misshandlungen zum Ausdruck gebracht, denen dieser junge Mann ausgesetzt war. Ihm war zu Ohren gekommen, dass beabsichtigt war, dass Harry das von ihm erwartete Eigentum verlieren sollte und dass er bereits sein unmittelbares Einkommen verloren hatte. Dies hatte er durch Mr. Merton erfahren, zwischen dem und Augustus Scarborough keine enge Freundschaft bestand. Und der Gutsherr verstand, dass Florence Mountjoy die Ursache für Harrys Unglück gewesen war. Er selbst erkannte, dass sein Sohn Mountjoy nicht in der Lage war, eine junge Dame zu heiraten. Der Hunger würde einer solchen jungen Dame sicherlich ins Gesicht starren. Aber nichtsdestotrotz war er erbittert und angewidert von der Vorstellung, dass Augustus versuchen sollte, die junge Dame zu sich zu nehmen. "Was!" er hatte Herrn Merton zugerufen; „Er will sowohl das Eigentum als auch das Mädchen. Es gibt nichts auf der Welt, was er nicht will. Je größer die Unangemessenheit in seinem Verlangen, desto stärker ist das Verlangen."

Dann erfasste er nach und nach alle Einzelheiten der mitternächtlichen Fehde zwischen Harry und Mountjoy und machte sich daran, Augustus zu untergraben. Aber er hatte den Plan zur Begleichung mit den Gläubigern konsequent ausgeführt und mit der Hilfe von Mr. Grey, wie er glaubte, dieses Geschäft bereits abgeschlossen. Eine Konjunktion mit Augustus war notwendig gewesen, aber sie war erreicht worden.

Es ist nicht übertrieben zu sagen, dass im gegenwärtigen Augenblick seines Lebens der Gedanke, Augustus Schaden zuzufügen, das einzige Ziel war, das Mr. Scarboroughs Geist beschäftigte. Seit er Geschäftsbeziehungen mit seinem jüngeren Sohn aufgenommen hatte, war er zu der Überzeugung gelangt, dass es keinen abscheulicheren jungen Mann gab. Der Leser wird vielleicht Herrn Scarborough zustimmen, aber es ist kaum zu hoffen, dass er diese Meinung ebenso stark vertreten wird.

Augustus war nun der anerkannte älteste legitime Sohn des Gutsherrn; und da das Eigentum verpfändet war, musste es zweifellos ihm gehören. Aber der Gutsherr erwog alle Mittel, diesen Zustand so weit wie möglich seiner Herrlichkeit zu berauben. Als er zum ersten Mal von dem Schaden hörte, der Harry Annesley zugefügt worden war, dachte er, dass er unserem Helden alle Möbel, alle Edelsteine, alle Bücher, den ganzen Wein und das ganze Vieh hinterlassen würde, die in Tretton angehäuft waren. Augustus sollte das kahle Land und das noch kahlere Haus haben, aber sonst nichts. Als er darüber nachdachte, war er von der Überzeugung getrieben, dass es für ihn sinnlos wäre, sie Mountjoy zu überlassen. Was auch immer Mountjoy übrig bleiben würde, würde tatsächlich den Gläubigern überlassen; und daher hatte man Harry Annesley mit seinen Verletzungen als einen angemessenen Empfänger angesehen, nicht der Prämie des Gutsherrn, sondern der Folgen seines Hasses auf seinen Sohn.

Gegen das Gesetz verstoßen! Das war schon immer das Hauptziel des Ehrgeizes des Gutsherrn gewesen. Alles so zu arrangieren, dass man sehen konnte, dass er alle Gesetze missachtet hatte! Das war sein großer Stolz gewesen. Er hatte dies insbesondere und mit erstaunlicher Scharfsinnigkeit in Bezug auf seine Frau und seine beiden Söhne getan. Doch nun war ein Zustand eingetreten, in dem er erneut seine Klugheit beweisen konnte. Augustus war äußerst darauf bedacht gewesen, alle Post-Obit-Anleihen, die die Gläubiger besaßen, zurückzuzahlen, da er – wie sein Vater sehr wohl wusste – das Gefühl hatte, dass er sie dadurch daran hindern würde, weitere Nachforschungen anzustellen, wenn der Squire hätte sterben sollen. Warum sollten sie die Sache durch den Gang zum Gericht vorantreiben, wenn damit nichts gewonnen werden könnte? Diese Anleihen waren nun zurückgezahlt und befanden sich im Besitz von Mr. Grey. Sie waren dem Namen nach von ihm selbst aufgekauft worden und mussten ihm übergeben werden. Mr. Grey würde jedenfalls den Beweis haben, dass sie zufrieden waren. Sie konnten nicht erneut dazu verwendet werden, etwaige Groll zu befriedigen, den Augustus hegen könnte. Der Kapitän konnte sich nun über jedes ihm verbleibende Eigentum freuen. Natürlich würde alles auf den Spieltisch fallen. Vielleicht wäre es sogar noch besser, es Harry Annesley zu überlassen. Aber Blut war dicker als Wasser – obwohl es nur das Blut eines Bastards war. Er würde Harry auf andere Weise guttun. Alle Möbel, alle Edelsteine und das ganze Geld sollten künftig wieder Eigentum von Mountjoy sein.

Damit dies jedoch vor seinem Tod geschehen konnte, durfte er das Gras unter seinen Füßen nicht wachsen lassen. Er dachte an die versprochenen drei Monate mit einer möglichen Verlängerung auf sechs, wie Sir William vorgeschlagen hatte. „Sir William sagt, drei Monate", sagte er zu Mr. Merton und sprach damit auf die einfachste Art und Weise über die Möglichkeit seines Lebensunterhalts.

„Er sagte sechs."

„Ah! Das heißt, wenn ich tue, was mir gesagt wird. Aber genau das werde ich nicht tun. Drei oder sechs wären alles das Gleiche, nur für ein kleines bisschen Geschäft, das ich erledigen möchte. Zu Sir Williams Befehlen würde Folgendes gehören: die Aufgabe meines Geschäfts."

„Je weniger getan wird, desto besser. Dann verstehe ich nicht, warum Sir William Sie auf sechs Monate beschränken sollte."

„Ich denke, dass drei fast ausreichen werden."

„Ein Mann will nicht sterben, nehme ich an", sagte Merton.

„Es gibt verschiedene Möglichkeiten, diese Frage zu betrachten", antwortete der Gutsbesitzer. „Viele Männer wünschen sich die Verlängerung des Lebens als einen längeren Zeitraum des Vergnügens. Vielleicht habe ich etwas von diesem Gefühl, aber wenn man sieht, wie sehr ich verkrüppelt und eingeschränkt bin, wie meine Freuden auf das Atmen der Luft beschränkt sind Essen und Trinken, und das gelegentliche Lesen von ein paar Seiten, Sie müssen zugeben, dass es nicht viel davon geben kann. Ein Gespräch mit Ihnen ist das Beste daran Die gewöhnliche Akzeptanz der Worte ist bei mir vorbei. Viele haben Angst vor dem Sterben. Ich kann Ihnen versichern, dass ich keine Angst davor habe, meinen Schöpfer zu treffen Ich wünsche mir fürs Leben, dass ihre Absichten der Liebe oder stärkere Absichten des Hasses verwirklicht werden, aber aus diesem Grund wünsche ich es mir nur, bis diese Absichten erfüllt sind für eine Stunde; aber ich möchte, dass du vor der Postzeit noch ein paar Briefe schreibst. Dann drehte sich Mr. Scarborough um und dachte an die Briefe, die er schreiben sollte. Mr. Merton ging hinaus, und während er im Dezember im Dreck und Schneematsch durch den Park schlenderte, versuchte er zu entscheiden, ob er die Philosophie seines

Gönners am meisten bewunderte oder seinen allgemeinen Mangel an Prinzipien verurteilte.

Zur richtigen Stunde erschien er wieder und fand Mr. Scarborough ziemlich wachsam vor. „Ich weiß nicht, ob ich die drei Monate bekomme, es sei denn, ich benehme mich besser", sagte er. „Ich habe über diese Briefe nachgedacht und beinahe versucht, sie zu schreiben. Es gibt Dinge über einen Sohn, die ein Vater niemandem mitteilen möchte." Merton schüttelte nur den Kopf. „Ich habe kein bisschen Angst vor dir, und es ist mir auch nicht wichtig, dass du weißt, was ich zu sagen habe. Aber es gibt Worte, die man nur schwer schreiben kann und die man kaum diktieren kann." Aber er machte den Versuch, obwohl er nicht in der Lage war, alles auszusprechen, was er beabsichtigt hatte. Der erste Brief war an den Anwalt:

„Mein lieber Herr Grey, – Sie werden überrascht sein, dass ich Ihnen schreibe, Sie noch einmal an mein Bett zu rufen. Ich glaube, es wurde eine Art Versprechen abgegeben, dass die Bitte nicht wiederholt werden sollte; aber die Umstände sind von solcher Natur dass ich nicht genau weiß, wie ich es vermeiden kann. Wenn Sie sich jedoch weigern, zu kommen, werde ich Ihnen meine Anweisungen geben. Es ist meine Absicht, ein anderes Testament zu verfassen und alles, was ich fähig bin, meinem Sohn Mountjoy zu hinterlassen. Sie wissen, dass er jetzt schuldenfrei ist und in der Lage ist, sich an allen Besitztümern zu erfreuen, die er möglicherweise besitzt, wenn er stirbt, und der Himmel steht dem Mann bei, der auf die Gnade von ihm angewiesen sein sollte Augustus Scarborough.

„Was ich besitze, wäre das Guthaben bei der Bank, das Haus in der Stadt und alles, was in und um Tretton herum vorhanden ist, und ich würde mir wünschen, dass das Testament sehr deutlich klarstellen würde, dass jeder erdenkliche Besitzgegenstand dazu bestimmt ist Ich kenne die Stärke eines Fideikommisses, und um Himmels willen würde ich es nicht wagen, mich in etwas so Heiliges einzumischen. Als er diese Worte aussprach, breitete sich ein zufriedenes Grinsen auf seinem Gesicht aus, und sein Schreiber konnte sich das Lachen überhaupt nicht verkneifen. „Aber da Augustus die Hektar haben muss, soll er sie kahl haben."

„Unterstreichen Sie bitte dieses Wort." und das Wort wurde unterstrichen. „Wenn ich Zeit hätte, würde ich jeden Baum in der Gegend fällen lassen."

„Ich glaube nicht, dass Sie es schaffen könnten", sagte Merton.

„Ich würde beim Bau der Bauernscheunen und beim Reparieren der Bauerntore mein ganzes Vermögen aufbrauchen und einen Hektar Land direkt vor dem Haus mit einem riesigen Wintergarten bebauen. Ich respektiere das Gesetz, mein Junge, und sie würden ihn finden." Es ist schwer zu beweisen, dass ich darüber hinausgegangen bin. Aber für eine solche vollzogene Rache bleibt keine Zeit.

Dann fuhr er mit dem Brief fort: „Sie werden verstehen, was ich meine. Ich möchte mein Eigentum aufteilen, damit Mountjoy alles haben kann, was nicht unbedingt erforderlich ist. Sie werden natürlich sagen, dass alles auf den Spieltisch kommt." Es kann zum Teufel gehen, damit Augustus es nicht hat. Wenn Sie zustimmen würden, noch einmal zu mir zu kommen, könnten wir vielleicht einen Plan ausdenken, um es zu retten Ob ich dies tun kann oder nicht, ich bitte darum, dass mein letzter Wille gemäß diesen Anweisungen erstellt wird.

„Mit freundlichen Grüßen,

„JOHN SCARBOROUGH."

„Und jetzt zum anderen", sagte Mr. Scarborough.

„Wäre es nicht besser, dich ein wenig auszuruhen?" fragte Merton.

„Nein, das ist eine Art von Arbeit, bei der sich ein Mensch nicht ausruhen möchte. Er wird von seinen eigenen Sorgen und seinem eigenen Eifer vorangetrieben. Das wird sehr kurz sein, und wenn es erledigt ist, kann ich vielleicht schlafen." ."

Der zweite Brief lautete wie folgt:

„Mein lieber Mountjoy, ich halte es für töricht, wenn Sie sich aus einem Gefühl davon abhalten lassen, hierher zu kommen. Aber in Wahrheit wünsche ich Ihnen, dass Sie aus geschäftlichen Gründen hier sind, unabhängig von der Freude, die mir Ihre Gesellschaft bereiten würde Das ist für Sie von einiger Bedeutung. Ich bin im Begriff, ein neues Testament zu verfassen, und obwohl ich verpflichtet bin, dem Gesetz allen Respekt zu zollen, und um Himmels Willen nichts tun würde, was gegen das Gesetz verstößt, kann es mir dennoch möglich sein, dies zu tun Etwas zu Ihren Gunsten. Ihr Bruder hat sich freundlicherweise für die Bezahlung Ihrer Gläubiger eingesetzt, und da alle ausstehenden Anleihen abgelöst wurden, könnten Sie nun durch seine Großzügigkeit in den Genuss aller noch vorhandenen Besitztümer kommen Ein paar Tische und Stühle stehen mir zur Verfügung und ein oder zwei Juwelen und ein paar seltsame Bände, die Sie vielleicht gerne besitzen würden. Ich habe Mr. Gray zu diesem Thema geschrieben und möchte, dass Sie ihn sehen Tun Sie es, ob Sie hierher kommen oder nicht. Aber ich wünsche nichtsdestotrotz, dass Sie kommen.

„Dein liebevoller Vater,

„JOHN SCARBOROUGH."

„Ich denke, dass ihn die einen oder anderen Bände reizen werden. Er hatte schon immer eine Vorliebe für Literatur.“

„Ich nehme an, es bedeutet die gesamte Bibliothek?“ antwortete Merton.

„Und er mag Tische und Stühle. Ich denke, er wird kommen und sich um die Tische und Stühle kümmern.“

„Warum nicht Betten und Waschtische?“ sagte Herr Merton.

„Nun ja, vielleicht hat er die Betten und Waschtische. Mountjoy ist kein Dummkopf und wird sehr gut verstehen, was ich meine. Ich frage mich, ob ich das Papier von den Wänden des Wohnzimmers abkratzen und die Reste dort liegen lassen könnte sein Bruder, ohne sich in die Sache einzumischen? Aber jetzt bin ich müde und werde mich ausruhen.“

Aber er legte sich nicht einmal zur Ruhe, sondern schmiedete noch immer Pläne und Pläne für das Anwesen. Nun musste ein weiterer Brief geschrieben werden, zu dessen Abfassung er Mr. Merton nicht noch einmal vorladen würde. Er schämte sich fast, dies zu tun, und ließ schließlich seine Schwester holen. „Martha“, sagte er, „ich möchte, dass du einen Brief für mich schreibst.“

„Mr. Merton hat den ganzen Morgen Briefe für Sie geschrieben.“

„Das ist genau der Grund, warum Sie jetzt einen schreiben sollten. Ich habe immer noch ein wenig Angst vor seiner Autorität, aber ich habe überhaupt keine Angst vor Ihrer.“

„Du solltest ruhig sein, John, das solltest du tatsächlich.“

„Und damit ich ruhig bin, müssen Sie diesen Brief schreiben. Es ist nichts Besonderes, sonst hätte ich Sie nicht darum bitten sollen. Es ist nur eine Einladung.“

„Eine Einladung, hier jemanden zu fragen?“

„Ja, um jemanden zu bitten, hierher zu kommen. Ich weiß nicht, ob er kommt.“

"Kenne ich ihn?"

„Das hoffe ich, wenn er kommt. Er ist ein sehr gutaussehender junger Mann, wenn das überhaupt etwas bedeutet.“

„Rede keinen Unsinn, John.“

„Aber ich glaube, er ist mit einer anderen jungen Dame verlobt, und ich muss Sie bitten, sich nicht einzumischen. Erinnern Sie sich an Florence?“

„Florence Mountjoy? Natürlich erinnere ich mich an meine eigene Nichte.“

„Der junge Mann ist mit ihr verlobt.“

„Sie war für den armen Mountjoy bestimmt.“

„Der arme Mountjoy hat jede Chance auf eine Frau überwunden.“

„Armer Mountjoy!“ – und die sanftherzige Tante vergoss fast Tränen.

„Aber wir haben jetzt nichts mit Mountjoy zu tun. Setzen Sie sich hin und beginnen Sie. ‚Sehr geehrter Mr. Annesley –‘“

„Oh! Es ist Mr. Annesley, nicht wahr?“

„Ja, das ist es. Mr. Annesley ist der hübsche junge Mann. Haben Sie etwas dagegen?“

„Nur Leute sagen –“

"Was sagen Sie?"

„Natürlich weiß ich es nicht; nur ich habe gehört –“

„Dass er ein Schurke ist!“

„Der Schurke ist sehr stark“, sagte die alte Dame schockiert.

„Ein Bösewicht, ein Lügner, ein Dieb und alles andere. Das haben Sie gehört. Und ich werde Ihnen sagen, wer Ihr Informant war. Entweder aus erster oder zweiter Hand, es wurde Ihnen von Mr. Augustus mitgeteilt Scarborough. Jetzt fangen wir noch einmal an. „Sehr geehrter Herr Annesley –“ Die alte Dame hielt einen Moment inne und begann und beendete dann ihren Brief wie folgt:

„Sehr geehrter Herr Annesley, – Sie haben einmal ein paar Tage hier verbracht, und ich möchte die Freude, die mir Ihr Besuch bereitet hat, noch einmal wiederholen. Würden Sie Ihre Freundlichkeit so weit ausdrücken, dass Sie zu einem beliebigen Zeitpunkt nach Tretton kommen könnten? Es tut mir leid, dir mitteilen zu müssen, dass dein Freund Augustus Scarborough nicht hier sein kann, um dich zu treffen. Wenn du ihm entkommen möchtest, werde ich versuchen, den Zeitpunkt zu vereinbaren, an dem ich dich treffen kann Aber ich denke, da muss kein böses Blut sein, wofür Sie sich wahrscheinlich schämen müssen.

(„Sicherlich muss er sich schämen“, sagte Miss Scarborough.

„Macht dir nichts aus. Glaub mir, du weißt nichts darüber.“ Dann fuhr er mit seinem Brief fort.)

„Aber ich bitte Sie nicht nur zum Vergnügen Ihrer Gesellschaft. Ich habe Ihnen ein Wort zu sagen, das wichtig sein könnte. Mit freundlichen Grüßen

„JOHN SCARBOROUGH.“

KAPITEL XXXIX.

WIE DIE BRIEFE EINGEGANGEN SIND.

Wir müssen nun die Gefühle der Korrespondenten von Herrn Scarborough beschreiben, als sie seine Briefe erhielten. Als Mr. Gray begann, das, was an ihn gerichtet war, zu lesen, erklärte er, dass er unter keinen Umständen nach Tretton gehen würde. Doch als er bei sich selbst über seinen Einwand nachdachte, stellte er fest, dass dieser hauptsächlich in seiner großen Abneigung gegen Augustus Scarborough lag. Für den armen Mountjoy, wie er ihn nannte, hegte er ein Gefühl tiefen Mitleids – und Mitleid ist, wie wir wissen, mit Liebe verwandt. Und für den Squire empfand er in seinem Herzen nur wenig von der tiefen Abneigung, die, wie er wusste, ein solches Verhalten, wie es durch das Squires Verhalten hätte hervorrufen sollen, hervorrufen würde. „Er ist der größte Schlingel, den ich je gekannt habe", sagte er immer wieder, sowohl zu Dolly als auch zu Mr. Barry. Dennoch betrachtete er ihn nicht so, wie ein ehrlicher Mann einen Schurken betrachtet, und war infolgedessen wütend auf sich selbst. Er wusste, dass in ihm noch ein Funke Liebe zu Mr. Scarborough verblieben war, was für ihn selbst unerklärlich war. Von dem Moment an, als er zum ersten Mal zugegeben hatte, dass Augustus Scarborough der wahre Schwiegererbe war, war er mit größter Entschlossenheit dafür gesorgt, dass diese Erbschaft etabliert werden sollte. Es muss allen Menschen bekannt sein, dass Mountjoy nicht der älteste Sohn seines Vaters war, wie das Gesetz es für die Erbschaft des Besitzes verlangte, und dass Augustus der älteste Sohn war; Aber als er dafür sorgte, dass diese Wahrheiten berüchtigt wurden, hatte er gelernt, Augustus mit einer Intensität zu hassen, die sowohl Mountjoy als auch ihrem Vater zum Vorteil gereicht hatte. Es muss so sein. Aus Augustus muss Augustus Scarborough, Esquire von Tretton, werden – aber das Pech für Tretton und alles, was damit zusammenhängt, ist schlimmer. Und Mr. Gray beschloss, dass, wenn dieser Tag kommen sollte, jede Beziehung zwischen ihm und Tretton aufhören sollte.

Es war ihm nie in den Sinn gekommen, dass Mountjoy durch die Rückzahlung der Post-Obit-Anleihen in der Lage sein würde, jegliches Eigentum zu besitzen und zu genießen, das ihm möglicherweise überlassen wurde. Bei Tretton würden natürlich alle Besitztümer von Tretton auf die altmodische Art und Weise an den Erben gehen. Die Besitztümer von Tretton, die persönliches Eigentum waren, würden für einen jüngeren Sohn schon einen Reichtum darstellen. Das, was Mr. Scarborough auf diese Weise hinterlassen könnte, könnte wahrscheinlich dreißigtausend Pfund wert sein. Aus dem Erlös der Immobilie seien die Schulden beglichen worden. Und weil Augustus zugestimmt hatte, sie zu bezahlen, sollte er nun von jenen losen Besitztümern befreit werden, die Tretton seinen Charme verliehen! Weil Augustus Mountjoys Schulden bezahlt hatte, sollte Mountjoy in die Lage versetzt werden, Augustus auszurauben! Es lag etwas Boshaftes in diesem Duft, der an den alten Gutsherrn erinnerte. Aber es war eine Schlechtigkeit in der Organisation, weshalb Mr. Gray zögerte, sich daran zu beteiligen. Als er jedoch darüber nachdachte, konnte er nicht anders, als zu spüren, was für einen sehr klugen Mann er als Kunden hatte.

„Natürlich kommt alles auf den Spieltisch", sagte er an jenem Abend zu Dolly.

„Es geht uns nichts an."

„Nein; aber wenn ein Anwalt konsultiert wird, muss er an die umsichtige oder unvorsichtige Verfügung über Eigentum denken."

„Mr. Scarborough hat Sie nicht konsultiert, Papa."

„Ich muss es so sehen, als ob er es getan hätte. Er sagt mir, was er vorhat, und ich bin verpflichtet, ihm meinen Rat zu geben. Ich kann ihm nicht raten, all diese Dinge Augustus zu schenken, den ich für einen weiten Weg halte." das Schlimmste in der Familie.

„Das muss dich nicht interessieren."

„Und hier stellt sich wieder die Frage", fuhr Mr. Grey fort: „Was verlangt die Pflicht? Augustus ist der älteste Sohn und hat Anspruch auf das, was das Gesetz ihm zuweist; aber Mountjoy wurde als der Älteste erzogen." Sohn, und hat sicherlich Anspruch auf die Versorgung, die der Vater ihm gewähren kann.

„Für so einen Spieler kann man nicht sorgen."

„Ich weiß nicht, ob das zu meiner Pflicht gehört. Es ist nicht meine Schuld, dass Mountjoy ein Spieler ist, und es ist auch nicht meine Schuld, dass Augustus ein Biest ist. Spieler und Biest, da sind sie. Und außerdem: Nichts wird den Gutsbesitzer von seinem Vorhaben abbringen, ich bin nur ein Werkzeug in seinen Händen – eine Kelle zum Verlegen seines Mörtels und seiner Ziegelsteine Augustus."

Dann ging Mr. Gray zu Bett, ebenso wie Dolly; aber sie war überhaupt nicht überrascht, als er zu seiner Couch gerufen wurde, nachdem sie eine Stunde in ihrem eigenen Bett gelegen hatte.

„Ich denke, ich werde nach Tretton gehen", sagte Mr. Grey.

„Sie haben erklärt, dass Sie nie wieder dorthin gehen würden."

„Das habe ich getan; aber ich wusste damals noch nicht, wie sehr ich Augustus Scarborough hassen würde.“

„Würden Sie zu Tretton gehen, nur um ihn zu verletzen?“ sagte seine Tochter.

„Darüber habe ich nachgedacht“, sagte Mr. Grey. „Ich weiß nicht, ob ich einfach hingehen würde, um ihm eine Verletzung zuzufügen; aber ich denke, dass ich hingehen würde, um dafür zu sorgen, dass der Gerechtigkeit ordnungsgemäß Genüge getan wird.“

„Das kann arrangiert werden, ohne dass Sie nach Tretton gehen müssen.“

„Indem wir unsere Köpfe zusammenstecken, können wir meiner Meinung nach erreichen, dass die Tat effektiver durchgeführt wird. Was wir versuchen müssen, ist, dieses Eigentum davor zu bewahren, auf den Spieltisch zu gelangen. Da fällt mir nur ein Weg ein.“

"Was ist das?"

„Es muss seiner Frau überlassen werden.“

„Er hat keine Frau.“

„Es muss einer Frau überlassen werden, deren Heirat er zustimmen wird. Es gibt drei Ziele: – es Augustus vorzuenthalten; Sehen Sie, ist eine Frau.

„Er möchte ein Mädchen heiraten“, sagte Dolly.

„Aber sie will ihn nicht heiraten, und ich bezweifle, dass man ihn dazu bringen kann, jemand anderen zu heiraten. Es gibt immer noch ein paar Schwierigkeiten.“

„Oh, Papa, ich wünschte, du würdest deine Hände von den Scarboroughs waschen.“

„Ich muss zuerst nach Tretton gehen“, sagte er. „Und jetzt, meine Liebe, tust du nichts Gutes, wenn du hier oben sitzt und mit mir redest.“ Dann ging Dolly mit einem Lächeln in ihr eigenes Zimmer.

Als Mountjoy seinen Brief erhielt, saß er bei einem späten Frühstück in der Victoria Street. Es war fast zwölf Uhr und er genoss den köstlichen Luxus, sein Frühstück zu sich zu nehmen, danach eine Zigarre zu trinken und nichts anderes zu tun. Aber die Verwirklichung all dieser Annehmlichkeiten wurde durch das Wissen, dass er kein solches Abendessen zu erwarten hatte, etwas getrübt. Er muss hinausgehen und in den Gasthäusern nach einem Abendessen suchen. Der nächste Morgen würde ihm kein Frühstück bringen, und wenn er länger in der Victoria Street bleiben wollte, musste er dies in direktem Widerspruch zum Besitzer des Lokals tun. An diesem Morgen hatte er die Kündigungsmitteilung erhalten und ihm mitgeteilt, dass das folgende Frühstück die letzte Mahlzeit sein würde, die ihm serviert würde. „Es soll in seiner Art gut sein", hatte Mountjoy gesagt.

„Ich glaube, dir geht es nur um Essen und Trinken."

„Du kannst sonst kaum etwas für mich tun." Und so hatten sie sich getrennt.

Mountjoy hatte vorsichtshalber seine Briefe an das Haus des freundlichen Schuhmachers adressiert; Und jetzt, als er langsam seine erste Tasse Kaffee einschenkte und darüber nachdachte, dass es fast seine letzte sein musste, wurde ihm der Brief seines Vaters gebracht. Der Brief hatte sich um einen Tag verzögert, da er selbst es versäumt hatte, ihn anzufordern. Es war zwangsläufig eine traurige Zeit für ihn. Er war ein Mann, der hart gegen die Melancholie ankämpfte und es als oberste Lebensregel ansah, dass einem Menschen wie ihm die Freuden des unmittelbaren Augenblicks genügen sollten. Wenn ihm ein Tag oder besser noch eine Nacht voller Aufregung bevorstand , sollte der nächste Tag als die unbegrenzte Zukunft angesehen werden, für die kein Mensch verantwortlich sein kann. Aber eine solche Philosophie reicht allzu oft nicht für die tapfersten Herzen aus. Mountjoys Herz gab manchmal fast nach, und dann waren seine Gedanken schon trist genug. Hunger, absoluter Hunger, ohne die gesicherte Erwartung von Nahrung, hatte ihn noch nie heimgesucht; aber um seinem Verlangen Einhalt zu gebieten, hatte er sich bereits mit Pistole und Kugeln ausgestattet, falls es ihm schwer fallen sollte, es zu ertragen.

Und jetzt, mit seiner Tasse Kaffee vor sich, aromatisch, cremig und heiß, mit einer filetierten Seezunge, vor sich aufgerollt auf einem Schälchen, liegen daneben drei oder vier Regenpfeifereier, auf denen man essen kann, und in der Ferne Nachdem er den Tisch mit einem Glas Brandy gefüllt hatte, dessen Vorzüge er bereits gut kannte, erhielt er den Brief seines Vaters. Er öffnete es zunächst nicht, ihm gefielen alle Gedanken an seinen Vater nicht. Dann riss er nach und nach den Umschlag auf und verstand nur langsam die volle Bedeutung der letzten Zeilen. Er erkannte nicht sofort die Ironie der „freundlichen Einmischung seines Bruders" und der „Großzügigkeit", die es ihm, Mountjoy, ermöglicht hatte, ein Empfänger von Eigentum zu sein. Aber sein Vater hatte vor, etwas für ihn zu tun. Allmählich wurde ihm klar, dass sein Vater dies nur aufgrund des Umgangs seines Bruders mit den Gläubigern effektiv tun konnte.

Dann machten sich die Stühle und die Tische und das ein oder andere Juwel und die seltsamen Bände, einer nach dem anderen, verständlich. Dass ein Vater einem Sohn so schrieb und einem anderen so schrieb, war wunderbar. Aber sein Vater war ein wunderbarer Mann, dessen Charakter er gerade erst zu verstehen begann. Sein Vater, sagte er sich, hatte sich glücklicherweise in den Kopf gesetzt, Augustus zu hassen, und hatte daher vor, Tretton und das Anwesen im Allgemeinen aller ihrer persönlichen Besitztümer zu berauben.

Ja; Er dachte, dass er, wenn er ein solches Ziel vor sich hätte, sicherlich Mr. Grey aufsuchen würde. Und wenn Mr. Gray es ihm raten würde, würde er nach Tretton gehen. In solchen Angelegenheiten würde er zustimmen, seinen Vater zu sehen. Er glaubte nicht, dass er im Moment für seine Zwecke auf seine Pistole zurückgreifen müsste. Er konnte nicht noch am selben Tag nach Tretton gehen, da er dazu zunächst an seinen Vater schreiben müsste. Sein Bruder würde seine Gastfreundschaft wahrscheinlich für ein paar Tage verlängern, wenn er von der geplanten Reise erfahren würde, und wenn nicht, würde er ihm Geld für seine gegenwärtigen Zwecke leihen, oder unter den gegebenen Umständen könnte er es wahrscheinlich von Herrn leihen. Grau. Mit einem Herzen, das fast zur absoluten Glückseligkeit emporgehoben war, aß er sein Frühstück, trank seinen Chasse, rauchte seine Zigarre und stand dann langsam auf, um zu Mr. Greys Gemächern zu gehen. Aber in diesem Moment kam Augustus herein. Er hatte nur in seinem eigenen Club gefrühstückt, viel unbequemer, als er es zu Hause getan hätte, damit er nicht mit seinem Bruder am Tisch sitzen konnte. Er war jetzt zurückgekehrt, um für Mountjoys Abreise zu sorgen. „Immerhin gehe ich nach Tretton, Augustus", sagte der ältere Bruder, während er den Brief seines Vaters zusammenfaltete.

„Welches Argument hat der alte Mann jetzt verwendet?" Mountjoy hielt es nicht für gut, seinem Bruder die genaue Art der Argumente mitzuteilen, und steckte den Brief deshalb in die Tasche.

„Er möchte mir etwas über Eigentum sagen", sagte Mountjoy.

Dann überkam Augustus mit der erdrückenden Last der erwarteten Trauer eine Ahnung von dem Plan des alten Gutsherrn. In einem Moment wurde ihm klar, was sein Vater tun würde, welche Verletzungen er ihm zufügen würde; und – das traurigste aller Gefühle – kam ihm sofort der Gedanke, dass alles durch seine eigenen Taten möglich geworden war. Mit der Überzeugung, dass so viel von ihm übrig bleiben könnte, kam auch das Gefühl auf, dass schließlich die Möglichkeit bestand, dass sein Vater die Geschichte von der Unehelichkeit seines Bruders erfunden hatte, dass Mountjoy nun schuldenfrei war und dass Tretton könnte nun mit all seinen Habseligkeiten zu ihm zurückkehren. Dass sein Vater es tun würde, wenn es möglich wäre, bezweifelte er nicht. Von Woche zu Woche hatte er ungeduldig auf den Tod seines Vaters gewartet und wenig oder gar nichts von der geistigen Aktivität erwartet, die sein Vater ausgeübt hatte. „Was für ein Idiot er gewesen war", sagte er zu sich selbst und saß Mountjoy gegenüber, der sich in der Leere des Augenblicks eine weitere Zigarre angezündet hatte; „Was für ein Arsch!" Hätte er seine Karten besser gespielt, hätte er den alten Mann getröstet, geschmeichelt und verhätschelt, wäre Mountjoy vielleicht seinen eigenen Weg vor die Hunde gegangen. Im besten Fall käme Tretton ohne alles zu ihm; und im schlimmsten Fall würde überhaupt kein Tretton zu ihm kommen. „Nun, was wirst du tun?" sagte er ungefähr.

„Ich denke, ich werde wahrscheinlich runtergehen und einfach den Gouverneur sehen."

„Dann sind alle deine Gefühle gegenüber deiner Mutter in Luft aufgelöst?"

„Meine Gefühle für deine Mutter sind keineswegs verflogen; aber mit dir über sie zu sprechen wäre Atemverschwendung."

„Ich hatte nicht das Vergnügen, sie zu kennen", sagte Augustus. „Und mir ist nicht bewusst, dass sie mir eine große Gefälligkeit erwiesen hat, als sie mich auf die Welt brachte. Gehst du heute Nachmittag nach Tretton?"

"Wahrscheinlich nicht."

"Oder morgen?"

„Möglicherweise morgen", sagte Mountjoy.

„Weil ich es bequem finden werde, Ihr Zimmer zu haben."

„Heute kann ich mich natürlich nicht rühren. Morgen früh möchte ich jedenfalls gerne frühstücken." Hier wartete er auf eine Antwort, aber sein Bruder kam nicht . „Ich muss etwas Geld haben, um nach Tretton zu gehen. Ich nehme an, Sie können es mir für den Moment leihen?"

„Keinen Schilling", sagte Augustus völlig verärgert.

„Ich werde Sie in Kürze bezahlen können."

„Keinen Schilling. Die Gegenleistung, die ich von Ihnen für alles erhalten habe, was ich getan habe, ist nicht dazu geeignet, mich zu mehr zu zwingen."

„Wenn ich jemals gedacht hätte, dass Sie einen Souverän ausgegeben hätten, außer um eine eigene Verschwörung voranzutreiben, wäre ich dankbar gewesen. So wie die Lage ist, weiß ich nicht, dass wir einander viel schulden." Dann verließ er das Zimmer, stieg in ein Taxi und fuhr zum Lincoln's Inn.

Harry Annesley erhielt Mr. Scarboroughs Brief unten in Buston und war darüber sehr überrascht. Er hatte den Winter bisher nicht sehr angenehm verbracht. Seinen Onkel hatte er nie gesehen, obwohl er von Tag zu Tag verschiedene Geschichten über sein Werben gehört hatte. Er hatte seine Jagd bald aufgegeben und schämte sich, in seiner gegenwärtigen namenlosen Position auf Joshua Thoroughbungs Pferden zu reiten. Er hatte angefangen, intensiv zu lesen, aber die harte Lektüre war gescheitert, und er war dem Elend seiner Position überlassen worden. Die harte Lektüre hatte er vierzehn Tage oder drei Wochen lang fortgesetzt, während derer er sich jedenfalls respektiert hatte, aber in einer schlimmen Stunde hatte er es ihm entgehen

lassen, und jetzt war er wieder elend. Dann war die Einladung von Tretton
eingegangen. „Ich habe einen Brief bekommen; er ist von Mr. Scarborough
aus Tretton.“

„Was sagt Herr Scarborough?“

„Er möchte, dass ich da runtergehe.“

„Kennen Sie Mr. Scarborough? Ich glaube, Sie haben sich überhaupt mit
seinem Sohn gestritten?“

„Oh ja; ich habe mich mit Augustus gestritten und habe mit Mountjoy eine
nicht besonders freundschaftliche Begegnung gehabt. Aber der Vater und
Mountjoy scheinen sich versöhnt zu haben. Sie können seinen Brief sehen.
Ich werde auf jeden Fall dorthin gehen.“ " Dagegen hatte Herr Annesley
senior nichts einzuwenden.

KAPITEL XL.

BESUCHER BEI TRETTON.

So kam es, dass die drei Besucher, die nach Tretton eingeladen worden waren, sich alle bereit erklärten, am selben Tag zu gehen. Es gab tatsächlich keinen Grund, warum Harry seinen Besuch hinauszögern sollte, und es gab keinen Grund, warum die anderen beiden ihren Besuch beschleunigen sollten. Mr. Gray wusste, dass die Sache, wenn überhaupt, sofort erledigt werden sollte; und Mountjoy konnte sich nicht so schnell unter den Schutz des Daches seines Vaters begeben, da er zugestimmt hatte, das Angebot seines Vaters anzunehmen. „Sie können zwanzig Pfund haben", hatte Mr. Gray gesagt, als das Thema des Geldes zur Sprache kam. „Wird das reichen?" Mountjoy hatte gesagt, dass es völlig ausreichen würde, und dann, als er in die Zimmer seines Bruders zurückgekehrt war, hatte er dort mit aller Geduld, die er besaß, gewartet, bis er sich auf den Weg zum „Continental" machte, um das beste Abendessen zu bekommen, das ihm das Restaurant leisten konnte. Er begann zu spüren, dass sein Leben in London sehr traurig war und er sich mit einer gewissen Vorfreude auf ländliche Freuden auf die Lichtungen von Tretton freute.

Er fuhr mit Mr. Grey im selben Zug hinunter – „ein großer Trubel", wie Mountjoy es nannte, als Mr. Gray eine Abfahrt um zehn Uhr vorschlug. Harry folgte ihm, so dass er Tretton erst rechtzeitig zum Abendessen erreichte. „Wenn ich es wagen darf, Ihnen einen Rat zu geben", sagte Mr. Gray im Zug, „sollte ich in dieser Angelegenheit tun, was mein Vater von mir verlangt." Daraufhin runzelte Mountjoy die Stirn. „Er ist bestrebt, für Sie zu sorgen."

„Ich bin meinem Vater nicht dankbar, wenn du das meinst."

„Es ist schwer zu sagen, ob du dankbar sein solltest. Aber er hat von Anfang an sein Bestes für dich getan, wie aus seinen Erkenntnissen hervorgeht."

„Glaubst du das alles über meine Mutter?"

"Ich tue."

„Das tue ich nicht. Das ist der Unterschied. Und ich glaube nicht, dass Augustus daran glaubt."

„Die Geschichte ist zweifellos wahr."

„Sie müssen mich entschuldigen, wenn ich es nicht annehmen werde."

„Jedenfalls hatten Sie sich von Ihrem Anteil am Grundstück getrennt."

„Mein Anteil war das Ganze."

„Nach dem Tod Ihres Vaters", sagte Mr. Grey; „Und das war weg."

„Wir brauchen nicht über die Immobilie zu sprechen. Was erwartet er jetzt von mir?"

„Einfach nur freundlich zu ihm zu sein und dem zuzustimmen, was er über das persönliche Eigentum sagt. Soweit ich weiß, ist es seine Absicht, Ihnen alles zu hinterlassen."

"Er ist sehr nett."

"Ich denke er ist."

„Nur dass alles mir gehört hätte, wenn er mich nicht um mein Erstgeburtsrecht betrogen hätte."

„Oder Mr. Tyrrwhits und Mr. Harts und Mr. Spicers."

„Mr. Tyrrwhit und Mr. Hart und Mr. Spicer hätten mir meinen Namen nicht rauben können. Hätten sie mit ihren Anleihen getan, was sie wollten, ich wäre auf jeden Fall Scarborough of Tretton gewesen. Das glaube ich." dass ich für meine Mutter nicht erröten muss. Er hat den Anschein erweckt, dass ich es nicht verzeihen sollte, weil er mir die Stühle und Tische gibt.

„Sie werden dreißigtausend Pfund wert sein", sagte Mr. Grey.

„Ich kann ihm nicht vergeben."

Die Wolke lag sehr schwarz auf Mountjoy Scarboroughs Gesicht, als er dies sagte, und je schwärzer sie war, desto mehr mochte Mr. Grey ihn. Wenn etwas getan werden könnte, um einen jungen Mann, der so viel für seine Mutter empfand – der so viel für seine Mutter empfand, nur weil sie seine Mutter gewesen war –, vom Ruin zu erlösen, wäre das eine gute Sache. Augustus hatte kein solches Gefühl gehabt. Er hatte zu Mr. Grey gesagt, wie er es auch zu seinem Bruder gesagt hatte, dass „er die Dame nicht gekannt hatte". Als ihm die Tatsachen über die Verteilung des Eigentums bekannt gegeben worden waren, hatte er sich nicht um den Schaden gekümmert, den die Geschichte dem Namen seiner Mutter zugefügt hatte. Die Geschichte war zu wahr. Mr. Gray wusste, dass es wahr war; aber aus diesem Grund konnte er nichts anderes tun, als den starken Wunsch zu verspüren, Mountjoy Scarborough einen Nutzen zu verschaffen. Er streckte liebevoll seine Hand aus und legte sie auf das Knie des anderen Mannes. „Ihr Vater wird nicht mehr lange leben, Captain Scarborough."

"Ich vermute nicht."

„Und er ist derzeit bestrebt, die Wiedergutmachung zu leisten, die in seiner Macht steht. Was er Ihnen hinterlassen kann, wird, sagen wir, fünfzehnhundert im Jahr einbringen. Ohne ein Testament von ihm müssten Sie von der Prämie Ihres Bruders leben."

„Beim Himmel, nein!" sagte Mountjoy und dachte an die Pistole und die Kugeln.

„Ich sehe nichts anderes."

„Ich verstehe, aber ich kann es nicht erklären."

„Glauben Sie nicht, dass fünfzehnhundert im Jahr besser wären als nichts – sagen wir mal mit einer Frau?" sagte Mr. Grey und begann, das einzige Argument einzuführen, von dem seiner Meinung nach so viel abhängen musste.

„Mit einer Frau?"

„Ja; mit einer Frau."

„Mit welcher Frau? Eine Frau kann sehr gut sein, aber eine Frau muss davon abhängen, wer sie ist. Gibt es jemanden, den du meinst?"

„Nicht gerade eine bestimmte Person", sagte der Anwalt lahm.

„Pshaw! Was will ich von einer Frau? Wollen Sie damit sagen, dass mein Vater Ihnen gesagt hat, dass er beabsichtigt, sein Erbe mit der Bürde einer Frau zu belasten? Ich würde es mit einer solchen Bürde nicht akzeptieren – es sei denn, ich könnte Ich wähle die Frau selbst. Um die Wahrheit zu sagen, es gibt ein Mädchen –"

"Dein Cousin?"

„Ja, meine Cousine. Als ich wohlhabend war, wurde mir beigebracht zu glauben, dass ich sie haben könnte. Wenn sie mir gehört, Mr. Grey, werde ich ganz auf das Glücksspiel verzichten. Wenn mein Vater das schafft." Ich werde ihm vergeben – oder mich darum bemühen, das Eigentum, das er mir hinterlassen kann, ganz auf sie zu übertragen. Ich werde mich bemühen, so zu leben, dass ihr kein Unglück widerfährt Du meinst, sag es.

„Na ja, nicht ganz."

„Ich werde keiner anderen Ehe zustimmen. Das war der Traum meines Lebens in all den Momenten heißer Aufregung und sicherer Verzweiflung, die ich ertragen musste. Ihre Mutter hat mir immer gesagt, dass es so sein sollte, und sie selbst in früheren Tagen Ich habe es nicht geleugnet. Jetzt wissen Sie alles. Wenn mein Vater mich heiraten möchte, muss Florence Mountjoy meine Frau sein. Dann sank er auf seinen Sitz zurück, und es wurde nichts mehr zwischen ihnen gesagt, bis sie Tretton erreicht hatten.

Vater und Sohn hatten sich seit dem Tag, an dem der erstere dem letzteren die Geschichte seiner Geburt erzählt hatte, nicht mehr getroffen. Seitdem war Mountjoy von der Welt verschwunden und sein Vater hatte einige Tage lang geglaubt, er sei ermordet worden. Aber jetzt trafen sie sich so, wie sie es vielleicht getan hätten, wenn sie sich vor einer Woche gesehen hätten. „Nun, Mountjoy, wie geht es dir?" Und: „Wie geht es Ihnen, Sir?" So waren die Grüße zwischen ihnen. Und es wurden keine anderen gesprochen. Nach wenigen Minuten durfte der Sohn gehen und sich um die ländlichen Freuden kümmern, die er erwartet hatte, und der Anwalt blieb mit dem Knappen zurück.

Mr. Gray erläuterte bald seinen Vorschlag. Lassen Sie das Eigentum Treuhändern überlassen, die erkennen, welches Geld es daraus einbringen soll, und behalten Sie das Geld in ihren eigenen Händen und zahlen Sie Mountjoy die Einnahmen. „Es könnte nichts Besseres getan werden", sagte er, „es sei denn, Mountjoy würde einer Heirat zustimmen. Er ist offenbar an seinen Cousin gebunden", sagte Mr. Grey, „und er ist derzeit nicht bereit, jemand anderen zu heiraten." ."

„Er kann sie nicht heiraten", sagte der Gutsbesitzer.

„Ich kenne die Umstände nicht."

„Er kann sie nicht heiraten. Sie ist mit dem jungen Mann verlobt, der gerade hier sein wird. Ich habe Ihnen gesagt – nicht wahr? –, dass Harry Annesley hierher kommt. Mein Sohn weiß, dass er heute hier sein wird ."

„Jeder kennt die Geschichte von Mr. Annesley und dem Kapitän."

„Sie sollen sich zum Abendessen zusammensetzen, und ich vertraue darauf, dass sie sich nicht streiten. Die Dame, von der Sie sprechen, ist mit der jungen Annesley verlobt, und Mountjoys Klage in dieser Richtung ist aussichtslos."

„Hoffnungslos, meinen Sie?"

„Völlig hoffnungslos. Ihr Plan, ihm eine Frau zu geben, wäre sehr gut, wenn er machbar wäre. Ich würde mich sehr freuen, wenn er sich niederlassen würde. Aber wenn er niemanden außer Florence Mountjoy heiraten will, muss er unverheiratet bleiben. Augustus hatte seinen Geben Sie dieses Geschäft ab und lassen Sie uns nicht darin herumexperimentieren. Dann gab der Squire dem Anwalt ausführliche Anweisungen bezüglich des Testaments, das erstellt werden sollte. Mr. Gray und Mr. Bullfist sollten als Treuhänder benannt werden, mit der Anweisung, alles zu verkaufen, was der Squire rechtlich vererben konnte. Die Bücher, die Edelsteine, die Möbel, sowohl in Tretton als auch in London, der Teller, der Vorrat, die landwirtschaftlichen Produkte, die Bilder an den Wänden und der Wein in den Kellern – sie alle wurden benannt. Er bemühte sich, Herrn Gray davon zu überzeugen, einem Holzeinschlag zuzustimmen, damit der Wert des Holzes aus der Tasche des jüngeren Bruders genommen und in die des älteren gesteckt werden konnte. Aber Mr. Gray wollte dem nicht zustimmen. „Das würde einen Hauch von Verfolgung ausstrahlen", sagte er, „und das darf nicht getan werden." Aber der allgemeinen Entmachtung Trettons zugunsten Mountjoys stimmte er herzlich zu.

„Ich bin mir nicht ganz sicher, ob ich mit Augustus schon fertig bin", sagte der Gutsherr. „Ich hatte mir vorgenommen, mich nicht durch Kleinigkeiten aus der Fassung bringen zu lassen und mich nicht über ein wenig zu ärgern. Mein Umgang mit meinen Kindern war so, dass ich, obwohl ich immer vorgehabt hatte, ihnen Gutes zu tun, auf jeden eingegangen sein muss." Ich habe daher nicht viel von ihnen erwartet, aber es ist möglich, dass er wieder etwas von mir hört. Herr Gray sagte dazu nichts, aber er hatte seine Anweisungen bezüglich der Erstellung des Testaments befolgt.

Pünktlich zum Abendessen kam Harry mit dem Zug herunter. Auf der Reise nach unten war er in Gedanken verwirrt gewesen und hatte über verschiedene Dinge nachgedacht. Er verstand nicht ganz, warum Mr. Scarborough nach ihm geschickt hatte. Seine frühere Vertrautheit hatte er mit Augustus gehabt, und obwohl der alte Mann dem Begleiter des Sohnes eine gewisse Herzlichkeit und Freundschaft entgegengebracht hatte, hatte sie nicht mehr erreicht, als man von jemandem erwarten konnte, der besonders gutmütig war. Harry war eine große Verletzung zugefügt worden und er nahm an, dass sein Besuch einen Bezug zu dieser Verletzung haben musste. Ihm war mit so vielen Worten gesagt worden, dass er Augustus, wann immer er käme, nicht in Tretton finden würde. Anhand dieser und anderer Anzeichen konnte er fast erkennen, dass zwischen dem Gutsherrn und seinem Sohn ein Streit bestand. Daher hatte er das Gefühl, dass etwas über den Stand seiner Angelegenheiten in Buston gesagt werden müsse.

Aber wenn er, als der Zug sich Tretton näherte, auf sein Treffen mit dem Squire gespannt war, so war er doch umso mehr auf den Kapitän bedacht. Der Leser wird sich an alle Umstände erinnern, unter denen sie sich das letzte Mal gesehen hatten. Harry war von Mountjoy wütend angegriffen worden und hatte ihn dann ausgestreckt – tot, wie einige Leute am nächsten Tag gesagt hatten – unter der Reling zurückgelassen. Sein einziges Verbrechen war, dass er betrunken war. Wenn der Enterbte ihm die Hand reichen und die Vergangenheit ruhen lassen würde, würde er dasselbe tun. Er empfand keine persönliche Feindseligkeit. Aber es gab eine Schwierigkeit.

Als er in einem dem Squire gehörenden Wagen bis zur Tür gefahren wurde, stand Mountjoy vor dem Haus. Auch er hatte über die Schwierigkeiten nachgedacht und war zu dem Schluss gekommen, dass es für ihn nicht genügen würde, seinem verstorbenen Feind ohne ein paar Worte zur Friedensstiftung zu begegnen. „Ich hoffe, es geht Ihnen gut, Mr. Annesley", sagte er und reichte ihm die Hand, als der andere aus dem Taxi stieg. „Vielleicht sollte ich mich sofort für mein Verhalten entschuldigen. Ich war in diesem Moment sehr betrübt, wie Sie vielleicht gehört haben. Man hatte mich für mittellos und für niemanden erklärt. Die Nachricht hatte mich ein wenig aus der Fassung gebracht , und ich war außer mir."

„Ich verstehe es durchaus, verstehe es durchaus", sagte Annesley und reichte ihm die Hand. „Ich freue mich sehr, Sie wiederzusehen, und zwar im Haus Ihres Vaters." Dann drehte sich Mountjoy auf dem Absatz um, ging durch den Flur und überließ Harry der Obhut des Butlers. Der Kapitän glaubte, dass er genug getan hatte und dass man die Angelegenheit auf der Straße nun als einen Traum betrachten könnte. Harry wurde hochgehoben, um dem alten Mann die Hand zu schütteln, und kam schließlich zum Abendessen herunter, wo er Mr. Gray und den jungen Arzt traf. Sie waren alle sehr höflich zu ihm und im Großen und Ganzen verbrachte er einen angenehmen Abend. Am nächsten Tag, gegen Mittag, schickte der Gutsherr nach ihm. Beim Frühstück hatte man ihm gesagt, der Squire habe die Absicht, ihn mitten am Tag zu sehen, und er sei deshalb nicht in der Lage gewesen, an Mountjoys Schießerei teilzunehmen.

„Setzen Sie sich, Mr. Annesley", sagte der alte Mann. „Sie waren zweifellos überrascht, als Sie meine Einladung erhielten?"

„Na ja, vielleicht schon, aber ich fand es sehr nett."

„Ich wollte freundlich sein, aber dennoch bedarf es einiger Erklärung. Sehen Sie, ich bin so ein alter Krüppel, dass ich nicht wie jeder andere Einladungen geben kann. Jetzt, wo Sie hier sind, darf ich nicht mit Ihnen essen und trinken, und um das zu tun Sagen Sie ein paar Worte zu Ihnen. Ich bin verpflichtet, Sie im Haus zu behalten, bis der Arzt mir sagt, dass ich stark genug bin, um zu sprechen.

„Ich freue mich, dich so viel besser zu finden als damals, als ich hier war."

„Darüber weiß ich nicht viel. In meinem Fall wird es nie ein ‚Viel Besseres' geben. Die Leute um mich herum reden mit äußerster Gleichgültigkeit darüber, ob ich einen oder möglicherweise zwei Monate leben kann. Alles darüber hinaus ist völlig ausgeschlossen." die Frage." Der Gutsherr war stolz darauf, das Schlimmste aus seiner Sache zu machen, so dass die Menschen, mit denen er sprach, umso mehr über seine Vitalität staunen konnten. „Aber wir werden uns jetzt nicht um meine Gesundheit kümmern. Ich fürchte, es ist wahr, dass du dich mit deinem Onkel gestritten hast."

„Es ist ganz wahr, dass er sich mit mir gestritten hat."

„Ich fürchte, das ist wichtiger. Er will Sie, wenn er kann, aus dem Fideikommiß herausschneiden.“

„Er meint nicht, dass ich das Eigentum bekomme, wenn er es verhindern kann.“

„Ich halte selbst nicht viel von Enteignungen“, sagte der Gutsherr. „Wenn ein Mann ein Eigentum hat, sollte er in der Lage sein, es nach Belieben zu hinterlassen; oder – sonst hat er es nicht.“

„Das ist es, was das Gesetz vorsieht, nehme ich an“, sagte Harry.

„Genau so, aber das Gesetz ist eine so alte Frau, dass sie nie weiß, wie sie sich zu irgendeinem Zweck ausdrücken soll. Ich habe nicht zugelassen, dass das Gesetz mich bindet. Ich wage zu behaupten, dass Sie die Geschichte kennen.“

„Über Ihre beiden Söhne – und das Anwesen? Ich denke, die ganze Welt kennt die Geschichte.“

„Ich nehme an, es wurde ein wenig darüber gesprochen“, sagte der Gutsbesitzer lachend. „Mein Ziel war es, zu verhindern, dass das Gesetz mein Eigentum den betrügerischen Ansprüchen überlässt, zu denen die Gläubiger meines Sohnes berechtigt waren, und das ist mir ziemlich gut gelungen. In dieser Hinsicht habe ich nichts zu bereuen. Jetzt wird Ihr Onkel übernehmen.“ andere Mittel.“

„Ja, er wird Mittel ergreifen, die jedenfalls rechtmäßig sind.“

„Aber das wird mühsam sein und vielleicht keinen Erfolg haben. Er hat die Absicht, einen eigenen Erben zu haben.“

„Das glaube ich, ist sein Ziel“, sagte Harry.

„Es gibt keinen Grund, warum er es nicht tun sollte – aber er könnte es nicht tun, wissen Sie.“

„Er ist noch nicht verheiratet.“

„Nein; – er ist noch nicht verheiratet. Und dann hat er auch die Zulage eingestellt, die er dir gezahlt hat.“ Harry nickte zustimmend. „Nun, das ist alles eine große Schande.“

"Ich glaube schon."

„Der arme Herr wurde furchtbar überlistet.“

„Er ist noch nicht so alt“, sagte Harry, „ich glaube nicht, dass er älter als fünfzig ist.“

„Aber er ist ein alter Hase. Ich weiß, Sie werden mich entschuldigen. Augustus Scarborough hat ihn nach London gebracht und ihn mit Lügen vollgestopft."

"Ich bin mir im Klaren darüber."

„Und ich bin mir dessen bewusst. Er hat ihm Geschichten über Ihr Verhalten gegenüber Mountjoy erzählt, die zu einigen jugendlichen Indiskretionen von Ihnen hinzukamen –"

„Das lag einfach daran, dass es mir nicht gefiel, ihn Predigten lesen zu hören."

„Das war eine Indiskretion, da er die Macht hatte, dir Schaden zuzufügen. Die meisten Männer haben ein kleines bisschen kleinliche Tyrannei in ihren Herzen. Ich hatte keine." Dem konnte sich Harry nur beugen. „Ich habe meine beiden Jungen tun lassen, was sie wollten, und mir nur gewünscht, dass sie ein glückliches Leben führen würden. Ich habe sie nie dazu gebracht, sich Predigten oder auch nur Vorlesungen anzuhören. Wahrscheinlich habe ich mich geirrt. Hätte ich sie tyrannisiert, hätten sie nicht tyrannisiert." Ich werde Ihnen jetzt sagen, was ich vorhabe, oder ich werde Mr. Merton bitten, für mich zu schreiben, und ich werde es ihm erklären, so gut ich kann , die Tiefe und die Schwärze und die Grausamkeit – die unergründliche, heidnische Grausamkeit, zusammen mit den Unwahrheiten, den vorsätzlichen Lügen und der allgemeinen Schurkerei in allen Themen – ich werde ihm das erklären Von allen Männern, die ich kenne, ist er der am wenigsten vertrauenswürdige. Ich werde ihm erklären, dass er, wenn er in einer so wichtigen Angelegenheit von Augustus Scarborough geführt wird, sicherlich in die Irre geführt wird. Das heißt, wir können einen Brief zusammenstellen, der wirksam sein wird. Aber ich werde Mountjoy auch dazu bringen, ihn aufzusuchen und ihm aus eigener Kraft zu erklären, was in dieser Nacht tatsächlich passiert ist, als er und Sie sich auf der Straße gestritten haben . Mr. Prosper muss ein rachsüchtigerer Mann sein, als ich es für Predigten halte, wenn er danach durchhält." Dann erlaubte ihm Mr. Scarborough, hinauszugehen und die Schützen, wenn möglich, irgendwo im Park aufzuspüren.

KAPITEL XLI.

MOUNTJOY SCARBOROUGH GEHT NACH BUSTON.

Herr Gray kehrte nach nur einer Nacht nach London zurück, nachdem er neue Anweisungen bezüglich des Testaments erhalten hatte. Das Testament sollte sofort vorbereitet werden, und Mr. Barry sollte es zur Ausführung vorlegen. „Soll ich Augustus nicht informieren?" fragte Mr. Grey.

Aber das passte nicht zu Mr. Scarboroughs Ansichten über Rache. „Ich denke nicht. Ich würde von ihm tun, was auch immer die Ehrlichkeit erfordert; aber ich habe ihm nie gesagt, dass ich ihm etwas hinterlassen möchte. Natürlich weiß er, dass er das Anwesen haben soll. Er schwelgt in der zukünftigen Armut des armen Mountjoy . Er hat ihn gerade aus seinem Haus vertrieben, weil Mountjoy ihm nicht gehorchen wollte, indem er zu – Brasilien gegangen wäre. Er würde ihn aus diesem Haus vertreiben, weil ich nicht sofort gehen würde – zum Teufel , ist Meister Augustus, und ein oder zwei Streicheleinheiten würden ihm gut tun, wenn Sie es ihm bitte nicht sagen würden. Dann reiste Mr. Gray ab, ohne etwas zu versprechen, aber er beschloss, sich von den Wünschen des Gutsherrn leiten zu lassen. Augustus Scarborough war nicht von der Natur, die Nächstenliebe eines Menschen besonders zu erregen.

Harry blieb zwei oder drei Tage lang bei Mountjoy, um zu schießen, und ein- oder zweimal sah er den Knappen wieder. „Merton und mir ist es gelungen, diesen Brief zusammenzustellen", sagte der Gutsbesitzer. „Ich fürchte, dein Onkel wird es ziemlich lang finden. Ist er ungeduldig bei langen Briefen?"

„Er mag lange Predigten."

„Wenn irgendjemand seiner Lektüre zuhört. Ich denke, Sie haben einen Deal, den Sie selbst beantworten müssen, wenn Sie dem Mann, dem Sie alles schulden sollten, kein so kleines Opfer bringen könnten. Aber er sollte sich deshalb eine Frau suchen Wenn er, wie ich fürchte, den Plan mit der Frau als problematisch empfindet, wird ihn unser Brief vielleicht bewegen, und Mountjoy soll ihm die Augen öffnen Es."

„Ich werde sehr bekümmert sein –", begann Harry.

„Überhaupt nicht. Er muss gehen. Ich möchte in diesen kleinen Angelegenheiten gerne meinen eigenen Weg gehen. Er schuldet Ihnen so viel Wiedergutmachung, und wir werden sehen, welchen Mitgliedern der Scarborough-Familie Sie am meisten vertrauen würden."

Während der beiden Tage schoss Harry zusammen mit Mountjoy einige Hasen, aber über das Abenteuer in London wurde kein Wort mehr verloren.

Auch der Name Florence Mountjoy wurde zwischen den beiden Bewerbern nie erwähnt. „Ich gehe nach Buston, wissen Sie", sagte Mountjoy einmal.

„Das hat mir dein Vater gesagt."

„Was für einen Kerl soll ich in deinem Onkel finden?"

„Er ist ein Gentleman, aber nicht sehr weise." Darüber wurde zwischen ihnen nichts weiter gesagt, aber Mountjoy sprach ausführlich über seinen eigenen Bruder und das Testament seines Vaters.

„Mein Vater ist der außergewöhnlichste Mann, dem Sie je begegnet sind."

"Ich denke er ist."

„Ich werde kein gutes Wort für ihn sagen. Ich würde ihn nicht denken lassen, dass ich ein gutes Wort für ihn gesagt hätte. Um das Eigentum zu retten, hat er meine Mutter verleumdet und mich und die Gläubiger am meisten betrogen." Fürchterlich – das ist meine Überzeugung, obwohl ich ihm nicht verzeihen werde – und er wird es auch nicht tun hat damit begonnen, mir als seinem Sohn wieder ein anständiges Taschengeld zu gewähren, aber das soll ich nur haben, solange ich hier in Tretton bleibe.

"Das nehme ich an."

„Daran besteht kein Zweifel. Aber ich habe jetzt seit fast einem Monat keine Karte mehr angerührt. Und dann wird er mir das Eigentum hinterlassen, das er hinterlassen muss. Und er und mein Bruder haben die Juden unter ihnen ausgezahlt. Ich Ich bin meinem Bruder gegenüber kein bisschen dankbar. Er hat ein eigenes Spiel, das ich nicht ganz klar sehe, und mein Vater tut das nur, um meinen Bruder zu ärgern. Er würde jeden Baum auf dem Gelände fällen wenn Gray es zulassen würde. Und doch hat mein Vater dieses grobe Unrecht getan, Augustus das Eigentum zu geben.

„Ich nehme an, dass die Geldverleiher das Beste gehabt hätten, wenn er nicht gewesen wäre."

„Das stimmt. Sie hätten alles gehabt. Sie hatten jeden Meter davon vermessen und meinen Namen für den vollen Wert eingetragen. Jetzt werden sie bezahlt."

„Das ist ein Trost."

„Nichts ist ein Trost. Ich weiß, dass sie Recht haben und dass, wenn ich das Geld selbst in die Hand kriege, es morgen weg wäre. Ich würde sofort nach Monte Carlo aufbrechen, und natürlich würde es gehen." nach dem anderen. Es gibt nur eine Sache, die mich erlösen würde.

"Was ist das?"

„Macht nichts. Wir werden nicht darüber reden." Dann schwieg er, aber Harry Annesley wusste sehr gut, dass er Florence Mountjoy angespielt hatte.

Dann ging Harry, und Mountjoy blieb der Gesellschaft von Mr. Merton überlassen und hatte das Vergnügen, das ihm ein täglicher Besuch bei seinem Vater bereiten konnte. Auf jeden Fall verhielt er sich gegenüber dem alten Mann höflich und enthielt sich der irritierenden Reden, die Augustus immer gehalten hatte. Während dieses Besuchs hatte er seinem Vater einmal gesagt, was er über ihn dachte, aber der Gutsherr hatte dies eher als Kompliment aufgefasst.

„Ich glaube, wissen Sie, dass Sie allen Beteiligten ungeheures Unrecht angetan haben."

„Mir gefällt es eher, das zu tun, was Sie Ungerechtigkeiten nennen."

„Sie haben das Gesetz missachtet."

„Nun ja, ich glaube, das habe ich getan."

„Meiner Meinung nach ist das alles unwahr."

„Du meinst, was deine Mutter betrifft. Dafür mag ich dich; das tue ich in der Tat. Ich mag dich dafür, dass du dich für deine arme Mutter einsetzt. Nun, jetzt sollst du fünfzig Pfund pro Monat haben, sagen wir, zwölf Pfund zehn pro Woche Solange du in Tretton bleibst, kannst du hier haben, wen du magst, solange sie keine Karten mitbringen. Und wenn du jagen willst, gibt es Pferde, und wenn sie nicht gut genug sind, kannst du dir andere holen Wenn du Tretton verlässt, ist es am nächsten Tag vorbei. Dennoch traf er Vorkehrungen dafür, dass Mountjoy nach Buston weiterreisen sollte, wobei er auf seinem Weg nach London zwei Nächte anhielt. „Es gibt keinen Club, in den er eintreten könnte", sagte der Gutsbesitzer und tröstete sich, „und auch keinen Juden, der ihm einen Fünf-Pfund-Schein leihen würde."

Mountjoy hatte die Wahrheit gesagt, als er sagte, dass nichts ein Trost sei. Obwohl es seinem Vater und den Menschen um ihn herum in Tretton so vorkam, als hätte er alles, was ein Mann sich nur wünschen konnte, hatte er in Wirklichkeit nichts – nichts, was ihn zufriedenstellte. Erstens war er sich des Elends der Entscheidung der Welt gegen ihn durchaus bewusst, die für seinen Vater ein großer Trost gewesen war. Kein Club in London würde ihn aufnehmen. Er war auf eine Weise zum Schuldigen erklärt worden, dass alle seine Vereine ihn um eine Erklärung gebeten hatten; und da er keine gegeben und ihre Briefe nicht beantwortet hatte, war sein Name in den Büchern von ihnen allen durchgestrichen worden. Er wusste, dass er ein in Ungnade gefallener Mann war, und als er aus London geflohen war, war er davon überzeugt, dass er mit Sicherheit niemals zurückkehren würde. Die Pistole und die Kugel waren seine letzten sicheren Hilfsmittel; aber ein gewisses Maß an Glück hatte ihn erwartet – genug, um ihn davor zu bewahren, ihre Hilfe in Anspruch zu nehmen. Sein Bruder hatte ihn mit kleinen Geldbeträgen versorgt, und von Zeit zu Zeit hatte ein bisschen Glück es ihm ermöglicht, zu spielen, nicht nach Herzenslust, aber dennoch auf eine Weise, die ihm das Leben erträglich machte. Aber jetzt war er wieder in seinem eigenen Land, und er konnte überhaupt nicht spielen und sah kaum die alten Kameraden, mit denen er zusammengelebt hatte. Er seufzte nicht nur vor den Kartentischen, sondern auch vor den Gefährten am Kartentisch. Und obwohl er wusste, dass er als unehrlicher Mann aus den Listen aller Clubs gestrichen worden war , wusste er auch oder glaubte es zu wissen, dass er genauso ehrlich gewesen war wie die besten dieser Kameraden. Solange er auf irgendeine Weise Geld aufbringen konnte, hatte er es zurückgezahlt, und durch keinen falschen Trick hatte er jemals versucht, es wieder zurückzubekommen.

Hätte man ihm etwas Zeit gegeben, wäre alles bezahlt worden; und alles war bezahlt. Er wusste, dass nach den Regeln solcher Institutionen keine Zeit gewährt werden konnte; dennoch kam er sich nicht als unehrlicher Mensch vor. Dennoch war er so in Ungnade gefallen, dass er es kaum wagen konnte, bei Tageslicht durch die Straßen Londons zu laufen. Und dann überkam ihn, als er allein in Tretton war, ein unbändiges Verlangen nach Glücksspiel. Es war, als wäre seine Kehle von unerbittlichem Durst ausgetrocknet. Er ging umher und dachte ständig über bestimmte glückliche Wendungen der Karten nach; und wenn er sich seiner alten Aufregung einigermaßen bewusst geworden war, erinnerte er sich daran, dass alles eine eitle und leere Blase war. Er hatte Geld in der Tasche und könnte, wenn er wollte, nach London eilen, und wenn er das täte, könnte er zweifellos eine grobe Hölle finden, auf die er es setzen könnte, bis alles weg wäre; aber die Tore des A-- und des B--- und des C-- würden ihm verschlossen bleiben; und dann würde er das Gefühl haben, tatsächlich in die unterste Grube gefallen zu sein. Hätte er einmal an den Orten gespielt, die er sich in seinem Kopf ausgemalt hatte, könnte er nie wieder an einem anderen Ort spielen; und doch, als der Tag näher rückte, an dem er auf dem Weg nach Buston nach London gehen sollte, dachte er darüber nach, wo diese Orte zu finden waren. Seine Kehle war ausgedörrt und der Durst in ihm war extrem. Karten waren die Waffen, die er benutzt hatte. Er hatte Ecarte, Piquet, Whist und Baccarat gespielt und ab und zu abends ein albernes Spiel wie Cribbage oder Vingt-et-un gespielt. Obwohl er immer verloren hatte, hatte er immer mit Männern gespielt, die ehrlich gespielt hatten. Es gibt tatsächlich vieles, was selbst im ehrlichen Spiel unehrlich ist. Ein Mann, der nach dem Abendessen nüchtern bleiben kann, spielt mit jemandem, der sich durch Alkohol aus der Fassung bringt. Der Mann mit einem geschulten Gedächtnis spielt mit dem, der sich keine Karte merken kann. Der coole Mann spielt mit dem Ungestümen; der Mann, der den Mund zu dem halten kann, der nicht anders kann, als zu reden; Der

Mann, dessen geübtes Gesicht keine Geheimnisse mit dem verrät, der durch seine unkontrollierten Grimassen bei jedem Schlag einen Punkt verliert. Und dann ist da noch der Mann, der das Spiel kennt und mit dem spielt, der es überhaupt nicht kennt. Natürlich werden die Coolen, die Besonnenen, die Nachdenklichen, die Geübten – diejenigen, die ihre ganze Seele dem Kartenstudium gewidmet haben – einen großen Vorteil haben, den sie in ihren Berechnungen nicht verkennen. Sehen Sie den Mann, der daneben steht und den Tisch beobachtet und alle möglichen Einsätze auf A und B statt auf C und D setzt; Und so unwissend Sie auch sein mögen, Sie werden bald sicher sein, dass A und B das Spiel kennen, während C und D noch Kinder sind. Das ist alles fair und anerkannt; Aber wenn Sie es aus der Ferne betrachten, während Sie unter Ihren Apfelbäumen in Ihrem Obstgarten liegen, fernab des Rufs „Zwei in Ehren", werden Sie an der Ehrlichkeit zweifeln, Ihr Einkommen auf diese Weise zu erzielen.

So wie es ist, seufzte Mountjoy bitter danach – seufzte danach, konnte aber nicht sehen, wo es zu finden war. Er hatte eine Gentleman-Abscheu vor den Aufenthalten in Gin-Läden oder vor den Unterbringungen der Gin-Läden-Jünger, wo er mit Sicherheit ausgeraubt werden würde – was ihn nicht entsetzte – sondern in schlechter Gesellschaft ausgeraubt wurde. Als er über all das nachdachte, fuhr er am späten Nachmittag nach London und verbrachte einen ungemütlichen Abend in der Stadt. Es war absolut unschuldig, was die Taten der Nacht selbst anging, aber für ihn war es schrecklich. Es nieselte langsam; Dennoch machte er sich nach dem Abendessen in seinem Hotel auf den Weg durch die Straßen. Mit seinem Mantel und seinem Regenschirm war er fast verborgen; und als er durch die Pall Mall ging, die St. James's Street hinauf und die Piccadilly entlang, konnte er innehalten und zur gewohnten Tür hineinschauen. Er sah Männer eintreten, die er kannte, und wusste, dass sie innerhalb von fünf Minuten an ihren Tischen Platz nehmen könnten. „Ich hatte letzte Nacht eine furchtbar schwere Zeit", sagte einer zum anderen, als er die Stufen hinaufstieg; und als Mountjoy die Worte hörte, beneidete er den Sprecher. Dann ging er zurück und machte erneut eine Tour durch alle Clubs. Was hatte er getan, dass er wie ein armer Peri nicht in der Lage sein sollte, die Tore all dieser Paradiese zu betreten? Er hatte jetzt fünfzig Pfund in der Tasche. Hätte er absolut sicher sein können, dass er es verloren hätte, wäre er in jedes Paradies gegangen und hätte mit dieser Gewissheit sein Geld eingesetzt.

Als er schließlich am Waterloo Place ankam, sah er einen Mann in der Tür eines dieser Paläste stehen und wusste sofort, dass der Mann ihn gesehen hatte. Er war ein Mann von solch einer Natur, dass es unmöglich war, dass er etwas Schlimmeres hätte erleben können. Er war ein kleiner, dürrer, gutaussehender kleiner Kerl mit einem sorgfältig gepflegten Schnurrbart und einem Kopf, auf dessen Spitze sich mit zunehmendem Alter die Haare zu bewegen begannen. Er lebte nach Karten und lebte gut. Man nannte ihn Captain Vignolles, doch von ihm wusste man nur, dass er ein professioneller Spieler war. Er hat wahrscheinlich nie betrogen. Männer, die in Clubs spielen, betrügen kaum – es gibt so viele, mit denen sie geschickt genug spielen, um sie zu entdecken; und mit dem entdeckten Spieler ist alles auf dieser Welt vorbei. Kapitän Vignolles hat nie betrogen; aber er fand, dass es ihm besser täte, die kleinen Regeln zu befolgen, die ich oben genannt habe, statt zu betrügen. Es war nicht bekannt, dass er über ein besonderes Einkommen verfügte, aber es war bekannt, dass er im Vereinsleben vom Besten lebte.

Er folgte Mountjoy sofort auf die Straße und begrüßte ihn. „Captain Scarborough, da ich ein lebender Mann bin!"

„Nun, Vignolles; wie geht es dir?"

„Und so bist du noch einmal in das Land der Lebenden zurückgekehrt! Du hast mir furchtbar leid getan und ich denke, dass sie dich ungewöhnlich hart behandelt haben. Sobald du dein Geld bezahlt hast, werden sie dich natürlich wieder hereinlassen. " Als Antwort darauf hatte Mountjoy kaum etwas zu sagen, aber das Gespräch endete damit, dass er eine Einladung von Kapitän Vignolles zum Abendessen für den folgenden Abend annahm. Wenn Kapitän Scarborough um elf Uhr käme, würde Kapitän Vignolles ein paar Leute bitten, sich mit ihm zu treffen, und sie hätten – nur ein wenig Whist gespielt. Mountjoy kannte die Natur des Mannes, der ihn fragte, gut und verstand vollkommen, was das Ergebnis sein würde; doch als er die Einladung annahm, durchströmte ihn ein Gefühl der Freude, das er selbst kaum verstehen konnte.

Am nächsten Morgen stand Mountjoy für ihn sehr früh auf und nahm ein Rückflugticket und ging nach Buston hinunter. Er hatte Herrn Prosper geschrieben, ihm seine Komplimente geschickt und gesagt, dass er sich die Ehre gönnen würde, zu einer bestimmten Stunde vorbeizukommen.

Zur genannten Stunde landete er in einem Flugzeug vom Bahnhof Buntingford in Buston Hall und wurde von Matthew, dem alten Butler, darüber informiert, dass sein Herr zu Hause sei. Wenn Kapitän Mountjoy den Salon betreten würde, sollte Herr Prosper informiert werden. Mountjoy tat, was ihm gesagt wurde, und nach einer halben Stunde gesellte sich Mr. Prosper zu ihm. „Sie haben einen Brief von meinem Vater erhalten", begann er.

„Ein sehr langer Brief", sagte der Squire von Buston.

„Das wage ich zu behaupten. Ich habe es nicht gesehen und kann über den Inhalt kaum etwas sagen. Ich weiß tatsächlich nicht, was es war."

„Der Brief bezieht sich auf meinen Neffen, Mr. Henry Annesley."

„Das nehme ich an. Was ich zu sagen habe, bezieht sich auch auf Mr. Henry Annesley."

„Du bist nett, – sehr nett."

„Darüber weiß ich nichts; aber ich bin ganz dem Wunsch meines Vaters gefolgt, und ich denke in der Tat, dass ich Ihnen der Fairness halber die Wahrheit darüber sagen sollte, was zwischen mir und Ihrem Neffen vorgefallen ist."

„Du bist sehr gut; aber dein Vater hat mir bereits seinen Bericht gegeben — und ich nehme an, deiner."

„Ich weiß nicht, was mein Vater getan hat, aber ich denke, Sie sollten den Wunsch haben, von meinen Lippen einen Bericht über die Transaktion zu hören. Ihnen wurde ein unwahrer Bericht mitgeteilt."

„Ich habe alles von deinem eigenen Bruder gehört."

„Dir wurde eine unwahre Geschichte erzählt. Ich habe deinen Neffen angegriffen."

„Warum hast du das getan?" fragte der Knappe.

„Das hat nichts damit zu tun; aber ich habe es getan."

„Das habe ich alles schon einmal verstanden."

„Aber Sie haben nicht verstanden, dass Mr. Annesley sich bei allem, was passiert ist, vollkommen gut verhalten hat."

„Hat er hinterher darüber gelogen?"

„Mein Bruder hat ihn zweifellos dazu verleitet, eine unwahre Aussage zu machen."

"Eine Lüge!"

„Sie können es so nennen, wenn Sie wollen. Wenn Sie denken, dass Augustus alles nach seinen Wünschen machen sollte, bin ich ganz anderer Meinung als Sie. Tatsächlich hat sich Ihr Neffe in der ganzen Angelegenheit so gut verhalten, wie es ein Mann nur konnte Er hat praktisch nicht gelogen, was ein Mann tun sollte, und alles, was Sie vom Gegenteil gehört haben, ist verleumderisch und falsch. Mir wurde gesagt, dass Sie durch die Aussage meines Bruders zur Enterbung verleitet wurden dein Neffe-"

„Ich habe nichts dergleichen getan."

„Es freut mich sehr, das zu hören. Er hat es jedenfalls nicht verdient, und ich habe es als meine Pflicht empfunden, zu Ihnen zu kommen und es Ihnen zu sagen."

Dann zog sich Mountjoy zurück, nicht ohne die Gastfreundschaft, die Mr. Prosper kaltblütig angeboten hatte, und kehrte nach Buntingford und London zurück. Jetzt würde endlich kommen, sagte er sich den ganzen Nachmittag, jetzt würde endlich eine Wiederholung jener Freuden kommen, nach denen seine ganze Seele so sehnsüchtig geseufzt hatte.

KAPITEL XLII.

KAPITÄN VIGNOLLES UNTERHALTET SEINE FREUNDE.

Als Mountjoy die Gemächer des Kapitäns Vignolles erreichte, wurde er offenbar mit großer Gleichgültigkeit empfangen. „Ich war mir überhaupt nicht sicher, ob du kommen würdest. Aber es gibt ein bisschen Abendessen, falls du bleiben möchtest. Ich habe Moody heute Morgen gesehen und er sagte, er würde vorbeischauen, wenn er hier vorbeikäme. Jetzt setz dich und erzählen Sie mir, was Sie getan haben, seit Sie auf diese bemerkenswerte Weise verschwunden sind. Das war überhaupt nicht das, was Mountjoy erwartet hatte, aber er konnte sich nur hinsetzen und sagen, dass er nichts Besonderes getan hatte. Von allen Clubmännern wäre Kapitän Vignolles der schlechteste, mit dem man den ganzen Abend alleine spielen könnte. Und Mountjoy erinnerte sich jetzt daran, dass er noch nie mit Vignolles in vier Wänden gewesen war, außer in einem Club. Vignolles betrachtete ihn einfach als ein Stück Beute, das der Zufall ans Ufer geworfen hatte. Und Moody, der sich zweifellos bald zeigen würde, war ein weiterer Vogel derselben Schar, wenn auch weniger raubgierig. Mountjoy legte seine Hand an seine Brusttasche und wusste, dass die fünfzig Pfund da waren, aber er wusste auch, dass sie bald weg sein würden.

Auch ihm schien es ratsam, aufzustehen und sofort zu gehen. Welche Freude würde es für ihn bereiten, Piquet mit einem ihm gegenüberstehenden Gesicht wie dem von Kapitän Vignolles oder mit einem solchen wie dem des alten Moody zu spielen? Es war nichts von der Brillanz des Raumes zu spüren, kein angenehmes Summen der Stimmen seiner Kameraden, kein Gefühl seiner eigenen Gleichberechtigung mit anderen. Es würde niemanden geben, der mit ihm sympathisierte, wenn er sein Unglück verfluchte, es würde keine Chance geben, mit einem Unschuldigen zu kämpfen, der genauso rücksichtslos wäre wie er selbst. Er sah sich um. Das Zimmer war düster und ungemütlich. Kapitän Vignolles beobachtete ihn und befürchtete, dass seine Beute entkommen würde. „Willst du dir nicht eine Zigarre anzünden?“ Mountjoy nahm die Zigarre und hatte dann das Gefühl, dass er nicht sofort gehen konnte. „Ich nehme an, du bist nach Monaco gegangen?“

„Ich war für kurze Zeit dort.“

„Monaco ist nicht schlecht — obwohl die Tische natürlich eine Anziehungskraft auf einen haben. Aber es ist großartig zu glauben, dass Geschicklichkeit nichts nützen kann. Ich denke oft, dass ich nur Rouge spielen sollte et noir.

"Du?"

„Ja, ich. Ich leugne nicht, dass ich der glücklichste Kerl bin, aber ich kann mich nie an Karten erinnern. Natürlich kenne ich mein Handwerk. Jeder kennt sein Handwerk, und ich bin in allem ziemlich gut dabei." Bücher sagen es dir.

„Das ist ein tolles Angebot."

„Nicht, wenn du kommst, um mit Männern zu spielen, die wissen, was Spielen ist. Schauen Sie sich Grossengrannel an. Ich wette lieber auf ihn als auf jeden anderen Mann in London. Grossengrannel vergisst nie eine Karte. Ich wette hundert Pfund, dass er sich am besten auskennt Das ist sein Geheimnis – und ich kann mir nicht vorstellen, was ich essen werde , oder so etwas in der Art. Grossengrannel schaut immer auf die Karten, und er gewinnt das eine oder andere Mal durch seine Aufmerksamkeit. Sollen wir eine Partie Piquet spielen?

Im selben Moment glaubte Mountjoy trotz allem, was er den ganzen Tag über gefühlt hatte, trotz all seiner Sehnsüchte und trotz all seines Durstes, dass er aufstehen und gehen könnte. Sein Vater wollte ihn gerade wieder auf die Beine stellen – wenn er sich nur enthalten würde. Doch bevor er sich entscheiden konnte, hatte Vignolles den Kartentisch offen, mit sauberen Karten und Stühlen an den Ecken. „Was soll das sein? Zweier im Spiel, nehme ich an." Aber Mountjoy wollte kein Piquet spielen. Er nannte es „Ecarte" und bat darum, dass es nur zehn Schilling pro Spiel kosten dürfe. Es war nun viele Monate her, seit er eine Partie Ecarte gespielt hatte. „Oh, häng es auf!" sagte Vignolles und hielt immer noch den Rucksack in seinen Händen. Auf diese Bitte hin gab Mountjoy nach und stimmte zu, dass bei jedem Spiel ein Pfund eingesetzt werden sollte. Als sie sieben Spiele gespielt hatten, hatte Vignolles nur ein Pfund gewonnen und äußerte die Meinung, dass ihnen so etwas überhaupt nicht passen würde. „Schulmädchen würden es besser machen", sagte er. Dann schob Mountjoy seinen Stuhl zurück, als wollte er gehen, als sich die Tür öffnete und Major Moody den Raum betrat. „Jetzt haben wir einen Gummi-Dummy", sagte Kapitän Vignolles.

Major Moody war ein grauhaariger alter Mann von etwa sechzig Jahren, der seine Karten mit großer Aufmerksamkeit spielte und weder damals noch zu irgendeinem anderen Zeitpunkt seines Lebens ein Wort sprach. Er war der schweigsamste Mensch und war keinem seiner Gefährten bekannt. Von ihm ging das Gerücht, dass er eine Frau zu Hause hatte, die er mit seinen Gewinnen mäßig versorgte. Es schien sein einziger Herzenswunsch zu sein, mit rücksichtslosen, törichten jungen Männern zu spielen, denen es bis zu einem gewissen Punkt egal war, was sie verloren. Er war beliebt, da er stets bereit war, jedem entgegenzukommen, und er war, wie oft von ihm gesagt wurde, die Seele der Ehre. Das Stück bereitete ihm sicherlich keinen Spaß, da er sehr hart daran arbeitete – und zwar sehr ständig. Niemand hat ihn irgendwo anders als im Club gesehen. Um acht Uhr ging er zum Abendessen nach Hause, hoffen wir, zur Frau seiner Brust, und um elf Uhr kehrte er zurück und blieb, solange Männer zum Spielen da waren. Er führte ein langweiliges und unbefriedigendes Leben, und es wäre gut für ihn gewesen, wenn seine Freunde für ihn die vergleichsweise Bequemlichkeit eines Hockers in einem Kontor verschafft hätten. Da ihm jedoch kein solches Elysium eröffnet wurde, akzeptierte der Major weiterhin die kleineren Gewinne und die härtere Arbeit des Clublebens. In welchem Regiment er Major gewesen war, wusste niemand und wollte auch nicht danach fragen. Er wurde zwanzig Jahre oder länger als Major Moody aufgenommen, und zwanzig Jahre sind sicherlich Zeit genug, um den Anspruch eines Mannes auf eine Mehrheit ohne Bezugnahme auf die Armeeliste zu klären.

„Wie geht es Ihnen, Major Moody?" fragte Mountjoy.

„Nicht viel, womit man sich rühmen kann. Ich hoffe, es geht Ihnen ziemlich gut, Captain Scarborough." Darüber hinaus gab es kein Wort der Begrüßung und keinen Hinweis auf Mountjoys wunderbare Abwesenheit.

„Was soll es sein: – Zweier und Zehner?" sagte Kapitän Vignolles und ordnete die Karten und die Stühle.

„Nicht für mich", sagte Mountjoy, der von einer äußerst ungewöhnlichen Besonnenheit erfüllt zu sein schien.

„Was! Fürchtest du dich, der du dich weder vor Menschen noch vor Teufeln fürchtetest?"

„Es hat so viel damit zu tun, sich nicht daran zu gewöhnen", sagte Mountjoy. „Ich habe keine Partie Whist mehr gespielt, seit ich nicht weiß, wann."

„Zweier und Zehner sind schwer gegen Dummy", sagte Major Moody.

„Ich nehme Dummy, wenn es dir gefällt", sagte Vignolles. Moody sah ihn nur an.

„Natürlich wird jeder von uns seine eigene Puppe haben", sagte Mountjoy.

„Ganz wie es Ihnen gefällt", sagte Vignolles. „Ich bin hier Gastgeber und werde natürlich jedem Vorschlag nachkommen. Was soll das sein, Scarborough?"

„Pfund und Fünfer. Höher werde ich nicht spielen." Als Mountjoy die Einsätze angab, um die er zu spielen bereit war, kam ihm in den Sinn, dass er früher von diesem Mann, der den Kapitän nun wegließ, immer Kapitän Scarborough genannt worden war. Natürlich war er seitdem gefallen, sehr tief gefallen. Er sollte sich jedem Mann verpflichtet fühlen, der früher mit ihm Mitglied desselben Clubs gewesen war und ihn jetzt mit der Vertrautheit seines schmucklosen Namens begrüßen würde. Aber die Erinnerung an die alten Geräusche kam wieder an sein Ohr; und das Bewusstsein, dass er, bevor sein Vater ihn behandelte, der Welt als Captain Scarborough von Tretton bekannt gewesen war.

„Na ja, ja, Pfund und Fünfer", sagte Vignolles. „Das ist besser, als bei E-Carte für ein Pfund pro Spiel herumzuspielen. Natürlich könnte ein Mann etwas gewinnen, wenn die Spiele alle in eine Richtung laufen würden; aber wenn sie sich so schnell abwechseln, bringt das nichts. Sie haben den ersten Dummy, Scarborough. Welche Karten wirst du nehmen? Ich glaube an Glück . Das ist alles, was ein Mann mit Ehre anfängt Bei diesem Spiel, Moody, überlasse ich es dir, das Stück zu arrangieren, und werde es so gut wie möglich weiterverfolgen. Du führst natürlich die Schwachen an. Dies wurde erst gesagt, als die Karte nicht mehr in der Hand seines Partners war. „Aber wenn Ihr Gegner ein Ass, einen König oder eine Dame auf der Hand hat, gibt es keine Schwachstelle. Nun, das haben wir gespart, und das ist alles, was wir erwarten können. Wenn ich damit begonnen hätte, einen Trumpf auszuspielen, wäre das so gewesen." War schon überall bei uns. Möchtest du dir nicht eine Zigarre anzünden, Moody?"

„Ich rauche nie beim Kartenspielen."

„Das ist alles schön und gut für den Club, aber vielleicht entspannen Sie sich hier ein wenig. Scarborough wird noch eine Zigarre nehmen." Aber selbst Mountjoy war zu vorsichtig. Er hat die Zigarre nicht genommen, aber er hat den Gummi gewonnen. „Heute Abend steht dir etwas Gutes bevor, ich bin mir dessen so sicher, als ob das Geld in deiner Tasche wäre."

Obwohl Mountjoy nicht rauchte, trank er. Was hätten sie, fragte Vignolles. Es gab Champagner, Whisky und Brandy. Er hatte Angst, dass es keinen anderen Wein gab. Er öffnete eine Flasche Champagner und Mountjoy nahm das für ihn gefüllte Glas. Er selbst trank immer Whisky und Wasser, sagte er, und füllte sich ein Glas, in das er eine ganz kleine Portion Alkohol einschenkte. Major Moody bat um Gerstenwasser. Da es keine gab, begnügte er sich damit, Apollinaris zu schlürfen.

Eine genaue Aufzeichnung der Ereignisse dieses Abends würde für die Leser nur zu einer langweiligen Geschichte werden. Mountjoy verlor natürlich seine fünfzig Pfund. Ach! er verlor viel mehr als seine fünfzig Pfund. Bald kam der alte Geist über ihn, und die Erinnerung daran, was sein Vater für ihn tun sollte, verschwand von ihm, und alle Gedanken an seine Gegner – wer und was sie waren. Der Major weigerte sich beharrlich, seine Einsätze zu erhöhen, und – was noch schlimmer war – weigerte sich, um etwas anderes als Bargeld zu spielen. „So etwas tue ich nie. Du denkst vielleicht, dass ich sehr seltsam bin, aber so etwas tue ich nie." Es war die längste Rede, die er den ganzen Abend über hielt. Vignolles erinnerte ihn daran, dass er im Verein tatsächlich auf Kredit spielte. „Das Komitee kümmert sich darum", murmelte er und schüttelte den Kopf. Dann bot Vignolles erneut an, den Dummy zu nehmen, so dass für Moody und Scarborough keine Notwendigkeit bestand, gegeneinander zu spielen, und bot an, für jeden zweiten Spielzug einen Punkt als Preis für den Vorteil zu geben. Aber Moody, dessen Erfolg für diese Nacht durch die dreißig Pfund, die er in der Tasche hatte, gesichert war, wollte sich nicht damit abfinden. „Sie wollen damit sagen, dass Sie uns trennen werden“, sagte Vignolles. „Das wird hart für Scarborough.“

„Für Geld gehe ich weiter“, sagte der unbewegliche Major.

„Ich nehme an, du wirst es nicht mit mir im Double Dummy austragen?“ sagte Vignolles zu seinem Opfer. „Aber Double Dummy ist zu dieser Nachtzeit eine schreckliche Belastung.“ Und er schob alle Karten zusammen nach oben, um zu zeigen, dass das Vergnügen des Abends vorbei war. Auch er erkannte die Schwierigkeit, die Moody so beharrlich vermied. Man hatte ihm wundersame Dinge über die Absichten des alten Gutsherrn gegenüber seinem ältesten Sohn erzählt, aber sie hatte ihm nur der älteste Sohn selbst erzählt. Zweifellos könnte er weiter gewinnen. Wenn er sich nicht einer äußerst hartnäckigen Kartenserie widersetzte, würde er mit Sicherheit gegen Scarboroughs offensichtliche Vergesslichkeit aller Regeln und Unkenntnis der Besonderheiten des Spiels, das er spielte, gewinnen. Aber es wäre wahrscheinlicher, dass er die Zahlung der ihm jetzt zustehenden zweihundertdreißig Pfund – oder fast so viel – als eine größere Summe erhalten würde. Die anderen zwanzig Pfund, die der arme Mountjoy mitgebracht hatte, hatte er bereits in seinem Besitz. Also ließ er das Opfer gehen. Moody ging zuerst, und Vignolles verlangte dann die Durchführung einer kleinen Zeremonie. „Schreiben Sie einfach Ihren Namen darauf“, sagte Vignolles. Es handelte sich um ein schriftliches Versprechen, an oder vor diesem Tag der Woche an Kapitän Vignolles den genauen Betrag von zweihundertsiebenundzwanzig Pfund zu zahlen. „Du wirst pünktlich sein, nicht wahr?“

„Natürlich werde ich pünktlich sein“, sagte Mountjoy mit finsterer Miene.

„Na ja, kein Zweifel. Aber es gab Fehler.“

„Ich sage dir, du wirst bezahlt. Warum zum Teufel hast du es mir abgerungen, wenn du daran zweifelst?“

„Ich habe dich einfach herumlaufen sehen, und ich wollte gutmütig sein.“

„Du weißt so gut wie jeder andere Mann, welche Chancen du nutzen solltest und wann du deine Hand halten solltest. Wenn du mir von Fehlern erzählst, werde ich es persönlich machen.“

„Ich habe nichts gesagt, Scarborough, das sollte so aufgegriffen werden.“

„Häng dein Scarborough auf! Wenn ein Herr einem anderen über Fehler redet, meint er etwas." Dann schlug er seinen Hut auf den Kopf und verließ das Zimmer.

Vignolles leerte die Flasche Champagner, in der noch ein Glas übrig war, und setzte sich mit dem Dokument in der Hand hin. „Genau derselbe Kerl", sagte er zu sich selbst; „Anmaßend, rücksichtslos, stur und ein Tyrann. Er würde die Bank of England verlieren, wenn er sie hätte. Aber dann zahlt er nicht! Er hat keine Skrupel, was das angeht. Wenn ich verliere, muss ich zahlen." . Bei Gott, ich habe noch nie in meinem Leben einen Schilling verloren. Es ist verdammt schwer, mit zwei Leuten über die Runden zu kommen, wenn er auf Säumige trifft. Sie sind der Abschaum der Welt! Sie sind schlimmer als jeder andere, wenn Sie vorsichtig sind Wenn das Spiel säumig und ehrenhaft ist, wird man ihn nicht los, wenn er sich zeigt.

Dies waren die Klagen von Kapitän Vignolles, als er dort saß und das verdächtige Dokument betrachtete, das Mountjoy in seinen Händen hinterlassen hatte. Für ihn war es eine Tatsache, dass er grausam behandelt worden war, indem ihm ein solches Stück Papier aufgedrängt wurde, anstatt mit einem Scheck bezahlt zu werden, der am nächsten Morgen eingelöst werden würde. Und als er an seine eigene Karriere dachte; seine Barzahlungen; sein Gehorsam gegenüber bestimmten Spielregeln – ich meine Regeln gegen Betrug; als er an seine Hände dachte, die seiner Meinung nach wunderschön sauber waren; sein Fleiß in seinem Beruf, der für ihn ehrenhaft war; seine harte Arbeit; seine späten Stunden; seine Hingabe an eine Aufgabe, die oft mühsam war; seine vielen Phasen herzzerreißender Verluste, die ihn, wenn sie eintraten, fast in den Wahnsinn treiben würden; seine kleinen üblichen Gewinne; seine Unfähigkeit, für das Alter irgendetwas aufzubringen; Er sprach von der Engstirnigkeit, die ihn selbst gelegentlich vor der Verleumdung bewahrte, und sprach von sich selbst als von einem ehrlichen, hart arbeitenden Berufsmann, mit dem die Welt besonders hart zu kämpfen hatte.

Aber Major Moody ging ganz zufrieden mit den dreißig Pfund, die er gewonnen hatte, zu seiner Frau nach Hause.

KAPITEL XLIII.

HERR. PROSPER WIRD VON SEINEN ANWÄLTEN BESUCHT.

Herr Prosper war zu der Zeit, als Mountjoy Scarborough ihn besuchte, nicht in guter Stimmung gewesen. Er hatte einige Zeit zuvor einen Brief von Herrn Grey erhalten, wie in einem früheren Kapitel beschrieben, und wusste auch genau, welchen Vorschlag Herr Gray den Herren Soames & Simpson gemacht hatte. Eine gleichmäßige Aufteilung des Einkommens der Dame, wobei eine Hälfte an die Dame selbst und die andere Hälfte an Herrn Prosper geht, mit einer Rente von zweihundertfünfzig Pfund aus dem Nachlass für die Dame, falls Herr Prosper zuerst sterben sollte: Dies waren die Bedingungen, die Miss Thoroughbung angeboten wurden, um sie dazu zu bewegen, die Frau von Mr. Prosper zu werden. Aber Fräulein Thoroughbung hatte sich geweigert, diesen Bedingungen zuzustimmen, und hatte ihre Geldangelegenheiten äußerst präzise und sachlich geregelt. Ein Drittel ihres Einkommens würde sie aufgeben, da Mr. Prosper es wünschte; Aber mehr noch: „Sie wäre es sich selbst und ihren Freunden schuldig, nicht aufzugeben." Die Bezahlung des Fisches und des Sekts muss in jeder Vereinbarung ihrerseits ausgeklammert werden. Was die Ponys, ihr Geschirr und den Ponywagen betraf, würde sie sie besorgen. Die Ponys und die Kutsche wären für ihr Glück unverzichtbar. Aber die Pflege der Ponys muss Herrn Prosper überlassen werden. Was die Mitgift betraf, konnte sie nicht zustimmen, weniger als vierhundert zu akzeptieren – oder fünfhundert, wenn kein Haus zur Verfügung gestellt werden sollte. Sie dachte, dass siebenhundertfünfzig wenig genug wären, wenn es keine Kinder gäbe, da es in diesem Fall keinen Erben gab, um den Mr. Prosper besonders besorgt war. Aber da es wahrscheinlich Kinder geben würde, dachte Miss Thoroughbung, dass dies eine Angelegenheit sei, über die Mr. Prosper nicht viel nachdenken würde. Während der ganzen Zeit bewahrte sie einen wunderbaren Gleichmut und unternahm zwei oder drei Versuche, Herrn Prosper zu einem erneuten Besuch in der Marmaduke Lodge zu bewegen. Sie selbst schrieb ihm, dass sie es seltsam fände, dass er angesichts ihrer engen Verbindung nicht zu ihr kommen sollte. Einmal sagte sie, sie hätte gehört, dass er krank sei, und bot an, nach Buston Hall zu fahren, um ihn zu besuchen.

All dies war für einen Gentleman mit Mr. Prospers zarten Gefühlen äußerst beunruhigend. Was die Vorschläge in Bezug auf Geld betrifft, so schien es unzählige Briefe von Soames & Simpson an Gray & Barry zu geben, die alle nach Buston Hall gelangten.

Mit Soames & Simpson lehnte Herr Prosper jede persönliche Kommunikation ab. Aber jedem Brief der Buntingford-Anwälte war ein weiterer Brief der Londoner Anwälte beigefügt, bis die Korrespondenz unerträglich wurde. Herr Prosper war nicht stark genug, um standhaft an seinen Waffen festzuhalten, die ihm die Herren Gray und Barry auferlegt hatten. In einigen Dingen gab er jedoch nach, und so entstanden erneut Briefe, die ihn fast in den Wahnsinn trieben. Der Mandant der Herren Soames & Simpson war bereit, vierhundert Pfund als Betrag der Mitgift ohne Bezug auf das Haus zu akzeptieren, und Mr. Prosper gab dieser Forderung nach. Er kümmerte sich nicht besonders um einen noch ungeborenen Erben und fühlte sich in Bezug auf Kinder keineswegs so sicher wie die Dame. Aber er kämpfte hart um die Ponys. Er konnte sich nicht verpflichten, dass seine Frau Ponys haben sollte. Das muss ihm als Hausherr überlassen bleiben. Er glaubte, dass ein Paar Kutschpferde für sie ausreichen würde. Er hatte immer eine Kutsche gehabt und hatte auch vor, dies zu tun. Sie könnte ihre Ponys mitbringen, wenn sie wollte, aber wenn er es gut fand, sich von ihnen zu trennen, würde er sie verkaufen. Er geriet immer tiefer in den Sumpf, bis er zu zweifeln begann, ob er unverheiratet daraus herauskommen würde, wenn er es unbedingt wollte. Und die ganze Zeit über kamen liebevolle kleine Briefe von Miss Thoroughbung, die ihn nach seinem Gesundheitszustand fragten und ihm empfahlen, was er nehmen sollte, bis er ernsthaft daran dachte, für den Winter nach Kairo zu fahren.

Dann kam Mr. Barry herunter, um ihn zu besuchen, nachdem Mountjoy seinen Besuch gemacht hatte. Es war jetzt Januar und die Verhandlungen über die Heirat hatten mehr als zwei Monate gedauert. Der Brief, den er vom Squire von Tretton erhalten hatte, hatte ihn bewegt; aber er hatte sich gesagt, dass das Anwesen sein Eigentum sei und dass er das Recht habe, es so zu genießen, wie es ihm am besten gefalle.

Was auch immer Harrys Fehler in Bezug auf diese Mitternachtsaffäre gewesen sein mochten, es war sicherlich wahr, dass er sich geweigert hatte, die Predigten zu hören. Mr. Prosper erwähnte die Predigten nicht direkt vor sich hin, aber er hatte das Gefühl, dass sein Erbe vorsätzlich ungehorsam gewesen sei und dass die Predigten zweifellos die Ursache dafür gewesen seien. Als er den Brief des alten Gutsbesitzers gelesen hatte, wollte er seinem Neffen noch nicht verzeihen. Er hatte das Werben langsam satt, aber seiner Meinung nach wäre die Frau besser als der Neffe. Auch wenn ihn die Übereilung dieser Umarmung sehr verärgert hatte, lag dennoch eine Süße darin, die auf seinen Lippen blieb. Dann war Mountjoy heruntergekommen und hatte Mountjoy sehr entschieden geantwortet: „Eine Lüge!" hatte er ausgerufen. „Hat er gelogen?" hatte er gefragt, als müsste mit einem jungen Mann, der sich einst erlaubt hatte, von der starren Wahrheit abzuweichen, alles vorbei sein. Mountjoy hatte sich entschuldigt, was er konnte, aber Mr. Prosper war sehr streng gewesen.

Am selben Tag nach Mountjoys Ankunft kam Herr Barry. Sein Besuch war arrangiert worden, und Mr. Prosper war mit großer Sorgfalt auf die Begegnung mit ihm vorbereitet. Er war in seinen besten Morgenmantel gehüllt und Matthew hatte ihn mit größter Sorgfalt rasiert. Die Mädchen im Pfarrhaus erklärten, ihr Onkel habe nach Buntingford geschickt, um einen besonderen Topf Pomatum zu holen. Die Geschichte wurde Joe Thoroughbung erzählt, damit sie an seine Tante weitergegeben werden konnte, und zweifellos verbreitete sie sich wie beabsichtigt. Aber Miss Thoroughbung kümmerte sich nicht um das Pomatum, mit dem der Anwalt aus London empfangen werden sollte. Es wäre sehr schwer, sie aus ihrem Geliebten herauszulachen, solange die Eigentumsurkunden an Buston bestehen blieben. Aber Mr. Prosper hatte das Gefühl, dass es notwendig sei, gut auszusehen, damit seine Ehe in den Augen des Anwalts gerechtfertigt sei.

Mr. Barry wurde in das Bücherzimmer in Buston geführt, in dem Mr. Prosper saß und bereit war, ihn zu empfangen. Die beiden Herren waren einander noch nie zuvor begegnet, und Mr. Prosper hatte zweifellos das Verhalten eines aristokratischen Landbesitzers an den Tag gelegt. Er hätte das nicht getan, wenn Mr. Gray an die Stelle seines Partners getreten wäre. Aber bei einem Anlass wie diesem strahlte Mr. Barry eine gewisse Demut aus, die den Kunden ein wenig stolz machte. „Es tut mir leid, Ihnen die Mühe zu machen, herunterzukommen, Mr. Barry“, sagte er. „Ich hoffe, der Diener hat dir dein Zimmer gezeigt.“

„Ich werde heute wieder in London sein, Herr Prosper, vielen Dank. Ich muss diese Anwälte hier sehen, und wenn ich Ihre letzten Anweisungen erhalten habe, werde ich nach Buntingford zurückkehren.“ Dann drängte Mr. Prosper ihn sehr, zu bleiben. Er habe durchaus damit gerechnet, sagte er, dass Mr. Barry ihm das Vergnügen bereiten würde, zumindest eine Nacht in Buston zu bleiben. Aber Mr. Barry klärte die Frage, indem er sagte, dass er keinen Frack mitgebracht habe. Mr. Prosper hatte keine Lust, mit Gästen zu Abend zu essen, die ihre Fracks nicht mitbrachten. „Und nun“, fuhr Herr Barry fort, „welche endgültigen Anweisungen sollen wir Soames & Simpson geben?“

„Ich halte nicht viel von den Herren Soames & Simpson.“

„Ich glaube, dass sie den Ruf haben, ehrliche Praktizierende zu sein.“

„Das wage ich zu sagen; daran bezweifle ich nicht im Geringsten. Aber es sind Leute, denen ich meine eigenen Privatangelegenheiten überhaupt nicht anvertrauen möchte. Die Herren Soames & Simpson haben, glaube ich, kein großes County-Unternehmen. Ich hatte keine Ahnung, dass Miss Thoroughbung diese Angelegenheit in ihre Hände gelegt hätte.

„Genau so, Mr. Prosper. Aber ich nehme an, dass es für sie notwendig war, jemanden einzustellen. Es gab eine Menge Korrespondenz.“

„In der Tat, Mr. Barry.“

„Es war nicht unsere Schuld, Herr Prosper. Jetzt müssen wir Folgendes entscheiden: Was sind die endgültigen Bedingungen, die Sie vorschlagen wollen? Ich denke, Sir, die Zeit ist gekommen, in der einige endgültige Bedingungen vorgeschlagen werden sollten. "

„Nur so. Endgültige Bedingungen – das müssen Sie nennen – die allerletzten. Das heißt, wenn sie einmal angeboten wurden, müssen Sie – müssen –“

„Bleiben Sie einfach dabei, Mr. Prosper.“

„Genau, Mr. Barry. Das ist es, was ich vorhabe. Nichts ist mir so unangenehm wie dieses Feilschen um Geld, besonders mit einer Dame. Miss Thoroughbung ist eine Dame, für die ich die größtmögliche Wertschätzung habe.“

„Das ist natürlich.“

„Für die ich, ich wiederhole, die größtmögliche Wertschätzung empfinde. Aber sie hat Freunde, die ihre eigenen Vorstellungen von Geld haben. Die Brauerei in Buntingford gehört ihnen, und sie sind sehr würdige Leute. Ich sollte es Ihnen erklären, Herr.“ Barry, da Sie mein vertraulicher Berater sind, wäre ich wahrscheinlich nicht auf die Idee gekommen, mich mit den Thoroughbungs zu verbinden, wenn ich in der Blütezeit meiner Jugend eine Ehe eingegangen wäre. Sie sind äußerst respektable Menschen. aber sie gehören nicht gerade zu der Klasse, in der ich unter diesen Umständen eine Frau hätte suchen sollen. Ich hätte es wahrscheinlich wagen können, um die Hand der Tochter irgendeiner Kreisfamilie zu bitten Da ich mir nun in der Mitte meines Lebens den Trost des Eheglücks verschaffen wollte, habe ich mich umgesehen und niemanden gefunden, der mir diesen eher geben könnte als Fräulein Thoroughbung. Ihr Charakter ist ausgezeichnet und ihr Mensch gefällt. Während Mr. Prosper dies sagte, dachte er an den Kuss, der ihm gegeben worden war. „Ihr Witz ist lebhaft, und ich denke, dass sie im Großen und Ganzen eine begehrenswerte Begleiterin sein wird. Sie wird nicht mit leeren Händen in dieses Haus kommen; aber über ihre Geldangelegenheiten wissen Sie bereits so viel, dass ich Ihnen vielleicht etwas sagen muss.“ Nichts weiter. Aber obwohl ich sehr daran interessiert bin, diese Dame zu meiner Frau zu machen, und ich kann sagen, dass ich ihr herzlich verbunden bin, gibt es bestimmte Punkte, die ich jetzt bezüglich der Ponys nicht opfern kann.

„Ich glaube, ich verstehe das mit den Ponys. Sie könnte ihnen den Prozess machen.“

„Ich bin nicht verpflichtet, überhaupt Ponys zu behalten. Es gibt ein Paar Kutschpferde, die genügen müssen. Wenn ich es mir genauer überlege, sollte sie die Ponys besser nicht mitbringen.“ Diese Entscheidung war schließlich auf einen kleinen Zweifel zurückzuführen, der ihm in den Sinn kam, ob er Harry gerecht behandelte.

„Und vierhundert Pfund ist die Summe, die für ihr Gelenk festgelegt wurde.“

„Sie soll ihr eigenes Geld für ihr eigenes Leben haben“, sagte Herr Prosper.

„Das ist eine Selbstverständlichkeit.“

„Glauben Sie nicht, dass unter diesen Umständen vierhundert völlig ausreichen werden?“

„Völlig genug, wenn du mich fragst. Aber wir müssen uns entscheiden.“

„Vierhundert sollen es sein.“

„Und sie soll während Ihres Lebens zwei Drittel ihres eigenen Geldes für ihre eigenen Ausgaben haben?“ fragte Mr. Barry.

„Ich verstehe nicht, warum sie sechshundert Dollar pro Jahr für sich haben sollte; das tue ich in der Tat nicht. Ich fürchte, das wird nur zu Extravaganz führen!“ Barry sah verzweifelt aus. „Natürlich werde ich, wie gesagt, nicht von meinem Wort abweichen. Sie soll zwei Drittel haben. Aber was die Ponys betrifft, habe ich mich völlig entschieden. In Buston wird es keine Ponys geben. Ich hoffe, Sie verstehen das.“ , Herr Barry?“ Mr. Barry sagte, dass er es gut verstanden habe, und dann faltete er seine Papiere zusammen, machte sich auf den Weg und gratulierte sich selbst, dass er keinen langen Abend in Buston Hall verbringen müsste.

Doch bevor er ging und als er im Flur bereits seinen Mantel angezogen hatte, rief ihn Mr. Prosper zurück, um ihm noch eine weitere Frage zu stellen; und zu diesem Zweck schloss er vorsichtig die Tür und sprach flüsternd seine Worte. Wusste Herr Barry etwas über das Leben und die jüngsten Abenteuer von Herrn Henry Annesley? Mr. Barry wusste nichts; aber er glaubte, dass sein Partner, Mr. Grey, etwas wusste. Er hatte gehört, wie Mr. Gray den Namen von Mr. Henry Annesley erwähnte. Dann, als er dort stand, in seinen Mantel gehüllt, während sein Pferd in der Kälte stand, erzählte ihm Mr. Prosper viel von der Geschichte von Harry Annesley und bat ihn, Mr. Gray zu veranlassen, ihm zu schreiben und ihm zu sagen, was er dachte von Harrys Verhalten.

KAPITEL XLIV.

HERR. PROSPER'S PROBLEME.

Als Mr. Prosper nach der Ermüdung des Gesprächs mit seinem Anwalt in seinen Sessel sank, dachte er darüber nach, dass Harry Annesley, wenn man alles in Betracht zog, ein undankbares Schwein war – so nannte er ihn – und dass Miss Thoroughbung es war Viele Attraktionen. Miss Thoroughbung hatte wahrscheinlich gut daran getan, ihn zu küssen, obwohl das Unternehmen nicht ohne besondere Gefahren gewesen war. Er dachte oft daran, wenn er allein war, und da „die Entfernung dem Ausblick einen Zauber verlieh", sehnte er sich danach, dass das Experiment wiederholt würde. Vielleicht hatte sie recht gehabt. Und es wäre sicherlich eine gute Sache, selbst liebe kleine Kinder zu haben. Miss Thoroughbung war sich dieser Sache sehr sicher, und es wäre dumm von ihm, daran zu zweifeln. Dann dachte er an den Unterschied zwischen einem hübschen blonden kleinen Jungen und diesem undankbaren Schwein, Harry Annesley. Er sagte sich, dass er sehr kinderlieb sei. Die Mädchen im Pfarrhaus hätten das nicht gesagt, aber sie kannten seinen Charakter wahrscheinlich nicht.

Als Harry mit seinem Stipendium zurückkam, war sein Onkel einige Wochen lang sehr stolz auf ihn gewesen – er hatte erklärt, dass er niemals aufgefordert werden dürfe, sein Brot zu verdienen, und hatte ihm zu Beginn zweihundertfünfzig Pfund pro Jahr gewährt mit: aber dieser Gefallen wurde nicht erwidert. Harry war in der Halle ein- und ausgegangen, als ob sie bereits ihm gehörte – wie es so mancher Vater mit Freuden bei seinem ältesten Sohn sieht. Aber der Onkel hatte in diesem Fall keine Freude daran gehabt, es zu sehen. Ein Onkel ist etwas anderes als ein Vater – ein Onkel, der noch nie ein eigenes Kind hatte. Er wollte Ehrerbietung – was er Respekt genannt hätte; Während Harry zunächst bereit war, ihm eine vertraute Zuneigung entgegenzubringen, die auf Gleichheit beruhte – auf Gleichheit in Geldangelegenheiten und weltlichen Interessen – obwohl ich fürchte, dass Harry zuließ, dass seine eigene intellektuelle Überlegenheit sichtbar wurde. Mr. Prosper war zwar ein unwissender und keineswegs kluger Mann, aber er war nicht so dumm, das alles nicht zu sehen. Dann kam die beharrliche Weigerung, die Predigten anzuhören, und Mr. Prosper hatte sich traurig erklärt, dass sein Erbe nicht der junge Mann war, der er hätte sein sollen.

Er dachte damals weder an eine Heirat, noch stellte er die Zuwendung ein; aber er hatte das Gefühl, dass sein Erbe nicht das war, was er hätte sein sollen. Doch dann ereignete sich die schreckliche Schande jener Nacht in London, und dieser ausgezeichnete junge Mann, Mr. Augustus Scarborough, hatte ihm völlig die Augen geöffnet; dann begann er, sich umzusehen. Dann huschten ihm vage Vorstellungen von den Reizen und dem unmittelbaren Reichtum von Miss Thoroughbung vor Augen, und er redete sich immer wieder von den Aussichten und der zweifellos guten Geburt von Miss Puffle ein. Miss Puffle hatte sich blamiert, und deshalb hatte er Buston Hall Miss Thoroughbung zu Füßen geworfen.

Doch nun hatte er Geschichten über diesen „ausgezeichneten jungen Mann Augustus Scarborough" gehört, die seinen Glauben erschüttert hatten. Er hatte empört ausrufen können, dass Harry Annesley gelogen hatte. "Eine Lüge!" Er war überrascht gewesen, als er herausgefunden hatte, dass einem jungen Mann, der so sehr in der Welt der Mode gelebt hatte wie Captain Scarborough, das überhaupt nichts ausmachte. Und als Fräulein Thoroughbung in Bezug auf Geld immer anspruchsvoller wurde, dachte er selbst immer weniger an die Lüge. Es könnte gut sein, dass Harry letztendlich das Eigentum hätte, auch wenn er nie wieder in den Vordergrund gerückt werden sollte und es keine weiteren Fragen über die Entschädigung geben sollte. Als Miss Thoroughbung ihre Forderungen nach den Ponys wiederholte, begann er zu spüren, dass die Felder von Buston durch das Erzählen dieser Lüge nicht für immer in Schande geraten würden. Doch die Predigten blieben bestehen und er würde seinen Neffen nie wieder freiwillig wiedersehen. Als er all dies durchdachte, kam ihm die Idee zurück, den Rest des Winters in Kairo zu verbringen. Im Winter reiste er nach Kairo, im Frühling an die italienischen Seen und im Sommer in die Schweiz. Dann könnte er nach Kairo zurückkehren. Im gegenwärtigen Moment hatten Buston Hall und die Umgebung von Buntingford wenig Reiz für ihn. Er hatte Angst, dass Miss Thoroughbung wegen der Ponys nicht nachgeben würde; und gegen die Ponys war er entschlossen.

In diesem Zustand saß er mit einer Karte vor sich und dem Brief des Squires auf der Karte, als Matthew, der Butler, die Tür öffnete und einen Besucher ankündigte. Sobald Mr. Barry gegangen war, hatte er die Natur mit einem Hammelkotelett und einem Glas Sherry unterstützt, und die Trümmer lagen jetzt auf dem Beistelltisch. Seine erste Idee war, Matthew aufzufordern, sofort das Glas und den Knochen sowie die unfertige Kartoffel und die Brotkruste zu entfernen. Von irgendeinem Besucher mit solchen Überresten angetan zu werden, wäre schlecht, aber von diesem Besucher wäre es schrecklich. Das Mittagessen sollte im Speisesaal eingenommen werden, wo Kotelettknochen und schmutzige Gläser ihren Platz hätten. Aber hier in seinem Bücherzimmer wären sie eine Schande. Doch als Matthew eilig die beiden Teller und den Salzstreuer einsammelte, begann sein Herr zu zweifeln, ob dieser Besucher überhaupt empfangen werden sollte. Es war niemand anderes als Miss Thoroughbung.

Um seine Nachlässigkeit bei den Besuchen bei der Dame zu entschuldigen, hatte Mr. Prosper ihr zu verstehen gegeben, dass es ihm nicht ganz gut gehe, und Miss Thoroughbung hatte darauf reagiert, indem sie ihrem Geliebten ihre Dienste als Krankenschwester angeboten hatte. Dann hatte er sich selbst geschrieben, dass er, obwohl er ein wenig unwohl gewesen sei und „an einer Erkältung in der Brust gelitten habe, wozu er in dieser rauen Jahreszeit besonders anfällig sei", nicht mehr als ein wenig bräuchte Sie kümmerte sich persönlich um sie und würde sie nicht mit diesen Diensten belästigen, für deren Angebot er ganz besonders dankbar sein würde. Daher hatte er daran gedacht, Fräulein Thoroughbung auf Distanz zu halten; aber hier war sie mit diesen verhassten Ponys direkt vor seiner Tür. „Matthew", sagte er in der Verzweiflung seines Butlers zu einem Vertrauten, „ich glaube nicht, dass ich sie sehen kann."

„Sie müssen, Sir; tatsächlich müssen Sie."

"Muss!"

„Nun ja, ich fürchte schon. In Anbetracht aller Dinge – der Eheaussichten und des Rests – denke ich, dass Sie das tun müssen, Sir."

„Sie hat noch kein Recht, hierher zu kommen, wissen Sie." Es versteht sich, dass Mr. Prosper ziemlich verstört war, als er mit so vertrauter Zuversicht zu seinem Diener sprach. „Sie muss jedenfalls nicht hier reinkommen."

„Im Salon, wenn ich das vorschlagen darf, Sir."

„Führen Sie Miss Thoroughbung in den Salon", sagte er mit all seiner Würde. Dann zog sich Matthew zurück, und der Squire von Buston war der Meinung, dass man ihm vielleicht fünf Minuten Zeit ließe, um sich zu sammeln, und dass der Hammelkotelettknochen nicht entfernt werden müsse.

Als die fünf Minuten vorüber waren, ging er mit langsamen Schritten durch das dazwischen liegende Billardzimmer und öffnete langsam die Tür zum Salon. Würde sie in seine Arme stürzen und ihn noch einmal küssen, als er eintrat? Er hoffte aufrichtig, dass es keinen solchen Versuch geben würde; aber wenn ja, war er fest entschlossen, es abzulehnen. Zu nichts dergleichen sollte es kommen, bis sie klar erklärt und von sich und ihren Anwälten schriftlich bestätigt hatte, dass sie bereit wäre, ohne die Ponys nach Buston zu kommen. Aber es gab keinen solchen Versuch. „Wie geht es Ihnen, Herr Prosper?" sagte sie mit lauter Stimme und stand mitten im Raum auf. „Warum kommen Sie nie zu mir? Ich finde es sehr übel von Ihnen, und Miss Tickle auch. Es gibt niemanden, der Ihnen gegenüber parteiischer ist als Miss Tickle. Wir haben erst letzte Nacht über Sie gesprochen, als eine Krabbe verschickt wurde das wir zum Abendessen hatten. Hatten sie jeden Abend Krabben zum Abendessen geschickt? dachte Mr. Prosper bei sich. Es war sicherlich ein starker Grund gegen seine Heirat. „Ich habe ihr gesagt, dass du eine Erkältung im Kopf hast."

„In meiner Brust", sagte Mr. Prosper sanftmütig.

„'Störende Erkältungen!' sagte Miss Tickle. „Wenn die Leute zusammen Gesellschaft leisten, sollten sie sich sehen." Das waren genau die Worte von Miss Tickle."

Dass man von ihm, Mr. Prosper aus Buston, sagen sollte, dass er jeder Frau „Gesellschaft leistete"! Fast hätte er spontan beschlossen, dass er jetzt unter keinen Umständen Fräulein Thoroughbung heiraten dürfe. Aber leider war sein Angebot gemacht worden, und die von ihm vorgeschlagenen Bedingungen des Vergleichs wurden in die Hände seines Anwalts gelegt. Wenn Miss Thoroughbung ihn an seinem Angebot festhalten wollte, musste er sie heiraten. Es war nicht so, dass er eine Klage wegen Versprechensbruchs befürchtete, sondern dass es ihm als Gentleman oblag, seinem Wort treu zu bleiben. Er muss jedoch nicht Miss Tickle heiraten. Er hatte Miss Tickle keine Konditionen angeboten. Mit großer Geistesgegenwart beschloss er sofort, dass Miss Tickle in Buston Hall niemals eine dauerhafte Ruhestätte für ihren Fuß finden sollte. „Ich bin Miss Tickle zu großem Dank verpflichtet", sagte er.

„Warum sind Sie nicht vorbeigekommen, um sich ein wenig freundlich zu unterhalten? Ich nehme an, das liegt alles an diesen dummen Anwälten. Was brauchen Sie und ich uns um die Anwälte? Sie können ihre Arbeit erledigen, ohne uns zu belästigen, außer dass sie sicher sein werden, ihre Rechnungen schnell genug einzusenden."

„Ich hatte heute Morgen Herrn Barry von der Firma der Herren Gray & Barry aus Lincoln's Inn bei mir."

„Das weiß ich. Ich habe den kleinen Mann bei Soames & Simpson gesehen und bin nach einer fünfminütigen Unterhaltung sofort hierher gefahren. Nun, Mr. Prosper, Sie müssen mir diese Ponys überlassen."

Genau das war es, was er unbedingt nicht tun wollte. Die Fantasie der Ponys wuchs und sie wurden zu riesigen Pferden, die jede Menge Hafer fressen konnten. Mr. Prosper war nicht von geizigem Charakter, aber er hatte bereits erkannt, dass seine Flucht, falls sie gelingen sollte, mit Hilfe dieser Ponys wettgemacht werden musste. Ein stabiles altes Paar Kutschpferde hatte er und vor ihm schon sein Vater behalten, und eine Brauertochter ließ ihn nicht aus den alten Familiengewohnheiten vertreiben. Und er hatte, aber an diesem Morgen, seinen Anwalt angewiesen, sich gegen die Ponys zu behaupten. Er spürte, dass dies der Moment der Festigkeit sei. Nun, in diesem Moment muss er standhaft sein, sonst wäre er für sein ganzes Leben mit dieser Frau – und mit Miss Tickle – belastet. Sie hatte ihm keine Zeit zum Nachdenken gelassen, sondern war auf ihn gestoßen, kaum hatte er die Worte, die er an den Anwalt gerichtet hatte, aus seinem Mund gebracht. Aber er würde standhaft bleiben. Miss Thoroughbung erzählte sofort von den Ponys, und er beschloss sofort, dass er standhaft bleiben würde. Aber war es nicht sehr unhöflich von ihrer Seite, zu ihm zu kommen und ihn auf diese Weise zu bedrängen? Er begann zu hoffen, dass sie auch gegenüber den Ponys standhaft sein würde und dass auf diese Weise die Trennung herbeigeführt werden könnte. Im gegenwärtigen Moment stand er stumm da. Schweigen würde in diesem Fall nicht als Zustimmung gewertet. „Sagen Sie jetzt wie ein guter Mann, dass ich die Ponys haben werde", fuhr sie fort. „Ich kann sie aus meinem eigenen Geld heraushalten, wissen Sie, wenn das alles ist." Er erkannte sofort, dass das Angebot einer gewissen Nachgiebigkeit ihrerseits gleichkam, aber es lag ihm nicht mehr am Herzen, dass sie nachgeben würde. „Sag jetzt ja, wie ein lieber alter Junge." Sie trat näher an ihn heran und ergriff seinen Arm, als wollte sie diese andere Zeremonie durchführen. Aber er war sich der Gefahr voll bewusst. Wenn es zu einem Kuss zwischen ihnen kommen würde, wäre es für ihn unmöglich, danach auf diese Weise zurückzukehren, ohne dass die Schuld für den Kuss bei ihm läge. Wenn er den Wunsch hatte, „off" zu sein, konnte er sich nicht darauf berufen, dass das Küssen allein ihre Schuld gewesen sei. Ein Mann in Mr. Prospers Position hat Schwierigkeiten, bei denen er sehr vorsichtig sein muss. Und dann ist der Spott der Welt eine so starke Waffe und wird immer auf der Seite der Frauen eingesetzt! Er zuckte kurz zusammen, aber er schüttelte sie nicht sofort ab. „Was ist der Einwand gegen die Ponys, Liebes?"

„Zwei Paar Pferde! Das ist mehr, als wir behalten sollten." Er hätte nicht „wir" sagen sollen. Als es zu spät war, hatte er das Gefühl, dass er nicht „wir" hätte sagen sollen.

„Das sind keine Pferde."

„Das Gleiche gilt auch für die Ställe."

„Aber es ist genug Platz, Gott segne dich! Ich war schon da und habe nachgeschaut. Ich kann dir versichern, dass Dr. Stubbs sagt, dass sie für meine Gesundheit notwendig sind. Wenn du ihn anders fragst. Das ist genau das, was ich vorhabe – Autofahren." . Ich habe sie erst in letzter Zeit genossen, und ich kann mich nicht dazu durchringen, sie aufzugeben. Du wirst deine eigene Matilda nicht für so ein paar kleine Biester aufgeben!"

Jedes Wort, das aus ihrem Mund kam, war eine Beleidigung. Aber er konnte es ihr nicht sagen; Er konnte sie in dieser Hinsicht auch nicht zurückweisen. Er hätte sich vorher überlegen sollen, was für Worte wohl aus ihrem Mund kommen würden. War ihr Name Matilda? Natürlich wusste er das. Hätte ihn jemand gefragt, hätte er nach zweiminütiger Überlegung sagen können, dass ihr Name Matilda sei. Aber es war seinen Ohren nie vertraut geworden, und jetzt sprach sie darüber, als hätte er sie seit ihrer frühesten Jugend Matilda genannt. Und „Liebe" genannt zu werden! Es mochte sehr schön sein, wenn er sie zum ersten Mal ein Dutzend Mal „Liebe" genannt hatte; aber jetzt klang es extravagant – und fast unfein. Und er war kurz davor, sie für ein paar kleine Biester fallen zu lassen. Er spürte, dass das seine Absicht war, und er errötete, weil es so war. Er war ein wahrer Gentleman, der nicht freiwillig von seinem Wort abweichen würde. Wenn er mit den Ponys weitermachen muss, muss er es tun. Aber was die Ponys anging, hatte er noch nie nachgegeben. Er hatte jetzt das Gefühl, dass sie seine einzige Hoffnung waren. Doch als ihm die Schwierigkeiten seiner Lage zusetzten, stand ihm der Schweiß auf der Stirn. Sie sah alles und verstand alles und beschloss bewusst, seine Schwäche auszunutzen. „Ich glaube nicht, dass irgendetwas anderes zwischen uns strittig ist. Wir haben uns über den Joint geeinigt, vierhundert pro Jahr. Das ist zu wenig, sagen Soames und Simpson; aber ich bin sanftmütig und verliebt, wissen Sie." ." Hier starrte sie ihn an und er begann sie zu hassen. „Du solltest nicht ein Drittel meines Einkommens wollen, weißt du. Aber du sollst Herr und Meister sein und musst deinen eigenen Weg gehen. Das ist alles geklärt."

„Da ist Miss Tickle", sagte er mit einer Stimme, die fast wie ein Leichnam klang.

„Miss Tickle wird natürlich kommen. Das haben Sie vom ersten Moment an gesagt, als Sie das Angebot gemacht haben."

"Niemals!"

„Oh, Peter, wie kannst du das sagen!" Er schreckte sichtlich vor dem Klang seines eigenen Vornamens zurück. Aber sie war entschlossen, durchzuhalten. Die Zeit muss kommen, in der sie ihn Peter nennen sollte, und warum nicht gleich jetzt damit beginnen? Liebende nennen sich immer Peter und Matilda. Sie würde keinen Unsinn ertragen, und wenn er vorhatte, sie zu heiraten und einen großen Teil ihres Vermögens zu nutzen, sollte er ihr Peter sein. „Das hast du, Peter. Du weißt, dass du mir gesagt hast, wie sehr du an ihr hingst."

„Ich habe nichts davon gesagt, dass sie mit dir kommt."

„Oh, Peter, wie kannst du so grausam sein? Willst du etwa sagen, dass du mir den Freund meiner Jugend wegnehmen wirst?"

„Auf jeden Fall wird nie ein Pony in meinen Garten kommen!" Als er diese Behauptung aufstellte, wusste er, dass er seinen Einwand gegen Miss Tickle aufgeben würde. Sie hatte ihn grausam genannt, und sein Gewissen sagte ihm, dass er grausam sein würde, wenn er Miss Thoroughbung empfing und Miss Tickle den Zutritt verweigerte. Soweit er wusste, hätte Miss Tickle eine Jugendfreundin sein können. Auf jeden Fall waren sie schon seit vielen Jahren ständige Begleiter. Da er also einen weiteren festen Boden hatte, auf dem er stehen konnte, konnte er es sich leisten, gegenüber Miss Tickle nachzugeben. Aber als er das tat, fiel ihm ein, dass Miss Tickle ihn beschuldigt hatte, „Gesellschaft zu leisten“, und er erklärte sich, dass es unmöglich sei, mit ihr im selben Haus zu leben.

„Aber Miss Tickle kommt vielleicht?“ sagte Miss Thoroughbung. War der feste Boden – der Fels der Ponys, wie er glaubte – kurz davor, unter seinen Füßen zu versinken? „Sagen Sie, dass Miss Tickle kommen kann. Ohne Miss Tickle wäre ich nichts. So hartherzig können Sie nicht sein.“

„Ich sehe keinen Sinn darin, über Miss Tickle zu reden, bis wir uns über die Ponys geeinigt haben. Sie sagen, dass Sie die Ponys haben müssen. Um die Wahrheit zu sagen, Miss Thoroughbung, ich mag keine ein Wort wie „müssen“. Und mir sind viele Dinge eingefallen.

„Was für Dinge, Liebes?“

„Ich glaube, du neigst dazu, – schwul zu sein –“

„Ich! Schwul!“

„Während ich nüchtern bin und vielleicht ein wenig ernst in meinen Lebensgewohnheiten. Ich denke nur an häusliches Glück, während Ihr Geist sich auf gesellschaftliche Kreise konzentriert. Ich fürchte, dass Sie Ihr Glück im Ausland suchen würden.“

„In Frankreich oder Deutschland?“

„Wenn ich im Ausland sage, meine ich damit, dass Sie aus Ihrem eigenen Haus kommen. Es gibt vielleicht eine Geschmacksdiskrepanz, die ich früher hätte zur Kenntnis nehmen sollen.“

„Nichts dergleichen“, sagte Miss Thoroughbung. „Ich bin ganz zufrieden damit, zu Hause zu leben und möchte weder nach Frankreich noch in eine andere englische Grafschaft ins Ausland gehen. Ich sollte nie um etwas bitten, es sei denn, es wäre für einen einzigen Monat in London.“

Hier war ein Grund, auf dem er sich vielleicht behaupten konnte. "Ziemlich unmöglich!" sagte Herr Prosper.

„Oder für vierzehn Tage“, sagte Miss Thoroughbung.

„Ich reise nie nach London, außer aus geschäftlichen Gründen.“

„Aber ich gehe vielleicht alleine, wissen Sie – mit Miss Tickle. Ich sollte Sie nicht mitreißen wollen. Ich hatte immer die Angewohnheit, wegen der Ausstellungszeit ein paar Wochen in London zu verbringen.“

„Ich sollte nicht wünschen, von meiner Frau verlassen zu werden.“

„Natürlich könnten wir das alles schaffen. Wir sollen nicht jede Kleinigkeit vorher klären und in die Urkunden eintragen. Eine kostbare Summe, die wir den Anwälten zahlen müssten!“

„Es ist gut, dass wir uns verstehen sollten."

„Ich denke, es ist so gut wie alles geklärt, was in die Urkunden einfließen muss. Ich dachte, ich würde einfach rüberlaufen, nachdem ich Mr. Barry gesehen habe, und ihm den letzten Schliff geben. Wenn du nachgibst, Liebes, wegen Miss Tickle und die Ponys, ich werde in allem anderen nachgeben. Nichts kann gerechter sein als das.

Er wusste, dass er den Heuchler spielte, und er wusste auch, dass es ihm als Gentleman nicht gebührte, einer Frau gegenüber untreu zu sein. Er spürte, dass er von Minute zu Minute und fast von Wort zu Wort immer mehr und mehr gegen die Verbindung, die er sich selbst vorgeschlagen hatte, ablehnend wurde. Und er wusste, dass er ihr ehrlich sagen sollte, dass es so war. Es war nicht ehrlich von ihm, zu versuchen, sie sozusagen durch einen Seitenhieb loszuwerden. Und doch war dies der Versuch, den er bisher gemacht hatte. Aber wie sollte er ihr die Wahrheit sagen? Selbst Mr. Barry hatte seinen Geisteszustand nicht verstanden. Tatsächlich hatte sich seine Meinung geändert, seit er Mr. Barry gesehen hatte.

Er hatte in der letzten halben Stunde viele Worte von Miss Thoroughbung gehört, die bewiesen, dass sie überhaupt nicht geeignet war, seine Frau zu sein. Es war ein schreckliches Unglück, dass er in eine solche Gefahr geraten war; aber war er als Gentleman nicht verpflichtet, ihr die Wahrheit zu sagen? „Sagen Sie, dass ich Jemima Tickle bekommen werde!" Die zusätzlichen Schrecken des christlichen Namens wirkten noch stärker auf ihn ein. Sollte er dazu verdammt sein, für den Rest seines Lebens das Wort Jemima in seinen Zimmern und Treppenhäusern zu hören? Und sie hatte die Ponys aufgegeben und vertrat Fräulein Tickle, der er am Ende nachgeben musste. Jetzt war ihm klar, dass er ihr gesamtes Einkommen hätte fordern und ihr nur wenig oder gar keine Beteiligung gewähren sollen. Das wäre anmaßend, ungeheuerlich, völlig undurchführbar gewesen, aber es wäre nicht unehrenhaft gewesen. Dieses Geplapper über Kleinigkeiten widersprach völlig seinem Geschmack und wäre zwecklos. Er musste den Mut aufbringen, ihr zu sagen, dass er sich die Verbindung nicht mehr wünschte; aber er konnte es heute Morgen nicht tun. Dann – für diesen Morgen – beschützte ihn ein gütiger Gott.

Matthew kam ins Zimmer und flüsterte ihm ins Ohr, dass ein Herr ihn sehen wollte. „Welcher Herr?" Matthew flüsterte erneut, dass es sein Schwager sei. „Führen Sie ihn herein", sagte Mr. Prosper plötzlich mutig. Er hatte Mr. Annesley seit dem Tag seines eigentlichen Streits mit Harry nicht mehr gesehen. „Ich soll die Ponys haben?" sagte Miss Thoroughbung in dem Moment, der ihr erlaubt war.

„Wir werden jetzt unterbrochen. Ich fürchte, dass der Rest dieses Interviews verschoben werden muss." Es sollte niemals verlängert werden, auch wenn er das Land möglicherweise für immer verlassen müsste. Davon überzeugte er sich. Dann wurde der Pfarrer ins Zimmer geführt.

Die gezwungene Einführung war für Herrn Prosper sehr schmerzhaft, für die Dame jedoch überhaupt nicht unangenehm. „Mr. Annesley kennt mich sehr gut. Wir sind ziemlich alte Freunde. Joe wird sein ältestes Mädchen heiraten. Ich hoffe, Molly geht es ganz gut." Der Pfarrer sagte, dass es Molly ganz gut gehe. Als er gerade von zu Hause weggekommen war, hatte er Joe im Pfarrhaus zurückgelassen. „Dort findet man ihn viel häufiger als in der Brauerei", sagte Miss Thoroughbung. „Sie wissen, was wir tun werden, Mr. Annesley. Es gibt keine Narren wie alte Narren." Eine donnerschwarze Wolke zog über Mr. Prospers Gesicht. Dass diese Frau es wagen sollte, ihn einen alten Narren zu nennen! „Wir haben ein paar unserer zukünftigen Arrangements besprochen. Wir haben alles, was Geld betrifft, auf die einvernehmlichste Art und Weise geklärt, und jetzt geht es nur noch um ein Paar Ponys."

„Damit brauchen wir Mr. Annesley nicht zu belästigen, denke ich."

„Und Miss Tickle! Ich bin sicher, der Rektor wird mir zustimmen, dass alte Freunde wie ich und Miss Tickle nicht getrennt werden sollten. Und es ist nicht so, als ob es irgendeine Abneigung zwischen ihnen gegeben hätte, denn das hat er bereits gesagt findet Miss Tickle charmant.

„D—— Miss Tickle!" er sagte; woraufhin der Pfarrer erstaunt dreinschaute und Fräulein Thoroughbung einen halben Meter vom Boden aufsprang. „Ich bitte die Dame um Verzeihung", sagte Mr. Prosper mitleiderregend, „und um Ihre, Miss Thoroughbung, – und um Ihre, Mr. Annesley." Es war, als ob eine neue Charakteroffenbarung stattgefunden hätte. Niemand außer Matthew hatte jemals den Squire von Buston fluchen hören. Und bei Matthäus waren die Verwünschungen keineswegs häufig vorgekommen und hatten sich im Allgemeinen auf ein Kleidungsstück oder einen Bissen Essen gerichtet, der mit weniger als der üblichen Sorgfalt zubereitet worden war. Doch nun richtete sich der Eid gegen eine Frau und die auserwählte Freundin seiner Verlobten. Und es war in Anwesenheit eines Geistlichen, seines Schwagers und des Rektors seiner Pfarrei geäußert worden. Herr Prosper hatte das Gefühl, für immer in Ungnade gefallen zu sein. Hätte er gehört, wie sie eine halbe Stunde später im Salon über seine Überschäumung lachten und fast seine Gewalttätigkeit lobten, wäre vielleicht ein Teil des Schmerzes beseitigt worden. So hatte er damals das Gefühl, für immer in Ungnade gefallen zu sein.

„Bei unserem nächsten Treffen werden wir auf das Thema zurückkommen", sagte Miss Thoroughbung.

„Es tut mir sehr leid, dass ich mich selbst bisher vergessen haben sollte", sagte Mr. Prosper, „aber –"

„Es hat keine Bedeutung – nicht soweit es mich betrifft;" und sie machte dem Geistlichen eine kleine Bewegung, halb Verbeugung, halb Höflichkeit. Mr. Annesley verneigte sich im Gegenzug, als wollte er erklären, dass beides für ihn keine große Bedeutung habe. Dann verließ sie das Zimmer und Matthew übergab sie in die Kutsche, als sie die Ponys mit so viel Gelassenheit in die Hand nahm, als wäre ihre Freundin nicht beschimpft worden.

„Auf mein Wort, Sir", sagte Prosper, sobald die Tür geschlossen war, „ich bitte um Verzeihung. Aber bestimmte Dinge, die passiert sind, haben mich so bewegt, dass ich weit über meine üblichen Gewohnheiten hinausgegangen bin."

„Erwähne es nicht."

„Es ist für mich besonders beunruhigend, dass ich in der Gegenwart eines Geistlichen der Gemeinde und meines Schwagers dazu gebracht wurde, mich selbst zu vergessen. Aber ich muss Sie bitten, es zu vergessen."

„Oh, sicherlich. Ich werde dir jetzt sagen, warum ich hergekommen bin."

„Ich kann Ihnen versichern, dass das nicht meine Gewohnheit ist", fuhr Herr Prosper fort, der viel mehr an den ungewohnten Eid dachte, den er geschworen hatte, als an den Besuch seines Schwagers, so seltsam er auch war. „Niemand ist im Allgemeinen zurückhaltender in seinen Gesichtsausdrücken als ich. Wie es dazu kommen konnte, dass ich so gerührt war, kann ich kaum sagen. Aber Miss Thoroughbung hatte bestimmte Worte gesagt, die mich sehr bewegt hatten." Sie hatte ihn „Peter" und „Lieber" genannt und von ihm als einem „Gesellschafter" gesprochen. All diese abscheulichen Ausdrücke der Zärtlichkeit konnte er seinem Schwager gegenüber nicht wiederholen, hielt es aber für notwendig, darauf hinzuweisen.

„Ich vertraue darauf, dass du mit ihr glücklich sein wirst, wenn sie deine Frau ist."

„Das kann ich nicht sagen. Ich weiß es wirklich nicht. Es ist ein sehr wichtiger Schritt in meinem Alter, und ich bin mir nicht ganz sicher, ob ich das mit Bedacht tun sollte."

„Es ist noch nicht zu spät", sagte Herr Annesley.

„Ich weiß es nicht. Ich kann es nicht genau sagen." Dann richtete sich Mr. Prosper auf und erinnerte sich daran, dass es ihm nicht zustehen würde, die Angelegenheit seiner Heirat mit dem Vater seines Erben zu besprechen.

„Ich bin hierher gekommen", sagte Mr. Annesley, „um ein paar Worte über Harry zu sagen." Herr Prosper richtete sich wieder auf. „Natürlich ist dir bewusst, dass Harry derzeit bei uns lebt." Hier verbeugte sich Herr Prosper. „Natürlich wird es in seinen veränderten Umständen nicht genügen, dass er untätig bleibt, und dennoch möchte er nicht einen letzten Schritt tun, ohne Sie wissen zu lassen, was es ist." Hier verbeugte sich Herr Prosper zweimal. „Es gibt einen wohlhabenden Herrn, der mit einer Mission in die Vereinigten Staaten reist, die ihn wahrscheinlich drei oder vier Jahre lang beschäftigen wird. Ich bin nicht gerade berechtigt, seinen Namen zu erwähnen, aber er hat ein politisches Projekt von großer Bedeutung in die Hand genommen." " Wieder verbeugte sich Herr Prosper. „Jetzt hat er Harry die Stelle als Privatsekretär angeboten, unter der Bedingung, dass Harry sich verpflichtet, die gesamte Amtszeit zu bleiben. Er soll ein Gehalt von dreihundert im Jahr haben, und seine Reisekosten werden selbstverständlich für ihn bezahlt. Wenn er geht, armer Junge! Er wird aller Wahrscheinlichkeit nach in seiner neuen Heimat bleiben und Staatsbürger der Vereinigten Staaten werden. Unter diesen Umständen habe ich es für das Beste gehalten, Ihnen freundlich mitzuteilen, was er vorhat. Dann hatte er seine Geschichte erzählt, und Mr. Prosper verneigte sich erneut.

Der Pfarrer war sehr schlau gewesen. An dem wohlhabenden Herrn mit dem amerikanischen Projekt bestand kein Zweifel, und das Gehalt war angeboten worden. Aber in anderer Hinsicht gab es einige Übertreibungen. Dem Rektor war wohlbekannt, dass Herr Prosper Amerika und alle seine Institutionen mit religiösem Hass betrachtete. Für ihn war ein Amerikaner ein unwissendes, unverschämtes, unflätiges, betrügerisches Geschöpf, mit dem man eine Schande hatte, wenn man mit ihm Bekanntschaft machte. Wäre es nach ihm gegangen, hätte er die Vereinigten Staaten im Handumdrehen als britische Kolonien wiederhergestellt. Sollte er sterben, ohne einen weiteren Erben gezeugt zu haben, müsste Buston Eigentum von Harry Annesley werden; und es wäre für ihn schrecklich zu glauben, dass Buston einem amerikanischen Staatsbürger gehören sollte. „Das angebotene Gehalt ist zu gut, um darauf zu verzichten", sagte Herr Annesley, als er die Wirkung sah, die seine Geschichte hervorgerufen hatte.

„Alles läuft gegen mich!" rief Herr Prosper aus.

„Nun, darüber werde ich nicht sprechen. Ich bin nicht hierher gekommen, um über Harry oder seine Sünden zu sprechen – und auch nicht über seine Tugenden. Aber ich hielt es für unangemessen, ihn auf seine Reise gehen zu lassen, ohne zu kommunizieren." mit dir." Mit diesen Worten verabschiedete er sich und ging zurück zum Pfarrhaus.

KAPITEL XLV.

EINE ENTSCHLOSSENE JUNGE DAME.

Als Harry Annesley dieses Angebot gemacht wurde, hielt er es für absolut notwendig, dass er einen weiteren Brief an Florence schrieb. Er war sich durchaus darüber im Klaren, dass ihm das Schreiben verboten worden war. Er hatte einen Brief geschrieben, seit ihm dieser Befehl erteilt worden war, und es war keine Antwort bei ihm eingegangen. Er hatte keine Antwort erwartet; aber dennoch war ihr Schweigen für ihn schmerzlich gewesen. Es könnte sein, dass sie wütend auf ihn war, wirklich wütend. Aber wie dem auch sei, er konnte nicht nach Amerika reisen und so lange abwesend sein, ohne es ihr zu sagen. Sie und ihre Mutter waren noch in Brüssel, als der Januar kam. Mrs. Mountjoy war, wie er verstanden hatte, einen Monat lang dort gewesen und war immer noch in der Botschaft, als drei Monate vergangen waren. „Ich denke, ich werde den Winter über hier bleiben", hatte Mrs. Mountjoy zu Sir Magnus gesagt, „aber wir werden eine Unterkunft nehmen. Ich sehe, dass sehr schöne Wohnungen zu vermieten sind." Aber Sir Magnus wollte davon nichts hören. Er sagte, und zwar wahrhaftig, dass das Ministerhaus groß sei; und schließlich verkündete er die ehrliche Wahrheit. Seine Schwägerin war sehr freundlich zu ihm gewesen, was Geld anging, und hatte seit ihrer Ankunft kein Wort zu diesem schwierigen Thema verloren. Mrs. Mountjoy wäre mit der Zartheit, die noch immer manchen englischen Damen eigen ist, lieber in extreme Armut geraten, als über eine solche Angelegenheit gesprochen zu haben. In Wahrheit litt sie nichts und dachte kaum darüber nach. Aber Sir Magnus war dankbar und sagte ihr, wenn sie eine Unterkunft suchen würde, solle er zu den Unterkünften gehen und sagen, dass sie nicht gesucht würden. Deshalb blieb Mrs. Mountjoy, wo sie war, und hegte ein Gefühl zunehmenden Wohlwollens gegenüber Sir Magnus.

Mit Florence ging das Leben eher traurig weiter. Anderson hielt sein Wort. Er plädierte nicht weiter für seine eigene Sache und erzählte sowohl Sir Magnus als auch Lady Mountjoy von dem Versprechen, das er gemacht hatte. Tatsächlich erzählte er es zwei oder drei anderen Personen, da er sich selbst als Märtyrer des Rittertums betrachtete. Die ganze Zeit ging er seinen Geschäften nach und sah sehr elend aus. Obwohl er nicht für sich selbst sprach, konnte er andere nicht daran hindern, für ihn zu sprechen. Sir Magnus nutzte die Gelegenheit, einmal täglich ein Wort zu diesem Thema mit seiner Nichte zu sagen. Ihre Mutter hatte ständig Anfälle. Aber Lady Mountjoy war die strengste der drei und wurde von Florence als ihre erbittertste Feindin angesehen. Die Worte, die zwischen ihnen wechselten, waren nicht die liebevollsten der Welt. Lady Mountjoy nannte sie „Miss", worauf Florence antwortete, indem sie ihre Tante mit „meine Dame" anredete. „Warum nennen Sie mich ‚meine Dame'? Das ist in einer gemeinsamen Unterhaltung nicht üblich." „Warum nennen Sie mich ‚Fräulein'? Wenn Sie aufhören, mich ‚Miss' zu nennen, werde ich Sie auch nicht mehr ‚My Lady' nennen." Aber das Mädchen erwies der Frau des britischen Ministers keine Ehrerbietung. Dies empfand Lady Mountjoy besonders, wie sie sich bei ihrer Begleiterin, Miss Abbott, beklagte. Dann kam es im Winter zu einem weiteren Grund für Unruhe, der weiter unten erwähnt werden muss. Das Ergebnis war, dass Florence sofort bei ihrer Mutter war, um sie nach England zurückzubringen.

Wir werden jedoch auf Harry Annesley zurückkommen und den Brief wörtlich wiedergeben, den er an Florence geschrieben hat:

„LIEBE FLORENCE, ich frage mich, ob du jemals an mich denkst oder dich jemals daran erinnerst, dass ich existiere? Es läuft mir kalt ums Herz, wenn ich darüber nachdenke, wie lange es her ist, seit ich Ihnen geschrieben habe, und dass ich nicht einmal eine Zeile hatte, um meinen Brief zu bestätigen. Sie haben mir befohlen, nicht zu schreiben, und Sie haben mir nicht einmal vergeben, dass ich Ihnen nicht gehorcht habe Ich kann nicht anders, als mir dumme Ideen in den Sinn zu bringen, die ein einziges Wort von Ihnen zerstreuen würde.

„Jetzt muss ich jedoch noch einmal schreiben, Befehl hin oder her. Zwischen einem Mann und einer Frau, die sich in der gleichen Situation befinden wie Sie und ich, werden sich Dinge ergeben, die es dem einen oder anderen ermöglichen, zu schreiben. Es ist absolut notwendig, dass Sie es jetzt tun Wissen Sie, was meine Absichten sind, und verstehen Sie die Gründe, die mich bewegt haben. Die Torheit meines Onkels hat mich in eine äußerst unglückliche Lage gebracht. Er führt eine dumme Ehe ein, um mich zu enterben Die Zeit hat die Vergütung, die er mir gewährt hat, seit ich das College verlassen habe, gestoppt. Natürlich habe ich keinen absoluten Anspruch auf ihn, aber ich kann nicht verstehen, wie er sich damit abfinden kann, wenn er mich selbst daran gehindert hat, als Rechtsanwalt zugelassen zu werden wäre unnötig.

„Aber so ist es, ich bin bestrebt, mich um mich selbst zu kümmern. In meiner Lebenszeit ist es sehr schwer, in irgendeinem Beruf eine freie Stelle zu finden. Ich glaube, ich habe Ihnen schon einmal gesagt, dass ich Pläne hatte, nach Cambridge zu gehen und mich darum zu bemühen Schüler, die eher auf meine Gemeinschaft als auf meine Kenntnisse vertrauten. Aber das habe ich immer mit großer Abneigung betrachtet und hätte es nur angenommen, wenn nichts anderes zu haben gewesen wäre. Jetzt hat sich ein alter College-Bekannter gemeldet der drei oder vier Jahre älter ist als ich und der mir angeboten hat, als sein Privatsekretär nach Amerika zu gehen. Ich werde mich natürlich nicht dazu verpflichten, so lange zu bleiben . Er soll meine Ausgaben bezahlen und mir ein Gehalt von dreihundert pro Jahr geben, aber vorerst wird es besser sein, in nur einem Monat anzufangen Zeit.

„Jetzt wissen Sie alles, außer dass der Name des Mannes Sir William Crook ist. Er ist ein anständiger Kerl und hat eine Frau, die mit ihm gehen soll. Er ist der am härtesten arbeitende Mann, den ich kenne, aber unter Ihnen Und ich werde niemals die Themse in Brand setzen. Wenn die Themse überhaupt beleuchtet werden soll, denke ich eher, dass man es von mir erwarten wird.

„Nun, meine eigene, was soll ich über Sie und über mich selbst als Ihren künftigen Ehemann sagen? Werden Sie auf jeden Fall drei Jahre warten, in der Überzeugung, dass diese drei Jahre wahrscheinlich zu Ende gehen werden? Musst du schon wieder warten?

„Ich habe das Gefühl, dass ich Ihnen in meiner veränderten Position Ihre Treue zurückgeben und Ihnen sagen sollte, dass die Dinge so sein werden, wie sie vor dieser glücklichen Nacht auf Mrs. Armitages Party waren. Ich weiß es nicht, aber es ist eindeutig meine Sache." Ich denke fast, dass es so ist. Aber ich bin mir sicher, dass es das Einzige auf der Welt ist, das ich nicht tun sollte, weil ich es nicht tun sollte Jemand hat ihn jedenfalls nicht misshandelt. Wenn du sagst, dass es so sein muss, dann glaube ich nicht, dass es mich umbringen wird.

„Bisher habe ich schriftlich kein Wort der Liebe gesagt, denn soweit ich Sie verstehe, ist das ein Thema, zu dem Sie von mir Schweigen erwarten. Wenn Sie mir befehlen, nicht zu schreiben, beabsichtigen Sie vermutlich, dass ich Ich werde also keine Liebesbriefe schreiben, und Sie werden es wohl auch als solche anerkennen. Auf diese Weise werde ich jedenfalls Ihre Handschrift erkennen.

„Mit freundlichen Grüßen

„HARRY ANNESLEY."

Als Harry diesen Brief schrieb, empfand er ihn als kalt, ruhig und philosophisch. Er konnte nicht drei Jahre lang nach Amerika gehen, ohne ihr sein Vorhaben mitzuteilen; Er konnte diesen Zweck auch nicht, wie er dachte, in einer weniger glühenden Sprache erwähnen. Doch als Florence es erhielt, betrachtete sie es nicht im gleichen Licht.

Für sie war der Brief voller Liebe und einer Liebe, die in der herzlichsten Sprache ausgedrückt wurde. „Sir William Crook!" sagte sie sich. „Was kann er von Harry in Amerika für drei Jahre wollen? Ich bin mir sicher, dass er ein dummer Mann ist. Werde ich warten? Natürlich werde ich warten. Was sind drei Jahre? Und warum sollte ich nicht warten? Aber im Grunde dass-" Dann kamen ihr Gedanken in den Sinn, die sie nicht einmal für sich selbst in Worte fassen konnte. Sir William Crook hatte eine Frau, und warum sollte Harry sich nicht auch eine Frau nehmen? Sie sah nicht ein, warum ein Privatsekretär kein verheirateter Mann sein sollte; und was Geld betrifft, so gäbe es für einen solchen Lebensstil, wie sie ihn führen würden, genug Geld. Sie konnte das nicht genau vorschlagen, aber sie dachte, wenn sie Harry nur für ein kurzes Interview sehen würde, bevor er anfing, würde er es wahrscheinlich selbst vorschlagen.

„Die Dinge sind wie früher!" rief sie vor sich hin. „Niemals! Die Dinge können nicht mehr so sein wie früher. Ich weiß, was seine Pflicht ist. Es ist seine Pflicht, an nichts dergleichen zu denken. Denken Sie daran, dass er existiert", sagte sie und wandte sich wieder den früheren Worten des Briefes zu . „Das ist natürlich sein Witz. Ich frage mich, ob er weiß, dass jeder Moment meines Lebens ihm gewidmet ist. Natürlich habe ich ihm abgeraten, nicht zu schreiben. Aber ich kann ihm jetzt sagen, dass ich nie ohne seinen Brief zu Bett gegangen bin." mein Kissen." Dies und vieles mehr dieser Art wurde in Selbstgesprächen geäußert, muss dem Leser aber nicht ausführlich wiederholt werden.

Aber sie musste überlegen, welche Schritte sie zuerst unternehmen musste. Sie muss ihrer Mutter von Harrys Absicht erzählen. Sie hatte ihrer Mutter keinen Augenblick lang den Eindruck vermittelt, dass ihre Zuneigung geschwunden sei oder dass ihr Ziel im Stich gelassen worden sei. Sie war verlobt, Harry Annesley zu heiraten und würde ihn eines Tages heiraten. Dass ihre Mutter sich dessen sicher sein sollte, war der unmittelbare Sinn ihres Lebens. Und um diesen Zweck zu erfüllen, musste sie ihrer Mutter die Neuigkeiten mitteilen, die ihr dieser Brief gebracht hatte. „Mama, ich muss dir etwas sagen."

"Also gut mein Lieber?"

„Harry Annesley geht nach Amerika!" Der Klang dieser Worte hatte etwas Erfreuliches für Mrs. Mountjoy. Wenn Harry Annesley nach Amerika gehen würde, könnte er ertrinken, oder es wäre wahrscheinlicher, dass er nie zurückkommen würde. Ihrer Vorstellung nach war Amerika weit entfernt. Liebende reisten nur mit der Absicht nach Amerika, ihre Geliebten im Stich zu lassen. Das waren ihre Ideen. Sie hatte im Moment das Gefühl, dass man Florence leichter erreichen würde, wenn man sich an ihren Cousin Mountjoy oder an Mr. Anderson wandte. In Brüssel war auch ein anderer Liebhaber aufgetaucht, über den nach und nach ein Wort gesagt werden soll. Wenn ihr Harry, der verderbliche Harry, nach Amerika gegangen wäre, wären die Chancen all dieser drei Herren besser gewesen. Jeder von ihnen würde jetzt von Mrs. Mountjoy als eine Bar akzeptiert werden, die für Harry Annesley tödlich wäre. Mountjoy war bei ihr erneut der Favorit. Sie hatte gehört, dass er nach Tretton zurückgekehrt war und freundschaftlich mit seinem Vater zusammenlebte. Sie kannte sogar das Einkommen, das ihm vorerst zugeteilt wurde, nämlich sechshundert Pfund pro Jahr, und hatte Florence mitgeteilt, dass es als vorläufiges Einkommen mehr als das Doppelte der zweihundertfünfzig Pfund betrug, die man weggenommen hatte von Harry – weggenommen, um nie wieder wiederhergestellt zu werden. An diesem Argument war nicht viel dran, aber sie hielt es dennoch für gut, es zu verwenden. Der Kapitän lebte bei seinem Vater, und sie glaubte kein Wort darüber, dass die Fideikommisse abgeschafft worden waren. Es war sicher, dass Harrys Onkel mit ihm gestritten hatte, und sie verstand, dass ein Baby in Buston Harry völlig seiner Chance berauben würde. Und dann schauen Sie sich den Unterschied in den Eigenschaften an! So argumentierte sie. Aber in Wahrheit hatte sie Mountjoy Scarborough ihr Wort gegeben, und Mountjoy Scarborough war immer ihr Favorit gewesen. Obwohl sie über das Geld sprechen konnte, war es nicht das Geld, das ihre Gefühle berührte. „Nun, er geht vielleicht nach Amerika. Für einen jungen Mann ist das ein schreckliches Schicksal, aber in seinem Fall ist es vielleicht das Beste, was er tun kann.“

„Natürlich hat er vor, wiederzukommen.“

„Das ist wie es sein mag.“

„Ich verstehe nicht, was du mit einem schrecklichen Schicksal meinst, Mama. Ich sehe nicht, dass es überhaupt ein Schicksal ist. Er bekommt ein sehr gutes Angebot für ein oder zwei Jahre und hält es für das Beste, es anzunehmen. Ich könnte übrigens mit ihm gehen.

Ein Blitz war vor Mrs. Mountjoys Füßen niedergegangen! Florence geh mit ihm nach Amerika! Unter all den Prüfungen, die ihr im Zusammenhang mit diesem jungen Mann widerfahren waren, war nichts so schlimm gewesen wie dieser Vorschlag. Geh mit ihm! Der junge Mann sollte in einem Monat anfangen! Dann begann sie darüber nachzudenken, ob es in ihrer Macht stünde, ihre Tochter aufzuhalten. Was wäre die ganze Welt für sie mit einer Tochter, und sie wäre in Amerika verheiratet mit Harry Annesley? Ihr Streit mit Florence verlief ganz anders als der Streit von Lady Mountjoy. Lady Mountjoy wäre froh, das Mädchen loszuwerden, das sie für unverschämt und für falsch hielt. Aber für ihre Mutter war Florence ihr Augapfel. Weil sie Mountjoy Scarborough für einen großartigen Kerl hielt und weil sie alles Mögliche schlecht über Harry Annesley dachte, wünschte sie sich, Florence würde ihre Cousine heiraten und sich für immer von der anderen trennen. Als sie gehört hatte, dass Harry nach Amerika gehen sollte, hatte sie sich gefreut, als ob er nach Botany Bay transportiert werden sollte. Ihre Ideen waren altmodisch. Als jedoch angedeutet wurde, dass Florence ihn begleiten würde, wäre sie beinahe zu Boden gefallen.

Florence hatte sich mit diesem Vorschlag sicherlich schlecht benommen. Sie hatte nicht vorgehabt, es zu schaffen, hatte in Wahrheit nicht daran gedacht. Aber als ihre Mutter von Harrys Schicksal sprach, als ob etwas schreckliches Übel über ihn gekommen wäre – als ob sie von einem armen Kerl sprach, der dazu verurteilt war, gehängt zu werden, nachdem alle Chancen auf einen Aufschub vorüber waren –, da erhob sich ihr Geist in ihr . Sie hatte nicht sagen wollen, dass sie gehen würde. Harry hatte sie nie gebeten zu gehen. „Wenn Sie über sein Schicksal sprechen, bin ich durchaus bereit, es mit ihm zu teilen.“ Das war ihre Meinung. Doch ihre Mutter sah ihr einziges Kind bereits in den Händen dieser amerikanischen Wilden. Sie warf sich auf ein Sofa, vergrub ihr Gesicht in ihren Händen und brach in Tränen aus.

„Ich sage nicht, dass ich gehe, Mama.“

„Mein Liebling – mein Liebster – mein Kind!“

„Nur, dass es keinen Grund gibt, warum ich es nicht tun sollte, außer dass es ihm nicht passen würde. Zumindest nehme ich an, dass es nicht passen würde.“

„Hat er das gesagt?“

„Er hat nichts dazu gesagt.“

„Dank dem Himmel! Er hat nicht die Absicht, mir mein Kind zu rauben.“

„Aber, Mama, ich soll seine Frau sein.“

"Nein nein Nein!"

„Das möchte ich Ihnen klarmachen. Sie wissen nichts über seinen Charakter – nichts.“

„Ich weiß, dass er eine grundlegende Unwahrheit erzählt hat.“

„Nichts dergleichen! Ich werde es nicht zugeben. Es hat keinen Zweck, noch einmal darauf einzugehen, aber es war nichts Schlechtes daran. Er hat einen Termin in den Vereinigten Staaten und wird die Arbeit erledigen. Er hat mich nicht gebeten, mit ihm zu gehen. Die beiden Dinge würden wahrscheinlich nicht kompatibel sein. Hier erhob sich Mrs. Mountjoy vom Sofa und umarmte ihr Kind, als wäre sie von ihrem tiefsten Kummer befreit. „Aber, Mama, du musst dich daran erinnern, dass ich ihm mein Wort gegeben habe und mich niemals dazu bewegen lassen werde, es aufzugeben.“ Hier warf ihre Mutter die Hände hoch und begann erneut zu weinen. „Entweder heute oder morgen oder in zehn Jahren – wenn er so lange wartet, werde ich es tun – werden wir heiraten. Soweit ich sehen kann, brauchen wir nicht zehn Jahre oder vielleicht mehr als eins zu warten oder zwei. Mein Geld wird für uns ausreichen.

„Er schlägt vor, von dir zu leben?“

„Er schlägt nichts dergleichen vor. Er geht nach Amerika, weil er es nicht vorschlagen wird. Ich schlage es auch nicht vor – gerade jetzt.“

„Auf jeden Fall bin ich darüber froh.“

„Und jetzt, Mama, musst du mich so schnell wie möglich nach Hause bringen.“

„Wenn er angefangen hat.“

„Nein, Mama. Ich muss da sein, bevor er anfängt. Ich kann ihn nicht gehen lassen, ohne ihn zu sehen. Wenn ich hier bleiben will, muss er hier sein.“

„Dein Onkel würde ihn nie empfangen.“

„Ich sollte ihn empfangen.“

Das war schrecklich – dieser Ausstieg in echten Ungehorsam. Was meinte sie? Wo sollte sie ihn empfangen? „Wie konntest du einen jungen Mann entgegen den Wünschen und sogar den Befehlen all deiner Freunde empfangen?“

„Ich werde mich deswegen überhaupt nicht schämen, Mama. Ich bin die Frau, die er zu seiner Frau ausgewählt hat, und er ist der Mann, den ich zu meinem Ehemann ausgewählt habe. Wenn er käme, sollte ich zu mir gehen.“ Onkel und bitte darum, dass er empfangen wird.

„Denk an deine Tante.“

„Ja, ich denke wirklich an sie. Meine Tante würde sich sehr unangenehm machen. Im Großen und Ganzen, Mama, denke ich, dass es das Beste wäre, wenn Sie mich nach England zurückbringen würden. Hier ist dieser Herr Grascour, der ein großartiger ist Ärger, und Sie können sicher sein, dass ich beabsichtige, Harry Annesley zu sehen, bevor er nach Amerika aufbricht.

Damit war das Interview beendet; aber Mrs. Mountjoy hatte große Zweifel, was sie am besten tun sollte. Sie war sich sicher, dass Florence ihn sehen würde, wenn Annesley nach Brüssel käme – trotz allem, was ihr Onkel und ihre Tante sowie Mr. Anderson und M. Grascour tun konnten, um dies zu verhindern. Dieser verkommene junge Mann würde sich gewaltsam Zugang zur Botschaft verschaffen, oder Florence würde sich den Weg nach draußen erzwingen. In jedem Fall würde es eine schreckliche Szene geben. Aber wenn sie Florence nach Cheltenham zurückbringen würde, würden für sie Interviews in irgendeiner Form im Haus von Mrs. Armitage arrangiert. Als sie über all das nachdachte, kam ihr die Idee, dass nichts sie daran hindern kann, wenn ein junges Mädchen entschlossen ist zu heiraten.

In der Zwischenzeit schrieb Florence ihrem Geliebten umgehend eine Antwort wie folgt:

„LIEBER HARRY, natürlich hattest du das Recht zu schreiben, wenn es etwas zu sagen gab, was ich unbedingt wissen musste. Wenn du einfach sagen musst, dass du mich liebst, weiß ich das ganz gut, ohne es weiter zu sagen.

„Gehen Sie für drei Jahre nach Amerika! Das ist sehr, sehr ernst. Aber natürlich müssen Sie es am besten wissen, und ich werde nicht versuchen, mich einzumischen. Was sind drei Jahre für Sie und mich? Wenn wir reiche Leute wären, sollten wir das natürlich tun." nicht warten; aber da wir arm sind, müssen wir natürlich wie andere arme Menschen handeln, und es liegt an Ihnen, zu sagen, inwieweit das ausreicht Ich werde nicht feststellen, dass ich mehr wollen werde.

„Aber es gibt noch eine Sache, die nötig ist, bevor du anfängst. Ich muss dich sehen. Es gibt keinen Grund auf der Welt, hier zu bleiben, außer dass Mama sich noch nicht entschieden hat. Wenn sie zustimmt, zurückzugehen, bevor du anfängst, wird sie das tun Am besten, Sie müssen sich die Mühe machen, hierher zu kommen, wo Sie, wie ich fürchte, nicht als willkommener Gast empfangen werden. Wenn ich Sie hier nicht in einer angemessenen Weise sehen kann, Ich werde hinausgehen und euch auf der Straße treffen, auf eine Art und Weise, die ungebührlich ist.

„Deine liebevolle zukünftige Frau,

„FLORENCE MOUNTJOY."

Diesen Brief brachte sie zu ihrer Mutter und las ihr in ihrem eigenen Zimmer vor. Mrs. Mountjoy konnte nur darum bitten, dass es nicht verschickt würde, setzte sich aber überhaupt nicht durch. „Darin steht kein Wort über Liebe", sagte Florence. „Es ist einfach eine Geschäftssache, und deshalb muss ich es abschicken. Ich glaube nicht, dass mein Onkel den Versuch unternehmen wird, mich einzusperren. Ich denke, es würde ihm schwerfallen, das zu tun." Als sie das sagte, hatte Florence einen Ausdruck im Gesicht, der ihre Mutter völlig zum Schweigen brachte. Sie glaubte nicht, dass Sir Magnus zustimmen würde, Florence einzusperren, und sie glaubte, dass ihm die Aufgabe sehr schwer fallen würde, wenn er es versuchen würde.

KAPITEL XLVI.

M. GRASCOUR.

M. Grascour war ein etwa vierzigjähriger Belgier, der aussah, als wäre er kaum älter als dreißig, nur dass sein Haar stellenweise etwas grau wurde. Er stand im Staatsdienst seines Landes, war gut ausgebildet und durch und durch ein Gentleman. Wie viele Belgier hätte man ihn für einen Engländer gehalten, wenn sein Land nicht bekannt gewesen wäre. Er hatte sich in englische Spiegel gekleidet und lebte größtenteils mit den Engländern zusammen. Er sprach so gut Englisch, dass man ihn nur anhand der Korrektheit seiner Sprache als Ausländer erkennen konnte. Er war ein Mann von außergewöhnlich guter Laune, und in allem, was er tat, herrschte ein gewisser ritterlicher Geist, der eher dem Studium als der Natur entsprang. Er hatte sich die Dinge angeschaut und gesehen, ob sie gut oder zumindest beliebt waren, und war bestrebt, alles, was er für gut hielt, zu erfassen und sich zu eigen zu machen. Er war bisher unverheiratet und wurde von seinen Freunden allgemein als nicht heiratender Mann angesehen. Aber Florence Mountjoy war mächtig über ihn und er machte sich daran, sie zu seiner Frau zu machen. Er war im Haus von Sir Magnus vertraut und sah zweifellos, dass Anderson dasselbe tat. Aber er sah auch, dass Anderson keinen Erfolg hatte. Er hatte sich von Anfang an gesagt, dass er Anderson keinen Erfolg bescheren würde, wenn er Erfolg hätte. Das Mädchen, das mit Anderson zufrieden wäre, würde ihn kaum zufriedenstellen. Er schwieg daher, bis er sah, dass Anderson versagt hatte. Der junge Mann begann sofort eine veränderte Lebensweise, die deutlich genug ausgeprägt war. Er ging, wie Sir Proteus, ohne Gürtel. Alles an ihm habe in letzter Zeit „eine nachlässige Trostlosigkeit gezeigt". All dies beobachtete Herr Grascour, und als er es sah, hatte er das Gefühl, dass seine eigene Zeit gekommen sei.

Er nutzte zunächst die Gelegenheit, Lady Mountjoy zu bedienen. Er glaubte, dass dies die richtige Art sei, an die Arbeit zu gehen. Er war mit den Mountjoys sehr vertraut und wusste, dass seine Umstände ihnen bekannt waren. Aus Geldgründen gab es keinen Grund, warum er nicht die Nichte von Sir Magnus heiraten sollte. Er hatte Florence bereits einige Aufmerksamkeit geschenkt, die ihre Tante gesehen und verstanden hatte, obwohl es bei ihr keinen Verdacht erregt hatte; und es hatte auch Herr Anderson verstanden. „Dieser verfluchte Belgier! Wenn sie sich doch mit ihm einlässt! Ich werde ihr etwas von meiner Meinung sagen, wenn so etwas passieren sollte."

„Meine Nichte, Herr Grascour!"

"Ja meine Dame." M. Grascour hatte es noch nicht ganz geschafft, Lady Mountjoy „meine Lady" zu nennen. „Das ist eine Vermutung, ich weiß."

"Gar nicht."

„Ich habe nicht mit ihr gesprochen. Ich würde es auch nicht tun, bis ich mich zuerst an Sie oder an ihre Mutter gewandt hätte. Darf ich mit Mrs. Mountjoy sprechen?"

„Oh, gewiss. Ich weiß nicht im Geringsten, was die Ideen der jungen Dame sind. Sie wurde hier und anderswo sehr bewundert, und das hat ihr vielleicht den Kopf verdreht."

"Ich denke nicht."

„Vielleicht sind Sie der bessere Richter, M. Grascour."

„Ich denke, dass Miss Mountjoys Kopf nicht durch Bewunderung verdreht wurde. Sie scheint keine junge Dame zu sein, deren Kopf sich leicht verdrehen würde. Es ist ihr Herz, an das ich denke." Das Interview endete damit, dass Lady Mountjoy den belgischen Liebhaber an Mrs. Mountjoy weitergab.

„Florenz!" sagte Frau Mountjoy.

„Ja, Mrs. Mountjoy – ich habe die große Ehre, Sie um Erlaubnis zu bitten. Ich bin Sir Magnus und Lady Mountjoy gut bekannt und sie können mir sagen, wie meine Umstände sind. Ich bin vierzig Jahre alt."

„Oh ja, ich bin sicher, alles ist so, wie es sein sollte. Aber meine Tochter denkt selbst über diese Dinge nach." Dann entstand eine Pause, und Herr Grascour wollte gerade das Zimmer verlassen, nachdem er die von ihm gewünschte Erlaubnis erhalten hatte, als Frau Mountjoy es für gut hielt, ihm etwas über den Zustand ihrer Tochter mitzuteilen. „Ich sollte Ihnen sagen, dass meine Tochter verlobt ist."

"In der Tat!"

„Ja; und ich weiß kaum, wie ich die Umstände erklären soll. Ich würde sagen, dass sie ihrem Cousin, Kapitän Scarborough, versprochen worden war; aber dazu wird sie ihre Zustimmung nicht geben. Seitdem hat sie einen Gentleman getroffen, Mr. Annesley Weder ich noch ihr Onkel und ihre Tante können von Mr. Annesley als Ehemann für Florence erfahren. Sie ist daher derzeit nicht bereit, ihre Zuneigung zu gewinnen. Mit dieser Erlaubnis reiste Herr Grascour ab und gab vor, zufrieden zu sein.

Er sah Florence zwei oder drei Tage lang nicht und überließ es zweifellos ihrer Mutter und ihrer Tante, die Angelegenheit mit ihr zu besprechen. Für ihn war es völlig gleichgültig, welches Schicksal Kapitän Scarborough oder

Mr. Annesley oder überhaupt Mr. Anderson haben würde. Und um die Wahrheit zu sagen, hatte er keine große Angst oder Hoffnung hinsichtlich seines eigenen Schicksals. Er bewunderte Fräulein Mountjoy und dachte, es wäre gut, ein solches Mädchen mit einem Vermögen, das ihr gehören würde, zur Frau zu machen. Aber er hatte nicht die Absicht, „auszuziehen" und auch nicht den Anschein von „Verzweiflung" zu erwecken. Wenn sie zu ihm käme, wäre es gut; Wenn sie es nicht tun würde, wäre es immer noch gut. Der einzige äußerliche Unterschied seiner Liebe bestand darin, dass er seine Kleidung und sein Haar etwas sorgfältiger bürstete und seine Stiefel auf einen höheren Glanzgrad als gewöhnlich bringen ließ.

Ihre Mutter sprach zuerst mit ihr. „Meine Liebe, Herr Grascour ist ein ausgezeichneter Mann."

„Das bin ich sicher, Mama."

„Und er ist ein großartiger Freund Ihres Onkels und Lady Mountjoy."

„Warum sagst du das, Mama? Was kann mich das interessieren?"

„Meine Liebe, Herr Grascour wünscht, dass Sie – seine Frau werden."

„Oh, Mama, warum hast du ihm nicht gesagt, dass es unmöglich ist?"

„Woher sollte ich das wissen, meine Liebe?"

„Mama, ich bin verlobt, Harry Annesley zu heiraten, und kein Wort wird mich jemals von diesem Vorhaben abbringen, es sei denn, es wird von ihm selbst ausgesprochen. Der Ausrufer kann das in der ganzen Stadt sagen, wenn er möchte. Sie müssen wissen, dass es so ist." Was kann es nützen, Herrn Grascour oder einen anderen Herrn zu mir zu schicken? Es tut mir nur weh und ich wünschte, Mama, du könntest das verstehen. Aber Mrs. Mountjoy konnte die Eigensinnigkeit des Charakters ihrer Tochter noch nicht ganz verstehen.

Es gab einen Punkt, über den Florence von diesen beiden Bewerbern, die in Brüssel zu ihr gekommen waren, Informationen erhielt. Sie wurden beide nacheinander von ihrer Mutter bevorzugt; und wäre nicht so beliebt gewesen, wenn ihre Mutter absolut an Kapitän Mountjoy geglaubt hätte. Es schien ihr, als ob ihre Mutter bereit wäre, jemanden zu heiraten, solange es nicht Harry Annesley war. „Es ist schade, dass es so einen Unterschied gibt", sagte sie sich. „Aber wir werden sehen, was Festigkeit bewirken kann."

Dann sprach Lady Mountjoy zu ihr. „Sie haben von Herrn Grascour gehört, meine Liebe?"

„Ja, ich habe von ihm gehört, Tante."

„Er möchte dir die Ehre erweisen, dich zu bitten, seine Frau zu sein."

„Das sagt Mama mir.“

„Ich muss nur sagen, dass er ein Mann ist, der hier höchst geschätzt wird. Er ist am Hofe bekannt und besucht die königlichen Feste. Sollten Sie seine Frau werden, liegt Ihnen die gesamte Brüsseler Gesellschaft zu Füßen.“

„Die ganze Brüsseler Gesellschaft würde nichts nützen.“

"Vielleicht nicht."

„Noch der Hof und die königlichen Parteien.“

„Wenn Sie sich dafür entscheiden, unverschämt zu sein, wenn ich Ihnen erzähle, welche Vorzüge er hat und in welcher Situation er sich im Leben befindet, kann ich nichts dagegen tun.“

„Ich möchte nicht unverschämt sein.“

„Was Sie über die königlichen Parteien und den Hof sagen, ist als Unverschämtheit gedacht, obwohl Sie die Position Ihres Onkels kennen.“

„Überhaupt nicht. Sie kennen meine Lage. Ich habe mich mit einem anderen Mann verlobt und kann daher Herrn Grascour nicht heiraten. Warum sollte er zu mir geschickt werden, außer dass Sie mir nicht glauben werden, wenn ich Ihnen sage, dass ich verlobt bin? ?" Dann marschierte sie aus dem Zimmer und überlegte im Stillen, welche Antwort sie diesem neuen belgischen Verehrer geben würde.

Sie wurde vollkommen darauf aufmerksam gemacht, als der belgische Verehrer eintreffen würde. Am vorletzten Tag nach der Unterredung mit ihrer Tante wurde sie allein gelassen, als die anderen Damen ausgingen, und vermutete, dass sogar die Lakaien wussten, was passieren würde, als M. Grascour in den Salon geführt wurde. Er hatte eine einfache Art, mit der Angelegenheit umzugehen – ganz anders als der Zustand der Aufregung, in den Harry geraten war, als er seinen Vorschlag gemacht hatte. Sie war durchaus bereit zuzugeben, dass der Plan von Herrn Grascour der klügste sein könnte; Aber Harrys Verhalten war voller echter Liebe gewesen und hatte sie bezaubert. Herr Grascour war nicht im Geringsten nervös, während der arme Harry kaum in der Lage gewesen war, seine Meinung zu äußern. Aber es hatte keine große Rolle gespielt, ob Harry seine Meinung äußerte oder nicht, während alle Beredsamkeit der Welt Herrn Grascour nichts Gutes hätte nützen können. Florence hatte gewusst, dass Harry sie liebte, während sie von M. Grascour nur wusste, dass er sie zu seiner Frau machen wollte.

„Miss Mountjoy“, sagte er, „ich bin entzückt, Sie hier zu finden. Erlauben Sie mir, hinzuzufügen, dass ich entzückt bin, Sie allein zu finden.“ Florence, die alles wusste, verbeugte sich nur. Sie musste es durchmachen und dachte, dass sie es mit Gleichmut schaffen würde. „Ich weiß nicht, ob deine Tante oder deine Mutter mir die Ehre erwiesen haben, dir meinen Namen zu nennen."

„Sie haben beide mit mir gesprochen."

„Ich hielt es für das Beste, wenn sie die Möglichkeit dazu hätten. In unserem Land werden diese Dinge hauptsächlich von den Freunden der Dame arrangiert. Ich weiß, dass es bei Ihrem Volk anders ist. Vielleicht ist es viel besser, dass es in einer Angelegenheit so ist." bei dem das Herz im Mittelpunkt stehen muss.

„Bei mir würde es auf dasselbe hinauslaufen. Ich muss selbst entscheiden."

„Da bin ich mir sicher. Darf ich die Hoffnung wagen, dass diese Entscheidung am Ende nicht zu meinen Ungunsten ausfallen wird?" Als Herr Grascour dies sagte, warf er einen leidenschaftlichen Ausdruck in sein Gesicht. „Aber ich habe bisher noch nichts über meine eigenen Gefühle gesagt."

„Es ist unnötig."

Dies kann in einem von zwei Sinnen verstanden werden; Aber der Herr war nicht eitel genug, um zu glauben, dass die Dame ihm zu verstehen gegeben hatte, dass sie seine Liebe als etwas annehmen würde, an dem sie keinen Zweifel haben konnte. „Ah, Miss Mountjoy", fuhr er fort, „erlauben Sie mir zu sagen, dass seit Ihrem Aufenthalt in Brüssel kein Tag vergangen ist, an dem nicht eine Mischung aus Liebe und Respekt in meinem Herzen gewachsen ist. Ich habe dabei gesessen und zugeschaut." Mein ausgezeichneter junger Freund, Mr. Anderson, hat sich bemüht, seine Gefühle auszudrücken. Ich habe mir gesagt, dass ich meine Zeit abwarten würde, wenn Sie sich ihm hingeben könnten. Aber das haben Sie nicht getan Ich habe dies getan, obwohl er, wie ich weiß, von meinem Freund Sir Magnus unterstützt wurde. Ich habe es gesehen und gehört und mir schließlich gesagt: „Jetzt könnte auch ich an der Reihe sein." Ich habe viel geliebt, aber ich war sehr geduldig. Kann es sein, dass ich endlich an der Reihe sein sollte? Obwohl er von Mr. Anderson gesprochen hatte, hatte er es nicht für angebracht gehalten, auch nur ein Wort von Captain Scarborough oder Mr. Annesley zu verlieren. Er wusste genauso viel über sie wie über Mr. Anderson. Er war klug und hatte absolut korrekt zusammengestellt, was Mrs. Mountjoy ihm erzählt hatte, mit anderen kleinen Fakten, die ihm zu Ohren gekommen waren.

„M. Grascour, ich denke, ich bin Ihnen sehr zu Dank verpflichtet. Das sollte ich auch tun." Hier senkte er den Kopf. „Aber meine einzige Möglichkeit, dankbar zu sein, besteht darin, dir die Wahrheit zu sagen." Erneut senkte er den Kopf. „Ich bin in einen anderen Mann verliebt. Das ist die Wahrheit."

Hier schüttelte er den Kopf so leise wie möglich, als würde er ihre Liebe missbilligen, aber er tat dies nicht mit aller Härte. „Ich habe mich auch verlobt, ihn zu heiraten." Es gab ein weiteres Kopfschütteln, etwas heftiger. „Und ich habe vor, ihn zu heiraten." Dies sagte sie mit viel kühner Sicherheit. „Alle meine alten Freunde wissen, dass es so ist, und hätten dich nicht zu mir schicken sollen. Ich habe Harry Annesley ein Versprechen gegeben, und Harry Annesley allein kann mich dazu bringen, davon abzuweichen." Dies sagte sie mit leiser Stimme, aber fast mit Gewalt, denn als Antwort auf ihre Zusicherung, dass sie Annesley heiraten wollte, schüttelte sie erneut den Kopf. „Und selbst wenn er mich dazu bringen würde, davon abzuweichen – was er niemals tun wird –, würde ich gegenüber allen anderen genauso sein. Kannst du das nicht verstehen, wenn ein Mädchen sich mit Herz und Seele einer Frau hingegeben hat? Mann, sie wird sich nicht ändern?

„Mädchen verändern sich – manchmal."

„Sie kennen sie vielleicht, ich nicht – keine Mädchen, die etwas wert sind."

„Aber wenn alle deine Freunde feindselig sind?"

„Was können sie tun? Sie können mich nicht zwingen, eine andere Person zu heiraten. Sie können mein Glück behindern, aber sie können mich nicht wie ein Warenpaket an jemand anderen übergeben. Wollen Sie damit sagen, dass Sie es tun würden? ein solches Paket annehmen?"

„Oh ja – so ein Paket!"

„Du würdest ein Mädchen akzeptieren, das zu dir kommt und dir sagt, dass sie einen anderen Mann liebt? Das glaube ich nicht."

„Ich sollte wissen, dass meine Zärtlichkeit Zärtlichkeit in dir hervorrufen würde."

„Es würde nichts dergleichen bewirken. Es wäre alles Horror, Horror. Ich sollte mich umbringen, oder du, oder vielleicht beide."

„Ist deine Abneigung so stark?"

„Nein, überhaupt nicht – im Moment nicht. Ich mag Sie sehr. Das tue ich tatsächlich. Ich würde alles für Sie tun – auf dem Weg der Freundschaft. Ich halte Sie für einen echten Gentleman."

„Aber du würdest mich töten!"

„Du bringst mich dazu, von einem Zustand der Dinge zu sprechen, der ganz und gar unmöglich ist. Wenn ich sage, dass ich dich mag, spreche ich vom gegenwärtigen Zustand der Dinge. Ich habe nicht die geringste Lust, dich oder mich selbst oder irgendjemanden zu töten." . Ich möchte nach England zurückgebracht werden und dort Herrn Henry Annesley heiraten dürfen.

Aber ich habe vor, mit ihm verlobt zu bleiben, und kein Mann und keine Frau soll mich davon abhalten Es." Er lächelte und schüttelte erneut den Kopf, und sie begann zu zweifeln, ob sie ihn wirklich mochte. „Jetzt habe ich dir alles über mich erzählt", sagte sie und stand auf. „Sie können mir glauben oder nicht, wie Sie wollen; aber ich habe Ihnen alles erzählt, weil ich Ihnen geglaubt habe." Dann verließ sie den Raum.

Sobald Herr Grascour allein war, verließ er das Zimmer und das Haus, begab sich in den Park und ging zweimal um ihn herum, wobei er in Gedanken über seinen Erfolg und seinen Mangel an Erfolg nachdachte. Denn in Wahrheit war er von dem, was geschehen war, keineswegs entmutigt. Bei ihrem anderen belgischen Liebhaber – also bei Mr. Anderson – war es Florence jedenfalls gelungen, die Wahrheit als Wahrheit erscheinen zu lassen. Er glaubte tatsächlich, dass sie eine solche Vorliebe für diesen „Kollegen Harry Annesley" hatte, dass es nicht möglich war, sie zu überwinden. Er hatte einen Einblick in die Festigkeit ihres Charakters erhalten, der Herrn Grascour verwehrt blieb. Während M. Grascour die schattigen Wege des Parks auf und ab ging, sagte er sich, dass solche Ereignisse wie diese sogenannte Liebe von Seiten Florenzes im Leben junger englischer Damen sehr häufig vorkämen. „Sie sind die besten der Welt", sagte er sich, „und sie geben die bezauberndsten Ehefrauen ab; aber ihre Ausbildung ist so, dass sich diese Unfälle nicht verhindern lassen." Die Leidenschaft, die in den Worten der jungen Dame zum Ausdruck kam, führte er allein auf ihre Ausdruckskraft zurück. Ein Mädchen würde eine Sprache verwenden, wie sie es gewesen war, und ein solches Mädchen wäre klug, eloquent und mutig; ein anderes Mädchen summte und heulte, mit einem halben „Ja" und einem viertel „Nein", und meinte genau dasselbe. Er zweifelte nicht daran, dass sie sich mit Harry Annesley verlobt hatte; er zweifelte auch nicht daran, dass sie nach Brüssel gebracht worden war, um diese Verlobung zu lösen; und er hielt es für höchstwahrscheinlich, dass ihre Freunde obsiegen würden. Warum sollte er unter diesen Umständen verzweifeln? Oder warum sollte er, da er ein Mann war, der nicht zur Verzweiflung neigte, nicht glauben, dass für ihn eine vernünftige Chance auf Erfolg bestand? Er muss sich hingebungsvoll und treu zeigen und darf sich nicht leicht unterdrücken lassen.

Er zweifelte nicht daran, dass sie die gleiche Sprache benutzt hatte, um Anderson zum Schweigen zu bringen. Mr. Anderson hatte ihre Worte akzeptiert, aber er kannte den Wert der Worte aus dem Mund einer jungen Dame zu gut, um sie als ihre wahre Bedeutung zu verstehen. Er hatte bei diesem Interview ein gewisses Maß an Intimität mit Florence angedeutet, deren Wert er seiner Meinung nach zu schätzen wusste. Sie hatte ihm gesagt, dass sie ihn töten würde – natürlich im Scherz; und ein Witz von einem Mädchen bei einer solchen Gelegenheit war viel wert. Kein belgisches Mädchen hätte Witze gemacht. Aber dann wollte er unbedingt Florence heiraten, weil Florence Engländerin war. Als er daher nach Hause zurückkehrte, ordnete er an, dass das System des Hochglanzpolierens auch bei seinen Stiefeln fortgeführt werden sollte.

„Ich glaube nicht, dass er wiederkommen wird“, hatte Florence zu ihrer Mutter gesagt und den Charakter ihres neuesten Liebhabers ebenso missverstanden wie er ihren. Obwohl Herr Grascour sein Angebot nicht sofort erneuerte, gab er zu verstehen, dass er sich keineswegs vom Wettbewerb zurückzog. Er erhielt von Lady Mountjoy die Erlaubnis, sich ständig in der Botschaft aufzuhalten, und es gelang ihm sogar, von Sir Magnus ein Unterstützungsversprechen zu erhalten. „Sie sind ziemlich weit oben“, hatte Sir Magnus zu seinem Gesandtschaftssekretär gesagt. „Es ist klar, dass sie dich nicht ansehen wird.“

„Ich habe mir vorgenommen, mich zu enthalten“, sagte der arme Anderson in einem Ton, der zu bekennen schien, dass für ihn alle Chance vorbei sei.

„Ich nehme an, sie muss jemanden heiraten, und ich verstehe nicht, warum Grascour nicht so gute Chancen haben sollte wie ein anderer.“ Anderson war davongelaufen, grübelte über die Ungerechtigkeit seiner Position und erklärte sich, dass es diesem Belgier niemals erlaubt sein sollte, Florence Mountjoy in Frieden zu heiraten.

Aber Herr Grascour setzte seine Aufmerksamkeit fort; und dies war es, was Florence dazu veranlasste, ihrer Mutter zu sagen, dass der Belgier „ein großes Problem“ sei, das durch eine Rückkehr nach England vermieden werden sollte.

KAPITEL XLVII.

FLORENZ ABSICHT VON IHREN LIEBHABERN.

„Mama, solltest du mich nicht sofort nach Cheltenham zurückbringen?“

„Hat Ihnen dieser unglückliche junge Mann geschrieben?“

„Ja. Der junge Mann, den Sie als unglücklich bezeichnen, hat geschrieben. Natürlich kann ich nicht damit einverstanden sein, dass er so genannt wird. Und um die Wahrheit zu sagen, ich glaube nicht, dass er so unglücklich ist. Er hat ein Mädchen, das wirklich liebt.“ ihn, und das ist meiner Meinung nach ein Schritt zum Glück.

Jedes Wort davon sagte Florence, als wollte sie ihre Mutter provozieren; und so fühlte es auch Mrs. Mountjoy. Aber hinter diesem Ziel steckte der andere feste Vorsatz, Harry endlich als ihren Ehemann akzeptieren zu lassen, und vielleicht waren die dafür ergriffenen Mittel die besten. Mrs. Mountjoy begann bereits zu spüren, dass ihr nichts anderes übrig bleiben würde, als den Kampf aufzugeben und Harry Annesley ihre mütterlichen Arme zu öffnen. Sir Magnus hatte ihr gesagt, dass M. Grascour wahrscheinlich obsiegen würde. Man sagte, M. Grascour sei genau der Mann, der bei einem Mädchen wie Florence erfolgreich sein könne. Das war die letzte Meinung, die Sir Magnus geäußert hatte. Aber Mrs. Mountjoy hatte darin keinen Trost gefunden. Florence würde ihren eigenen Weg gehen. Ihre Mutter wusste, dass es so war und war sehr unglücklich. Aber sie war immer noch bestrebt, einen schwachen, wirkungslosen Kampf fortzusetzen. „Es war sehr unverschämt von ihm zu schreiben“, sagte sie.

„Als er jahrelang nach Amerika ging! Liebe Mama, versetze dich in meine Lage. Wie war es möglich, dass er nicht schreiben sollte?“

„Ein junger Mann hat nicht das Recht, sich auf diese Weise in eine Familie einzuschleichen und dann, wenn er weiß, dass er nicht willkommen ist, eine Korrespondenz zu eröffnen.“

„Aber, Mama, er weiß, dass er willkommen ist. Wenn er nach Amerika gegangen wäre, ohne mir zu schreiben – Oh, das wäre unmöglich gewesen! Ich hätte ihm nachgehen sollen.“

"Nein! Niemals!"

„Ich meine es ganz ernst, Mama. Aber es nützt nichts, darüber zu reden, was nicht hätte passieren können.“

„Wir hätten Sie daran hindern sollen, Briefe zu empfangen oder zu versenden.“ Hier berührte Mrs. Mountjoy ein Thema, bei dem sich die Praxis der englischen Welt in den letzten dreißig oder vierzig Jahren, vielleicht sagen wir fünfzig oder sechzig Jahren, stark verändert hat. Vor fünfzig Jahren war es jungen Damen sicherlich nicht erlaubt, Briefe nach Belieben zu empfangen und zu schreiben und zu fordern, dass diese Praxis ohne Aufsicht ihrer älteren Freundinnen fortgeführt werden sollte. Mittlerweile ist es in der Regel so, dass sie dies tun. Von einer jungen Dame wird erwartet, dass sie, bevor sie mit einem jungen Mann korrespondiert, deutlich macht, dass sie dies tut. Aber sie geht nicht davon aus, dass seine Briefe, egal ob sie kommen oder gehen, Gegenstand einer Spionage sein werden, und sie hat im Allgemeinen das Gefühl, dass die Entscheidung, den ihr gegebenen Anweisungen zu gehorchen oder nicht zu gehorchen, bei ihr selbst liegt. Die Nutzung des Postamtes liegt praktisch in ihren eigenen Händen. Und da dieser Geist des Selbstverhaltens gewachsen ist, haben sich die Sitten und Gewohnheiten unserer jungen Damen sicherlich nicht verschlechtert. In Amerika tragen sie Schlüssel und gehen mit jungen Herren umher, während junge Herren miteinander umhergehen. In Amerika benehmen sich die jungen Damen genauso brav wie bei uns – genauso brav wie in einigen kontinentalen Ländern, wo sie immer noch genau beobachtet werden, bis sie als Bräute an Ehemänner abgegeben werden, mit denen sie keine Mittel hatten Kennenlernen. Ob das Schlüsselsystem oder das der freien Korrespondenz den Blumen nicht etwas von dem zarten Duft raubt, den wir früher so schätzten, mag fraglich sein; aber dann ist es auch eine Frage, ob nicht etwas an seine Stelle tritt, das auf die Dauer als wertvoller empfunden wird. Als Florence diese Bemerkung über ihre Fähigkeit, Briefe zu senden und zu empfangen, machte, schwieg sie, wirkte aber sehr bestimmt. Sie dachte, dass es auf diese Weise schwierig gewesen wäre, sie zum Schweigen zu bringen. „Sir Magnus hätte es auf jeden Fall schaffen können, wenn ich nicht dazu in der Lage gewesen wäre."

„Ich denke, Sir Magnus hätte nichts tun können, was nicht in Ihrer Macht gestanden hätte. Aber es ist sinnlos, darüber zu reden. Werden Sie mich nicht nach England zurückbringen, um zu verhindern, dass Harry hierher kommen muss?"

„Warum sollte er kommen?"

„Weil, Mama, ich vorhabe, meinen zukünftigen Ehemann zu sehen, bevor er mich so weit und für so lange Zeit verlässt. Hast du kein Mitleid mit mir, Mama?"

„Hast du Mitleid mit mir?"

„Weil Sie eines Tages wünschen, dass ich meinen Cousin Scarborough heirate, und das nächste Mal Mr. Anderson und dann das nächste Mal M. Grascour? Schlimm von jemandem, den ich für besonders würdig halte. Du hast ihn zunächst nicht gemocht, weil er sich in deine Pläne bezüglich

Mountjoy eingemischt hätte. Er ist nicht nach meinem Geschmack, und er ist ein Spieler Ich habe gedacht, dass du mit mir machen kannst, was du willst.

„Es ging immer um Ihr eigenes Glück."

„Aber ich muss darüber selbst urteilen. Wie könnte ich mit einem dieser Männer glücklich sein, wenn ich bedenke, dass sie mir überhaupt nicht am Herzen liegen? Es wäre für mich völlig unmöglich, mich mit einem von ihnen zu verheiraten Harry Annesley, ich habe mich ganz hingegeben; aber du bist in der Lage, uns auseinanderzuhalten. Hast du kein Mitleid mit mir wegen des Kummers und der Schwierigkeiten, die ich ertragen muss?"

„Ich nehme an, dass eine Mutter immer Mitleid mit den Leiden eines Kindes hat."

„Und entfernt sie, wenn sie es kann. Aber jetzt, Mama, soll er hierher kommen, oder wirst du mich nach England zurückbringen?"

Es war eine Frage, die Frau Mountjoy nur sehr schwer beantworten konnte. Sie konnte spontan nicht darauf antworten, da sie dazu zunächst Sir Magnus konsultieren müsste. Konnte Sir Magnus sich verpflichten, ihre Tochter in den Räumlichkeiten der Botschaft einzusperren und den Liebhaber während der Nacht von Harry Annesleys Aufenthalt in Brüssel fernzuhalten?

Als sie in ihrem eigenen Zimmer über die Angelegenheit nachdachte, wurde ihr klar, dass es große Schwierigkeiten geben würde. Die ganze Brüsseler Welt würde erfahren, was vor sich ging. Die junge Dame würde versuchen, herauszukommen, und konnte nur durch die Mitarbeit der Diener daran gehindert werden; und der junge Herr konnte nur durch die Hilfe der Polizei daran gehindert werden, hineinzukommen. Dunkle Vorstellungen von einer weiteren Reise kamen ihr in den Sinn. Aber wohin sie auch ging, es gab ein Postamt, und sie war sich bewusst, dass der junge Mann sie viel schneller verfolgen konnte, als sie fliegen konnte. Wie gut wäre es, wenn sie in einer solchen Notlage das Privileg hätte, ihre Tochter in einem Kloster einzusperren! Und doch musste es ein protestantisches Kloster sein, da ihr alles, was an die römisch-katholische Religion erinnerte, zuwider war. Als sie an ihren eigenen Zustand und den ihrer Tochter dachte, hatte sie insgesamt das Gefühl, dass die Welt traurig aus den Fugen geraten war.

„Kommt er hierher, oder?" sagte Sir Magnus. „Dann muss er einfach wieder so weise zurückkehren, wie er gekommen ist."

„Aber kannst du deine Türen vor ihm verschließen?"

„Schließen Sie meine Türen! Natürlich kann ich das. Er wird niemals in der Lage sein, seine Nase hierher zu bringen, wenn einmal ein Befehl zu seiner Ausweisung erteilt wurde. Wer ist Mr. Annesley? Ich nehme nicht an, dass er einen Engländer in Brüssel kennt. "

„Aber sie wird ihm entgegengehen.“

„Was! auf der Straße?“ sagte Sir Magnus entsetzt.

„Ich fürchte, sie würde es tun.“

„Bei George! Sie muss ziemlich halsstarrig sein, wenn sie das tut.“ Dann begann Mrs. Mountjoy mit Tränen in den Augen mit vielen Schimpfwörtern zu erklären, dass ihre Tochter das beste Mädchen auf der ganzen Welt sei. Sie war absolut des Vertrauens würdig. Diejenigen, die sie kannten, wussten, dass es keine junge Frau mit besserem Benehmen geben konnte. Sie war gewissenhaft, religiös und prinzipientreu. „Aber sie wird auf die Straße gehen und mit einem jungen Mann spazieren gehen, wenn alle ihre Freunde es ihr verbieten. Ist das ihre Vorstellung von Religion?“ Dann sagte Mrs. Mountjoy mit einem Anflug von Wut im Tonfall, dass sie nach England zurückkehren und ihre Tochter mitnehmen würde. „Was zum Teufel kann ich tun, Sarah, wenn die junge Dame so widerspenstig ist? Ich kann befehlen, ihn auszusperren, und kann dafür sorgen, dass ihnen gehorcht wird; aber ich kann nicht befehlen, sie einzusperren. Ich sollte Sie würden sie gefangen nehmen, und alle würden darüber reden. In dieser Angelegenheit müssen Sie ihr die Befehle erteilen; aber Sie sagen, dass sie ihnen nicht Folge leisten würde.

Am nächsten Tag teilte Frau Mountjoy ihrer Tochter mit, dass sie nach Cheltenham zurückkehren würden. Einen unmittelbaren Tag nannte sie nicht, weil es ihrer Meinung nach gut wäre, die böse Stunde abzuwenden. Sie nannte auch keinen fernen Tag, denn wenn sie das täte, wäre das schreckliche Übel von Harry Annesleys Ankunft in Brüssel nicht verhindert. Zuerst wollte sie keinen Tag nennen, weil sie dachte, es wäre eine gute Sache, Harry auf der Straße zu begegnen. Aber hier war Florence zu stark für sie, und endlich wurde ein Tag festgelegt. In einer Woche würden sie sich auf den Weg machen und in langsamen Etappen nach Hause gehen. Mit dieser Vereinbarung zeigte sich Florence sehr zufrieden und machte Harry natürlich über die voraussichtliche Ankunftszeit informiert.

Als Herr Grascour hörte, dass der Tag für die Abreise von Mrs. Mountjoy und ihrer Tochter plötzlich festgesetzt worden war, kam er nicht unnatürlich zu dem Schluss, dass er selbst der Grund für die Abreise der Damen war. Er gab deshalb auch nicht alle Hoffnung auf. Die Mutter der jungen Dame war sicherlich auf seiner Seite, und er hielt es für durchaus möglich, dass er Erfolg haben könnte, wenn er in England auftauchte. Aber als er von ihrer bevorstehenden Abreise hörte, war es natürlich notwendig, dass er sich auf besondere Weise von ihr verabschiedete. Eines Abends speiste er in der britischen Botschaft und nutzte die Gelegenheit, am Abend allein mit Florence zu sein. „Und so, Miss Florence“, sagte er, „sind Sie und Ihre geschätzte Mama im Begriff, nach England zurückzukehren?“

„Wir sind schon sehr lange hier und gehen endlich nach Hause."

„Mir kommt es so vor, als du neulich gekommen bist." sagte Herr Grascour mit dem ganzen Eifer eines Liebhabers.

„Es war im Herbst und das Wetter war recht mild und mild. Jetzt sind wir mitten im Januar."

„Das nehme ich an. Aber trotzdem ist die Zeit viel zu schnell vergangen. Das Herz kann kaum Tage und Wochen berücksichtigen." Da es sich dabei eindeutig um eine Liebesrede handelte und sie in Worten gehalten war, die selbst eine junge Dame nicht missverstehen kann, war Florence gezwungen, auf eine ebenso direkte Art und Weise darauf zu antworten. Und jetzt war sie wütend auf ihn. Sie hatte ihm mitgeteilt, dass sie in einen anderen Mann verliebt sei. Dabei hatte sie viel mehr getan, als die Notwendigkeit des Falles erforderte, und hatte ihm, um ihn am besten zum Schweigen zu bringen, das erzählt, was sie eigentlich als ihr eigenes Geheimnis hätte bewahren sollen. Und doch redete er hier mit ihr über sein Herz! Sie gab ihm keine sofortige Antwort, sondern blickte ihn stirnrunzelnd an und blickte ernst. Ihrer Intelligenz war klar, dass er nach den Informationen, die sie ihm gegeben hatte, kein Recht hatte, mit ihr über sein Herz zu sprechen. „Ich hoffe, Miss Mountjoy, dass ich mich auf das Vergnügen freuen kann, Sie zu sehen, wenn ich nach England reise."

„Aber wir leben nicht in London oder in der Nähe davon. Wir leben unten auf dem Land – in Cheltenham."

„Entfernung wäre nichts."

Das war sehr schlimm und muss gestoppt werden, dachte Florence. „Ich nehme an, bis dahin werde ich verheiratet sein. Ich weiß nicht, wo wir wohnen werden, aber ich würde mich freuen, Sie zu sehen, wenn Sie anrufen."

Sie hatte hier eine kühne Behauptung aufgestellt, die Herr Grascour überhaupt nicht glaubte. Er sprach von einem Besuch, den er vielleicht in einem Monat oder sechs Wochen machen würde, und die junge Dame sagte ihm, dass er sie verheiratet vorfinden würde! Und doch waren, wie er sehr gut wusste, ihre Mutter, ihr Onkel und ihre Tante alle gegen diese Heirat. Und sie sprach davon, ohne zu erröten, – ohne jede Zurückhaltung! Junge Damen waren sehr emanzipiert, aber er glaubte nicht, dass sie ihre Emanzipation im Allgemeinen so weit trieben. „Das hoffe ich nicht", sagte er.

„Ich weiß nicht, warum Sie so bösartig sein sollten, es zu hoffen. Tatsache ist, Herr Grascour, Sie glauben nicht, was ich Ihnen neulich gesagt habe. Als junge Dame hätte ich das vielleicht nicht glauben sollen Ich habe es angedeutet, aber ich habe es getan, um die Sache völlig zu beruhigen. Ich kann natürlich nicht sagen, wann du kommst, wenn du sofort kommst.

"Nein nicht verheiratet."

„Aber ich werde mich so sehr engagieren, wie es für ein Mädchen nur möglich ist. Ich habe mein Wort gegeben, und nichts wird mich davon abbringen. Ich glaube nicht, dass Sie meinetwegen kommen werden."

„Allein auf Ihre Rechnung."

„Dann bleiben Sie zu Hause. Ich meine es ganz ernst. Und jetzt muss ich mich verabschieden."

Sie ging und ließ ihn allein auf dem Sofa sitzen. Zuerst sagte er sich, dass sie unweiblich sei. Sie hatte eine schwierige Art, über sich selbst zu sprechen, was er fast als undamenhaft bezeichnete. Ein unverheiratetes Mädchen sollte, so dachte er, unter keinen Umständen von dem Herrn sprechen, dem sie ihre Zuneigung entgegengebracht hatte, so wie Miss Mountjoy von Mr. Annesley sprach. Dennoch würde er sie lieber als seine eigene Frau besitzen als jedes andere Mädchen, das er jemals getroffen hatte. Etwas von der wahren Leidenschaft unbefriedigter Liebe ließ ihn tief im Herzen frieren. Wer war dieser Harry Annesley, für den sie so herzliche Gefühle hegte? Ihre Mutter erklärte Harry Annesley zum Sündenbock, und etwas von der Geschichte eines schändlichen mitternächtlichen Straßenstreits zwischen ihm und der Cousine der jungen Dame war an sein Ohr gelangt. Er hielt es nicht für möglich, dass die junge Dame tatsächlich ohne die Mitarbeit ihrer Mutter heiraten könnte, und dachte deshalb, dass er trotzdem nach England gehen würde. In einer Hinsicht blieb er völlig unberührt. Sollte es ihm letztendlich gelingen, die junge Dame zu heiraten, würde es ihr als seine Frau kein bisschen schlechter gehen, weil sie an Harry Annesley gebunden war. Das war eine Art Torheit, die ein Mädchen sehr schnell überwinden konnte, wenn man ihr nicht erlaubte, ihren Willen durchzusetzen. Deshalb dachte er im Großen und Ganzen, dass er nach England gehen würde.

Aber der Abschied von Anderson musste auch ertragen werden und musste zwangsläufig schwieriger sein. Sie schuldete ihm eine Schuld, weil er sich enthalten hatte, und sie konnte nicht davonkommen, ohne diese Schuld durch einen Ausdruck ihrer Dankbarkeit zu begleichen. Dass sie es getan hätte, wenn er sich ferngehalten hätte, war eine Selbstverständlichkeit; aber ebenso selbstverständlich war es, dass er sich nicht zurückhalten würde. „Ich möchte Sie morgen früh nur fünf Minuten sehen, bevor Sie abreisen", sagte er an ihrem letzten Abend mit trauriger Stimme.

Er hatte sein Versprechen auf den Punkt gehalten und war in seiner trostlosen Art sehr auffällig umhergewandert. Die Verwüstung war berüchtigt und für Florence sehr schmerzlich gewesen – aber das

Versprechen war gehalten worden, und sie war dankbar. „Oh, sicherlich, wenn Sie es wünschen“, sagte sie.

„Das wünsche ich mir.“ Dann machte er einen Termin aus und sie versprach, diesen einzuhalten.

Es befand sich im Ballsaal, einem riesigen Raum, der für seinen Zweck sehr praktisch war und nachts immer schön aussah, am Morgen jedoch genauso trostlos aussah wie der arme Anderson selbst. Als sie das lange Zimmer betrat, ging er gerade auf und ab, ging am anderen Ende auf sie zu und sprach sie mit den Worten an, die er zu diesem Zweck gewählt hatte. „Miss Mountjoy“, sagte er, „Sie haben mich hier als einen glücklichen, unbeschwerten jungen Mann kennengelernt.“

„Ich hoffe, dass ich dich bald verlasse, damit du trotz dieses kleinen Unfalls derselbe bist.“

Er sagte nicht, dass er ein verdorbenes Wesen sei, weil das Wort seiner Meinung nach lächerlich geworden sei; aber wenn er es gewagt hätte, hätte er es verwendet, um seinen Zustand am genauesten auszudrücken.

„Eine Wolke ist über mich hinweggezogen, und ihre Dunkelheit wird niemals ausgelöscht werden. Es war ganz sicher deine Schuld.“

„Oh, Mr. Anderson! Was soll ich sagen?“

„Ich habe schon einmal geliebt – aber noch nie so.“

„Und das wirst du auch wieder tun.“

„Niemals! Wenn ich das erkläre, erwarte ich, dass mein Wort respektiert wird.“ Er hielt inne, um eine Antwort zu erhalten, aber was sollte sie sagen? Sie respektierte sein Wort zu einem solchen Thema überhaupt nicht, aber sie respektierte sein Verhalten. „Ja, ich rufe Sie auf, mir zu glauben, wenn ich sage, dass für mich alles vorbei ist. Aber es kann Ihnen nichts bedeuten.“

„Es wird mir sehr viel bedeuten.“

„Ich werde auf die gleiche trostlose, elende Weise weitermachen, ich denke, ich werde hier bleiben, weil es mir hier genauso gut gehen wird wie anderswo. Ich könnte nach Lissabon ziehen – aber was würde mir das nützen? Ihr Bild würde folgen.“ In welche Hauptstadt auch immer ich meine Schritte lenke, aber es gibt eine Sache, die du tun kannst. Hier hellte sich sein Gesicht auf und er zeigte ein völlig verändertes Gesicht.

„Ich werde alles tun, Mr. Anderson – in meiner Macht.“

„Wenn – wenn – wenn du dich ändern solltest –“

„Ich werde mich nie ändern!“ sagte sie mit einem wütenden Blick.

„Wenn du dich ändern solltest, denke ich, dass du dich an das Versprechen erinnern solltest, das du eingefordert hast, und an die Treue, mit der es gehalten wurde."

„Ich erinnere mich daran."

„Und dann sollte es mir erlaubt sein, wiederzukommen und meine Chance zu bekommen. Wo auch immer ich sein mag, am Hofe des Schahs von Persien oder in der chinesischen Hauptstadt, ich werde sofort kommen. Ich habe es dir versprochen, als du mich gefragt hast. Willst du nicht? Versprich es mir jetzt?"

„Ich kann nichts versprechen – so unmöglich."

„Es wird Sie an nichts anderes binden, als mich wissen zu lassen, dass Mr. Annesley seinen Weg gegangen ist." Aber sie musste ihm erklären, dass es ihr unmöglich sei, ein Versprechen zu geben, das auf der Idee beruhte, dass Mr. Henry Annesley jemals einen Weg gehen sollte, auf dem sie ihn nicht begleiten würde. Damit musste er so zufrieden sein, wie es die Umstände des Falles zuließen, und er hinterließ ihr die Versicherung, die nicht ganz hörbar sein sollte, dass er ein verdorbener Mensch war und immer sein sollte.

Als die Kutsche vor der Tür stand, kam Sir Magnus voller Lächeln und guter Laune in die Halle. aber in diesem Moment sagte Lady Mountjoy in ihrem eigenen Zimmer ein letztes Abschiedswort an ihre Verwandten. „Leb wohl, meine Liebe. Ich hoffe, dass du all deine Probleme gut überstehst." Dies war an Frau Mountjoy gerichtet. „Und was dich betrifft, mein Lieber", sagte sie und wandte sich an Florence, „wenn du es nur schaffen würdest, ein bisschen weniger halsstarrig zu sein, ich denke, die Welt wäre einfacher mit dir."

„Ich glaube, mein steifer Nacken, Tante, wie du es nennst, ist das, worauf ich mich hauptsächlich verlassen muss – ich meine in Bezug auf andere Ratschläge als Mamas. Auf Wiedersehen, Tante."

„Auf Wiedersehen, Florence." Und die beiden trennten sich und hassten einander, wie nur weibliche Feinde hassen können. Doch als Florence im Wagen saß, warf sie sich ihrer Mutter um den Hals und küsste sie.

KAPITEL XLVIII.

HERR. PROSPER ÄNDERT SEINE MEINUNG.

Als Florence mit ihrer Mutter Cheltenham erreichte, fand sie dort einen Brief vor, was sie sehr überraschte. Der Brief stammte von Harry und schien in einer besseren Stimmung geschrieben worden zu sein, als er in letzter Zeit gezeigt hatte. Aber es war sehr kurz:

„LIEBSTE FLORENCE, wann kann ich herunterkommen? Es ist absolut notwendig, dass ich dich sehe. Alle meine Pläne werden sich wahrscheinlich auf die außergewöhnlichste Weise ändern."

„Niemand kann sagen, dass dies ein Liebesbrief ist.

„Mit freundlichen Grüßen, HA"

Florence zeigte den Brief natürlich ihrer Mutter, die sich vor dem Inhalt sehr fürchtete. „Was soll ich ihm sagen, wenn er kommt?" rief sie aus.

„Wenn Sie so sehr, sehr freundlich sind, ihn zu sehen, dürfen Sie nichts Unfreundliches sagen."

„Unfreundlich! Wie kann ich etwas anderes sagen als das, was Sie als unfreundlich bezeichnen würden? Ich missbillige ihn überhaupt. Und er kommt hierher mit der ausdrücklichen Absicht, Sie mir wegzunehmen."

„Oh nein; – nicht sofort."

„Aber eines Tages – ich vertraue darauf, dass es sehr fern sein wird. Wie kann ich freundlich mit ihm sprechen, wenn ich das Gefühl habe, dass er mein Feind ist?" Doch die Sache wurde endlich beruhigt, als Florence versprach, ihren Geliebten nicht in weniger als drei Jahren ohne die ausdrückliche Zustimmung ihrer Mutter zu heiraten. Drei Jahre sind eine lange Zeit, dachte Mrs. Mountjoy, und innerhalb dieser Zeit könnten viele Dinge passieren. Harry, von dem sie alle möglichen unnatürlichen Dinge hielt, hätte sich in dieser Zeit wahrscheinlich als völlig unwürdig erwiesen. Und Mountjoy Scarborough hätte vielleicht wieder vor aller Welt hervortreten können. Sie hatte kürzlich gehört, dass Mountjoy erneut in die volle Gunst seines Vaters aufgenommen worden war. Und der alte Mann war durch den Mühlenbau in Tretton so enorm reich geworden, dass er, wie Mrs. Mountjoy dachte, in der Lage sein würde, eine beliebige Anzahl älterer Söhne zu zeugen. Zum Thema Fideikommisse waren ihre Vorstellungen unklar; aber sie war sicher, dass Mountjoy Scarborough noch ein reicher Mann werden würde. Dass sich Florence aus diesem Grund ändern würde, hatte sie nicht erwartet. Aber sie glaubte, dass sie ihn aufgeben würde, wenn sie hätte erfahren müssen, dass

Harry ein Mörder, ein Mitternachtsdieb oder ein böser Verschwörer war. Deshalb stimmte sie zu, ihn mit nicht wirklich geäußerter Feindseligkeit zu empfangen, wenn er am Montpelier Place vorbeischauen sollte.

Aber jetzt, um unsere Geschichte richtig zu erzählen, müssen wir zu Harry Annesley selbst zurückkehren. Man wird sich daran erinnern, dass sein Vater Mr. Prosper aufgesucht hatte, um ihn über Harrys geplante Reise nach Amerika zu informieren; dass Mountjoy Scarborough auch Buston Hall besucht hatte; und dass der alte Mr. Scarborough vor diesen beiden Besuchen selbst einen langen Brief geschrieben hatte, in dem er ausführlich über den Konflikt berichtete, der in den Straßen Londons stattgefunden hatte. Diese drei Ereignisse hatten eine starke Wirkung auf Mr. Prospers Geist gehabt; aber nicht so stark wie das Verhalten von Miss Thoroughbung und den Herren Soames & Simpson. Aus der gemeinsamen Nutzung, die er von diesen Personen erhalten hatte, war ihm klar geworden, dass er lediglich „ausgenutzt" wurde, mit dem Ziel, von ihm die bestmögliche Niederlassung für die betreffende Dame zu erhalten.

Nach dieser Unterredung, bei der die Dame, nachdem sie viel mehr als ihr zustehendes Darlehen erhalten hatte, auch für Miss Tickle ein lebenslanges Zuhause und für sich selbst ein Paar Ponys verlangte, erhielt er einen weiteren Brief von den Anwälten. Das beleidigte ihn sehr. Nichts in der Welt sollte ihn dazu bewegen, eine Zeile an die Herren Soames & Simpson zu schreiben. Er sah auch nicht den Weg, erneut an die Herren Gray und Barry zu schreiben, und zwar über solche Kleinigkeiten, wie sie in dem Brief der Anwälte von Buntingford enthalten waren. Für ihn waren sie keine Kleinigkeiten; Aber sie müssen zu Kleinigkeiten werden, wenn man sie in einen an eine Londoner Firma adressierten Brief schreibt. „Unsere Klientin möchte unbedingt wissen, dass sie Miss Tickle mitnehmen darf, wenn sie nach Buston Hall zieht. Ihr Glück hängt in hohem Maße von der Gesellschaft von Miss Tickle ab, an die sie seit vielen Jahren gewöhnt war. Unsere Klientin möchte auch versichert sein, dass ihr zusätzlich zu den Kutschpferden ein Paar Ponys gehalten werden darf, die zweifellos hauptsächlich für Ihre eigenen Zwecke unterhalten werden. Dies waren die Forderungen der Herren Soames & Simpson, die Herr Prosper für völlig unmöglich hielt. Er erinnerte sich an den leidenschaftlichen Zornausbruch, den ihn der Name Miss Tickle bereits in Gegenwart des Geistlichen seiner Gemeinde ausgelöst hatte. Er würde im Interesse von Miss Tickle keine weitere Schande ertragen. Miss Tickle sollte niemals in seinem Haus wohnen, und was die Ponys betrifft, sollte niemals ein Pony in seinen Ställen untergebracht werden. Ein Pony war ein Tier, das ihm von Natur aus unangenehm war. Es gab einen Mangel an Würde bei einem Pony, dem Buston Hall niemals ausgesetzt werden sollte. „Und außerdem", sagte er sich schließlich, „fehlt Miss Thoroughbung selbst an Würde, was mir einen irreparablen Schaden zufügen würde."

Aber wie sollte er seine Entscheidung der Dame selbst mitteilen? und wie sollte er der Ehe so entkommen, dass sein Charakter als Gentleman keinen Makel hinterließ? Wenn er ihr einen Geldbetrag hätte anbieten können, hätte er es sofort getan; aber das würde seiner Meinung nach nicht Gentleman-mäßig sein – und wäre ein Eingeständnis seinerseits, dass er sich falsch verhalten hatte.

Schließlich beschloss er, den Brief der Anwälte nicht zur Kenntnis zu nehmen, und schrieb selbst an Miss Thoroughbung und teilte ihr mit, dass die Ziele, die sie sich durch die Heirat vorschlugen, nicht vereinbar seien und dass daher ihre Eheabsichten nachlassen müssten. Er dachte gut darüber nach und war sich sicher, dass der Erfolg einer solchen Maßnahme zu einem großen Teil vom Wortlaut des Briefes abhängen musste. Es besteht kein Grund zur sofortigen Eile. Fräulein Thoroughbung kam nicht so schnell wieder nach Buston, um ihn durch einen weiteren Besuch zu stören. Bevor sie gekommen wäre, wäre er nach Italien geflogen. Der Brief muss höflich und einigermaßen zärtlich sein, aber er muss absolut entscheidend sein. Es durfte kein Schlupfloch übrig bleiben, durch das sie ihn erneut verwickeln könnte, kein Spalt, durch den sie sich in Buston hineinschleichen könnte. Der Brief sollte ein Zeitwerk sein. Er würde sich eine Woche oder zehn Tage Zeit nehmen, um es zu komponieren. Und dann, wenn es hätte abgeschickt werden sollen, würde er nach Italien aufbrechen.

Doch bevor er sich auf die Reise begeben konnte, musste er die Frage nach seinem Neffen klären, die ihm nun schwer auf dem Gewissen lastete. Er hatte das Gefühl, den jungen Mann schlecht behandelt zu haben. Das hatte ihm Mr. Scarborough aus Tretton in sehr deutlicher Sprache gesagt, und Mr. Scarborough aus Tretton war ein Mann mit sehr großem Vermögen, über den in der Welt viel gesprochen wurde. Über Mr. Scarborough wurden sehr wunderbare Dinge gesagt, aber sie alle neigten dazu, Mr. Prosper glauben zu machen, dass er ein Mann von Rang war. Und er hatte kürzlich auch von Mr. Scarboroughs jüngerem Sohn gehört – oder tatsächlich von seinem einzigen Sohn, je nachdem, wie man ihn heute nennt – Nachrichten, die für diesen jungen Mann nicht besonders günstig waren. Von Augustus Scarborough hatte er diese bösen Geschichten über seinen eigenen Neffen gehört. Daher wurde sein Glaube erschüttert; und es war ihm keineswegs klar, dass es einen anderen Erben für ihr Eigentum geben könnte.

Miss Thoroughbung hatte sich als völlig ungeeignet für die hohe Ehre erwiesen, die er ihr zugedacht hatte. Miss Puffle war mit dem Sohn von Farmer Tazlehurst weggegangen. Herr Prosper glaubte nicht, dass er genug Energie hatte, um nach einer dritten Dame zu suchen, die in allen Punkten geeignet sein könnte, seine Frau zu werden. Und nun kam zu all dem noch ein weiteres Übel hinzu. Sein Neffe hatte seine Absicht erklärt, in die Vereinigten Staaten auszuwandern und Amerikaner zu werden. Es könnte wahr sein, dass ihn ein absoluter Wunsch dazu treiben sollte. Er, Mr. Prosper, hatte sein Taschengeld gestrichen, und zwar nachdem er ihn davon abgehalten hatte, einem Beruf nachzugehen, mit dem er seinen Lebensunterhalt hätte verdienen können. Er hatte sich mit dem Gesetz befasst, und soweit er es verstehen konnte, musste Buston Eigentum seines Neffen werden, auch wenn dieser amerikanischer Staatsbürger werden sollte. Sein Gewissen schmerzte ihn, als er an das Böse dachte, das dadurch entstehen könnte, und an die Schande, die mit seinem eigenen Namen verbunden sein würde. Deshalb schrieb er den folgenden Brief an seinen Neffen und schickte ihn in einem großen Umschlag, sorgfältig verschlossen mit dem Buston-Wappen, ins Pfarrhaus. Und auf der Ecke des Umschlags stand sehr leserlich „Peter Prosper":

„MEIN LIEBER NEFFEN, HENRY ANNESLEY, –

„Unter den gegebenen Umständen werden Sie, glaube ich, über einen in meiner Handschrift geschriebenen Brief überrascht sein; es sind jedoch Tatsachen eingetreten, die es angezeigt machen, dass ich mich an Sie wende.

„Sie sind, wie mir mitgeteilt wurde, im Begriff, in die Vereinigten Staaten zu reisen, ein Land, gegen das ich, wie ich anerkenne, eine ernsthafte Abneigung hege. Sie sind kein Gentleman-Volk, und mir wird zu verstehen gegeben, dass sie in all ihren Geschäften im Allgemeinen unehrlich sind." . Ihr Präsident ist eine niedrige Person, und alle ihre Vorstellungen von der Regierung sind, wie man mir sagt, sehr vulgär, obwohl ich nie das Vergnügen hatte, eine von ihnen zu kennen Respekt vor der Established Church of England und ihren Bischöfen. Es würde mir sehr leid tun, dass mein Erbe zu ihnen gehören würde.

„In Bezug auf die Einstellung der Einnahmen, die ich Ihnen bisher gewährt habe, handelte es sich um einen Schritt, den ich nach bestem Rat unternommen habe, und ich kann auch nicht glauben, dass ein Rechtsanspruch auf Fortzahlung der Zahlung für mich besteht. Aber Ich bin vorerst bereit, es fortzusetzen, vorausgesetzt, dass Sie Ihr amerikanisches Projekt sofort aufgeben.

„Aber es gibt ein Thema, zu dem ich unbedingt eine umfassende Erklärung von Ihnen als meinem Erben erhalten muss. Unter welchen Umständen haben Sie Kapitän Scarborough spät in der Nacht des 3. Juni letzten Jahres auf der Straße geschlagen? ? Und wie konnte es dazu kommen, dass Sie ihn bei dieser Gelegenheit blutend, sprachlos und regungslos zurückließen?

„Da ich im Begriff bin, die Zahlung des bisher gewährten Betrags fortzusetzen, halte ich es für nur passend, dass ich diese Erklärung aus Ihrer eigenen Hand erhalte. – Ich bin Ihr liebevoller Onkel,

„PETER PROSPER.

„PS: Möglicherweise haben Sie ein Gerücht über eine geplante Allianz zwischen mir und einer jungen Dame erreicht, die einer Familie angehört, mit der sich Ihre Schwester im Begriff ist, sich zu verbinden. Es ist richtig, dass ich Ihnen sagen sollte, dass an diesem Bericht nichts Wahres dran ist ."

Dieser Brief, der viel einfacher zu schreiben war als der für Miss Thoroughbung, wurde leider kurz vor der Fertigstellung des anderen abgeschickt. Geplant war eine Pause von einem Tag. Aber das Schreiben an Fräulein Thoroughbung verzögerte sich unter dem Druck der Schwierigkeiten länger als beabsichtigt.

Als dieser Brief einging, herrschte im Pfarrhaus, wie wir leider sagen müssen, viel Freude, aber auch Gelächter. Wie immer war Joe Thoroughbung da, und es war unmöglich, ihm den Brief vorzuenthalten. Das Nachwort überkam sie alle als Überraschung und wurde von niemandem mit lauterer Freude begrüßt als vom Neffen der Dame. „Die Hoffnung, dass ein Kind der Buntingford Brewery auf dem Thron der Prospers sitzen sollte, hat für immer ein Ende." So drückte sich Joe aus.

„Warum hätte er nicht dort sitzen sollen?" sagte Polly. „Ein Thoroughbung ist jeden Tag so gut wie ein Prosper." Dies wurde jedoch nicht in Anwesenheit von Frau Annesley gesagt, die zu diesem Thema ganz andere Ansichten vertrat als ihre Tochter.

„Ich frage mich, was er von der Church of England hält?" sagte Herr Annesley. „Glaubt er, dass der Erzbischof von Canterbury in allen religiösen Angelegenheiten in Amerika der Oberste ist?"

„Woher um alles in der Welt er weiß, dass die Frauen alle vulgär sind, wenn er noch nie eine von ihnen gesehen hat, ist ein Rätsel", sagte Harry.

„Und dass sie in all ihren Geschäften unehrlich sind", sagte Joe. „Ich nehme an, das hat er einigen radikalen Zeitungen entnommen." Denn Joe war nach Brauerart ein überzeugter Tory.

„Und ihr Präsident ist ebenso vulgär wie die Damen", sagte Herr Annesley. „Und das ist die Meinung eines gebildeten Engländers, der sich nicht schämt zuzugeben, dass er ernsthafte Abneigungen gegen eine ganze Nation hegt!"

Aber im Pfarrhaus wandten sie sich bald einer ernsthafteren Betrachtung der Angelegenheit zu. Hatte Onkel Prosper vor, dem Sünder insgesamt zu vergeben? Und wurde er dazu gezwungen, weil er davon überzeugt war, dass man ihm Lügen erzählt hatte, oder weil ihm ungewöhnliche Schwierigkeiten in Bezug auf einen anderen Erben drohten? Auf jeden Fall waren sich alle einig, dass Harry seinen Onkel auf halbem Weg treffen und die „vollständige und umfassende Erklärung" verfassen musste, wie gewünscht. „Blutend, sprachlos und regungslos!"', sagte Harry. „Ich kann nicht leugnen, dass er geblutet hat; er war auf jeden Fall sprachlos und für ein paar Momente war er vielleicht regungslos. Was soll ich sagen?" Aber der Brief war nicht schwer zu schreiben und wurde noch am selben Tag an die Halle geschickt. Dort widmete Mr. Prosper einen Tag der Prüfung, einen Tag, der viel besser dazu geeignet gewesen wäre, seinem eigenen Brief an Miss Thoroughbung den letzten Schliff zu geben. Und schließlich stellte er fest, dass der Brief seines Neffen keiner Erwiderung bedarf.

Aber Harry hatte viel zu tun. Zuerst musste er seinen Freund sehen und ihm erklären, dass Gründe, über die er keine Kontrolle hatte, es ihm verboten hätten, nach Amerika zu gehen. „Natürlich, weißt du, ich kann meinem Onkel nicht ins Gesicht sehen. Ich wollte gehen, weil er mich enterben wollte; aber das findet er schwieriger, als mich in Ruhe zu lassen, und deshalb muss ich bleiben. Sie sehen, was er sagt die Amerikaner." Der Herr, dessen Meinung über unsere Freunde auf der anderen Seite des Atlantiks ganz anders war als die von Herrn Prosper, geriet in einen langen Streit zu diesem Thema. Doch schließlich musste er seinen Gefährten aufgeben.

Dann kam die Notwendigkeit, Florence Mountjoy die Änderung all seiner Pläne zu erklären, und mit dieser Ansicht schrieb er den kurzen Brief zu Beginn des Kapitels und folgte ihm persönlich nach Cheltenham. „Mama, Harry ist hier", sagte Florence zu ihrer Mutter.

„Nun, mein Lieber? Ich habe ihn nicht mitgebracht."

„Aber was soll ich ihm sagen?"

„Wie kann ich das sagen? Warum fragst du mich?"

„Natürlich muss er mich besuchen kommen", sagte Florence. „Er hat eine Nachricht geschickt, dass er in zehn Minuten hier sein wird."

„Oh je! Oh je!" rief Frau Mountjoy aus.

„Willst du dabei sein, Mama? Das ist es, was ich wissen möchte." Aber das war die Frage, die Mrs. Mountjoy im Moment nicht beantworten konnte. Sie hatte sich geschworen, nicht unfreundlich zu sein, unter der Bedingung, dass drei Jahre lang keine Ehe geschlossen werden sollte. Aber sie konnte nicht damit beginnen, freundlich zu sein, sonst wäre sie sofort gezwungen gewesen, genau diese Bedingung aufzugeben. „Vielleicht, Mama, wäre es weniger schmerzhaft, wenn du ihn nicht sehen würdest."

„Aber er soll keine wiederholten Besuche machen."

„Nein, im Moment nicht; ich denke nicht.“

„Er darf nur einmal kommen“, sagte Mrs. Mountjoy bestimmt. „Er hätte kommen sollen, weil er nach Amerika gehen wollte. Aber jetzt hat er alle seine Pläne geändert. Das ist nicht fair, Florence.“

„Was kann ich tun? Ich kann ihn nicht nach Amerika schicken, weil Sie dachten, er würde dorthin gehen. Das dachte ich auch; und er auch. Ich weiß nicht, was ihn verändert hat; aber es war unwahrscheinlich, dass er Ich würde schreiben und sagen, dass er nicht kommen würde, weil er seine Pläne geändert hat. Natürlich möchte er mich sehen, und ich möchte ihn auch sehen – sehr.

Es klingelte, und Mrs. Mountjoy überlegte, was sie in diesem Moment tun würde. „Du darfst nicht länger als eine Viertelstunde zusammen sein. Ich werde dich nicht länger als eine Viertelstunde zusammen haben, höchstens zwanzig Minuten .“ Mit diesen Worten verließ Mrs. Mountjoy das Zimmer, und ein oder zwei Minuten später fand sich Florence in Harry Annesleys Armen wieder.

Aus den zwanzig Minuten waren vierzig geworden, bevor Harry daran gedacht hatte, aufzustehen, obwohl er schon ein Dutzend Mal ermahnt worden war, dass er in diesem Moment aufbrechen müsse. Dann klopfte das Dienstmädchen an die Tür und brachte die Nachricht, „dass Frau Miss Florence in ihrem Schlafzimmer sehen wollte.“

„Jetzt, Harry, du musst gehen. Du wirst wirklich gehen – oder ich werde es tun. Ich bin sehr, sehr glücklich zu hören, was du mir gesagt hast.“

„Aber drei Jahre!“

„Es sei denn, Mama stimmt zu.“

„Das kommt überhaupt nicht in Frage. Ich habe noch nie etwas so Absurdes gehört.“

„Dann musst du Mama dazu bringen, zuzustimmen. Ich habe es ihr für drei Jahre versprochen, und du solltest wissen, dass ich mein Wort halten werde. Harry, ich halte immer mein Wort, nicht wahr? Wenn sie zustimmt, werde ich es tun. Jetzt.“ , Sir, ich muss wirklich gehen. Dann gab es eine kleine Abschiedsformel, die keiner besonderen Erklärung bedarf, und Florence ging die Treppe hinauf zu ihrer Mutter.

KAPITEL XLIX.

KAPITÄN VIGNOLLES BEKOMMT SEIN GELD.

Als wir Kapitän Scarborough das letzte Mal verließen, hatte er gerade eine weitere Summe von zweihundertsiebenundzwanzig Pfund an Kapitän Vignolles verloren, die er außer der Summe von fünfzig Pfund, die er am Tag zuvor erhalten hatte, nicht bezahlen konnte erste Rate seiner neuen Zulage. Dies war nur ein schlechter Anfang des neuen Lebens, das er unter den neuen Schicksalen führen sollte, die sein Vater für ihn vorbereitete. Er hatte seinen Schuldschein für das Geld mit einer Frist von einer Woche abgegeben und war äußerst wütend auf Kapitän Vignolles, weil dieser Herr unter den gegebenen Umständen ein wenig besorgt gewesen war. Das war sicher nichts Ungewöhnliches, da Kapitän Scarborough aus mehr als einem Verein ausgeschlossen worden war, weil er seine Kartenschulden nicht bezahlen konnte. Als er mit dem Champagner von Kapitän Vignolles im Kopf zu seiner Unterkunft nach Hause ging, fühlte er sich genauso wie in jener Nacht, als er Harry Annesley angriff. Aber er traf niemanden, den er als Feind betrachten konnte, und legte sich deshalb zu Bett und schlief wegen der Dämpfe des Getränks ein.

An diesem Tag sollte er nach Tretton zurückkehren; Aber als er aufwachte, hatte er das Gefühl, dass er sich vorher bemühen musste, einige Vorkehrungen für die Zahlung des am Ende der Woche fälligen Betrags zu treffen. Er hatte sich bereits zwanzig Pfund von Mr. Grey geliehen und hatte vorgehabt, ihn aus der Summe zurückzuzahlen, die sein Vater ihm gegeben hatte; aber diese Summe war jetzt aufgebraucht, und er war wieder fast mittellos. In dieser Notlage blieb ihm nichts anderes übrig, als erneut zu Mr. Grey zu gehen.

Als man ihn die Treppe zum Anwaltszimmer hinaufführte, schämte er sich zutiefst. Herr Gray kannte alle Umstände seiner Karriere, und es wäre notwendig, ihm jetzt von diesem letzten Abenteuer zu erzählen. Während er sich die Treppe hinaufschleppte, sagte er sich, dass es für jemanden wie ihn keine Erlösung geben könne. „Es wäre besser, ich würde zurückgehen", sagte er, „und mich vom Denkmal stürzen." Dennoch hatte er das Gefühl, dass, wenn Florence Mountjoy immer noch ihm gehören könnte, vielleicht noch eine Hoffnung bestehen würde, dass es ihm gut gehen würde.

Mr. Gray äußerte zunächst seine Überraschung darüber, Kapitän Scarborough in der Stadt zu sehen. „Oh ja, ich bin hochgekommen. Es spielt keine Rolle, warum, denn wie immer habe ich meinen Fuß hineingesteckt. Es geschah auf Geheiß meines Vaters; aber das spielt keine Rolle."

„Wie hast du deinen Fuß hineingesteckt?" sagte der Anwalt. Es gab eine Art und Weise, wie der Kapitän immer beide „Füße hineinsteckte"; aber da er aus seinen Clubs ausgeschlossen worden war, glaubte Mr. Gray nicht, dass ihm dieser Weg offen stand.

„Die alte Geschichte."

„Meinst du, dass du wieder gespielt hast?"

„Ja; – ich habe gestern Abend einen Freund getroffen und er hat mich in seine Zimmer eingeladen."

„Und er hatte die Karten bereit?"

„Natürlich hatte er das. Was hätte jemand sonst noch für mich parat?"

„Und er hat den Rest der zwanzig Pfund gewonnen, die du von mir geliehen hast, und deshalb willst du noch eins?" Daraufhin schüttelte der Kapitän den Kopf. „Was willst du denn?"

„Ein solcher Mann, wie ich ihn traf", sagte der Kapitän, „würde sich mit dem Rest von zwanzig Pfund nicht zufrieden geben. Ich hatte fünfzig von meinem Vater erhalten und hatte vorgehabt, hierher zu kommen und Sie zu bezahlen."

„Das ist auch alles weg?"

„Ja, in der Tat. Und außerdem habe ich ihm einen Schein über zweihundertsiebenundzwanzig Pfund gegeben, den ich in einer Woche begleichen muss. Sonst muss ich wieder verschwinden – und dieses Mal für immer."

„Es ist eine bodenlose Kluft", sagte der Anwalt. Kapitän Scarborough saß schweigend da, mit etwas, das fast einem Lächeln auf den Lippen lag; aber sein Herz in ihm lächelte sicherlich nicht. „Eine bodenlose Kluft", wiederholte der Anwalt. Daraufhin runzelte der Kapitän die Stirn. „Was willst du, dass ich für dich tue? Ich habe kein Geld von deinem Vater in meinen Händen, und ich könnte es dir auch nicht geben, wenn ich es hätte."

„Ich denke nicht. Ich muss zu ihm zurückgehen und ihm sagen, dass es so ist." Dann war es an dem Anwalt zu schweigen; und er dachte weiter über alles nach, bis Kapitän Scarborough von seinem Sitz aufstand und sich zum Aufbruch bereit machte. „Ich werde Sie nicht noch mehr belästigen, Mr. Grey", sagte er.

„Setzen Sie sich", sagte Mr. Grey. Aber der Kapitän blieb immer noch stehen. „Setzen Sie sich. Natürlich kann ich mein Scheckbuch herausnehmen und einen Scheck über diese Geldsumme ausstellen – nichts wäre so einfach; und wenn es mir gelänge, es Ihrem Vater zu seinen Lebzeiten zu erklären, er, nein Zweifel, würde es mir zurückzahlen. Und um des alten Lang Syne willen sollte ich nicht unglücklich über mein Geld sein, ob er es nun tat oder nicht. Wäre es für Sie klug?

„Ich kann nicht sagen, dass irgendetwas für mich klug wäre – es sei denn, du könntest mir die Kehle durchschneiden."

„Und doch gibt es niemanden, dessen zukünftiges Leben einfacher sein könnte. Dein Vater, dessen Lebensumstände die einzigartigsten sind, die ich je gekannt habe –"

„Das alles über meine Mutter werde ich nie glauben."

„Kümmere dich jetzt nicht darum. Das lassen wir vorerst außer Acht. Er hat dich enterbt."

„Das wird eines Tages eine Frage für die Anwälte sein – soll ich überleben."

„Aber die Umstände haben sich für ihn so verschlechtert, dass er Ihnen ein weiteres Vermögen hinterlassen kann. Er ist sehr wütend auf Ihren Bruder, und ich verstehe diesen Zorn. Um Ihretwillen wird er Tretton so nackt ausziehen wie meine Handfläche. Das haben Sie war schon immer sein Favorit, und trotz allem bist du es immer noch. Man sagt mir, dass er kein halbes Jahr länger durchhalten kann.

„Der Himmel weiß, dass ich nicht möchte, dass er stirbt."

„Aber er glaubt, dass dein Bruder das tut. Er hat das Gefühl, dass Augustus ihm ein paar Monate längeres Leben gönnt, und ist wütend. Wenn er dich wieder zu seinem Erben machen könnte, jetzt, wo alle Schulden beglichen sind, würde er es tun." Hier schüttelte der Kapitän den Kopf. „Aber so wie es ist, wird er Ihnen genug für alle Bedürfnisse selbst eines luxuriösen Lebens hinterlassen. Hier ist sein Testament, das ich ihm noch heute zur endgültigen Ausführung schicken werde. Mein Oberschreiber wird es entgegennehmen, und Du wirst ihn dort treffen. Das wird dir genug fürs Leben geben. Aber was nützt dir das alles, wenn du es in einer Nacht oder in einem Monat unter einem Rudel von Schurken verlieren kannst?

„Wenn es Schurken sind, bin ich einer von ihnen."

„Du verlierst dein Geld. Du bist ihr Betrüger. Nach meinem besten Glauben hast du nie gewonnen. Die Betrüger verlieren und die Schurken gewinnen. Es muss so sein."

„Sie wissen nichts darüber, Mr. Grey."

„Dieser Mann, der zuletzt Ihr Geld hatte – lebt er nicht beruflich davon? Warum sollte er immer gewinnen und Sie verlieren?"

„Es ist mein Glück."

„Glück! So etwas wie Glück gibt es nicht. Werfen Sie eine Stunde lang die rechte Hand gegen die linke, und das Ergebnis wird das gleiche sein. Wenn nicht eine Stunde lang, dann machen Sie es sechs Stunden lang. Nehmen Sie den Durchschnitt und Ihren Karten werden die gleichen sein wie die eines anderen Mannes.

„Ein anderer Mann hat seine Fähigkeiten“, sagte Mountjoy.

„Und setzt es gegen den Ungeschickten ein, um sein tägliches Brot zu verdienen. Das ist dasselbe wie Betrug. Aber welchen Nutzen hat das alles? Du musst dir das alles schon einmal überlegt haben.“

„Ja, tatsächlich.“

„Und wenn du daran denkst, bist du entschlossen, durchzuhalten. Du bist ungestüm, nicht gedankenlos, dein Gehirn ist vom Alkohol getrübt, und allein aus der Aufregung der Sache heraus bist du entschlossen, alles in einem Kampf zu riskieren, für den es keine Chance gibt für dich – und durch die du anerkennst, dass du in die Selbstzerstörung getrieben wirst, als das einzig natürliche Ende.“

„Ich fürchte, es ist so“, sagte der Kapitän.

„Für wie viel soll ich es ziehen?“ sagte der Anwalt und holte sein Scheckbuch heraus, „und an wen soll ich es auszahlen? Ich nehme an, ich datiere es auf heute, damit der Betrüger, der es bekommt, denken kann, dass noch viel mehr dahintersteckt, was er zu tun hat.“ erhalten."

„Meinst du, dass du es mir leihen wirst?“

"Oh ja."

„Und wie willst du es wiederbekommen?“

„Ich muss wohl warten, bis Sie es unter Ihren Freunden zurückgewonnen haben. Wenn Sie mir sagen, dass Sie nicht die Absicht haben, auf diese Weise danach zu suchen, dann werde ich keinen Zweifel daran haben, dass Sie mir eine rechtmäßige Zahlung leisten.“ „Zweihundertzwanzig Pfund werden dich nicht ruinieren, es sei denn, du bist entschlossen, dich selbst zu ruinieren.“ Mr. Gray fuhr unterdessen damit fort, den Scheck auszustellen. „Hier ist für Sie eine große Geldsumme bereitgestellt“, und er legte seine Hand auf das Testament, „aus der Sie mich ohne die geringste Schwierigkeit bezahlen können. Es liegt an Ihnen, zu entscheiden, ob Sie wollen oder nicht.“ "

"Ich werde."

„Sie müssen es nicht auf diese Weise sagen – das ist einfach. Sie müssen es in einem Moment sagen, in dem Sie Lust auf das Spiel haben, in dem niemand da ist, der es hören kann: wenn der Beschluss, wenn er gefasst wird, eine Bedeutung hat Dann sagen Sie: „Da ist das Geld, das ich vom alten Grey hatte, aber wenn ich da reingehe, weiß ich, was das Ergebnis sein wird." Teil der Beute, von der sich diese Harpyien ernähren werden.' Da ist der Scheck über die zweihundertsiebenundzwanzig Pfund, den ich genau gezogen habe, damit Sie das gleiche Stück Papier an Ihren Freund schicken können. Er wird annehmen, dass ich ein Geldverleiher bin, der sich für die Befriedigung Ihrer Bedürfnisse engagiert hat Solange Ihr wiederhergestelltes Vermögen reicht, sagen Sie Ihrem Vater, dass er morgen das Testament erhalten wird. Ich glaube nicht, dass ich Smith heute damit schicken kann.

Dann wurde es notwendig, dass Scarborough gehen sollte; aber es wäre angebracht, dass er zuerst einige Dankesworte aussprechen würde. „Ich denke, Sie werden es zurückbekommen, Mr. Grey."

"Ich wage zu behaupten."

„Das glaube ich. Es kann sein, dass ich für eine Weile nicht am Spieltisch spielen muss, weil ich dich bezahlen muss."

„Du suchst nicht mehr als das?"

„Ich bin ein unglücklicher Mann, Mr. Grey. Es gibt eine Sache, die mich heilen würde, aber diese eine Sache liegt außerhalb meiner Reichweite."

„Eine Frau?"

„Nun – es ist eine Frau. Ich denke, ich könnte mein Geld behalten, um ihr Wohlergehen zu gewährleisten. Aber egal. Auf Wiedersehen, Mr. Grey. Ich denke, ich werde mich daran erinnern, was Sie für mich getan haben." Dann schickte er den gleichen Scheck an Kapitän Vignolles, mit der kürzesten und unhöflichsten Epistel:

„Sehr geehrter Herr, ich schicke Ihnen Ihr Geld. Schicken Sie den Schein zurück.

„Mit freundlichen Grüßen M. SCARBOROUGH."

„Das habe ich kaum erwartet", sagte sich der Kapitän, als er den Scheck einsteckte, „zumindest nicht so bald. ‚Nichts wagen, nichts haben.' Dass Moody ein langsamer Trainer ist und nie etwas unternehmen wird. Ich dachte, es würde eine Zeit lang ein wenig Geld mit ihm geben. Dann ließ der Kapitän mit der selbstzufriedenen Miene eines fleißigen Berufsarbeiters in Gedanken die gute Arbeit dieser Nacht Revue passieren.

Aber Mr. Gray war mit sich selbst nicht so zufrieden und beschloss, Dolly eine Zeit lang nichts von den zweihundertsiebenundzwanzig Pfund zu sagen, die er zweifellos durch die Anleihe riskiert hatte. Aber bevor er einschlief, hatte sein Verstand eine falsche Vorstellung, und er hatte das Gefühl, dass er sich erst dann wohlfühlen würde, wenn er eine saubere Brust daraus gemacht hätte. Während des Abends hatte Dolly mit ihm über alle Sorgen aller Carrolls gesprochen – wie Amelia wegen ihres verletzten Liebhabers kaum mit ihrem Vater oder ihrer Mutter sprechen würde und ihr gegenüber, Dolly, absolut unverschämt war, wann immer sie sich trafen; wie Sophia erklärt hatte, dass Versprechen gehalten werden sollten und dass Amelia losgeworden werden sollte; und wie Mrs. Carroll ihr vertraulich erzählt hatte, dass Carroll *am* Abend zuvor betrunkener als sonst nach Hause gekommen war und sich äußerst abscheulich verhalten hatte. Doch Mr. Gray kümmerte sich kaum um all dies, da er mit dem Geheimnis des Geldes beschäftigt war, das er geliehen hatte.

Deshalb löschte Dolly die Kerze nicht aus und zog sich zum Schlafen das Kostüm an, mit dem sie ihre nächtlichen Besuche zu machen pflegte. Sie hatte gemerkt, dass ihr Vater etwas im Kopf hatte, das er unbedingt erzählen musste. Sie wurde bald gerufen, und nachdem sie sich auf das Bett gesetzt hatte, begann sie mit dem Gespräch: „Ich wusste, dass du mich heute Abend haben möchtest.“

„Warum?“

„Weil Sie etwas zu erzählen haben. Es geht um Mr. Barry.“

"In der Tat nicht."

„Das ist gut. Gerade in diesem Moment scheint mir Mr. Barry wichtiger zu sein als jeder andere Ärger. Aber ich fürchte, dass er mich völlig vergessen hat – was nicht schmeichelhaft ist.“

„Mr. Barry wird zur rechten Zeit erscheinen“, sagte ihr Vater. „Zu Mr. Barry habe ich im Moment nichts zu sagen. Wenn Sie also verliebt sind, sollten Sie besser ins Bett gehen.“

„Sehr gut. Wenn ich verliebt bin, werde ich das tun. Was hast du mir jetzt zu sagen?“

„Ich habe einem Mann eine große Geldsumme geliehen – zweihundertsiebenundzwanzig Pfund!“

„Sie leihen den Leuten immer große Summen.“

„Im Allgemeinen bekomme ich es wieder zurück.“

„Von Mr. Carroll zum Beispiel – wenn er sich das Geld für ein Paar Hosen ausleiht und es in Gin und Wasser ausgibt.“

„Ich habe ihm nie einen Schilling geliehen. Er ist ein Idiot und muss besänftigt werden, nicht durch Kredite, sondern durch Geschenke. Jetzt ist es zu spät für mich, die Schwagerschaft des armen Carroll zu verhindern.“

„Wer hat dieses Geld?"

„Ein bekennender Spieler, der nie etwas gewinnt und ständig mehr verliert, als er bezahlen kann. Dennoch glaube ich, dass dieser Mann mich eines Tages bezahlen wird."

„Es ist Captain Scarborough", sagte Dolly. „Da sein Vater in der Tat ein sehr reicher Mann ist und Ihnen, soweit ich weiß, viel mehr Ärger bereitet, als er wert ist, verstehe ich nicht, warum Sie seinem Sohn eine große Geldsumme leihen sollten."

„Einfach, weil er es wollte."

„Oh je! Oh je!"

„Er wollte es sehr. Er war wegen seines Glücksspiels als ruinierter Mann weggegangen; und jetzt, als er zurückkam und wieder auf die Beine gestellt werden sollte, konnte ich ihn nicht noch einmal ruiniert sehen, weil er so etwas brauchte." Summe. Es war sehr dumm.

„Vielleicht ein kleiner Ausschlag, Papa."

„Aber jetzt habe ich es dir gesagt; und so könnte die Sache ein Ende haben. Aber ich sage dir was, Dolly: Ich wette, dass er mir innerhalb eines Monats nach dem Tod seines Vaters einen neuen Strohhut zahlt." Dann durfte Dolly fliehen und sich in ihr Bett begeben.

Am selben Tag ging Mountjoy Scarborough nach Tretton und wurde sofort mit seinem Vater verschlossen. Herr Scarborough hatte Fragen zu Herrn Prosper und wollte unbedingt wissen, wie sein Sohn seine Mission erfüllt hatte. Doch bald verlagerte sich das Gespräch von Mr. Prosper auf Captain Vignolles und Mr. Grey. Mountjoy hatte beschlossen, seinem Vater nichts davon zu sagen, sobald er den Scheck von Mr. Grey erhalten hatte. Er hatte es Mr. Gray gesagt, damit er es seinem Vater nicht sagen musste, wenn das Geld käme. Aber er war noch keine fünf Minuten im Zimmer seines Vaters gewesen, als er sich auf das Thema einließ. „Bist du schon wieder unter diese Raubvögel geraten?" sagte sein Vater.

„Es gab nur einen Vogel – oder zumindest zwei. Einen großen und einen kleinen Vogel."

„Und wie viel hast du verloren?" Dann nannte der Kapitän die genaue Summe. „Und Gray hat es dir geliehen?" Der Kapitän nickte. „Dann müssen Sie nach Tretton reiten und heute Abend die Post mit einem Scheck abholen, um ihn zurückzuzahlen. Dass Sie in so kurzer Zeit einen Mann hätten finden können, der bereit war, Sie auszuplündern! Ich nehme an, das ist hoffnungslos?"

"Ich kann es nicht sagen."

„Insgesamt hoffnungslos.“

„Was soll ich sagen, Sir? Wenn ich etwas verspreche, wird es umsonst sein.“

„Für absolut nichts.“

„Welchen Nutzen hätte dann mein Versprechen?“

„Sie sind ziemlich logisch und betrachten die Sache in einem völlig angemessenen Licht. Da Sie sich so oft selbst ruiniert und Ihr Bestes getan haben, um diejenigen zu ruinieren, die Ihnen gehören, welche Hoffnung kann es da geben? Über dieses Geld, das mir übrig geblieben ist.“ Dir, ich weiß nicht, dass ich noch mehr sagen kann – es sei denn, ich überlasse alles einem Krankenhaus. Es ist besser, dass du es hast und es unter die Spieler wirfst, als dass es in die Hände von Augustus fällt. Außerdem ist die Nachfrage mäßig. Es ist zweifellos nur ein Anfang, aber wir werden sehen.

Dann holte er sein Scheckbuch heraus und ließ Mountjoy selbst den Scheck ausstellen, einschließlich der beiden geliehenen Beträge. Und er diktierte Herrn Grey den Brief:

„MEIN LIEBER GREY, ich gebe dir das Geld zurück, das Mountjoy von dir bekommen hat – zweihundertsiebenundzwanzig Pfund und zwanzig. Das halte ich für richtig. Du bist der dümmste Mann, den ich kenne, mit deinem Geld. An Ich habe es einem solchen Sündenbock wie meinem Sohn Mountjoy geschenkt! , bei dieser Gelegenheit hatten Sie großes Glück.

"Hochachtungsvoll,

„JOHN SCARBOROUGH.“

Sein Sohn musste diesen Brief selbst schreiben, obwohl er sich ausschließlich mit seinen eigenen Verfehlungen befasste; und dennoch, wie er sich sagte, war es ihm nicht leid, es zu schreiben, da es Mr. Gray zeigen würde, dass er selbst sofort seine eigene Sünde eingestanden hatte. Die einzige weitere Strafe, die sein Vater verhängte, bestand darin, dass sein Sohn selbst nach Tretton reiten und den Brief abgeben sollte, bevor er zu Abend aß.

„Ich habe mein Geld“, sagte Mr. Grey und winkte mit dem Scheck, als er, Dolly auf den Fersen, in seine Umkleidekabine ging.

„Wer hat es bezahlt?“

„Der alte Scarborough; und er ließ Mountjoy den Brief selbst schreiben und nannte mich einen alten Narren, weil ich ihn geliehen habe. Ich glaube nicht, dass ich überhaupt so ein Narr war. Aber ich habe mein Geld, und Sie können die Wette bezahlen.“ und nichts mehr dazu sagen.

KAPITEL L.

DAS LETZTE VON MISS THOROUGHBUNG.

Mr. Prosper hatte mit der Energie, die ihm typisch war, seinen Brief an Harry Annesley abgeschickt, mit seinem Nachwort über seine dürftigen Eheaussichten – ein Brief, der leicht zu schreiben war –, bevor er seinen Abschluss gemacht hatte Brief an Miss Thoroughbung. Der Brief an Miss Thoroughbung erforderte große Überlegung. Es musste in jedem Wort studiert und mit größter Sorgfalt immer wieder neu geschrieben werden. Er hatte Angst, dass er sich durch einen Beinamen verpflichten könnte. Selbst ein Adverb fürchtete ihn zu sehr. Er fand, dass ein Punkt seine Gefühle zu heftig ausdrückte, und schrieb den Brief zum fünften Mal erneut, wegen der großen Initiale, die auf den Punkt folgte. Die Folge all dieser langen Verzögerung war, dass Fräulein Thoroughbung die Nachricht durch die Brauerei erfahren hatte, bevor sie sie auf dem richtigen Weg erreichte. Mr. Prosper hatte sein Nachwort aus Versehen geschrieben und dabei den Verkehr zwischen dem Haus seines Schwagers und den Leuten von Buntingford vergessen. Er hatte von der geplanten Heirat gut gewusst; aber er war ein Mann, der nicht an zwei Dinge gleichzeitig denken konnte und daher den Fehler begangen hatte.

Vielleicht war es so, wie es war, besser für ihn; und der Schlag traf ihn mit einer Schnelligkeit, die weniger Leid verursachte, als es bei der von ihm beabsichtigten langsameren Vorgehensweise möglich gewesen wäre. Er fertigte gerade die fünfte Kopie des Briefes an, die durch diesen heftigen Punkt notwendig geworden war, als Matthew zu ihm kam und verkündete, dass Miss Thoroughbung im Wohnzimmer sei. "Im Haus!" rief Herr Prosper.

„Sie würde in die Halle kommen; und wo sollte ich sie dann hinbringen?“

„Matthew Pike, Sie werden meinen Dienst nicht in Anspruch nehmen.“ Dies wurde im Laufe der langen Jahre, in denen Matthew bei seinem Herrn gelebt hatte, etwa alle drei Monate gesagt.

„Sehr gut, Sir. Ich muss es natürlich als eine einmonatige Vorwarnung betrachten.“ Matthew verstand sehr wohl, dass dies lediglich ein Ausdruck des Unmuts seines Herrn war, und da er um das Wohlergehen seines Herrn besorgt war, wusste er, dass es angebracht war, sofort eine Entscheidung bezüglich Miss Thoroughbung zu treffen und keine Zeit zu verlieren in seinem eigenen kleinen persönlichen Streit. „Sie wartet, wissen Sie, Sir, und sie sieht ungewöhnlich jähzornig aus. Draußen in der Kutsche ist noch die andere Dame.“

„Miss Tickle! Lassen Sie sie nicht rein, was auch immer Sie tun. Sie ist die Schlimmste. Oh je! Oh je! Wo sind mein Mantel und meine Weste und meine Hosenträger? Und ich habe meine Haare nicht gebürstet. Und diese Hausschuhe haben gewonnen." Was hat sie zu tun, um zu dieser Tageszeit zu kommen, ohne irgendjemandem ein Wort zu sagen?" Dann machte sich Matthew an die Arbeit und zog seinem Herrn so schnell wie möglich anständige Kleidung an. „Immerhin", sagte Mr. Prosper, „glaube ich nicht, dass ich sie sehen werde. Warum sollte ich sie sehen?"

„Sie weiß, dass Sie zu Hause sind, Sir."

„Warum weiß sie, dass ich zu Hause bin? Das ist deine Schuld. Sie sollte nichts davon wissen. Oh je! Oh je! Oh je!" Diese letzten Ausrufe entstanden, weil er sich gerade an die Art seines Nachtrags an Harry Annesley und an die Verlobung von Joe Thoroughbung mit seiner Nichte erinnert hatte. In diesem Moment kam er zu dem Entschluss – oder glaubte, er hätte es so entschieden –, dass Harry Annesley sein Leben lang keinen Schilling haben sollte. „Ich bin ganz außer Atem. Ich kann sie noch nicht sehen. Gehen Sie und bieten Sie der Dame Kuchen und Wein an und sagen Sie ihr, dass Sie mich sehr unwohl gefunden haben. Ich denke, Sie müssen ihr sagen, dass es mir nicht gut genug geht Empfange sie heute.

„Bringen Sie es hinter sich, Sir, und fertig."

„Es ist schön und gut zu sagen, dass ich damit fertig bin. Ich werde nie damit fertig sein. Weil du sie heute hereingelassen hast, wird sie denken, dass sie immer kommen kann. Mein Gott! Da ist sie auf der Treppe! Pick Zieh meine Hausschuhe hoch. Dann wurde die Tür geöffnet und Miss Thoroughbung selbst betrat das Zimmer. Es war ein Raum im Obergeschoss, bekannt als Mr. Prospers eigenes, und von dort aus führte die Tür zu seinem Schlafzimmer. Wie Fräulein Thoroughbung es geschafft hatte, konnte er nie erraten. Aber sie war die Treppe hinaufgekommen, als ob sie seit ihrer Kindheit mit allen Feinheiten des Hauses vertraut wäre.

„Mr. Prosper", sagte sie, „ich hoffe, ich sehe Sie heute Morgen ganz gut und habe Sie nicht auf Ihrer Toilette gestört." Dass sie das getan hatte, war daran zu erkennen, dass man Matthew im Schlafrock und in den Hausschuhen im Schlafzimmer verschwinden sah.

„Mir geht es nicht sehr gut, danke", sagte Mr. Prosper, erhob sich von seinem Stuhl und reichte ihr mit der kältesten Begrüßung die Hand.

„Das tut mir leid, sehr. Ich hoffe, dass es nicht Ihr Unwohlsein ist, das Sie daran gehindert hat, mich zu besuchen. Ich habe Sie jeden Tag erwartet, seit Soames seinen letzten Brief geschrieben hat. Aber es hat keinen Zweck mehr, so zu tun. Oh , Peter, Peter!" Diese Verwendung seines Vornamens kam ihm völlig dumm vor, so dass er keine einzige Silbe aussprechen konnte. Er hätte ihr zunächst sagen sollen, dass es nun keine Ausreden mehr gab, die sie bisher hatte, ihn bei seinem Vornamen zu nennen. Aber es gab keinen Anlass für eine solche Rede. „Nun", fuhr sie fort, „haben Sie mir nichts zu sagen? Sie können leichtfertige Briefe an andere Leute schreiben und mich ganz leichtfertig lächerlich machen."

„Das habe ich noch nie gemacht."

„Haben Sie nicht an Joe Thoroughbung geschrieben und ihm mitgeteilt, dass Sie den Gedanken, mich zu haben, aufgegeben haben?"

„Joe!" er rief aus. Seine Überraschung erlaubte ihm im Moment nicht, weiter zu gehen, als nur den Vornamen des jungen Mannes auszusprechen.

„Ja, Joe, – Joe Thoroughbung, mein Neffe und Dein zukünftiger. Hast Du ihm nicht geschrieben und gesagt, dass alles vorbei sei?"

„Ich habe in meinem Leben noch nie an den jungen Mr. Thoroughbung geschrieben. Ich hätte nicht im Traum von einer solchen Korrespondenz zu einem solchen Thema träumen dürfen."

„Nun, er sagt, dass du es getan hast. Oder, wenn du nicht an Joe selbst geschrieben hast, hast du an jemanden geschrieben."

„Ich habe sicherlich jemandem geschrieben."

„Und hast ihnen gesagt, dass du mir nichts weiter sagen wolltest?" Dieser Verräter Harry hatte nun eine schlimmere Sünde begangen, als mitten in der Nacht einen Mann niederzuschlagen und ihn blutend, sprachlos und regungslos zurückzulassen; schlimmer, als darüber zu lügen; schlimmer sogar, als sich zu weigern, den Predigten seines Onkels zuzuhören. Harry hatte eine solche Sünde begangen, dass ihm kein Schilling mehr gezahlt werden sollte. Schon in diesem Moment ging Mr. Prosper der Gedanke durch den Kopf, dass es in England außer Miss Puffle und Miss Thoroughbung noch eine unverheiratete Frau geben könnte. „Peter Prosper, warum antwortest du nicht wie ein Mann und sagst mir die ehrliche Wahrheit?" Er hatte in seinem ganzen Leben noch nie Peter Prosper genannt.

„Vielleicht lassen Sie mich besser per Brief kommunizieren", sagte er. In diesem Moment lag der fast fertige Brief vor ihm auf dem Tisch, wo sogar ihre Augen ihn erreichen konnten. In der Aufregung des Augenblicks vertuschte er es.

„Vielleicht ist das der Brief, für dessen Schreiben Sie so lange gebraucht haben?" Sie sagte.

„Es ist der Brief."

„Dann gib es mir und spar dir die Penny-Briefmarke." In seiner Verwirrung gab er ihr den Brief und warf sich auf das Sofa, während sie ihn las. „Sie haben Ihre Sprache sehr sorgfältig gewählt, Herr Prosper: ‚Es wird nützlich sein, dass ich Ihnen die ganze Wahrheit mitteile.' Sicherlich, Mr. Prosper, sicherlich ist die ganze Wahrheit das Beste – neben ganzem Bier würde mein Bruder sagen." „Die schreckliche vulgäre Frau!" Mr. Prosper ejakulierte vor sich hin. „Es scheint ein völliges Missverständnis bezüglich dieser liebenswürdigen Dame, Miss Tickle, gegeben zu haben.' Kein Missverständnis. Du hast gesagt, dass du sie magst, und ich habe angenommen, dass du das auch tust. Und als ich zwanzig Jahre lang mit einer Freundin zusammengelebt hatte, die nichts anderes hatte als das, was sie von mir bekam , war es zu erwarten, dass ich sie für einen Mann ausliefern würde?"

„Eine Rente hätte vereinbart werden können, Miss Thoroughbung."

„Mach dir eine Rente! Das ist alles, was du über Gefühle denkst! Sollte sie gehen und allein und trostlos leben, weil du jemanden wolltest, der dich pflegt? Und dann diese elenden Ponys. Ich sage dir, Peter Prosper, die mich heiraten ließen, wen ich will Ich habe vor, ein Paar Ponys zu treiben, und das ist in der Tat eine Ausrede. Du hast eine Frau mit Mut kennengelernt Ich habe Angst, dass sie zu viel für dich ist. Ich werde diesen Brief behalten, obwohl er nicht abgeschickt wurde.

„Da können Sie tun, was Sie wollen, Miss Thoroughbung."

„Oh ja; natürlich werde ich es behalten und es den Herren Soames & Simpson geben. Sie sind äußerst Gentleman-Männer und werden über ein solches Verhalten des Squire of Buston schockiert sein. Der Brief wird im veröffentlicht Natürlich wird es für mich sehr schmerzhaft sein, aber ich bin es meinem Geschlecht schuldig, Sie zu bestrafen, wenn die ganze Gegend über Ihr Verhalten gegenüber einer Dame spricht und sagt, dass kein Mann es hätte tun können , geschweige denn kein Gentleman, dann werden Sie es spüren – und ein Paar Ponys Sie haben erwartet, mein Geld zu bekommen und nichts dafür zu geben!"

Sie musste sich bewusst gewesen sein, dass jedes Wort, das sie sagte, ein Dolch war. In jedem Wort des Vorwurfs, das sie äußerte, zeigte sich eine sorgfältige Analyse seines besonderen Charakters. Nichts hätte ihn mehr verletzen können als der Vergleich zwischen ihm und Soames & Simpson. Sie waren Herren! „Die vulgärsten Männer in ganz Buntingford!" Erklärte er sich und sei immer zu jeder scharfen Übung bereit. Wohingegen er kein Mensch sei, sagte Miss Thoroughbung, ein gemeines Geschöpf, völlig unwürdig, als Gentleman angesehen zu werden. Er wusste, dass er Mr. Prosper aus Buston Hall war, dessen Vorfahren Jahrhunderte lang Prospers hatten; wohingegen Soames der Sohn eines Steuereintreibers war und

Simpson als Angestellter einer Anwaltskanzlei in der City aus London gekommen war. Und doch stimmte es, dass die Leute genauso über ihn redeten wie Miss Thoroughbung! Seine Grausamkeit wäre in aller Munde jeder Dame. Und dann würde sein Geiz gegenüber den Ponys zwölf Monate lang der Klatsch in der ganzen Grafschaft sein. Und als er herausfand, was Miss Thoroughbung war, wurde ihm die Schande, sie überhaupt heiraten zu wollen, furchtbar deutlich vor Augen.

Aber in den Augen der Dame war die ganze Zeit über ein scherzhaftes Funkeln, das er nicht wahrnahm und das er, wenn er es bemerkt hätte, nicht hätte verstehen können. Ihre Wut war nur simulierter Zorn. Auch sie hatte geglaubt, dass es unter bestimmten Umständen gut sein könnte, wenn sie Mr. Prosper heiraten würde, hatte aber durchaus verstanden, dass diese Umstände möglicherweise nicht eintreten würden. „Ich glaube nicht, dass das überhaupt funktionieren wird, meine Liebe", hatte sie zu Miss Tickle gesagt. „Natürlich wird dich so ein alter Junggeselle nicht haben wollen."

„Ich bitte Sie, keinen Moment an mich zu denken", hatte Miss Tickle feierlich geantwortet.

„Mist! Warum kannst du nicht die Wahrheit sagen? Ich werde dich nicht im Stich lassen, und natürlich wärst du einfach nirgendwo, wenn ich es täte. Ich werde mir nicht das Herz für Mr. Prosper brechen. Ich weiß, dass ich." Ich sollte ein alter Idiot sein, wenn ich ihn heiraten würde; und er ist eher ein alter Idiot, weil er mich heiraten wollte. Aber ich dachte, er würde nicht so grob mit den Ponys umgehen. Und als dann auf den letzten Brief von Soames & Simpson keine Antwort kam und sie aus der Brauerei die Nachricht erreichte, dass Mr. Prosper abreisen wollte, war sie nicht im Geringsten überrascht. Aber die Information, so dachte sie, sei ihr auf unwürdige Weise zu Ohren gekommen. Also beschloss sie, den Herrn zu bestrafen, ging nach Buston Hall und nannte ihn Peter Prosper. Wir dürfen jedoch bezweifeln, dass ihr jemals bewusst war, wie schrecklich ihre Geißeln ihn treffen würden.

„Und zu denken, dass Sie es auf diese Weise zu mir kommen lassen würden, durch die jungen Leute, indem Sie nur als Scherz darüber schreiben!"

„Ich habe nie als Witz darüber geschrieben", sagte Herr Prosper und weinte fast.

„Ich erinnere mich jetzt. Es war für deinen Neffen; und natürlich hat es jeder im Pfarrhaus gesehen. Natürlich haben sie alle über dich gelacht." Eines stand jetzt im Buch des Schicksals geschrieben und so sicher besiegelt wie der Riss des Untergangs: Harry Annesley sollte niemals einen Schilling Taschengeld gezahlt werden. Er würde ins Ausland gehen. Er sagte es sich, als er darüber nachdachte, und sagte auch, wenn er irgendwo eine gesunde junge Frau finden könnte, würde er sie heiraten und jede Vorstellung von seinem eigenen Glück seinem Wunsch nach Rache an seinem Neffen opfern. Dies war jedoch nur das leidenschaftliche Gefühl des Augenblicks. Seitdem er Miss Thoroughbung näher kennengelernt hatte, war ihm die Ehe überhaupt so zuwider geworden, dass ihm jede Befreiung auf diese Weise völlig unmöglich geworden war. „Haben Sie vor, mich wieder gut zu machen?" fragte Miss Thoroughbung.

"Geld?" sagte er.

„Ja, Geld. Warum solltest du mir kein Geld zahlen? Ich würde gerne drei Ponys behalten und Miss Tickles Schwester bei mir haben."

„Ich weiß nicht, ob Sie es ernst meinen, Miss Thoroughbung."

„Ganz im Ernst, Peter Prosper. Aber vielleicht überlasse ich diese Angelegenheit besser den Händen von Soames & Simpson – sehr Gentleman-Männern – und sie werden Ihnen sicher sagen, wie viel Sie zahlen sollten. Zehn Tausend Pfund wären angesichts der Belastung für meine verletzten Gefühle nicht zu viel. Hier hielt Miss Thoroughbung ihr Taschentuch an ihre Augen.

Es gab nichts, was er sagen konnte. Ob sie ihn auslachte, was er für höchstwahrscheinlich hielt, oder ob in ihrer Forderung ein Körnchen Wahrheit steckte, es war ihm ebenso unmöglich, eine Antwort zu geben. Es gab nichts, was er sagen konnte; Er konnte sie auch nicht unbedingt aus dem Zimmer verweisen. Doch nach weiteren zehn Minuten dieser Annehmlichkeiten, in denen ihm endlich klar wurde, dass sie ihn nur auslachte, begann er zu glauben, dass er möglicherweise entkommen und sie dort im Besitz seiner Kammer zurücklassen könnte.

„Wenn Sie mich entschuldigen würden, Miss Thoroughbung, werde ich mich zurückziehen", sagte er und erhob sich vom Sofa.

„Regelmäßig aus der eigenen Höhle gejagt!" sagte sie lachend.

„Ich mag diesen geistreichen Austausch bei so ernsten Themen nicht."

„Austausch! Meiner Meinung nach gibt es sehr wenig Austausch. Du hast nichts Witziges gesagt. Was für eine Vorstellung von Austausch hat der Mann doch!"

„Auf jeden Fall werde ich Ihrer Unhöflichkeit entkommen."

„Nun, Peter Prosper, bevor Sie gehen, möchte ich Ihnen eine Frage stellen. Wer von beiden war am unhöflichsten zum anderen? in dem du herausgefunden hast, dass ich meine eigenen Vorstellungen von Geld habe. Und jetzt nennst du mich unhöflich, weil ich dich Peter Prosper nenne, und du kannst es nicht ertragen Nennen Sie mich als Antwort Matty Thoroughbung. Aber auf Wiedersehen, Mr. Prosper. Was ich zu Ihnen über

Geld gesagt habe, ist natürlich alles Blödsinn Rechnung, und da ist Ihr Brief, der jedoch keinen Nutzen hat, weil er nicht unterschrieben ist. Wenn Sie natürlich schreiben wollen, sollten Sie ihn niemals kopieren. Tschüss, Mr. Prosper – Peter, das wird es nie geben. Dann stand sie auf und verließ das Zimmer.

Als Mr. Prosper allein gelassen wurde, blieb er eine Zeit lang fast gelähmt. Dass er jemals auf die Idee gekommen sein sollte, diese Frau zu seiner Frau zu machen! Das war sein erster Gedanke. Dann dachte er darüber nach, dass er ihr tatsächlich leichter entkommen war, als er gehofft hatte, und dass sie trotz ihrer Vulgarität und Unverschämtheit sicherlich einige gute Eigenschaften gezeigt hatte. Sie hatte jedenfalls nicht die Absicht, ihn noch weiter zu belästigen. Er würde sich nie wieder mit dieser schrecklich lauten Stimme Peter nennen hören. Doch sein Zorn gegen die ganze Familie im Pfarrhaus wurde sehr groß. Sie hatten es gewagt, über ihn zu lachen, und er konnte verstehen, dass er in ihren Augen sehr lächerlich geworden war.

Er konnte alles sehen – die Art, wie sie sich über ihn lustig gemacht und sich über seine geplante Heirat lustig gemacht hatten. In ihren Augen hatte er sicherlich nicht die Absicht gehabt, lustig zu sein. Doch während er ihnen gegenüber die Pflicht eines strengen Herrn ausübte und sich seiner eigenen außerordentlichen Großzügigkeit bewusst war, mit der er sich bemühte, seinem Neffen zu vergeben, hatte dieser Neffe ihn ausgelacht, zusammen mit dem Neffen dessen, den er hatte er hatte vorgehabt, seine Frau zu machen! Auch hier sollte Harry Annesley kein einziger Schilling zugestanden werden. Wenn es so arrangiert werden könnte, könnte er durch irgendeine Veränderung der Umstände sogar noch Vater einer eigenen Familie werden.

KAPITEL LI.

HERR. PROSPER IST KRANK.

Als Harry Annesley Anfang Februar aus Cheltenham zurückkam, war er ein sehr glücklicher Mann. Man kann tatsächlich sagen, dass er in seinem eigenen Herzen erhabener war, als es für einen sterblichen Menschen angemessen ist – für ein menschliches Geschöpf, das morgen möglicherweise von seinen Freuden abgeschnitten ist oder die Quelle seiner Freude selbst haben könnte verwandelte sich in Trauer. Er wandelte wie ein Gott, ohne dies durch seine äußere Geste zu zeigen, ohne durch irgendeine vorgetäuschte Anmut oder arrogante Haltung zu verkünden, dass es so sei; aber er wusste in sich selbst, dass das unten in Cheltenham passiert war, das ihn fast seiner Menschlichkeit beraubt und ihn zu einem Star gemacht hatte. Niemandem sonst war es gegeben, solche Gefühle zu empfinden, eine solche Gewissheit himmlischer Glückseligkeit zu haben, verbunden mit der Gewissheit, dass es unter allen Umständen für immer und ewig sein Eigentum sein muss. So dachte er über sich selbst und über das, was ihm widerfahren war. Es war ihm gelungen, von einer jungen Frau einen Kuss zu bekommen.

Harry Annesley war in Wahrheit sehr stolz auf Florence und glaubte völlig an sie. Er dachte über sich selbst nach, weil Florence ihn liebte – nicht mit dem vulgären Selbstapplaus eines Mannes, der sich für einen Frauenmörder und damit für einen großartigen Kerl hält, sondern weil er sich für etwas Besseres hielt, als er es war bisher geglaubt, einfach weil er das Herz dieses besonderen Mädchens gewonnen hatte. Während dieser halben Stunde in Cheltenham hatte sie so viel mit ihm gesprochen und es auf ihre eigene hübsche Art geschafft, sich so auszudrücken, dass er versteht, dass er von allem, was von ihr war, der einzige Herr und Meister war. „Möge Gott mir dies tun, und noch mehr, wenn ich sie bis zum Ende nicht nur mit aller Zuneigung, sondern auch mit aller Zartheit der Frömmigkeit behandle." So sprach er zu sich selbst über sie, als er die Tür von Mrs. Mountjoys Haus in Cheltenham verließ.

Von dort kehrte er nach Buston zurück und betrat das Haus seines Vaters mit dem ganzen Heiligenschein des Glücks, der sein Herz umgab. Er sagte nicht viel darüber, aber seine Mutter und seine Schwestern hatten das Gefühl, dass er verändert war; und er verstand ihre Gefühle, als seine Mutter nach ein oder zwei Tagen zu ihm sagte, dass „es eine große Schande" sei, dass keiner von ihnen sein Florenz kannte.

„Aber du musst sie kennen – nun ja."

„Das ist natürlich so; aber es ist tausendmal schade, dass wir nicht in der Lage sein sollten, von ihr als einer Person zu sprechen, die wir bereits kennen." Dann hatte er das Gefühl, dass sie alle anerkannt hatten, dass sie so war, wie sie war.

Ins Pfarrhaus gelangte die Nachricht von dem Treffen, das in der Halle zwischen seinem Onkel und Fräulein Thoroughbung stattgefunden hatte. Es war Joe, der ihnen den ersten Bericht überbrachte; und dann sickerten weitere Einzelheiten unter den Bediensteten der beiden Häuser durch. Matthew war sehr diskret; aber selbst Matthäus muss ein oder zwei Worte gesprochen haben. Erstens kam die Nachricht, dass Mr. Prospers Zorn auf seinen Neffen heißer sei als je zuvor. „Mr. Harry muss irgendwie seinen Fuß hineingelegt haben." Das war Matthews Zusicherung gewesen, die er der Haushälterin oder dem Oberdiener im Pfarrhaus voller Kummer gegeben hatte. Und dann hatte Joe erklärt, dass alle Unglücke, die Mr. Prospers Werbung begleitet hatten, Harrys bösen Einflüssen zugeschrieben wurden. Das konnte zunächst nur ein Scherz sein. Joes Geschichten, die er ihnen erzählte, waren voller Spott und waren zweifellos von Miss Thoroughbung zu ihm gekommen, entweder direkt oder durch einige der Damen in Buntingford. „Es scheint, dass deine Tante zu viel für ihn war." Dies war von Molly gesagt und in Anwesenheit sowohl von Joe Thoroughbung als auch von Harry geäußert worden.

„Warum, ja", sagte Joe. „Sie hatte ihn ganz unter dem Riemen und es fiel ihr nicht schwer, ihn auszupeitschen, als sie ihn am Hinterbein gepackt hatte." Diese Idee war Joe durch die Erinnerung an einen hübschen Hund im Griff der Peitsche eines Tyrannen gekommen. „Es scheint, dass er ihr Geld angeboten hat."

„Das sollte ich kaum glauben", sagte Harry und trat für seinen Onkel ein.

„Sie sagt es und sagt, dass sie erklärt hat, dass zehntausend Pfund die niedrigste Summe wären. Natürlich hat sie ihn ausgelacht."

„Onkel Prosper mag es nicht, ausgelacht zu werden", sagte Molly.

„Und sie hat ihn nicht verschont", sagte Joe. Und dann hatte sie die ganze Geschichte auswendig, wie sie ihn Peter genannt hatte und wie wütend er über die Bezeichnung gewesen war.

„Niemand außer meiner Mutter nennt ihn Peter", sagte Harry.

„Ich würde nicht im Traum daran denken, ihn Onkel Peter zu nennen", sagte Molly. „Wollen Sie damit sagen, dass Fräulein Thoroughbung ihn Peter nannte? Woher hatte sie nur den Mut?" Darauf antwortete Joe, dass er glaube, dass seine Tante zu allem Mut habe. „Ich glaube nicht, dass sie ihn

Peter hätte nennen sollen", fuhr Molly fort. „Natürlich konnte es danach keine Ehe mehr geben."

„Ich verstehe nicht ganz, warum nicht", sagte Joe. „Ich nenne dich Molly und erwarte, dass du mich heiratest."

„Und ich nenne dich Joe und erwarte, dass du mich heiratest; aber wir sind nicht ganz gleich."

„Der Squire von Buston", sagte Joe, „betrachtet sich selbst als Squire von Buston. Ich nehme an, dass die alte Königin des Himmels Jupiter erst Jupiter nannte, als sie zumindest einige Jahrhunderte lang verheiratet waren."

„Gut gemacht, Joe", sagte Harry.

„Er wird noch Stipendiat eines Colleges werden", sagte Molly.

„Wenn du mich in Ruhe lässt, werde ich es tun", sagte Joe. „Aber stellen Sie sich doch einmal vor, was für eine Szene sich dort oben im Haus abgespielt haben muss, als Tante Matty sich zwischen den Hausschuhen und Morgenmänteln Ihres Onkels Zutritt verschaffte. Ich hätte einen Fünf-Pfund-Schein gegeben, um es gesehen und gehört zu haben ."

„Ich hätte zwei gegeben, wenn es nie passiert wäre. Er hatte mir einen Brief geschrieben, den ich als vollumfängliche Begnadigung für alle meine Verfehlungen angesehen hatte. Er hatte mir versichert, dass er nicht die Absicht hatte zu heiraten, und hatte mir angeboten, ihn zu geben." Jetzt erfahre ich, dass er erneut mit mir gestritten hat, weil Ihre lebhafte alte Tante irgendein leichtes Wort über mich und meine Bedenken geäußert hat. "

„Und wir hätten uns gewünscht, dass Ihr lebhafter alter Onkel in Buston geblieben wäre, als er zum Liebesspiel nach Marmaduke Lodge kam."

„Er war ein alter Narr! Und das war es unter uns schon immer", sagte Molly, die es bei dieser Gelegenheit für ihre Pflicht hielt, im Streit eher die Thoroughbung- als die Prosper-Seite zu vertreten.

Aber in Wahrheit dürfte sich dieser erneute Streit zwischen dem Rathaus und dem Pfarrhaus als äußerst schädlich für Harry Annesleys Interessen erweisen. Denn sein Wohlergehen hing nicht nur von der Tatsache ab, dass er derzeit der mutmaßliche Erbe seines Onkels war, und auch nicht von der kleinen Entschädigung von zweihundertfünfzig Pfund, die ihm sein Onkel gewährt hatte und die jederzeit zurückgezogen werden konnte, sondern auch auf der Tatsache, die angeblich der ganzen Welt bekannt war – die vor der Affäre mit Mountjoy Scarborough auf der Straße jeder Welt bekannt war –, dass Harry der Erbe seines Onkels war. Seine Position war die des ältesten Sohnes und tatsächlich die des einzigen Kindes eines Landbesitzers und Gutsherrn einer Gemeinde. Er hatte gehofft, dass ihm dies zurückerstattet werden würde, und hatte in diesem Moment unbedingt den Scheck über zweiundsechzig Pfund und zehn in der Tasche, den ihm der Agent seines Onkels als Bezahlung für die Einnahmen des Viertels geschickt hatte gestoppt. Am nächsten Tag erhielt er aber auch einen weiteren Brief, in dem ihm mitgeteilt wurde, dass mit einer Wiederholung der Zahlung nicht zu rechnen sei. Was sollte er unter diesen Umständen tun?

Ihm fielen zwei oder drei Dinge ein. Aber er beschloss schließlich, den Scheck einige Wochen lang aufzubewahren, ohne ihn einzulösen, und dann, sobald die Wut seines Zorns vorbei sein dürfte, an seinen Onkel zu schreiben und ihm anzubieten, ihn zurückzuerhalten. Sein Onkel war zweifellos ein sehr dummer Mann; aber er war keiner, der sich eingestehen konnte, dass er eine ungerechte Tat begangen hatte, ohne dafür zu leiden. Im gegenwärtigen Moment, obwohl sein Zorn heiß war, würde er kein Gefühl der Reue empfinden. Seine Ohren kribbelten immer noch vom Klang des Gelächters, dessen Gegenstand er im Pfarrhaus gewesen zu sein glaubte. Aber dieses Geräusch könnte in ein paar Wochen verklingen, und ein Gefühl für die Angemessenheit der Gerechtigkeit würde in den Geist des armen Mannes zurückkehren. Auf diesen Stand der Dinge beschloss Harry, noch ein paar Wochen zu warten.

Doch inzwischen kam aus dem Saal die Nachricht, dass Mr. Prosper krank sei. Er war nach Miss Thoroughbungs Besuch zwei oder drei Tage im Haus geblieben. Dies hatte keinen Anlass zu besonderen Bemerkungen gegeben, da bekannt war, dass Mr. Prosper ein Mann war, dessen Gefühle für ihn oft zu groß waren. Wenn er verärgert war, würde es lange dauern, bis er den Ärger überwunden hätte; und während solcher Zeiten blieb er still und allein. Es stand außer Frage, dass Miss Thoroughbung ihn überaus geärgert hatte. Und Matthew war sich bewusst, dass es besser wäre, wenn er sich aller Fragen enthalten würde. Er würde die Tageszeitung zu seinem Herrn bringen und ihn um Anweisungen für das tägliche Abendessen bitten, und das wäre alles. Wenn Mr. Prosper einigermaßen gut gelaunt war, besuchte er jeden Morgen die Köchin und besprach mit ihr die Angemessenheit, das Geflügel zu braten oder zu kochen, und die Zweckmäßigkeit, entweder den Pudding oder die Pastete zu essen. Seine Eigenheiten waren wohlbekannt, und die Köchin konnte immer ihren eigenen Weg gehen und das Gegenteil von dem empfehlen, was sie wollte – denn es war eine Ehrensache für Mr. Prosper, sich nicht von seinen Dienern leiten zu lassen. Aber in diesen Tagen sagte er einfach: „Lass mich zu Abend essen und belästige mich nicht." Das ging ein oder zwei Tage lang so, ohne dass es im Pfarrhaus viel Aufsehen erregte. Aber als es länger als ein oder zwei Tage dauerte, wurde vermutet, dass Mr. Prosper krank war.

Am Ende einer Woche hatte man ihn nicht mehr außerhalb des Hauses gesehen, und dann machte sich Besorgnis breit. Das Gerücht hatte sich herumgesprochen, dass er beabsichtige, nach Italien zu gehen, und es wurde erwartet, dass er aufbrechen würde, aber es gab keine Anzeichen dafür, dass er die Absicht hatte, nach Italien zu gehen; Zu Matthew war zu diesem Thema kein Wort mehr gesagt worden. Ihm war befohlen worden, überhaupt keinen Besucher ins Haus zu lassen, es sei denn, es handelte sich um jemanden aus der Firma Gray & Barry. Von dem Augenblick an, als er Fräulein Thoroughbung losgeworden war, hatte er eine gewisse Angst davor, dass sie zurückkehren könnte. Oder wenn nicht sie selbst, könnte sie, dachte er, Soames & Simpson oder einen Bewohner der Brauerei schicken. Und er war sich bewusst, dass nicht nur ganz Buston, sondern ganz Buntingford wusste, was er versucht hatte. Jeder, dem er zufällig begegnete, würde, wie er dachte, über ihn sprechen, und deshalb fürchtete er sich davor, von den Augen eines Mannes, einer Frau oder eines Kindes gesehen zu werden. Er hatte ein Selbstbewusstsein, das ihn völlig überwältigte. Die Köchin, mit der er früher über das gekochte Hühnchen gestritten hatte, war jetzt ein Feind, ein häuslicher Feind, weil er sicher war, dass sie in der Küche über seine geplante Hochzeit sprach. Er würde weder seinen Kutscher noch seinen Stallknecht sehen, weil ihnen wohl Neuigkeiten über das Ponypaar zu Ohren gekommen wären. Infolgedessen schloss er sich völlig ein, und die Krankheit verschlimmerte sich bei ihm aufgrund seiner Abgeschiedenheit.

Und nun erreichten das Pfarrhaus von Tag zu Tag, oder besser gesagt von Stunde zu Stunde, Nachrichten über den Gesundheitszustand des armen Gutsbesitzers. Matthäus, der als Einziger freien Verkehr mit seinem Herrn hatte, wurde sehr düster. Mr. Prosper war zweifellos düster und das Gefühl war ansteckend. „Ich glaube, er wird verrückt; das glaube ich auch“, sagte er im vertraulichen Gespräch mit dem Koch.

Dieses Gespräch führte dazu, dass Matthew zum Pfarrhaus ging und den Pfarrer um Rat fragte. und dass der Rektor der Halle einen Besuch abstattet. Er hatte sich erneut mit seiner Frau beraten, und sie hatte ihm empfohlen, sich um einen Besuch bei ihrem Bruder zu bemühen. „Was wir über seine Wut erfahren, kommt natürlich nur von Joe oder von den Dienern. Wenn er wütend ist, was spielt es dann für eine Rolle?“

„Für mich nicht im Geringsten“, sagte der Rektor; „Nur ich würde ihn nicht freiwillig belästigen.“

„Ich würde gehen“, sagte die Frau des Pfarrers, „nur ich weiß, dass er von mir verlangen würde, dass ich ihm in Bezug auf Harry zustimme. Das kann ich natürlich nicht tun.“

Dann ging der Rektor in die Halle und ließ Matthew mitteilen, dass er dort sei und sich freuen würde, Herrn Prosper zu sehen, wenn Herr Prosper nicht anwesend wäre. Aber Matthew kam nach einer Viertelstunde Pause mit lediglich einer Notiz zurück: „Mir geht es nicht sehr gut, und ein Interview wäre im jetzigen Moment nur deprimierend. Aber ich würde mich freuen, meine Schwester zu sehen, wenn ..." Sie würde morgen um zwölf Uhr vorbeikommen. Ich denke, es wäre gut, wenn ich jemanden sehen würde, und sie ist jetzt die Nächste angegeben. „Sie ist jetzt die Nächste!" Er hätte es vielleicht so geschrieben, wenn der Arzt, der ihn behandelte, ihm gesagt hätte, dass der Tod unmittelbar bevorstehe. Natürlich war sie am nächsten. Was bedeutete das „Jetzt"? Sollte es nicht bedeuten, dass Harry sein Erbe und damit der Nächste gewesen war? aber dass er jetzt zurückgewiesen worden war? Aber es wurde natürlich beschlossen, dass Mrs. Annesley morgen zur angegebenen Stunde in die Halle gehen sollte.

„Oh ja; ich bin hier oben; wo sonst sollte ich sein – es sei denn, Sie haben erwartet, mich in meinem Bett zu finden?" So beantwortete er die erste Frage seiner Schwester nach seinem Zustand.

„Im Bett? Oh nein! Warum sollte jemand damit rechnen, dich im Bett zu finden, Peter?"

„Nenn mich nie wieder so!" sagte er, erhob sich von seinem Stuhl und stand aufrecht mit ausgestrecktem Arm da. Sie nannte ihn Peter, einfach weil es in den fast fünfzig Jahren, in denen sie als Bruder und Schwester in derselben Pfarrei gelebt hatten, ihre Gewohnheit gewesen war. Sie konnte ihn und seinen tragischen Humor daher nur anstarren, während er vor ihr stand. „Obwohl es natürlich Wahnsinn von meiner Seite ist, dagegen Einspruch zu erheben! Mein Pate und meine Patin haben mich Peter getauft, und unser Vater war vor mir Peter, und sein Vater war auch Peter Prosper. Aber diese Frau hat den Namen in meinen Augen abscheulich klingen lassen." Ohren."

„Miss Thoroughbung, meinen Sie?"

„Sie kam hierher und verfolgte mich so sehr in meinem eigenen Haus – nein, in diesem Raum –, dass ich kaum wusste, ob ich auf dem Kopf oder auf den Fersen war."

„Ich hätte nichts dagegen, was sie gesagt hat. Sie alle wissen, dass sie ein wenig flatterhaft ist."

„Niemand hat es mir gesagt. Warum konntest du mir nicht vorher sagen, dass sie flatterhaft ist? Ich dachte, dass sie eine Person wäre, der es gut getan hätte, zu heiraten."

„Wenn du nur daran denkst, Peter-" Hier schauderte er sichtlich. „Ich bitte um Verzeihung, ich werde Sie nicht noch einmal so nennen. Aber es ist unvernünftig, uns die Schuld dafür zu geben, dass wir Ihnen nichts von Miss Thoroughbung erzählt haben."

„Natürlich ist es das. Ich bin unvernünftig, ich weiß es."

„Hoffen wir, dass jetzt alles vorbei ist."

„Karrenseile würden mich nicht zum Hymenealtar hinaufziehen – zumindest nicht mit dieser Frau."

„Du hast nach mir geschickt, Peter – ich bitte um Verzeihung. Ich habe mich so gefreut, als du geschickt hast. Ich wäre früher gekommen, nur hatte ich Angst, dass du verärgert sein würdest. Können wir irgendetwas für dich tun?"

„Ich fürchte, überhaupt nichts, was du tun kannst."

„Jemand hat uns gesagt, dass Sie darüber nachdenken, ins Ausland zu gehen." Hier schüttelte er den Kopf. „Ich glaube, es war Harry." Hier schüttelte er den Kopf und runzelte die Stirn. „Hatten Sie nicht die Idee, ins Ausland zu gehen?"

„Das ist alles weg", sagte er feierlich.

„Es hätte Ihnen ermöglicht, diese Enttäuschung zu überwinden, ohne sie so stark zu spüren."

„Ich spüre es, aber nicht gerade die Enttäuschung. Da bin ich, glaube ich, vor einem Unglück bewahrt worden, das mich mit Sicherheit in den Wahnsinn getrieben hätte. Die Stimme dieser Frau, die mir täglich ins Ohr klang, hätte keine andere Wirkung haben können. Das habe ich jedenfalls erlebt." davor gerettet."

„Was beunruhigt dich denn?"

„Jeder weiß, dass ich es vorhatte. Das ganze Land hat davon gehört. Aber war mein Vorsatz doch nicht gut? Warum sollte ein Gentleman nicht heiraten, wenn er seinen Besitz seinem eigenen Sohn hinterlassen will?"

„Natürlich muss er heiraten, bevor er das tun kann."

„Wo sollte ich eine junge Dame hernehmen – gerade außerhalb meiner eigenen Klasse? Da war Miss Puffle So tief gesunken, bevor ich an sie gedacht hatte? Und wie konnte ich erwarten, dass so ein junges Mädchen hier bei mir in Buston leben würde, wo es ziemlich langweilig war? außer dieser schrecklichen Miss Thoroughbung. Schauen Sie sich einfach um und sagen Sie mir, ob da noch jemand anderes war. Natürlich habe ich sehr darauf geachtet, wen ich in meine Intimität aufgenommen habe, und das Ergebnis ist, dass ich fast niemanden kenne. Ich kann sagen, dass es mich getrieben hat, Miss Thoroughbung zu fragen.

„Aber warum überhaupt heiraten, wenn man nicht gern jemanden hat, an den man sich binden kann?"

"Ah!"

„Warum überhaupt heiraten?", sage ich. Ich stelle die Frage, obwohl ich genau weiß, warum Sie das vorhatten."

„Warum fragst du dann?" sagte er wütend.

„Weil es so schwierig ist, mit dir über Harry zu sprechen. Natürlich kann ich mich des Gefühls nicht erwehren, dass du ihn verletzt hast."

„Er ist es, der mich verletzt hat. Er ist es, der mich in diesen Zustand gebracht hat. Wussten Sie nicht, dass Sie mich im Pfarrhaus seit dieser Affäre mit dieser schrecklichen Frau alle ausgelacht haben?" Während er innehielt und auf eine Antwort auf seine Frage wartete, saß Mrs. Annesley schweigend da. „Du weißt, dass es wahr ist. Er und der Mann, den Molly heiraten will, und die anderen Mädchen und ihr Vater und du, haben mich alle ausgelacht."

„Ich habe noch nie gelacht."

„Aber die anderen?" Und wieder wartete er auf eine Antwort. Aber die Nein-Antwort, die kam, tat ebenso gut wie jede andere Antwort. Da war die Tatsache, dass er von dem sehr jungen Mann verspottet worden war, den er durch seine Großzügigkeit unterstützen sollte. Es war unmöglich, ihm zu sagen, dass ein Mann, der sich so absurd gemacht hatte, damit rechnen musste, von seinen Untergebenen ausgelacht zu werden. Ihm ging eine Idee durch den Kopf, die ihm größtenteils von Harry zu verdanken war; aber es gab auch eine Idee, dass auch etwas von ihm zu erwarten war. Sogar in ihm herrschte das edle Gefühl, dass er die ganze Schmach, mit der er behandelt wurde, ertragen und dennoch großzügig sein sollte. Aber er hatte sich selbst und Matthew geschworen, dass er seinem Neffen niemals vergeben würde. „Natürlich wünscht ihr euch alle, dass ich aus dem Weg bin?"

"Warum sagst du das?"

„Weil es wahr ist. Wie glücklich wäret ihr alle, wenn ich tot wäre und Harry an meiner Stelle hier leben würde."

"Denkst du so?"

„Ja, das tue ich. Natürlich würdet ihr alle in Trauer verfallen, und es würde ein paar Wochen lang eine traurige Grimasse unter euch geben, aber die Trauer würde sich bald in Freude verwandeln. Ich werde nicht lange durchhalten, und dann ist seine Zeit." Du wirst ihm sagen, dass er trotz all seines Lachens weiterkommen soll. Und jetzt, da du es weißt, kannst du gehen und mich verlassen. Dann ging Mrs. Annesley tatsächlich und freute sich alle oben im Pfarrhaus über diese neuesten Nachrichten aus dem Rathaus. Doch nun stellte sich die Frage: Wie konnten sie dem armen Onkel Prosper ihre Dankbarkeit und Freundlichkeit zeigen?

KAPITEL LII.

HERR. BARRY WIEDER.

„Mr. Barry hat mir zu verstehen gegeben, dass er morgen herkommen will." Dies sagte Herr Gray zu seiner Tochter.

„Warum will er hierher kommen?"

„Ich nehme an, du weißt, warum er hierher kommen will?" Dann schwieg der Vater, und auch Dolly schwieg eine Zeitlang. „Er kommt, um dich um deine Zustimmung zu bitten, seine Frau zu sein."

„Warum lässt du ihn kommen, Papa?"

„Ich kann ihn nicht daran hindern. Erstens. Und dann möchte ich sein Kommen nicht verhindern."

„Oh, Papa!"

„Ich möchte sein Kommen nicht verhindern. Und ich möchte nicht, dass Sie sich jetzt in diesem Moment zu irgendetwas verpflichten."

„Ich kann nicht anders, als es zu versprechen."

„Sie können auf jeden Fall schweigen, während ich mit Ihnen spreche." In seinem Benehmen lag eine Feierlichkeit, die sie fast in Ehrfurcht versetzte, so dass sie nur näher an ihn herantreten und sich neben ihn setzen konnte, seine Hand in ihrer haltend. „Ich möchte, dass Sie hören, was ich Ihnen zu sagen habe, und keine Antwort geben, bis Sie es morgen zu ihm schaffen, nachdem Sie die ganze Angelegenheit gründlich überlegt haben. Erstens ist er ein ehrlicher und guter Mensch Mann, und wird dich bestimmt nicht schlecht behandeln.

„Ist das so viel?"

„Das ist für Männer eine Menge. Es wäre eine Menge für mich, sicher zu sein, dass ich Sie in die Hände von jemandem gegeben habe, der von Natur aus zärtlich und liebevoll ist."

„Das ist etwas; aber nicht genug."

„Und dann ist er ein umsichtiger Mann, der Sie mit Sicherheit vor allen Notlagen schützen wird; und er ist umsichtig und geht mit offenen Augen durch die Welt – viel weiter, als es Ihr Vater jemals getan hat." Hier drückte sie nur seine Hand. „Es gibt nichts, was man gegen ihn sagen könnte, außer dem, was Ihnen sofort auffiel, als Sie sagten, er sei kein Gentleman. Nach

Ihren und meinen Vorstellungen ist er kein ganz Gentleman; aber wir sind beide anspruchsvoll. "

„In dieser Hinsicht müssen wir die Strafe unseres Geschmacks zahlen."

„Sie zahlen jetzt die Strafe für Ihre gegenwärtigen Zweifel. Aber es ist noch nicht zu spät für Sie, darüber hinwegzukommen. Obwohl ich zugegeben habe, dass er kein ganz Gentleman ist, ist er keineswegs das Gegenteil. Das sind Sie." eine ziemliche Dame.

"Ich hoffe es."

„Aber du siehst nicht besonders gut aus."

„Papa, du bist nicht höflich."

„Meine Liebe, das habe ich nicht vor. Für mich ist dein Gesicht, so wie es ist, das süßeste, was es auf der Welt zu sehen gibt."

„Oh, Papa; – lieber Papa!" und sie warf ihre Arme um seinen Hals und küsste ihn.

„Aber nachdem du so lange mit mir gelebt hast, hast du meine Gewohnheiten und Gedanken übernommen und gelernt, deine äußere Erscheinung völlig zu missachten."

„Ich wäre anständig, sauber und weiblich."

„Das reicht nicht aus, um die Aufmerksamkeit der Männer im Allgemeinen auf sich zu ziehen. Aber er hat tiefer geschaut als die meisten Männer."

„In den Wert des Unternehmens, meinen Sie?" sagte sie.

„Nein, Dolly, das will ich nicht! Das ist bösartig und, wie ich glaube, völlig unwahr. Ich denke an Mr. Barry, dass er aus geschäftlichen Gründen kein Mädchen heiraten würde, es sei denn, er liebte sie." ."

„Das ist Unsinn, Papa. Wie kann Mr. Barry mich lieben? Hatten er und ich jemals fünf Minuten freies Gespräch miteinander?"

„Es sei denn, er wollte lieben, wäre dem Ziel näher gekommen und wüsste, dass er es tun könnte. In seinen Händen bist du ganz sicher."

„Sicher, Papa!"

„So viel zu dir selbst; und jetzt muss ich ein paar Worte zu mir selbst sagen. Du bist nicht verpflichtet, ihn oder irgendjemanden anderen zu heiraten, um mir eine Wohltat zu erweisen; aber ich denke, du bist verpflichtet, dich daran zu erinnern, was meine Gefühle tun würden Wenn ich dich auf meinem Sterbebett ganz allein lassen würde, hättest du genug für alle deine

Bedürfnisse. Du bist so durch und durch mein Freund geworden. dass du kaum einen anderen echten Freund auf der Welt hast.

„Das ist meine Disposition."

„Ja, aber ich muss mich vor den negativen Auswirkungen dieser Veranlagung hüten. Ich weiß, wenn jemand auf den Weg käme, den du aufrichtig lieben könntest, wärst du die süßeste Frau, die jemals ein Mann besessen hat."

„Oh, Papa, wie du redest! Kein solcher Mann wird auf den Weg kommen, und damit ist Schluss."

„Mr. Barry ist den Weg gegangen, und wie die Dinge liegen, verdient er Ihre Achtung. Mein Rat an Sie ist, ihn anzunehmen. Jetzt haben Sie vierundzwanzig Stunden Zeit, über diesen Rat nachzudenken und über Ihren Rat nachzudenken Wie wird Ihr Leben weitergehen, wenn Sie allein in diesem Haus leben sollten?"

„Warum sprichst du, als ob wir uns morgen trennen würden?"

„Morgen oder übernächsten Tag", sagte er sehr feierlich. „Der Tag wird sicherlich bald kommen. Mr. Barry ist vielleicht nicht ganz das, was Sie sich vorgestellt haben."

„Entschieden nicht."

„Aber er hat die guten Eigenschaften, die Ihr Verstand zu schätzen wissen sollte. Denken Sie darüber nach, mein Liebling. Und jetzt werden wir nichts mehr über Mr. Barry sagen, bis er hier ist und seine eigene Sache vertritt."

Dann wurde zwischen ihnen kein weiteres Wort über das Thema gesprochen, und am nächsten Morgen ging Mr. Gray wie üblich in seine Gemächer.

Obwohl sie sich während des gesamten Gesprächs energisch gegen ihren Vater gewehrt hatte, hatte sie sich dennoch im Laufe der Zeit dazu entschlossen, das zu tun, was er von ihr verlangte; Das heißt zwar nicht, diesen Verehrer zu heiraten, sondern ihn noch einmal in Gedanken durchzudenken und herauszufinden, ob es ihr möglich wäre, dies zu tun. Sie hatte ihn bei der ersten Gelegenheit entlassen und seitdem keinen Gedanken mehr an ihn verschwendet, außer an ein Ärgernis, von dem sie sich bisher befreit hatte. Nun war die Belästigung erneut aufgetreten, und sie sollte sich bemühen herauszufinden, inwieweit sie sich an die ständige Präsenz gewöhnen konnte, ohne sich ständiges Elend zuzuziehen. Allerdings muss man zugeben, dass sie die Ermittlungen nicht in gutem Geisteszustand begonnen hat. Sie erklärte sich, dass sie die ganze Nacht und den ganzen Morgen unvoreingenommen darüber nachdenken würde, damit sie ihn akzeptieren könnte, wenn es ihr möglich wäre.

Aber gleichzeitig war vor ihr eine hohe schwarze Steinmauer zu sehen, auf deren einer Seite sie selbst stand, während Mr. Barry auf der anderen stand. Sie hielt es für völlig unmöglich, dass einer von ihnen überhaupt über diese Mauer klettern könnte, obwohl sie gleichzeitig einräumte, dass ein Wunder geschehen könnte, durch das die Mauer entfernt würde.

Also begann sie nachzudenken und nutzte alle Argumente ihres Vaters. Mr. Barry war ehrlich und gut und würde sie nicht schlecht behandeln. Sie wusste nichts über ihn, hielt das aber für selbstverständlich, als wäre es ein Evangelium – weil ihr Vater es so gesagt hatte. Und dann war es für sie eine Tatsache, dass sie keineswegs gut aussah – was bedeutete, dass wahrscheinlich kein anderer Mann sie haben wollte. Dann erinnerte sie sich an die Worte ihres Vaters: „Für mich ist dein Gesicht das Schönste, was es auf der Welt zu sehen gibt." Das glaubte sie. Ihre Schlichtheit störte sie dort nicht. Warum sollte sie ihrem Vater das Einzige rauben, was ihm auf der Welt süß war? Und für sie war ihr Vater der einzige edle Mensch, den sie jemals gekannt hatte. Warum sollte sie sich seiner täglichen Anwesenheit berauben? Dann sagte sie sich – wie sie es ihm gesagt hatte –, dass sie noch nie in ihrem Leben fünf Minuten lang ein kostenloses Gespräch mit Mr. Barry geführt hatte. Das war sicherlich kein Grund, warum nicht ein freies Gespräch begonnen werden sollte. Aber sie glaubte nicht, dass freie Gespräche im Rahmen der Möglichkeiten von Mr. Barry lagen. Es würde nie dazu kommen, obwohl sie vielleicht zwanzig Jahre mit ihm verheiratet sein würde. Auch er könnte vielleicht über sein Geschäft sprechen; Aber es gab keine Überlegungen zu radikalem Gut oder Böse, die den Kern all dieser Gespräche mit ihrem Vater bildeten. Das Ganze würde eine Flachheit annehmen, die einen solchen Wortwechsel unmöglich machen würde. Es wäre so, als wäre sie mit einem Holzscheit verheiratet gewesen, oder vielmehr mit einem Tier des Feldes, wenn man alle Gefühle betrachtet. Wie viel Geld würde ihm zufließen? Nun hatte ihr Vater ihr nie gesagt, wie viel Geld zu ihm kam. Es gab keine Anspielung auf diesen Teil des Themas.

Und dann kamen ihr andere Gedanken über das Innenleben, das sie mit Mr. Barry führen sollte. Dann erschien eine schwarze Wolke auf ihrem Gesicht, als sie darüber nachdachte. „Niemals", sagte sie schließlich, „niemals, niemals! Er ist sehr dumm, nicht zu wissen, dass es unmöglich ist." Der „er", von dem sie dann sprach, war ihr Vater und nicht Mr. Barry. „Wenn ich allein gelassen werden muss, werde ich nicht der Erste sein. Andere wurden vor mir allein gelassen. Ich werde auf jeden Fall allein gelassen werden." Dann wurde die Mauer höher und schwarzer als je zuvor, und das Wunder, durch das sie entfernt werden sollte, blieb aus. Es war ihr klarer denn je, dass keiner von ihnen ihn erklimmen konnte. „Und schließlich", sagte sie sich, „zu wissen, dass Ihr Mann kein Gentleman ist! Sollte das nicht reichen? Natürlich muss eine Frau für ihre Sorgfalt bezahlen. Wie andere Luxusgüter ist es teuer;

aber dann kann es, wie andere Luxusgüter auch, nicht beiseite gelegt werden." Noch bevor dieser Morgen vorüber war, war sie fest davon überzeugt, dass Mr. Barry niemals ihr Herr und Meister sein sollte.

Wie konnte sie ihm am besten klar machen, dass es so war, damit sie ihn schnell loswerden konnte? Als die erste Stunde des Nachdenkens nach dem Frühstück vorbei war, war es das, was ihren Geist erfüllte. Sie war sich sicher, dass er eine Antwort nicht so leicht hinnehmen und gehen würde. Ihr Vater hätte ihn darauf vorbereitet, durchzuhalten – nicht durch seine absoluten Worte, sondern durch seine Art zu sprechen. Ihr Vater hätte ihm zu verstehen gegeben, dass sie immer noch im Zweifel sei und daher möglicherweise überredet werden könnte. Sie musste ihm sofort, so gut sie konnte, beibringen, dass das nicht ihrem Charakter entsprach und dass sie zu einem Entschluss gekommen war, der ihm keine Chance ließ. Und sie hatte eine Schwäche, die ihrer fast unwürdig war. Als die Zeit gekommen war, wechselte sie ihr Kleid und zog ein altes, schäbiges Kleid an, in dem sie die Carrolls zu besuchen pflegte. Ihre besten Kleider wurden alle für ihren Vater aufbewahrt – und begründeten vielleicht die Meinung, dass ihr Gesicht in seinen Augen das süßeste Ding auf Erden war, das man sehen konnte. Als sie dort saß und auf Mr. Barry wartete, sah sie tatsächlich zehn Jahre älter aus als sie war.

In Wahrheit hatten sich sowohl Mr. Gray als auch Dolly in ihrer Interpretation von Mr. Barrys Charakter etwas geirrt. In ihm steckten mehr Intellekt und Verdienst, als ihm von beiden zugetraut worden war. Die Einkünfte des Unternehmens waren ihm sehr am Herzen gelegen, und vielleicht war seine erste Idee bei der Suche nach Dollys Hand die Wahrscheinlichkeit gewesen, dass er auf diese Weise die gesamten Einkünfte für sich selbst erhalten würde. Doch während er Geld wollte, wollte er auch einige der guten Dinge, die damit einhergehen sollten. Ein überlegener Intellekt – ein Intellekt, der seinem eigenen etwas überlegen war und von dem er nichts Schlechtes hielt, eine Fähigkeit zur Konversation, die er nachahmen konnte, und jene Feinheit des Denkens, die er, wie er sich schmeichelte, vielleicht erreichen könnte, während er mit ihm lebte die Tochter eines Herrn – das waren die Schätze, die Mr. Barry durch seine Heirat mit Dorothy Grey zu gewinnen hoffte. Und da war etwas in ihrem persönlichen Erscheinungsbild gewesen, das in seinen Augen nicht abstoßend gewesen war. Er hielt ihr Gesicht nicht für den süßesten Blick auf die Welt, wie es ihr Vater getan hatte, aber er sah darin den Ausdruck des Intellekts, den er für sich selbst erlangen wollte. Was ihre Kleidung betrifft, sollte das natürlich alles geändert werden. Er stellte sich vor, dass er seine Frau leicht so weit beherrschen könnte, dass sie problemlos feine Kleidung tragen könnte. Aber er kannte Dolly Grey nicht.

Er hatte seine Art, sie anzugreifen, eingehend studiert. Anfangs war er sehr bescheiden, aber nach einer Weile sollte seine Demut aufhören, egal, ob sie ihn akzeptierte oder ablehnte. Er wusste genau, dass es einem Ehemann nicht gebührt, demütig zu sein; und als Liebhaber dachte er, dass Demut nur der äußere Glanz des Liebesspiels sei. Er war bei der ersten Gelegenheit bescheiden genug gewesen und würde nun in der gleichen Weise beginnen. Doch nach einer Weile rührte er sich und nahm die Haltung eines Mannes an. „Miss Grey", sagte er, sobald sie allein waren, „Sie sehen, dass ich mein Wort gehalten habe und wiedergekommen bin." Er hatte bereits ihr altes Kleid und die Art, wie sie ihr Haar frisierte, beobachtet und die Wahrheit erraten.

„Ich wusste, dass Sie kommen würden, Mr. Barry."

„Dein Vater hat es dir gesagt."

"Ja."

„Und er hat ein gutes Wort zu meinen Gunsten gesprochen?"

"Ja, er hat."

„Ich vertraue darauf, dass es wirksam sein wird."

„Überhaupt nicht. Er weiß, dass dies das einzige Thema ist, bei dem ich seinen Rat nicht befolgen kann. Ich würde meine Hand für meinen Vater verbrennen, aber ich kann es mir nicht leisten, sie auf seine Veranlassung hin jemandem zu geben. Sie muss ausschließlich mir gehören." besitzen, – es sei denn, jemand kommt ganz anders als diejenigen, die wahrscheinlich danach fragen."

Das hatte etwas Beleidigendes, dachte Mr. Barry, aber er konnte seine Demut noch nicht ganz ablegen. „Ich gebe den Wert des Schatzes voll und ganz zu", sagte er.

„Es braucht keinen Unsinn zwischen uns zu geben, Mr. Barry. Es hat für niemanden einen besonderen Wert – außer für mich selbst; aber für mich selbst möchte ich es behalten. Auf Veranlassung meines Vaters hatte ich über den Vorschlag nachgedacht, den Sie gemacht haben Ich habe mich viel ernster genommen, als ich es für möglich gehalten hätte.

„Das ist nicht schmeichelhaft", sagte er.

„Es besteht kein Grund zur Schmeichelei, weder auf der einen noch auf der anderen Seite. Sie sollten das besser als erwiesen annehmen. Sie haben mir die Ehre erwiesen, mir aus bestimmten Gründen zu wünschen, dass ich Ihre Frau sein sollte."

„Der häufigste Grund: – dass ich dich liebe."

„Aber ich bin nicht in der Lage, dieses Gefühl zu erwidern, und wünsche daher nicht, dass Sie mein Ehemann werden. Das klingt unhöflich."

"Eher."

„Aber ich sage es, damit Sie die genaue Wahrheit verstehen. Eine Frau kann einen Mann nicht lieben, weil sie für ihn auch nur den tiefsten Respekt empfindet. Sie wird dies oft tun, wenn es weder Respekt noch Wertschätzung gibt. Mein Vater hat so gesprochen." von dir, dass ich dich schätze; aber das berührt mein Herz nicht, deshalb kann ich nicht deine Frau werden.

Jetzt war, wie Mr. Barry dachte, die Zeit gekommen, in der er sich behaupten musste. „Miss Grey", sagte er, „Sie haben wahrscheinlich ein langes Leben vor sich."

„Lang oder kurz, es kann keinen Unterschied machen."

„Wenn ich dich richtig verstanden habe, bist du jemand, der sehr für sich selbst lebt."

„Für mich und meinen Vater."

„Er wird in die Jahre gekommen."

„Ich übrigens auch. Wir werden alle älter."

„Hast du auf dich selbst aufgepasst und darüber nachgedacht, was für ein Zuhause dein sein wird, wenn er tot und begraben sein wird?" Er hielt inne, aber sie schwieg und nahm eine besondere Miene an, als ob sie, wenn er sie bedrängte, ein Wort sagen wollte, das ihm unangenehm wäre. „Wenn er gegangen ist, wirst du ohne Ehemann nicht sehr einsam sein?"

„Kein Zweifel, das werde ich."

„Wäre es nicht besser, wenn du einen annehmen würdest, wenn einer auf dich zukommt, der, wie er dir sagt, deiner nicht ganz unwürdig ist?"

„Trotz dieses Wertes wäre Einsamkeit vorzuziehen."

„Sie haben sicherlich die Gabe, die unangenehmsten Behauptungen aufzustellen, Miss Grey."

„Ich werde einen anderen noch unangenehmer machen. Einsamkeit könnte ich ertragen – und den Tod –, aber eine solche Ehe nicht. Du zwingst mich, dir die ganze Wahrheit zu sagen, weil eine halbe Wahrheit nicht ausreichen wird."

„Ich habe mich bemüht, auf jeden Fall höflich zu Ihnen zu sein", sagte er.

„Und ich habe mich bemüht, Ihnen so viel Ärger wie möglich zu ersparen, indem ich direkt war." Dennoch hielt er inne, saß unruhig auf seinem Stuhl, sah aber aus, als hätte er nicht die Absicht zu gehen. „Wenn du mich nur beim Wort nimmst und damit Schluss machst!“ Noch immer rührte er sich nicht. „Ich nehme an, dass es junge Damen gibt, die so etwas mögen, aber ich bin alt genug geworden, um es zu hassen. Ich habe sehr wenig Erfahrung damit, aber es ist mir zuwider. Ich kann mir nichts Unangenehmeres vorstellen, als es tun zu müssen.“ Sitze still und höre zu, wie ein Herr erklärt, dass er mich zu seiner Frau machen will, obwohl ich ganz sicher bin, dass ich nicht die Absicht habe, ihn zu meinem Ehemann zu machen.

„Dann, Miss Grey“, sagte er und erhob sich plötzlich von seinem Stuhl, „werde ich Ihnen Lebewohl sagen.“

„Auf Wiedersehen, Mr. Barry.“

„Auf Wiedersehen, Miss Grey. Auf Wiedersehen!“ Und so ging er.

„Oh, Papa, wir hatten so eine Szene!“ sagte sie in dem Moment, als sie sich allein mit ihrem Vater fühlte.

„Du hast ihn nicht akzeptiert?“

„Ich habe ihn akzeptiert! Oh je, nein! Ich bin mir sicher, dass er in diesem Moment nur darüber nachdenkt, wie er mir die Kehle durchschneiden würde, wenn er mich erreichen könnte.“

„Sie müssen ihn damals sehr beleidigt haben.“

„Oh, tödlich! Ich habe alles gesagt, was ich konnte, um ihn zu beleidigen. Aber dann wäre er immer noch hier gewesen, wenn ich es nicht getan hätte. Es gab keine andere Möglichkeit, ihn loszuwerden – oder ihn tatsächlich glauben zu lassen, dass ich es war im Ernst."

„Es tut mir leid, dass Sie so unhöflich gewesen sein sollten.“

„Natürlich bin ich unhöflich. Aber wie kannst du es ertragen, einem Mann Komplimente zu machen, wenn es dein Ziel ist, ihm die wahre Wahrheit zu zeigen, die in dir steckt? Es war deine Schuld, Papa. Du hättest verstehen sollen, wie unmöglich das ist.“ ist, dass ich Mr. Barry heiraten sollte.

KAPITEL LIII.

DER ANFANG DER LETZTEN HANDLUNG.

Als Mr. Scarborough den Scheck ausgestellt und an Mr. Grey geschickt hatte, verlor er kein Wort mehr über das Thema Glücksspiel. „Lasst uns einen neuen Anfang machen", sagte er, als er seinem Sohn sagte, er solle als erste Rate der Zulage einen weiteren Scheck über sechzig Pfund ausstellen.

„Ich nehme es nicht gern", sagte der Sohn.

„Ich glaube nicht, dass du jetzt mit mir gewissenhaft sein musst." Das war früh am Morgen, bei ihrem ersten Interview, etwa zehn Uhr. Später am Tag sah Mr. Scarborough seinen Sohn wieder und behielt ihn bei dieser Gelegenheit einige Zeit im Zimmer. „Ich glaube nicht, dass ich jetzt noch lange durchhalten werde", sagte er.

„Deine Stimme ist so stark, wie ich sie noch nie gehört habe."

„Aber leider hält mein Körper nicht mit meiner Stimme Schritt. Nach dem, was Merton sagt, gehe ich nicht davon aus, dass noch mehr als ein Monat übrig ist."

„Ich verstehe nicht, warum Merton es wissen soll."

„Merton ist ein guter Kerl; und wenn Sie etwas für ihn tun können, tun Sie es meinetwegen."

"Ich werde." Dann fügte er nach einer Pause hinzu: „Wenn die Dinge so laufen, wie wir es erwarten, kann Augustus mehr für ihn tun als ich. Warum hinterlässt du ihm nicht einen Geldbetrag?"

Dann kam Miss Scarborough ins Zimmer, umringte ihren Bruder, fütterte ihn und bat ihn, still zu sein. aber als sie gegangen war, wandte er sich wieder dem Thema zu. „Ich werde dir sagen, warum, Mountjoy. Ich wollte mein Testament nicht mit anderen Überlegungen belasten – damit klar wird, dass die Fürsorge für dich in meinen letzten Augenblicken mein einziger Gedanke war. Natürlich habe ich dir viel getan." Verletzung."

"Ich denke du hast."

„Und weil du es mir sagst, mag ich dich umso mehr. Was Augustus betrifft – aber ich werde meinen Geist jetzt, endlich, nicht damit belasten, Flüche gegen meinen eigenen Sohn auszusprechen."

„Er ist es nicht wert."

„Nein, er ist es nicht wert. Was für ein Narr er war, mich nicht besser verstanden zu haben! Nun, Sie sind kein halb so kluger Kerl wie er.“

„Das wage ich zu sagen.“

„Du hast wohl nie ein Buch gelesen, nehme ich an?“

„Ich gebe nicht vor, sie zu lesen, was er tut.“

„Davon weiß ich nichts – aber er war überhaupt nicht in der Lage, mich zu durchschauen. Ich habe mein Geld mit offenen Händen für euch beide ausgeschüttet.“

„Das stimmt, Sir, auf jeden Fall, was mich betrifft.“

„Und ich habe mir nichts dabei gedacht. Bis es für Sie völlig aussichtslos war, habe ich weitergemacht und hätte weitergemacht. So wie die Dinge damals lagen, musste ich unbedingt etwas tun, um das Eigentum zu retten.“

„Diese armen Teufel haben sich jetzt selbst aus dem Rennen geworfen“, sagte Mountjoy.

„Ja, Augustus hat uns mit seinen Vermutungen dazu befähigt. Schließlich hatte er mit seinen Vermutungen völlig Recht.“

„Was meinen Sie damit, Sir?“

„Nun, es war ganz natürlich, dass er mir nicht vertraute. Ich denke auch, dass er vielleicht gesehen hat, dass eine Schraube locker war, wo der alte Grey es nicht sah; aber er war so ein Arsch, dass er sich nicht dazu durchringen konnte, mit ihm gut auszukommen Ich blieb die paar Monate, die noch übrig waren, und dann brachte er diesen brutalen Jones hierher, ohne ein Wort zu sagen, um mich um Erlaubnis zu bitten Er ist von Tag zu Tag ein kaltblütiger, selbstsüchtiger Rohling. Aber er wird vielleicht noch feststellen, dass ich bei ihm bin, bevor alles vorbei ist.

„Ich werde es mit ihm anprobieren, Herr. Das habe ich Ihnen von Anfang an gesagt; und wenn ich jetzt dieses Geld habe, wird es mir die Mittel dazu geben. Sie sollten wissen, für welchen Zweck ich es verwenden werde.“

„Das ist alles geklärt“, sagte der Vater. „Das ordnungsgemäß ausgefüllte Dokument ist mit dem Angestellten zurückgegangen. Wenn ich in dieser Minute sterben würde, würden Sie feststellen, dass alles innerhalb des Hauses Ihnen gehört – und alles außerhalb außer den kahlen Grundstücken. Beim Bankier liegt eine Menge Geschirr die ich in den letzten Jahren nicht mehr wollte. Und es gibt auch viele Schmuckstücke, die mir früher gefallen haben, obwohl ich mich in letzter Zeit nicht mehr so sehr darum gekümmert habe. Und es gibt ein paar Bilder, die Geld wert sind Bücher sind das Wertvollste; nur kümmern Sie sich nicht um sie.“

„Ich werde kein Haus haben, in dem ich sie unterbringen kann."

„Das lässt sich nicht sagen. Was für ein Idiot, was für ein Narr, was für ein blinder, gedankenloser Arsch Augustus war!"

„Bedauern Sie es, Herr, dass er sie und das Haus nicht haben sollte?"

„Ich bedaure, dass mein Sohn so ein Narr gewesen sein soll! Ich habe nicht erwartet, dass er mich lieben würde. Ich wollte nicht einmal, dass er freundlich zu mir ist. Wäre er weggeblieben und hätte geschwiegen, hätte das ausgereicht. Aber Er kam hierher, um sich zu amüsieren, als er sich in dem Park umsah, den er für seinen eigenen hielt, und beleidigte mich, weil ich nicht sofort sterben und ihn im Besitz zurücklassen würde. Und dann war er dumm genug, wieder Platz für dich zu machen. und habe nicht gemerkt, dass er Sie durch die Beseitigung Ihrer Gläubiger erneut in die Lage versetzt hat, sein Rivale zu sein. Ich weiß nicht, ob ich ihn wegen der Härte seines Herzens am meisten hasse oder wegen der Langsamkeit seines Intellekts verachte ."

Während diese Worte gesprochen worden waren, war Miss Scarborough ein- oder zweimal ins Zimmer gekommen und hatte ihren Bruder gebeten, eine Erfrischung zu sich zu nehmen, die sie ihm anbot, und sich dann der Ruhe hinzugeben. Aber er hatte sich geweigert, sich von ihr leiten zu lassen, bis er im Gespräch an einem Punkt angelangt war, an dem er völlig erschöpft war. Nun kam sie zum dritten Mal, und diese Zeit war gekommen, sodass Mountjoy angewiesen wurde, seinen Geschäften nachzugehen und Vögel zu schießen oder Füchse zu jagen, entsprechend seinen natürlichen Neigungen. Es war damals drei Uhr an einem trüben Dezembernachmittag und zum Vogelschießen zu spät; und was die Jagd auf Füchse anging, so waren die Hunde nicht in der Nähe. Also beschloss er, durch das Haus zu gehen und sich all die Grundstücke anzusehen, die so bald sein Eigentum werden sollten. Und er schlenderte sofort in die Bibliothek. Dies war ein langer, düsterer Raum, der vielleicht zehntausend Bände enthielt, von denen die größere Anzahl in den Tagen von Mountjoys früher Jugend von seinem eigenen Vater zusammengetragen worden war; und sie waren in die Einbände der Neuzeit eingebunden, so dass die Regale hell waren, obwohl der Raum selbst düster war. Er nahm ein Buch nach dem anderen heraus und sagte sich mit etwas Traurigkeit im Herzen, dass sie für ihn alle „Kaviar" seien. Dann erinnerte er sich daran, dass er noch keine dreißig Jahre alt war und dass ihm sicherlich noch genug Zeit blieb, sie zu seinen Gefährten zu machen.

Er nahm wahllos eines heraus und stellte fest, dass es sich um einen Band von Clarendons „Geschichte der Rebellion" handelte. Er stürzte sich auf einen Satz, in dem er sechzehn Zeilen zählte, und als er anfing, ihn zu lesen, kam ihm der Satz völlig verwirrend und unverständlich vor. Also stellte er es zurück, ging in einen anderen Teil des Raumes und nahm Wittiers „Halleluja" herunter; und daraus konnte er weder Kopf noch Schwanz machen. Durch eine Überschrift im Buch selbst wurde ihm mitgeteilt, dass ein Gedicht „wie die zehn Gebote" gesungen werden sollte. Er konnte das nicht tun, legte das Buch wieder zurück und erklärte sich, dass weiteres Suchen sinnlos wäre. Er blickte sich im Raum um, versuchte, den Preis für die Bücher festzulegen, und sagte sich, dass nach drei oder vier Tagen im Club alles vorbei sein könnte. Dann ging er weiter in den Prunksalon – eine Wohnung, die er seit Jahren nicht betreten hatte – und stellte fest, dass alle Möbel sorgfältig abgedeckt waren. Welchen Nutzen könnte das alles für ihn haben – es sei denn, dass auch es in den Schmelztiegel geschickt und im Club für kurze Zeit genutzt werden könnte?

Doch als er das Zimmer verlassen wollte, blieb er einen Moment auf dem Teppich vor dem Kamin stehen und blickte in den riesigen Spiegel, der dort stand. Wenn die Mauern ihm gehören könnten, ebenso wie ihre Verzierung, und wenn Florence Mountjoy kommen und dort regieren könnte, dann bildete er sich ein, dass sie alle einem besseren Zweck zugeführt werden könnten, als er gedacht hatte. Früher, vor zwei oder drei Jahren, in einer Zeit, die ihm jetzt sehr fern vorkam, hatte er Florence als sein Eigentum betrachtet und als solche ihre Hand gefordert. Im Stolz auf seine Herkunft, Stellung und Mode hatte er sich keine Gedanken über ihre Gefühle gemacht und war herrisch gewesen. Mit großer Selbstverurteilung sagte er sich, dass es so gewesen sei. Auf jeden Fall hatte er in diesen Monaten des einsamen Umherwanderns gelernt, welche Macht es hat, sich selbst zu verurteilen. Und nun sagte er ihm, dass er, wenn sie noch käme, vielleicht noch lernen würde, das Lied des altmodischen Dichters „von den zehn Geboten" zu singen. Auf jeden Fall würde er sich bemühen, es zu singen, wie sie es ihm befohlen hatte.

Er ging weiter durch alle Schlafzimmer und erinnerte sich, aber kaum mehr als an sie, als er sie betrat. „Oh, Florence, – mein Florence!" sagte er, als er weiterging. Er hatte alles für sich selbst getan – diesen unendlichen Ruin über sich selbst gebracht – und wofür? Er hatte kaum je gewonnen und Tretton war für immer von ihm verschwunden. Aber es könnte dennoch eine Chance geben, wenn er auf das Glücksspiel verzichten könnte.

Und dann, als es im Haus dämmerte, ging er hinaus, ging durch die Ställe und streifte durch die Gärten, bis der Abend ganz angebrochen war und schwarze Nacht über ihn hereinbrach. Vor zwei Jahren hatte er gewusst, dass er der Erbe des Ganzen war, obwohl diese Angewohnheit schon damals so stark auf ihm lastete, dass er geglaubt hatte, dass seine Amtszeit nur von geringer Dauer sein würde. Aber er musste sich immer wieder sagen, dass nach seiner Heirat eine große Veränderung eintreten würde. Seine Hochzeit hatte nicht stattgefunden, und das nächste verhängnisvolle Jahr war über ihn hereingebrochen. Solange das Erbe des Nachlasses sicher ihm gehörte, konnte er sicher Geld aufbringen – zu einem bestimmten Preis. Es war bekannt, dass der Wert des Anwesens zunahm, und das Geld war immer verfügbar gewesen – unter enormen Opfern. Er hatte sich seine Rücksichtslosigkeit mit der verspäteten Heirat entschuldigt, behandelte sie aber bei den wenigen Gelegenheiten, bei denen sie sich getroffen hatten, stets mit einer für ihn natürlichen Autorität. Dann kam der letzte Absturz, und das Anwesen war so gut wie verschwunden. Aber der Absturz, der in Wahrheit endgültig gewesen war, kam erst später, fast sobald sein Vater erfahren hatte, was das Schicksal von Tretton sein sollte; und er hatte festgestellt, dass er ein Bastard mit einer enteehrten Mutter war – einfach ein Niemand in den Augen der Welt. Und gleichzeitig erfuhr er, dass Harry Annesley der Liebhaber war, den Florence Mountjoy wirklich liebte. Was folgte, wurde bereits erzählt – vielleicht zu oft.

Aber in diesem Moment, als er in der Dunkelheit der Nacht unter der Veranda vor dem Haus stand und seinen Stock am oberen Ende der großen Treppe schwang, lastete ein tiefes Gefühl der Reue auf ihm.

Obwohl er bereit war, in dem Moment vor Gericht zu gehen, als Augustus sich als ältester Sohn präsentierte, erkannte er doch, wie langmütig sein Vater gewesen war und wie viel für ihn getan worden war, um ihn, wenn möglich, zu retten. Und er wusste, was auch immer das Ergebnis seiner Klage sein mochte, dass das einzige Ziel seines Vaters darin bestanden hatte, das Eigentum für einen von ihnen zu retten. So wie es war, würden ihm Vermächtnisse gehören, die einen Wert von vielleicht dreißigtausend Pfund haben könnten. Er würde alles für die Klage aufwenden, wenn er Anwälte finden könnte, die seine Klage übernehmen. Auch sein Zorn auf seinen Bruder war genauso groß wie der auf seinen Vater. Als er aufgrund der gemeinsamen Auswirkungen seiner Gewalt auf der Straße und seiner Unfähigkeit, seine Spielschulden im Club zu bezahlen, ausgelöscht und zum Verschwinden gezwungen worden war, hatte er sich in einem schlimmen Moment Augustus unterworfen; und von dieser Stunde an war Augustus für ihn zum grausamsten aller Tyrannen geworden. Und diese Tyrannei hatte mit seiner völligen Verbannung aus dem Haus seines Bruders ein Ende gefunden. Obwohl er im tiefsten Moment seines Sturzes zum Gehorsam gezwungen worden war, war er nicht der Mann, der eine solche Tyrannei gut ertragen konnte. „Ich kann meinem Vater vergeben“, sagte er, „aber Augustus werde ich niemals vergeben.“ Dann ging er ins Haus und saß nach kurzer Zeit beim Abendessen mit Merton, dem jungen Arzt und Sekretär. Miss Scarborough kam zu dieser Zeit selten zu Tisch, sondern blieb in einem Zimmer oben, in der Nähe ihres Bruders, damit sie erreichbar war, falls sie gebraucht wurde. „Im Großen und Ganzen, Merton“, sagte er, „was halten Sie von meinem Vater?“ Der Arzt zuckte mit den Schultern. „Wird er leben oder wird er sterben?“

„Er wird sicherlich sterben.“

„Machen Sie keine Witze mit mir. Aber ich weiß, dass Sie über ein solches Thema keine Witze machen würden. Und meine Frage bezog sich nicht nur auf seinen Gesundheitszustand. Was halten Sie allgemein von ihm als Mann? Nennen Sie ihn einen ehrlichen.“ Mann?"

„Wie soll ich dir antworten?“

"Nur die Wahrheit."

„Wenn Sie eine Antwort haben wollen, halte ich ihn nicht für einen ehrlichen Mann. Die ganze Geschichte über Ihren Bruder ist wahr oder nicht wahr. In keinem Fall kann man ihn als ehrlich betrachten.“

"Einfach so."

„Aber ich denke, dass er in sich eine Fähigkeit zur Liebe und eine Selbstlosigkeit hat, die seine Unehrlichkeit fast wiedergutmacht; und er hat eine seltsame Abneigung gegenüber Konventionalität und Gesetzen, die so interessant ist, dass sie das Gleichgewicht ausgleicht. I Ich habe deinen Vater immer für einen hervorragenden Mann gehalten, aber er war völlig unehrlich, aber er war stets darauf bedacht, andere Menschen mit seinen eigenen Gaben zu versorgen.

„Und was seine Gesundheit betrifft?“

„Ah, darauf kann ich nicht so entschieden antworten. Er wird nichts tun, weil ich es ihm sage.“

„Meinst du, dass du sein Leben verlängern könntest?“

„Sicherlich denke ich, dass ich es könnte. Er hat sich heute Morgen angestrengt, während ich ihm geraten habe, sich nicht anzustrengen. Er hätte sich den gleichen Rat geben können und würde sicherlich länger leben, wenn er ihm gehorchte, als umgekehrt. Da es keinen gibt Da es sich um eine schwierige Angelegenheit handelt, muss ich mir nicht eingebildet sagen, dass mein Rat ihm bisher von Nutzen sein könnte.

„Wie lange wird er leben?“

„Wer kann das sagen? Sir William Brodrick dachte, als diese schreckliche Operation in London durchgeführt wurde, dass sie in einem Monat zu Ende sein würde. Das ist acht Monate her, und er verfügt jetzt über mehr Vitalität als damals. Ich selbst glaube nicht, dass er noch einen Monat leben kann.“

Später am Abend begann Mountjoy Scarborough erneut. „Der Gouverneur meint, dass Sie sich ihm gegenüber ungewöhnlich gut benommen haben.“

„Ich werde für alles bezahlt.“

„Aber er hat dir durch seinen Willen nichts hinterlassen.“

„Ich habe sicherlich nichts erwartet, und es könnte keinen Grund geben, warum er das tun sollte."

„Er hat in letzter Zeit den Gedanken hegt, dass er die Wiedergutmachung leisten möchte, die für mich möglich ist; und deshalb möchte er, wie er sagt, sein Testament nicht mit Hinterlassenschaften belasten. Es sind Vorkehrungen für meine Tante getroffen, die, hat jedoch ihr eigenes Vermögen. Er hat mir aufgetragen, auf dich aufzupassen.

„Es wird völlig unnötig sein", sagte Herr Merton.

„Wenn Sie sich dafür entscheiden, grob zu zerteilen, können Sie dies tun. Ich würde vorschlagen, dass wir einen Betrag festlegen, der Ihnen bei seinem Tod gehören soll – so als hätte er ihn Ihnen hinterlassen. Tatsächlich wird er den Betrag selbst festlegen." ."

Merton sagte natürlich, dass nichts dergleichen notwendig sei; aber mit diesem Verständnis ging Mountjoy Scarborough an diesem Abend zu Bett.

Am nächsten Morgen ließ ihn sein Vater erneut holen. „Mountjoy", sagte er, „ich habe viel darüber nachgedacht und meine Meinung geändert."

„Über Ihr Testament?"

„Nein, überhaupt nicht über mein Testament. Das soll so bleiben, wie es ist. Ich glaube nicht, dass ich die Kraft haben sollte, ein weiteres Testament zu verfassen, und ich möchte es auch nicht tun."

„Du meinst über Merton?"

„Ich meine überhaupt nicht Merton. Geben Sie ihm fünfhundert Pfund, und er sollte zufrieden sein. Das ist eine Angelegenheit, die wichtiger ist als Mr. Merton – oder sogar als mein Testament."

"Was ist es?" sagte Mountjoy in einem Ton großer Überraschung.

„Ich glaube nicht, dass ich es Ihnen jetzt sagen kann. Aber es ist richtig, dass Sie wissen, dass Merton auf meine Anweisung heute früh an Mr. Gray geschrieben und ihn angefleht hat, noch einmal nach Tretton zu kommen. Da! Ich Mehr kann ich jetzt nicht sagen. Dann drehte er sich, wie es seine Gewohnheit war, auf seinem Sofa um und war unangreifbar.

KAPITEL LIV.

RÜMMELSBURG.

Mr. Scarborough schickte erneut nach Mr. Grey, aber es vergingen ein paar Wochen, bis er kam. Zuerst weigerte er sich zu kommen und sagte, dass er seinen Angestellten herschicken würde, wenn irgendwelche Arbeiten benötigt würden, die der Angestellte erledigen könnte. Und der Angestellte kam und war sehr hilfsbereit. Aber Mr. Scarborough blieb hartnäckig und brachte Argumente vor, denen Mr. Gray schließlich nicht widerstehen konnte. Er lag im Sterben und es würde bald ein Ende haben. Das war sein stärkstes Argument. Dann wurde behauptet, dass ein erfahrener Anwalt unbedingt nötig sei und dass Mr. Scarborough seine Angelegenheiten nicht gut in die Hände eines Fremden legen könne. Und alte Freundschaft wurde wieder hochgebracht. Und schließlich behauptete der Squire, es gäbe noch weitere Geheimnisse über seine Familie preiszugeben, von denen Mr. Scarborough glaubte, dass Mr. Gray damit einverstanden sein würde. Was könnten die „anderen Geheimnisse" sein? Aber es endete damit, dass Mr. Gray entgegen dem Rat seiner Tochter zustimmte zu gehen. „Ich möchte nichts mehr mit ihm und seinen Geheimnissen zu tun haben", hatte Dolly gesagt.

"Du kennst ihn nicht."

„Ich weiß so viel über ihn, wie eine Frau über einen Mann wissen kann, den sie nicht kennt – und alles von Ihnen selbst. Sie haben immer wieder gesagt, dass er ein ‚Schurke' ist!"

„Kein Schlingel. Ich glaube nicht, dass ich gesagt habe, dass er ein Schlingel ist."

„Ich glaube, Sie haben genau dieses Wort verwendet."

„Dann sage ich es nicht. Ein Schlingel hat etwas Gemeines an sich. Juniper ist ein Schlingel!"

„Er kümmert sich nicht um sein Wort."

„Überhaupt nichts – wenn es um das Gesetz geht."

„Und er hat seine eigene Frau diffamiert."

„Das wurde vor vielen Jahren gemacht."

„Aus einem festen Grund und nicht aus Leidenschaft", fuhr Dolly fort. „Er ist ein durch und durch schlechter Mensch. Du hast sein Testament für ihn gemacht, und jetzt würde ich ihn verlassen." Danach lehnte Mr. Gray die Teilnahme zum zweiten Mal ab. Aber schließlich ließ er sich überzeugen.

Am Abend seiner Ankunft speiste er mit Mountjoy und Merton, und bei dieser Gelegenheit gesellte sich Miss Scarborough zu ihnen. Natürlich gab es viele Vermutungen über den Grund dieses weiteren Besuchs. Merton erklärte, dass er, da er als Privatsekretär des kranken Mannes fungiert habe, verpflichtet sei, sein Geheimnis, soweit er davon wisse, für sich zu behalten. Er vermutete nur, was er für die Wahrheit hielt, konnte aber dazu nichts sagen. Miss Scarborough tappte völlig im Dunkeln. Sie, und sie allein, sprach mit Respekt von ihrem Bruder, aber darüber wusste sie nichts.

„Ich kann nicht sagen, was es ist", sagte Mountjoy; „Aber ich vermute, dass es etwas war, das zu meinem Vorteil und zum völligen Ruin von Augustus gedacht war." Miss Scarborough war inzwischen im Ruhestand. „Wenn es möglich wäre, würde ich annehmen, dass er erklären wollte, dass alles, was er zuvor gesagt hatte, falsch war." Darauf wollte Mr. Gray jedoch nicht hören. Er verneinte entschieden die Möglichkeit einer Umkehrung der Entscheidung, zu der sie alle gekommen waren. Augustus war rechtlich gesehen zweifellos der älteste Sohn seines Vaters. Er hatte mit eigenen Augen Kopien des Heiratsregisters gesehen, für deren Anfertigung Mr. Barry quer durch den Kontinent gereist war. Und in dieses Buch hatte seine Frau nach Landesbrauch ihren Mädchennamen eingetragen. Dies geschah in Anwesenheit des Geistlichen und eines Herrn, eines Deutschen, der sich damals an Ort und Stelle aufhielt, der selbst verhört worden war und erklärt hatte, dass die Hochzeit als Hochzeit in jeder Hinsicht ordnungsgemäß verlaufen sei. Er war inzwischen tot, aber der Geistliche, der sie geheiratet hatte, lebte noch. Innerhalb von zwölf Monaten waren Herr Scarborough und seine Braut in England angekommen und Augustus wurde geboren. „Nur die unbestreitbarsten Beweise hätten ausgereicht, um eine Tatsache zu beweisen, die Ihnen so grausames Unrecht zugefügt hat", sagte er und wandte sich an Mountjoy. „Und als dein Vater mir sagte, dass dir kein Unrecht zugefügt werden könne, da das Eigentum hoffnungslos in den Händen der Juden sei, sagte ich ihm, dass mir die Juden im Sinne des Gesetzes genauso teuer seien wie du." . Ich sage, dass mich nur die sichersten Fakten überzeugt hätten, wenn sie sicher wären. Wenn Ihr Vater einen Plan hat, Augustus auszurauben, wird er mich als einen ebenso treuen Freund von Augustus betrachten war bei dir. Als er das gesagt hatte, trennten sie sich für die Nacht, und seine Worte waren so stark gewesen, dass sie Mountjoy völlig berührt hatten. Wenn dies die Absichten seines Vaters waren, musste er versucht haben, sie durch eine weitergehende Verschwörung in die Tat umzusetzen; und in die Verschwörungen seines Vaters würde er überhaupt kein Vertrauen setzen.

Und doch erklärte er sein eigenes Ziel, als er die Angelegenheit bis spät in die Nacht mit Merton besprach. „Ich kann Gray überhaupt nicht vertrauen, und auch meinem Vater nicht, denn ich glaube nicht, wie Gray glaubt, an die Geschichte der Ehe. Mein Vater ist so klug und so entschlossen in seinem Vorsatz, jegliche Kontrolle über das Eigentum aufzugeben." Es ist gesetzlich geregelt, dass meiner Meinung nach entweder Mr. Barry, der deutsche Pfarrer oder der ausländische Herr, oder, was wahrscheinlicher ist, alle von ihnen selbst in die Irre geführt wurden. Soweit ich weiß, ist er der freundlichste Herr, dem ich je begegnet bin, als dass ich nicht der älteste Sohn meines Vaters bin. Zu all dem sagte Mr. Merton sehr wenig, obwohl er zweifellos seine eigenen Ideen hatte.

Am nächsten Morgen setzten sich die drei Herren mit Mr. Greys Schreiber feierlich und schweigend zum Frühstück zusammen. Der Angestellte war besonders gebeten worden, nichts über das zu sagen, was er erfahren hatte, und wurde daher von seinem Herrn nicht befragt. Aber in Wahrheit hatte er nur wenig gelernt, da er seine Zeit damit verbracht hatte, Briefe zu sortieren und zu kopieren, die sich zwar alle auf das eigentliche Thema bezogen, aber nichts über die wahre Geschichte erzählten. Weitere Vermutungen waren jetzt nutzlos, da Mr. Gray und Mr. Merton um elf Uhr gemeinsam in das Zimmer des Squires gehen sollten. Der Angestellte sollte in Rufweite bleiben, aber Mountjoy würde nicht nötig sein. „Ich schätze, ich kann genauso gut zu Bett gehen", sagte er, „oder nach London fahren oder irgendwohin." Mr. Gray riet ihm sehr einfühlsam, auf jeden Fall nicht nach London zu fahren.

Die Stunde kam, und Mr. Grey verschwand mit Merton und dem Angestellten nach oben. Sie wurden von Miss Scarborough gerufen, die die schreckliche Feierlichkeit des Anlasses offenbar sehr zu spüren schien. „Ich bin mir sicher, dass er dieses Mal etwas sehr Schreckliches tun wird", flüsterte sie Mr. Grey zu, der selbst ein wenig ehrfürchtig zu sein schien und ihr nicht antwortete.

Um zwei Uhr trafen sie sich alle wieder beim Mittagessen und Mr. Gray schwieg und war in Wahrheit sehr unglücklich. Auch Merton und der Angestellte schwiegen, ebenso wie Miss Scarborough – still wie der Tod. Sie wusste zwar nichts, aber die anderen drei wussten so viel, wie Mr. Scarborough ihnen sagen konnte oder wollte. Mountjoy war auch da und brach mitten im Essen heftig aus: „Warum zum Teufel erzählst du mir nicht, was mein Vater zu dir gesagt hat?"

„Weil ich kein Wort seiner Geschichte glaube", sagte Mr. Grey.

„Oh, Herr Grey!" rief Miss Scarborough.

„Ich glaube kein Wort seiner Geschichte", wiederholte Mr. Grey. „Die Intelligenz Ihres Vaters ist so hoch und seine Prinzipien so niedrig, dass es keinen Plan gibt, den er nicht gegen die geltenden Gesetze seines Landes umsetzen könnte. Seine vorliegende Geschichte ist eine erfundene Fabel."

„Was sagst du, Merton?" fragte Mountjoy.

„Für mich scheint es wahr zu sein", sagte Merton. „Aber ich bin kein Anwalt."

„Warum sagst du mir nicht, was es ist?" sagte Mountjoy.

„Das kann ich Ihnen nicht sagen", sagte Grey, „obwohl er mich damit beauftragt hat. Greenwood dort wird es Ihnen sagen." Greenwood war der Name des Angestellten. „Aber ich rate Ihnen, ihn mit in Ihr eigenes Zimmer zu nehmen. Und Mr. Merton würde, da bin ich sicher, mit Ihnen gehen. Was mich betrifft, wäre es unmöglich, dass ich einer Geschichte Anerkennung zollen könnte, wenn ich es erzähle." wovon ich kein einziges Wort glaube."

„Soll ich es nicht wissen?" fragte Miss Scarborough klagend.

„Ihr Neffe wird es Ihnen sagen", sagte Mr. Grey, „oder Mr. Merton; oder Mr. Greenwood kann es tun, wenn er die Erlaubnis von Mr. Scarborough hat. Ich würde es lieber niemandem erzählen. Es ist für mich unglaublich." " Damit stand er auf und ging weg.

„Na dann, Merton", sagte Mountjoy und erhob sich von seinem Stuhl.

„Bei meinem Wort weiß ich kaum, was ich tun soll", sagte Merton.

„Sie müssen kommen und mir diese wundervolle Geschichte erzählen. Ich nehme an, dass sie in irgendeiner Weise meine Interessen berührt?"

„Es betrifft Ihre Interessen sehr."

„Dann denke ich, dass ich sagen kann, dass ich es auf jeden Fall glauben werde. Mein Vater möchte mir im Moment keinen Schaden zufügen. Es muss gesagt werden, also kommen Sie mit. Mr. Greenwood sollte besser auch mitkommen." Dann verließ er den Raum und die beiden Männer folgten ihm. Sie gingen ins Rauchzimmer und ließen Mr. Gray bei Miss Scarborough zurück. „Soll ich nichts davon wissen?" sagte Miss Scarborough.

„Nicht von mir, Miss Scarborough. Sie können verstehen, dass ich Ihnen keine Geschichte erzählen kann, bei der ich bei jedem Wort meinen völligen Unglauben an Ihren Bruder zum Ausdruck bringen muss. Ich war sehr wütend auf ihn, und er war energischer." als ihm gut getan haben kann.

„Ach ich! Ihr werdet ihn unter euch getötet haben!"

„Es war seine eigene Schuld. Du solltest jedoch besser zu ihm gehen. Ich muss heute Abend in die Stadt zurückkehren."

„Du bleibst zum Abendessen?"

„Nein. Ich kann nicht zum Abendessen bleiben. Ich kann nicht mit Mountjoy zusammensitzen, der nichts im Geringsten falsch gemacht hat, weil ich das Gefühl habe, dass ich völlig im Gegensatz zu seinen Interessen stehe. Ich wäre lieber außer Haus." Mit diesen Worten verließ er das Haus und fuhr am Nachmittag mit dem Zug zurück nach London.

Das Treffen an diesem Morgen, das sehr stürmisch gewesen war, kann nicht Wort für Wort wiedergegeben werden. Von dem Moment an, in dem der Squire seine Absicht erklärt hatte, hatte der Anwalt seinen Unglauben an alles zum Ausdruck gebracht, was ihm gesagt wurde. Mr. Scarborough hatte dies zunächst sehr freundlich aufgenommen; aber Mr. Gray hielt an seinem Vorhaben mit einer Hartnäckigkeit fest, die schließlich die gute Laune des Squires zunichte gemacht und die Einmischung von Mr. Merton erforderlich gemacht hatte. „Wie kann ich ruhig sein?" Der Gutsherr hatte gesagt: „Wenn er mir sagt, dass alles, was ich sage, eine Lüge ist?"

"Es ist eine Lüge!" sagte Mr. Grey, der jegliche Kontrolle über sich verloren hatte.

„Das sollten Sie nicht sagen, Mr. Grey", sagte Merton.

„Er sollte einen Mann auf seinem Sterbebett verschonen, der sich bemüht, seinen Kindern gegenüber seine Pflicht zu erfüllen", sagte der Mann, der sich damit als sterbend erklärte.

„Ich werde gehen", sagte Mr. Grey und stand auf. „Er hat mich gezwungen, gegen meinen Willen hierher zu kommen, und er wusste – musste es wissen –, dass ich ihm sagen sollte, was ich dachte. Selbst wenn ein Mann im Sterben liegt, kann ein Mann nicht akzeptieren, was er in einer geschäftlichen Angelegenheit sagt Wenn er ihm nicht glaubt, muss ich ihm sagen, dass ich die ganze Geschichte nicht glaube und nicht so handeln werde, als ob ich sie geglaubt hätte. Aber auch danach wurde die Sitzung fortgesetzt, und Mr. Gray erklärte sich bereit, dort zu sitzen und zuzuhören, was bis zum Ende gesagt wurde.

Der Inhalt der Geschichte von Herrn Scarborough wird von unseren Lesern wahrscheinlich verstanden worden sein. Es war Mr. Scarboroughs gegenwärtige Absicht, klarzustellen, dass der Plan, Mountjoy zu enterben, von Anfang bis Ende falsch gewesen war und nicht zum Schaden Mountjoys, sondern zur Rettung des Anwesens ins Leben gerufen worden war die Hände der Juden. Mountjoy hätte nichts verloren, da das Eigentum vollständig an die Juden gegangen wäre, wenn Herr Scarborough dann gestorben wäre und Mountjoy als sein rechtmäßiger Erbe angenommen worden wäre. Er habe erklärt, dass er bei dieser Gelegenheit nicht darauf bedacht sei, sein diesbezügliches Verhalten zu verteidigen. Er würde bald verschwunden sein, und er würde es Männern überlassen, über ihn zu urteilen, die dies umso ehrlicher tun würden, wenn sie hätten feststellen müssen, dass es ihm gelungen war, sogar den Juden die Gelder, die sie tatsächlich vorgeschossen hatten, vollständig auszuzahlen. Doch nun änderten sich die Dinge erneut, und er musste zur richtigen Ordnung zurückkehren.

"NEIN!" schrie Mr. Grey.

„In die richtige Reihenfolge", fuhr er fort. Mountjoy Scarborough sei zweifellos legitim, erklärte er. Und dann ließ er Merton und den Angestellten alle Papiere hervorbringen, als hätte er nie irgendwelche Papiere hervorgebracht, um die andere Aussage gegenüber Mr. Grey zu beweisen. Und er erwartete, dass Mr. Gray ihnen glaubte. Mr. Gray legte sie einfach alle zurück, metaphorisch gesprochen, mit seiner Hand. Es hatte zwei Ehen gegeben, die unbedingt mit der Absicht vorbereitet worden waren, es ihm zu einem späteren Zeitpunkt zu ermöglichen, das Gesetz völlig außer Kraft zu setzen, wenn es ihm gut erschiene, dies zu tun.

"Und deine Frau?" schrie Mr. Grey.

„Liebe Frau! Sie hätte alles getan, was ich ihr gesagt hätte – es sei denn, ich hätte ihr gesagt, dass sie etwas absolut Falsches tun soll."

"Nicht falsch!"

„Nun, Sie wissen, was ich meine. Sie war die reinste und beste Frau." Dann fuhr er mit seiner Geschichte fort. Es hatte zwei Ehen gegeben, und er brachte nun alle Beweise der früheren Ehe vor. Es hatte in einer abgelegenen Stadt, einem Dorf im nördlichen Teil Preußens, stattgefunden, wohin sie von ihrer Mutter gebracht worden war, um sich ihm anzuschließen. Die beiden Damen waren beide schon lange tot. Er war in der kleinen preußischen Stadt unter dem Vorwand eines schlechten Beins untergebracht worden. Er hatte keine Skrupel, jetzt zu sagen, dass das kranke Bein nur Vorwand und Teil seines Plans gewesen sei. Er glaubte, dass das Gesetz bei dem Versuch, Regelungen für sein Eigentum zu treffen – das Eigentum, das sein eigenes hätte sein sollen – so sehr gesündigt hatte, dass es einen weisen Mann zu großen Intrigen trieb. Er hatte schon früh mit der Intrige begonnen. Ohne sein krankes Bein hätte die alte Dame ihre Tochter nicht an einen so abgelegenen Ort wie Rummelsburg in Pommern heiraten lassen. Er war herumgereist und hatte festgestellt, dass Rummelsburg für sein Unternehmen besonders geeignet war. Es gab dort einen äußerst höflichen alten lutherischen Geistlichen, dem er sich besonders sympathisch gemacht hatte. Er verfügte nun über beglaubigte Kopien des Standesamtes in Rummelsburg, was keine Lücke für Zweifel ließ. Aber er hatte das Gefühl, dass wahrscheinlich keine Nachforschungen darüber angestellt worden wären, was vor dreißig Jahren in Rummelsburg geschehen war, wenn er selbst den Wunsch geäußert hätte, zu diesem Thema Stillschweigen zu bewahren. „Es wird keine Schwierigkeit geben", sagte er, „die Rummelsburger Ehe der ganzen Welt bekannt zu machen."

„Ich denke, es wird sehr große Schwierigkeiten geben", hatte Mr. Gray gesagt.

„Nicht zuletzt. Aber als ich nach Mountjoys Geburt in Nizza in Italien bei Tageslicht heiraten musste, gab es die Schwierigkeit. Es musste bei Tageslicht geschehen, und dieser kleine Reisende mit Seine Krankenschwester war damals in Italien, und ich versichere Ihnen, dass es notwendig war, aber es wurde getan, und ich hatte immer die doppelten Zertifikate dabei, die ich hatte Mr. Gray hinsichtlich Rummelsburg völlig im Dunkeln zu lassen, war sehr schwierig, aber es ist mir gelungen.

Dass Mr. Gray durch solch ein Verbrechen fast in den Wahnsinn getrieben wurde, war eine Selbstverständlichkeit. Aber er glaubte lieber, dass Rummelsburg und nicht Nizza der Mythos sei. „Wie ist Ihre Frau das ganze Jahr über mit Ihnen gereist?" er hatte gefragt.

„Als Mrs. Scarborough, zweifellos. Aber wir hatten in der Gesellschaft nur sehr wenige Menschen gesehen, und die ganze Welt schien bereit zu sein, fast alles von mir zu glauben, was falsch war. Allerdings gibt es da noch die Rummelsburg-Ehe, und wenn man sie nach Rummelsburg schickt …" Ich werde feststellen, dass es in Ordnung ist – eine kleine weiße Kirche an der Ecke mit einem schiefen Turm. Der alte Geistliche ist zweifellos tot, aber ich könnte mir vorstellen, dass sie ihre Register führen würden. Dann erklärte er, wie er mit den beiden Zertifikatssätzen um die Welt gereist sei und den zweiten Satz öffentlich gemacht habe, als sein Ziel darin bestanden habe, Augustus zu seinem ältesten Sohn zu machen. Damals hatte man viele Leute gefunden, die sich an etwas von der Hochzeit in Nizza erinnerten und sich erinnerten, sich damals an etwas erinnert zu haben, weil sie im Besitz eines Geheimnisses über die Dame gewesen waren. Doch Rummelsburg blieb völlig im Dunkeln. Nun galt es, ein klares Licht auf die absolute Rechtmäßigkeit der Rummelsburger Ehe zu werfen.

Er erklärte, er habe sich mehr als einmal vorgenommen, diese Rummelsburger Dokumente zu vernichten, habe sich aber immer von der Überlegung abschrecken lassen, dass sie, wenn sie einmal verschwunden seien, nicht mehr zurückgebracht werden könnten. „Ich hatte immer vorgehabt", hatte er gesagt, „die Papiere als letztes vor meinem Tod zu verbrennen. Aber als ich Augustus' Charakter kennenlernte, sorgte ich ganz sicher, indem ich sie in einem an ihn adressierten Paket versiegeln ließ, damit." Wenn ich durch einen Unfall gestorben wäre, wären sie vielleicht in die richtigen Hände gefallen. Aber ich sehe jetzt die Bosheit meines Projekts und übergebe sie deshalb Mr. Grey. Mit diesen Worten übergab er das Paket dem Anwalt.

Mr. Grey weigerte sich natürlich, das Rummelsburg-Paket anzunehmen oder auch nur anzufassen. Dann bereitete er sich darauf vor, den Raum zu verlassen und erklärte, es sei seine Pflicht, auf Seiten von Augustus zu handeln, falls Augustus seine Dienste gerne annehmen würde. Aber Mr. Scarborough flehte ihn fast unter Tränen an, seine Absicht zu ändern. „Warum sollte man zwei Brüder an die Ohren legen?" Daraufhin schüttelte Mr. Gray nur ungläubig den Kopf. „Und warum das Anwesen ohne Gegenstand ruinieren?"

„Das Anwesen wird verfallen."

„Nicht, wenn Sie die Angelegenheit im richtigen Geist angehen. Aber wenn Sie sich entschließen, einen Bruder zur Feindseligkeit gegen den anderen zu treiben und unnötige Rechtsstreitigkeiten zu fördern, werden die Anwälte natürlich alles bekommen." Dann verließ Mr. Gray den Raum, kochend vor Wut darüber, dass er mit seinem juristischen Wissen und seiner Entschlossenheit, das Richtige zu tun, so völlig beiseite geworfen worden war; während Mr. Scarborough erschöpft von der Anstrengung, die er auf sich genommen hatte, sank.

KAPITEL LV.

HERR. Greys Reue.

Mr. Greys Gefühl, als er nach Hause zurückkehrte, war hauptsächlich von Selbstvorwürfen geprägt; so dass er, obwohl er darauf beharrte, die ihm erzählte Geschichte nicht zu glauben, sie in Wahrheit glaubte. Er glaubte jedenfalls an Mr. Scarborough. Herr Scarborough hatte beschlossen, dass das Eigentum nach seinem Willen hin und her gehen sollte, ohne Rücksicht auf die geltenden Gesetze des Landes, und hatte seinen Zweck erfüllt und wird ihn auch weiterhin erfüllen. Sein Ziel war es gewesen, seinen Besitz vor den Händen dieser Harpyien, der Geldverleiher, zu retten; und soweit es ihn betraf, hätte er es gerettet.

Tatsächlich hatte er die Geldverleiher gezwungen, ihr Geld zinslos und ohne Sicherheit zu verleihen und dann zuzustimmen, ihr Kapital anzunehmen, wenn es ihnen angeboten wurde. Niemand konnte sagen, dass die Tat, wenn sie vollbracht wurde, eine gute Tat war. Aber dieser Mann hatte dabei seine Kutsche und seine Pferde durch alle Gesetze getrieben, die für Mr. Gray als heilige Schrift galten; und indem er seine Kutsche und seine Pferde auf diese Weise lenkte, hatte er Mr. Gray gezwungen, auf der Bock zu sitzen und die Zügel zu halten. Herr Gray hatte sich für einen klugen Mann gehalten — zumindest für einen gut unterrichteten Mann; aber Mr. Scarborough hatte ihn um den Finger gedreht, hin und her, ganz wie es ihm gefiel.

Zweifellos hatte Mr. Gray so gesprochen, wie er in diesem Moment geglaubt hatte, als er in seiner Wut Mr. Scarborough der Lüge bezichtigt hatte. Für ihn muss die neue Geschichte wie eine Lüge geklungen haben, da er gezwungen war, die wahre Lüge als echte Wahrheit zu akzeptieren. Er hatte alle Umstände der Hochzeit in Nizza geprüft und akzeptiert. Er hatte seinen Partner vorbeigeschickt und viele zufällige Bestätigungen erhalten. Dass es in Nizza eine Hochzeit zwischen Mr. Scarborough und der Mutter des Augustus gegeben hatte, stand fest. Er hatte Mr. Scarboroughs Bewegungen vor der Heirat zurückverfolgt und konnte nicht erfahren, wo die Dame zu ihm gekommen war, die später seine Frau wurde; aber es war ihm klar geworden, dass sie mit ihm gereist war und seinen Namen getragen hatte. Aber in Wien hatte Herr Barry erfahren, dass Herr Scarborough die Dame bei ihrem Mädchennamen genannt hatte. Er hätte vielleicht erfahren, dass er das schon oft an anderen Orten getan hatte; Aber das alles war in Vorbereitung auf die vorliegende Handlung geschehen, ebenso wie zahlreiche andere kleine Tricks, die in dieser Erzählung nicht an die Oberfläche gekommen sind.

Mr. Scarborough hatte sein ganzes Leben damit verbracht, Tricks zur Überwindung des Gesetzes zu arrangieren; und es war seine große Ehre gewesen, sie so zu arrangieren, dass es unmöglich war, dass das Gesetz ihn berühren konnte. Mountjoy hatte erklärt, er sei betrogen worden. Die Gläubiger schworen unter vielen Eiden, dass sie von diesem Mann schrecklich betrogen worden seien. Augustus würde das zweifellos sehr laut schwören. Kein Mann konnte lauter fluchen als Mr. Gray, als er nach dieser letzten Enthüllung das Gemach des Gutsherrn verließ. Aber es gab niemanden, der ihn bestrafen konnte. Die Geldverleiher hatten keine Schrift unter seiner Hand. Wäre Mountjoy ohne Trauung geboren worden, wäre das sehr böse gewesen, aber die Rache des Gesetzes hätte ihn nicht erreicht. Wenn Sie Ihren Anwalt mit falschen Tatsachen täuschen, kann er Sie nicht vor den Richter bringen. Augustus war von allen am schwersten verletzt worden; aber ein Sohn kann seinen Vater zwar wegen Bigamie verklagen, kann ihn aber nicht vor ein Gericht laden, weil er seine Mutter zweimal geheiratet hat. Dies waren Mr. Scarboroughs Triumphe auf dem Sterbebett; aber sie waren sehr sauer auf Mr. Grey.

Als er auf dem Rückweg in die Stadt die Fakten kühler betrachtete, begann er zu befürchten, einen Schimmer der Wahrheit zu sehen. Bevor er London erreichte, dachte er fast, dass Mountjoy der Erbe sein würde. Er hatte keinen Fetzen Papier mitgebracht, da er sich strikt geweigert hatte, die ihm vorgelegten Dokumente anzufassen. Er würde sicherlich weder von Mr. Scarborough noch im Namen seines Nachlasses oder seiner Testamentsvollstrecker wieder angestellt werden. Er hatte gedroht, dass er für Augustus die Keule greifen würde, und hatte in dem Moment gespürt, dass er dazu verpflichtet sei, weil Augustus, wie er damals geglaubt hatte, die richtige Sache hatte. Doch als dieser Gedanke von ihm abfiel, wurden ihm Augustus und seine Angelegenheiten immer unangenehmer. Schließlich sollte man sich wünschen, dass Mountjoy der älteste Sohn würde – sogar Mountjoy, der unheilbare Spieler. Für Mr. Gray war es schrecklich, dass die alte, feste Vereinbarung aufgehoben werden sollte, und sicherlich gab es nichts im Charakter von Augustus, was ihn mit einer solchen Änderung versöhnen konnte.

Aber er war ein sehr unglücklicher Mann, als er sich in ein Taxi setzte, um nach Fulham gebracht zu werden. Wie viel besser wäre es für ihn gewesen, wenn er dem Rat seiner Tochter gefolgt wäre und sich beharrlich geweigert hätte, diese letzte Reise nach Tretton anzutreten! Er würde seiner Tochter gegenüber zugeben müssen, dass Mr. Scarborough ihn völlig überwältigt hatte, und sein Unglück würde in der Bitterkeit dieser Anerkennung bestehen.

Doch als er das Herrenhaus erreichte, überbrachte ihm seine Tochter eigene Neuigkeiten, die seine Nachricht für einen Moment in der Schwebe hielten.

„Oh, Papa", sagte sie, „ich bin so froh, dass du gekommen bist!" Er hatte ihr ein Telegramm geschickt, um ihr sein Kommen mitzuteilen. „Gerade als ich deine Nachricht bekam, wurde ich aus meinem Leben gefürchtet. Wer war deiner Meinung nach hier bei mir?"

„Wie soll ich denken, meine Liebe?"

„Herr Juniper."

„Wer zum Teufel ist Mr. Juniper?" er hat gefragt. „Oh, ich erinnere mich; – Amelias Liebhaber."

„Willst du damit sagen, dass du Mr. Juniper vergessen hast? Ich werde ihn nie vergessen. Was für ein schrecklicher Mann er ist!"

„Ich habe Mr. Juniper noch nie in meinem Leben gesehen. Was wollte er von Ihnen?"

„Er sagt, du hättest ihn völlig ruiniert. Er kam gegen zwei Uhr hierher und fand mich bei der Arbeit im Garten. Er ging durch das offene Tor hinein und wollte nicht zurückgeschickt werden, obwohl eines der Mädchen es ihm sagte dass niemand zu Hause war. Er hatte mich gesehen, und ich konnte ihn natürlich nicht hinausschicken.

„Was hat er zu dir gesagt? War er frech?"

„Er hat mich nicht beleidigt, wenn du das meinst; aber er war unverschämt, nicht wegzugehen, und ich konnte ihn eine Stunde lang nicht loswerden. Er sagt, dass du ihn doppelt ruiniert hast."

"Eine Show?"

„Sie wollten Amelia nicht das Vermögen geben, das Sie ihr versprochen hatten; und ich glaube, sein Ziel war es jetzt, das Vermögen ohne das Mädchen zu bekommen. Und er sagte auch, dass er Ihrem Kapitän Scarborough fünfhundert Pfund geliehen hätte."

„Er ist nicht mein Captain Scarborough."

„Und als Sie die Schulden des Kapitäns beglichen haben, war er der Einzige, den Sie nicht vollständig begleichen wollten."

„Er ist ein Schurke – ein arroganter Schurke!"

„Aber er sagt, dass er den Namen des Kapitäns für die fünfhundert Pfund hat, und er hat die Absicht, ihn eines Tages zu bekommen, jetzt, da der Kapitän und sein Vater wieder Freunde sind. Kurz gesagt, er will fünfhundert Pfund auf Biegen und Brechen, und er meint, Sie sollten es ihm überlassen.

„Er wird es bekommen, oder den größten Teil davon. Es besteht kein Zweifel, dass er es bekommen wird, wenn er den Namen des Kapitäns kennt.

Wenn ich mich recht erinnere, hat der Kapitän für ihn eine Notiz über diesen Betrag unterschrieben – und er Ich werde das Geld bekommen, wenn er dabei geblieben ist."

„Meinen Sie, dass Captain Scarborough alle seine Schulden bezahlen würde?"

„Das wird er bezahlen müssen, weil es nicht im Zeitplan enthalten war. Was ist Ihrer Meinung nach jetzt aufgetaucht?"

„Ein anderer Plan?"

„Es ist alles eine Intrige – eine niederträchtige, falsche Intrige –, sich damit beschäftigt zu haben, was für immer eine Schande für meinen Namen sein wird!"

„Oh, Papa!"

„Ja, für immer! Er hat mir jetzt erzählt, dass Mountjoy sein wahrer, legitimer, ältester Sohn ist. Er erklärt, dass die Geschichte, an die ich in den letzten acht Monaten geglaubt habe, völlig falsch und aus seinem eigenen Gehirn heraus erfunden sei." Um es ihm zu ermöglichen, diese Geldverleiher zu betrügen, nutzte er eine Verschwörung, die er schon lange ausgeheckt hatte, und ließ mich das glauben gierige, gierige Männer, die nicht den Zehnten ihrer Beute hergegeben hätten, um die ganze Familie zu retten, selbst wenn sie es geglaubt hätten Die Geschichte war eine Handlung, die er sich selbst ausgedacht hatte.

„Glaubst du ihm jetzt?"

„Ich wurde sehr wütend und sagte, dass es eine Lüge sei! Ich hielt es tatsächlich für eine Lüge. Ich habe mir eingebildet, dass es sich um eine Angelegenheit handelte, die mein eigenes Geschäft betraf und bei der ich verpflichtet war, mich um das Wohlergehen anderer zu kümmern, er hätte mich nicht so täuschen können, aber ich befinde mich als Kind – als Baby – in seinen Händen."

„Dann glaubst du ihm jetzt wirklich?"

„Das fürchte ich. Ich werde ihn nie wieder sehen, wenn es mir möglich ist, ihm aus dem Weg zu gehen. Er hat mich so behandelt, wie niemand seinen Feind hätte behandeln sollen, geschweige denn einen treuen Freund. Er muss mich verspottet und verachtet haben." Nur weil ich an sein Wort glaubte, hätte sich ein Mann vorstellen können, dass er seit zwanzig Jahren die Betrügereien arrangiert, die er jetzt ausgeführt hat Pläne, und zweifellos auch andere, deren Ausführung er nicht für nötig gehalten hat, und die er mich einfach als Maschine benutzt hat. Es ist unmöglich, dass ich ihm verzeihen sollte.

„Und was wird das Ende sein?" Sie fragte.

„Wer kann das sagen? Aber das ist klar. Er hat meinen Charakter als Anwalt völlig zerstört."

„Nein. Nichts dergleichen."

„Und es wäre gut, wenn er es als Mann nicht getan hätte. Glaubst du, dass die Leute, wenn sie hören, dass diese Veränderungen mit meiner Hilfe vorgenommen wurden, innehalten werden, um alles zu entwirren und zu erkennen, dass ich nur ein Narr war? und kein Schurke? Kann ich erklären, unter welchem Druck ich bei dieser letzten Gelegenheit dorthin gegangen bin?"

„Papa, du hattest völlig Recht zu gehen. Er war dein alter Freund, und er lag im Sterben."

Auch dafür war er dankbar. „Wer wird über mich richten wie du, der du mich davon überzeugt hast, dass ich nicht hätte gehen sollen? Schau, wie die Welt meinen Namen gebrauchen wird! Er hat mich zu einer Partei bei jedem seiner Betrügereien gemacht. Er enterbte Mountjoy und zwang mich um den Beweisen zu glauben, die er vorgebracht hatte, als Mountjoy niemand mehr hatte, bezahlte er die Gläubiger mit meiner Hilfe zur Hälfte.

„Sie haben alles bekommen, worauf sie Anspruch hatten."

„Nein; bis das Gesetz gegen sie entschieden hatte, hatten sie Anspruch auf ihre Anleihen. Aber sie, obwohl sie Raufbolde waren, hatten so viel hartes Geld vorgeschossen, und ich war besorgt, dass sie ihr hartes Geld wieder zurückbekommen würden. Aber es sei denn, Mountjoy Wären sie unehelich gewesen, um nichts erben zu können, wären sie betrogen worden, und wäre es möglich, dass ich sie oder andere glauben lassen würde, ich hätte nichts damit zu tun? Und Augustus, der mit offenem Mund sein wird – was wird er gegen mich sagen? In jeder Wendung des schlauen Geistes des Mannes soll ich mich umgedreht und ihm gegenüber die Wahrheit über mich gesagt haben Du."

„Das hoffe ich nicht."

„Das Licht, das mich durch mein Berufsleben geleitet hat, war die Liebe zum Gesetz. So weit meine kleinen Kräfte reichten, wollte ich sie intakt halten. Ich bin sicher, dass Recht und Gerechtigkeit weitergeführt werden können." Ich war so stolz auf mein Land, dass ich die Chance hatte, einen Mann zu haben, dessen Leben genau das Gegenteil war Sagen Sie nicht, dass es für einen Anwalt nichts Besonderes war, einen solchen Mann wie Mr. Scarborough aus Tretton als Mandanten zu haben, aber ich fand ihn nicht nur betrügerisch, sondern auch zu klug für mich zu mir selbst hat er mich auf seine Pfade getragen."

„Er hat dich nie dazu verleitet, etwas Falsches zu tun."

„‚Nil conscire sibi;' Das sollte für einen einfachen Mann ausreichen. Für einen Mann, der als Anwalt für andere fungieren will, muss es aber nicht ausreichen Kann ich für Sie nur ein Anwalt bleiben? Es gibt einige, von denen das andere bekannt ist; aber dann habe ich noch nie eine Werkstatt für die scharfsinnigste Art eingerichtet Die Übung wird alles sein, wofür ich geeignet sein werde. Es ist nicht das Geld, mit dem ich für deine und meine Bedürfnisse in den Ruhestand gehen könnte. Aber ich wäre glücklich. Selbst wenn ich in den Ruhestand gehe, werden die Leute sagen, dass ich meine Taschen mit Plünderungen aus Tretton gefüllt habe.

„Das wird nie gesagt werden."

„Wenn ich einen Bericht über die ganze Angelegenheit veröffentlichen würde – wozu meine Ehre verpflichtet ist, dies nicht zu tun – und alles von Anfang bis Ende erläutere, würden die Leute nur sagen, ich habe versucht, die ganze Last der Schuld auf mich abzuwälzen Verbündeter, der tot war. Warum hat er mich für eine solche Behandlung ausgewählt – mich, der ich ihm so treu geblieben bin?"

Der Ton von Mr. Greys Beschwerden hatte etwas fast Schwaches, fast Weibliches. Aber für Dolly waren sie weder weiblich noch schwach. Für sie war die Trauer ihres Vaters wahr und begründet; aber für sie selbst war es in ihrem eigenen Herzen eine gewisse Freude, daraus zu schöpfen. Wie wäre es mit ihr gewesen, wenn die scharfe Übung und der Erfolg ihm zugefallen wären? Wie wäre ihr Gemütszustand gewesen, wenn sie gewusst hätte, dass ihr Vater sich diese niederträchtigen Tricks ausgedacht hatte? Oder wie wäre ihr Zustand gewesen, wenn ihr Vater so freundlich gewesen wäre, ihr beizubringen, dass ihr solche Tricks gleichgültig sein sollten? War das nicht alles, dass er über ihnen allen stand – für ihn und für sie? Und war sie sich nicht sicher, ob die Wahrheit endlich ans Licht kommen würde? Und wenn nicht hier, würde die Wahrheit dann nicht anderswo ans Licht kommen, wo Licht von größerem Nutzen wäre als hier? Das war der Trost, mit dem sich Dolly tröstete.

An den nächsten beiden Tagen ging Mr. Gray in seine Gemächer und kehrte zurück, ohne eine neue Nachricht über Mr. Scarborough und seine Angelegenheiten zu erhalten. Eines Tages brachte er tatsächlich Neuigkeiten über Juniper zurück. „Juniper hat sich wegen eines Pferdes gestritten", sagte er, „und sitzt, fürchte ich, im Gefängnis. Trotzdem wird er seine fünfhundert Pfund bekommen; und wenn er das wüsste, würde es ihm helfen."

„Ich kann es ihm nicht sagen, Papa. Ich weiß nicht, wo er wohnt."

„Vielleicht könnte Carroll das tun."

„Ich spreche nie mit Mr. Carroll. Und ich würde Junipers Namen weder meiner Tante noch einem der Mädchen gegenüber freiwillig erwähnen. Es wäre besser, Juniper in seinem Streit weitermachen zu lassen.“

„Von ganzem Herzen“, sagte Mr. Grey. Und dann war damit Schluss.

Am nächsten Morgen, dem vierten nach seiner Rückkehr aus Tretton, erhielt Mr. Gray einen Brief von Mountjoy Scarborough. „Er war sich sicher“, sagte er, „dass es Mr. Gray leid tun würde zu hören, dass sein Vater seit Mr. Grays Weggang sehr geschwächt war und ihn, Mountjoy, nicht einmal länger als zwei oder drei Minuten sehen konnte.“ „Eine Zeit lang hatte er Angst, dass alles bald vorbei sein würde; aber er und alle um den Gutsherrn waren überrascht, wie fröhlich und ausgelassen er war“, schrieb Mountjoy, „als ob er nichts zu bereuen hätte.“ Weder in dieser noch in der nächsten Welt hat er Reue und schon gar keine Angst. Nichts könnte ihn verärgern, es sei denn, das Wort Reue würde ihm gegenüber ungewöhnlich zärtlich sein Augustus‘ Name ist ihm nicht mehr über die Lippen gekommen, seit du das Haus verlassen hast.“ Dann ging er zu dem Thema über, worüber sein Brief geschrieben worden war. „Was soll ich tun, wenn mit ihm alles vorbei ist? Es ist natürlich, dass ich Sie um Rat frage. Ich werde nichts über mich selbst versprechen, aber ich vertraue darauf, dass ich nicht an den Spieltisch zurückkehren werde. Wenn ich das habe Ich kann vielleicht hier unten bleiben, ohne nach London zu gehen, und welche Schritte muss ich unternehmen, um es zu bekommen? aber ich glaube nicht, dass Sie einer von denen sein werden, die sich mir widersetzen, und ich gehe davon aus, dass ich hier im Besitz bleiben werde, und das sind, wie man sagt, die neun Punkte des Gesetzes. Einfach nichts zu tun, außer Besitz zu ergreifen, sollte nichts wert sein – und ich sollte so sein, als ob nie solche Pläne ausgeheckt worden wären, und andere Leute wissen davon Ich nehme an, dass die Gläubiger nichts tun können. Sie haben zwar alle Schuldverschreibungen in Ihrem Besitz, aber ich stelle mir vor, dass sie keine Macht haben. Ich bezweifle, dass sie auch nur den geringsten Grund haben, eine Klage einzureichen; denn ob ich oder Augustus der älteste Sohn sei, ihre Ansprüche sind vollständig befriedigt worden. Aber ich gehe davon aus, dass Augustus nicht schweigen wird. Was soll ich ihm gegenüber tun? Nach derzeitigem Stand wird er keinen Schilling bekommen. Ich fürchte, mein Vater ist zu krank, um ein weiteres Testament zu verfassen. Aber er wird jedenfalls nichts zugunsten von Augustus tun. Bitte sagen Sie mir, was ich tun soll. und sagen Sie mir, ob Sie jemanden herunterschicken können, der mir hilft, wenn mein Vater gegangen sein wird.

„Ich werde mich nicht weiter in irgendetwas einmischen, was den Namen Scarborough betrifft.“ Dies war Mr. Greys erste Behauptung gewesen, als er Mountjoys Brief erhielt. Er würde ihm schreiben und ihm mitteilen, dass zwischen ihm und dem Nachlass seines Vaters nach all dem, was geschehen sei, keine Geschäfte mehr möglich seien. Er war auch nicht in der Lage, Ratschläge zu den angesprochenen Themen zu geben. Er würde sich völlig davon distanzieren. Aber als er nach Hause ging, dachte er über die Sache nach und sagte sich, dass es für ihn unmöglich sei, auf diese Weise auf den Namen zu verzichten. Er würde weder im Namen von Augustus noch im Namen von Mountjoy eine Klage einleiten. Aber er muss Mountjoys Brief beantworten und ihm einen Rat geben.

In den langen Stunden der darauffolgenden Nacht besprach er die ganze Angelegenheit mit seiner Tochter, und das Ergebnis seiner Diskussion war folgendes: – dass er seinen Namen aus dem Geschäft zurückziehen und Mr. Barry die Leitung überlassen würde. Herr Barry könnte dann nach Belieben für eine der beiden Parteien handeln.

KAPITEL LVI.

SCARBOROUGH'S RACHE.

All diese Dinge geschahen in Tretton nicht, ohne dass Augustus Scarborough völlig unbekannt war. Die Nachricht von dem Testament erreichte ihn, und dann wurde ihm zum ersten Mal klar, welchen Schaden er sich selbst zugefügt hatte, als er bei der Begleichung der Gläubiger mitgeholfen hatte. Wäre sein Bruder völlig bankrott gewesen, so dass die Juden das Geld hätten beschlagnahmen können, das ihm zugefallen wäre, hätte sein Vater kein Testament zu seinen Gunsten hinterlassen. All das war nun für Augustus verständlich. Der Gedanke, dass sein Vater das Haus von allen Möbelstücken und dem Anwesen von allem darauf befindlichen Mobiliar befreien sollte, war ihm nicht in den Sinn gekommen, bevor die Sache erledigt war.

Er hatte geglaubt, dass seinem Vater jede persönliche Beleidigung gleichgültig sei, und war deshalb beleidigend gewesen. Er erkannte seinen Fehler und war deshalb wütend auf sich. Aber er war immer noch der Meinung, dass er im Hinblick auf die Gläubiger Recht gehabt hatte. Wären die Gläubiger im Besitz ihrer unbezahlten Anleihen geblieben, hätten sie schreckliche Hindernisse für die Inbesitznahme des Eigentums geschaffen. Da hatte er recht gehabt, dachte er. Tatsache war, dass sein Vater zu lange gelebt hatte. Allerdings würde das Eigentum ihm, Augustus, überlassen werden, und er musste sich entschließen, die anderen Dinge von Mountjoy zu kaufen. Er müsste auf jeden Fall für die Mittel sorgen, von denen Mountjoy leben musste, und er würde darauf achten, dass er die Habe nicht doppelt kaufte. So tröstete er sich, bis ihm Gerüchte über etwas Schlimmeres zu Ohren kamen.

Wie die Gerüchte zu ihm gelangten, lässt sich schwer sagen. Wahrscheinlich gab es einige unter den Dienern, die eine Ahnung davon bekamen, was der Gutsherr tat, als Mr. Gray wieder herunterkam; oder Miss Scarborough hatte eine vertrauliche Freundin; oder Mr. Greys Angestellter war möglicherweise indiskret. Die Nachricht erreichte Augustus in unformulierter Form und versetzte ihn in Erstaunen. Sein Glaube an die Geschichte seines Vaters über die Unehelichkeit seines Bruders war ungesichert und zweifelhaft. In letzter Zeit war es zu einer gründlicheren Annahme gekommen, da die Gläubiger ihr Geld eingezogen hatten – weniger als ein Drittel von dem, was ihnen gehört hätte, wenn sie die Macht gehabt hätten, ihre gesamten Schulden einzutreiben. Damit hatten die Gläubiger ihren Glauben bewiesen, und es war unwahrscheinlich, dass sie einer solchen Aussage ohne Grundlage Glauben schenken würden. Aber auf jeden Fall hatte er es für unmöglich gehalten, dass sein eigener Vater von seiner ersten Geschichte zurückgehen und sich erneut als doppelter Lügner und doppelter Schurke ausgeben könnte.

Aber wenn es so wäre, was sollte er tun? War es nicht so, dass er in einem solchen Fall völlig ruiniert wäre – ein mittelloser Abenteurer, dem sein Beruf völlig entzogen war? Das wenige Geld, das er zusammengesammelt hatte, war für Mountjoy ausgegeben worden – eine Sprotte, die hinausgeworfen wurde, um einen Wal zu fangen. Nach den vorliegenden Nachrichten war alles Mountjoy überlassen worden. Er hatte seinen Vater nur zur Hälfte gekannt, der sich wegen seiner Unfreundlichkeit heftig gegen ihn gewandt hatte. Wer hätte erwartet, dass ein Mann in einem solchen Zustand so lange leben und zu einem so starken Willen fähig sein würde? Er hatte nicht davon geträumt, einen so tief verwurzelten Hass wie den seines Vaters auf ihn zu empfinden.

Er erhielt auch die Nachricht von Tretton, dass von seinem Vater nun niemand mehr erwartete, dass er lange leben würde.

„Es kann eine Woche dauern, sagen die Ärzte, und es ist kaum möglich, dass er noch einen Monat am Leben bleibt." Das war die Nachricht, die ihn von seinem eigenen Abgesandten in Tretton erreichte. Was sollte er im Notfall des Augenblicks besser tun?

Es gab nur einen möglicherweise wirksamen Schritt, den er unternehmen konnte. Er könnte natürlich ruhig bleiben und die Chance akzeptieren, die sich ihm bieten würde, wenn sein Vater hätte sterben sollen. Aber er könnte sofort nach Tretton gehen und ein Interview mit dem Sterbenden verlangen. Er glaubte nicht, dass sein Vater, selbst auf seinem Sterbebett, sich weigern würde, ihn zu sehen. Der Mut seines Vaters war unbezwingbar und er glaubte, dass er sich auf seinen eigenen Mut verlassen konnte. Auf jeden Fall beschloss er, sofort nach Tretton zu gehen und seine Chance zu nutzen. Er erreichte das Haus gegen Mittag und schickte sofort seinen Namen zu seinem Vater. Miss Scarborough saß am Bett ihres Bruders und las ihm von Zeit zu Zeit ein paar Worte vor. „Augustus!" sagte er, sobald der Diener das Zimmer verlassen hatte. „Was will Augustus von mir? Als er mich das letzte Mal sah, befahl er mir, sofort zu sterben, wenn ich die Verletzung, die ich ihm zugefügt hatte, wiedergutmachen wollte."

„Denk jetzt nicht daran, John", sagte seine Schwester.

„Da Gott mein Richter ist, werde ich bis zum letzten Moment darüber nachdenken. Worte wie die, die ein Sohn zu seinem Vater spricht, erfordern ein wenig Nachdenken. Wenn ich Ihnen sagen würde, dass ich nicht an sie gedacht habe, würden Sie das tun? Ich wusste nicht, dass ich ein Heuchler war?

„Du brauchst nicht darüber zu sprechen, John."

„Nicht, es sei denn, er kam hierher, um meine letzten Augenblicke zu belästigen. Ich habe mich sehr bemüht, viel für ihn zu tun – Sie wissen schon, mit welchem Ergebnis. Mountjoy war auf jeden Fall ehrlich und direkt, und wenn man alles bedenkt, mangelte es ihm nicht an Respekt." . Es wird mir jedenfalls Freude bereiten, Augustus meinen Geisteszustand mitzuteilen."

„Was soll ich ihm sagen?" fragte seine Schwester.

„Sagen Sie ihm, dass er besser nach London zurückkehren sollte. Ich habe es mit beiden versucht, da nur wenige Söhne von ihrem Vater vor Gericht gestellt werden können, und ich kenne sie jetzt. Sagen Sie ihm mit meinen Komplimenten, dass es für ihn besser ist, es nicht zu tun." Wir können nichts Angenehmes mit ihm sagen, was ihn auch nur im Geringsten interessieren könnte.

Aber bevor es Nacht wurde, war der Gutsbesitzer besprochen worden und hatte zugestimmt, seinen Sohn zu sehen. „Das Vorstellungsgespräch wird mir leicht fallen", hatte er gesagt, „aber ich kann mir nicht vorstellen, was er von mir bekommen wird. Aber lass ihn kommen, wie er will."

Augustus verbrachte einen Großteil der Zwischenzeit damit, die Angelegenheit mit seiner Tante zu besprechen. Aber zu Mountjoy, den er beim Abendessen traf und mit dem er den Abend in Gesellschaft von Mr. Merton verbrachte, sagte er zu diesem Thema kein Wort. Die zwei Stunden nach dem Abendessen waren schon melancholisch genug. Die drei begaben sich in das Rauchzimmer und saßen dort fast gesprächslos. Ein paar Worte wurden über die Jagd gesagt, aber Mountjoy hatte diesen Winter nicht gejagt. Es gab auch einige, die an der Schießerei mehr Interesse hatten. Die Schießerei war natürlich immer noch Eigentum des alten Mannes und war in den ersten Monaten, ohne dass viele Worte gesprochen wurden, sozusagen ein Beiwerk zu dem Lebenszustand geworden, den Augustus anstrebte; aber in letzter Zeit hatte Mountjoy das Kommando übernommen. „Du hast hier viele Fasane gefunden, nehme ich an", bemerkte Augustus.

„Nun ja, nicht zu viele. Ich habe mir darüber keine großen Sorgen gemacht. Als ich einen Fasan sah, habe ich ihn geschossen. Ich war ein wenig geistig beunruhigt, wissen Sie."

„Wieder Glücksspiel, habe ich gehört."

„Das hat mich nicht sonderlich gestört. Merton kann Ihnen sagen, dass wir ein Krankenhaus hatten."

„Ja, tatsächlich", sagte Merton. „Es schien keine Zeit zu sein, in der ein Mann viel von seinen Fasanen halten würde."

„Ich weiß nicht warum", sagte Augustus, der entschlossen war, sich die in den Worten des Arztes enthaltene Zurechtweisung nicht gefallen zu lassen.

Danach wurde nichts mehr zwischen ihnen gesagt, bis sie alle in ihre getrennten Wohnungen gingen. „Widersprechen Sie ihm nicht", sagte seine Tante am nächsten Morgen zu ihm, „und wenn er Sie zurechtweist, geben Sie zu, dass Sie sich geirrt haben."

„Das ist schwer, wenn ich mich nicht geirrt habe."

„Aber so viel hängt davon ab; und er ist so streng. Natürlich wünsche ich euch beiden alles Gute. Es gibt genug, – viel; wenn ihr euch nur einig sein könntet."

„Aber die Ungerechtigkeit seiner Behandlung. Stimmt es, dass er Mountjoy jetzt zum ältesten Sohn erklärt?"

„Das glaube ich. Ich weiß es nicht, aber ich glaube es."

„Denken Sie daran, wie er sich mir gegenüber verhalten hat. Und dann sagen Sie mir, dass ich zugeben muss, dass ich Unrecht getan habe! Worin habe ich Unrecht getan?"

„Er ist dein Vater, und ich nehme an, du hast harte Worte zu ihm gesagt."

„Habe ich ihn zurechtgewiesen, weil er mich so viele Jahre lang betrügerisch in der Position eines jüngeren Sohnes gehalten hatte? Habe ich ihm diese Ungerechtigkeit nicht vergeben?"

„Aber er sagt, du bist ein jüngerer Sohn."

„Dieser letzte Schritt", sagte er mit großer Leidenschaft, „wurde nur gemacht, um mich zu bestrafen, weil ich ihm nicht sagen wollte, dass ich ihm gegenüber eine Menge Verpflichtungen hatte, weil ich einfach die Wahrheit über meine Geburt gesagt hatte." . Wir können nicht beide sein ältester Sohn sein."

„Nein, sicherlich nicht beides."

„Endlich erklärte er, dass ich sein Erbe sei. Wenn ich harte Worte zu ihm gesagt hätte, wären sie dann nicht gerechtfertigt?"

„Nicht für Ihren Vater", sagte Miss Scarborough kopfschüttelnd.

„Das ist Ihre Idee? Wie sollte ich mich enthalten? Denken Sie, was mir angetan wurde. Mein ganzes Leben lang hatte er mich betrogen und versucht, mich auszurauben."

„Aber er sagt, dass er beabsichtigt hatte, das Grundstück für Sie zu erwerben."

„Um es zu bekommen! Es gehörte mir. Nach seinen Worten war es mein eigenes. Er hatte mich ausgeraubt, um es Mountjoy zu geben. Jetzt will er mich erneut ausrauben, damit Mountjoy es haben kann. Er wird einen solchen Kessel zurücklassen." von Fischen hinter ihm, bei all seinen Manövern, dass keiner von uns Tretton übertreffen wird.

Dann ging er zum Gutsherrn. Trotz allem, was zwischen ihm und seiner Tante vorgefallen war, hatte er tief über sein Verhalten gegenüber seinem Vater in der Vergangenheit und die Art und Weise nachgedacht, wie er sich jetzt verhalten würde. Er war sich bewusst, dass er sich benommen hatte – nicht schlecht, denn er schätzte nichts, aber äußerst unklug. Als er sich als Erbe von Tretton herausstellte, hatte er geglaubt, fast der Besitzer zu sein, und hatte auf die Instinkte reagiert, die in einem solchen Fall für ihn natürlich gewesen wären. Den Mann zu begnadigen, weil er sein Vater war, und ihn dann mit unverschämter Verachtung zu behandeln, wie einen sterbenden alten Mann, der seiner Aufmerksamkeit fast völlig entzogen war, war seiner Ansicht nach die Natur der Umstände, die es erforderten. Und ob die Geschichte wahr oder falsch war, sie wäre dieselbe gewesen. Er war schließlich zu der Überzeugung gekommen, dass es wahr sei, und war deshalb umso entschlossener gewesen; aber ob es wahr oder falsch war, der alte Mann hatte seinen Schlag ausgeführt, und er musste sich daran halten. Bis zu dem Moment, als er diese Mitteilung von Tretton erhielt, war er nie auf die Idee gekommen, dass eine andere Verfügung über das Anwesen noch in der Macht seines Vaters liegen könnte. Aber er hatte wenig Ahnung von der Macht des alten Mannes, der Fruchtbarkeit seiner Ressourcen oder dem Ausmaß seiner Bosheit. „Nach dem, was du getan hast, solltest du aufhören zu bleiben und uns zu stören", hatte er einmal gesagt, als sein Vater scherzhaft auf seinen eigenen Tod anspielte. Er hatte sofort Buße getan und hatte das Gefühl, dass eine solche Rede ungerecht gewesen sei, da sie von einem Sohn kam. Aber sein Vater hatte im Moment keine tiefe Feindseligkeit zum Ausdruck gebracht. Einige sarkastische Worte waren von ihm gefallen, deren Bitterkeit Augustus nicht verstanden hatte. Aber seitdem erinnerte er sich daran und war jetzt weniger überrascht über den Wunsch seines Vaters, ihm Schaden zuzufügen, sondern über seine Macht.

Aber könnte er überhaupt eine solche Macht haben? Er wusste, dass Mr. Grey auf seiner Seite war, und Mr. Gray war ein gründlicher Anwalt. Die ganze Welt war auf seiner Seite – die ganze Welt war zu der Annahme und dem Glauben erzogen worden, dass Mr. Scarborough erst nach Mountjoys Geburt verheiratet gewesen sei. Die ganze Welt war sehr überrascht und würde nicht bereit sein, einen weiteren Schlag zu erleiden. Sollte er völlig reuig in das Zimmer seines Vaters gehen oder den Kopf heben und sich rechtfertigen?

Eines wurde ihm durch den Gedanken bewusst, von dem er überzeugt werden konnte. Keine Buße konnte ihm jetzt etwas nützen. Zu diesem Zeitpunkt hatte er sich jedenfalls ausreichend mit dem Charakter seines Vaters auseinandergesetzt, um sicher zu sein, dass er ihm ein solches

Vergehen nicht verzeihen würde. Jedes Laster, jede Extravaganz, fast jede persönliche Vernachlässigung wäre ihm verziehen worden. „Ich habe ihn so erzogen", hätte der Vater gesagt, „und die Schuld muss mir zugerechnet werden." Aber sein Sohn hatte bewusst den Wunsch nach dem Tod seines Vaters geäußert, und zwar in dessen Gegenwart. Er hatte nicht nur Nachlässigkeit an den Tag gelegt, die aus der Ferne entstehen kann und möglicherweise nicht unbedingt absichtlich war; aber diese Worte waren mit der Absicht gesagt worden, zu verletzen, und waren und würden unverzeihlich sein. Als Augustus den Korridor zum Zimmer seines Vaters entlangging, beschloss er, dass er auf keinen Fall Reue zeigen würde.

„Nun, Sir, wie geht es Ihnen?" sagte er, ging zügig hinein und reichte seinem Vater die Hand. Der alte Mann reichte träge die Hand, lächelte aber nur. „Ich höre von dir, wenn auch nicht von dir, und sie sagen mir, dass du in letzter Zeit nicht ganz so stark gewesen bist."

„Ich werde bald aufhören zu bleiben und dich zu belästigen", sagte der Knappe mit gespielter Schwäche und einer Stimme, die kaum über ein Flüstern hinausging, und benutzte dabei genau die Worte, die Augustus gesprochen hatte.

„Es gab einige Momente zwischen uns, Sir, die leider unangenehm waren."

„Und doch habe ich so viel getan, um sie für Sie angenehm zu machen! Ich hätte gedacht, dass das Angebot von ganz Tretton für Sie viel wert gewesen wäre."

Augustus war erneut fasziniert. In der Stimme seines Vaters lag ein mitleiderregendes Jammern, das ihn erneut täuschte. Er ahnte nicht, wie tief der Zorn des alten Mannes war. Er konnte sich nicht vorstellen, dass es in einem solchen Moment so heftig überkochen könnte; Er war sich auch nicht der katzenartigen Stille bewusst, mit der er den Weg für seinen letzten Frühling ebnen konnte. Mountjoy, der bei weitem am wenigsten begabte der beiden, hatte den wahren Einblick in den Charakter seines Vaters gewonnen.

„Du hast viel getan, oder vielmehr, wie ich annahm, die Umstände haben viel getan."

"Umstände?"

„Ich meine die Fakten über Mountjoys Geburt und meine eigene."

„Ich habe mich nicht immer von den tatsächlichen Umständen leiten lassen."

„Wenn es von meiner Seite ein Versäumnis gegeben hat, ein angemessenes Gefühl zum Ausdruck zu bringen, dann bereue ich es."

„Das weiß ich nicht. Was ist ein richtiges Gefühl? Es gab jedenfalls keine Heuchelei."

„Manchmal sind Sie ein wenig verbittert, Sir.“

„Ich hoffe, du wirst es nicht so finden, wenn ich weg bin.“

„Ich weiß nicht, was ich gesagt habe, was Sie verärgert hat, aber vielleicht wurde ich dazu getrieben, etwas zu sagen, was ich nicht gefühlt habe.“

„Für mich sicher nicht.“

„Ich bin nicht hier, um für einen besonderen Fehler um Verzeihung zu bitten, da ich nicht genau weiß, was mir vorgeworfen wird.“

„Von nichts. Es gibt überhaupt keine Anschuldigung.“

„Und auch nicht, wie hoch die Strafe sein soll. Ich habe erfahren, dass Sie Mountjoy alle Möbel im Haus hinterlassen haben.“

„Ja, armer Junge! – als ich herausfand, dass du ihn rausgeworfen hattest.“

„Ich habe ihn nie rausgeschickt – nicht, bis Ihr Haus offen war, ihn aufzunehmen.“

„Sie hätten nicht gewollt, dass er ins Armenhaus geht?“

„Ich habe das Allerbeste für ihn getan. Ich habe ihn am Laufen gehalten, als es sonst niemanden gab, der ihm einen Schilling geben konnte.“

„Er muss eine bittere Zeit gehabt haben“, sagte der Vater. „Ich hoffe, es hat ihm gut getan.“

„Ich glaube, ich habe mich ihm gegenüber genau so verhalten, wie es ein älterer Bruder hätte tun sollen. Er war nicht besonders dankbar, aber das war nicht meine Schuld.“

„Trotzdem hielt ich es für das Beste, ihm die alten Stöcke in der Gegend zu hinterlassen. Da er das Grundstück haben sollte, war es besser, dass er die Stöcke hatte.“ Als er das sagte, gelang es ihm, sich umzudrehen und seinem Sohn direkt ins Gesicht zu schauen. So sah es doch aus! Da war der Glanz des Sieges, die Herrlichkeit des Triumphs und das Gift der Bosheit. „Du würdest doch nicht dafür sorgen, dass sie getrennt werden, oder?“

„Ich habe von einem weiteren Trick dieser Art gehört.“

„Genau die übliche Art und Weise, wie die Dinge laufen sollten. Mr. Grey, der ein sehr guter Mann ist, hat mich überzeugt. Niemand sollte sich in das Gesetz einmischen. Ein Versuch in diese Richtung führte zum Bösen. Mountjoy ist der ältester Sohn, wissen Sie.

„Ich weiß nichts dergleichen.“

„Oh je, nein! Das Datum meiner Hochzeit mit deiner Mutter steht außer Frage. Wir haben ganz unkompliziert in Rummelsburg geheiratet. Als ich das

Anwesen vor diesen Harpyien retten wollte, war ich überrascht, es zu finden Wie leicht ich es geschafft habe. Gray war dort ein wenig nachgiebig: ein ausgezeichneter Mann, aber zu leichtgläubig für einen Anwalt.

„Ich glaube kein Wort davon."

„Sie werden feststellen, dass alles so natürlich wie möglich ablaufen wird, wenn ich aufgehört habe, zu bleiben und lästig zu sein. Aber eines muss ich zu Ihren Gunsten sagen."

"Wie meinst du das?"

„Ich hätte das alles nie schaffen können, wenn Sie dieser Zahlung der Gläubiger nicht zugestimmt hätten. Tatsächlich muss ich sagen, dass das hauptsächlich Ihr eigenes Verschulden war. Als Sie es zum ersten Mal vorschlugen, sah ich, was für eine schöne Sache Sie für Ihren Bruder erfanden . Danach sollte ich darüber nachdenken, alles zu verlassen, damit Sie die Wahrheit nicht herausfinden müssen, wenn ich tot bin. Ich glaube, ich hätte es so geschafft, dass Sie das Eigentum gehabt hätten, der ein dummes Gefühl hat Seine Mutter, die hartnäckig ist, hätte sich dagegen gewehrt; aber ich hätte es geschafft, dass ich jedes Dokument, das sich auf die Rummelsburger Hochzeit bezog, versiegelt und an Sie gerichtet hätte Ich hätte es nicht sicherer machen können, oder?"

„Ich weiß nicht, was du meinst."

„Es wäre Ihnen möglich gewesen, jedes noch so kleine Beweisstück zu vernichten, das zum Beweis der Legitimität Ihres Bruders benötigt wird. Hätte ich die Papiere verbrannt, hätte ich sie der Reichweite des armen Mountjoy nicht mehr entziehen können. Jetzt sind sie ganz sicher in Mr. Greys Büro." ; sein Angestellter hat sie mitgenommen, ich würde sie nicht hier bei Mountjoy zurücklassen, denn – nun ja – Sie könnten kommen und er könnte ermordet werden!" Jetzt hatte Mr. Scarborough seine Rache gehabt.

„Du denkst, du hast deine Pflicht getan", sagte Augustus.

„Es ist mir völlig egal, ob ich meine Pflicht erfülle, junger Mann." Hier erhob sich Mr. Scarborough teilweise und sprach mit der starken Stimme, die eigentlich so schädlich für ihn sein sollte. „Oder besser gesagt, bei der Suche nach meiner Pflicht schaue ich über die Konventionalitäten der Welt hinaus. Ich denke, dass Sie sich verwerflich verhalten haben und dass ich Sie bestraft habe. Wegen Mountjoys Schwäche, weil er von den Beinen gerissen worden war, habe ich mich darum bemüht Sie haben sich sofort an mich gewandt, als Sie dachten, die Tat sei vollbracht – und Sie waren ein wenig zu schnell in Ihrem Wunsch, sofort der Besitzer von Tretton Park zu werden Ich bin lange genug geblieben, um noch mehr Ärger zu machen. Sie werden nicht sagen, dass ich *unzufrieden bin* und nicht in der Lage bin, ein Testament zu machen. Mountjoy wird sich um dich kümmern, ich bezweifle nicht, dass er dich als seinen Bruder anerkennen wird. Ich bin nicht so weichherzig und werde dich nicht als meinen Sohn erkennen ." Als er dies sagte, drehte er sich zur Wand und ließ sich nicht zu einem weiteren Wort verleiten. Augustus begann zu sprechen, aber als er seinen zweiten Satz begonnen hatte, klingelte der alte Mann. „Maria", sagte er zu seiner Schwester, „wirst du die Güte haben, Augustus gehen zu lassen? Ich bin sehr schwach, und wenn er bleibt, wird er mein Tod sein. Er kann nichts erreichen, wenn er mich tötet." einmal; dafür ist es zu spät."

Dann verließ Augustus tatsächlich das Zimmer, und bevor es Nacht wurde, hatte er auch Tretton verlassen. Er nahm an, dass er dort nichts zu tun hatte. Ein Wort sagte er tatsächlich zu Mountjoy: „Du wirst verstehen, Mountjoy, dass Tretton nicht dein Eigentum werden wird, wenn unser Vater tot ist."

„Ich werde nichts dergleichen verstehen", sagte Mountjoy, „aber ich nehme an, Mr. Gray wird mir sagen, was ich tun soll."

KAPITEL LVII.

HERR. PROSPER ZEIGT SEINE GUTARTIGE NATUR.

Während diese Dinge in Tretton vor sich gingen und während Mr. Scarborough alle Vorkehrungen für die angemessene Verfügung über sein Eigentum traf, war er glücklicherweise zu dem Schluss gekommen, dass es keine Notwendigkeit gab, in die Regelungen des Gesetzes einzugreifen ,- Herr. Prosper lag sehr krank in Buston und versuchte auf seinem Krankenbett, sich mit dem zu versöhnen, was die Fideikommisse für ihn getan hatten. Es konnte keinen anderen Erben für ihn geben als Harry Annesley. Als er an die unverheirateten Damen seiner Bekannten dachte, stellte er fest, dass es niemanden gab, der für ihn getan hätte außer Miss Puffle und Matilda Thoroughbung. Alle anderen waren zu jung oder zu alt oder größtenteils mittellos. Miss Puffle wäre genau das Richtige gewesen – nur für den aufdringlichen Bauernsohn.

Als er dort allein in seinem Schlafzimmer lag, schweiften seine Gedanken ein wenig ab und er schickte nach Matthew, seinem Butler, und führte vertrauliche Gespräche mit ihm. „Ich hätte nie gedacht, dass Miss Thoroughbung genau die richtige Dame ist", sagte Matthew.

"Warum nicht?"

„Nun, Sir, es gibt ein Sprichwort – aber Sie werden mich entschuldigen."

„Mach weiter, Matthew."

„Es gibt ein Sprichwort: ‚Aus dem Ohr einer Sau kann man keine Seidenhandtasche machen.'"

"Das habe ich gehört."

„Genau so, Sir. Nun, Miss Thoroughbung ist eine sehr nette Dame."

„Ich glaube nicht, dass sie überhaupt eine nette Frau ist."

„Aber – natürlich steht es mir nicht zu, gegen die Vorgesetzten zu sprechen, und als untergeordneter Diener würde ich das auch nie tun."

„Mach weiter, Matthew."

„Miss Thoroughbung ist –"

„Mach weiter, Matthew."

„Nun ja – sie ist ein Sauohr. Nicht wahr? Die Diener hier hätten sie nie als seidenen Geldbeutel angesehen."

„Würden sie das nicht tun?“

„Niemals! Sie hat eine Art mit sich umzugehen, als ob ihr Seidenhandtaschen egal wären. Und ich glaube, Sir, dass sie das auch nicht tut. Sie möchte jedoch die Oberhand haben, und wenn sie hierher gekommen wäre, würde sie es tun hätte es gesagt.

„Das kann niemals sein. Gott sei Dank, das kann niemals sein!“

„Oh nein! Brewers ist Brauer und muss es auch sein. Da ist Mr. Joe – ihm geht es zweifellos sehr gut.“

„Ich habe nicht das Vergnügen, seine Bekanntschaft zu machen.“

„Er möchte Miss Molly heiraten. Aber Miss Molly ist nicht das Oberhaupt der Familie, oder, Sir?“ Hier schüttelte der Gutsbesitzer den Kopf. „Sie sind das Oberhaupt der Familie, Sir.“

"Das nehme ich an."

„Und ist – ich könnte es wagen, zu sprechen?“

„Mach weiter, Matthew.“

„Miss Thoroughbung wäre in Buston Hall ein wenig fehl am Platz. Was nun Miss Puffle betrifft –“

„Miss Puffle ist eine Dame – oder war es zumindest.“

„Kein Zweifel, Sir. Die Puffles sind den Prospers nicht ganz ebenbürtig, wie ich gehört habe. Aber die Puffles sind Damen – und Herren. Die Diener unten geben ihnen alle zu, dass sie wirklich vornehme Leute sind. Aber –“

"Also?"

„Sie hat sich gegenüber der jungen Tazlehurst furchtbar erniedrigt. Alle sagten, es gäbe noch mehr, woher das kam.“

„Was sollen sie damit meinen?“

„Sie würde sich niederträchtigen Dingen hingeben, wie sie in Buston Hall niemals ertragen worden wären, – einem Fluchen und einem Fluchen –“

„Fräulein Puffle!“

„Nicht sie selbst, das sage ich nicht; aber es reicht schon, wenn man alles gehört hat. Aber sie, wenn sie es andere machen lassen, machen es fast selbst. Und sie, wie sie andere sperrrits trinken lassen, wenn der Morgen kurz davor steht, einen zu haben ihnen selbst die Kehle hinunterschlürfen.

„Oh Gesetze!“ rief Herr Prosper aus und dachte an die Flucht, die er gehabt hatte.

„Es hätte Ihnen nicht gefallen, Sir, wenn im Schlafzimmer eine Flasche Gin gestanden hätte!" Hier versteckte Mr. Prosper sein Gesicht unter der Bettwäsche. „Es ist nicht die ganze Seide, die aus dem Strang kommt, um daraus eine Handtasche zu machen."

Es gab Schwierigkeiten bei der Suche nach einer Ehe, an die Herr Prosper nicht gedacht hatte. Seine Fantasie stellte sich sofort eine Braut mit einer Flasche Gin unter dem Kissen vor, und er zitterte weiter, bis Matthew fast glaubte, er hätte einen Fieberanfall.

„Ich werde es auf jeden Fall aufgeben", sagte er nach einer Pause.

„Natürlich sind Sie ein junger Mann, Sir."

"Nein, bin ich nicht."

„Das heißt, nicht gerade jung"

„Du bist ein alter Narr, solche Lügen zu erzählen!"

„Natürlich bin ich ein alter Narr, aber ich bemühe mich, ehrlich zu sein. Ich habe in all den Jahren, in denen ich Sie kenne, nie einen Schilling wie Ihren genommen, auch nicht den Wert eines Schillings, Mr. Prosper."

„Was hat das damit zu tun? Ich bin kein junger Mann."

„Was soll ich sagen, Sir? Soll ich sagen, da Sie mittleren Alters sind?"

„Die Wahrheit ist, Matthew, ich bin erschöpft."

„Dann würde ich nicht daran denken, eine Frau zu nehmen."

„Die Probleme waren zu schwer für mich. Ich glaube nicht, dass ich dazu bestimmt war, Probleme zu ertragen."

„Der Mensch wird zum Ärger geboren, während die Funken nach oben fliegen"', sagte Matthew.

„Das nehme ich an. Aber das Glück eines Mannes ist schwerer als das eines anderen. Es waren zu viele für mich, und ich habe das Gefühl, dass ich unter ihnen versinke. Es nützt nichts, wenn ich jetzt ans Heiraten denke."

„Das ist es, worauf ich gekommen bin, als du gesagt hast, ich sei ein alter Narr. Natürlich bin ich ein alter Narr."

„Hab es hinter mir! Mr. Harry war nicht genau das, was er für mich hätte sein sollen."

„Er ist ein sehr hübscher junger Herr."

„Was hat das Schöne damit zu tun?"

„Jemand mit schlichten Gesichtszügen bleibt eher zu Hause und ist ruhig. Von einem so gutaussehenden Mann kann man nicht erwarten, dass er in Buston bleibt und Predigten hört.“

„Ich erwarte nicht, dass er um Mitternacht Männer auf der Straße herumtreibt.“

„Das ist es nicht, Sir.“

„Ich sage, das ist es!“

„Sehr gut, Sir. Nur haben wir unten alle gehört, dass Mr. Harry nicht derjenige war, der den ersten Schlag versetzt hat. Es ging nur um eine junge Dame.“

„Ich weiß, worum es ging.“

„Eine junge Dame, wie eine junge Dame eben ist.“ – Dies spürte Mr. Prosper im Hinblick auf die Gin trinkende Miss Puffle und die vom Bierbrauer erzogene Miss Thoroughbung zutiefst; aber als er anfing zu denken, dass der Fortbestand der Familie der Prospers von der Heirat abhängen müsse, die Harry schließen würde, überging er die Beleidigung über sich selbst, um des Lobes willen, das der zukünftigen Mutter der Prospers zuteil wurde. –“ Und wenn ein junger Herr sein Herz an eine junge Dame gehängt hat, lässt er sich nicht durch Prahlerei davon abbringen.

„Captain Scarborough kannte sie zuerst.“

„Wer zuerst kommt, mahlt zuerst, das ist bei Liebenden nicht immer so. Mr. Harry war der siegreiche Held. ‚Weni, widi, wici.‘“

„Hallo, Matthew!“

„Das sind die Worte, die ein junger Herr gebrauchen sollte, wenn er die Zuneigung einer jungen Dame erobert hat; und ich wage zu behaupten, dass es genau die Worte sind, die den Kapitän in so große Leidenschaft versetzt haben. Ich kann verstehen, wie es passiert ist.“ , als ob ich es gesehen hätte.

„Aber er ging weg und ließ ihn blutend und sprachlos zurück.“

„Er hat sein *weni, widi, wici* aus ihm herausgeschlagen, schätze ich! Ich denke, Mr. Prosper, Sie sollten ihm verzeihen.“ Mr. Prosper hatte das auch gedacht, wusste aber nach seinem zweiten Wutausbruch kaum, wie er sich ausdrücken sollte. Aber er war im Moment krank und schwach und sehnte sich danach, jemanden in seiner Nähe zu haben, der mehr wie ein seidener Geldbeutel sein sollte als sein Butler Matthew. „Angenommen, Sie würden nach ihm schicken, Sir.“

„Er würde nicht kommen.“

„Lassen Sie ihn in Ruhe, weil er gekommen ist! Sie sagen mir, Sir —"

„Wer sagt es dir?"

„Warum, Herr, die Bediensteten sind jetzt im Pfarrhaus. Natürlich, Herr, wo zwei Familien so eng miteinander verbunden sind, sind die Bediensteten genauso nahe beieinander: Das ist nicht mehr als natürlich. Sie sagen mir das jetzt, weil Sie so freundlich darüber waren Zulage, ihr Gerede über dich hat sich völlig verändert. Dann wurde der Zorn des Gutsherrn erneut erhitzt. Ihr ganzes Gerede war gegen ihn gewesen, bis er seine Hand in Bezug auf die Zulage geöffnet hatte. Und wenn es jetzt wieder etwas zu holen gab, konnten sie höflich sein. Er hatte nichts von der Liebe zu sich selbst, nach der sich ein alter Mann immer sehnt, nach der der Kranke sein Herz bricht, die aber der Alte und Kranke so schwer von den Jungen und Gesunden bekommen kann. Es liegt in der Natur, dass der alte Mann den Geldbeutel in der eigenen Tasche behalten sollte, sonst hat er so wenig Anziehungskraft. Er ist schwach, mürrisch, hässlich anzusehen, neigt dazu, gierig, böse und unordentlich zu sein. Obwohl er selbst lieben kann, was bedeutet seine Liebe zu irgendjemandem? Die Pflicht verlangt, dass man sein Kissen glättet, und jemand glättet es – als Pflicht. Aber der alte Mann spürt den Unterschied und erinnert sich an die Zeit, als es jemanden gab, der es unbedingt teilen wollte.

Mr. Prosper war noch kein alter Mann und hatte noch nicht jenen Lebensabschnitt hinter sich, in dem viele Männer von ihren Kindern als die besten ihrer Spielkameraden angesehen werden. Aber er war körperlich schwach, unsicher und eifersüchtig im Geiste. Er hatte den Mut, sich eine großzügige Verhaltensweise vorzuschreiben, aber nicht den Vorsatz, daran festzuhalten. Sein Neffe war ihm immer ein Ärgernis gewesen, weil er von ihm eine Art Verehrung erwartet hatte, auf die er als Familienoberhaupt Anspruch hatte. Alles Gute sollte von ihm kommen, und deshalb sollte ihm Gutes gegeben werden. Harry hatte sich gesagt, dass sein Onkel nicht sein Vater war und dass es nicht seine Schuld gewesen war, dass er der Erbe seines Onkels war. Er hatte seinen Onkel nicht um ein Taschengeld gebeten. Er war mit dem Gefühl aufgewachsen, dass Buston Hall ihm gehören sollte, und hatte seinen Onkel nicht als Spender betrachtet. Sein Vater hatte mit seiner großen Familie nie viel verlangt und keine besondere Aufmerksamkeit von ihm gewollt. Und wenn nicht sein Vater, warum dann sein Onkel? Aber seine Unaufmerksamkeit, sein Mangel an Dankbarkeit für besondere Geschenke waren tief in Mr. Prospers Herzen gesunken. Daher war Miss Thoroughbung seine letzte Hilfe gewesen, und Miss Thoroughbung hatte ihn „Peter" genannt. Daher waren seine Gedanken zu Miss Puffle gewandert, und Miss Puffle war mit dem Sohn des Bauern weggegangen und hatte, wie er jetzt erfahren hatte, begonnen, Gin zu trinken. Deshalb wandte er sein Gesicht der Wand zu und bereitete sich auf den Tod vor.

Am nächsten Tag schickte er erneut nach Matthew. Matthew kam immer morgens zum ersten Mal zu ihm, aber bei dieser Gelegenheit fand kaum ein Gespräch statt. Mitten am Tag ließ er sich eine Schüssel Suppe bringen, und inzwischen hatte er es geschafft, sich aus dem Bett zu ziehen, seinen Schlafrock anzuziehen und sich in seinen Sessel zu setzen. Dann, wenn die Suppe langsam gegessen war, klingelte er und das Gespräch begann. „Ich habe darüber nachgedacht, was ich gestern gesagt habe, Matthew." Matthew stimmte einfach zu, aber er wusste in seinem Herzen, dass sein Meister über das nachgedacht hatte, was er selbst gesagt hatte.

„Ist Mr. Harry im Pfarrhaus?"

„Oh ja, er ist jetzt da. Er würde sich nicht aus dem Pfarrhaus rühren, bis er hört, dass es dir besser geht."

„Warum sollte er sich nicht rühren? Will er damit sagen, dass ich sterben werde? Vielleicht werde ich sterben. Ich bin sehr schwach, aber er weiß es nicht."

Matthew hatte das Gefühl, dass er einen Fehler begangen hatte und dass er so gut er konnte daraus herauskommen musste. „Es ist nicht so, dass er sich etwas dabei denkt, aber Sie sind auf Ihr Zimmer beschränkt, Sir. Natürlich weiß er das."

„Ich habe es ihm nie gesagt."

„Er ist bei seinen täglichen Anfragen sehr genau."

„Kommt er hierher?"

„Das wagt er nicht, denn er weiß, dass du es nicht wünschst."

„Warum sollte ich es mir nicht wünschen? Es wäre das Natürlichste auf der Welt."

„Aber es gab – ein wenig – ich bin mir ziemlich sicher, dass Mr. Harry sich nicht einmischen möchte. Wenn Sie mir gestatten würden, klarzustellen, dass Sie möchten, dass er anruft, wäre er hier im Handumdrehen." Dann machte Mr. Prosper ganz langsam deutlich, dass er es als Kompliment auffassen würde, wenn sein Neffe durch den Park gehen und nach ihm fragen würde. Er war sehr wählerisch hinsichtlich der Art und Weise, wie diese Botschaft geführt werden sollte. Harry durfte nicht auf die Idee kommen, dass er auf seine alte Art ins Haus stürmen würde: „Hallo, Onkel, geht es dir nicht gut? Ich hoffe, dass es dir besser geht, wenn ich zurückkomme. Ich muss weg." mit dem nächsten Zug. Dann flog er weg und eine Woche lang hörte man nichts mehr von ihm. Und doch sollte die Botschaft mit einer verlockenden Höflichkeit übermittelt werden, die attraktiv sein und darauf hinweisen könnte, dass keine Feindseligkeit beabsichtigt war. Aber es sollte keine positive Botschaft sein, sondern eine, die andeuten würde, was möglicherweise passieren könnte. Sollte es passieren, dass Mr. Harry in diese Richtung ging, könnte es auch passieren, dass sein Onkel sich freuen würde, ihn zu sehen. Es gab keinen besseren Botschafter als Matthew, und deshalb wurde Matthew beauftragt, die Angelegenheit zu regeln. „Wenn Sie Mrs. Weeks erreichen und es über seine Mutter tun können", schlug Mr. Prosper vor. Dann zwinkerte Matthew und machte sich auf den Weg zu seinem Auftrag.

Nach etwa zwei Stunden klingelte es an der Hintertür, dessen Geräusch Mr. Prosper gut kannte. Miss Thoroughbung war nicht oft dort gewesen, aber er hatte gelernt, ihren Ring vom Ring ihrer Dienerin zu unterscheiden. In früheren, nicht allzu fernen Zeiten war es Harry nie gewohnt gewesen, überhaupt zu klingeln. Doch sein Onkel wusste, dass er es war, der wahrscheinlich kommen würde, und nicht der Arzt – oder Mr. Soames, vor dessen Ankunft er stündlich fürchtete. „Du kannst ihn herbringen", sagte er zu Matthew, öffnete mit großer Anstrengung die Tür und versuchte, mit dem Diener unten auf der Treppe zu sprechen. Jedenfalls erschien Harry und stand nach zwei Minuten über dem Krankenstuhl seines Onkels. „Mir geht es in letzter Zeit nicht ganz gut", antwortete er auf die gestellten Fragen.

„Es tut uns sehr leid, das zu hören, Sir."

„Ich nehme an, du hast es schon einmal gehört."

„Wir haben gehört, dass Sie ein wenig verstimmt waren."

„Verrückt! Ich weiß nicht, wie Sie „verrückt" nennen. Ich habe diesen Raum seit fast einem Monat nicht mehr verlassen. Eines Tages kam meine Schwester zu mir, und das war die letzte Christin, die ich gesehen habe ."

„Meine Mutter würde jeden Tag vorbeikommen, wenn sie das Gefühl hätte, dass es dir gefallen würde."

„Sie hat ihre eigenen Pflichten und ich möchte nicht lästig sein."

„Die Wahrheit ist, Onkel Prosper, dass wir alle das Gefühl hatten, in deinen schwarzen Büchern gestanden zu haben; und da wir dachten, dass wir es nicht verdient hätten, herrschte ein wenig Abkühlung."

„Ich habe deiner Mutter gesagt, dass ich bereit wäre, dir zu vergeben."

„Mir was verzeihen? Ein Kerl möchte nicht vergeben werden, wenn er nichts getan hat. Aber wenn du nur sagen würdest, dass Vergangenes ganz Vergangenheit sein wird, dann nehme ich das so an." Er konnte seine Position als Familienoberhaupt nicht so einfach aufgeben – ein verletztes Familienoberhaupt. Und doch war es ihm ein Anliegen, dass Vergangenes auch Vergangenes sein würde, wenn der junge Mann nur nicht so unbekümmert wäre, wie er da neben seinem Sessel stand. „Sag einfach das Wort, und die Mädchen werden heraufkommen und dich sehen, wie sie es früher getan haben." Mr. Prosper dachte im Moment, dass eines der Mädchen Joe Thoroughbung heiraten würde und dass er sie nicht sehen wollte. „Was mich betrifft, wenn ich in irgendeiner Weise fahrlässig gehandelt habe, kann ich nur sagen, dass ich es nicht beabsichtigt habe. Ich möchte nicht mehr sagen, denn es scheint, als würde ich Sie um Geld bitten."

„Ich weiß nicht, warum du mich nicht fragen solltest."

„Ein Mann macht das nicht gern. Aber ich würde dir alles erzählen, wenn du mich nur lassen würdest."

„Was gibt es zu erzählen?" sagte Onkel Prosper, wohlwissend, dass ihm die Liebesgeschichte mitgeteilt werden würde.

„Ich habe mich verlobt, um eine junge Frau zu heiraten."

"Eine junge Frau!"

„Ja – sie ist natürlich eine junge Frau; aber sie ist auch eine junge Dame. Sie kennen ihren Namen: Es ist Florence Mountjoy."

„Das ist die junge Dame, von der ich gehört habe. Gab es nicht noch einen anderen Herrn, der mit ihr verbunden war?"

„Da war – ihr Cousin, Mountjoy Scarborough."

„Sein Vater hat mir geschrieben."

„Sein Vater ist der gemeinste Kerl, den ich je getroffen habe."

„Und er selbst kam zu mir – hierher. Sie haben deinen Kampf für dich gekämpft."

„Ich bin ihnen zu großem Dank verpflichtet."

„Denn selbst ich habe ihn wegen der Dame gestört."

Dann musste Harry sein *veni, vidi, vici* auf seine eigene Weise wiederholen. „Natürlich habe ich ihn gestört. Wie soll sich ein Kerl helfen? Wir haben beide dasselbe Mädchen beschimpft, und natürlich musste sie es entscheiden."

„Und sie hat für dich entschieden?"

„Ich glaube, sie hat es getan. Auf jeden Fall habe ich mich für sie entschieden, und ich habe vor, sie zu haben."

Dann war Mr. Prosper in seinen Glückwünschen für ihn sehr freundlich und sagte allerlei Gutes von Miss Mountjoy. „Ich glaube, sie würde dir gefallen, Onkel Prosper." Herr Prosper zweifelte nicht daran, dass er „den Anwalt beschwichtigen" würde. Er hatte auch von Miss Mountjoy gehört, und was er gehört hatte, war der „jungen Dame" sehr zugutegekommen. Dann stellte er ein paar Fragen zum geplanten Zeitpunkt der Hochzeit. Hier musste Harry zugeben, dass es Schwierigkeiten gab. Miss Mountjoy hatte versprochen, drei Jahre lang nicht ohne die Zustimmung ihrer Mutter zu heiraten. "3 Jahre!" sagte Herr Prosper. „Dann werde ich tot und begraben sein." Harry sagte seinem Onkel nicht, dass in diesem Fall das Problem wahrscheinlich verschwinden würde, da das gleiche Schicksal, das ihn seines armen Onkels beraubt hatte, ihn zum Besitzer von Buston gemacht hätte. In einem solchen Fall würde Mrs. Mountjoy wahrscheinlich nachgeben.

„Aber warum soll die junge Dame drei Jahre lang von der Ehe ferngehalten werden? Will sie das?"

Harry sagte, dass er nicht wirklich glaubte, dass Miss Mountjoy sich eine so lange Trennung wünschte. „Tatsache ist, Sir, dass Mrs. Mountjoy nicht meine beste Freundin ist. Ihr Neffe, Mountjoy Scarborough, war schon immer ihr Favorit."

„Aber er ist ein Mann, der beim Kartenspielen immer sein Geld verliert."

„Er soll jetzt ganz Tretton haben, so scheint es."

„Und was sagt die junge Dame?"

„All Tretton wird sie nicht bewegen. Ich habe kein bisschen Angst. Ich habe ihr Wort, und das reicht mir. Wie es kommt, dass ihre Mutter es für möglich halten sollte; – das weiß ich nicht."

„Die drei Jahre stehen ganz fest?"

„Das sage ich nicht ganz."

„Aber eine junge Dame, die dir treu bleibt, wird auch ihrer Mutter treu bleiben." Harry schüttelte den Kopf. Er war durchaus bereit, Florence die Wahrheit über ihr Versprechen an ihn zu garantieren, aber er glaubte nicht, dass ihr Versprechen an ihre Mutter auf die gleiche Grundlage gestellt werden musste. „Ich würde mich sehr freuen, wenn Sie es anders regeln könnten. Drei Jahre sind eine lange Zeit."

„Ganz absurd, wissen Sie", sagte Harry energisch.

„Was hat sie dazu gebracht, sich auf drei Jahre festzulegen?"

„Ich weiß nicht, wie sie es zwischen ihnen gemacht haben. Mrs. Mountjoy dachte vielleicht, dass es ihrem Neffen Zeit verschaffen könnte. Zehn Jahre wären für ihn das Gleiche. Florence ist ein Mädchen, das, als sie sagt, dass sie einen Mann liebt, meinst du denn nicht, dass ich vorhabe, drei Jahre zu bleiben?"

"Was hast du vor zu machen?"

„Man muss ein wenig abwarten und sehen." Dann entstand eine lange Pause, in der Harry dastand und mit den Fingern spielte. Er hatte nichts weiter vorzuschlagen, dachte aber, dass sein Onkel vielleicht etwas sagen würde. „Soll ich morgen wiederkommen, Onkel Prosper?" er sagte.

„Ich habe einen Plan", sagte Onkel Prosper.

„Was ist los, Onkel?"

„Ich weiß nicht, dass es zu irgendetwas führen kann. Es nützt natürlich nichts, wenn die junge Dame die drei Jahre warten lässt."

„Ich glaube nicht, dass sie überhaupt ängstlich ist", sagte Harry.

„Sie könnten fast sofort heiraten."

„Das ist es, was mir gefallen würde."

„Und komm und lebe hier."

"In diesem Haus?"

„Warum nicht? Ich bin niemand. Du wirst bald feststellen, dass ich niemand bin."

„Das ist Unsinn, Onkel Prosper. Natürlich bist du jeder in deinem eigenen Haus."

„Man könnte es sechs Monate im Jahr aushalten."

Harry dachte an die Predigten, beschloss aber sofort, sich ihnen mutig zu stellen. „Ich denke nur daran, wie großzügig du bist."

„Das ist es, was ich meine. Ich kenne die junge Dame nicht, und vielleicht gefällt es ihr nicht, mit einem alten Herrn zusammenzuleben. Was die anderen sechs Monate betrifft, werde ich die zweihundertfünfzig Pfund auf fünfhundert Pfund erhöhen." . Wenn sie es gut findet , sollte sie zuerst hierher kommen und mich sie sehen lassen. Dann gab es eine Pause. „Ich wüsste nicht, wie ich es ertragen soll – das sollte ich tatsächlich nicht. Aber lasst sie beide kommen."

Nach einiger weiterer Verzögerung wurde dies schließlich beschlossen. Harry ging überaus glücklich und sehr dankbar weg, und Mr. Prosper musste über den schrecklichen Schritt nachdenken, den er getan hatte.

KAPITEL LVIII.

HERR. SCARBOROUGHS TOD.

Es ist eine traurige Tatsache, dass Mr. Barry, als er die letzte Geschichte von Tretton hörte, zu glauben begann, sein Partner sei nicht so hellwach, wie er ihn bisher immer gesehen hatte. Im Laufe der Zeit stellt sich ein solches Ergebnis im Allgemeinen in allen engen Verbindungen zwischen Alt und Jung ein. Vor zehn Jahren hatte Mr. Barry mit vertrauensvollem Respekt zu Mr. Gray aufgeschaut. Die Worte von Mr. Gray waren sicherlich Worte der Wahrheit, aber nach Mr. Barrys damaliger Einschätzung waren sie auch Worte der Weisheit. Allmählich hatte sich ein verändertes Gefühl entwickelt; und Mr. Barry dachte weniger darüber nach, obwohl er nicht an der Wahrheit zweifelte. Aber er zweifelte ständig an der Weisheit. Die Weisheit, die unter Mr. Barrys stellvertretender Leitung praktiziert wurde, war nicht ganz dieselbe wie die von Mr. Grey. Und Mr. Barry hatte verstanden, dass es zwar gut sein mag, gelegentlich die Wahrheit zu sagen, es aber töricht war anzunehmen, dass irgendjemand anders das tun würde. Er hatte immer gedacht, dass Mr. Gray etwas zu schnell gegangen war, als er Squire Scarboroughs erste Geschichte geglaubt hatte. „Aber Sie waren selbst in Nizza und haben herausgefunden, dass es wahr ist", würde Mr. Gray sagen. Mr. Barry schüttelte den Kopf und erklärte, dass man einer Geschichte nicht auf den Grund gehen könne, wenn man es mit einem Mann mit so unterschiedlichem Intellekt wie Mr. Scarborough zu tun habe.

Von Änderungen in der Art und Weise der Geschäftsführung der Firma sei jedoch keine Rede gewesen. Mr. Gray war natürlich der Partner gewesen, nach dessen Urteil letztendlich jede wichtige Frage entschieden werden musste; und obwohl Herr Barry nach Nizza geschickt worden war, befand sich das Scarborough-Anwesen insbesondere in der Filiale von Herrn Grey. Er hatte lautstark die Missetat seines Mandanten verkündet, war aber insgesamt zu dem Schluss gekommen, dass die Missetat begangen worden war; und alle Angestellten im Büro waren mit ihm gegangen und vertrauten auf seinen großartigen Charakter und seine nüchterne Klugheit. Und Mr. Gray war kein Mann, der sich so leicht aus seiner hohen Position verdrängen ließ.

Der Respekt, den man ihm allgemein entgegenbrachte, war zu hoch; und er trat vor seinem Partner und seinen Angestellten zu kraftvoll auf, um sofort sein Ansehen zu verlieren. Aber als Mr. Barry die neue Geschichte hörte, blickte er seinen Lieblingsschreiber an und zwinkerte fast mit den Augen; und als er kam, um die Angelegenheit mit Mr. Grey zu besprechen, weigerte er sich auch nur, so zu tun, als ob er sich sofort von Mr. Greys Meinung leiten ließe. „Ein Gentleman, der bei einer Gelegenheit so sehr klug war, kann bei einer anderen Gelegenheit sehr klug sein." Das war sein Argument gewesen. Mr. Greys Antwort lautete lediglich, dass man einen alten Vogel nicht zweimal mit Spreu fangen könne. Mr. Barry schien jedoch, als er die Angelegenheit mit dem Lieblingsschreiber besprach, der Meinung zu sein, dass der Vogel umso häufiger mit Spreu erwischt werden könne, je älter er werde.

Herr Gray war in diesen Tagen sehr unglücklich – nicht nur wegen der Ungerechtigkeit seines Klienten, sondern auch wegen der Einsicht, die er in die geschäftliche Begabung seines Partners gewonnen hatte. Er begann, an Mr. Barry zu zweifeln. Mr. Barry neigte zu scharfem Üben. Mr. Barry begann, seine Mandanten zu lieben – nicht mit der Zuneigung eines richtigen Anwalts, wie seine Kinder, sondern wie Schafe, die geschoren werden müssen. Bei Mr. Grey waren die Rechnungen zweifellos ausgegangen und bezahlt worden, und das Geld hatte in irgendeiner Form den Weg in Mr. Greys Taschen gefunden. Aber er hatte die beiden Dinge nie zusammen betrachtet. Mr. Barry schien an die Wolle zu denken, wenn jeder Kunde kam oder entlassen wurde. Als Mr. Grey über diese Dinge nachdachte, begann er zu glauben, dass sein eigener Geschäftsstil veraltet sei. Er hatte seiner Tochter gute Worte von Mr. Barry gesagt, aber gerade zu diesem Zeitpunkt begann sein Vertrauen sowohl in sich selbst als auch in seinen Partner zu schwinden. Sein Partner wurde zu stark für ihn und er hatte das Gefühl, zu versagen. Die Dinge wurden geändert; und er liebte sein Geschäft nicht mehr so wie früher. Er hatte Fantasien, und er wusste, dass er Fantasien hatte und dass Fantasien nicht gut für einen Anwalt waren. Als er sah, was Mr. Barry über diese neue Geschichte von Tretton dachte, war er überzeugt, dass Dolly recht hatte. Dolly sei seiner Meinung nach nicht geeignet, Mr. Barrys Frau zu sein. Sie hätte die Frau eines anderen wie ihm selbst sein können, wenn der Partner ein solcher gewesen wäre. Aber es war unwahrscheinlich, dass irgendein Partner so gewesen wäre wie er. „Alte Zeiten haben sich verändert", sagte er sich; „Alte Sitten sind verschwunden." Dann beschloss er, sein Haus in Ordnung zu bringen und die Firma zu verlassen. Ein Mann kann seine Arbeit nicht für immer verlassen, ohne einen Anflug von Melancholie.

Aber es war notwendig, dass jemand nach Rummelsburg ging und herausfand, was man dort lernen konnte. Mr. Gray hatte geschworen, dass er mit der neuen Geschichte nichts zu tun haben würde, sobald ihm die neue Geschichte erzählt worden wäre; aber es wurde ihm bald klar, dass er etwas damit zu tun haben musste. Sobald der Atem aus dem Körper des alten Gutsherrn strömte, musste jemand Tretton in Besitz nehmen, und Mountjoy würde im Haus zurückgelassen werden. In Übereinstimmung mit Mr. Greys Theorie wäre Augustus der richtige Besitzer. Zweifellos würde Augustus hingehen und das Eigentum beanspruchen, es sei denn, die Angelegenheit könnte zuvor zur Zufriedenheit beider entschieden werden. Mr. Gray meinte, es bestehe wenig Hoffnung auf eine solche Befriedigung; aber es wäre natürlich Sache von ihm oder seiner Firma, zu sehen, was getan werden könnte. „Dass ich jemals so ein Geschäft hätte bekommen sollen!" er sagte zu sich selbst. Aber schließlich einigten sie sich darauf, dass Mr. Barry nach Rummelsburg gehen sollte. Er hatte die Anfrage in Nizza gestellt und würde sie in Rummelsburg fortsetzen. Mr. Barry begann mit Mr. Quaverdale aus St. John's, dem Herrn, den Harry Annesley zu der Frage befragt hatte, ob er mit dem Schreiben für die Presse Geld verdienen könne. Herr Quaverdale sollte ein deutscher Gelehrter sein und bekam daher die Kosten für seine Kosten übernommen, mit einer gewissen Prämie für seine Zeit.

Es soll ein Gespräch zwischen Mr. Barry und Mr. Quaverdale wiedergegeben werden, das auf ihrem Heimweg stattfand, da es das Ergebnis ihrer Untersuchung am besten beschreiben kann. Diese Untersuchung war von Mr. Barrys Geheimdienst durchgeführt worden, war aber so sehr Mr. Quaverdales umfangreichen Sprachkenntnissen zu verdanken, dass man sagen kann, dass die beiden Herren, als sie nach Hause kamen, gleichermaßen gut in die Angelegenheiten von Mr. Scarborough eingewiesen waren Eigentum.

„Er war zu viel für den Gouverneur", sagte Barry. Mr. Barrys Gouverneur war Mr. Grey.

„Mir scheint, dass Scarborough ein Gentleman ist, der für die meisten Männer zu viel sein kann."

„Der klügste Kerl, dem ich je begegnet bin, sei es als Betrüger oder in irgendeinem anderen Lebensbereich. Wenn er wollte, dass irgendjemand anderes das Eigentum bekommt, würde er etwas herausbringen, um zu zeigen, dass es sich dabei um das Faksimile selbst handelt." Mondschein."

„Aber als er in Nizza erneut heiratete, konnte er nicht bereits mit seinem ältesten Sohn gestritten haben. Das Kind war nicht älter als vier oder fünf Monate." Das kam aus Quaverdale.

„Ich habe den Eindruck", sagte Barry, „dass es damals seine Absicht war, das Eigentum aufzuteilen, und dass dies als eine Art Protest gegen die Erstgeburt geschah. Dann stellte er fest, dass das scheitern würde – wenn er käme, um das zu erklären." Seine Söhne waren nicht bereit, sich von ihm leiten zu lassen und eine Spaltung zu akzeptieren. Nach allem, was ich von beiden gesehen habe, geriet Mountjoy auf schreckliche Weise in die Hände Geldverleiher, und um dies zu tun, wurde es notwendig, dass das gesamte Eigentum an Augustus ging.

„Sie müssen ihn für einen netten alten Mann halten!" sagte Quaverdale.

„Eher! Aber sie haben ihn nie dazu gebracht, ihm auch nur ein bisschen von ihrer Meinung zu sagen. Und dann, wie klug er war, seinen eigenen jüngeren Sohn zu umgehen. Das Anwesen geriet in einen solchen Zustand, dass genug Geld vorhanden war, um die Juden zu bezahlen Das Geld, das sie wirklich geliehen hatten, hielt Augustus für das Beste, sie zu entwaffnen und alle ihre Anleihen zurückzubekommen. sagte ihm, je früher er sterbe, desto besser, oder so etwas in der Art; und dann drehte sich der Gutsbesitzer sofort um und überließ uns diese Rummelsburg-Ehe und überließ alles Mountjoy. jeden Hektar, jedes Pferd, jedes Bett und jedes Buch.

„Und diese werden in zwölf Monaten unter den Kartenspielern der Metropole aufgeteilt sein", sagte Quaverdale.

„Damit haben wir nichts zu tun. Wenn jemals ein Mensch eine Lektion erhalten hat, hat er sie erhalten. Wenn er sich dafür entschieden hätte, sie anzunehmen, wäre kein Mensch jemals auf solch wundersame Weise gerettet worden. Aber es kann keinen Zweifel geben." dass John Scarborough und Ada Sneyd in Rummelsburg geheiratet haben und dass es unmöglich sein wird, sie zu entheiraten.

„Die alte Mrs. Sneyd, die Mutter der Dame, war damals anwesend?" sagte Quaverdale.

„Daran besteht kein Zweifel, und dass Fritz Deutchmann bei der Trauung anwesend war. Ich glaube fast, wir hätten ihn mitnehmen sollen. Es hätte ein paar hundert Pfund gekostet, aber das kann der Nachlass verkraften. Das können wir." um ihn zu bekommen, indem wir nach ihm schicken, wenn wir es wollen. Dann, nach vielen weiteren Worten zum gleichen Thema und mit der gleichen Wirkung, fuhr Herr Barry fort, seine eigene private Meinung zu äußern: „Tatsächlich war der einzige Makel in den Plänen des alten Scarborough dieser – dass die Rummelsburg-Ehe mit Sicherheit dazu führen würde." früher oder später herauskommen.

„Glauben Sie? Fritz Deutchmann ist der Einzige aus der Gruppe, der noch lebt, und es ist unwahrscheinlich, dass er jemals von Tretton gehört hat."

„Diese Dinge kommen immer ans Licht. Aber das hat jetzt keine Bedeutung. Und die Welt wird wissen, wie gottlos und verworfen der alte Scarborough war; aber das wird Mountjoys Legitimität nicht beeinträchtigen. Und die Welt hat bereits ziemlich gut verstanden, dass der alte Mann hat sich weder um Gott noch um die Menschen gekümmert. Der anderen Geschichte zufolge hätte er Augustus so lange im Dunkeln gelassen und beschlossen, alles durch eine Verschwörung und einen Betrug zu verraten Die Welt hat sich daran gewöhnt. Die Welt wird über diese andere Wendung einfach amüsiert sein. Und da die Welt im Allgemeinen kein großes Mitleid mit Augustus

Scarborough hat und eine Art gutmütiges Mitleid mit Mountjoy hegt, wird die erste Ehe leicht zustande kommen akzeptiert."

„Es wird eine Klage geben, nehme ich an?" sagte Quaverdale.

„Ich glaube nicht, dass sie ein Standbein haben werden. Wenn der alte Mann stirbt, wird das Anwesen genau so sein, wie es gewesen wäre. Dieser letztere beabsichtigte Betrug zugunsten von Augustus wird als Farce des alten Scarborough aufgefasst werden." . Die Juden sind die Partei, die wirklich gelitten hat."

„Und Augustus?"

„Er wird nichts verloren haben, worauf er gesetzlich Anspruch hatte. Sein Vater könnte natürlich machen, was er wollte. Wenn Augustus seinem Vater gegenüber unhöflich wäre, könnte sein Vater natürlich seinen Willen ändern. Die Welt würde das alles sehen. Aber Die Welt wird geneigt sein zu sagen, dass diese armen Geldverleiher schrecklich betrogen wurden."

„Die Welt wird kein Mitleid mit ihnen haben."

„Ich bin mir nicht so sicher. Es ist ein schwieriger Fall, viele Männer zu erreichen und sie zu zwingen, Ihnen hundert Pfund ohne Sicherheit und ohne Zinsen zu leihen. Genau das wurde in diesem Fall getan."

„Sie werden keine Möglichkeit haben, etwas zurückzugewinnen."

„Keinen Schilling. Das Wunder ist, dass sie dreihunderttausend Pfund hätten bekommen sollen. Sie hätten es nie bekommen, wenn der Gutsherr nicht Mountjoy den Weg zurück ebnen wollte. Und dann ließ er Augustus es für ihn tun! In meinen Gedanken Er war so schlau, dass ihm all seine Schurken vergeben werden sollten. Es gab auch keine Strafe für ihn, und er hat nichts getan, wofür das Gesetz ihn betrügen könnte , aber bevor er sie betrogen hätte, wäre er vielleicht tot gewesen. Die Geldverleiher wurden schrecklich betrogen, aber sie hatten nie einen konkreten Grund, sich gegen ihn zu beschweren. er hat gesagt: „Ich kenne dich nicht." Sie behaupteten, sie hätten ihrem ältesten Sohn ihr Geld geliehen. „Das haben Sie gedacht", antwortete er. „Ich bin nicht verpflichtet, Ihnen alle Familienvereinbarungen über meine Ehe zu erzählen." Alles in allem war es ungewöhnlich gut gemacht.

Als Herr Barry zurückkam, stellte er fest, dass die Kammern allgemein anerkannten, dass das Geschäft gut gemacht worden sei. Jeder war bereit zuzugeben, dass Mr. Scarborough in der Vereinbarung keine Schraube locker gelassen hatte – obwohl er in diesem Moment auf seinem Sterbebett lag und chirurgischen Folterungen und Operationen unterzogen worden war und tatsächlich langsam im Sterben lag die ganze Zeit, in der er so beschäftigt gewesen war. Jeder, der an dieser Angelegenheit beteiligt war, schien Mr. Scarborough zu bewundern, mit Ausnahme von Mr. Grey, dessen Zorn, sei es auf sich selbst oder auf seinen Klienten, umso stärker wurde, je lauter die Bewunderung der Welt wuchs.

Es wurden einige in der Rechtswissenschaft sehr erfahrene Rechtsanwälte zu Rate gezogen, und sie vertraten die Auffassung, dass es aufgrund der ihnen vorgelegten Beweise keinen Zweifel darüber geben könne, dass Mountjoy rechtmäßig sei. Es gab nicht den geringsten Grund, daran zu zweifeln, außer wegen der seltsamen Episode, die sich zugetragen hatte, als Mr. Scarborough, um sich vor dem Gesetz zu schützen, erklärt hatte, dass er zum Zeitpunkt von Mountjoys Geburt nicht verheiratet gewesen sei. Sie erklärten weiter, dass die Rummelsburger Ehe nach dem Tod des Gutsherrn natürlich entdeckt worden sein müsse, und gaben ihrer Meinung nach an, dass der Gutsherr nie im Traum daran gedacht hätte, seinem älteren oder jüngeren Sohn so großes Unrecht zuzufügen. Er hatte, wie sie dachten, einfach nur den Wunsch geäußert, die Geldverleiher zu betrügen, und er hatte sie auf wunderbare Weise betrogen. Dass Mr. Tyrrwhit so sanft gewesen sein konnte, war für sie ein Wunder; aber es zeigte nur, wie sehr dumm ein scharfsinniger Mann von Welt sein konnte, wenn er einem scharfsinnigeren begegnete.

Und Augustus konsultierte über einen in seinem eigenen Namen handelnden Anwalt zwei andere Anwälte, deren gemeinsame Meinung nicht sofort bekannt gegeben wurde, aber möglicherweise dargelegt werden muss. Sie erklärten, Augustus habe durch die Hand seines Vaters einen irreparablen Schaden erlitten, so dass eine Schadensersatzklage ihrer Meinung nach nichtig sei.

Indem er die erste Geschichte seines Vaters akzeptierte, hatte er seinen gesamten Lebenslauf verändert, seinen Beruf aufgegeben und sogar große Summen aus eigener Tasche für den Unterhalt seines älteren Bruders bezahlt. Eine Jury würde ihm wahrscheinlich eine beträchtliche Summe zusprechen – wenn eine Jury seinen Vater noch zu Lebzeiten erreichen könnte. Zweifellos blieben die Möbel und das andere Eigentum erhalten und könnten für die Schäden des jetzigen Eigentümers haftbar gemacht werden. Aber diese beiden gelehrten Anwälte glaubten nicht, dass gegen den ältesten Sohn wegen seiner Tische und Stühle eine Klage mit Aussicht auf Erfolg eingeleitet werden könnte, obwohl die Tretton-Ländereien ihm hätten gehören sollen. Da diese gelehrten Anwälte erfahren hatten, dass der alte Mr. Scarborough sich in diesem Moment fast *in articulo mortis befand*, wäre es dann nicht besser, wenn Augustus bei seinem älteren Bruder beantragen würde, ihm eine Entschädigung zu zahlen, die die Besonderheiten des Falles erfordern würden? Da Augustus diese Meinung jedoch erst nach dem Tod seines Vaters erreichte, war die erste vorgeschlagene Alternative nutzlos.

„Ich nehme an, Sir, wir sollten besser mit Mr. Scarborough kommunizieren?“ Herr Barry sagte zu seinem Partner bei seiner Rückkehr.

„Nicht in meinem Namen“, antwortete Mr. Gray. „Ich habe Mr. Scarborough in einen solchen Zustand versetzt, dass er keinen Geschäftsbrief sehen darf. Sir William Brodrick ist jetzt dort.“ Aber es wurden sowohl mit Mountjoy als auch mit Augustus Mitteilungen gemacht. Mountjoy hatte nichts zu tun; sein Fall lag in Mr. Barrys Händen; Er konnte auch keine Schritte unternehmen, bis etwas unternommen wurde, um ihn aus Tretton zu verdrängen. Augustus machte sich jedoch sofort an die Arbeit und bediente sich seines in der Rechtswissenschaft geschulten Anwalts.

„Du wirst wohl etwas für den armen Gus tun?“ sagte der alte Mann eines Morgens zu seinem Sohn. Es war der letzte Morgen, an dem er auf der Welt erwachen sollte, und Sir William und Mr. Merton hatten ihm gesagt, dass es wahrscheinlich so sein würde. Aber der Tod hatte für ihn keinen Schrecken. Das Leben war für ihn in den vergangenen Wochen so voller Schmerz gewesen, dass er sich voller Hoffnung auf eine Befreiung davon freute. Aber das Geschäft des Lebens hatte ihn so stark belastet, dass er das Gefühl hatte, er könne nicht sagen, was erreicht worden sei.

Die Regelung eines Besitzes wie Tretton erfordere seiner Meinung nach seine Anwesenheit, und bis sie in Ordnung gebracht worden war, klammerte er sich mit einer Hartnäckigkeit an das Leben, die ihm bedrückend vorgekommen war. Jetzt waren Mountjoys Schulden beglichen und Mountjoy konnte etwas glücklicher sein. Nachdem er so viel erreicht hatte, freute er sich, dass er es schaffen würde. Aber in letzter Zeit war ein ebenso starker Anspruch an ihn herangetreten, nämlich, dass er sich an Augustus rächen sollte. Hätte Augustus ihn beschimpft, weil er ihn so lange im Dunkeln ließ, hätte er es geduldig ertragen. Er hatte damit gerechnet. Aber sein Sohn hatte ihn verspottet, ausgelacht, nichts aus ihm gemacht und ihm schließlich gesagt, er solle aus dem Weg gehen. Er würde auf jeden Fall etwas tun, bevor er starb.

Er hatte seine Rache gehabt, die in ihrer Art sehr bitter war. Augustus sollte das Gefühl geben, dass er sich in seinen letzten Tagen nicht lächerlich gemacht hatte – dass man ihn nicht auslachen konnte. Er hatte seinen Sohn ruiniert, ruinierte ihn unweigerlich und war kurz davor, ihn mittellos auf der Erde zurückzulassen. Aber jetzt, in seinen letzten Augenblicken, in seinen allerletzten Augenblicken, überkam ihn ein Gefühl des Mitleids, und als er von seinem Sohn sprach, nannte er ihn noch einmal „Gus“.

„Ich weiß nicht, wie es sein wird, Sir; aber wenn das Eigentum mir gehören soll –“

„Es wird dir gehören; es muss dir gehören.“

„Dann werde ich alles für ihn tun, was er akzeptiert."

„Lass ihn nicht verhungern, sonst muss er sich sein Brot verdienen."

„Sagen Sie, was Sie wünschen, Herr, und es wird geschehen, soweit ich es kann."

„Machen Sie ihm ein Einkommensangebot und zahlen Sie es ihm aus. Tun Sie es sofort." Als der alte Mann dies sagte, dachte er wahrscheinlich an die große Gefahr, dass ganz Tretton bald verschwunden sein könnte. „Und, Mountjoy –"

"Herr."

„Sie haben sicher genug gespielt, um sich zu amüsieren. Mit so einem Besitz wie diesem in Ihren Händen wird das Glücksspiel sehr ernst."

Es waren die letzten Worte – die letzten verständlichen Worte – die der alte Mann sprach. Er starb mit der linken Hand am Hals seines Sohnes und nahm Merton und seine Schwester an seine Seite. Es war ein Sterbebett, das nicht ohne Lektion war – nicht ohne einen gewissen Charme in den Augen eines eingebildeten Betrachters. Die Anwesenden schienen ihn sehr zu lieben und sollten es auch tun.

Er hatte es trotz seiner großen Fehler geschafft, in den Köpfen seiner Mitmenschen Respekt zu wecken, was an sich ein großes Element der Liebe ist. Aber da war etwas in seinem Verhalten, das von Liebe für andere zeugte. Er war jemand, der bis zur Ablenkung hassen konnte und auf den keine Blutsbande wirken würden, um seinen Hass zu mildern. Er würde mit schrecklicher Hartnäckigkeit verletzen; Dennoch war er in jeder Phase seines Lebens von der Liebe zu anderen angetrieben worden. Er war nie egoistisch gewesen und dachte immer mehr an andere als an sich selbst. Die Meinung der Welt um ihn herum war ihm vollkommen gleichgültig gewesen, aber er hatte nie gegen sein eigenes Gewissen verstoßen. Für die Konventionalitäten des Gesetzes empfand er eine äußerste Verachtung, aber er wollte die Dinge, die ihn selbst beschäftigten, so regeln, dass die Gerechtigkeit sie verlangte. Ob es ihm im letzten Jahr seines Lebens gelang, mag der Leser beurteilen. Aber sicherlich respektierten die drei Personen, die sich um sein Sterbebett versammelt hatten , ihn und waren durch das, was er getan hatte, dazu gebracht worden, ihn zu lieben.

Merton schrieb am nächsten Morgen an seinen Freund Henry Annesley und respektierte die Szene. „Der arme alte Junge ist endlich gegangen, und trotz all seiner Fehler fühle ich mich, als hätte ich einen alten Freund verloren. Zu mir war er äußerst freundlich, und ich würde sagen, wusste ich nicht von all seinen Sünden?" Dass er immer loyal und barmherzig gewesen sei, verurteilt ihn, und die ganze Welt muss ihn verurteilen. Man kann sich nicht für ihn entschuldigen, ohne bereit zu sein, alle Wahrheit und Moral den Hunden vorzuwerfen Für Sie selbst, in einem Zustand, in dem weder Wahrheit noch Moral als wesentlich erachtet werden sollten, wäre der alte Mr. Scarborough Ihr Held. Er war der mutigste Mann, den ich je kannte. Er war bereit, allen Widerständen ins Auge zu sehen Er hielt es nieder. Und was auch immer er tat, er tat es mit der Absicht, das zu erreichen, was er für richtig für andere Menschen hielt. Zwischen ihm und seinem Gott kann ich nicht urteilen, aber er glaubte an einen Allmächtigen und ging ihm auf jeden Fall entgegen ohne Angst in seinem Herzen.

KAPITEL LIX.

HOCHZEIT VON JOE THOROUGHBUNG.

Während einige Männer sterben, heiraten andere. Während in Tretton traurig das Trauerlied erklang, läuteten sowohl in Buntingford als auch in Buston die freudigen Hochzeitsglocken. Joe Thoroughbung, ganz in Bestform gekleidet, wollte Molly Annesley nach Rom entführen, bevor er sich in seiner Heimatstadt in einem komfortablen Leben als Jäger und Brauer niederließ. Miss Thoroughbung schickte Mrs. Annesley ihre Komplimente. Würde ihr Bruder da sein? Sie hielt es für wahrscheinlich, dass Mr. Prosper sich nicht freuen würde, sie zu sehen. Am liebsten hätte sie Mr. Prosper durch „Peter" ersetzt, aber sie enthielt sich der Stimme. In einem solchen Fall würde sie sich das Vergnügen versagen, „zu sehen, wie Joe abgeschreckt wird". Dann wurde eine Botschaft in die Halle geschickt. Die beiden jüngeren Mädchen gingen mit dem Ziel, Onkel Prosper einzuladen, hatten aber im Herzen den Wunsch, dass Onkel Prosper nicht kommen würde. „Ich gehe davon aus, dass die Familie in Buntingford vertreten sein wird?" Onkel Prosper hatte gefragt. „Jemand wird kommen, nehme ich an", sagte Fanny. Dann hatte Onkel Prosper einen hübschen, juwelenbesetzten Ring herabgeschickt und gesagt, dass er in seinem Zimmer bleiben würde. Sein Gesundheitszustand ließ es kaum zu, dass er vorteilhaft anwesend war. So wurde beschlossen, dass Miss Thoroughbung kommen sollte, und jeder hatte das Gefühl, dass sie der heulende Geist sein würde – wenn nicht bei der Zeremonie, dann beim Bankett, das danach stattfinden würde.

Wäre das Ganze bekannt gewesen, wäre Miss Thoroughbung nicht das einzige Hindernis gewesen. Der junge Soames, der Sohn des Anwalts, mit dem Mr. Prosper es so schlimm gefunden hatte, mit ihm zu tun zu haben, sollte Joes Trauzeuge sein. Mr. Prosper erfuhr dies wahrscheinlich von Matthew, aber er sprach nie mit der Familie darüber.

In seinen Augen war es eine traurige Schande, dass irgendwelche Soames bisher mit dem Prosper-Blut vermischt worden waren. Der junge Algy Soames war an sich ein sehr netter junger Kerl, der gerne einen Tag lang auf die Jagd ging, wenn er nicht im Büro seines Vaters sein musste, und dessen schlimmster Fehler darin bestand, dass er auffällige Krawatten trug. Aber er war ein Gräuel für Mr. Prosper, der ihn nie gesehen hatte. Allerdings verhielt er sich bei dieser Gelegenheit sehr zurückhaltend.

„Es ist schade, dass wir nicht gleichzeitig zwei Ehen haben", sagte Mr. Crabtree, ein Geistlicher aus der Nachbargemeinde. „Meinen Sie nicht, Frau Annesley?" Mrs. Annesley stand in der Nähe, ebenso Miss Thoroughbung, aber sie antwortete nicht auf die Bitte. Wer etwas verstand, wusste, dass Mrs. Annesley mit einer solchen Anspielung nicht zufrieden sein würde. Aber Mr. Crabtree war ein Mann, der nichts verstand.

„Die alten Vögel paaren sich nie so schnell wie die jungen", sagte Miss Thoroughbung.

„Alt! Wer redet schon vom Altsein?" sagte Herr Crabtree. „Mein Freund Prosper ist ein ziemlicher Junge. Es kommt eine gute Zeit, und ich hoffe, Sie geben noch nach, Miss Thoroughbung."

Dann wurden sie alle auf den Weg zur Kirche geschickt. Es liegt völlig außerhalb meiner Macht, das Kleid der Braut oder der Brautjungfern zu beschreiben. Es waren die Schwestern der Braut und zwei von Joes Schwestern. Man hatte versucht, Florence Mountjoy zum Abstieg zu bewegen, war aber erfolglos geblieben. Die Dinge waren in Cheltenham mittlerweile so weit fortgeschritten, dass Mrs. Mountjoy zu der Einsicht gezwungen wurde, dass Florence Harry Annesley heiraten dürfte, wenn sie drei Jahre lang an ihrem Projekt festhielt. Doch mit dieser Erlaubnis waren viele absurde Einschränkungen verbunden. Florence sollte ihn jedenfalls im ersten Jahr nicht sehen; aber sie sollte Mountjoy Scarborough sehen, wenn er nach Cheltenham käme. Florence erklärte dies für unmöglich; aber da die Buston-Hochzeit gerade in diesem Moment stattfand, konnte sie nicht in allem ihren Willen durchsetzen. Joe fuhr mit Algy Soames zur Kirche hinauf, da es nicht für diskret gehalten worden war, dass er an diesem Morgen das Pfarrhaus betreten sollte, obwohl er den ganzen Winter über fast jeden Tag dort gewesen war. „Ich erkläre, hier ist er!" sagte Fräulein Thoroughbung sehr laut. „Ich hätte nie gedacht, dass er im letzten Moment den Mut aufbringen würde."

„Ich frage mich, wie sich ein gewisser Herr im letzten Moment gefühlt hätte", sagte Mr. Crabtree.

Mrs. Annesley fing an, bitterlich zu weinen, was unnötig zu sein schien, da sie seit der Heirat nichts anderes getan hatte, als sich selbst zu gratulieren, und sich sehr darüber gefreut hatte, dass einer ihrer zahlreichen Sprösslinge „in solch einen Hafen der Ruhe gebracht worden war". ."

„Meine liebe Frau Annesley", sagte Frau Crabtree und tröstete sie damit, dass sie nicht weit von ihrem Kind entfernt sein würde, „vom Kirchturm aus kann man fast die Schornsteine der Brauerei sehen." Wer die beiden Damen gut kannte, wusste, dass mit der Anspielung auf Brauereischornsteine eine kleine Verunglimpfung gemeint war. Mrs. Crabtrees Mädchen hatte den dritten Sohn von Sir Reginald Rattlepate geheiratet. Die Rattlepates waren nicht reich und der dritte Sohn hatte keine Lust, sein Brot zu verdienen.

„Gott sei Dank, ja!" sagte Mrs. Annesley unter Tränen. „Wann immer ich sie sehe, werde ich wissen, dass mit dem Rauch ein Einkommen austritt."

Zu diesem Anlass waren die Jungen von der Schule nach Hause gekommen. „Molly, da ist Joe hinter dir her", sagte der Ältere.

„Wenn er dir jetzt einen Kuss gibt, brauchst du nicht so zu tun, als ob es dir etwas ausmacht", sagte der andere.

„Mein Liebling, mein eigener, der wird so bald nicht mehr mein eigener sein!" sagte der Vater, als er in die Sakristei ging, um seinen Chorrock anzuziehen.

„Lieber Papa!" Es war das einzige Wort, das die Braut sagte, als sie durch die Kirchentür hereinkam und sich darauf vorbereitete, an der Spitze ihrer kleinen Schar das Kirchenschiff hinaufzugehen. Sie waren alle sehr hell, als sie dort vor dem Altar standen, aber der hellste Punkt unter ihnen war die blaue Krawatte von Algy Soames. Joe war im Moment sehr deprimiert und dachte nicht an den letzten Lauf, in dem er sich hervorgetan hatte; aber dennoch hat er als Mann und Brauer seinen Kopf gut bewahrt.

„Nehmen Sie das nicht an", sagte Miss Thoroughbung im letzten Moment zu Mrs. Annesley. „Er wird ihr reichlich zu essen und zu trinken geben und ihr niemals das geringste Leid zufügen." Joe hörte das mit und wünschte, seine Tante wäre wieder in ihrem Bett in der Marmaduke Lodge.

Dann war die Hochzeit zu Ende und alle marschierten in die Sakristei, um das Buch zu signieren. „Da kommst du jetzt nicht mehr raus", sagte Mrs. Crabtree zu Joe.

„Das will ich nicht. Ich habe das schönste Mädchen in dieser Gegend zur Frau und, wie ich glaube, die beste junge Frau." Dies sagte er mit einem Geist, den Mrs. Crabtree ihm nicht zugetraut hatte, und Algy Soames hörte ihm zu und bewunderte seinen Freund unter seiner blauen Krawatte. Und eines der Mädchen hörte es und weinte Freudentränen, als sie es später im Schlafzimmer ihrer Schwester erzählte. „Oh, was für ein Schatz er ist!" hatte Molly unter ihrem eigenen Schluchzen gesagt. Wegen dieses Wortes stand Joe einen Zentimeter über ihnen allen.

Dann kam das Frühstück – die langweiligste und traurigste Stunde von allen. Um zwölf Uhr morgens kräftig zu essen, ist immer ein Ärgernis – ein Ärgernis, das so abscheulich ist, dass man es unter allen Umständen außer einer Hochzeit in der eigenen Familie vermeiden sollte. Aber das Hochzeitsfrühstück, wenn es dann doch kommt, ist die schlimmste aller Mahlzeiten. Die eleganten Kleider und die nackten Schultern, die man dort bei Tageslicht sieht, die Leute, die zwischen den Sitzen ein- und aussteigen, die Natur des Essens, bestehend aus Hühnchen, Süßigkeiten und Flummery, der Überfluss an Champagner, der manchmal nicht der allerbeste ist ein

Anlass; und dann die Reden! Sie fallen im Allgemeinen einigen Herren mittleren Alters zu, die offenbar immer wegen ihrer Unfähigkeit ausgewählt wurden. Aber es gibt noch ein schlimmeres Problem – die unnatürliche Sättigung, die selbst der Anblick so vieler Lebensmittel hervorruft, und die Tatsache, dass Ihr Abendessen für diesen Tag völlig und für immer zerstört ist.

Mr. Crabtree und die beiden Väter hielten die Reden, die über das hinausgingen, was Joe selbst gehalten hatte. Joes Vater war nicht eloquent. Er braute zweifellos gutes Bier, ohne einen anderen Geschmack als Malz und Hopfen; – kein Mann in der Grafschaft braute besseres Bier; aber er konnte keine Rede halten. Er stand auf, trug eine große weiße Weste und ein Gesicht, das so rot war wie der Jagdmantel seines Sohnes, und sagte, er hoffe, dass sein Junge ein guter Ehemann sein würde. Er konnte nur sagen, dass seine Liebhaberei nicht dazu beigetragen hatte, dass er ein guter Brauer geworden war. Wenn Molly Annesley näher an Buntingford gebracht würde, würde Joe vielleicht nicht so viel Zeit damit verbringen, hin und her zu gehen. Vielleicht verlangt Mr. Joe nicht so viel von ihrer Aufmerksamkeit. Das war der große Punkt, den er vorbrachte, und er wurde von allen gut aufgenommen, außer von der Braut, die Joe zuflüsterte, dass er sich geirrt hätte, wenn er geglaubt hätte, dass er von morgens bis abends unter den Braubottichen sein würde. Mr. Annesley warf ein oder zwei gefühlvolle Worte in seine Rede, wie es beim Vater der jungen Dame üblich ist, aber das schien niemanden sonderlich zu interessieren. Mr. Crabtree war mit den gewöhnlichen Hochzeitsscherzen scherzhaft – wie man es erwarten konnte, wenn man bedenkt, dass er in den letzten zwanzig Jahren bei jeder Hochzeit in der Grafschaft dabei gewesen war. Die älteren Damen lachten gut gelaunt, und man hörte Frau Crabtree sagen, dass die ganze Angelegenheit sehr harmlos gewesen wäre, wenn nicht Herr Crabtree „alles durchgezogen“ hätte. Aber in Wahrheit hatte der Spaß des Tages begonnen, als Joe aufstand, denn Miss Thoroughbung konnte, obwohl sie ihren Stuhl behielt, genauso viele Worte sagen wie ihr Neffe: „Ich bin sicher sehr dankbar dafür Ihnen für das, was Sie alle gesagt haben.

„Das sollten Sie auch, Sir, denn Sie haben mehr Gutes von sich selbst gehört, als Sie jemals wieder hören werden.“

„Dann bin ich Ihnen umso dankbarer. Was meine Leute darüber gesagt haben, dass ich schon so lange unterwegs bin –“

„Das ist nur das, was du ihnen in der Brauerei erzählt hast. Niemand weiß, wo du warst.“

„Molly kann dir alles darüber erzählen.“

„Ich kann ihnen nichts sagen“, sagte Molly flüsternd.

„Aber es kommt nur einmal im Leben eines Mannes vor", fuhr Joe fort; „Und ich wage zu sagen, wenn wir alles über den Gouverneur wussten, als er in meinem Alter war, woran ich mich nicht erinnere, dann war er genauso launenhaft wie jeder andere."

„Ich habe ihn sechs Monate lang nur einmal gesehen, bevor er geheiratet hat", sagte Frau Thoroughbung mit düsterer Stimme.

„Er hat es inzwischen wieder gut gemacht", sagte Miss Thoroughbung.

„Ich bin sicher sehr stolz, dass eine so junge Dame gekommen ist und sich ihrem Schicksal angeschlossen hat", fuhr Joe fort; „Und niemand kann mehr an die Familie seiner Frau denken als ich."

„Und ganz Buston", sagte die Tante.

„Ja, und ganz Buston."

„Ich bin sicher, es tut uns allen leid, dass der Onkel der Braut aus Buston Hall heute nicht hierher kommen konnte. Das solltest du sagen, Joe."

„Ja, das sage ich. Es tut mir sehr leid, dass Mr. Prosper nicht hier sein kann."

„Vielleicht kann Miss Thoroughbung uns etwas über ihn erzählen?" sagte Herr Crabtree.

„Ich! Ich weiß nichts Besonderes. Als ich ihn das letzte Mal sah, war er bei guter Gesundheit Ich muss sagen, dass ich nicht verantwortlich bin.

Man muss zugeben, dass es Joe inmitten solch freier Gespräche schwer fiel, als Redner zu glänzen. Aber da er keinen solchen Ehrgeiz hatte, dienten ihm die Unterbrechungen vielleicht nur. Aber Fräulein Thoroughbungs geistreicher Humor machte dem Hochzeitsfrühstück einen gewissen Dämpfer. Es war vielleicht zu erwarten, dass die Dame sich für die ihr zugefügte Verletzung rächen würde. Es war die einzige Rache, die sie tat. Sie war schlecht behandelt worden, dachte sie, und dennoch hatte sie Herrn Prosper keinen Schilling an Kosten verursacht. Und sie hatte das Gefühl, dass der Onkel im letzten Moment daran gehindert worden war, ihren kleinen Bitten zugunsten von Miss Tickle und den Ponys im Namen des jungen Mannes nachzukommen, der ihr jetzt gegenüber saß, und dass das gut so war Die Dinge, die aus Buston Hall kamen, sollten eher im Sinne der Annesleys als im eigenen Sinne fließen. Sie bereute sie nicht sehr, und es lag nicht in ihrer Natur, verbittert zu sein; Dennoch waren all diese kleinen Aufmerksamkeiten an Mr. Prosper angenehm für sie und natürlich unangenehm für die Annesleys. Dann, so wird man sagen, hätte sie nicht kommen sollen, um in Mr. Annesleys Esszimmer zu frühstücken. Das ist Geschmackssache, und vielleicht war Miss Thoroughbungs Geschmack nicht ganz verfeinert.

Joes Rede endete und damit auch die Bemerkungen seiner Tante. Aber als sie den Raum verließ, sagte sie ein paar Worte zu Mr. Annesley. „Glauben Sie nicht, dass ich wütend bin – nicht im Geringsten; schon gar nicht auf Sie oder auf Harry. Ich würde ihm morgen einen Gefallen tun, wenn ich könnte; und deshalb würde ich es auch tun." Sein Onkel. Aber man kann nicht erwarten, dass eine Frau ihre Gefühle haben und sie ausdrücken sollte. Herr Annesley hingegen fand es seltsam, dass eine Frau in einer solchen Position ihre Gefühle zum Ausdruck bringen sollte.

Dann kam endlich der Aufbruch. Molly wurde in das Zimmer ihrer Mutter gebracht und weinte zum letzten Mal. „Ich weiß, dass ich ein alter Idiot bin!"

„Oh, Mama! Nun, liebste Mama!"

„Ein guter Ehemann ist der größte Segen, den Gott einem Mädchen schenken kann, und ich denke, dass er gut und mutig ist."

„Das ist er, Mama – das ist er. Ich weiß, dass er das ist."

„Und wenn diese Frau von Brauereischornsteinen spricht, weiß ich, was für ein Trost es ist, dass es Schornsteine gibt und dass sie in der Nähe sind. Brauereischornsteine sind besser als ein Nichtstun-Schurken, der sich keine Mahlzeit verdienen kann oder ." Und wenn ich Joe mit seinem rosa Mantel zum Treffen sehe, danke ich Gott, dass meine Molly einen Jungen hat, der hart arbeiten, seine eigenen Pferde reiten und mit den Besten auf die Jagd gehen kann.

„Oh, Mama, dann sehe ich ihn gern. Er sieht gut aus."

„Ich hätte nichts geändert. Aber – aber – Oh, mein Kind, du gehst weg!"

„Wie Mrs. Crabtree sagt: Ich werde nicht weit sein."

„Nein, nein! Aber du wirst nicht ganz mir gehören. Die Zeit wird kommen, in der du genauso über deine Mädchen denken wirst. Du hast nichts getan, was ich nicht gesehen und gewusst und worüber ich nicht nachgedacht habe; Du hast keinen Rock getragen, aber was es mir lieb war; du hast kein Gebet gesprochen, aber ich habe es gehört, als es zum Thron Gottes hinaufstieg.

„Ich bin mir sicher, dass er das tut", sagte Molly mit mehr oder weniger begründetem Selbstvertrauen.

„Jetzt geh und lass mich hier. Ich bin so ein alter Dummkopf, dass ich nicht anders kann, als zu weinen; und wenn diese Frau mir noch etwas über die Schornsteine sagen würde, würde ich ihr etwas von meiner Meinung sagen."

Dann ging Molly mit ihrem Reisehut auf dem Kopf hinunter und sah doppelt so hübsch aus wie während der gesamten morgendlichen Zeremonie. Ich nehme an, dass es im Interesse des Bräutigams liegt, dass die Braut in all ihrem besten Aussehen präsentiert wird, gerade als sie dabei ist, zum ersten Mal ausschließlich ihm zu gehören. Molly war bei dieser Gelegenheit sehr hübsch und Joe war sehr stolz. Es war nicht der geringste Stolz, dass er, da er sich noch nicht ganz vom „Bung" zum „Torough" entfernt fühlte, in eine Familie eingeheiratet hatte, in der er seinen Aufstieg reifen lassen konnte.

Und dann, während sie gingen, kam der übliche Reisregen, der im Laufe der nächsten Stunde von den Pfarrhaushühnern und nicht von den Londoner Bettlern aufgesammelt wurde, und die Luft wurde von einem Sturm alter Schuhe verdunkelt. In London liegen weiße Satinpantoffeln im Trend. Aber Buston und Buntingford zusammen konnten sich nicht genug solcher Raketen leisten; und aus den Händen der Jungen wurden schwarze Schuhe und auch Stiefel frei geworfen. „Da ist mein bestes Paar", sagte einer der Jungen, als der Wagen losfuhr, „und ich habe nicht vor, sie dort liegen zu lassen." Dann wurden die Stiefel geborgen und ins Schlafzimmer gebracht.

Nachdem Molly nun weg war, standen Harrys Angelegenheiten in Buston im Vordergrund. Schließlich war Harry für Molly von größerer Bedeutung, obwohl diese Schornsteine in Buntingford wahrscheinlich ein besseres Einkommen bringen könnten als die Hektar, die zum Park gehören. Aber Harry sollte der zukünftige Prosper der Grafschaft sein; den Familiennamen irgendwann in der Zukunft annehmen; und zweifellos hatten sie alle im Pfarrhaus das Gefühl, dass Harry Annesley Prosper in den kommenden Jahren ein größerer Gutsbesitzer sein würde, als die Gemeinde jemals zuvor gekannt hatte. Er hatte ein Stipendium bekommen, was noch kein Prosper je erhalten hatte; und er hatte das Aussehen und den Ton eines Mannes, der in London gelebt hatte, das nie zu den Prospers im Allgemeinen gehört hatte. Und er sollte eine Frau mitbringen, die Glück hatte und deren Ruf für viele Reize ihr vorausgegangen war. Und Harry, der in den letzten sechs Monaten etwas unter einer Wolke gestanden hatte, kam jetzt heller als je zuvor aus dieser Wolke hervor. Selbst Onkel Prosper konnte nicht ohne ihn auskommen. Diese schreckliche Miss Thoroughbung hatte eine düstere Stimmung über Buston Hall geworfen, die, wie der Squire selbst gespürt hatte, nur durch die Ankunft des natürlichen Erben beseitigt werden konnte. Harry war unverzichtbar und wurde von niemandem mehr als Belastung empfunden.

Mittlerweile war es Ende März. Der alte Mr. Scarborough war tot und begraben, und Mountjoy lebte in Tretton. Man hatte nichts davon gehört, dass er nach London gekommen sei. Es war kein Ansturm auf die Kartentische angekündigt. In vielen Kreisen wurde erklärt, dass es zu schrecklichen mörderischen Rechtsstreitigkeiten zwischen ihm und Augustus kommen würde, aber im Pfarrhaus von Buston war davon nichts bekannt. Harry war eines Tages in Cheltenham gewesen und hatte fast eine Stunde mit seiner Liebsten verbringen dürfen; aber diese Erlaubnis war unter der Bedingung erteilt worden, dass er nicht wiederkommen sollte, und nun hatte er sich einen Monat lang der Stimme enthalten. Dann war das Angebot seines Onkels gekommen, dieses großzügige Angebot, nach dem Harry seine Frau nach Buston Hall bringen und dort die Hälfte des Jahres leben und während der anderen Hälfte eine erhöhte Unterhaltsbeihilfe erhalten sollte. Als er über seine Wege und Mittel nachdachte, bildete er sich ein, dass sie fast reich werden würden. Sie würde vierhundert im Jahr haben, und er ebenso viel; und ihnen würde ein festes Zuhause zur Verfügung gestellt werden. Von all diesen guten Dingen hatte er Florence geschrieben, sie aber seit dem Angebot noch nicht gesehen. Ihre Antwort war nicht so günstig gewesen, wie sie hätte sein können, und es war absolut notwendig, dass er nach Cheltenham ging und die Dinge regelte.

Die drei Jahre waren in seiner Vorstellung leicht auf eins reduziert worden, was seiner Meinung nach immer noch eine unmögliche Zeit des Wartens war. Allmählich reduzierte sich die Zahl in seiner Vorstellung auf sechs Monate, und jetzt auf drei, was zu der Idee führte, dass sie leicht Anfang Juni heiraten könnten, um so den ganzen Sommer für ihre Hochzeitsreise vor sich zu haben. „Mutter", sagte er, „ich werde morgen weg sein."

„Nach Cheltenham?"

„Ja, nach Cheltenham. Was nützt das Warten? Ich glaube, ein Mädchen ist seiner Mutter gegenüber möglicherweise zu gehorsam."

„Es ist ein schönes Gefühl, an das Sie sich gern erinnern werden."

„Angenommen, Sie hätten erklärt, dass Molly Joe Thoroughbung nicht hätte heiraten sollen?"

„Molly hat einen Vater", sagte Mrs. Annesley.

„Angenommen, sie hätte keines?"

„So etwas Schreckliches kann ich mir nicht vorstellen."

„Als ob du und er dich zusammengetan hätten, um Molly das zu verbieten."

„Aber wir haben es nicht getan."

„Ich denke, ein Mädchen könnte es zu weit treiben", sagte Harry. „Mrs. Mountjoy hat sich Mountjoy Scarborough verschrieben und wird nicht von ihrem Wort abweichen. Er ist wieder in den Vordergrund gerückt und aus einem ruinierten Mann als reicher Besitzer der Stadt Tretton erschienen. Natürlich ..." Mutter hält immer noch an ihm fest.

„Glauben Sie nicht, dass sich Florence ändern wird?"

„Nicht im Geringsten. Ich fürchte mich nicht im Geringsten vor Mountjoy Scarborough und all seinem Eigentum; aber ich kann mir vorstellen, dass sie möglicherweise großen Ärgernissen ausgesetzt sein wird, aus denen ich sie befreien sollte."

„Was kannst du tun, Harry?"

„Gehen Sie und sagen Sie es ihr. Machen Sie ihr klar, dass sie sich sofort in meine Hände begeben soll und dass ich sie beschützen kann."

„Sie mit Gewalt von ihrer Mutter wegnehmen?" sagte Frau Annesley mit Entsetzen.

„Wenn sie einmal verheiratet wäre, würde ihre Mutter nicht mehr darüber nachdenken. Ich glaube nicht, dass Mrs. Mountjoy eine besondere Abneigung gegen mich hegt. Sie denkt an ihren eigenen Neffen, und solange Florence Florence Mountjoy ist, wird es eine geben." Ich weiß, dass er keine Chance hat, und ich denke nicht, dass ich sie für eine endlose Zeitspanne schikanieren lassen sollte – daran, ein Mädchen dazu zu verurteilen, drei Jahre ohne sie zu leben jemals ihren Geliebten gesehen zu haben! Das ist eine Absurdität, die abstoßend ist. Ich werde morgen hingehen und sehen, ob ich dem ein Ende bereiten kann. Dagegen konnte die Mutter keine Einwände erheben, obwohl sie keine Zustimmung zu einem Plan äußern konnte, der vorsah, dass Florence ohne die Zustimmung ihrer Mutter heiraten sollte.

KAPITEL LX.

HERR. SCARBOROUGH IST BEGRABEN.

Als Mr. Scarborough starb und begraben wurde, blieb sein Sohn Mountjoy allein in Tretton zurück und lebte in einer sehr trostlosen Situation. Bis zum Tag der Beerdigung war Merton, der Arzt, bei ihm und seiner Tante, Miss Scarborough, geblieben; aber als der alte Gutsherr in sein Grab gelegt worden war, gingen beide weg. Miss Scarborough hatte Angst vor ihrem Neffen und konnte sich nicht darauf freuen, bequem in dem großen Haus zu leben; und Dr. Merton hatte die größte Aufgabe seines Lebens, ihn abzuberufen. „Du könntest genauso gut noch eine Woche bleiben", hatte Mountjoy zu ihm gesagt. Aber Merton hatte gespürt, dass er ohne eine besondere Pflicht nicht in Tretton bleiben konnte, und auch er ging seinen Weg.

Die Beerdigung war sehr seltsam gewesen. Augustus hatte sich geweigert, am Grab seines Vaters zu stehen. „In Anbetracht aller Umstände hätte ich eher abgelehnt", hatte er an Mountjoy geschrieben. Andere Gäste – außer den Mietern waren keine eingeladen. Sie kamen in Scharen, denn der Squire war unter ihnen als liberaler Grundbesitzer bekannt.

Aber eine Menschenmenge von Mietern vermittelt keineswegs den Ausdruck familiären Kummers, den man bei der Beerdigung eines Mannes wie Mr. Scarborough erwartet. Mountjoy war da und stand während der Zeremonie sprachlos und fast mürrisch da. Er ging mit Merton zur Kirche hinter der Leiche und entfernte sich dann vom Boden, ohne eine Silbe gesagt zu haben. Aber während der Zeremonie hatte er das gesehen, was ihn mürrisch machte. Herr Samuel Hart und Herr Tyrrwhit waren dort gewesen. Und es gab einen Mann, den er mit den Namen Evans & Crooke, Mr. Spicer und Mr. Richard Juniper in Verbindung brachte. Er kannte sie alle, wie sie dort um das Grab herumstanden, nicht in anständiger Trauergarderobe, sondern als Fremde, die sich auf den Friedhof verirrt hatten. Während er sie und sie ihn ansah, konnte er nicht anders, als zu spüren, dass sie gekommen waren, um sich um ihre Interessen zu kümmern – ihre hohen Zinsen für das Geld, das ihnen betrügerisch zurückgezahlt worden war. Er wusste, dass sie sich von ihren Fesseln getrennt hatten. Aber er wusste auch, dass fast alles, was jetzt ihm gehörte, ihnen gehört hätte, wenn sie nicht zu der Annahme verleitet worden wären, dass er, Mountjoy Scarborough, nicht Scarborough aus Tretton Park sei und es auch nie sein würde. Sie sagten nichts, während sie dort standen, und unterbrachen die Zeremonie in keiner Weise; aber sie blickten Mountjoy an, während sie standen, und ihre Blicke verwirrten ihn schrecklich.

Er hatte erklärt, dass er zu Fuß zu dem Haus zurückgehen würde, das nicht mehr als zwei Meilen vom Friedhof entfernt war, und deshalb gab es nach der Beerdigung keine Kutsche, die ihn mitnehmen konnte. Aber er wusste, dass die Männer ihm beim Gehen folgen würden. Er hatte gerade erst den Parkbereich erreicht, als er sie alle sah. Aber Mr. Tyrrwhit war allein und kam auf ihn zu. „Was werden Sie tun, Kapitän Scarborough", sagte er, „in Bezug auf unsere Ansprüche?"

„Sie haben keine Ansprüche, die mir bekannt sind", sagte er grob.

„Oh ja, Kapitän Scarborough; wir haben sicherlich Ansprüche. Sie sind in letzter Zeit mit viel Glück an die Front gekommen; ich gönne es Ihnen jedenfalls nicht; aber ich habe Ansprüche – ich und diese anderen Herren; Wir haben Ansprüche. Das müssen Sie zugeben.

„Senden Sie die Dokumente ein. Mr. Barry fungiert als mein Anwalt; er ist Mr. Greys Partner und übernimmt jetzt die führende Geschäftsbeteiligung."

„Ich kenne Mr. Barry gut; ein sehr scharfsinniger Gentleman ist Mr. Barry."

„In einem solchen Moment kann ich kein Gespräch mit dir selbst führen."

„Es tut uns leid, Sie zu belästigen. Aber schließlich sind unsere Interessen so dringend. Was wollen Sie tun, Kapitän Scarborough? Das ist die Frage."

„Ja, mit dem Anwesen", sagte Herr Samuel Hart, als er auf sie zukam und sich ihnen anschloss. Von allen Männern war Mr. Samuel Hart für Mountjoy der Abscheulichste. Er hatte seinen Judenverfolger zuletzt in Monte Carlo gesehen und war dort, wie er meinte, von ihm aufs Schärfste beleidigt worden. „Was haben Sie vor, Kapitän?" Darauf gab Mountjoy keine Antwort, aber Hart ging ein oder zwei Schritte voraus, drehte sich auf dem Absatz um und blickte auf den Park um ihn herum. „Eine ordentliche Art von Ort, nicht wahr, Tyrrwhit, an dem ein Gentleman seinen Zettel aufhängen kann, wenn uns gesagt wurde, er sei ein Bastard und keinen Schilling wert?"

„Ich habe mit all dem nichts zu tun", sagte Mountjoy; „Sie und Mr. Tyrrwhit hielten meine Zusagen für bestimmte Geldbeträge fest. Sie wurden, glaube ich, vollständig bezahlt."

„Nein, das ist nicht der Fall. Sie wurden überhaupt nicht vollständig bezahlt. Sie wissen, dass das nicht der Fall ist." Während er dies sagte, ging Mr. Hart voran und stellte sich auf den Weg, Mountjoy gegenüber. „Wie können Sie die Frechheit aufbringen zu sagen, dass wir den vollen Betrag erhalten haben? Sie wissen, dass das nicht wahr ist."

„Evans & Crooke wurden bisher nicht bezahlt", sagte eine Stimme von hinten.

„Mehr ist nicht Spicer“, sagte eine andere Stimme.

„Captain Scarborough, ich habe nicht den vollen Lohn erhalten“, sagte Mr. Juniper und ging an die Front. „Sie wollen mir nicht sagen, dass meine fünfhundert Pfund vollständig bezahlt wurden? Sie haben mich ruiniert, Kapitän Scarborough. Ich hätte eine junge Dame mit einem großen Vermögen heiraten sollen – die Nichte Ihres Mr. Grey ,- und es wurde wegen Ihrer schlechten Behandlung ganz abgebrochen. Wollen Sie behaupten, dass ich vollständig bezahlt wurde?“

„Wenn Sie ein Dokument haben, bringen Sie es zu Mr. Barry.“

„Nein, das werde ich nicht; ich werde es keinem Anwalt vorlegen. Ich werde es direkt vor Gericht bringen und Sie entlarven. Mein Name ist Juniper, und ich habe mich noch nie von einem Stück Papier davon getrennt.“ trägt deinen Namen.

„Dann bekommen Sie zweifellos Ihr Geld“, sagte der Kapitän.

„Ich dachte, meine Herren, Sie sollten mir gestatten, bei dieser Gelegenheit der Sprecher zu sein“, sagte Herr Tyrrwhit. „Wir können sicherlich nichts nützen, wenn wir den Kapitän auf einmal angreifen. Nun, Kapitän Scarborough, wir wollen nicht unhöflich sein.“

„Unhöflich, verdammt!“ sagte Herr Hart; „Ich möchte mein Geld bekommen und habe vor, es zu behalten. Ich habe zugestimmt, wie Sie es wollten, Herr Tyrrwhit; . Sollen wir eine Einigung erzielen oder sollen wir vor Gericht gehen?“

„Ich kann Sie nur an Mr. Barry verweisen“, sagte Mountjoy und ging sehr schnell weiter. Er glaubte, wenn er das Haus erreichte, könnte er hineingehen und sie hinauslassen, und er dachte auch, wenn er sie auf Trab hielte, würde er sie auf diese Weise davon abhalten, ihn mit vielen Worten anzugreifen. Evans & Crooke hinkten bereits hinterher und Mr. Spicer machte deutlich, dass er unter Druck stand. Sogar Hart, der jünger als die anderen war, war dick und klein und zeigte bereits, dass er aufhören musste, wenn er viele Reden hielt.

„Barry ist verdammt!“ rief Hart aus.

„Sehen Sie, wie es ist, Kapitän Scarborough“, sagte Tyrrwhit; „Ihr Vater, der gerade in der Hoffnung auf eine glückliche Auferstehung beigesetzt wurde, war ein sehr eigenartiger Gentleman.“

„Der höllischste Betrüger, von dem ich je gehört habe!“ sagte Hart.

„Ich möchte kein respektloses Wort sagen“, fuhr Tyrrwhit fort, „aber er hatte seine eigenen Ansichten. Er sagte, Sie seien unehelich, nicht wahr?“

„Ich kann Sie nur an Mr. Barry verweisen", sagte Mountjoy.

„Und er sagte, dass Mr. Augustus alles haben sollte; und er bewies seine Worte – nicht wahr? Und dann stellte er fest, dass, wenn ja, unsere Taten das Papier nicht wert waren, auf dem sie geschrieben waren." . Ist das nicht alles wahr, was ich sage? Und als wir dann die kleinen Summen genommen hatten, die er uns angeboten hatte, nur um uns vor dem Ruin zu bewahren, kam er und sagte, Sie seien der Erbe legitim wie jeder andere und sollen das ganze Eigentum haben. Und er beweist das auch!

Mountjoy Scarborough blieb nichts anderes übrig, als das Tempo so gut wie möglich zu machen. Mr. Hart versuchte immer wieder, ihren Fortschritt zu stoppen, indem er sich dem Kapitän in den Weg stellte, konnte dies aber bei jedem Stopp nur so weit tun, dass er seinem Entsetzen durch verschiedene Zwischenrufe Ausdruck verleihen konnte. „Oh Gesetze! Dass solch ein Lügner wie er jemals begraben werden sollte!"

„Sie können nichts tun, indem Sie respektlos sind, Mr. Hart", sagte Tyrrwhit.

„Was – ist es – er will – tun?" rief Spicer.

„Mr. Spicer", sagte Mountjoy, „ich beabsichtige, alles in die Hände von Mr. Barry zu legen; und wenn Sie mir glauben wollen, kann keiner von Ihnen etwas Gutes tun, wenn er mich quer durch den Park jagt."

„Bist du ein Bastard, oder nicht?" rief Hart.

„Nein, Mr. Hart, das bin ich nicht."

„Dann zahlen Sie uns, was Sie uns schulden. Wollen Sie nicht sagen, dass Sie uns nichts schulden?"

„Mr. Tyrrwhit", sagte der Kapitän, „es hat keinen Zweck, wenn ich Mr. Hart antworte, weil er wütend ist."

„H'wütend! Bei George, ich bin wütend! Ich würde diesem alten Sünder am liebsten die Knochen aus dem Boden reißen!"

„Aber ich kann Ihnen sagen, dass Mr. Barry Ihnen besser als ich sagen kann, was ich tun kann, um mein Eigentum zu verteidigen."

„Captain Scarborough", sagte Mr. Tyrrwhit sanft, „wir hatten Ihren Namen, wissen Sie. Wir hatten Ihren Namen."

„Und mein Vater hat die Anleihen zurückgekauft."

„Oh Gesetze! Und er nennt sich selbst einen Shentleman!"

„Ich habe Ihnen jetzt nichts weiter zu sagen, meine Herren, und kann Sie nur an Mr. Barry verweisen." Der Weg, den sie gingen, hatte sie dann an die Ecke einer Gartenmauer geführt, durch die sich eine Tür in den Garten öffnete. Zum Glück fiel Mountjoy in diesem Moment auf, dass sich auf der anderen Seite des Tors ein Riegel befand, und er ging schnell hinein und verriegelte die Tür. Mr. Tyrrwhit wurde auf der anderen Seite zurückgelassen und seine Gefährten gesellten sich zu ihm, sobald ihnen der Atem ausging. „Jetzt geht's los!' sagte Mr. Hart und schlug heftig mit dem Griff seines Stocks gegen die Tür.

„Er hatte keine andere Wahl, als uns zu verlassen, als wir ihn insgesamt angriffen", sagte Herr Tyrrwhit. „Wenn Sie es mir überlassen hätten, hätte er uns gesagt, was er vorhatte. Sie, Herr Hart, hatten nicht so viel Grund, wütend zu sein, da Sie eine beträchtliche Summe Zinsen erhalten hatten." Dann wandte sich Mr. Hart an Mr. Tyrrwhit und beschimpfte ihn auf dem ganzen Weg zurück zu ihrem Gasthaus. Aber es war erfreulich zu sehen, wie diese Handelsherren, die alle im natürlichen Handelsverkehr tätig waren, ihre heftige Empörung zum Ausdruck brachten, nicht so sehr über ihre persönlichen Verluste, sondern über die geschäftliche Unehrlichkeit im Allgemeinen, die die Scarboroughs, Vater und Sohn, an den Tag legten waren und waren im Begriff, schuldig zu sein.

Als Mountjoy das Haus erreichte, in dem er jetzt außer den Dienern der einzige Bewohner war, stand er eine Stunde lang im Esszimmer mit dem Rücken zum Feuer und dachte über seine Position nach. Er hatte viele Dinge, an die er denken musste. Erstens waren da diese Pseudogläubiger, die ihn gerade in seinem eigenen Park mit großer Schärfe angegriffen hatten. Er versuchte sich zu trösten, indem er sich sagte, dass es sich sicherlich um Pseudogläubiger handelte, denen er tatsächlich keinen Cent schuldete. Mr. Barry könnte mit ihnen klarkommen.

Aber dann erinnerte ihn sein Gewissen daran, dass sie in Wahrheit betrogen worden waren – von seinem Vater zu seinem Vorteil betrogen. Für jedes Pfund, das sie erhalten hätten, hätten sie drei oder vier verlangt. Sie hätten ihn zweifellos betrogen. Aber wie sollte er nun das Ausmaß des Betrugs seines Vaters im Vergleich zu dem seiner Gläubiger messen? Und obwohl es richtig von ihm gewesen wäre, sich der Schurkerei dieser Juden zu widersetzen, hielt er es doch für unpassend, dass er durch die Täuschung seines Vaters ihren Fängen gänzlich entkommen sollte. Er war der Ehre zwar nicht so gestorben, aber dieser *verpflichtete Adel* lebte immer noch in seiner Brust. Und doch konnte er nichts tun, um seinen Busen zu befreien. Das Einkommen des Anwesens war nahezu ausgeglichen, da die Einnahmen aus den späten Verkäufen fast ausgereicht hatten, um diesen Herren das zu geben, was sein Vater ihnen zahlen wollte. Aber war er sich dieses Einkommens sicher? Er hatte soeben kühn behauptet, dass er der rechtmäßige Erbe des Besitzes sei; aber wusste er, dass er so war? Konnte er seinem Vater glauben? Hatte Mr. Gray nicht behauptet, dass er diese späteren Beweise nicht akzeptieren würde? War er sich nicht sicher, ob Augustus vorhatte, gegen ihn vorzugehen? Und war ihm nicht bewusst, dass nichts sein Eigen nennen konnte, bis dieser Rechtsstreit entschieden worden wäre? Wenn das gegen ihn geschehen wäre, dann wären diese Harpyien nur zu gut behandelt worden; dann würde es für ihn jedenfalls keinen Zweifel daran geben, was *Noblesse oblige* von ihm verlangen könnte. Er konnte ihnen gegenüber keine unmittelbaren Schritte unternehmen und verdrängte daher diesen Ärger für einen Moment aus seinem Kopf.

Aber was soll er mit sich selbst anfangen, was sein zukünftiges Leben betrifft? Von diesen elenden Männern verfolgt und misshandelt zu werden, wie es heute Morgen sein Schicksal gewesen war, wäre unerträglich. Konnte er sich von Herrn Samuel Hart abschotten und dennoch in England leben? Und könnte er dann gegen die Vereine antreten – wenn die Vereine so freundlich wären, ihn wiederzuwählen? Und dann legte sich ein dunkles Stirnrunzeln auf seine Stirn, als ihm bewusst wurde, dass sich sein Herz selbst in diesem Moment danach sehnte, noch einmal bei den Karten zu sein. Konnte er nicht nach Monaco fliehen und sich dort an den Spieltischen vergnügen? Mr. Hart würde ihm sicherlich nicht dorthin folgen, und er wäre frei von der Überwachung dieses doppelten Schurken, des Dieners seines Bruders und des Spions seines Vaters.

Aber ging es, wie er sich selbst erklärte, nicht letztlich um die endgültige Antwort, die er von Florence Mountjoy erhalten konnte? Könnte Florence dazu gebracht werden, seinen Wünschen nachzukommen, glaubte er, dass er immer noch glücklich, respektabel und auf eine Weise leben könnte, dass sein Name der Nachwelt erhalten bleiben würde, ohne völlig zerstört zu werden. Wenn Florence zustimmen würde, in Tretton zu leben, könnte er dann dort bleiben. Er dachte darüber nach, während er mit dem Rücken zum Feuer dastand, und sagte sich, dass mit Florence das erste Jahr möglich sein würde und dass der Kampf nach dem ersten Jahr aufhören würde, ein Kampf zu sein. Er kenne sich selbst, erklärte er, und er entschuldige sich allerhand für sein früheres, bösartiges Leben, indem er sie alle auf die Härte ihrer Behandlung ihm gegenüber begründe. Er wusste es selbst nicht, und solche Versicherungen waren vergeblich. Aber von solchen Zusicherungen bestärkt, beschloss er, dass sein zukünftiges Schicksal in ihren Händen liegen musste und dass ihr Wort allein ausreichen sollte, um ihn entweder zu zerstören oder zu retten.

Als er so über sein zukünftiges Leben nachdachte, beschloss er, sofort nach Cheltenham zu gehen und sich und alles, was an Tretton ihm gehörte, dem Mädchen zu Füßen zu werfen. Er konnte es auch nicht ertragen, eine weitere Nacht in Tretton auszuruhen, bevor er dies getan hatte. Er machte sich sofort auf den Weg und kam spät in Gloucester an, wo er schlief, und war am nächsten Morgen um elf Uhr in Cheltenham auf dem Weg nach Montpellier Terrace. Er fragte sofort nach Florence, doch die Umstände führten dazu, dass er sich zunächst mit ihrer Mutter zurückzog. Mrs. Mountjoy war erfreut und doch schockiert, ihn zu sehen. „Mein armer Bruder!" Sie sagte; „Und er wurde erst gestern begraben!" Die Erklärung, die Mountjoy geben konnte, wurde gegeben. Er machte ihr bald den ganzen Tenor seiner Gedanken verständlich. „Ja; Tretton gehörte ihm – zumindest nahm er das an. Über sein zukünftiges Leben konnte er nichts sagen. Es musste von Florence abhängen. Er dachte, wenn sie versprechen würde, sofort seine Frau zu werden, würde es kein Glücksspiel mehr geben . Er hatte das Gefühl, dass es seine Pflicht sei, zu ihr zu kommen und es ihr zu sagen.

Mrs. Mountjoy, die durch die völlige Schwärze seiner Kleidung und die Strenge seines Benehmens erschrocken war, hatte kein Wort dagegen zu sagen. „Seien Sie sanft zu ihr", sagte sie, als sie sie zu dem Raum führte, in dem Florence gefunden wurde. „Deine Cousine ist gekommen, um dich zu besuchen", sagte sie; „ist gleich nach der Beerdigung gekommen. Ich hoffe, Sie werden ihm gnädig sein." Dann schloss sie die Tür und die beiden waren allein zusammen.

„Florenz!" er sagte.

„Mountjoy! Wir haben kaum erwartet, dass du so bald hier bist."

„Wo das Herz abschweift, kann der Körper folgen. Ich konnte mit niemandem sprechen, ich konnte nichts tun, ich konnte um nichts hoffen und beten, bis ich dich gesehen hatte."

„Du kannst dich nicht so auf mich verlassen", antwortete sie.

„Ich bin völlig auf dich angewiesen. Kein Mensch kann sich stärker auf einen anderen verlassen. Es ist nicht mein Glück, dass ich gekommen bin, um dir etwas anzubieten, oder einfach nur meine Liebe, sondern in Wahrheit meine Seele."

„Mountjoy, das ist böse!"

„Dann soll es böse sein. Es ist wahr. Tretton gehört aufgrund besonderer Umstände ganz mir und ist frei von Schulden. Jedenfalls glauben ich und andere, dass es so ist."

„Wenn Tretton ganz dir gehört, kann das keinen Unterschied machen."

„Ich habe dir gesagt, dass ich nicht gekommen bin, um dir mein Vermögen anzubieten." Und er blickte sie fast finster an, während er sprach. „Sie wissen, was meine bisherige Karriere war, obwohl Sie vielleicht nicht wissen, was mich dazu getrieben hat. Soll ich zurückgehen und nach der gleichen Art und Weise leben und Tretton vor die Hunde gehen lassen? Das wird so sein, wenn Sie es nicht nehmen." ich und Tretton in deine Hände.

"Es kann nicht sein."

„Oh, Florence! Denken Sie darüber nach, bevor Sie mein Schicksal verkünden.“

„Das kann nicht sein. Ich liebe dich sehr als meine Cousine, und um deinetwillen liebe ich auch Tretton. Ich würde viel leiden, um dich zu retten, wenn irgendein Leiden meinerseits von Nutzen wäre. Aber so kann es nicht sein.“ Dann blickte er sie erneut finster an. „Mountjoy, du erschreckst mich durch dein hartes Aussehen; – aber selbst wenn du mich töten würdest, kannst du mich nicht ändern. Ich bin die versprochene Frau von Harry Annesley; und zu seiner Ehre muss ich dich bitten, diese Sache nicht mehr zu vertreten.“ Dann, genau in diesem Moment, ertönte ein Klingeln und ein Klopfen an der Tür, jeweils etwas ungestüm, und Florence Mountjoy sprang erschrocken auf und wusste, dass Harry Annesley da war.

KAPITEL LXI.

HARRY ANNESLEY WIRD AKZEPTIERT.

Sie wusste, dass Harry Annesley an der Tür stand. Er hatte geschrieben, dass er wiederkommen müsse, obwohl er keinen Tag für sein Kommen festgelegt hatte. Sie hatte sich über seinen Besuch gefreut, obwohl sie ihn auf ihre Art wegen des versprochenen Besuchs ausgeschimpft hatte. Aber obwohl er nicht häufig gekommen war, erkannte sie bereits die Geräusche seiner Ankunft. Wenn ein Mädchen ihren Geliebten wirklich liebt, verrät schon die Atmosphäre seinen Aufenthaltsort. Sie erwartete ihn mit fast atemloser Erwartung, als ihr Cousin Mountjoy zu ihr gebracht wurde; Und das galt auch für ihre Mutter, der man gesagt hatte, dass Harry Annesley ein Geschäft hatte, bei dem er vorhatte, ihn zu besuchen. Doch nun müssen die beiden Feinde in ihrer Gegenwart aufeinandertreffen. Das war die Idee, die ihr zuerst kam. Sie war sich sicher, dass Harry sich gut benehmen würde. Warum sollte sich ein bevorzugter Liebhaber bei solchen Gelegenheiten nicht immer gut benehmen? Aber wie würde sich Mountjoy verhalten, wenn er seinem Rivalen gegenüberstand? Als Florence darüber nachdachte, fiel ihr ein, dass der Streit zwischen ihnen bei ihrer letzten Begegnung ungeheuerlich gewesen war. Und Mountjoy war der Sünder gewesen, während Harry die Strafe für die Sünde tragen musste.

Als Harry erfuhr, dass Miss Mountjoy zu Hause sei, war er sofort hineingegangen und hatte die Tür zum Vorderzimmer unten geöffnet. Dort fand er Florence und Mountjoy Scarborough. Mrs. Mountjoy war immer noch oben in ihrem Schlafzimmer und zitterte vor Angst, als sie an den Zorn der beiden streitlustigen Liebenden dachte. Ihrer Meinung nach war Harry einem brüllenden Löwen am ähnlichsten, weil sie von ihm gehört hatte, dass er bei dieser früheren Gelegenheit so schrecklich gebrüllt hatte. Aber sie ging nicht sofort hinunter, weil sie in ihrem Schlafzimmer festgehalten wurde, weil sie Angst hatte und sich überlegen musste, wie sie sich verhalten würde, wenn sie dort ankam.

Als Harry eintrat, blieb er einen Moment an der Tür stehen, eilte dann durch den Raum und reichte Scarborough seine Hand. „Es hat mir so leid getan“, sagte er, „von Ihrem Verlust zu hören; aber der Gesundheitszustand Ihres Vaters war so, dass Sie nicht damit rechnen konnten, dass sein Leben verlängert würde.“ Mountjoy murmelte etwas, aber sein Gemurmel geschah, wie Florence bemerkt hatte, aus Höflichkeit. Und die beiden Männer hatten einander bei der Hand genommen; Danach konnten sie sich in ihrer Gegenwart kaum gegenseitig an die Gurgel gehen. Dann ging Harry nach Florence und nahm ihre Hand. „Ich bekomme nie eine Nachricht von dir“, sagte er lachend, „außer was du mich schimpfst. Ich glaube, ich entkomme besser, wenn ich anwesend bin; also bin ich hier."

„Du machst immer böse Vorschläge, und natürlich schimpfe ich mit dir. Ein Mädchen muss so lange schimpfen, bis sie verheiratet ist, und dann ist sie an der Reihe, es zu bekommen."

„Kein Wunder also, dass du so leichtfertig von drei Jahren sprichst. Ich möchte dich schelten können."

All dies geschah in Mountjoys Gegenwart, während er schweigend, schwarz und finster daneben stand. Seine Lage war sehr schwierig, das Gezwitscher und Gurren dieser Liebenden zu hören. Aber auch sie hatten es nicht so leicht, weshalb sie in seiner Gegenwart ständig schimpfen und gurren mussten. Jedes musste natürlich wirken, aber das Schnäbeln und Gurren war in Wirklichkeit beeinträchtigt. Wäre er nicht dort gewesen, hätten sie sich dann nicht in den Armen gelegen? und hätte sie ihn nicht durch einen liebevollen Kuss zum stolzesten Mann Englands gemacht? „Als Sie hereinkamen, habe ich Miss Mountjoy gebeten, meine Frau zu sein." Das sagte Scarborough mit lauter Stimme und sah Harry direkt ins Gesicht.

„Das kann nicht sein", sagte Florence; „Das habe ich dir zu seiner Ehre gesagt", und sie legte ihre Hand auf Harrys Arm, „ich konnte auf keine solche Bitte hören."

„Der Antrag muss erneut gestellt werden", sagte er.

„Es wird umsonst sein", sagte Harry.

„Das denken Sie zweifellos", sagte Kapitän Scarborough.

„Das kannst du selbst fragen", sagte Harry.

„Natürlich wird es vergebens sein", sagte Florence. „Glaubt er, dass ein Mädchen, wenn es darum geht, einen Mann zu lieben, im Handumdrehen hin und her gelenkt werden kann – dass sie abwechselnd zu zwei Männern „Ja" und „Nein" sagen kann? Das ist unmöglich. Harry Annesley hat es getan hat mich gewählt, und ich bin unendlich glücklich über seine Wahl." Hier machte Harry einen Versuch, seinen Arm um ihre Taille zu legen, was sie jedoch daran hinderte, als sie sah, wie die zornige Leidenschaft in den Augen ihrer Cousine aufstieg. „Er soll mein Ehemann sein, hoffe ich. Ich habe ihm gesagt, dass ich ihn liebe, und das sage ich auch Ihnen. Er hat mein Versprechen, und ich kann es nicht zurücknehmen, ohne einen Meineid an ihn zu richten und ihn zu ruinieren, absolut zu ruinieren." Mein ganzes Glück in dieser Welt hängt von ihm ab, dem ich mich völlig hingegeben habe, selbst wenn er mich ablehnen würde ."

„Meine Florenz! mein Schatz!" rief Harry aus.

„Nachdem du dir so viel erzählt hast, kannst du deine Cousine bitten, ihrem Wort und ihrem Herzen nicht treu zu bleiben und deine Frau zu werden, wenn ihr Herz völlig in seiner Obhut ist? Mountjoy, das ist unmöglich.“

„Was ist dann mit mir?“ er sagte.

„Machen Sie sich wach und lieben Sie ein anderes Mädchen und heiraten Sie sie, und machen Sie es gut mit sich selbst und mit Ihrem Eigentum.“

„Du sprichst von deinem Herzen“, sagte er, „und du befiehlst mir, mein eigenes auf solche Weise zu benutzen!“

„Das Herz eines Mannes kann verändert werden, das einer Frau jedoch nicht. Seine Liebe ist nur eine Sache unter vielen.“

„Das ist das Einzige“, sagte Harry. Dann öffnete sich die Tür und Mrs. Mountjoy betrat den Raum.

„Oh je! Oh je!“ Sie sagte: „Seid ihr beide hier zusammen?“

„Ja, wir sind beide zusammen hier“, sagte Harry.

Als er das sagte, lag ein unglückliches Lächeln auf seinem Gesicht, was Mountjoy Scarborough sehr wütend machte. Die beiden Männer waren beide gutaussehend, zwei so gutaussehende Männer, wie man sie an einem Sommertag sehen kann. Mountjoy hatte ein dunkles Gesicht, einen kohlschwarzen Schnurrbart und einen Schnurrbart, funkelnde, wütende Augen und jedes Merkmal seines Gesichts war gut geschnitten und fein geformt; aber er hatte keinerlei Ausdruck von Zufriedenheit oder Befriedigung. Harry war hellhaarig, hatte einen langen, seidenen Bart und leuchtende Augen; aber auf seinem Gesicht lag gewöhnlich ein Ausdruck unendlicher Freude, der allen Betrachtern angenehm war. Wenn er nicht so stark war wie der andere Mann, war er fröhlich und eloquent und hatte eine gute Laune. Aber in einem waren sie sich gleich: Keiner von ihnen schätzte sein gutes Aussehen. Mountjoy hatte versucht, durch seine schlechte Laune die Oberhand zu gewinnen, und war gescheitert; Aber Harry hatte es geschafft, ohne den Versuch zu machen, herrschsüchtig zu werden und immer an sich selbst zu zweifeln, bis ihm von ihren Lippen der Erfolg versichert worden war. Jetzt war er sehr stolz auf seinen Erfolg; aber er war stolz auf sie und nicht auf sich.

„Sie kommen hierher und prahlen mit dem, was Sie in meiner Gegenwart getan haben“, sagte Mountjoy Scarborough.

„Wie kann ich nicht prahlen, wenn sie mir sagt, dass sie mich liebt?“ sagte Harry.

„Um Gottes willen, streitet hier nicht!“ sagte Frau Mountjoy.

„Sie sollen überhaupt nicht streiten", sagte Florence, „Es gibt keinen Grund zum Streiten. Wenn ein Mädchen sich selbst verraten hat, sollte Schluss damit sein. Kein Mann, der weiß, dass sie es getan hat, sollte noch einmal mit ihr sprechen." den Weg der Liebe. Ich werde dich jetzt verlassen; aber du musst wiederkommen, damit ich dir sagen kann, dass du es nicht ganz nach deinen Wünschen haben darfst, Sir." Dann reichte sie ihm die Hand, ging sofort zu Mountjoy und reichte ihm ebenfalls die Hand. „Du bist mein Cousin und jetzt das Oberhaupt der Familie meiner Mutter. Ich würde gerne wissen, dass du ein freundliches Wort zu mir sagen und mir ‚Gott sei schnell' sagen würdest."

Er sah sie an, nahm aber nicht ihre Hand. „Ich kann es nicht tun", sagte er. „Ich kann dir nicht ‚Gott schnell' sagen." Du hast mich ruiniert, hast mich zertrampelt, mich zerstört. Ich bin nicht böse auf ihn", und er deutete quer durch den Raum auf Harry Annesley. „Noch mit dir; sondern nur mit mir selbst." Dann marschierte er, ohne ein Wort mit seiner Tante zu sagen, aus dem Zimmer und verließ das Haus, wobei er mit einem lauten Geräusch die Haustür hinter sich schloss, was seinen Zorn bezeugte.

"Er ist gegangen!" sagte Mrs. Mountjoy mit einem Ton tiefer Tragödie.

„Es ist besser so", sagte Florence.

„Ein Mann muss in einem solchen Krieg seine Chance nutzen", sagte Harry. „Es gibt etwas an Mountjoy Scarborough, das mir schließlich gefällt. Ich liebe Augustus nicht, aber mit gewissen Fehlern ist Mountjoy ein guter Kerl."

„Er ist das Oberhaupt unserer Familie", sagte Mrs. Mountjoy, „und der Besitzer von Tretton."

„Das hat nichts damit zu tun", sagte Florence.

„Es hat viel damit zu tun", sagte ihre Mutter, „obwohl du nie auf mich gehört hast. Ich hatte mein Herz darauf gesetzt, aber du hast beschlossen, mich zu vereiteln. Und doch gab es eine Zeit, in der du ihn lieber hattest jeder andere."

"Niemals!" sagte Florence mit Energie.

„Ja, das haben Sie, bevor Mr. Annesley hier in die Quere kam."

„Zumindest war es, bevor ich kam", sagte Harry.

„Ich war jung und wollte nicht ungehorsam sein. Aber ich habe ihn nie geliebt und ich habe es ihm nie gesagt. Jetzt steht das außer Frage."

„Er wird nie wieder zurückkommen", sagte Mrs. Mountjoy traurig.

„Ich würde mich sehr freuen, ihn wiederzusehen, wenn ich und Florence Mann und Frau sind. Es ist mir egal, wie bald wir ihn wiedersehen."

„Nein, er wird nie zurückkommen", sagte Florence, „nicht so, wie er heute gekommen ist. Dieser Ärger ist endlich vorbei, Mama."

„Und mein Ärger wird beginnen."

„Warum sollte es Ärger geben? Harry wird dir keinen Ärger machen – wirst du, Harry?"

„Niemals, das vertraue ich", sagte Harry.

„Er kann es nicht verstehen", sagte Frau Mountjoy; „Er weiß nichts von den Wünschen und Ambitionen meines Lebens. Ich hatte ihm mein Kind versprochen, und mein Wort ihm gegenüber ist jetzt gebrochen."

„Er wird gewusst haben, Mama, dass du mir nichts versprechen konntest. Jetzt geh, Harry, denn wir sind aufgeregt. Darf ich ihn nicht bitten, heute Abend hierher zu kommen und mit uns Tee zu trinken?" Dies sagte sie und wandte sich im Ton der süßesten Bitte an ihre Mutter. Darauf gab Mrs. Mountjoy widerwillig nach, und dann machte sich auch Harry auf den Weg.

Florence war sich bewusst, dass sie durch das Interview am Vormittag viel gewonnen hatte. Sogar ihr erschien es allmählich unnötig, dass sie Harry drei Jahre warten ließ. Sie hatte davon gesprochen, die Zeit ihrer Knechtschaft zu verschieben und die Herrschaft über ihren eigenen Zustand für sich zu behalten. Aber in dieser Hinsicht war ihnen allen klar, dass ihre eigenen Wünsche wahr waren. Sie war bestrebt, sich ihrem neuen Herrn zu unterwerfen, und sie hatte das Gefühl, dass die Zeit kommen würde. Ihre Mutter hatte so sehr nachgegeben, und Mountjoy hatte nachgegeben. Harry sagte sich in diesem Moment, dass Mountjoy den Schwamm ausgekotzt hatte. Auch sie erklärte das Gleiche zu ihrem eigenen Trost in weniger sportlicher Ausdrucksweise, und was ihr viel wichtiger war, ihre Mutter hätte fast auch den Schwamm ausgeworfen. In den schlimmsten Tagen ihrer Schwierigkeiten hatte sich jeder Verehrer bei ihrer Mutter willkommen geheißen, der ihr Kind aus den Fängen dieses brüllenden Löwen, Harry Annesley, retten würde. Herr Anderson und sogar Herr Grascour waren mit offenen Armen empfangen worden. Mrs. Mountjoy hatte sich dann in den Kopf gesetzt, dass Harry von allen Löwen, die es damals gab, am lautesten brüllte. Seine Sünden, den armen Mountjoy sprachlos und regungslos auf dem Bürgersteig liegen zu lassen, hatten sie mit Entsetzen erfüllt. Aber Florence hatte nun das Gefühl, dass alles zu Ende war. Nicht nur, dass Mountjoy verschwunden war, auch Anderson oder Grascour würden wahrscheinlich nie wieder erwähnt werden. Als Florence sich an diesem Abend auf den Tee vorbereitete, sang sie vor sich hin ein kleines Lied über die Ankunft des siegreichen Helden. „Ein Mann muss in einem solchen Krieg seine Chance nutzen", sagte sie und wiederholte die Worte ihres Geliebten.

„Du kannst nicht erwarten, dass ich sehr klug bin", sagte ihre Mutter zu ihr, bevor Harry kam.

Auch darin lag ein Zeichen des Nachgebens; Aber Florence wollte ihre Mutter in ihrem Glück nicht unglücklich machen. „Warum nicht klug sein, Mama? Weißt du nicht, dass Harry gut ist?"

„Nein. Woher soll ich etwas über ihn wissen? Möglicherweise ist er völlig mittellos."

„Aber sein Onkel hat angeboten, uns im Haus wohnen zu lassen und uns ein Einkommen zu verschaffen. Mr. Prosper hat jeden Gedanken an eine Heirat aufgegeben."

„Er kann jeden Tag heiraten. Und warum wollen Sie im Haus eines anderen Mannes wohnen, wenn Sie vielleicht auch in Ihrem eigenen wohnen? Tretton steht für Sie bereit – das schönste Herrenhaus im ganzen County." Hier hat Mrs. Mountjoy ein wenig übertrieben, aber eine gewisse Übertreibung darf einer Dame in ihren Umständen durchaus erlaubt sein.

„Mama, du weißt, dass ich nicht in Tretton leben kann."

„Es ist das Haus, in dem ich geboren wurde."

„Wie kann das bedeuten? Wenn solche Dinge passieren, werden sie als zusätzlicher Grund zur Befriedigung genutzt. Aber ich kann Ihren Neffen nicht heiraten, weil Sie in einem bestimmten Haus geboren wurden. Und das alles ist jetzt vorbei: Sie wissen, dass Mountjoy nicht wiederkommen wird ."

„Das würde er", rief die Mutter, als hätte sie neue Hoffnungen.

„Oh, Mama! Wie kannst du so reden? Ich möchte Harry Annesley heiraten – du weißt, dass ich das tue. Warum machst du nicht dein eigenes Mädchen glücklich, indem du ihn akzeptierst?" Dann verließ Mrs. Mountjoy das Zimmer und ging in ihr eigenes Zimmer und weinte dort, nicht bitterlich, glaube ich, aber ausgiebig. Ihr Mädchen würde die Frau des Squires von Buston sein, der schließlich kein schlechter Kerl war. Auf jeden Fall würde er nicht spielen. Es hatte schon immer diesen schrecklichen Nachteil gegeben. Und er war ein Mitglied seines Kollegiums, in dem sie eine gewisse Entschädigung für Tretton suchen und wahrscheinlich auch finden würde. Als sie also zum Tee herunterkam, konnte sie Harry nicht mit Freude, aber zumindest ohne Tadel empfangen.

Das Gespräch zwischen den beiden verlief zunächst etwas flach. Hätte man die alte Dame dazu bewegen können, oben zu bleiben, hätte Harry das Gefühl gehabt, dass der Abend viel zufriedenstellender gewesen wäre. Aber so wie es war, war er in der Lage, einige Fortschritte zu machen. Er begann sofort, Florence als seine unzweifelhaft zukünftige Gemahlin anzureden, wobei er sehr listig die für diesen Zweck geeigneten Worte benutzte, und sie antwortete ihm, ohne irgendeine Absicht auszudrücken – wie sie es getan hatte, als sie die Angelegenheit mit ihrer Cousine besprach Derselbe Geist, und nach und nach kam es so vor, als ob die Angelegenheit völlig geklärt wäre. Und dann wurde dieser zukünftige Tag endlich auf die Bühne gebracht, als wollte er jetzt benannt werden.

"3 Jahre!" rief Mrs. Mountjoy, als ob sie ihre letzte Hoffnung noch nicht einmal aufgegeben hätte.

Florence nahm dies aufgrund der Natur der Umstände stillschweigend zur Kenntnis. Wäre es zehn Jahre her, hätte sie vielleicht protestiert. Aber die Schüchternheit einer jungen Dame schien sich innerhalb von drei Jahren mit der Zusage einer Heirat zufrieden zu geben. Aber bei Harry war es anders. „Guter Gott, Mrs. Mountjoy, wir werden alle tot sein!" er schrie auf.

Mrs. Mountjoy zeigte an ihrem Gesichtsausdruck, dass sie äußerst schockiert war. „Oh, Harry!" „Ich hoffe, keiner von uns wird in drei Jahren tot sein", sagte Florence.

„Ich werde viel zu alt sein, um verheiratet zu sein, wenn ich am Leben bleibe. Drei Monate, meinst du. Es wird genau die richtige Zeit im Jahr sein, die für etwas gilt. Und drei Monate sollten immer lang genug sein." um einem Mädchen zu ermöglichen, ihre neuen Kleider zu bekommen.

„Du weißt nichts darüber, Harry", sagte Florence. Und so wurde die Angelegenheit besprochen – und zwar so, dass Harry, als er an diesem Abend ging, fast geneigt war, ein Lied von sich selbst über den siegreichen Helden zu singen. „Liebe Mama!" sagte Florence und küsste ihre Mutter mit der ganzen warmen, anschmiegsamen Zuneigung früherer Jahre. Es war sehr angenehm – aber dennoch ging Mrs. Mountjoy mit traurigem Herzen in ihr Zimmer.

Dort saß sie eine Weile am Feuer und holte dann ihren Schreibtisch heraus. Sie war geschlagen worden – absolut geschlagen – und es war notwendig, dass sie einer Person so viel schrieb. Also schrieb sie ihren Brief, der wie folgt lautete:

„Lieber Mountjoy, schließlich kann es nicht so sein, wie ich es gewollt hätte. Wie man so schön sagt: ‚Der Mensch schlägt vor, aber Gott verfügt.‘ Ich hätte sie Ihnen jetzt gegeben und hätte sogar darauf vertraut, dass Sie sie gut behandelt hätten, wenn Mr. Annesley ihre Zuneigung nicht so stark in den Griff bekommen hätte. Sie ist eigensinnig, genau wie Sie und ich Ich kann sie nicht beugen. Es war die Sehnsucht meines Herzens, dass Sie beide in Tretton zusammenleben sollten. Aber solche Sehnsüchte sind meiner Meinung nach böse und werden selten verwirklicht.

„Ich schreibe jetzt nur diese eine Zeile, um Ihnen zu sagen, dass alles geklärt ist. Ich war nicht stark genug, um eine solche Schlichtung zu verhindern. Er spricht von drei Monaten! Aber was macht das schon? Drei Monate oder drei Jahre sind das Gleiche." Du, und mir geht es fast genauso.

„Deine liebevolle Tante,

„SARAH MOUNTJOY.

„PS – Darf ich als Ihre liebevolle Tante noch ein Wort der leidenschaftlichen Bitte hinzufügen? Ganz Tretton gehört jetzt Ihnen, und die Ehre von Tretton liegt in Ihrer Obhut. Gehen Sie nicht zurück zu diesen elenden Tischen!"

Man kann nicht sagen, dass Mountjoy Scarborough, als er diesen Brief erhielt, unglücklich darüber gewesen war, denn er hatte sein ganzes Unglück bereits gekannt. Aber er dachte darüber nach, als wolle er darüber nachdenken, was nun der beste Lebensweg sei, der ihm offen stand. Und er dachte tatsächlich, dass er besser zu den Tischen zurückkehren sollte, vor denen ihn seine Tante gewarnt hatte, und dort bleiben sollte, bis er die Hektar von Tretton völlig verschwinden ließ. Es gab für ihn nichts, was besser zu sein schien. Und hier zu Hause in England wäre ihm derzeit selbst das unmöglich. Er konnte die Clubs nicht betreten, und anderswo würde ihm Samuel Hart immer auf den Fersen sein. Und da war noch sein Bruder mit seiner Klage, obwohl ihm diesbezüglich bereits ein Kompromiss angeboten worden war. Augustus hatte ihm von seinem Anwalt vorgeschlagen, Tretton zu teilen. Er würde Tretton niemals teilen. Seinem Bruder sollte ein Einkommen gesichert sein, aber er würde Tretton in seinen eigenen Händen behalten – solange es die Spieltische zuließen.

Er war in Wahrheit ein elender Mann, denn in dieser Nacht hatte er sich entschieden, und durch das Läuten seiner Glocke rief er seinen Diener aus seinem Bett, um ihn zu bitten, alles für einen plötzlichen Aufbruch vorzubereiten. Er würde Tretton am nächsten oder übernächsten Tag verlassen und beabsichtigte sofort, ins Ausland zu gehen. „Er ist auf dem Weg zu dem Ort in der Nähe von Italien, wo es Spieltische gibt", sagte der Butler am nächsten Morgen zu dem Kammerdiener, der ihm die Absichten seines Herrn mitteilte.

„Das sollte mich nicht wundern, Mr. Stokes", sagte der Kammerdiener. „Mir wurde gesagt, dass es ein wunderschönes Land ist und ich selbst gerne ein wenig von diesem Leben sehen würde." Ach, leider! Innerhalb einer Woche von diesem Zeitpunkt an hätte man Captain Scarborough möglicherweise im Monte-Carlo-Raum sitzen sehen, ohne dass irgendein freundlicher Samuel Hart über ihm stünde und ihn beschütze.

KAPITEL LXII.

DER LETZTE VON MR. GRAU.

„Ich habe meinen letzten Auftritt im alten Zimmer in Lincoln's Inn Fields absolviert", sagte Mr. Grey, als er eines Tages Anfang Juni nach Hause kam.

„Papa, das meinst du nicht so!" sagte Dolly.

„Das tue ich. Warum nicht jeden Tag so gut wie der andere? Ich habe beschlossen, dass es so sein soll. Ich habe die letzten sechs Wochen darüber nachgedacht. Jetzt ist es geschafft."

„Aber du hast es mir nicht gesagt."

„Nun ja, ich habe dir alles Notwendige gesagt. Es ist jetzt etwas plötzlich gekommen, das ist alles."

„Du wirst nie wieder zurückkehren?"

„Nun, ich kann mal reinschauen. Mr. Barry wird Herr und Meister sein."

„Auf jeden Fall wird er nicht mein Herr und Meister sein!" sagte Dolly und zeigte durch den Tonfall ihrer Stimme, dass die Angelegenheit seit dem letzten aufgezeichneten Gespräch erneut von ihnen besprochen und zur Zufriedenheit ihres Vaters geklärt worden war.

„Nein – zumindest Sie werden mir überlassen. Aber Tatsache ist, dass ich mich nicht weiter mit den Angelegenheiten von Mr. Scarborough befassen kann. Der alte Mann, der tot ist, war zu viel für mich. Obwohl ich ihn alt nenne, Er war viel jünger als ich. Barry sagt, er sei der beste Anwalt gewesen, den er je gekannt habe Dummkopf, aber er denkt es eindeutig.

„Interessiert es Sie, was Mr. Barry denkt oder sagt?"

„Ja, das tue ich – im Hinblick auf die berufliche Position, die ich innehabe. Er ist überzeugt, dass Mountjoy Scarborough der älteste legitime Sohn seines Vaters ist, und er glaubt, dass der alte Squire einfach darauf bedacht war, ihn zu ersetzen, um eine billige Vereinbarung zu treffen." zu seinen Schulden."

„Ich nahm an, dass das schon früher der Fall war."

„Aber was soll ich von einem solchen Mann denken? Mr. Barry spricht fast mit Zuneigung von ihm. Wie soll ich mit einem solchen Mann wie Mr. Barry klarkommen?"

„Er selbst ist ehrlich."

„Nun – ja, das glaube ich. Aber er hasst die völlige Schurkerei unseres eigenen Klienten nicht. Und das ist noch nicht alles. Als die Geschichte der Rummelsburger Hochzeit erzählt wurde, glaubte ich kein Wort davon, und Das habe ich mit Nachdruck gesagt, zunächst habe ich die Geschichte, dass es keine solche Ehe gegeben habe, nicht geglaubt, und ich habe Mr. Scarborough geschworen, dass ich Mountjoy und Mountjoys Gläubiger vor einem solchen Plan schützen würde, wie er beabsichtigt war Alle Einzelheiten der Hochzeit von Nizza wurden mir vorgelegt. Es war offensichtlich, dass die Dame sich öffentlich und in allen üblichen Formen heiraten ließ, während sie sozusagen ein Baby im Arm hatte Da ich diese Ehe als selbstverständlich ansah, musste ich zugeben, dass Augustus ein durch und durch böser Kerl war Er war der älteste Sohn. Dann kam die Frage der Schuldentilgung. Ich fand es sehr gut, dass die Schulden auf die vorgeschlagene Weise beglichen werden sollten. Die Männer sollten alle das Geld bekommen, das sie tatsächlich geliehen hatten, und eine bessere Vereinbarung schien nicht wahrscheinlich. Ich habe dabei geholfen, weil ich das Gefühl hatte, dass alles in Ordnung war. Aber es war ein Schwindel, bei dem ich mithelfen musste. Natürlich war es ein Schwindel, wenn die Rummelsburger Ehe wahr ist, und alle diese Gläubiger denken, ich sei daran beteiligt gewesen. Dann habe ich geschworen, dass ich der Rummelsburg-Ehe nicht glauben würde. Aber Barry und die anderen schütteln nur den Kopf und lachen, und mir wird gesagt, dass Mr. Scarborough der beste Anwalt unter uns war!“

„Was spielt das für eine Rolle? Wie kann dir das schaden?“ fragte Dolly.

„Es tut mir weh; – das ist die Wahrheit. Ich bin schon lange genug in meinem Geschäft. Es ist ein anderes System entstanden, das nicht zu mir passt. Ich habe das Gefühl, dass sie alle ihre Finger in meine Augen legen können. Es kann sein, dass ich Ich bin ein Narr und meine Vorstellung von Ehrlichkeit ist ein Fehler.

"NEIN!" schrie Dolly.

„Ich hörte neulich von einem reichen Amerikaner, der arm gewesen war, und wurde gefragt, wie es ihm plötzlich so gut gehen konnte. ‚Ich habe einen Partner gefunden‘, sagte der Amerikaner, ‚und wir machten gemeinsam Geschäfte. Er hatte das Kapital.‘ und ich hatte die Erfahrung. Wir haben gerade eine Veränderung vorgenommen. Er hat jetzt die Erfahrung und ich habe das Kapital. Als ich diese Geschichte erfuhr, zog ich dem Kerl den Mantel vom Rücken, aber Mr. Barry gab ihm als Zeichen des Respekts einen schönen Pelzumhang die Arbeit ganz aufgeben.

So verließ Mr. Gray das Haus Gray & Barry, getrieben von den Lastern oder vielmehr Betrügereien des alten Mr. Scarborough, vorzeitig in den Ruhestand zu gehen. Als Augustus sich an die Arbeit machte, was er unmittelbar nach dem Tod seines Vaters tat, um das Eigentum aus den Händen seines Bruders zu entreißen – oder welchen Teil des Eigentums auch immer möglich sein mochte –, sagte Mr. Gray lehnte es absolut ab, etwas mit dem Fall zu tun zu haben. Herr Barry erklärte, wie unmöglich es sei, dass sich das Haus, selbst um seiner selbst willen, absolut von jeder Betrachtung dieser Frage zurückziehen sollte. Mountjoy war im Besitz geblieben und nach allen vorliegenden Beweisen der wahre Eigentümer. Natürlich würde er einen Anwalt wollen und, wie Mr. Barry sagte, sehr wohl in der Lage sein, für das zu bezahlen, was er wollte. Die Firma musste sich gegen die Rachsucht von Herrn Tyrrwhit und Samuel Hart schützen. Sollte das Unternehmen dies nicht tun, wäre es allen möglichen bösen Verleumdungen ausgesetzt. Die Firma war schon so lange im Auftrag der Scarboroughs tätig, dass sie es sich nun, nach dem Tod des alten Gutsbesitzers, nicht leisten konnte, das Geschäft aufzugeben, bis diese letzte große Frage geklärt war. Es war notwendig, wie Herr Barry sagte, dass sie es durchhalten sollten, da Herr Barry in diesen Diskussionen eine weitaus führende Rolle spielte, als er es gewohnt war. Folglich hatte Mr. Gray ihm gesagt, dass er es vielleicht selbst tun würde, und Mr. Barry war sehr zufrieden gewesen. Als Mr. Barry die Angelegenheit mit einem der Angestellten besprach, den er später als Partner aufnahm, äußerte er seine Meinung, dass „der arme alte Gray völlig aus den Fugen geraten" sei. „Old Grey" war bis zu diesem Tag immer Mr. Gray gewesen, wenn Mr. Barry von ihm gesprochen hatte, und als der Angestellte dies bemerkte, ließ Mr. Greys Klingeln drei oder vier Minuten lang unbeantwortet. Obwohl Mr. Grey bereit war, sich zurückzuhalten, verstand er alles und schlug sie an diesem Nachmittag mit ungewohnter Härte in den Gemächern herum. Als er am Abend nach Hause kam, sagte er nichts davon; aber der nächste Tag war der letzte, an dem er seinen gewohnten Stuhl einnahm.

„Was wirst du mit dir machen, Papa?" sagte Dolly am nächsten Morgen zu ihm.

„Mit mir selbst umgehen?"

„Welche Beschäftigung werden Sie annehmen? Man muss darüber nachdenken und danach leben. Wenn Sie Bauer werden möchten, müssen wir auf dem Land leben."

„Das werde ich sicher nicht tun. Ich muss das Geld, das ich gespart habe, nicht unbedingt wegwerfen."

„Oder wenn Sie gerne schießen oder jagen würden?"

„Du weißt sehr gut, dass ich nie einen Vogel geschossen habe und kaum jemals in meinem Leben einem Pferd begegnet bin."

„Aber du arbeitest gern im Garten."

„Habe ich hier nicht genug Garten?"

„Genau genug, wenn Sie so denken; aber wird es darin eine Beschäftigung geben, die ausreicht, um Ihnen eine Beschäftigung für Ihr ganzes Leben zu verschaffen?"

„Ich werde lesen."

„Mir kommt es vor", sagte sie, „dass Lesen als einzige Beschäftigung ermüdend wird, es sei denn, man hat sich daran gewöhnt."

„Habe ich nicht so viel Arbeit wie du?"

„Eine Frau ist so anders! Das Stopfen dauert eine unbegrenzte Anzahl von Stunden. Ein neuer Satz Unterwäsche wird mich vierzehn Tage lang beschäftigen. Die Kleider der großen Mädchen dort drüben in Kleider für die kleinen Mädchen umzuwandeln, reicht aus, um meinen Geist beschäftigt zu halten." Einen Monat lang muss ich mich um die Dienstmädchen kümmern und dafür sorgen, dass der Koch die Scherben nicht dem Polizisten gibt, zu dem ich erzogen wurde Tue diese Dinge, und die Gewohnheit hat sie zu meinen üblichen Beschäftigungen gemacht. Ich habe dich nie beneidet, als du all die Launen von Mr. Scarborough erleben musstest, aber ich wusste, dass sie ausreichten, um dir etwas zu tun zu geben.

„Sie haben ausgereicht", sagte er, „mich ohne alles zurückzulassen, was ich tun konnte."

„Sie dürfen nicht zulassen, dass Sie so zurückgelassen werden. Sie müssen eine Beschäftigung finden." Dann saßen sie eine Zeit lang schweigend da, während Mr. Gray sich mit einigen der zahlreichen Papiere beschäftigte, die er Mr. Barry übergeben musste. „Und jetzt", sagte Dolly, „wird Mr. Carroll ausgegangen sein, und ich werde auf die Terrasse gehen. Ich muss sie jeden Tag sehen, und Mr. Carroll hat den Anstand, sich an einen Billardtisch zu begeben." um Platz für mich zu schaffen.

„Was machen sie mit diesem Mann?" sagte Mr. Grey.

„Über den Liebhaber? Mr. Juniper hat sich, glaube ich, äußerst unangenehm gemacht und sich nicht damit begnügt, Sie und mich zu beschimpfen, sondern auch die arme Tante und alle Mädchen. Er hat, glaube ich, selbst etwas Geld ."

„Kapitän Scarborough hat ihm Geld ausgezahlt; ich glaube aber, dass er ihn lieber in gute Laune versetzen würde, als umgekehrt."

„Ich gehe davon aus, dass er nur dann gute Laune hat, wenn er etwas zu besorgen hat. Allerdings muss ich jetzt weg, sonst ist die legitime Zeit von Onkel Carrolls Abwesenheit vorbei."

Als Mr. Grey allein war, gab er sofort die Manipulation seiner Papiere auf, warf sich in seinen Stuhl zurück und begann über das zukünftige Leben nachzudenken, von dem er seiner Tochter so leichthin erzählt hatte. Was soll er mit sich selbst machen? Er glaubte, mit seinen Büchern zwei Stunden am Tag auskommen zu können; aber selbst dessen war er sich nicht sicher. Er bezweifelte stark, ob die Zeit, die er in seinem eigenen Haus dem Lesen gewidmet hatte, seit vielen Jahren eine Stunde pro Tag betragen hatte. Er meinte, er könne sich zwei Stunden lang im Garten beschäftigen; aber das würde ihm nicht gelingen, wenn es Hagel, grellen Sonnenschein, Frost, Schnee oder Regen gäbe. Essen und Trinken würde ihm viel bedeuten; aber er musste sich auf Selbstvorwürfe freuen, wenn Essen und Trinken die Freude seines Lebens sein sollte. Dann dachte er an Dollys Leben – wie viel reiner, besser und edler es gewesen war als sein eigenes. Sie sprach in einem herablassenden, nachlässigen Ton von ihrer üblichen Tagesarbeit, aber wie viel Zeit hatte sie damit verbracht, die Aufgaben anderer zu erledigen? Er wusste genau, dass sie die Carrolls nicht mochte. Sie sprach von ihrer eigenen Abneigung gegen sie wie von ihrer großen Sünde, die sie in Sack und Asche bereuen musste.

Aber wie sie doch für die Familie gearbeitet hat! Sie verwandelte alte Kleider in neue Kleider, als ob die Mädchen, die sie getragen hatten, und die Kinder, die sie tragen sollten, für sie ihre liebsten Freunde gewesen wären. Jeden Tag ging sie zum Haus hinüber, um gute Dienste zu leisten; und das war die Reue in Sack und Asche, die sie von sich selbst forderte. Konnte er nicht tun, was sie tat? Er konnte Minnies und Brendas Strümpfe nicht stopfen, aber er könnte etwas tun, um diese Kinder der Fürsorge ihrer Cousine würdiger zu machen. Er konnte keinen Umgang mit seinem Schwager haben, weil er sicher war, dass Mr. Carroll seine Gesellschaft nicht ertragen würde; aber er könnte sich bemühen, selbst für die Besserung dieses abscheulichen Mannes etwas zu tun. Bevor Dolly zu ihm zurückkam, war er zu dem Schluss gekommen, dass er sein Leben nur noch aus der Stagnation erlösen könne, die ihm durch die Arbeit für andere drohte, jetzt, wo die Arbeit seines eigenen Lebens zu Ende gegangen sei. „Nun, Dolly", sagte er, sobald sie das Zimmer betreten hatte, „haben Sie noch etwas über Mr. Juniper gehört?"

„Bist du seitdem hier, Papa?"

„Ja, in der Tat; ich saß sechs oder sieben Stunden am Stück in den Kanzleien, fast ohne aufzustehen."

„Und sind Sie immer noch mit diesen schrecklichen Papieren beschäftigt?"

„Ich habe sie nicht mehr angeschaut, seit du den Raum verlassen hast."

„Dann musst du geschlafen haben."

„Nein, in der Tat, ich habe nicht geschlafen. Du hast mir zu viele Gedanken hinterlassen, um mir den Schlaf zu ermöglichen. Was soll ich mit mir anfangen außer Essen und Trinken, damit ich nicht immer auf dieser Seite des Grabes schlafe." ?"

„Es gibt zwanzig Dinge, Papa, dreißig, fünfzig, für einen Mann, der so gesinnt ist wie du." Das sagte sie, um ihn zu trösten.

„Ich muss mich bemühen, ein oder zwei der fünfzig zu finden." Dann widmete er sich wieder seinen Papieren und arbeitete an diesem Tag wirklich hart.

Am nächsten Morgen ging er früh zur Bolsover Terrace, um mit seiner Aufgabe zu beginnen, die Familie Carroll zurechtzuweisen, ohne Dolly gegenüber ein Wort zu sagen, das sein Vorhaben verdeutlichte.

Er stellte fest, dass die Aufgabe schwierig sein würde, und überlegte im Nachhinein, wie sie am besten gelöst werden könnte. Er hatte ein Gebetbuch in die Tasche gesteckt, ohne groß darüber nachzudenken; aber bevor er an die Tür klopfte, hatte er sich versichert, dass das Gebetbuch nichts nützen würde. Er wusste nicht, wie er damit anfangen sollte, und hatte das Gefühl, dass es lächerlich gemacht werden würde. Das muss er Dolly oder dem Geistlichen überlassen. Er konnte mit den Mädchen reden; aber sie würden sich nicht um die Angelegenheiten der Firma kümmern; und in Wahrheit wusste er nicht, was sie interessieren würde. Mit Dolly konnte er sich gut unterhalten, solange sie bei ihm blieb. Aber er war bei der Erziehung von Dolly dabei gewesen und glaubte, dass Dolly Geschenke gemacht worden waren, die nicht den Carroll-Mädchen zugefallen waren. „Sie wollen alle heiraten", sagte er sich, „und das ist auf jeden Fall ein berechtigter Wunsch."

Damit klopfte er an die Tür, und als Sophia sie öffnete, fand er einen alten Herrn mit schwarzen Baumwollhandschuhen und einer zweifelhaften weißen Krawatte vor, der sich gerade auf seine Abreise vorbereitete. Da war Amelia, die ihm dann seinen Hut reichte und so rein und anständig aussah, als hätte Fürst Tschitakow ihr nie zugezwinkert. Dann kam die Mutter aus dem Wohnzimmer in den Flur. „Oh, John! Wie nett von Ihnen, dass Sie gekommen sind. Mr. Matterson, ich bitte Sie, ich stelle Ihnen meinen Bruder vor, Mr. Grey. John, das ist Rev. Mr. Matterson, ein Geistlicher, mit dem er sehr gut befreundet ist Amelia.

„Ich, Ma! Warum gerade ich?"

„Nun, meine Liebe, weil es so ist. Ich nehme an, es ist so, weil Mr. Matterson Sie am liebsten mag."

„Gesetze, Ma; was für ein Unsinn!" Mr. Matterson schien ein sehr schüchterner Herr zu sein, der nur darauf bedacht war, aus der Flurtür zu fliehen. Aber Mr. Gray erinnerte sich, dass er früher, bevor Mr. Juniper auf die Bühne kam, von einem geistlichen Bewunderer gehört hatte. Man hatte ihm gesagt, dass der Name des Herrn Matterson sei, dass er weder sehr jung noch sehr reich sei, dass er fünf oder sechs Kinder habe und dass er es sich leisten könne, zu heiraten, wenn die Frau etwa hundert Pfund pro Jahr mitbringen könne. Er hatte damals nicht viel von Mr. Matterson gehalten, und es war kein direkter Appell an ihn gerichtet worden. Danach hatte sich Herr Juniper gemeldet, und dann war Herr Juniper ganz abgeschafft worden. Aber Mr. Gray kam zu dem Schluss, dass Mr. Matterson auf jeden Fall besser war als Mr. Juniper; dass er von Beruf ein Gentleman sei und dass die guten Taten beginnen könnten, mit denen er sich den Abend seiner Tage erträglich machen wollte.

„Ich freue mich, Herrn Matterson kennenzulernen“, sagte er, als der alte Herr aus der Tür stolperte.

Dann nahm ihn seine Schwester beim Arm und führte ihn sofort ins Wohnzimmer. „Du könntest genauso gut kommen und hören, was ich zu sagen habe, Amelia.“ Also folgte ihnen die Tochter hinein. „Er ist der lobenswerteste Herr, den Sie je gekannt haben, John“, begann Mrs. Carroll.

„Ein Geistlicher, glaube ich?“

„Oh ja, er hat Befehle – Priesterbefehle“, sagte Mrs. Carroll in der Absicht, das Beste aus Mr. Matterson herauszuholen. „Er hat eine Kirche drüben in Putney.“

„Darüber bin ich froh“, sagte Mr. Grey.

„Ja, in der Tat; obwohl es nicht sehr gut ist, denn es sind nur einhundertfünfzig Pfund für einen Pfarrer. Ja, er hat einhundertfünfzig Pfund und etwas von den Surplice-Honoraren.“

„Noch einhundert Pfund, glaube ich“, sagte Amelia.

„Nicht ganz so sehr, meine Liebe, aber es ist etwas.“

„Er ist ein Witwer mit Kindern, glaube ich?“ sagte Mr. Grey.

„Es gibt Kinder – fünf davon; die hübschesten kleinen Lieblinge, die man je gesehen hat. Das Älteste ist gerade einmal dreizehn.“ Das war eine Lüge, denn Mrs. Carroll wusste, dass der älteste Junge sechzehn war; aber was bedeutete es? „Amelia ist ihnen so herzlich verbunden.“

„Das ist also eine geklärte Sache?“

„Wir hoffen es. Man kann nicht sagen, dass es ganz geklärt ist, weil es immer finanzielle Schwierigkeiten gibt. Der arme Mr. Matterson muss sein Einkommen erhöhen, bevor er es sich leisten kann.“

"Ah ja!"

„Du hast etwas gesagt, Onkel, ungefähr fünfhundert Pfund", sagte Amelia.

„Vierhundertfünfzig, meine Liebe", sagte Mr. Grey.

„Oh, das hatte ich vergessen. Ich habe doch gesagt, dass ich hoffte, dass es fünfhundert sein würden."

„Es werden fünfhundert sein", sagte Mr. Grey und erinnerte sich, dass jetzt die Zeit gekommen war, einem Mitglied der Carroll-Familie die guten Dinge zu tun, die er sich ausgedacht hatte. „Da Mr. Matterson ein Geistlicher ist, von dem ich nur Gutes gehört habe, sollen es fünfhundert sein." Er hatte in Wahrheit weder Gutes noch Schlechtes über Herrn Matterson gehört.

Dann bat er Amelia, mit ihm einen Spaziergang zu machen, während er nach Hause ging, und dachte darüber nach, dass jetzt die Zeit gekommen sei, in der ein kleines, heilsames Gespräch Wirkung zeigen könnte. Und ihm kam die Idee in den Sinn, dass die Bekanntschaft mit einem benachbarten Geistlichen ihm in seinem Alter eine Rettung sein könnte. Also nahm Amelia ihre Haube und ging mit ihm nach Hause.

„Ist er ein beredter Prediger, mein Lieber?" Aber Amelia hatte ihn nie predigen gehört. „Ich nehme an, dass es in Ihrem neuen Zuhause viel zu tun für Sie geben wird."

„Ich möchte nicht angegriffen werden, wenn du das meinst, Onkel."

„Aber fünf Kinder!"

„Es gibt einen Diener, der sich um sie kümmert. Natürlich muss ich mich um Mr. Mattersons eigene Sachen kümmern, aber ich habe ihm gesagt, dass ich nicht für sie alle arbeiten kann. Die drei Ältesten müssen irgendwohin geschickt werden; das ist vereinbart." . Er hat eine unverheiratete Schwester, die sich so viel leisten kann." Dann erläuterte sie ihre Gründe für die Heirat. „Papa wird ganz unerträglich und Sophy verwöhnt ihn in allem."

Als seine Nichte sich umdrehte und nach Hause ging, dachte der arme Mr. Grey, dass es für das Mädchen oder ihren zukünftigen Haushalt nur sehr wenig Raum für eine Beschäftigung geben würde. Mr. Matterson wünschte sich eine Oberdienerin, die, statt Lohn zu verlangen, etwas Geld mitbringen würde, und er konnte nicht anders, als zu spüren, dass der arme Geistliche feststellen würde, dass er eine schlechte und teure Oberdienerin in sein Haus aufgenommen hatte.

„Macht nichts, Papa", sagte Dolly, „wir werden weitermachen und durchhalten, und wenn wir vorhaben, Gutes zu tun, wird Gutes dabei herauskommen."

KAPITEL LXIII.

DER LETZTE VON AUGUSTUS SCARBOROUGH.

Als der alte Mr. Scarborough tot war und eine Zeit lang begraben gelegen hatte, reichte Augustus seinen formellen Antrag bei den Herren Gray und Barry ein. Er hatte es über seinen eigenen Anwalt geschafft und hatte nun auch die Antwort von Herrn Barry über denselben Anwalt erhalten. Die Art des Antrags bestand darin, dass Herr Augustus Scarborough in die Position des ältesten Sohnes eingesetzt worden sei; dass er selbst nicht im geringsten daran zweifelte, dass dies seine wahre Position sei; dass damals eine genaue Untersuchung durchgeführt worden sei und dass die Anwälte, darunter Mr. Gray und Mr. Barry, den damaligen Aussagen des alten Mr. Scarborough zugestimmt hätten; dass er selbst sich dann zur Ehre der Familie an die Arbeit gemacht habe, um die Schulden seines Bruders zu begleichen, und dass er sie teils aus seiner unmittelbaren Tasche und teils aus dem Nachlass, der seinem eigenen Besitz entsprach, bezahlt habe; dass er während der „Abwesenheit" seines Bruders bei seinem Unterhalt geholfen und ihn nach seiner Rückkehr in sein eigenes Haus gebracht hatte; dass dann sein Vater gestorben sei und dass diese unglaubliche neue Geschichte erzählt worden sei. Mr. Augustus Scarborough hatte keineswegs den Wunsch, an das Andenken seines Vaters zu erinnern, sondern musste seine Überzeugung wiederholen, dass er der älteste Sohn seines Vaters und tatsächlich zu diesem Zeitpunkt der rechtmäßige Besitzer von Tretton war bestehender Vertrag. Er wollte das Testament seines Vaters nicht anfechten, obwohl der geistige und körperliche Zustand seines Vaters zum Zeitpunkt der Testamentserrichtung ihm vielleicht ermöglichen könnte, dies mit Erfolg zu tun. Das Testament kann als gültig gelten, die Erstgeburtsrechte müssen jedoch heilig bleiben.

Da er jedoch das Andenken seiner Mutter in Ehren hielt, fühlte er sich nicht geneigt, die Familiengeschichte an die Öffentlichkeit zu tragen. Um seiner Mutter willen war er zu einem Kompromiss bereit. Er würde raten, dass das gesamte Vermögen – das, was unter die Fideikommisse fallen würde, und das, was durch das Testament hinterlassen werden sollte – bewertet werden sollte und dass die Gesamtsumme dann zwischen ihnen aufgeteilt werden sollte. Wenn sein Bruder sich dafür entschieden hat, die Familienvilla zu übernehmen, sollte es so sein. Augustus Scarborough hatte keine Lust, sich über seinen Bruder zu stellen. Aber wenn dieses Angebot nicht angenommen wurde, musste er sofort vor Gericht gehen und beweisen, dass ihre Ehe in Nizza tatsächlich die einzige Ehe gewesen war, durch die sein Vater und seine Mutter miteinander verbunden waren. Diesem Angebot wurde noch ein weiterer Vorbehalt hinzugefügt: Da die Bewertung und Aufteilung des Eigentums Zeit in Anspruch nehmen muss, sollte Augustus bis zur Fertigstellung ein Einkommen in Höhe von zweihundert Pfund pro Monat gewährt werden. Dies war das Angebot, zu dem Augustus seinen Anwalt ermächtigt hatte.

Es gab einige Verzögerungen, bis Mountjoy einer Antwort zustimmte. Bevor das Angebot Mr. Barry erreichte, war er bereits in Monte Carlo, mit dem Bargeld, das sein Vater ihm hinterlassen hatte. Bei jedem Wagnis, das er unternahm – zumindest bei jedem Verlust, den er erlitt – sagte er sich, dass es sich ausschließlich um Florence Mountjoys Taten handelte. Er kehrte jedoch nach England zurück und stimmte einer Antwort zu. Er war der älteste Sohn und wollte diese Position sowohl im Namen seiner Mutter als auch allein vertreten. Was das zu seinen Gunsten verfasste Testament seines Vaters betraf, war er sicher, dass sein Bruder nicht die Kühnheit haben würde, es anzufechten. Die körperlichen Leiden eines Menschen hinderten ihn nicht daran, ein Testament zu verfassen; Er hatte seinen Vater noch nie wegen geistiger Behinderung angeklagt, bis die Anschuldigung nun von seinem eigenen Sohn erhoben worden war. Er war sich jedoch durchaus darüber im Klaren, dass dies nicht bevorzugt werden würde. Was seinen Bruder für sich selbst getan hatte, war es für ihn kaum der Mühe wert, auf eine solche Behauptung zu antworten. Seine Erinnerung trug ihn nur wenig weiter zurück als an den Tag, an dem sein Bruder ihn aus seinen Zimmern verwies.

Es gab jedoch viele Gründe – und dies wurde auf Vorschlag von Mr. Barry angeführt –, warum er nicht wünschte, dass sein Bruder mittellos bliebe. Wenn sein Bruder bereit wäre, sich gänzlich von jedem Gerichtsverfahren zurückzuziehen und seine Mitarbeit für eine rasche Regelung der Familienangelegenheiten leisten würde, sollten ihm tausend Pfund pro Jahr – oder fünfundzwanzigtausend Pfund – ausgehändigt werden der Anteil eines jüngeren Bruders. Auf dieses Angebot müsste eine schnelle Antwort gegeben werden, und unter solchen Umständen ist keine vorübergehende Einnahmequelle erforderlich.

Es war Anfang Juni, als Augustus in seiner luxuriösen Unterkunft in der Victoria Street saß und über diese Antwort nachdachte. Sein eigener Anwalt hatte ihm geraten, das Angebot anzunehmen, aber er hatte sich seit dem Tod seines Vaters ein Dutzend Mal gesagt, dass er in dieser Vermögensangelegenheit „entweder einen Löffel machen oder ein Horn verderben" würde. Und der Anwalt war kein eigener Freund – er war kein Mann, der nichts über die Tatsachen des Falles wusste, die über das hinausgingen, was ihm mitgeteilt wurde, und nichts über die Gedankengänge seines Mandanten wusste. Augustus hatte sich in dieser Angelegenheit nur an ihn gewandt, und der Anwalt hatte erklärt, dass das Gesetz gegen seinen

Mandanten sei. „Alles, was Ihr Vater über die Hochzeit in Nizza gesagt hat, wird umsonst sein. Es wird sich zeigen, dass er ein Ziel hatte."

„Aber es gab sicherlich eine solche Ehe."

„Zweifellos gab es eine Zeremonie, die mit einem bestimmten Zweck durchgeführt wurde. Eine zweite Ehe kann die erste nicht ungültig machen, obwohl sie möglicherweise selbst völlig ungültig wird. Die Rummelsburg-Ehe ist und bleibt eine feststehende Tatsache, und von der Rummelsburg-Ehe war Ihr Bruder Es besteht kein Zweifel, dass wir das Angebot eines Einkommens annehmen können, und aufgrund des Charakters Ihres Bruders ist es wahrscheinlich, dass er es erhöhen wird. Das war der Rat seines Anwalts gewesen, und Augustus saß in seiner Unterkunft und dachte darüber nach.

Er war kein glücklicher Mann, als er dort saß. Erstens schuldete er ein wenig Geld, und die Schulden waren ihm hauptsächlich aus seinen großzügigen Ausgaben für den Unterhalt von Mountjoy und Mountjoys Diener auf ihren Reisen entstanden. Damals hatte er geglaubt, dass er Tretton durch verschwenderische Ausgaben definitiv zu seinem Eigentum machen könnte. Er kannte den Charakter seines Bruders nicht und hatte geglaubt, dass er ihn auf diese Weise tief unter Wasser halten könnte. Sein Bruder könnte trinken – in Monte Carlo oder an einem anderen Ort regelmäßig trinken – und dabei sterben. Sonst würde er sich mit Sicherheit noch weiter in den völligen Ruin stürzen. Auf jeden Fall wäre er aus dem Weg geräumt, und Augustus war in seinem Stolz froh gewesen, das Gefühl zu haben, dass er seinen Bruder gut unter seiner Fuchtel hatte. Anschließend sei die Schuld beglichen worden, mit dem Ziel, den Nachlass vor einem Rechtsstreit der Gläubiger zu bewahren. Das war sein einziger großer Fehler gewesen. Und er hatte seinen Vater nicht gekannt, noch die List seines Vaters, noch die Stärke seines Vaters. Warum war sein Vater nicht sofort gestorben? – wie alle Welt ihm versichert hatte, dass dies der Fall sein würde. Rückblickend konnte er sich daran erinnern, dass die Idee, die Gläubiger zu bezahlen, ursprünglich von seinem Vater gekommen war, einfach nur als vage Idee! Oh, was für ein listiger Schlingel sein Vater gewesen war! Und dann hatte er sich in seinem Stolz erlaubt, seinen Vater zu beleidigen, und vom bevorstehenden Tod seines Vaters als etwas Wünschenswertem gesprochen! Von diesem Moment an hatte sein Vater seinen Untergang geplant. Er konnte jetzt alles sehen.

Er hatte immer noch vor, den Löffel anzufertigen; aber er stellte fest, dass er das Horn verderben sollte. Hätte es jemanden gegeben, der ihm geholfen hätte, hätte er trotzdem durchgehalten. Er dachte, er hätte mit einem Anwalt durchhalten können, der seinen Fall wirklich mit Interesse aufgegriffen hätte. Wenn Mountjoy zum Trinken gebracht werden könnte – um zu sterben! Er war immer noch der Nächste im Fideikommisse; und er war der Erbe seines

Bruders, falls dieser ohne Testament sterben sollte. Aber das wäre er auch, wenn er die fünfundzwanzigtausend Pfund nehmen würde. Aber ein so dürftiges Minimum zu akzeptieren, würde ihm furchtbar gegen den Strich gehen. Er schien zu glauben, dass er durch die Inanspruchnahme des Taschengeldes seinen Bruder wieder zu allen langlebigen Anstandsregeln des Lebens zurückbringen würde. Er würde das Gefühl der bewussten Überlegenheit, das ihm so viel bedeutet hatte, völlig aufgeben müssen. „Verdammt, der Kerl!" rief er vor sich hin. „Ich würde mich nicht wundern, wenn er von diesem Burschen bezahlt würde." Der erste „Kollege" hier war der Anwalt und der zweite war sein Bruder.

Als er eine halbe Stunde allein dort gesessen hatte, konnte er sich nicht entscheiden. Wenn alle seine Schulden beglichen wären, würde er nicht viel mehr als 25.000 Pfund haben. Sein Vater hatte ihm unbedingt fünftausend Pfund abgenommen, um die Schulden seines Bruders zu begleichen! Das Geld sei sofort gesucht worden. Zusammen mit der Summe, die von den neuen Käufern kommt, müssen Vater und Sohn jeweils fünftausend Pfund zeichnen, um diese Juden zu bezahlen. So war es ihm dargestellt worden, und er hatte sich das Geld geliehen, um sein Ziel zu erreichen. Wäre jemals jemand so betrogen und so grausam behandelt worden? Dies könnte wahrscheinlich erklärt werden, und die fünftausend Pfund könnten zu den fünfundzwanzigtausend Pfund addiert werden. Aber die Erklärung wäre notwendig, und sein ganzer Stolz würde sich dagegen auflehnen. In jener Nacht, als er zufällig seinen Bruder traf, der blutend und noch halb betrunken war, als er seine Wohnung betreten wollte, wie völlig unter seiner Fuchtel war er gewesen! Und nun bot er ihm von seiner Gabe diesen erbärmlichen Hungerlohn an! Dann verfluchte er mit halb gemurmelten Flüchen die Namen seines Vaters, seines Bruders, von Grey und von Barry und seines eigenen Anwalts.

In diesem Moment wurde die Tür geöffnet und sein Busenfreund Septimus Jones betrat den Raum. Auf jeden Fall war dieser Freund seinem Herzen am nächsten. Er war im wahrsten Sinne des Wortes ein Mann ohne Freunde. Es gab niemanden, der die innersten Wünsche seines Herzens, die geheimen Wünsche seiner Seele kannte. Es gibt also so viele, die diese geheimen Wünsche niemandem preisgeben können! Und wie kann so jemand einen Freund haben, der ihm Ratschläge geben kann, was er tun soll? Der ehrliche Mann kann kaum einen solchen Freund haben, weil es für ihn so schwierig ist, einen Mann zu finden, der an ihn glaubt. Augustus hatte kein Verlangen nach einem solchen Freund, aber er wünschte sich jemanden, der seinen Wünschen nachkam, als wäre er ein solcher Freund. Er wollte einen Freund, der seinen Worten zuhörte und so tat, als ob sie die Wahrheit wären. Mr. Septimus Jones war der Mann, den er ausgewählt hatte, aber er glaubte nicht im Geringsten an Mr. Septimus Jones selbst. „Was sagt dieser Mann?" fragte

Septimus Jones. Der Mann war der Anwalt, über den Augustus in diesem Moment allerlei Böses nachdachte.

„D——n ihn!" sagte Augustus.

„Von ganzem Herzen. Aber was sagt er? Da man ihn für das bezahlen muss, was er sagt, lohnt es sich, ihm zuzuhören."

In der Stimme von Septimus Jones lag ein Tonfall, der sofort eine gewisse Beeinträchtigung seines üblichen Respekts verriet. So klang es zumindest für Augustus. Er war nicht mehr der sichere Erbe Trettons, und auf diese Weise sollte ihm mitgeteilt werden, dass seine großen Hoffnungen gescheitert waren. Es wäre seltsam, dachte er, wenn er seine Herrschaft über Septimus Jones nicht weiterhin behaupten könnte. „Ich bin mir überhaupt nicht sicher, ob ich auf ihn oder auf dich hören werde."

„Was das angeht, kannst du machen, was du willst."

„Natürlich kann ich machen, was ich will." Dann fiel ihm ein, dass er den Mann immer noch als Boten einsetzen musste, wenn auch in keiner anderen Funktion. „Natürlich möchte er einen Kompromiss eingehen. Ein Anwalt schlägt immer einen Kompromiss vor. So ist er nicht zu schlagen, und es ist für ihn ungefährlich."

„Dem hatten Sie zugestimmt."

„Aber wie lauten die Bedingungen? – das ist die Frage. Ich habe mein Angebot gemacht: – halb und halb. Nichts Gerechteres kann man sich vorstellen – es sei denn, ich entscheide mich tatsächlich dafür, für das gesamte Anwesen zu plädieren."

„Aber was sagt dein Bruder?"

Er konnte seinen Freund nicht einmal als Boten gebrauchen, ohne ihm etwas über die Wahrheit zu sagen. „Wenn ich daran denke, an diese Ungerechtigkeit, kann ich mich kaum zurückhalten. Er schlägt vor, mir 25.000 Pfund zu geben."

„25.000 Pfund! – für alles?"

„Alles; ja. Was zum Teufel meinst du wohl? Jetzt hör mir einfach zu." Dann erzählte er seine Geschichte so, wie er dachte, dass sie erzählt werden sollte. Er rekapitulierte das gesamte Geld, das er für seinen Bruder ausgegeben hatte, und alles, was er nach eigener Aussage ausgegeben hatte. Er malte in leuchtenden Farben die Lage aus, in die ihn die Hochzeit von Nizza gebracht hätte. Er war sowohl wütend als auch erbärmlich über die Gläubiger. Und er raufte sich fast vor Ärger die Haare über die Behandlung, der er ausgesetzt war.

„Ich glaube, ich würde die 25.000 Pfund nehmen", sagte Jones.

„Niemals! Ich würde lieber zuerst verhungern!"

„Das ist ungefähr das, was Sie tun müssen, wenn alles, was Sie mir sagen, wahr ist." Wieder war der Ton verschwindender Unterwürfigkeit zu hören. „Wenn ich das Geld nicht annehme, werde ich erschossen." Dann gab es eine Pause. „Könnten Sie das nicht tun und anschließend mit ihm vor Gericht gehen? Das hätte Ihr Vater getan." Ja; aber Augustus musste zugeben, dass er nicht so klug war wie sein Vater.

Schließlich gab er Jones einen Auftrag. Jones sollte seinen Bruder sehen und ihm erklären, dass, bevor irgendeine Frage über den im Rahmen des Kompromisses zu zahlenden Betrag aufgeworfen werden könne, Augustus eine Summe von zehntausend Pfund ausgehändigt werden müsse, um ihm das Geld aus eigener Tasche zu erstatten. Dann sagte Jones wie aus dem Kopf heraus, dass er dachte, dass Augustus wahrscheinlich fünfzigtausend Pfund anstelle von fünfundzwanzigtausend Pfund akzeptieren würde. Damit bliebe Mountjoy immer noch der Großteil des Besitzes, obwohl sich Mountjoy der großen Schwierigkeiten bewusst sein musste, die ihm durch das Verhalten seines Vaters in den Weg gestellt würden. Aber Jones musste am nächsten Tag mit der Andeutung zurückkommen, dass Mountjoy erneut ins Ausland gegangen sei und die volle Autorität Mr. Barry überlassen habe.

Jones wurde zu Mr. Barry geschickt, jedoch ohne Wirkung. Mr. Barry würde die Angelegenheit mit dem Anwalt oder, wenn Augustus so zufrieden wäre, mit sich selbst besprechen; aber er war sich sicher, dass ein Gespräch mit Mr. Jones nichts nützen würde. Ein Monat verging – zwei Monate vergingen – und es kam nichts dabei heraus. „Es hat keinen Sinn, dass Sie hierher kommen, Mr. Scarborough", sagte Mr. Barry schließlich mit wenig Höflichkeit zu ihm. „Wir sind uns unserer Sache völlig sicher. Es steht Ihnen kein Penny zu – kein Penny. Wenn Sie bestimmte Dokumente unterzeichnen, wozu ich Ihnen in Anwesenheit Ihres eigenen Anwalts raten würde, sind es fünfundzwanzig." Tausend Pfund für Sie. Sie müssen mich entschuldigen, wenn ich sage, dass ich Sie zu diesem Thema nicht wiedersehen kann – es sei denn, Sie akzeptieren die Großzügigkeit Ihres Bruders.

Zu dieser Zeit fehlte es Augustus sehr an Geld, und wie immer wurden diejenigen, denen er etwas schuldete, immer drängender, da seine Zahlungsbereitschaft allmählich nachließ. Aber von einem Anwalt so angesprochen zu werden – er, Scarborough von Tretton, wie er es beinahe gewesen war –, von einem Mann, den er für den Schreiber des alten Grey gehalten hatte, so angesprochen zu werden, war in der Tat bitter. Er war durch die Hochzeit in Nizza so erhaben und so hoch in die Welt gehoben worden, dass er jetzt völlig am Boden lag. Er stritt sich mit seinem Anwalt und auch mit Septimus Jones. Es gab niemanden, mit dem er die Angelegenheit besprechen konnte, oder vielmehr niemanden, der sie zu seinen Bedingungen mit ihm besprechen würde. So nahm er schließlich das Geld an und ging täglich in die Stadt, um daraus mehr zu machen. Was aus ihm in der Stadt wurde, ist kaum Gegenstand dieser Chronik zu erzählen.

KAPITEL LXIV.

DER LETZTE VON FLORENCE MOUNTJOY.

Nun muss in diesem Kapitel endlich das Schicksal von Florence Mountjoy erzählt werden, soweit es auf diesen Seiten erzählt werden kann. Es war jedenfalls ihre Eigenart, diejenigen, die einst geglaubt hatten, sie könnten ihre Liebe gewinnen zu können, durch nicht leicht zu lösende Bande an sich zu binden. Es wurde versucht zu zeigen, wie fest und entschlossen Harry Annesleys Zuneigung war und wie absolut er auf ihr Wort vertraute, als es ihm einmal gegeben worden war. Er hatte geglaubt, als sie ihm als Antwort auf seine Behauptung, er wünsche sich, dass sie seine Frau sei, zunickte, hätte er all seine Sorgen um sie vergessen.

Es könnte unendlich viele Probleme hinsichtlich der Zeit geben — hinsichtlich zehn Jahren, drei Jahren oder sogar eines Jahres; Schwierigkeiten, sie dazu zu bringen, im Gegensatz zu ihrer Mutter zu versprechen, dass sie seine Frau werden würde; aber er war sich sicher gewesen, dass sie niemals die Frau eines anderen werden würde. Wie es ihm schließlich gelungen war, den Widerstand ihrer Mutter zu mildern, so dass ihm die drei Jahre oder sogar das eine Jahr als eine völlig unmögliche Verzögerung erschienen, weiß der Leser. Wie es ihm schließlich gelang, seinen eigenen Willen durchzusetzen, so dass sie, wie Florence ihm sagte, nur noch eine Kugel in seiner Hand war, wird der Leser in Kürze erfahren müssen. Aber seit sie ihm auf Mrs. Armitages Ball zugenickt hatte, hatte Harrys Gedanken über seinen letztendlichen Erfolg nicht im geringsten getrübt. Obwohl die Liebe dieses Mädchens so großartig war, war er sich von diesem Moment an ziemlich sicher, dass sie für immer ihm gehören würde.

Bei Mountjoy Scarborough war ein solcher Moment noch nie gekommen und konnte es auch nie sein; Dennoch war er sehr zuversichtlich gewesen, so dass er von der Gewissheit gelebt hatte, dass ein solcher Moment kommen würde. Und das für sie natürliche Verhalten war so groß gewesen, dass er seine Selbstsicherheit gezeigt hatte. Es wäre ihm nie gelungen; aber er sollte sie trotzdem aufrichtig lieben. Und als in den wenigen Tagen nach dem Tod seines Vaters die Zeit gekommen war, darüber nachzudenken, was er mit sich selbst anfangen sollte, wandte er sich an sie als seine einzige Aussicht auf Erlösung. Wenn seine Cousine Florence gut zu ihm wäre, könnte alles noch gut werden. Zu diesem Zeitpunkt war er gekommen, um seine Selbstsicherheit zu verlieren. Er hatte Harry Annesley als seinen Feind erkannt, wie auf diesen Seiten oft genug erzählt wurde. Harry war für ihn ein hasserfüllter Stein des Anstoßes. Und er war sich ihrer Treue gegenüber einer anderen Person nicht ganz so sicher gewesen, wie Harry sich ihrer selbst gegenüber gewesen war. Tretton könnte sich durchsetzen. Trettons setzen sich oft durch. Und die Mutter des Mädchens war ganz auf seiner Seite. Also war er treu wie die Nadel an der Stange nach Cheltenham gefahren, um noch einmal sein Glück zu versuchen. Er war nach Cheltenham gegangen und hatte dort Harry Annesley gefunden. Dann waren alle Hoffnungen für ihn zunichte und er startete sofort für Monaco; oder, wie er selbst sagte, für den Teufel.

Unter den Liebhabern von Florenz mag eine gewisse Erinnerung an den armen Hugh Anderson hängen. Auch er war Florence absolut treu geblieben. Von der Stunde an, in der er zum ersten Mal auf die Idee gekommen war, dass sie ihn als seine Frau glücklich machen würde, war sie mit der ganzen Last der Liebe auf ihn eingegangen. Er verstand nicht ganz, warum er sie so sehr lieben sollte, aber so war es. Eine solche Mrs. Hugh Anderson mit einem Paar Pferden auf den Boulevards war für seine Fantasie der schönste Anblick, den man malen konnte. Dann wählte Florence die beschriebene Methode, ihn eines Besseren zu belehren, und Hugh Anderson gab das erforderliche Versprechen. Ach, in was für einem unglücklichen Moment hatte er das getan! Das war sein eigener Gedanke. Denn obwohl er sich seiner eigenen Bindung zu ihr sicher war, konnte er nicht hoch genug aufsteigen, um sich ihrer Bindung zu jemand anderem ebenso sicher zu sein. Es sei etwas, „das man von einem Mann nicht hätte versprechen dürfen“, sagte er zur dritten Sekretärin. Und da er so entschlossen war, entschloss er sich, ihr nach England zu folgen und noch einmal sein Glück zu versuchen.

Florence hatte Harry gerade für diesen Tag, oder besser gesagt für die Woche, Lebewohl gewünscht. Sie kümmerte sich jetzt nicht mehr um Zuneigungsbekundungen. „Komm, Harry – sei jetzt nicht so unvernünftig. Bin ich nicht genauso ungeduldig wie du? Heute, zwei Wochen, wirst du zurück sein, und dann –“

„Dann wird es doch etwas Frieden geben, nicht wahr? Aber denken Sie daran, jeden Tag zu schreiben.“ Und so wurde Harry davongetragen, ein triumphaler Mann als je zuvor, der Cheltenham mit dem Londoner Zug verließ. Am nächsten Morgen erreichte Hugh Anderson Cheltenham und erschien am Montpellier Place.

„Meine Tochter ist auf jeden Fall zu Hause“, sagte Frau Mountjoy. Der Tonfall hatte etwas, das den jungen Mann sofort zu der Überzeugung veranlassen sollte, dass er besser nach Brüssel zurückkehren sollte. Er war sogar ein Favorit bei Mrs. Mountjoy gewesen. In seinen Tagen des Liebesspiels war der arme Mountjoy abwesend gewesen und hatte erklärt, dass er keine Chance mehr auf Tretton hätte, und Harry war – der sehr Böse selbst – gewesen. Mrs. Mountjoy war von der Brüsseler Mountjoy versichert worden, dass sie den armen Anderson lieber an sich nehmen sollte, um den

Bösen loszuwerden. Sie hatte ihren Busen entsprechend geöffnet, allerdings mit sehr schlechtem Ergebnis. Und nun war er gekommen, um sich um das Ergebnis zu kümmern. Frau Mountjoy war der Meinung, dass er besser nach Brüssel zurückkehren sollte.

„Konnte ich sie nicht sehen?" fragte Anderson.

„Na ja, man konnte sie sehen."

„Mrs. Mountjoy, ich werde Ihnen alles erzählen, als ob Sie meine eigene Mutter wären. Ich habe Ihre Tochter geliebt – oh, ich weiß nicht, wie es ist! Wenn sie zwei Jahre lang meine Frau wäre, Ich glaube nicht, dass es mir etwas ausmachen würde, danach zu sterben.

„Oh, Herr Anderson!"

„Das würde ich nicht tun. Ich habe noch nie von einem Fall gehört, in dem ein Mädchen einen Mann so in seinen Bann gezogen hätte wie mich."

„Du willst nicht sagen, dass sie sich schlecht benommen hat?"

„Oh nein! Sie konnte sich nicht schlecht benehmen – das liegt nicht in ihr. Aber sie kann einen Kerl auf die – nun ja, auf die verzweifeltste Art und Weise überwältigen. Was mich betrifft, ich bin mein Geld nicht mehr wert, seit ich der Erste bin Als ich mit dem Gouverneur fahre, habe ich kein Wort zu ihm zu sagen: „Aber das endete damit, dass Mrs. Mountjoy ging und versprach, dass sie Florence an ihrer Stelle schicken würde." Sie wusste, dass es vergeblich sein würde; aber einem jungen Mann, der sich so gut benommen hatte wie Mr. Anderson, konnte man nichts abschlagen. „Hier bin ich wieder", sagte er, ganz ähnlich wie Punch in der Pantomime.

„Oh, Mr. Anderson! Wie geht es Ihnen?"

Ein Liebhaber, der sich bei einer Dame durchsetzen will, sollte immer den Kopf heben. Wo ist der Autor von Romanen oder der menschlichen Natur, der so viel nicht weiß? Und doch hält der Mann, der verliebt ist, wirklich verliebt, seinen Kopf nie sehr hoch. Es ist der Mann, der nicht verliebt ist, der es tut. Dennoch kommt es manchmal vor, dass der wahre Liebhaber seine Belohnung erhält. In diesem Fall wurde dies nicht beobachtet. Doch nun war sich Mr. Anderson seines Schicksals sicher, so dass es für ihn keine Ermutigung gab, auch nur den geringsten Versuch zu unternehmen, seinen Kopf hochzuhalten. „Ich bin noch einmal gekommen, um dich zu sehen", sagte er.

„Ich bin sicher, es macht Mama so viel Freude."

„Mrs. Mountjoy ist sehr nett. Aber das war nicht ihretwegen. Die Wahrheit ist, ich könnte mich in dieser Welt nicht niederlassen, ohne ein weiteres Vorstellungsgespräch zu führen."

„Was soll ich sagen, Herr Anderson?"

„Ich erzähle dir einfach, wie es ist. Du weißt, was meine Aussichten sind." Sie erinnerte sich nicht mehr genau, aber sie verneigte sich vor ihm. „Du musst es wissen, weil ich es dir gesagt habe. Es gibt nichts, was ich verborgen gehalten habe." Wieder verbeugte sie sich. „Es kann keinen familiären Grund dafür geben, dass ich nach Kamtschatka gehe."

„Kamtschatka!"

„Ja, in der Tat; – der FO" (Der FO meinte immer das Auswärtige Amt.) „Der FO möchte einen jungen Mann, auf den er sich voll und ganz verlassen kann, um nach Kamtschatka zu gehen. Die Zulagen sind zwar ansehnlich, aber die Zulagen bedeuten mir nichts." ."

„Warum solltest du gehen?"

„Die Entscheidung liegt bei Ihnen. Ja, Sie können mich festhalten. Wenn ich in diese trostlose und karge Wüste gehe, werde ich lediglich die Verbannung aus dem Teil der Welt beantragen, in dem Sie und ich zusammen leben müssten und nicht." Das kann ich in Kamtschatka nicht ertragen. Nun, ich weiß nicht, was mir dann passieren wird.

„Aber ich bin mit Mr. Annesley verlobt."

„Davon hast du mir schon mal etwas erzählt."

„Aber es ist alles geklärt. Mama wird es dir sagen. Es soll heute zwei Wochen dauern. Wenn du nur bleiben und als eine meiner Freundinnen kommen würdest."

Sicherlich ist ein solcher Vorschlag der unfreundlichste, den eine junge Dame machen kann; aber wir glauben, dass es nicht selten gemacht wird. Im vorliegenden Fall erhielt sie keine Antwort.

Mr. Anderson nahm seinen Hut und eilte zur Tür. Dann kehrte er für einen Moment zurück. „Gott segne Sie, Miss Mountjoy!" er sagte. „Trotz der Grausamkeit dieses Vorschlags muss ich Gott bitten, Sie zu segnen." Und dann war er weg. Ungefähr eine Woche später erschien M. Grascour mit genau derselben Absicht auf der Bühne. Auch er hatte eine äußerst lebhafte Erinnerung an die junge Dame und ihre Reize. Er hatte gehört, dass Kapitän Scarborough Tretton geerbt hatte, und war darüber informiert worden, dass es unwahrscheinlich sei, dass Miss Florence Mountjoy ihre Cousine heiraten würde. Er war in seinen Vorstellungen etwas verwirrt und dachte, dass es vielleicht noch eine Chance für ihn gäbe, wenn er jetzt wieder auf der Bildfläche auftauchen würde. Es gab keinen Liebhaber, der Mr. Anderson ähnlicher war als M. Grascour. Nicht einmal für Florence Mountjoy, nicht einmal um sie zu besitzen, würde er nach Kamtschatka gehen; und sollte er sie nicht sehen, würde er einfach nach Brüssel zurückkehren. Und doch liebte er sie so sehr, wie er jeden anderen lieben konnte, und wenn sie seine Frau geworden wäre, hätte er sie bewundernswert behandelt. Er hatte sich alles genau angesehen und konnte keinen Grund erkennen, warum er sie nicht heiraten sollte. Wie ein ausdauernder Mann beharrte er; Aber als er das tat, störte ihn kein Schimmer einer Vorstellung von Kamtschatka.

Aber vor dieser weiteren Not konnte Frau Mountjoy ihre Tochter retten. Herr Grascour begab sich in Mrs. Mountjoys Gegenwart und erklärte dort sein Vorhaben. Er war wegen einer Frage im Zusammenhang mit der Handelsliteratur herübergeschickt worden und hatte es gewagt, die Gelegenheit zu nutzen, nach Cheltenham zu kommen. Er hoffte, dass die Reise die Wahrheit seiner Zuneigung zum Ausdruck bringen würde. Während er seine kleine Rede hielt, hatte Mrs. Mountjoy bemerkt, wie außerordentlich gut sein Hut gebürstet war. Sie hatte auch bemerkt, dass der Hut des armen Mr. Anderson in einem Zustand war, der sie fast dazu veranlasste, ihn für ihn zu glätten. „Wenn du Einwände gegen meinen Hut hast, solltest du ihn selbst bürsten", hatte sie Harry zu Florence sagen hören, und Florence hatte den Hut genommen und ihn mit liebevollen, anhaltenden Berührungen gebürstet.

„M. Grascour, ich kann Ihnen versichern, dass sie wirklich verlobt ist", hatte Mrs. Mountjoy gesagt. Herr Grascour verneigte sich und seufzte. „Sie soll heute in der Woche heiraten."

"In der Tat!"

„An Herrn Harry Annesley."

„Oh-hh! Ich erinnere mich an den Namen des Herrn. Ich hatte gedacht –"

„Na ja, es gab Einwände, aber die sind zum Glück verschwunden." Obwohl Mrs. Mountjoy bisher nur auf melancholische Weise glücklich war und sich nur mit gedämpfter Freude über die Freuden ihres Mädchens freute, war sie zu loyal, um jetzt ein Wort gegen Harry Annesley zu verlieren.

„Ich hätte dich nicht belästigen sollen, aber –"

„Da bin ich mir sicher, Herr Grascour; und wir beide sind Ihnen für Ihre gute Meinung dankbar. Ich weiß sehr gut, wie hoch die Ehre ist, die Sie Florence erweisen, und sie wird es durchaus verstehen. Aber sehen Sie Das Ding ist repariert; es dauert nur eine Woche. Es hieß, Florence sei im Moment nicht zu Hause, obwohl sie oben war und sich vier Dutzend neue Taschentücher ansah, die gerade vom Taschentuchhändler gekommen waren und auf denen die Buchstaben FA standen. Sie hatte viel mehr Freude daran, sie anzusehen, als wenn sie den Glückwünschen von Herrn Grascour zugehört hätte.

„Er ist zweifellos ein sehr guter Mann, Mama; vielleicht viel besser als Harry." Das war jedoch nicht ihre wahre Meinung. „Aber man kann nicht alle guten Männer heiraten."

In Buston gab es fast mehr Ärger wegen Harrys Heirat als wegen der seiner Schwester, obwohl Harry in Cheltenham heiraten sollte; und nur sein Vater und eine seiner Schwestern als Brautjungfer sollten hinabgehen, um bei dieser Gelegenheit zu helfen. Sein Vater sollte sie heiraten. Und seine Mutter hatte schließlich zugestimmt, die Freude, Florence zu sehen, aufzuschieben, bis sie als drei Monate alte Braut von ihrer Reise nach Hause gebracht wurde. Dennoch wurde besonders in Buston Hall großes Aufsehen erregt. Herr Prosper war verhältnismäßig leichtsinnig geworden, seit die Pflicht, Buston eine Frau und Bustons Erben eine zukünftige Mutter zu bieten, von seinen Schultern genommen und auf die seines Neffen geworfen worden war. Je mehr er auf die Tage seines eigenen Werbens zurückblickte, desto mehr schien ihm seine eigene Befreiung fast ein Werk des Himmels zu sein. Wo wäre er gewesen, wenn Miss Thoroughbung in Buston Hall Fuß gefasst hätte? Er schloss die Augen und hob sanft seine linke Hand zum Himmel, während er sich sagte, dass dieses böse Ding an ihm vorbeigegangen sei.

Aber es war vorbei, und es wurde erwartet, dass es in Buston eine Art Mittagessen geben würde; und da er trotz all seiner eifrigen Nachforschungen nur Gutes von Florenz gehört hatte, sollte sie mit so herzlichem Empfang empfangen werden, wie er ihr nur möglich machen konnte. Es gab einen Punkt, der ihn mehr beunruhigte als alle anderen. Er war entschlossen, das Wohnzimmer und auch das Schlafzimmer, in dem Florence schlafen sollte, neu einzurichten. Er teilte seiner Schwester in feierlicher Weise mit, dass er sich endlich entschieden habe. Die Sache sollte erledigt werden. Sie verstand, wie großartig es für ihn war, etwas zu tun. „Die beiden mittleren Räume!" sagte er mit einer fast tragischen Miene. Dann ließ er sie am nächsten Tag kommen und teilte ihr mit, dass er aus weiteren Überlegungen beschlossen habe, das Ankleidezimmer hinzuzufügen.

Die ganze Gemeinde spürte die Wirkung. Es lag nicht so sehr daran, dass die Gemeinde von den vorgeschlagenen Ausgaben betroffen war – denn der Squire war bekanntermaßen ein Mann, der seit Jahren nicht sein gesamtes Einkommen ausgegeben hatte –, sondern dass er bisher im Namen eines Neffen nachgegeben hatte, der ihm nicht zur Verfügung stand er war in letzter Zeit so darauf bedacht gewesen, das Erbe zu enterben. Das Gerücht hatte Buntingford bereits erreicht, was der Squire mit dem Empfang seiner eigenen Frau vorgehabt hatte – Gerüchte, die sich inzwischen natürlich in Nichts verflüchtigt hatten. Man hatte Buntingford ausdrücklich mitgeteilt, dass es im Wohnzimmer tatsächlich einen neuen Teppich und neue Vorhänge geben sollte. Es war bekannt, dass Miss Thoroughbung in der

Brauerei erklärt hatte, dass die ganze Sache erledigt sein sollte, bevor sie zwölf Monate dort war.

„Er wird aufs Ganze gehen", hatte sie gesagt. Und darüber hatte es eine kleine Wette zwischen ihr und ihrem Bruder gegeben, der der Meinung war, dass Mr. Prosper ein eigensinniger Mann sei. Und Joe hatte die Nachricht von der Wette ins Pfarrhaus gebracht, so dass es viel Aufregung darüber gegeben hatte. Als das beste Zimmer und dann die Umkleidekabine eingebaut worden waren, war sogar Matthew beunruhigt gewesen. „Es wird bis zu fünfhundert Pfund kosten!" er hatte Mrs. Annesley zugeflüstert. Matthew schien der Meinung zu sein, dass es an der Zeit sei, dass es jemanden gibt, der seinen Herrn kontrolliert. „Aber, gnädige Frau, es ist erst neulich, denn ich kann mich selbst daran erinnern, als dieser Toilettentisch neu ins Haus kam!" Matthew war seit über zwanzig Jahren an diesem Ort. Als Mrs. Annesley ihn daran erinnerte, dass die Mode sich änderte und andere Arten von Tischen benötigt wurden, schüttelte er nur den Kopf.

Aber es gab eine wichtigere Frage als die der Kosten. Wie sollten die neuen Möbel ausgewählt werden? Die erste Idee war, dass Florence eingeladen werden sollte, eine Woche in ihrem zukünftigen Zuhause zu verbringen, mit Mrs. Annesley oder ihrem Bruder nach London zu fahren und die Möbel selbst auszuwählen. Aber es gab Gründe, die dagegen sprachen. Mr. Prosper würde sie gerne mit der Großzügigkeit seiner Taten überraschen. Und die Andeutung eines Tages würde mit Sicherheit verschwinden, bevor die Lichter des nächsten stärker werden. Mr. Prosper hatte zwar die Absicht, großzügig zu sein, hatte aber immer noch ein wenig Angst, dass es als etwas Selbstverständliches weggeworfen werden könnte oder dass es den Anschein erwecken würde, es sei Harrys Werk gewesen. Das wäre offensichtlich ungerecht. „Ich denke, ich sollte es besser selbst machen", sagte er zu seiner Schwester.

„Vielleicht könnte ich dir helfen, Peter." Er schauderte; aber es geschah bei der Erinnerung an den Klang des Wortes „Peter", wie es zu seinem ausdrücklichen Ärger von Miss Thoroughbung herausgeplatzt war. „Ich hätte nichts dagegen, mit dir nach London zu gehen." Er schüttelte den Kopf und forderte noch mehr Zeit zum Nachdenken. Sollte er das Angebot seiner Schwester annehmen, wäre er an seine Annahme gebunden. „Das ist der letzte Wohnzimmerteppich, den ich jemals kaufen werde", sagte er sich mit wahrer Wehmut, als er durch den Park nach Hause ging.

Dann war da noch die andere große Frage der Reise nach Cheltenham oder nicht. Gutmütig hatte Harry ihm gesagt, dass die Hochzeit ohne seine Anwesenheit keine Hochzeit wäre. Das hatte ihn sehr bewegt. Es war sehr wünschenswert, dass die Hochzeit mehr als nur eine legale Hochzeit sein sollte. Die Welt sollte darauf aufmerksam gemacht werden, dass der Erbe von Buston im Beisein des Squire of Buston geheiratet hatte. Aber die Reise war eine enorme Schwierigkeit. Wenn er von Buston direkt nach Cheltenham hätte fahren können, wäre es vergleichsweise einfach gewesen. Aber er muss durch London fahren, und dazu muss er die ganze Strecke zwischen dem Nord- und dem Westbahnhof zurücklegen. Und die Züge würden nicht passen. Er studierte seinen Bradshaw einen ganzen Morgen lang und stellte fest, dass sie nicht passen würden. „Wo soll ich die anderthalb Stunden verbringen?" fragte er seine Schwester traurig. „Und es würde vier Reisen geben, hingehen und kommen, – vier getrennte Reisen!" Und das unabhängig von zahlreichen Waggons und Droschken. Es war absolut unmöglich, dass er an diesem glücklichen Tag in Cheltenham leibhaftig anwesend sein sollte. Drei Monate lang – Juli, August und September – blieb er zu Hause, um die Möbel zu kaufen; welches jedoch schließlich von Herrn Annesley beschafft wurde.

Was die Hochzeit anging, war die Ehe bei weitem nicht so lustig wie die von Joe und Molly. Es gab keinen Mr. Crabtree und keine Miss Thoroughbung. Und obwohl Mrs. Mountjoy alles so gut machen wollte, wie es nur ging, freute sie sich immer noch nur mit gedämpfter Freude. Ein Anflug von Melancholie hing noch immer an ihr. Sie hatte ihren Neffen so viele Jahre lang als den Ehemann ihres Mädchens betrachtet, dass sie ihre Wertschätzung für Harry Annesley noch nicht deutlich zum Ausdruck bringen konnte. „Ich habe keinen Zweifel daran, dass wir wahre Freunde werden, Mr. Annesley", hatte sie zu ihm gesagt.

„Nennen Sie mich nicht Mr. Annesley."

„Nein, das werde ich nicht, wenn du wieder zurückkommst und ich mich an dich gewöhnt habe. Aber im Moment ist da – da ist etwas –"

„Vielleicht ein Bedauern?"

„Nun, das bereue ich nicht wirklich. Ich bin ein altmodischer Mensch und kann meine Manieren nicht auf einmal ändern. Du weißt, was ich früher gehofft habe."

„Oh ja. Aber Florence war sehr dumm und hätte eine andere Meinung."

„Natürlich bin ich jetzt glücklich. Ihr Glück geht mir über alles. Und die Dinge haben sich verändert."

„Das stimmt. Mr. Prosper hat mir die Heiratssache übertragen, und ich habe vor, sie wie ein Mann durchzugehen. Nur musst du mich Harry nennen." Sie versprach dies und gab ihm in der Abgeschiedenheit ihres Zimmers einen Kuss. Doch ihre Freude war noch immer nicht laut und die Heiterkeit ihrer Gäste gedämpft. Mr. Annesley tat sein Bestes und die Kleider der Brautjungfern waren hübsch – das ist alles, was man von einer Brautjungfer erwartet. Dann kam endlich die Kutsche des Vaters, und sie wurden nach Gloucester gebracht, wo sie den unfreundlicheren, alltäglichen, aber viel bequemeren Annehmlichkeiten des Eisenbahnwaggons überlassen wurden. Dort werden wir uns von ihnen trennen und ihnen für kurze Augenblicke wieder begegnen, als sie sich nach einem langen Wandertag auf den Weg zurück zu einem einsamen, aber komfortablen Hotel inmitten der Berner Alpen machten. Florence saß auf einem Pony, das Harry unbedingt für sie mieten wollte, obwohl Florence erklärt hatte, dass sie den ganzen Weg laufen könne. Es war sehr heiß gewesen und sie war wahrscheinlich froh über das Pony. Sie hatten beide Alpenstöcke in der Hand, und am Knauf ihres Sattels hing die leichte Jacke, mit der er angefangen hatte und die nicht so leicht gewesen war, dass er sich aber gern von dem Gewicht befreit hatte. Der Führer hinkte hinterher und die beiden waren dicht beieinander. „Na, altes Mädchen!" Er sagte: „Und was denkst du jetzt über das Ganze?"

„Ich bin nicht viel älter als damals, als du mich mitgenommen hast, Liebling."

„Oh ja, das bist du. Die Hälfte deines Lebens ist vergangen; du hast dich in die Sorgen und Pflichten des Ehelebens eingelebt, an die ich nicht einmal gedacht hatte, als ich dich mitgenommen habe."

„Daran habe ich nicht gedacht! Seit jener Nacht bei Mrs. Armitage gehen sie mir durch den Kopf."

„Nur auf eine romantische und daher unwahre Art. Seitdem hast du mich immer mit einem weißen Halsband und eleganten Stiefeln gesehen."

„Schmeicheln Sie sich nicht; ich habe nie auf Ihre Stiefel geschaut."

„Sie wussten, dass es die Stiefel und die Kleidung eines Mannes waren, der Liebe machte, nicht wahr? Mir persönlich sind meine eigenen Stiefel nicht besonders wichtig: Ich werde mich nie um ein anderes Paar kümmern; aber sie sollten mir wichtig sein. Alles, was mir die geringste Hilfe sein könnte.

„Nichts war gewollt; es war alles erledigt, Harry."

„Mein Liebling! Aber trotzdem wären ein Paar High-Lows voller Nägel damals nicht wirksam gewesen. Ich sollte denken, ich liebe ihn, hättest du dir sagen können, aber er ist so ein ungeschickter Kerl."

„Bei Mrs. Armitage war es weit darüber hinausgegangen."

„Aber jetzt musst du meine Höhen und Tiefen als Teil deiner Pflicht ertragen."

"Und du?"

„Wenn ein Mann eine Frau liebt, verliebt er sich in alles, was ihr gehört. Du trägst keine High-Lows. Alles, was du besitzt, insbesondere dein Eigenes, muss meinem Sinn für Liebe und Schönheit dienen."

„Ich wünschte – ich wünschte, es wäre so."

„Da besteht überhaupt keine Gefahr. Aber ich muss bei einer Gelegenheit wie dieser als eine Art Marine vor Sie treten – und Sie müssen mich akzeptieren." Sie schaute sich verstohlen um, um zu sehen, ob ihr Führer sie beobachtete, aber der Führer war wieder außer Sichtweite. Denn sie saß auf ihrem Pony, hatte ihren Arm um seinen Hals gelegt und küsste ihn. „Und dann gibt es noch so viel mehr", fuhr er fort. „Ich glaube nicht, dass ich schnarche?"

„In der Tat, nein! Von dir kommt kein Laut. Manchmal schaue ich, ob ich glaube, dass du lebst."

„Aber wenn ich es tue, musst du dich damit abfinden. Das wäre eine deiner Pflichten als Ehefrau. Daran hättest du nie gedacht, als ich diese Frackstiefel anhatte."

„Natürlich habe ich das nicht getan. Wie kann man so einen Blödsinn reden?"

„Ich weiß nicht, ob das Unsinn ist. Solche Dinge müssen einer Frau so schwer zu schaffen machen. Angenommen, ich würde dich schlagen?"

"Besiege mich!"

„Ja; – schlag dir mit diesem Stock auf den Kopf!"

„Ich bin sicher, dass du das nicht tun würdest."

„Das bin ich auch. Aber was wäre, wenn ich es tun würde? Deiner Mutter muss gesagt werden, dass ich diesen armen Mann blutig und sprachlos zurückgelassen habe. Was wäre, wenn ich meine üblichen Gewohnheiten wie damals ausführen würde? Pass auf dich auf, mein Liebling, oder dieser Unmensch." „Werde dich werfen!" Das sagte er, als das Pony über einen Stein stolperte.

„Fast so unwahrscheinlich wie du. Man muss Gefahren auf der Welt riskieren, aber man geht das Risiko so gering wie möglich ein. Ich weiß, dass sie mir kein Pony geben, das umfällt; und ich weiß, dass ich es gesagt habe Sie müssen darauf achten, dass sie es nicht tun. Sie haben sich für das Pony entschieden, aber ich musste mich für Sie entscheiden. Ich weiß nicht viel über Ponys, aber ich weiß etwas über einen Liebhaber, und ich weiß, dass ich eines habe das wird mir passen."